科学出版社“十三五”普通高等教育本科规划教材

普通高等教育师范类地理系列教材

气象学与气候学

（第二版）

姜世中　主编

科 学 出 版 社

北　京

内 容 简 介

本书分为气象、天气和气候三篇，内容包括大气结构、辐射、大气运动、大气降水、天气系统和天气过程、气候形成因子、气候分类与区划、气候变化以及5个实习。本书结合国内外现代大气科学的最新发展成果，采用了较多的图表、公式和权威数据来详细阐明本学科的基本原理、方法，略去了繁琐的公式推导，突出基本定理、基本公式的物理意义及应用，描述了当前最引人注目的天气、气候现象。

本书为地理科学、自然地理与资源环境、人文地理与城乡规划、地理信息科学、大气科学、应用气象等专业的本科生教材，也可作为农林、水利、环境、生态等学科中相关专业的教材或教学参考书，亦可供相关科技人员和中学地理教师参考使用。

审图号：GS(2019)5123号

图书在版编目(CIP)数据

气象学与气候学/姜世中主编. —2版. —北京：科学出版社，2020.1（2025.4重印）
普通高等教育师范类地理系列教材
ISBN 978-7-03-063243-2

Ⅰ.①气… Ⅱ.①姜… Ⅲ.①气象学-高等学校-教材②气候学-高等学校-教材 Ⅳ.①P4

中国版本图书馆CIP数据核字(2019)第248228号

责任编辑：许 健／责任校对：谭宏宇
责任印制：黄晓鸣／封面设计：殷 靓

科学出版社 出版
北京东黄城根北街16号
邮政编码：100717
http://www.sciencep.com
南京展望文化发展有限公司排版
江苏省句容市排印厂印刷
科学出版社发行 各地新华书店经销

*

2010年11月第 一 版 开本：889×1194 1/16
2020年1月第 二 版 印张：16 1/2
2025年4月第二十七次印刷 字数：558 000

定价：50.00元

（如有印装质量问题，我社负责调换）

《气象学与气候学(第二版)》编委会名单

主　编　姜世中

副主编　刘贤赵　黄秀英

编　委　(按姓氏笔画排序)

丁　辉(四川师范大学)
马星星(山西师范大学)
白　旸(惠州学院)
刘贤赵(湖南科技大学)
刘春燕(江西师范大学)
周　丽(内江师范学院)
姜世中(四川师范大学)
骆　红(四川大学)
黄秀英(佳木斯大学)
雷金蓉(西华师范大学)

序

正值中国地理学会在北京人民大会堂举行百年庆典之际，欣闻科学出版社组织全国高等师范院校共同编写地理科学类系列精编教材，以适应我国高等师范院校教学改革和综合化发展的需要，我作为教育部地球科学教学指导委员会主任委员感到由衷地高兴和鼓舞。

众所周知，高等师范院校的设置和发展可以说是中国高等教育在世界上的特色之一，为我国开展基础教育、提高国民素质教育作出了杰出贡献。地理科学类专业最早于1921年在东南大学（今南京大学的前身）设立了我国大学中的第一个地理学系，随后清华大学、金陵大学、北平师范大学纷纷增设地理学或地学系，因此地理科学类专业教育迄今已有八十余年的历史，培养了一大批服务于地理、环境与社会经济的地理科学人才。现今随着日益凸显的全球性的资源环境问题与人地关系矛盾的加剧和地理信息技术的迅速兴起、发展与应用，地理科学新的快速发展与拓展，地理科学类专业由原较单一的地理教育专业发展为地理科学、地理信息系统、资源环境与城乡规划管理等三个本科专业，并在综合性大学、高等师范院校、农林类高校等都有广泛开办。其中，高等师范院校较完整地设立了三个专业，在培养地理科学类的地理教学师资、地理信息系统、资源环境和城乡规划管理等人才方面发挥了主力军的作用，成为了我国培养这一类型人才的重要阵地，多被誉为“教师的摇篮”；与此同时，高等师范院校根据我国师范院校的性质和发展战略方向，以及我国高等教育改革的趋势，依托各区域的地理特点和文化积淀，针对社会的迫切需求，办出了不同于综合性大学的立足本土与本身的基础教育师资和区域性应用人才的特色。

由高等师范院校的资源环境与地理科学类的学院联合撰编系列精品教材，可紧密结合高等师范院校地理科学类专业的特点，量体裁衣，因校制宜，形成高等师范院校不同于综合性大学的自己系列精品教材；同时，可充分发挥师范院校教师们在师范院校地理科学类专业教学经验丰富和服务于基础教育及地方社会经济发展等的优势，将多年来精品课程建设、实践（实验）教学、专业建设、教学研究与教学改革等成果融入其中，形成真正的精品教材；再者，高等师范院校共同搭建系列精品教材编写平台，每本教材以1～2校为主编单位，多家院校参与、相互学习、相互交流、相互借鉴，取长补短，优势互补，共同提高，不仅利于每本教材编写水平的提升，也可促进师范院校专业建设和整体教学水平的提高，将提高本科教学质量、培养高素质人才、服务于地方基础教育和社会经济发展落到实处，推动我国高等教育的改革和发展。

我相信，科学出版社和高等师范院校精诚团结，真诚合作，各院校相互交流协作，一定能编出适合中国国情与需要，适应我国高等教育发展，适合高等师范院校的系列精品教材。

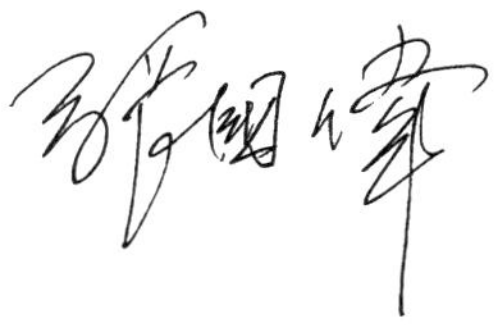

中国科学院院士

前　言

本教材是为了满足高等师范院校地理科学、自然地理与资源环境、人文地理与城乡规划、地理信息科学、环境科学等专业开设的《气象学与气候学》课程教学需要，按照地理科学类教学质量国家标准对各专业培养目标的要求，在十余所高等院校的通力合作下，共同商定了编写大纲，参考国内现有教材并总结过去教学经验的基础上编写而成的。

本教材第一版自2010年11月出版以来，被许多院校地理学院及相关专业选作本科生教材，得到了广大师生和中学教师的认可，并被遴选为四川省"十二五"普通高等教育本科规划教材。按照教学大纲要求，第二版仍然保持了第一版的基本框架和讲解详细透彻、通俗易懂的特点，并尽力反映近年来大气科学领域所取得新理论、新进展，包括那些最引人注目的极端天气、气候事件。本教材注重理论与实践相结合，采用图表、公式等来进行简捷直观的形象描述，用简明物理概念说明问题，避免繁琐叙述和繁杂公式推导，做到内容详尽深入，知识要点突出，基本概念、基本原理简明扼要，便于教师在课时紧张的情况下完成教学任务。

本教材在内容上安排了气象、天气、气候及实习四个方面的内容，包括大气的成分和垂直结构，太阳、地面和大气的辐射，地转风和梯度风，大气环流，降水形成机制，天气系统，季风与天气过程，气候形成因子，气候分类与区划，气候变化。以天气、气候的形成原理为核心和纽带，使各部分内容协调统一。对本课程教学中的一些难点问题及全球最关注的天气、气候现象，以翔实资料和权威数据进行了全面阐述。例如，亚洲季风类型、范围划分、成因及各成员相互作用；视示力(惯性离心力、地转偏向力)的本质；暖池、海洋传动带、沃克环流、厄尔尼诺和南方涛动、拉尼娜、冰盖及海冰、青藏高原影响、气溶胶气候效应等。为了加强实践环节，本书共安排了5个实习，各院校可根据实习课时的多少加以取舍。

第二版对第一版中的一些疏漏和不妥之处作了修改，还对部分内容和结构进行了精简、更新和调整。例如：① 更新了古典气候定义、近代气候定义、现代气候定义；② 删除了"气象学与气候学的研究方法""大气垂直分层中按电磁特性分层、按化学成分分层""气候变化的研究途径"，并对气候形成的四大因子内容进行了精简和细化；③ 增加了"太阳大气分层、太阳内部分层"，在实习三中增加了"$T-\ln P$ 图的应用"；④ 把"天文辐射和地—气系统的热量平衡"部分内容调整到第二章，把季风和天气过程合并到第五章，并详细阐述了亚洲季风环流特征、形成与维持机制。

本书编写分工如下：绪论，姜世中；第一章，刘贤赵、白旸；第二章，姜世中、周丽；第三章，丁辉、王欢；第四章，姜世中、马星星；第五章，雷金蓉、骆红；第六章，姜世中、杜华明；第七章，刘春燕、黄秀英、张优；第八章，姜世中；实习五，周丽；插图由田罗博士绘制。姜世中对全书内容进行了审定、补正和统稿，并在经过充分讨论和进一步完善后定稿。

尽管在诸多方面作了不少努力，但由于编者学识所限，谬误仍在所难免，我们真诚地欢迎大家批评、指正。

编　者

2019 年 6 月 10 日

目录

Contents

绪　论

一、气象学与气候学的研究对象和任务

气象学与气候学是地理科学类专业的一门专业核心课程，内容包括大气科学分支学科中大气探测学、大气物理学、大气化学、天气学、气候学、全球变化学的基础知识。

大气科学是地球科学的一个组成部分。地球科学的研究对象是大气圈、水圈、冰雪圈和岩石圈，其主要任务在于揭示地球本身的发展规律，揭示人类活动与地球环境相互作用的效应，从而为合理开发与利用自然资源、防治自然灾害、保护和优化生态环境，为社会经济发展提供基础理论和资料。地球科学有众多分支学科，包括地理学、地质学、海洋学和大气科学等。

大气科学的研究对象是大气圈，是研究大气中各种现象、过程的成因和时空分布规律，以及如何利用这些规律为人类服务的科学。大气科学主要分支科学有大气物理学、大气化学、大气探测学、天气学、动力气象学、气候学、灾害气象学、大气环境学、应用气象学、全球变化学等。

因此，气象学与气候学的研究对象是大气圈，其主要任务是系统地阐明气象、天气和气候学的基本原理、基本方法，内容涵盖地理科学、自然地理与资源环境、人文地理与城乡规划、地理信息科学等专业必要的大气科学基础知识。通过对本课程的学习，掌握气象观测仪器的基本原理与使用方法、掌握简易天气图的认图、气候资料调查分析的方法；掌握大气的组成、垂直结构，太阳—地球—大气间能量交换，大气运动规律，云、雾和降水形成原理；掌握各种天气系统和天气现象的特征、分布和发生、发展、演变规律；掌握太阳辐射因子、环流因子、下垫面因子、人类活动等在气候形成和演变过程中的作用；掌握气候分类和气候区划方法；掌握全球主要气候类型的气候特征、成因和分布；掌握地质时期、历史时期和近代气候的变化特征、原因；掌握各种天气、气候现象和过程的作用和效应，并用以为人类生产和生活服务，为学习本专业的后续课程和进一步掌握《气象学与气候学》知识打好必要的基础。

大气探测学：主要研究各种气象要素观测仪器原理、构造与观测方法，观测数据的计算，地基遥感与空基遥感仪器原理、构造和观测方法。

大气物理学：主要研究大气现象与过程的物理机制和规律。即研究大气结构与成分，大气热力学原理，大气中所发生的光、电、声和云、雾、霜、雨、雪等现象和机制，以及人工局部影响大气中发生物理现象的原理。

大气化学：主要研究大气温室气体和痕量气体、气溶胶的化学过程及气候效应，在大气、海洋中化学物质的循环过程及其对全球气候的影响。

天气学：是以不同尺度的天气系统（如气旋、反气旋、锋面、低压槽、高压脊和台风等）为研究对象，研究天气系统和天气现象的特征、分布和发生、发展、演变规律及其诊断分析和预报方法的科学。20世纪50年代以前，在天气学研究中基本上采用天气图方法，分析和预报方法多是定性的；60年代以后，随着电子计算机的发展和普及，数值定量化成为天气学发展的主流。数值模拟诊断分析成为了解天气系统物理机制的重要工具，根据流体力学原理和统计学原理设计的数值预报方法，分别在天气形势和现象的预报中取得越来越好的预报效果。除天气图外，卫星探测资料、雷达回波也成为天气学研究的基本工具。一般把20世纪60年代以后的天气学称为近代天气学。

气候学：是以气候系统（包括大气圈、水圈、冰雪圈、岩石圈和生物圈）为研究对象，研究气候的形成原因、时空分布特点，以及与其他自然环境因子和人类活动的相互关系，并有效地预报未来的气候及其变化趋势的科学。气候学内容广泛，分支学科很多。按研究目的可分为理论气候学、区域气候学和应用气候学；按研究所用的分析方法可分为统计气候学、天气气候学、物理气候学、动力气候学、卫星气候学和地理气候学等；按研究尺度大小可分为大气候学、局地气候学和小气候学；按研究时段可分为地质时期气候学、历史时期气候学和近代气候学等。

全球变化学：以气候系统为研究对象，研究发生在气候系统各部分的各种现象和过程，以及各部分之间

的相互作用和非线性多重耦合系统的运行机制,包括大气圈、水圈、冰雪圈、岩石圈和生物圈之间相互作用的物理、化学和生物学过程,以及人与环境相互作用过程。目前,全球变化研究已成为规模最大的跨学科、跨国界的国际合作研究活动,涉及地球科学、生物科学、环境科学、天体科学及遥感技术、GIS 和高网络化高科技技术的应用等众多的学科领域。

二、大气、天气、气候和气候系统的概念

1. 大气的概念

包围着地球的整个空气层称为大气。最早的原始大气形成于 45 亿年以前。大气与地球上的一切生命休戚相关,大约在 4 亿年前,当陆地绿色植物出现时,地球大气就已经演变成现在的组成了。大气层使生物免受过多太阳紫外辐射伤害,并且大气中的许多气体满足了生物圈中动物和植物维持生命的需要。

2. 天气的概念

天气指某一地区在某一瞬间或某一短时间内大气状态(如气温、湿度、压强等)和大气现象(如风、云、雾、降水等)的综合。天气随时间的变化,即天气变化。大气层中各种尺度的天气系统的产生、发展、消亡和移动成为全球气候的基础。各种天气现象及其变化既可以造福人类,但也可带来严寒、酷热、干旱、洪水、冰雹和龙卷等灾害性天气和气候,给工农业生产、交通运输和人民生活造成巨大破坏,甚至威胁人民的生命财产。每年气象灾害均会造成全世界数百亿美元的经济损失。

3. 气候的概念

气候一词源于希腊语中的 klima,意思是倾斜,指的是太阳光线照射到地球表面各地的倾斜角大小。古希腊人就已经知道如果太阳倾角较小,则气候较冷,因此,接近赤道的地方较热,而高纬度地区较冷。我国汉代的《淮南子》中就记载了完整的二十四节气,15 天为一“气”。汉代的《逸周书》中的一篇《时训解》又将每气分为三“候”,即 5 天为一候。气候的形成原因复杂多样,随着人类对气候及其变化的认识不断深化,气候的概念也随之演变,可以分为三个主要阶段。

(1) *古典气候定义* 气候是一段时期内众多大气状态的平均状态。20 世纪以前是古典气候学阶段,古典气候学从气候与天气的联系和区别给出气候的定义。因此,气候是天气的背景,天气是在气候背景下的波动,用统计平均来表征气候特征。根据这一定义,气候学是研究各种气象要素的地理分布和年、日变化的学科,因此常称为地理气候学。地理气候学强调了平均状态,把平均状态作为气候概念的核心和本质,忽视了大气运动的瞬时状态与极端情况。实际上,大气状态是随时间和空间变化的,各种气象要素的平均值虽然能在一定程度上反映气候的一定特征,却不能够反映气候的全貌。例如两个地方的平均气温或平均雨量相等,但其气候特征可能差异很大,不属于同一气候类型。因此,古典气候的定义是有局限性的,它没有完全反映气候概念的本质。虽然气候不能被看作是一成不变的自然现象,但是由于气象要素的平均状态是气候的一种基本特征,现在依然应用各种气象要素的平均值来描述一定时期的气候特征,这一传统的气候定义仍被广泛采用,只要提及气候,人们首先想到的还是月(年)平均气温、月(年)平均降水量、月(年)平均气压三大要素。

(2) *近代气候定义* 气候是指长时期天气的综合表现,不仅包括气候的平均状态,也包括气候的变化情况和极端情况。20 世纪初到 20 世纪 70 年代是近代气候学阶段。随着近代天气学的发展及数理统计在气候分析中的广泛应用,气候的概念也发生了变化。近代气候学着眼于大气运动的过程,认为天气是短时间尺度的大气过程,气候是长时间尺度的大气过程。因此,近代气候定义强调气候是天气的总和或综合。

所谓长时间尺度是指半个月以上时间。既然气候是一种平均概念,对气候统计量取时间平均就成为至关重要的问题。世界气象组织(WMO)规定,30 年为整编气候资料时段长度的最短年限,并以 1931～1960 年的气候要素的统计量作为可比较标准。对于当前气候,规定用刚刚过去的 30 年的平均值作为准平均,每过 10 年更新一次。目前应用 1981～2010 年准平均,2020 年将更新为 1991～2020 年准平均。从有气象观测记录以来,将 30 年的气候平均值进行对比,可以发现它们具有近似稳定性,但人们最感兴趣的却是那些持续时间较长的极端天气事件,如 20 世纪 70 年代初期撒赫勒和埃塞俄比亚的干旱、印度季风区连年少雨和巴西

的洪水等，这些不常发生但非常危险乃至致命的灾难事件。人们逐渐认识到气候可以而且确实在迅速地变化着，并且在很大程度上影响到我们社会经济活动。

(3) 现代气候定义　气候是指天文圈、大气圈、水圈、冰雪圈、岩石圈、生物圈相互之间长期进行能量交换和物质交换所形成的大气综合状态较长时间的统计特征，包括平均值、极值、各阶矩和各气候变量的联合概率分布。自20世纪70年代以来，人们认识到要解释气候的形成、预测气候的变化，绝不能仅限于研究古典气候的三个要素，也不能仅限于研究大气圈，而是要研究包括大气圈、水圈、冰雪圈、岩石圈和生物圈的整个气候系统，气候形成与变化是由气候系统作用的结果。因此，气候的含义不只是几个要素的简单平均状态，而是热量、水分、空气运动的大气综合状态的统计特征，反映了气候相对稳定又不断变化的双重性。

天气和气候是两个既有区别又有联系的不同概念。天气是指在特定短时间内大气的活动情况，而气候则是对月、季或年时间尺度上大气状况的一种估计，是对多年观测的统计结果。天气和气候的空间尺度基本一致，从几千米到几千千米乃至上万千米。而时间尺度却相差悬殊，天气的时间尺度从几小时到几天、十几天，天气过程是大气中的短期过程；气候的时间尺度要长得多，从一个月到一年甚至千年、万年。气候是一直持续不断的，而天气只能延续几天。

4. 气候变化、气候变率和气候变迁的概念

了解气候变化规律，特别是异常气候出现的规律和原因，不仅是气候学家们致力研究的难题，也是许多国家的政府和人民关心的重大问题。气候变化指气象状况持续多年的变动。气候变化可能只包括单一的气候要素(如温度或降水量)，但通常也伴随着天气型的改变(如持续的气候变暖、干旱和日照状况的变化)。在世界气象组织规定的各个基本时段之内气候要素平均值的差异所反映的就是气候变化，气候变化总是与全球变暖或变冷紧密联系。而在世界气象组织规定的表现气候状态的基本时段(30年)内气候振动称为气候变率。振幅越大气候变率就越大，反之亦然。随着气候变暖，气候变率很可能也随之增大；同样，气温突然上升后，气候变率也会明显增大。气候变迁是指气候的长期演变，指时间尺度为万年的地质时期的气候变化。

5. 气候系统概念

1974年在斯德哥尔摩召开的世界气象组织和国际科学联盟理事会(WMO - ICSU)的联席会议上，明确地提出了气候系统的概念，标志着气候学研究进入了一个崭新的阶段。由大气圈、水圈、岩石圈、冰雪圈和生物圈组成的整个系统，以及系统内各子系统与气候有关的相互影响的物理学、化学和生物学的运动变化过程统称为气候系统。各子系统之间相互作用过程的空间尺度和时间尺度可能很大，也可能很小。既有在短时间内发生的、决定微气候的小尺度过程，也有持续几年以上的、决定全球气候的行星尺度过程。可见，气候系统实际上是一个包括大气圈、水圈、岩石圈、冰雪圈和生物圈在内的，能够决定气候形成、气候分布和气候变化的统一的物理系统。太阳辐射是气候系统的主要能源，气候系统受入射太阳辐射的能量驱动而运行，并通过向太空放射热辐射而达到能量平衡。在太阳辐射的作用下，气候系统内部产生一系列相互作用的复杂过程，且各组成部分之间通过物质交换和能量交换，紧密地结合成一个复杂的、有机联系的物理系统，如图0-1所示。

(1) 大气圈　大气圈是气候系统的主体部分，也是最活跃的、变化最大的部分。即使认为气候系统只包括100 m深的海洋表层，大气圈具有的热量也仅占整个气候系统总热量的3.4%。大气对气候系统其他成员的影响主要是动力作用，而海洋、冰雪、陆面等其他成员对大气的影响主要是热力作用。在经典气候学中大气环流与太阳辐射、海陆分布并列为气候形成的三大因子。干旱、洪涝、热浪、严冬等气候异常也正是大气环流异常所致的。通过大气运动对垂直和水平的热量传输，去适应大气圈外部施加的影响的响应时间(或称为热力调整时间)约为1个月。如果没有大气动能的补充过程，动能因摩擦作用而耗尽的时间亦需要1个月。另外，大气成分通过吸收、散射太阳辐射和地面热辐射来影响大气系统的能量传输过程，从而影响地球表面和大气的温度状况。对气候变化影响最重要的有水汽、CO_2、CH_4、O_3、氯氟烃等气体成分和碳黑气溶胶粒子。由于自然或人为的原因，大气成分及气溶胶产生激烈变化，改变气候系统的热量平衡，从而改变气候。例如，火山活动产生的平流层气溶胶能散射太阳辐射，减少地面接收到的太阳能，形成“阳伞效应”。人为活动造成大气中CO_2等温室气体浓度增加，使“温室效应”加剧等。

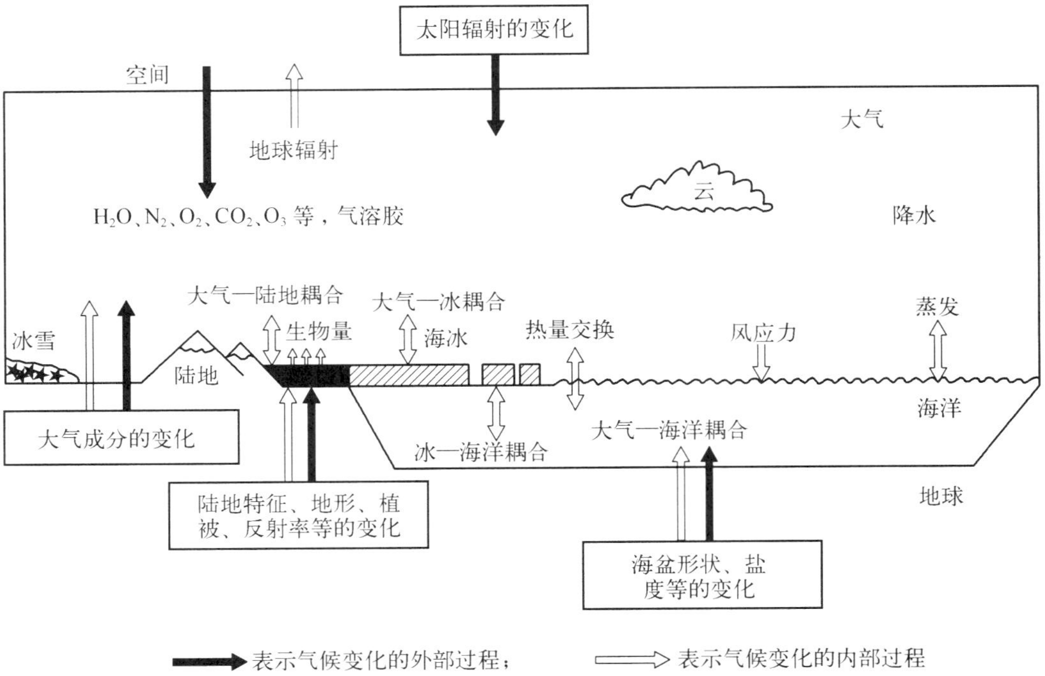

图 0-1　气候系统示意图

(2) 水圈　包括海洋、湖泊、河流、地下水及大气中的液态水，其中海洋对气候变化影响最大。

海洋是气候系统中热容量最大的成员，是气候系统的热量储藏库与调节器。海洋约占地球表面积的70.8%，最深处约11 km，它的总体积相当于用2.6 km厚的水层覆盖整个地球表面。海洋总质量约为大气质量的250倍。仅100 m深的表层海水的热量，就占整个气候系统总热量的95.6%。约80%穿过大气到达地球表面的太阳辐射被海洋吸收，然后通过长波辐射、潜热释放及感热输送的形式传输给大气。由于海洋热惯性大，海温异常不仅空间尺度大，持续时间也长，一般在中高纬可持续数月之久，低纬持续时间则更长。海洋上层与大气间的相互作用时间尺度为数月至数年，而海洋深层的热力调整时间尺度则为世纪。

海洋在海—气系统中具有低通滤波作用。海洋的热容量大，而大气密度小、热容量小，因此，在海—气耦合系统中，海洋是大气的稳定器。许多大气中瞬变天气波动仅仅只能引起海洋运动的微弱变化，并且大气很多的快速变化输入海洋后，会被海洋所滤掉，随后在此耦合系统中呈现出一种缓慢的低频运动，如在赤道太平洋每隔3～4 a就发生1次厄尔尼诺、南方涛动事件(ENSO事件)，这就是这个耦合系统中一种低频运动。

海洋与大气之间不仅有能量交换，而且还有水汽、CO_2等大气化学成分的交换，对CO_2增加造成温室效应的估计，就与海洋对CO_2的溶解及向深海的输送有密切关系。

短期数值天气预报的经验表明，对24小时以上的预报，下垫面的加热已经有决定性的作用。作月平均环流的气候预报则需要考虑下垫面，尤其是海洋状况的异常。因此，海洋对气候变化与气候异常的形成具有重要意义。

(3) 冰雪圈　冰雪圈包括大陆冰盖、海冰、高山冰川、季节性雪被、永久性冻土以及湖冰和河冰。目前全球陆地约有10.6%被冰覆盖。海冰的面积比陆冰要大，但由于世界海洋广阔，海冰仅占海洋面积的6.5%。冰雪圈是大气和海洋的冷源。冰雪圈对气候系统储热贡献很大，在夏季储存大量热量，在冬季释放同等的热量；增加反射率(反射率与辐射成正反馈)；阻止地表与大气间的热量交换；在极区通过吸收和释放淡水影响海洋的温盐环流，同时冰雪储藏的大量水资源会对全球海平面高度变化产生影响。在冰雪圈中，冰原、高山冰川和永冻土要在数百年或更长时间内才会呈现出明显变化。因此，在研究长期气候变化时，常把冰川进退作为一个重要指标。但由于惯性作用，冰川的变化常落后于气候变化。滞后时间从几年到几十年，随冰川大小及具体环境而异。在近年的全球变暖过程中，海冰、高山冰川、永冻土以及南极冰原的范围和厚度都已明显减少，反映出它们对气候变化的敏感性。海冰和季节性雪与气候系统的相互作用时间尺度较短，为月至几年，尤其是海冰，它与气候的年际和年代际变化有十分密切的联系，这正是目前气候模拟和气候变化研究的时间尺度。冰雪圈既是气候变化的指示器，又对气候长期变化产生反馈作用。

(4) *岩石圈*　亦称陆面，包括山脉、地表岩石、沉积物、土壤和洋底。古代大陆漂移、造山运动、火山爆发等岩石圈的巨大变化，对地质时期气候形成和变化的影响巨大。但是，在气候系统所有组成部分中，陆地位置、地形的变化是最缓慢的，其时间尺度可与地球本身年龄相比。例如，造山运动和大陆板块移动，时间尺度为10～100万年。因此，对于月、季到几十年、最多几百年的气候变化，全球海陆分布和地形的变化是可以忽略不计的。这时，陆面对大气主要有动力和热力两个方面的影响。海陆分布和山脉大地形是大气环流形成的重要因素。土壤温度和湿度对土壤反射率、蒸发、局地环流和气候均有显著影响。另外，土壤还是大气气溶胶的源，它们对气候变化具有重要意义。

(5) *生物圈*　指地球上的动物、植物和微生物，其中包括人类本身。生物圈各组成部分变化的时间尺度差异很大，农田为数周，大片森林可长达数十年至数百年。生物对气候变化十分敏感，反过来生物也影响气候。气候会影响森林、草原、冻原和沙漠的地理分布和状况，从而影响动物及人类。全球生物群落的分布主要取决于气温、降水量和太阳辐射。冻原和森林的分界线由年平均气温决定，不同陆地植被类型的分界线主要由植被所需的水量决定。在全年皆冬，最热月平均气温也低于10℃的地区，其主要植被类型就是苔原。森林比草原需要更多的水分，而草原的需水量又比沙漠多。反过来，植物的生长与破坏改变地表反射率、粗糙度、蒸散发和物质循环，从而影响气候。自然植被(如森林)的反射率一般仅有土壤的一半大小，植被破坏会减少对太阳辐射的吸收，同时还会影响水分循环。大范围的植被变化甚至可能影响全球的热量平衡及水分平衡，更容易使局部地区气候恶化。砍伐森林、燃烧化石燃料，增加了大气中的CO_2，导致20世纪末的全球年平均气温比19世纪末高0.6℃。西非萨赫勒地区从20世纪60年代末到90年代持续干旱，沙漠以大约50 km/a的速度向南推进，每年有超过2 000万hm^2的肥沃土地(相当于比利时国土总面积)变成颗粒无收的沙漠。撒哈拉沙漠显著扩张，一方面归因于人类过度放牧，以及引入深井技术改变了牧民逐草而牧的传统游牧生活，使牧畜长期逗留在深井附近，过度啃食植被，土壤也发生了严重退化。植被受到破坏后，地表反射率就会增大，反过来又会加速荒漠化进程。这是由于裸露地表比植被反射更多的太阳辐射，沙漠吸收的热量较少，在雨季(6～9月)热带辐合带向北移至萨赫勒时，对流减弱，降水减少。同时，气溶胶可以作为水汽凝结核，有助于形成云雨，而植被减少会使大气中生物源气溶胶减少，降水也会减少。另一方面原因是大尺度气候波动的作用。研究表明，沙漠边缘植被的改变主要是由降水的年代际变化所引起的。在干旱地区，植物种子能休眠好几年，一旦有降水就会生根发芽。卫星观测表明，雨季的植被变化与降水量变化密切相关，多雨年植被面积显著增加。1980～1995年，随着降水的年际变化，萨赫勒西部沙漠与草原的界线可向内或向外移动300 km。

可见，气候系统这一概念的引入，极大地拓宽了传统气候学的研究范畴。现代的气候学从概念上已经不再是过去常常被作为气象学或地理学的一个分支的经典气候学，而是大气科学、海洋学、地球物理、地球化学、地理学、冰川学、地质学、天文学、生物学等众多学科相互渗透共同研究的交叉科学。气候系统是一个非常复杂的非线性系统，各子系统彼此独立，又相互作用。只有研究整个气候系统，才能正确认识气候形成和气候变化。现代监测手段(如卫星、火箭等)能够提供许多过去很少了解的宝贵信息，如冰雪分布、广阔大洋的海温以及地面射出长波辐射及其反射率等。这些资料大大地增进了人们对气候系统的认识，也为理论研究及数值实验研究提供了基础资料。

三、气象学与气候学的发展简史

大气科学是一门古老而又年轻的科学，其发展历程可分为以下四个阶段：

1. 天气、气候的定性描述和知识积累阶段(人类有文字记载～1596年)

这一时期的主要特点是人们仅凭借眼睛观察天气和气候现象，对天气和气候变化的认识还处于描述性和经验性的知识积累阶段。例如，在公元前1217年，我国在殷墟的甲骨文中就有风、云、雨、雪等文字记载。先秦时期的科学文献《夏小正》上，已有气象和物候的专述。

2. 天气与气候的定量观测、分析阶段(1597～1819年)

这一时期大气科学产生了第一次飞跃，代表性成就有：1597年，伽利略发明了空气温度表；1643年伽利略的学生托里拆利发明了水银气压表;1662 年,英国的雷恩(Wren)发明了虹吸式自记雨量计。气象观测仪器的陆续发明和不断改进,使气温、气压、湿度、风速等实现了定量观测。人们逐步认识到气压变化在天气与气候演变中的重要作用,为天气学的发展指明了方向。

3. 大气科学基础理论的创立和天气图分析预报阶段(1820～1939 年)

这一时期大气科学产生了第二次飞跃,主要标志有无线电报的发明;地面气象观测网的产生;天气图的诞生;挪威学派创立了气团及锋面学说,提出了著名的斜压理论和环流原理;罗斯贝(Rossby)发现了大气长波,创立了长波动力学。天气学、天气气候学和动力气象学形成并得到迅速发展。

1820 年德国的布兰德斯利用《巴拉丁气象学会杂志》刊载的气象观测资料,绘制了世界上第一张天气图。

电报的发明,为各地气象观测资料的迅速传递和集中提供了条件,使绘制当日天气图成为可能。法国政府于 1856 年组织了气象观测网,1860 年创立风暴警报业务。绘制天气图开始成为一项日常业务。

1857 年荷兰的白贝罗(Buys-Ballot)提出风压定律。

1861 年美国费雷尔(Ferrel)引入科里奥利力。

以皮叶克尼斯(V. Bjerknes)为首的挪威学派,在 1917～1918 年发现了暖锋,提出了冷锋、暖锋、锢囚锋、静止锋和低压及其云雨分布的气旋模式。从此,锋面和气团便成为天气分析预报业务的主要对象和依据。

芝加哥学派的创始人罗斯贝(Rossby),在高空天气图上发现了长波,1939 年创立了长波理论。

4. 数值天气分析预报与大气遥感技术综合应用阶段(1940 年至今)

20 世纪中叶至今大气科学产生了第三次飞跃,其突出标志首先是基培尔于 1940 年提出了计算气压和温度局地变化的方法,揭开了近代动力数值预报的序幕。天气、气候的一个重要特点是不能在实验室做实验,但是可以借助于计算机和大气运动方程组的数值模式,通过改变模式的参数、初始场、边界条件等,对天气、气候状态及其变化进行数值模拟和预测分析。自 1950 年诺伊曼和查尼等利用计算机制作出了第一张数值天气预报图后,数值天气预报的方法已成为日常业务预报的一种不可缺少的重要工具。目前数值预报准确率已从 1990 年的 30%提高到 60%,大多数国家都建立了数值预报业务。其次是 1960 年 4 月美国发射第一颗气象卫星,开创了从宇宙空间观测全球大气的时代,大气科学试验正从局部的专业试验向全球的综合性试验过渡,气候研究正朝着更加广泛、更加精确、更加综合的方向发展,这不仅将其自身推向科学发展的前沿阵地,其研究结果也将极大地改变整个社会经济活动的结构和步伐。

气　象　篇

第一章　大气的成分、状态与结构

要正确解释发生在大气层中的各种物理现象和物理过程，掌握它们的变化规律，首先必须对大气的成分、结构和基本的物理性质有一个清晰的了解。

第一节　大气的组成

大气本身的可压缩性、太阳辐射、地球的形状和引力、地球的公转和自转、地球表面的海陆分布和地形起伏、地球的演化和地球生态系统等是造成地球大气特定组分、特定结构和特定运动状态的主要自然条件。人类活动及其对生态因素所起的作用，是影响大气组分、大气结构和大气运动的人为条件。根据大气成分垂直分布特点，可以将整个大气层分为均质层（低层大气 90 km 以下）和非均质层（高层大气 90 km 以上）。

一、高层大气成分

平均约从 90 km 高度开始，由于紫外线的照射，氮和氧已有不同程度的离解。在 100 km 以上，氧分子已几乎全部离解为氧原子。到 250 km 以上，氮也基本上都离解为氮原子。在非均质层里，由于重力分离作用及光化学作用，大气各成分的比例随高度而变化，平均分子量随高度升高而逐渐减小。在 500 km 高度处，大气主要中性成分为 O、He、N_2和 H、O_2；1 000 km 高度处，仅有 He、H 和 O。在非均质层的不同高度处，密度最大的气体成分依次为 O（180～650 km）、He（650～1 000 km）、H（1 000 km 以上）。O 原子浓度的峰值约在 100 km 高度处，其相对浓度则随高度升高而迅速增加。这是因为高空的太阳紫外辐射强，光解作用生成的 O 原子多，而且气体分子密度小，碰撞频率也小，复合机会少，使 O 原子能成为一个稳定的成分。

二、低层大气成分

均质大气（低层大气）是多种气体的混合物（表 1－1）。90 km 以下的大气成分基本上（或绝大部分）都是处在中性分子状态。并且由于大气的湍流、分子扩散及垂直和水平运动，使不同高度、不同地区的空气得以交换和混合，致使从地面到 90 km 的低层大气中的氮和氧的比例非常稳定。

表 1－1　25 km 高度以下大气的成分

成　分		体积混合比	寿　命	临界温度/℃	临界压强/大气压
干空气	氮(N_2)	78.08%	$(1\sim20)\times10^6$ a	−147.2	33.5
	氧(O_2)	20.95%	$(0.5\sim1.0)\times10^4$ a	−118.9	49.7
	氩(A_r)	0.93%	$\leqslant10^7$ a	−122.0	48.0
	二氧化碳(CO_2)	380 ppm	30～200 a	31.0	73.0
	氖(Ne)	18.2 ppm	$\leqslant10^7$ a	−228.0	26.0
	氦(He)	5.2 ppm	$\leqslant10^7$ a	−257.9	2.3
	氪(Kr)	1.1 ppm	$\leqslant10^7$ a	−63.0	54.0
	氙(Xe)	0.1 ppm	$\leqslant10^7$ a	16.6	58.2
	甲烷(CH_4)	1.75 ppm	$\leqslant10$ a	−82.6	45.4

续 表

成 分		体积混合比	寿 命	临界温度/℃	临界压强/大气压
干空气	氢(H_2)	0.5 ppm	6～8 a	−240.0	12.8
	臭氧(O_3)	0.01～0.05 ppm	≤2 a	−5.0	92.3
	干空气	100%	—	−140.7	37.2
氧化亚氮(N_2O)		0.3 ppm	≤150 a	—	—
一氧化碳(CO)		0.1 ppm	0.2～0.5 a	—	—
二氧化硫(SO_2)		0.03～30 ppm	≤2 d	—	—
硫化氢(H_2S)		0.01～0.6 ppm	0.5～4 d	—	—
氨(NH_3)		0.1～10 ppm	5～6 d	—	—
二氧化氮(NO_2)		0～2 ppm	8～11 d	—	—
甲醛(CH_2O)		0～0.1 ppm	—	—	—
氯(Cl_2)		0.000 3～0.001 5 ppm	—	—	—
水汽(H_2O)		大约赤道 3%, 极地附近 0.2%	≤10 d	—	—
气溶胶		大约 0.001～1 ppm	≤10 d	—	—

注: 1 ppm=10^{-6}。

按大气成分的性质,可以把从地面到 90 km 高度的大气视为由干洁大气、水汽及气溶胶质粒三部分组成。

(一) 干洁大气

1. 干洁大气的成分

除去水汽及悬浮在大气中的固体、液体质粒以外的整个混合气体称为干洁大气。按照各成分浓度(表 1-1),可以将大气所有成分分为主要成分、微量成分、痕量成分三类,后两类也可合称为次要成分或微量成分。主要成分指 N_2、O_2、Ar、CO_2,浓度≥300 ppm;微量成分浓度在 1～20 ppm,如 CH_4 等;痕量成分浓度<1 ppm,重要的有 O_3、H_2、NO_x、SO_x 及氯氟烃类化合物等。对于氮、氧及惰性气体等长寿命高浓度成分,人类活动以及它们的自然源和汇对其含量的影响,与它们的自然贮存的尺度相比微不足道。而那些微量和痕量成分,它们浓度虽然很低,但对地—气系统辐射收支有重要影响,尤其是那些受人为活动影响大的成分(如气溶胶、温室气体、臭氧等),它们的变化将会引起一系列天气气候效应和环境效应。这就是为什么我们在讨论化石燃料问题时只注意二氧化碳问题而毋需深究氧的消耗。

干洁大气中各种气体成分的临界温度都很低。例如氮为−147.2℃,氧为−118.9℃,氩为−122.0℃。只有二氧化碳、氙、臭氧的临界温度比较高(分别为 31℃、16.6℃、−5℃),但它们的临界压强远超过实际大气的压力。因此,在自然条件下,干洁大气没有任何相变过程,可以视为分子量为 28.97 的单一成分的理想气体。当然,实际大气远不是干洁大气,在任意时刻、任何空间位置上,实际大气中都含有水汽与气溶胶粒子。

氮是地球上生命体的基本成分,又是合成氨的基本原料。大气中的氮气来自火山喷发(4%)、动植物腐烂分解。氮气是一种“惰性气体”,在自然条件下,不易与氧气化合,不能直接被植物利用,因而得到积累成为大气中含量最多的成分。氮在自然条件下可以通过豆科植物的根瘤菌作用固定到土壤中,成为被植物吸收的化合物。闪电能将大气中的 O_2 和 N_2 结合成 NO,渗入土壤成为硝酸盐。氮对太阳辐射远紫外光区 0.03～0.13 μm 具有选择性吸收。

大气中的氧气是人类赖以生存的物质基础,主要来源于水的离解(吸收紫外线)和植物的光合作用(吸收可见光)。氧气的出现及其含量的变化,同地球的形成过程和生物的演化过程密切相关,如岩石破碎(风化作用)是非常缓慢的氧化作用过程。除了游离存在的氧气外,氧还以硅酸盐、氧化物、水等化合物形式存在,在高空还有臭氧和原子氧。氧气在波长小于 0.24 μm 的辐射作用下分解,大气中臭氧的形成与氧气的分解有关。大气中的氧在海拔 3.5～4.5 km 的含量只相当于海平面高度的一半，被称为“白色死亡带”。

2. 大气的状态参量

空气状态通常用压强(P)、体积(V)、温度(T)、密度(ρ)等参量进行表示。大气的海平面平均气压为 1 013.3 hPa，气温为 288.15 K，密度为 1.225 kg/m^3。

(1) 气压　气压是指大气压强，一般用 P 表示。它是空气具有重量和空气分子运动的综合反映。在静止大气中，任意高度的气压值等于该高度处单位面积所承受的空气柱重量。当空气有垂直加速运动时，气压值与单位面积上承受的大气柱重量就有一定的差值，但在一般情况下，空气垂直运动加速度很小，这种差别可以忽略不计。测量气压的仪器通常有水银气压表、空盒气压表、空盒气压计。世界气象组织规定气压的单位统一用百帕(hPa)。气象上气压的单位曾经用过毫巴(mb)、毫米水银柱高度(mmHg)、帕斯卡(Pa)、标准大气压。当气温为 0℃，在纬度 45°的海平面上，760 mm 水银柱高时的大气压称为 1 个标准大气压。地面(海平面)气压值在 980 hPa～1 040 hPa 变动。单位之间换算关系为：1 hPa＝100 N/m^2＝1 mb＝3/4 mmHg；1 标准大气压＝1 013.25 hPa。

(2) 气温　气温是表示空气冷热程度的物理量。温度是分子平均动能大小的度量。当空气获得热量时，其分子运动的平均速度增大，平均动能增加，气温也就升高；反之亦然。气象台站观测气温，是把温度表放置在百叶箱内，既不受太阳光直射，又能保持空气流通，其读数能准确反映周围空气的温度。通常所说的地面气温是百叶箱中距离地面 1.5 m 处空气的温度(干球温度表的读数)。气温的单位一般用摄氏温标(℃)和绝对温标(K)，少数国家也用华氏温标(℉)。

1) 摄氏温标：规定在一个标准大气压下，纯水的冰点为零度(0℃)，沸点为 100 度(100℃)，其间等分为 100 等份，每份即为 1℃。摄氏温度用℃表示，它是 1742 年由瑞典人摄尔司发明的。

2) 华氏温标：规定在一个标准大气压下，水的冰点为 32 度(32℉)，沸点为 212 度(212℉)，其间分为 180 等分，每等分代表 1℉。华氏温度用℉表示，它是 1709 年由德国人华伦海发明的。

3) 绝对温标：亦称开氏温标、热力学温标，用 K 表示。绝对温标中一度的间隔和摄氏度标完全相同，不同的是它是以理论上所说的分子热运动将完全停止时的温度作为零度，即以－273.16℃作为零度。开氏温标是 1848 年由英国物理学家开尔文(Kelvin)创立的。1960 年第十一届国际计量大会规定热力学温标以开尔文为单位。我国常用摄氏温标，英国、美国、加拿大、澳大利亚和印度等国常用华氏温标，而理论研究常用绝对温标。三种温标之间换算关系为：

$$T = t + 273;\quad t_F = \frac{9}{5}t + 32;\quad t = \frac{5}{9}(t_F - 32) \tag{1-1}$$

式中，T 为绝对温度(K)；t 为摄氏温度(℃)；t_F为华氏温度(℉)。

3. 干空气状态方程

对于一定质量的空气，其状态方程是指空气的气压、体积和温度之间的函数关系式。例如，一小团空气从地面上升时，随着高度的增加，其受到的压力减小，随之发生体积膨胀增大，因膨胀时做功，消耗了内能，气温会降低。这说明空气状态发生了变化。如果三个量都不变，就称空气处于一定的状态中。因此，研究这些量的关系就可以得到空气状态变化的基本规律。

(1) 理想气体的状态方程　理想气体是指分子为一质点，分子仅具有质量但自身体积为零(即气体分子所能自由运动的全部空间，故理想气体的体积等于容器的体积)，且分子间无作用力(故理想气体不能液化或固化)的气体。由物理学已知，单位质量的单一成分理想气体的状态方程可写成

$$P = \rho RT \tag{1-2}$$

式中，P 为气压；ρ 为气体密度；T 为温度；R 为比气体常数，计算公式为

$$R = \frac{R^*}{\mu} \tag{1-3}$$

式中，$R^* = 8.31\ \mathrm{J/(mol \cdot K)}$为普适气体常数；$\mu$ 为分子量。气体成分不同，μ 就不同，因而比气体常数 R 也不同。

理想气体状态方程说明了当温度保持不变,理想气体的体积改变与气压成反比,这种关系是物理学常见的波义耳(R. Boyle)定律;当压力保持不变,空气的体积与温度成正比,这就是一般热膨胀原理;当体积保持不变,则该体积的压力与温度成正比,这种关系在物理上又称查理(A.C. Churles)定律。

(2) 干洁大气的状态方程 大气并不是单一气体,而是由多种气体混合而成的,然而,由于干洁大气的各种气体均可看成理想气体,且干洁大气的各种气体的比例是固定的。因此,在常温常压下,可以把干洁大气视为分子量为28.97的单一成分的理想气体,这样干空气的比气体常数 R_d 为

$$R_d=\frac{R^*}{\mu_d}=\frac{8.31}{28.97}=0.287\ \mathrm{J/(g\cdot K)}$$

干洁大气的状态方程为

$$P_d=\rho_d R_d T \tag{1-4}$$

式中, P_d 为干空气的气压; ρ_d 为干空气的密度; R_d 为干洁大气的比气体常数; T 为温度。

式(1-4)表明,干空气的密度随气压及温度而变化。若温度一定,气压加大时,密度增大;若在等压情况下,当温度升高时,密度减小。这是因为气压的大小决定于器壁单位面积上单位时间内受到的分子碰撞次数及每次碰撞的平均动能,如果分子平均动能大,单位时间里碰撞次数多,要使气压保持不变,密度将减小。例如,根据状态方程,夏季,大陆增温快、气温高、密度小,而海洋增温慢、气温低、密度大。

(二) 水汽

1. 大气中水汽的来源

大气中的水汽主要来源于江、河、湖、海、潮湿陆面的蒸发以及植物的蒸腾(图1-1)。大气中的水汽总质量为 1.29×10^{10} g,占地球总水量的0.0009%(表1-2),相当于24 mm厚的水层。含水汽的空气称为湿空气。大气中的水汽含量随地区、时间、海拔和气象条件而异。一般低纬大于高纬,沿海大于内陆,夏季大于冬季,按容积计算,其变化范围在0~4%。由于水汽来源于下垫面,由大气对流运动输送到上层,所以大气中的水汽主要集中在近地层,高度越高,水汽含量越少。据观测,在1.5~2 km高度的水汽含量已减少为地面的一半,在5 km高度上减少为地面的1/10,再向上就更少了。水汽在大气中的含量虽少,但由于它能在常温条件下发生三相变化,成云致雨,因而它对大气中的物理过程起着重要作用,是天气变化的主要角色。水的相变和水文循环过程不仅把大气圈同水圈、岩石圈、生物圈紧密地联系在一起,而且水汽在相变过程中要吸收和放出潜热,同时水汽又易吸收和放射长波辐射,形成的云对太阳辐射的反射率大,所以大气中水汽含量的多少能直接影响地面和大气的温度,影响天气及天气系统的变化和发展。此外,大气中的降水对污染物是一种清除过程。

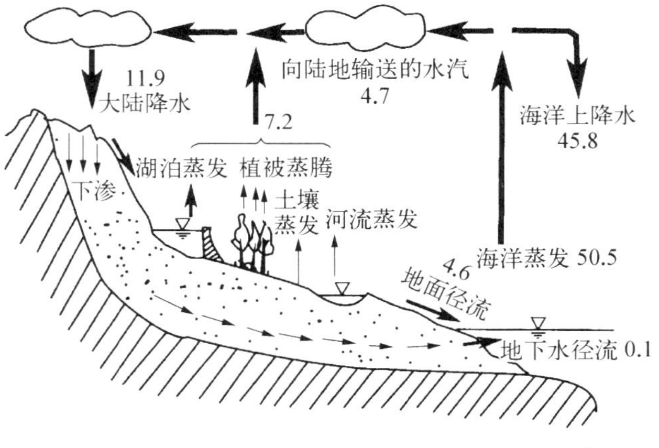

图1-1 水分循环示意图(图中数字单位为 $10^4\ \mathrm{km^3/a}$)

表1-2 水圈的组成

名称	海洋水	地 表 水	地下水	大气水	土壤水	生物水
比例	96.53%	1.75% (其中冰川冰盖1.736%)	1.7%	0.0009%	0.001%	0.0001%

2. 空气湿度

表示空气中水汽含量多少或潮湿程度的物理量称为空气湿度,简称湿度。空气湿度状况是决定云、雾、降水等天气现象的重要因素。由于测定方法和实际应用的不同,采用多个湿度参量表示空气湿度。

(1) 水汽压与饱和水汽压 由空气中的水汽所产生的分压力称水汽压(e)。它的单位和气压相同,也

用 hPa 表示。在大气科学中由干、湿球温度差经过换算而求得。

在一定温度下,从水面或冰面进入空气中的水分子数与从空气中返回水面或冰面的水分子数相等时湿空气的水汽压称为饱和水汽压(E)。水汽含量达到饱和的湿空气称为饱和空气,此时,$e=E$。类似地,在一定温度下,从水面或冰面进入空气中的水分子数大于(小于)从空气中返回水面或冰面的水分子数时的湿空气称为未饱和空气,此时,$e<E$(过饱和空气,$e>E$)。对同一蒸发面,饱和水汽压只是温度的函数,随温度的升高而增大。"空气中的水汽达到饱和"这句话容易让人误解为,空气像海绵一样吸收水汽。实质上,液相与气相之间水分子的交换与空气的存在与否无关。

在一定的温度下,饱和水汽压(E)与空气中实际水汽压(e)之差,叫饱和差(d),即 $d=E-e$。饱和差表示湿空气距离饱和的程度。饱和差越小,湿空气越接近饱和,饱和湿空气的饱和差为零。饱和差能反映水分子的蒸发能力,在研究水面蒸发时常用到它。

(2) **相对湿度** 相对湿度(f)是指空气的实际水汽压 e 与同一温度下的饱和水汽压 E 之比,以百分数表示,即:

$$f=\frac{e}{E}\times 100\% \tag{1-5}$$

相对湿度的大小表示空气接近饱和的程度。对于未饱和空气,$f<100\%$,当其越接近 100%时,表明空气越接近于饱和;对于饱和空气,$f=100\%$;对于过饱和空气,$f>100\%$。当温度变化时,E 和 e 都要发生变化,但 e 的变化远小于 E 的变化。因此,当气温升高时,相对湿度 f 会减小;当气温降低时,相对湿度 f 将增大。

(3) **绝对湿度** 单位体积湿空气中所含的水汽质量,称为绝对湿度(a),也就是空气中的水汽密度(ρ_w),单位是 g/m³,即表示每立方米湿空气中含有多少克的水汽。绝对湿度不能直接测量,但可间接算出。绝对湿度与水汽压有如下关系:

$$a=289\,\frac{e}{T} \tag{1-6}$$

式中,a 为湿空气的绝对湿度,单位为 g/m³;e 为水汽压,单位为 mmHg;T 为温度,单位是 K。当气温等于 16℃时,绝对湿度和水汽压在数值上相等。一般情况下,地面实际气温与 16℃相差不大,所以在精度要求不高的情况下,在近地面处水汽压的量值可以近似代替绝对湿度,但需要注意,两者单位不同。如果 e 以 hPa 为单位,而 a、T 单位不变,则

$$a=217\,\frac{e}{T} \tag{1-7}$$

(4) **比湿** 在湿空气中,水汽的质量与该团空气总质量之比,称为比湿(q),单位为 g/kg 或 kg/kg,即表示单位质量湿空气中所含的水汽质量。

$$q=\frac{m_w}{m_w+m_d} \tag{1-8}$$

式中,m_w为该团湿空气中水汽的质量;m_d为该团湿空气中干空气的质量。据公式(1-8)及干空气和水汽的状态方程可导出

$$q=0.622\,\frac{e}{P} \tag{1-9}$$

式中,q 为比湿,单位是 kg/kg;气压 P 和水汽压 e 须采用相同单位(hPa)。

对于某一团空气而言,在发生膨胀或压缩,体积发生变化时,若无水分凝结或蒸发,则其中的水汽质量和干空气质量并不会发生变化,其比湿保持不变。因此在讨论湿空气的垂直运动时,通常用比湿来表示空气的湿度。

饱和空气的比湿称为饱和比湿(q_s)。由公式(1-9)可得

$$q_s = 0.622\frac{E}{P} \tag{1-10}$$

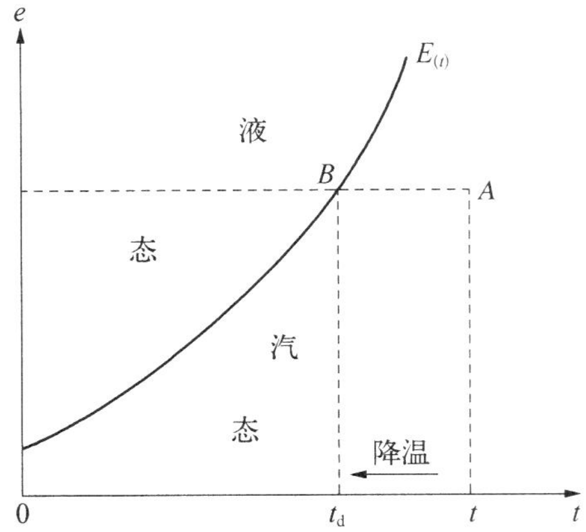

图 1-2 露点的定义

(5) *露点温度* 湿空气在水汽含量不变条件下,等压降温达到饱和时的温度,称为露点温度,简称露点(T_d)。其单位与气温相同,为℃。傍晚或夜间,近地面气温降低到露点时,水汽就会凝结成露珠。按照露点的定义,当气压一定、水汽含量不变时,e 就会不变,而温度降低却会使饱和水汽压 E 减小,当 E 减小到使 $e=E$ 时,空气冷却所达到的温度值就是露点。例如,图 1-2 是饱和水汽压 $E_{(t)}$ 的曲线,A 点处于未饱和状态(温度为 t),当水汽压 e 保持不变,温度降至 B 点(温度为 t_d)时与 $E_{(t)}$ 曲线相交,即达到饱和。

露点的单位虽然与温度一致,但它表征的是空气中水汽含量的多少。在气压一定时,露点的高低只与空气中的水汽含量有关,水汽含量越多,露点越高。在地球表面,气压随时间和地点不同而发生的变化仅有百分之几,因此,露点是空气中湿度的很好指标。由于空气一般是未饱和的,故露点常常比气温低($T_d < T$),只有空气达到饱和时,露点才和气温相等,所以根据温度露点差($T - T_d$)可以判断空气距离饱和的程度。气温降低到露点,是水汽凝结的必要条件。在暖湿天气里,露点也是人们不舒适程度的一个简便指标。例如,当露点升到 20℃以上时,大多数人开始感到不舒适,而空气露点约在 22℃以上时,一般就会觉得非常潮湿或“闷热”。幸运的是超过这个温度的露点即使在热带也很少见。

3. 湿空气状态方程

由于湿空气中包含了水汽,因此湿空气的状态方程要比干空气状态方程复杂。在常温常压下,水汽可以看成理想气体,其状态方程为

$$e = \rho_w R_w T \tag{1-11}$$

$$R_w = \frac{R^*}{\mu_w} = \frac{\mu_d}{\mu_w}\cdot\frac{R^*}{\mu_d} = \frac{28.97}{18}R_d = 1.608R_d$$

把湿空气分为水汽与干洁空气两部分,即

$$\rho = \rho_d + \rho_w \tag{1-12}$$

式中,ρ 为湿空气的密度;ρ_d 为干空气的密度;ρ_w 为水汽的密度。

按照道尔顿(Daltan)分压原理,湿空气的气压 $P = P_d + e$

将干空气状态方程式(1-4)和水汽状态方程式(1-11)代入式(1-12),得

$$\rho = \rho_d + \rho_w = \frac{P-e}{R_d T} + \frac{e}{R_w T} = \frac{1.608(P-e)+e}{1.608R_d T} = \frac{P}{R_d T}\left(1 - 0.378\frac{e}{P}\right)$$

即

$$P = \frac{\rho R_d T}{1 - 0.378\dfrac{e}{P}} = \frac{\rho R_d T\left(1 + 0.378\dfrac{e}{P}\right)}{1^2 - \left(0.378\dfrac{e}{P}\right)^2}$$

由于 e 远远小于 P,因而 $\left(0.378\dfrac{e}{P}\right)^2$ 很小,可以舍去,则有

$$P = \rho R_d T\left(1 + 0.378\frac{e}{P}\right) \tag{1-13}$$

式(1-13)即湿空气状态方程的常见形式。如果引进虚温(T_v),即

$$T_v = \left(1 + 0.378\frac{e}{P}\right)T \tag{1-14}$$

由于 $\left(1+0.378\frac{e}{P}\right)T$ 恒大于1,因此虚温总高于湿空气的实际温度。引入虚温后,湿空气的状态方程可写成

$$P=\rho R_d T_v \tag{1-15}$$

比较湿空气和干空气的状态方程,在形式上是一致的,其区别仅在于把方程右边实际气温换成了虚温。虚温的意义是在同一压强下,干空气密度等于湿空气密度时,干空气应有的温度。虚温和实际温度之差 ΔT 为

$$\Delta T=T_v-T=0.378\frac{e}{P}>0 \tag{1-16}$$

可见空气中水汽压 e 越大,这一差值便越大。在低层大气,尤其在夏季,e 值较高,这时必须用湿空气状态方程。但在高空,e 值相对较小,因而 ΔT 很小,这时便可用干空气状态方程,而不致造成较大的误差。

(三)大气气溶胶粒子

大气气溶胶粒子指悬浮大气中的固体、液体微粒,包括烟粒、尘埃、盐粒、水滴、冰晶、微生物、植物的孢子和花粉等。粒径一般在 0.002～100 μm。分为降尘、飘尘、可入肺颗粒物、总悬浮颗粒物。粒径>10 μm 的颗粒物称为降尘。粒径≤10 μm 且能在大气中长期飘浮的悬浮物质称为飘尘,也称为可吸入粒子(PM_{10})。粒径≤2.5 μm 的细小颗粒物称为可入肺颗粒物($PM_{2.5}$)。总悬浮颗粒物(TSP)是指粒径≤100 μm 的颗粒物的总称。其中总悬浮颗粒物和 $PM_{2.5}$ 是空气污染常规监测项目。大气中的气溶胶是由自然过程和人类活动两部分所造成的。自然气溶胶包括火山尘埃、宇宙尘埃、海水溅沫、花粉与种子、地面尘埃、沙尘暴粒子等;人工气溶胶是由人类的生产和军事活动、日常生活等直接排放到大气中的各种粒子形成的。

气溶胶粒子主要集中在近地面 1～2 km 以下的大气层内,是低层大气的重要组成部分,其含量随时间、空间以及天气条件而变化。大气气溶胶粒子的化学组成主要有5类,即矿物质、海盐、烟煤、气体转换物或水溶性物质、火山灰。城市的汽溶胶粒子大部分来源于工业污染气体、汽车尾气的转换,其中主要是 SO_x、NO_x、碳氢化合物、苯并芘等污染气体转换成的酸性粒子和光化学烟雾。大陆性粒子主要由地表与土壤矿物元素组成。海洋性粒子则主要由氯化钠、氯化钾、硫酸铵等吸湿性物质组成,都是水溶性物质。平流层气溶胶粒子主要是硫酸和硫酸铵等。当有强烈火山爆发时,火山灰则成为平流层粒子的主要组成。

大气中气溶胶主要有三方面的影响:气溶胶粒子能散射、反射和吸收部分太阳辐射,也能增加大气逆辐射,对地面和空气温度有一定影响,也会降低大气透明度,使大气能见度减小;充当水汽凝结核,对云、雾、降水的形成起重要作用;对大气污染的产生有重要作用。例如,烟中的烟黑是致癌物质,粉尘中含有大量的重金属(镉、铬、铅等)以及许多有毒有害的有机化合物,对人体有一定的危害。燃烧排放出的一氧化氮、二氧化氮、二氧化硫等气体,在紫外线的照射下会发生氧化,遇水滴或在高温的情况下生成硝酸、亚硝酸、硫酸及各种盐类,形成酸雨、光化学烟雾等。

第二节 大气的垂直结构

一、大气的上界

大气总质量约 5.3×10^{15} t,相当于地球质量(5.98×10^{21} t)的百万分之一。大气质量的主要部分集中在低层,10 km 以下占 75%,20 km 以下占 95%,只有 5%的空气散布在 20 km 以上的高空中,到 700～800 km 的高度处,空气分子之间的距离可达数百米远,但即使到离地 2 000 km 以外的空间大气密度也不会减少到零的程度。大气密度随高度的增加呈指数递减并逐渐趋于稀薄,向星际空间过渡且无明确的上界。因此,只能通过物理分析,确定大气的大致上界。有两种划分法:① 根据极光(瑰丽的极光是在 80～1 200 km 内常出现的一种大气光学现象,它是由于太阳发射的高速带电粒子流与高层稀薄的空气分子或原子相撞,使之电离,并在地球磁场的作用下,移向南北两极而形成的,所以极光常出现在高纬度地区)出现的最大高度,一般将大气

上界高度定为 1 200 km;② 以大气密度接近星际气体密度(1 个中性气体质点/cm^3)的高度作为标准,大气上界约为 2 000～3 000 km。

二、大气的垂直分层

在垂直方向上,大气有多种不同的分层方法,大气科学最常用的是根据大气温度垂直分布和大气垂直运动的特征,将大气分为五层,由地表向上,依次分为对流层、平流层、中间层、暖层和散逸层,如图 1-3 所示。

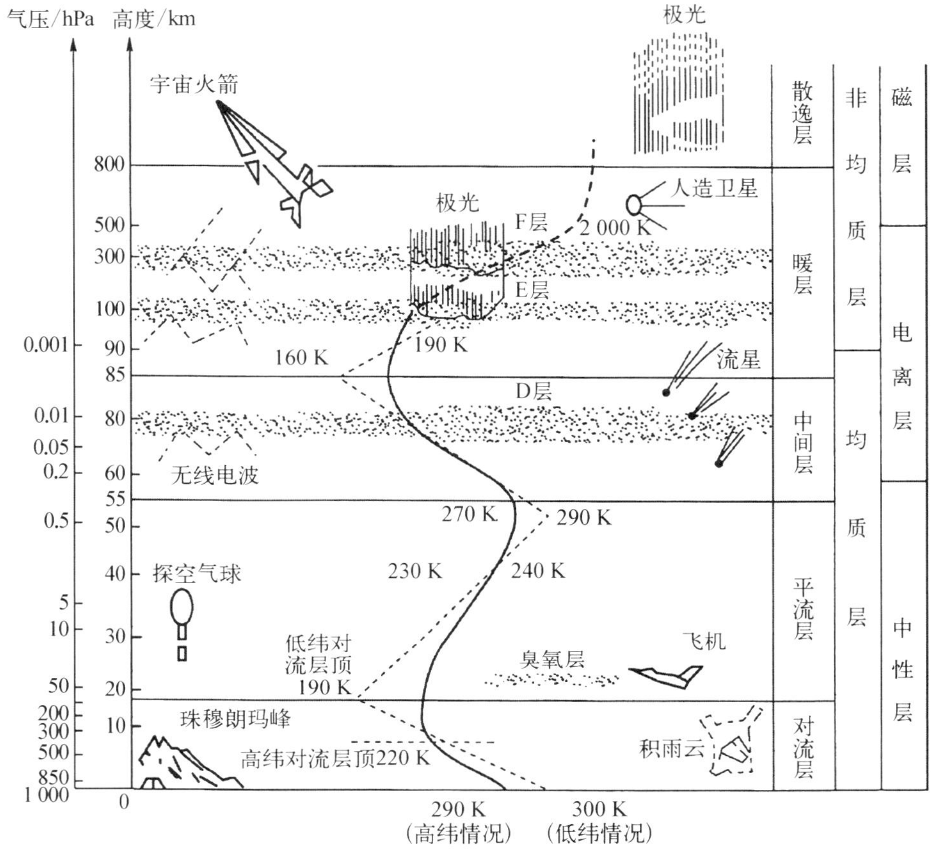

图 1-3 大气的垂直分层

1. 对流层

对流层的下界为地面,上界则随纬度和季节而变。就纬度而言,对流层上界从赤道向两极递减:低纬度地区平均为 17～18 km;中纬度地区平均为 10～12 km;高纬度地区平均为 8～9 km。从季节看,夏季大气上界的高度大于冬季。

对流层有四个主要特征:

1) 气温随高度增加而降低。由于对流层空气的热源是地面(对流层空气主要通过吸收地面长波辐射而得到热量),越靠近地面空气受热越多,从而致使气温随高度升高而降低。

气温直减率亦称温度垂直递减率或温度垂直梯度,指上升一个单位高度时,大气温度下降的数值,用 γ 表示。即

$$\gamma = -\frac{\mathrm{d}T}{\mathrm{d}z} \tag{1-17}$$

式中的负号表示气温垂直向上减小;T 为气温度。当 $\gamma > 0$ 时,表示气温随高度升高而降低;当 $\gamma < 0$ 时,表示气温随高度增高而升高(这种气层称为逆温层);当 $\gamma = 0$ 时,表示气温随高度不变(这种气层称为等温层)。

实际使用时，γ 通常取高度每升高 100 m 时，气温降低的数值表示。

在对流层内，γ 随时空变化很大，平均约为 $\gamma=0.65$℃/100 m，即每上升 100 m 约降低 0.65℃。除近地面气层外，γ 从未超过 1℃/100 m。

2) 对流运动显著。对流层由此而得名。由于地表的起伏和对空气的不均匀加热，使空气中的无规则的湍流运动和有规则的垂直运动都十分强烈。强烈的垂直混合使得上、下层空气得以交换，使近地面的热量、水汽、杂质等向高空输送，对成云致雨有重要的作用。

3) 主要天气现象均发生在对流层。对流层的厚度同整个大气圈相比，十分浅薄，但它几乎集中了整个大气的 75%和全部的水汽。对流层受地表影响大，层内对流旺盛，大气中的主要天气现象(如云、雨、雾、雪、雷电等)都发生在这一层。对流层是对人类生产、生活影响最大的一层，也是气象学与气候学研究的重点层次。

4) 气象要素水平分布不均匀。对流层受地表的影响最大，因此在对流层中，温度、湿度等的水平分布很不均匀。不仅南方和北方空气性质有差别，在同一纬度上，由于地表性质不均匀，空气性质也有差别。

2. 平流层

自对流层顶到 55 km 左右为平流层，其质量约占大气圈总质量的 20%。平流层的主要特征：① 臭氧含量丰富，在 20～30 km 高度处存在臭氧层。约 90%的臭氧分布在 10～50 km 的平流层大气中，极大值在 20～30 km，而对流层大气中臭氧所占比例不到 10%。强紫外辐射有足够的能量使包括 DNA 在内的重要生物分子分解，增高患皮肤癌、白内障和免疫缺损症的发生率，并能危害农作物和水生生态系统。平流层中的臭氧对太阳紫外线(0.2～0.32 μm)有强烈的吸收作用，阻挡了强紫外辐射到达地面，使地球适合人类居住，所以称它是地球生物的保护伞，可以说，如果没有臭氧层的保护，这个世界就不能存在。② 气温随着海拔升高而增高。在平流层内，25 km 以下气温保持不变或微升，25 km 以上气温随高度增加而显著升高，大约到 30 km左右温度随高度的升高增加很快，到平流层顶部气温可升到－3～17℃(270～290 K)。这是由于在平流层中，空气不再受下垫面的影响，该处臭氧的密度大，吸收的太阳紫外辐射使平流层大气增温。虽然 30 km 以上臭氧含量已逐渐减少，但这里紫外线辐射很强烈，故温度随高度增加得以迅速增高，造成显著的暖层。③ 空气运动以水平运动为主，无明显的垂直运动。④ 大气中水汽和尘埃含量极少，非常干燥，晴朗少云，透明度好，气流比较平稳，适宜于飞机航行。仅在高纬度 20 km 以上高度处，有时在早晚可观测到贝母云。当火山猛烈爆发时，火山尘可到达平流层，影响能见度和气温。

3. 中间层

自平流层顶到 85 km 左右为中间层。中间层的主要特征：① 气温随高度增加而迅速降低，垂直温度梯度很大，其顶部温度可降到－113～－83℃(160～190 K)，是大气层中的最低温度。这是由于该层中几乎没有臭氧，而氮和氧等气体所能直接吸收的那些波长更短的太阳辐射又大部分被上层大气吸收掉了，因此气温随高度增加而迅速下降。② 空气有强烈的垂直运动。故亦称高空对流层，但气压和空气密度随高度增加而降低的程度远慢于低层大气。③ 水汽含量极少，几乎没有云层出现。仅在高纬地区的黄昏前后，在 75～90 km 的高度处，偶尔能观测到一种薄而带银白色的夜光云，对这种云的组成还不十分清楚，有人认为由极细微的尘埃组成。④ 该层的顶部已出现弱的电离现象，电离层 D 区就位于中间层(图 1-3)。

按气体的电离状况与受地磁作用，可将大气分为中性层(60 km 以下)、电离层和磁层(图 1-3)。大气层中被电离的区域(60～500 km)称为电离层。在 60 km 以上，强烈太阳紫外辐射和宇宙射线使氧分子和部分氮分子分解成原子，并发生电离，大气中带电离子和自由电子的存在，使高层大气中能够产生电流和磁场，并可反射无线电波，故电离层在远距离短波无线电通信方面具有重要意义。根据卫星探测结果，从 60 km 到 300 km，自由电子数密度随高度单调增大，其中有一些小的波动。电子密度在 90 km、100 km、300 km 处有峰值，依次向上称为 D 区(60～90 km)、E 区(90～140 km)和 F 区(140～500 km)。夜间，光致电离作用停止，较低的 D 区和 E 区的大多数电子与正离子复合，D 区消失。太阳活动对电离层有很大影响。电离层各区的高度、厚度和电子密度有明显的日变化、季节变化和纬度变化。

地球磁层是指地球之外受太阳发射的高能离子流——太阳风所包围的地磁场控制的区域。磁层的范围起始于电离层 F 区上界(500～1 000 km)，外部边界为磁层顶，磁层顶在向日面离地心约 10 个地球半径，在背日面达几百个至一千个地球半径。磁层顶把太阳风粒子与被锢囚于磁层内的带电粒子分隔开来，太阳风只能绕着磁层顶的外侧连续流动,无法进入磁层,从而保护了地球上的生物免受太阳风和宇宙线的袭击,因此磁层是一个保护地球的天然屏障,也是地球上的生物得以生存和繁衍的一个重要条件。但少量的太阳粒子能从磁层最弱的磁极区进入地球磁极附近,冲击高层大气,使分子或原子受到激发后,与其他粒子碰撞或自身辐射回到基态时发出可见光,形成白天的极光。有的太阳风粒子绕到磁尾才能进入磁层,然后到达磁极附近冲击大气,形成夜晚的极光。磁层是一个重要的空间领域,许多重要的地球物理现象都发生在磁层内,通过太阳风—磁层—电离层—中性层大气之间的相互耦合过程,有可能弄清楚太阳—天气/气候关系的机制问题。

4. 暖层

从中间层顶到 800 km 为暖层,亦称热层。该层的空气密度很小,质量只占大气总质量的 0.5%。在 120 km处的空气密度已小到声波难以传播的程度,300 km 处的空气密度仅为地面的千亿分之一。暖层的主要特征:① 气温随高度增加而迅速升高。因为太阳辐射中所有波长小于 0.175 μm 的紫外辐射几乎全部被该层中的分子氧和原子氧吸收了。虽然这些辐射在太阳辐射中所占比例很小,但气层内分子稀少,被质量极少的大气吸收,造成很大的增温。这层内大气热量主要传输方式为热传导,由于分子很稀少,热传导率小,在各高度上热量达到平衡时,必然会有巨大的垂直温度梯度。因此,在热层内,温度很快就升到几百度,再往上升温速度渐渐变缓,在 500 km 处温度最高可达 2 000 K,500 km 以上温度变化不大,趋于常数,约 1 000~2 000 K。这一层的温度与太阳活动强弱有关,当太阳活动强烈时,温度随高度增加很快,500 km 处的温度可增至 2 000 K。当太阳活动宁静时,温度随高度增加较慢,500 km 处的温度也只有 500 K。② 空气质点(N_2、O_2、O 气体成分)在强烈太阳紫外辐射和宇宙射线作用下,处于高度电离状态。暖层中存在着 E、F 电离最强的层次,对地面发射的无线电波有反射作用,使无线电波得以在全球传播。

5. 散逸层

800 km 以上的大气层称为散逸层,亦称外层,是大气圈向星际空间的过渡地带。该层空气极度稀薄,温度随高度增加而略微升高。因离地面太远,地球引力很小,空气粒子运动速度很快,所以气体质点不断向星际空间逃逸。

第二章　大气的热能和温度

太阳不断地向宇宙空间放射出巨额的辐射能，仅被地球接受的部分就高达 1.7×10^{16} J/s，这是气候系统最主要的能量来源。地面和大气在获得太阳辐射能增温的同时，自身又放出热辐射。也就是说，太阳、地球和大气之间不断地以辐射方式进行着能量转换，形成地表复杂的大气热力状况，维持着地表的热量平衡，是天气变化和气候形成及演变的基本因素。

第一节　辐射的基本知识

一、辐射及辐射能

（一）辐射的定义

自然界中的一切物体(只要其温度高于绝对零度)都时刻不停地以电磁波方式向周围放射能量，不需要介质作为媒介。以电磁波形式向周围传递能量的方式称为辐射。以辐射方式传递的能量称为辐射能，也简称辐射，单位是焦耳(J)或卡(cal，1 cal=4.18 J)。物理学中，直接把辐射作为电磁波。辐射是太阳能传递到地球的唯一途径。辐射与光一样都是电磁波，具有反射、折射、透射等光学特性。

不同波长的电磁波具有不同的物理性质，因此可以按波长或频率来区分辐射，确定其名称。将电磁波按其波长次序排成一个谱系，称为电磁波谱。传递辐射能的电磁波的波长范围很广，从波长 10^{-10} μm 的宇宙射线，到波长达几千米的无线电波。人眼看得见的是 0.4～0.76 μm 的电磁波，称为可见光。如图 2-1 所示。

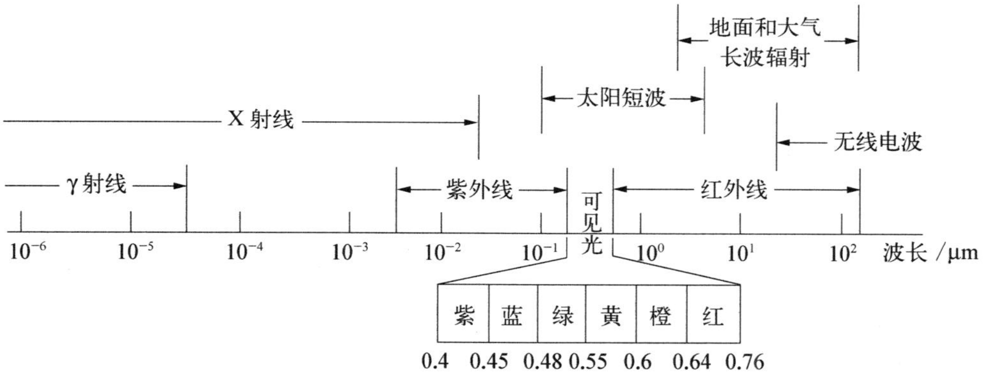

图 2-1　各种辐射的波长范围

太阳、地球表面和大气的辐射波长范围仅是上述电磁波谱的小部分。太阳(表面温度 6 000 K)辐射的波长为 0.15～4.0 μm；地面(地表温度 300 K)辐射的波长为 3.0～80.0 μm；平流层下层大气(大气温度 200 K)辐射的波长为 4.0～120.0 μm。可见大气科学研究的主要波长是 0.15～120 μm 的热辐射。习惯上把太阳辐射称为短波辐射，而把地面和大气辐射称为长波辐射。

（二）辐射能的基本特征量

1. 辐射通量密度

单位时间内通过单位面积的辐射能量，称为辐射通量密度(E)，单位是 W/m^2。辐射通量密度没有限定辐射方向，包括各个方向的放射或接收辐射能的总和。当用于发射面时，称为放射通量密度或辐出度、放射能力、辐射能力(E_e)；当用于接受面时，称为入射通量密度或辐照度(E_i)。

2. 辐射强度

由于通过一个表面(如地球表面)向空间不同方向射出的辐射通量密度往往是不相同的,因此需要引入辐射强度的概念。单位时间内,通过垂直于选定方向上的单位面积、单位立体角内的辐射能,称为辐射强度(I),单位是 W/(m²·sr),其中 sr 读作球面度,为立体角的单位。我们知道平面角(θ)的弧度数等于弧长(l)除以半径(r),即 $\theta = l/r$。与此类似,立体角(d_Ω)的球面度等于立体角锥所对应球面积(dA)除以半径平方(r^2),即

$$d_\Omega = \frac{dA}{r^2} \tag{2-1}$$

一般而言,辐射强度是随方向而变的,但在平行光辐射时,辐射强度(I)与辐射通量密度(E)的关系为

$$E = I \sin h \tag{2-2}$$

式中,h 为太阳高度角。

3. 辐射光谱

由于物体在不同波长处的辐射能力是不同的,因此,辐射强度 $I_{(\lambda)}$ 随波长而变化,是波长 λ 的函数,称为辐射强度的分布函数。在波长为 λ 处每单位长度波长间隔内的辐射强度称为单色辐射强度,类似于概率论中的概率密度,用 I_λ 表示,单位是 W/(m²·sr·μm),计算公式为

$$I_\lambda = \frac{dI_{(\lambda)}}{d\lambda} \tag{2-3}$$

单色辐射强度随波长的分布曲线,称为辐射光谱曲线(图 2-2)。位于波长 λ_1 与 λ_2 之间的辐射强度为

$$I_{\lambda_1\lambda_2} = \int_{\lambda_1}^{\lambda_2} I_\lambda d\lambda \tag{2-4}$$

$I_{\lambda_1\lambda_2}$ 在辐射光谱图中,就等于 λ_1 与 λ_2 之间光谱曲线下的面积。整个波长范围的总辐射强度 I 就等于光谱曲线与 λ 轴所围的面积,即

$$I = \int_0^{+\infty} I_\lambda d\lambda \tag{2-5}$$

类似地,可以定义单色辐射通量密度(E_λ),单位为 W/(m²·μm)。

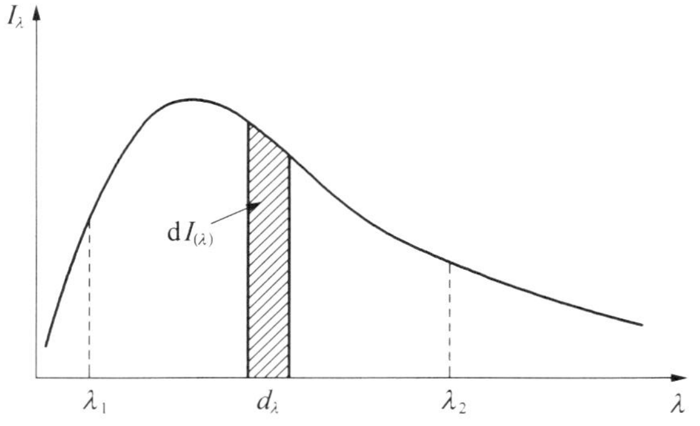

图 2-2 辐射光谱曲线

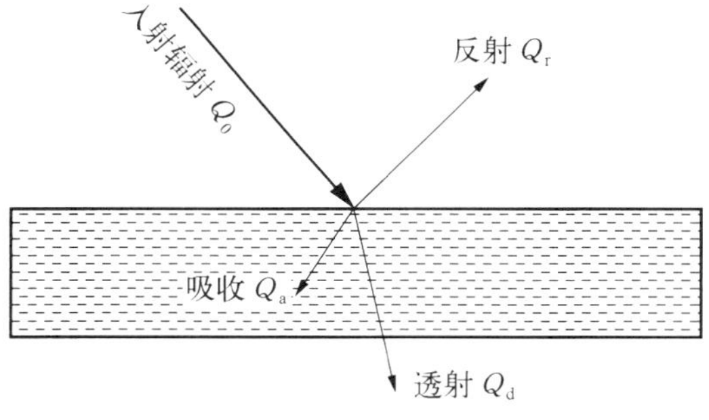

图 2-3 物体对辐射的吸收、反射与透射

(三)物体对辐射的吸收、反射和透射

不论何种物体,在它向外放射辐射的同时,必然会接受周围物体向它投射过来的辐射,但投射到物体上的辐射并不能全部被吸收,其中一部分被反射,一部分可能透过物体(图 2-3)。

设投射到物体上的总辐射能为 Q_0,被吸收的为 Q_a,被反射的为 Q_r,透过的为 Q_d。根据能量守恒原理

$$Q_0 = Q_a + Q_r + Q_d \tag{2-6}$$

将上式两边除以 Q_0，得

$$\frac{Q_a}{Q_0} + \frac{Q_r}{Q_0} + \frac{Q_d}{Q_0} = 1 \tag{2-7}$$

物体吸收的辐射与入射辐射之比为吸收率(a)，即 $a = \frac{Q_a}{Q_0}$；物体反射的辐射与入射辐射之比为反射率，即 $r = \frac{Q_r}{Q_0}$；物体透射的辐射与入射辐射之比为透射率，即 $d = \frac{Q_d}{Q_0}$。则

$$a + r + d = 1 \tag{2-8}$$

式(2-8)表明，吸收率、反射率和透射率的变化范围均为0～1，对某一物体而言，三者之和等于1。

表2-1列举了各种地表对太阳辐射的反射率。各种地表的反射率相差很大，即使在同样的太阳辐射条件下，不同地表所获得的太阳辐射能也不相同，因而它们的热状况也不相同。因此，如果能人工地改变地表性质，就可以改变近地表气层的小气候状况。

表2-1 各种地表对太阳辐射的反射率

地　表	反射率/%	地　表	反射率/%
森　林	3～10	雪地(新雪)	80
田地(绿色)	3～5	雪地(陈雪)	50～70
田地(已开垦的干地)	20～25	冰	50～70
草　地	15～30	水面 h_θ(>40°)	2～4
裸　体	7～20	水面 h_θ(5°～30°)	6～40
沙　地	15～25		

注：h_θ为太阳光到达水面的入射角度。

对于投射到该物体上所有波长的辐射都能全部吸收的物体，称为绝对黑体，简称黑体。故有 $a=1$，$r=d=0$。黑体是最好的吸收体和放射体，其放射能力只与波长和温度有关。自然界并不存在黑体，但黑体的概念具有重要的理论和实践意义。我们可以在实验室中人工制造非常近于黑体的设备。如内壁涂黑的小孔空腔，由于大部分入射辐射在多次反射过程中被空腔壁吸收，因此可以近似看作黑体。

对于投过来的所有波长的辐射，具有吸收率小于1的常数的物体，称为灰体。即灰体的透射率 $d=0$，吸收率 $a=1-\gamma$，且 a 不随波长而变化。灰体的辐射能量分布曲线与同一温度下黑体的辐射能量分布曲线相似，前者等于后者乘以小于1的常数。

黑体和灰体都是一种简化处理的方式，在自然界中，虽然并不存在着真正的黑体和灰体，但在一定条件下，可以把某些物体近似看成黑体或灰体。例如，雪对于红外线为黑体，煤、烟对太阳可见光近似黑体，大气对地面辐射的吸收能力近似于灰体，地面对太阳辐射的吸收能力也近似于灰体。

二、辐射的基本定律

(一) 基尔霍夫(Kirchhoff)定律(选择吸收定律)

在一定温度下，任何物体对于某一波长(λ)的放射能力($I_{\lambda T}$)与物体对该波长的吸收率($a_{\lambda T}$)的比值，等于同温度、同波长黑体的辐射强度($I_{0\lambda T}$)。辐射强度($I_{0\lambda T}$)只是温度和波长的函数，当 λ 和 T 一定时，$I_{0\lambda T}$ 为一常数值。即

$$\frac{I_{\lambda T}}{a_{\lambda T}} = I_{0\lambda T} \tag{2-9}$$

由基尔霍夫定律可以得出如下结论：

1) 基尔霍夫定律把一般物体辐射、吸收和黑体辐射联系起来，从而有可能通过黑体辐射的研究来了解一般物体的辐射，极大地简化了一般辐射的问题。

2) 在一定温度下，任何物体对于某一波长的放射能力与物体对该波长的吸收率的比值，只是温度和波长的函数，而与物体的其他性质无关。

3) 对不同性质的物体，当 λ 和 T 一定时，放射能力较强的物体，吸收能力也较强；反之，放射能力弱者，吸收能力也弱。黑体的吸收能力最强，所以它也是放射能力最强的物体。

4) 对同一物体，如果在温度 T 时它放射某一波长的辐射，那么，在同一温度下它也吸收这一波长的辐射。

（二）黑体辐射定律

1. 普朗克定律

实验指出，黑体辐射强度 $I_{\lambda T}$ 只是波长 λ 和温度 T 的函数，但是建立在热力学基础上的热辐射理论，不能确定出 $I_{\lambda T}$ 与 λ 和 T 的解析表达式。直到 1900 年，普朗克(Planck)提出了量子化辐射的假设，并据此概念成功地导出了与实验相符的公式，称为普朗克公式(或普朗克函数、普朗克定律)：

$$I_{\lambda T}=\frac{2\pi hc^2}{\lambda^5}\left(e^{hc/k\lambda T}-1\right)^{-1} \tag{2-10}$$

式中，$I_{\lambda T}$ 为辐射强度，单位 $W/(m^2 \cdot sr)$；c 为光速，$c=2.9979\times10^8$ m/s；h 为普郎克常数，$h=6.626\times10^{-34}$ J/s；k 为玻尔兹曼(Boltzmann)常数，$k=1.381\times10^{-23}$ J/K。

由普朗克函数可以求出各温度下的黑体辐射光谱曲线(图 2-4)。由图可知：① 每一温度下，都有一辐射最强的波长 λ_m，即光谱曲线有一极大值。并且温度越高，辐射最强的波长越短。② 温度不同，辐射能力不同，辐射能集中的波段亦不同。例如太阳表面温度高达 6 000 K，比地面温度(平均约为 300 K)和对流层大气温度(平均为 250 K)高得多，因此，太阳的总辐射能比地球和大气都大得多。太阳辐射能中 99%以上的集中在 0.17～4 μm，而地球和大气的辐射能有 95%以上的则集中在 3.3～80 μm。因而在大气科学中，以 4 μm 为分界线，把太阳辐射称为短波辐射，而把地面和大气辐射称为长波辐射或红外辐射。

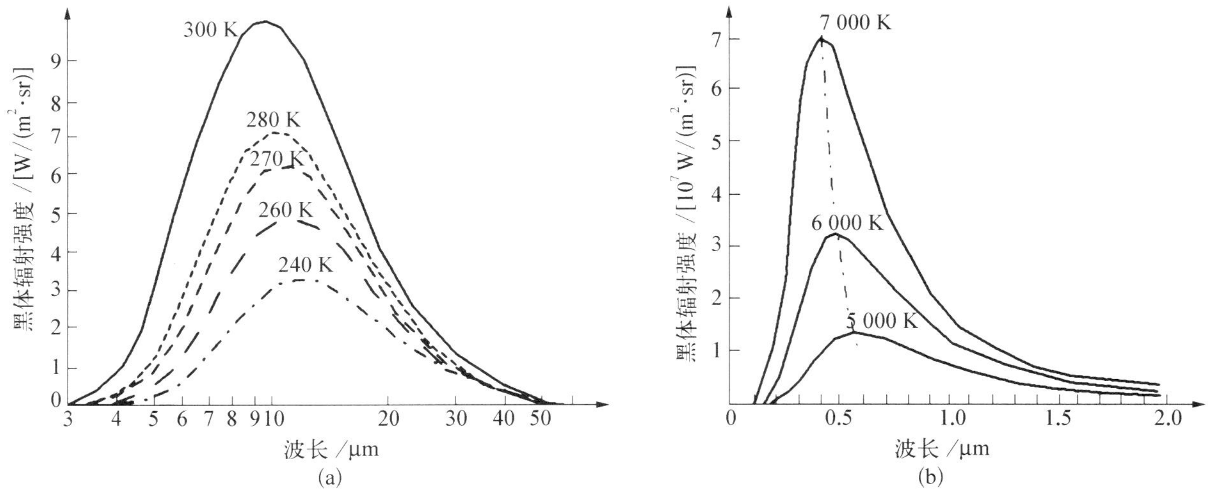

图 2-4　不同温度下的黑体普朗克曲线

2. 斯特藩—玻尔兹曼(Stefan-Boltzmann)定律

黑体的总放射能力(E_T)与它本身绝对温度(T)的四次方成正比。即

$$E_T = \sigma T^4 \qquad (2-11)$$

式中，$\sigma = 5.67\times10^{-8}$ W/(m^2·K^4)，为斯特藩—玻尔兹曼常数。对普朗克公式在全波长范围(0→+∞)积分即可得出公式(2-11)。

斯特藩—玻尔兹曼定律表明：物体温度越高，其放射能力越强(图 2-4)。若已知黑体的温度，可直接求出它的辐出度；也可由黑体的辐出度，反求其温度。通过测量到达大气上界的太阳辐射，由此定律可以推算出太阳表面温度，称为有效温度。

3. 维恩(Wien)位移定律

黑体的放射能力最大值对应的波长(λ_m) 与其本身的绝对温度(T)成反比。即

$$\lambda_m T = 2\,897 \qquad (2-12)$$

式中，λ_m的单位为 μm；温度 T 的单位为 K。

维恩位移定律表明：物体的温度越高，放射能量最大值的波长越短。随着物体温度不断增高，最大辐射波长由长向短位移(图 2-4)。由维恩位移定律计算出的温度称为颜色温度。例如，太阳表面温度 $T=$ 6 000 K，由维恩位移公式计算出 $\lambda_m=0.48$ μm，相当于可见光，这是太阳放射能力最强的波长部分。同样可计算出地球(300 K)和大气(250 K)的最强的发射波长分别为 9.7 μm 和 11.6 μm。

第二节　太 阳 辐 射

太阳辐射是地球的主要能源，地下核反应产生的地热、火山能量及遥远恒星传来的辐射能与来自太阳的辐射能相比都可以忽略不计。地球和大气一年中从太阳可以获得 5.68×10^{24} J 的辐射能，而其他能源，如地热源为 7.57×10^{20} J、月光为 6.3×10^{19} J、人类使用燃料的能量估计为 3.15×10^{16} J，总能量约为太阳辐射能的万分之一。

一、太阳结构

太阳是一个巨大的、炽热的等离子气体球(指其正负两种离子所带电荷的总量相等，因而整体上呈现中性)，主要由氢(约 71%)、氦(约 27%)以及其他元素构成。如图 2-5 所示，太阳半径 $R_\odot=69.6$ 万 km，表面温度约 6 000 K，越靠近中心温度越高，中心约 1 500 万 K。由氢核聚变成氦核的热核反应产生巨大的能量，以辐射的方式连续不断地发射到宇宙空间。

1. 太阳大气分层

太阳大气可分为光球层、色球层和日冕。

(1) *光球层*　是太阳可见圆面的最外层，厚度约 500 km。平时人们肉眼能够看到的太阳圆面就是太阳的光球层，光球层的表面温度约为 5 800 K，太阳的连续光谱基本上就是光球层发射的光谱。在光球层表面呈现出相当均匀的对流细胞结构，称为米粒元，尺度较大(≥30 000 km)的称为超级米粒元。米粒元中心温度比外缘高出约 100 K，当米粒元中对流气体冒出表面时，就会迅速向外辐射出多余的热量；当它冷却时，就失去浮力，沿米粒元外缘下沉进入太阳内部。在地球上可以观测到光球层表面的黑子、光斑、耀斑、米粒组织等细节。

(2) *色球层*　厚度约 2 000～5 000 km，温度从接近底部的最小值约 4 300 K 增加到外缘的 10^5 K 量级。色球层由比较稀薄、透明的气体组成，密度只有地球表面大气密度的百万分之一。从色球层向各个方向发射出极热的不规则的电离子流，称为太阳风。在地球轨道上，太阳风中的向外速度为 500 km/s 量级，温度有时可达 10^6 K。

(3) *日冕*　是太阳大气的最外层，厚度最大，向外延伸几千亿 km，无明确的外限。日冕由极稀薄的气体组成，密度只有地球表面大气密度的十亿分之一，它是光球层辐射被太阳风中浓密的内部自由电子散射而产生的漫射发光现象。

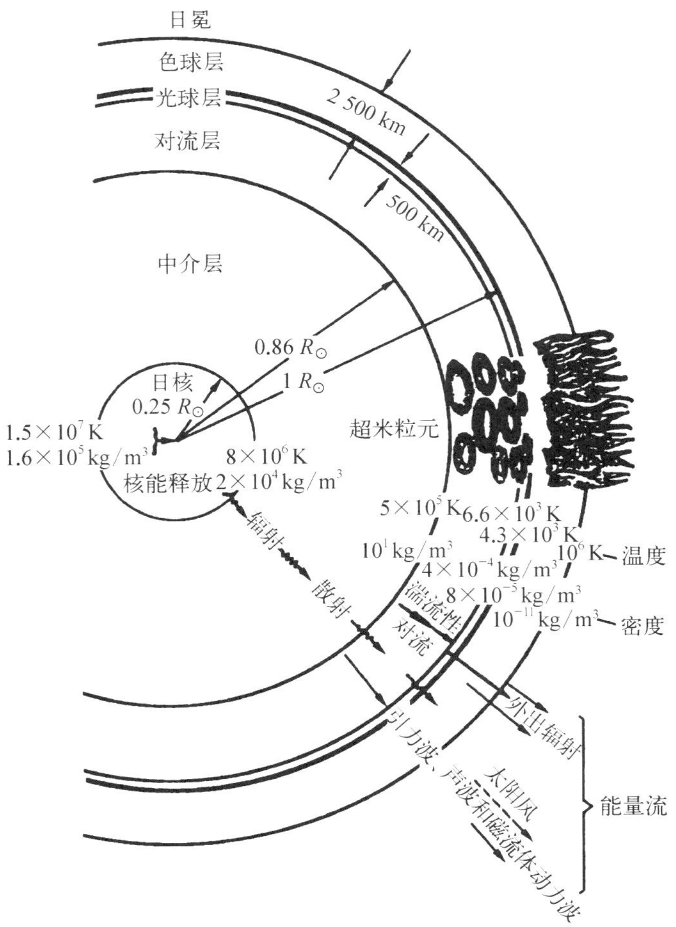

图 2-5　太阳结构示意图

2. 太阳内部分层

光球层以下的区域是太阳内部,从内到外可分为日核、中介层和对流层三个层次。

(1) 日核(核反应区),半径约 0.25 $R_{\odot}$,温度高达 1 500 万～2 000 万 K,中心压力高达 3 300 亿大气压。氢在这个区域进行热核聚变,向外发射高能的 γ 射线和 X 射线。

(2) 中介层,厚度为 0.25 $R_{\odot}$～0.86 $R_{\odot}$,由内向外温度和密度逐渐下降,来自核反应区的能量经过中介层物质的反复多次吸收和再辐射,γ 射线和 X 射线最后转化为可见光、红外线和紫外线,到达太阳光球表面再射向四方。

(3) 对流层,位于中介层外,厚度约 15 万 km。对流层与中介层交界处温度约 100 万 K。对流层内外温差很大,有强烈对流。中介层传出的能量一部分以对流形式由高热气团带到表面,较冷气团再沉下去,类似沸腾状态。太阳对流区活动的变化引起太阳光球上黑子及太阳大气的各种变化。

二、太阳辐射光谱和太阳常数

太阳辐射能随波长的分布,称为太阳辐射光谱。太阳辐射的波长范围很广(图 2-6),但 99%以上的能量都集中在 0.17～4 μm,太阳最大辐射能力所对应的波长为 0.475 μm(相当于青光部分)。大气上界太阳辐射光谱的分布曲线(图 2-6 中的实线)与温度为 6 000 K 的黑体辐射光谱的分布曲线(图 2-6 中的虚线)非常接近,可以把太阳辐射近似看成黑体辐射,黑体辐射定律都适用于太阳辐射。表 2-2 给出了太阳辐射能量在各波段的分布情况。

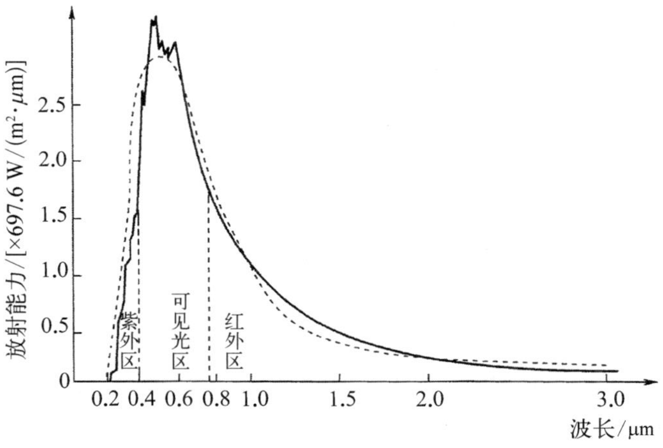

图 2-6 大气上界太阳辐射光谱

表 2-2 太阳辐射能量在各波段分布

名 称	波段/μm	占能量比例/%	效 应	作 用
可见光	0.4～0.76	50	光效应	植物光合作用
红外区	＞0.76	43	热效应	加热地球、大气和生物
紫外区	＜0.4	7	化学效应	杀菌消毒、促进种子萌发

由于大气上界的太阳辐射强度随日地距离的变化而有所不同,因此,太阳常数是指当地球位于日地平均距离(约 1.496×10^8 km)时,大气上界垂直于太阳光线的平面上,单位面积、单位时间内接受的太阳辐射能量,用 I_0 表示。对于 I_0 的测量和计算,因观测方法和地点不同以及太阳活动的变化,世界各地区曾采用不同时数值(1 339.1～1 395.6 W/m²)。1981 年世界气象组织推荐太阳常数的值为 $I_0=1\ 367\pm7$ W/m²。通常取 1 367 W/m²。根据斯特藩—玻尔兹曼由太阳常数计算出太阳的有效温度为 5 770 K,这与根据维恩位移定律由 $\lambda_{max}=0.475$ μm 计算出的太阳色温 6 100 K 并不一致,因此,太阳并非严格的绝对黑体。

三、大气上界太阳辐射(天文辐射)

假设地表性质均匀且地球上不存在大气圈,仅依赖于地球与太阳的相对位置所决定的太阳辐射称为天文辐射,即到达大气上界的太阳辐射。除太阳本身的变化外,天文辐射主要取决于日地距离 ρ、太阳高度 h 和日照时间 $2\omega_0$。如图 2-7 所示,某个地方太阳高度角和日照时间长短的变化主要是由太阳直射点的南北移动所引起的。自转轴与黄道平面之间保持着 66°33′的倾角(即黄赤交角 $\varepsilon=23°27'$),因此,一年中太阳直射点

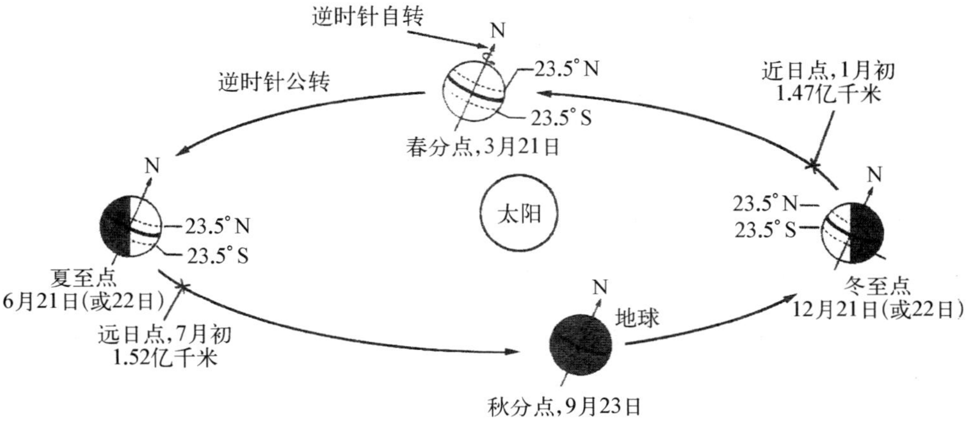

图 2-7 地球自转轴的倾斜造成入射太阳辐射的变化

在南北回归线(23°27′)之间移动,且在南北两极的极圈(66.5°)内会出现极昼和极夜。地球以椭圆轨道绕太阳公转造成了季节变化,地球自转产生了昼夜更替。

(一) 天文辐射的计算公式

在纬度 φ 处,任一时刻天文辐射强度 I 的计算公式为

$$I=\frac{I_0}{\rho^2}\sin h \tag{2-13}$$

$$\sin h=\sin\varphi\sin\delta+\cos\varphi\cos\delta\cos\omega \tag{2-14}$$

式中,I 为纬度 φ 处天文辐射照度,单位为 W/m^2;ρ 为日地间距离,单位为天文单位,即 ρ 等于日地距离与日地平均距离之比;I_0为太阳常数,$I_0=1\ 367\ W/m^2$;h 为太阳高度角;φ 为纬度;δ 为太阳赤纬,北半球夏至日 δ 为$+23°27'$,冬至日 δ 为$-23°27'$,春分、秋分日 $\delta=0$;ω 为时角,$\omega=\frac{2\pi}{T}(t-12)$,$t$ 为时间;T 为地球自转周期,$T=24$ 小时;正午 $\omega=0°$,距正午每差 1 小时,时角相差 15°,午前为负,午后为正。

在纬度 φ 处,天文辐射日总量(Q_d)的计算公式为

$$Q_d=\frac{TI_0}{\pi\rho^2}(\omega_0\sin\varphi\sin\delta+\cos\varphi\cos\delta\sin\omega_0) \tag{2-15}$$

式中,Q_d为纬度 φ 处天文辐射日总量,单位为 $J/(m^2\cdot d)$;ω_0 为日没时角,而$-\omega_0$ 则为日出时角,$2\omega_0$ 即为白昼长度。先从天文年历中查出纬度 φ 处某日的 ρ、δ、ω_0,根据式(2-15)就可以计算出该日的天文辐射日总量。

在纬度 φ 处,在太阳黄经 λ'到太阳黄经 λ''期间的天文辐射总量(Q_t)计算公式为

$$Q_t=\frac{TT'I_0}{2\pi a^2\sqrt{1-e^2}}\sin\varphi\sin\varepsilon(\cos\lambda'-\cos\lambda'') \tag{2-16}$$

式中,T'为地球公转周期;a 为地球公转轨道长半径;e 为偏心率;ε 为黄赤交角。

如果将月初的黄经 λ'和月末的黄经 λ''代入公式(2-16)就可以计算出天文辐射的月总量。如果将 λ'和 λ''从 0°和 90°、90°和 180°、180°和 270°、270°和 360°分别取值,利用公式(2-16)就可求得春、夏、秋、冬各季的辐射总量。若设春夏两季之和代表夏半年总量(Q_s),秋冬两季之和代表冬半年总量(Q_w),两个半年之和为年总量(Q_y),则

$$Q_s=\frac{TT'I_0}{2\pi a^2\sqrt{1-e^2}}(b_0+\sin\varphi\sin\varepsilon) \tag{2-17}$$

$$Q_w=\frac{TT'I_0}{2\pi a^2\sqrt{1-e^2}}(b_0-\sin\varphi\sin\varepsilon) \tag{2-18}$$

$$Q_y=\frac{TT'I_0}{2\pi a^2\sqrt{1-e^2}}b_0 \tag{2-19}$$

式中,b_0为 MiLankovftch 系数(可在 MiLankovftch 系数专用表中查出 b_0值)。

(二) 天文辐射的分布

图 2-8 是用公式(2-15)计算出的一年中全球各地大气上界太阳辐射的日总量 Q_d的等值线图,图中阴影部分对应于极夜。图 2-9 亦是根据公式(2-15)计算出的不同纬度天文辐射的年变化曲线。表 2-3 是根据公式(2-17)~公式(2-19)计算出的南北半球天文辐射随纬度分布表。由这些图表可以看出,天文辐射的纬度分布和年变化具有以下特点。

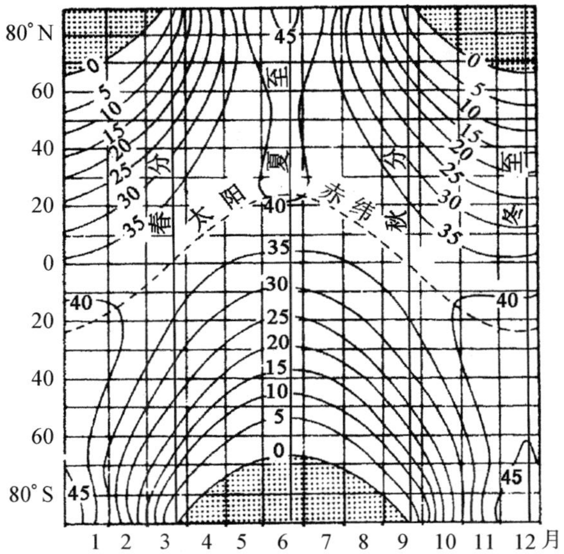

图 2-8 天文辐射日总量[kJ /(m²·d)]纬度分布和年变化

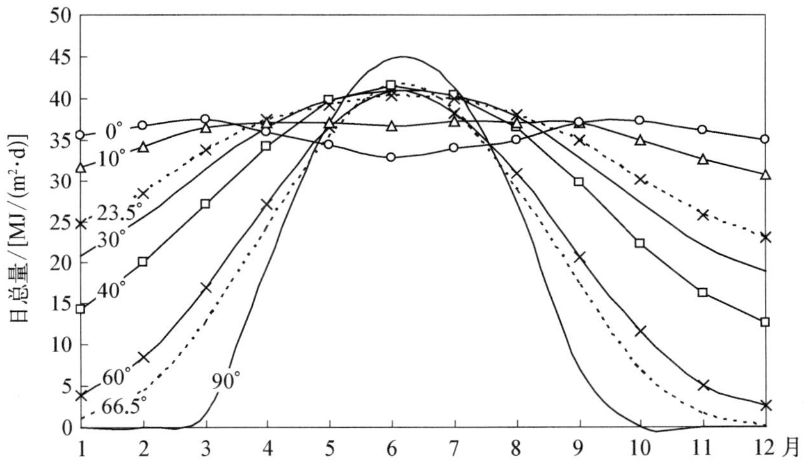

图 2-9 不同纬度天文辐射的年变化

表 2-3 南北半球天文辐射随纬度的变化 (单位：MJ /m²)

纬度/(°)	0	5	10	15	20	25	30	35	40	45
夏半年	6 585	6 801	6 970	7 090	7 161	7 183	7 157	7 083	6 963	6 801
冬半年	6 585	6 324	6 019	5 672	5 288	4 869	4 418	3 941	3 443	2 929
全　年	13 170	13 125	12 989	12 762	12 449	12 052	11 575	11 024	10 406	9 730
纬度/(°)	50	55	60	65	70	75	80	85	90	
夏半年	6 601	6 370	6 118	5 869	5 704	5 596	5 519	5 487	5 476	
冬半年	2 406	1 884	1 376	906	556	313	120	37	0	
全　年	9 007	8 254	7 494	6 775	6 260	5 909	5 639	5 524	5 476	

1) 低纬度地区天文辐射的年变化较小，而高纬区年变化较大(图 2-8，图 2-9)。这是气温年较差随纬度增高而增大的原因。在南北回归线之间的地区，一年内太阳直射点经过两次，天文辐射日总量年变化曲线呈双峰型，两个极大值分别出现在春分和秋分，两个极小值则分别出现在冬至和夏至，且天文辐射的年变化较小。超过纬度 23.5°以后，随纬度增高，年变化曲线呈单峰型就越明显，且振幅也逐渐增大。极圈内，极夜时太阳辐射为零。

2) 夏季各纬度间日总量 Q_d 的差别不大，冬季日总量 Q_d 则随纬度的增高而迅速下降，进入极圈甚至变为零。因此,南北温差冬季比夏季大。

3）如表 2－3 所示,夏半年,天文辐射总量最大值出现在南北纬 25°附近,由此向极点和赤道递减,最小值在极点。这是因为夏半年随纬度增高,正午太阳高度角减小,但白昼时间却增长,从赤道至 25°纬度,因白昼时间变长而增加的太阳辐射量超过因太阳高度角减小而减少的太阳辐射量。

4）由图 2－8 可以看出,南北半球天文辐射日总量关于赤道并不对称,南半球夏季各纬度日总量大于北半球夏季相应纬度日总量;相反,南半球冬季各纬度日总量则小于北半球冬季相应纬度日总量。这由日地距离差异所致,地球在其公转轨道上冬至比夏至更接近太阳。

天文辐射随纬度的变化是决定地球上各纬度间气候差异的基本因素。天文辐射的日变化与年变化,使得气温也具有日变化与年变化。不过气温并非简单地取决于大气上界太阳辐射强度 I 和日总量 Q_d,影响气候的因子十分复杂。例如在夏至日,北半球自赤道向极地日总量 Q_d 是增加的,因为北极全天有日照,其太阳辐射能日总量是赤道的 1.37 倍,这并不意味着北极的气温会比赤道高。

四、太阳辐射在大气中的减弱

太阳辐射在通过大气到达地面的过程中,要受到大气对太阳辐射的吸收、散射和云层的反射作用而被削弱,使得到达地表面的太阳辐射能明显小于大气上界的太阳常数(1 367 W/m²)。图 2－10 是太阳位于天顶时,在大气上界(最上方的曲线)和海平面处(最下方的曲线)所接收的太阳辐射光谱,其中阴影区表示各气体的吸收区,两条曲线之间的空白区代表被空气、水汽、灰尘和气溶胶后向散射以及被云反射的部分。

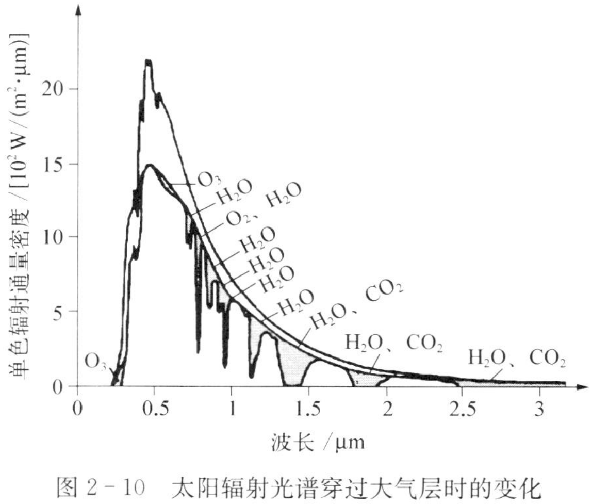

图 2－10 太阳辐射光谱穿过大气层时的变化

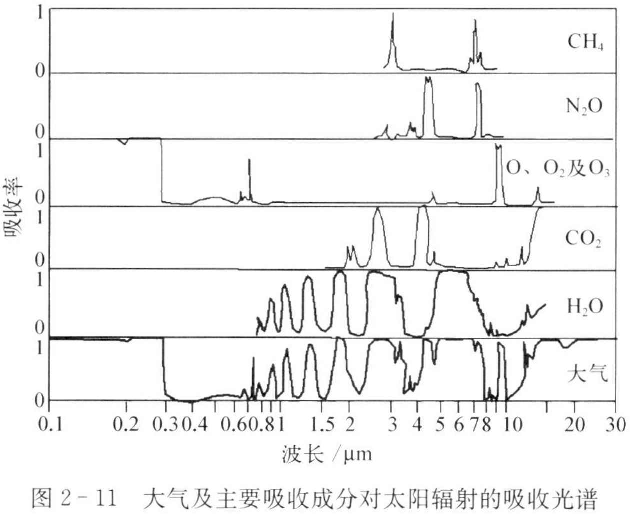

图 2－11 大气及主要吸收成分对太阳辐射的吸收光谱

（一）大气对太阳辐射的吸收

1. 吸收太阳辐射的主要成分

图 2－11 是整个大气层及主要吸收成分对太阳辐射的吸收光谱曲线。大气中吸收太阳辐射的主要成分是水汽和液态水(H_2O)、二氧化碳(CO_2)、氧(O)、臭氧(O_3)、一氧化二氮(N_2O)、甲烷(CH_4)、一氧化碳(CO)及尘埃等,这些痕量成分是主要的红外吸收体。O_3 在紫外区有几个重要的吸收带。而占体积混合比 99%的大气主要成分氮(N_2)和氧(O_2)的吸收带在紫外区,它们在可见和红外区对辐射的吸收作用可以忽略。

（1）水汽和液态水的吸收光谱　水汽对太阳辐射的吸收主要位于红外区,在 0.93～0.99 μm、1.09～1.17 μm、1.32～1.50 μm、1.76～1.98 μm、2.52～2.85 μm 有五个主要的吸收带。在可见光区也有几个很弱的吸收带。水汽对太阳辐射的吸收与水汽含量的多少有关,水汽含量越多,吸收的也越多。据估计,太阳辐射因水汽吸收,可损耗 4%～15%。大气中的水分不仅处于气态,也有处于液态的,液态水吸收能力比水汽更强烈,而且吸收带的位置向波长较长的方向移动。

(2) 二氧化碳的吸收光谱　CO_2是大气中另一种重要的红外吸收气体。CO_2在波长大于 2 μm 的红外区有若干个吸收带,比较强的中心位于 2.7 μm(2.6～2.8 μm)和 4.3 μm(4.1～4.45 μm)。但该波段内太阳辐射比较弱,因此在研究太阳短波辐射时,可以忽略不计。

(3) 臭氧的吸收光谱　O_3在大气中含量虽少,但对太阳辐射能量的吸收很强。O_3主要有两个吸收带:一个位于紫外区,波长在 0.2～0.32 μm,这是最强的一个。由于这个波段的辐射被臭氧吸收,使它不能到达地面,从而保护了地面的生物,使之免受过量紫外线的伤害。过量的紫外辐射能阻止细胞核分裂、抑制细胞增长、影响生物发育、增加人类皮肤癌的发病率、造成农业减产、破坏海洋食物链等。另一个位于可见光区,波长在 0.44～0.75 μm,此吸收带虽相对较弱,但位于太阳辐射最强的可见光区,因此吸收的能量仍比较多。

(4) 氧的吸收光谱　O_2对太阳辐射的吸收主要在 0.25 μm 以下的紫外区,吸收很强。并且在吸收紫外辐射后发生光化离解生成 O 和 O_3,对形成高空电离层具有重要作用。在紫外区有两个主要吸收带,分别位于 0.175～0.202 6 μm 和 0.242～0.26 μm。由于高层大气中氧的吸收,以致使 0.25 μm 以下的紫外辐射不能到达一般观测所及的高度。但由于太阳辐射能在小于 0.25 μm 的远紫外区仅占 0.2%以下,因此 O_2对紫外辐射的吸收所占能量比例甚低。在可见光区,还有两个较弱的吸收带,分别位于 0.76 μm 和 0.69 μm 附近,但它们对太阳辐射的削弱不大。

(5) 氮气的吸收光谱　氮气虽然是大气的主要成分,但它却不能吸收波长大于 0.1 μm 的光,只有对波长小于 0.091 μm 的光有较弱的吸收,并且氮气只有吸收了波长小于 0.079 6 μm 的光才能开始离解。太阳辐射到达大气层顶后,波长小于 0.22 μm 的辐射强度开始随波长减小而急剧下降。除了在 0.121 57 μm 处有一个对应于太阳中氢原子发射的辐射峰值外,波长小于 0.12 μm 的太阳辐射在大气层顶已非常微弱。因此,实际大气中氮气吸收太阳辐射的光致离解可以忽略不计。

此外,大气中的尘埃等杂质及大气污染物(如甲烷)等也能吸收部分太阳辐射,但其量甚微。在工业中心,森林山火及火山爆发的地区,太阳辐射将会有明显的减弱。

2. 大气对太阳辐射吸收的特点

大气成分对太阳辐射的吸收具有选择性,即吸收率随波长的不同而改变。太阳辐射穿过大气层时,太阳辐射光谱中 0.29 μm 以下的紫外辐射在到达对流层顶高度以前几乎全部被大气吸收了(吸收率接近于 1),其中高层大气中的氧强烈吸收 0.25 μm 以下的紫外线,平流层中的臭氧强烈吸收 0.2～0.32 μm 的紫外线;在可见光区,大气吸收很少,比较透明,仅有较弱的吸收线带;在红外区,则有很多很强的吸收带(主要是对流层中的水汽和二氧化碳的吸收带)。到达地面的太阳辐射中一半以上的能量位于可见光的波长范围内。进入大气层的太阳紫外辐射波长范围集中在 0.1～0.32 μm,这一波长范围称为有效太阳紫外辐射。大气中能有效吸收太阳紫外辐射的大气成分主要是 O_2及其光致离解后反应生成的 O_3,由于氧气和臭氧对太阳紫外辐射的吸收,使波长低于 0.29 μm 的太阳紫外辐射很难穿过大气层到达地面,在地面几乎观测不到。

在平流层以上主要是氧气和臭氧对紫外辐射的吸收,平流层以下,主要是水汽对红外辐射的吸收。

大气对太阳辐射的吸收带均位于太阳辐射光谱两端能量较小的区域,整层大气的吸收作用使太阳辐射减弱了约 20%,低层大气因吸收太阳辐射的增温是很小的,因此,太阳辐射不是对流层大气的直接热源。据估计对流层大气因直接吸收太阳辐射增温大约每天不到 1℃。

(二) 大气对太阳辐射的散射

1. 散射的定义

当太阳辐射通过大气时,遇到大气中的各种质点(空气分子、尘埃、云滴、雨滴、冰粒等),部分入射的辐射能偏离原方向以质点为中心向四面八方传播出去的现象(图 2-12),称为散射。散射现象的本质是空气分子以及气溶胶粒子由电子和带正电的质子组成,当太阳光遇到空气分子和气溶胶粒子时,正

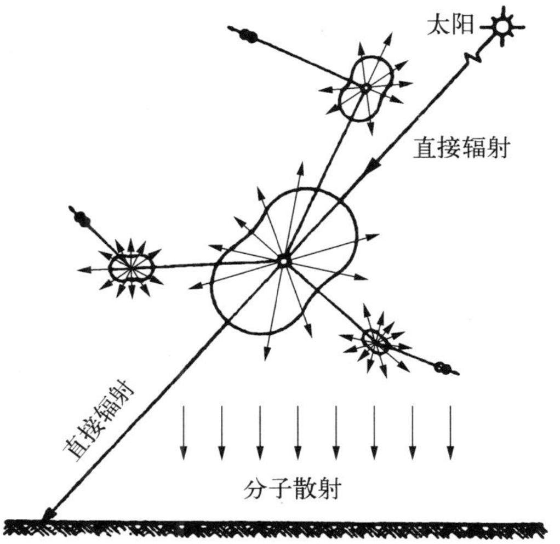

图 2-12　大气对太阳辐射的散射

负电荷中心产生偏移而构成电偶极子或多极子，并在太阳辐射激发下作受迫振动，向各方向发射次生电磁波，这种次生电磁波就是散射辐射。散射并不像吸收那样把辐射能转变为热能，而只是改变了辐射的传播方向，使原方向的太阳辐射能减弱。散射波传播方向与入射波传播方向相反(同)的散射称为后(前)向散射。当太阳辐射通过大气时，散射大约使 6%的太阳辐射向上返回宇宙空间，使到达地面的太阳辐射变少；而约有 25%的太阳辐射向下到达地面，成为蓝色的天空辐射，使整个大气层变得十分明亮，发出蔚蓝色的散射光。在没有大气的外层空间，太阳本身虽然光亮耀目，但周围的天空却漆黑一片。

2. 散射的分类

(1) *分子散射* 大小不同的散射质点对于太阳辐射的散射作用是不同的。当散射质点(如空气分子)的直径比入射辐射的波长小时，所发生的散射称为分子散射，亦称瑞利(Rayleigh)散射。在分子散射中，前向散射与后向散射相等。空气分子对太阳直接辐射的散射过程称为一次散射，这些被散射出去的辐射能被其他分子再一次散射的过程称为多次散射。逐级不断进行多次散射，辐射强度逐渐减弱，直到最后可忽略不计为止(图 2-12)。可见光的波长为 0.4～0.76 μm，空气分子直径为 10^{-4} μm 左右，因此空气分子对可见光的散射属于分子散射。

对于一定大小的分子来说，分子散射光强度与入射辐射波长的四次方成反比，此即分子散射定律(瑞利散射定律)，公式为

$$k_\lambda = c\lambda^{-4} \tag{2-20}$$

式中，k_λ 为单位体积的散射(削弱)系数，单位为 m^{-1}；c 为比例系数，对于空气分子 $c=1.056\,3\times10^{-30}\ m^3$。

分子散射定律表明，分子散射具有选择性，入射辐射的波长越短，散射强度越强。例如可见光的红光波长为 0.7 μm，蓝色光波长为 0.4 μm，则两种光削弱系数的比为

$$k_{0.4}/k_{0.7} = (0.7/0.4)^4 \approx 9.4$$

说明蓝光的散射比红光要强 9 倍以上。因此，当大气较干洁(雨过天晴)时，起散射作用的主要是比光的波长更短的空气分子(属于分子散射)，它们对波长短的蓝色、紫色光的散射作用最强，因而天空呈青蓝色。

(2) *粗粒散射* 当散射质点(如云滴、尘埃)的直径与入射辐射的波长差不多或更大时，所发生的散射为粗粒散射，亦称气溶胶颗粒散射、漫射、米散射。粗粒散射没有选择性，对入射光的各种波长具有同等散射能力，散射削弱系数不再随波长改变，散射光是白光。因此，气溶胶散射光谱比较接近于入射光谱。例如，太阳光是白光，云滴的散射光也是白光。有时虽然天空中无云，但因大气中气溶胶含量多，空气混浊(如有雾、雾霾、浮尘天气)等，以粗粒散射为主，天空呈灰白色，这是大气污染的一种标志。在粗粒散射中，随散射质点粒径与入射辐射波长比值增大，前向散射增强。当散射过程以气溶胶颗粒为主时，前向散射光在总散射光中所占比例迅速增大，因此，在太阳周围的天空将出现很强的散射光，这一现象称为日周光。大气中气溶胶含量越高，这一现象也越明显。

太阳辐射穿过大气层时，空气分子散射削弱总是存在的，而气溶胶散射削弱则随空气洁净程度而异，阴天云滴的粗粒散射要比空气分子散射强得多。

由于气溶胶粒子对长波辐射的散射和吸收作用较小，对地面和大气长波辐射影响不大，所以大气气溶胶主要是通过对太阳辐射的散射和吸收作用影响大气辐射收支进而产生气候效应。如果气溶胶层对太阳辐射只散射、不吸收，则气溶胶总是将少部分太阳辐射散射回宇宙空间，使入射到地面上的能量减少，降低地面和低层大气的温度。当气溶胶既散射又吸收一部分太阳短波辐射时(如碳黑和湿气溶胶)，虽然总是减少了入射到地面的太阳辐射，但气溶胶层因吸收了太阳辐射能而增温。综合散射冷却和吸收加热(低层)大气两方面的作用，气溶胶层对全球地表温度是起冷却还是增温效应，要取决于气溶胶层对太阳辐射的散射(反射)率、吸收率以及地表反射率。在反射率较小的下垫面(如海洋表面)，气溶胶层将使整体反射率增加，从而使入射到地面上的太阳辐射能量减少，具有降温效应。就全球范围来说，气溶胶确实起降温作用。

气溶胶的大粒子对太阳光的散射和吸收，使大气能见度减小。悬浮在大气中的大量微小尘粒、烟粒或盐粒，使空气混浊，并且天空呈浅蓝色(以物体为背景)或微黄色(以天空为背景)，当水平能见度降到 10 km 以下时，这种天气现象就称为霾。天空中出现大量浮尘或尘暴时，则更是天昏地暗，日月无光，能见度减小到 50～100 m。

(三)云层和尘埃对太阳辐射的反射

云层和尘埃除了能吸收和散射太阳辐射外,还能强烈地反射太阳辐射,将一部分太阳辐射能反射到宇宙空间去。反射对各种波长没有选择性,所以反射光呈白色。

云的反射能力取决于云的种类、厚度和云量,云层越厚反射率越大。薄云的反射率为10%~20%,厚云的反射率可达90%;高云反射率为25%,中云为50%,低云为65%。云层平均反射率为50%~55%,大约使太阳辐射削弱16%。因此,云的反射作用十分显著,阴天地面接受的太阳辐射能很少。

五、到达地面的太阳辐射

到达地面的太阳辐射由两部分组成,即太阳直接辐射和散射辐射。

(一)直接辐射

1. 影响因素

太阳以平行光的形式直接投射到地面上的那部分辐射称为太阳的直接辐射。它的强弱主要取决于太阳高度角和大气透明度。此外,纬度、海拔、坡度坡向和云量有间接或直接的影响。

(1) 太阳高度角　直接辐射随太阳高度角的增加而增大。有两方面的原因。

1) 当太阳高度角 h 越小时,等量的太阳辐射散布的面积就越大,因而地平面单位面积上所接受到的太阳辐射能量就越少。如图2-13所示,设有一水平地段 AB,其面积为 S',高度角 h 的太阳光线倾斜地照射到其上,在单位面积单位时间所受到的太阳辐射能为 I'。引一垂直于太阳光的平面 AC,其面积为 S,在此垂直面上的太阳辐射强度为 I,而到达水平面 AB 与垂直太阳光的 AC 面的辐射能量是相等的,则

$$I' \cdot S' = I \cdot S,\quad 即\quad I' = I \cdot S/S',\quad 而\quad S/S' = AC/AB = \sin h$$

即

$$I' = I \cdot \sin h \tag{2-21}$$

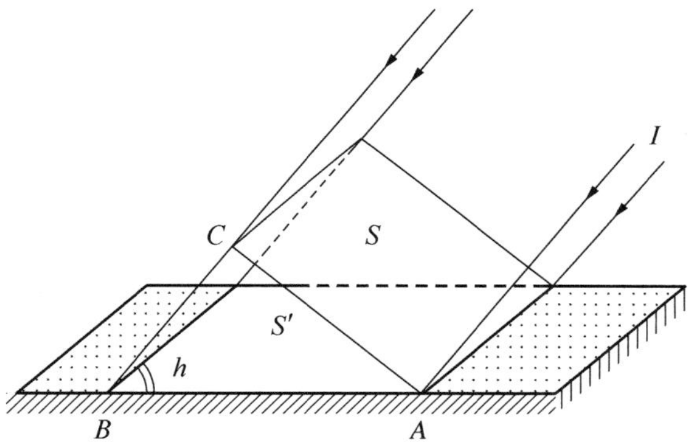

图2-13　太阳高度角与等量的太阳辐射散布面积的关系

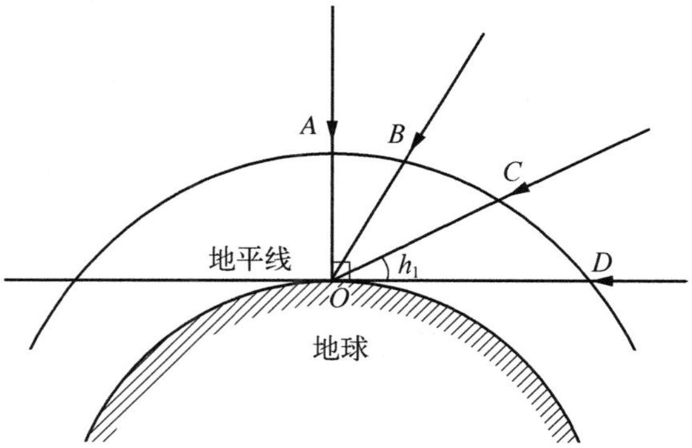

图2-14　太阳高度角与太阳辐射穿过大气层路径长短的关系

2) 当太阳高度角越小时,太阳光穿过的大气层的路径越长(图2-14),大气对太阳辐射的减弱作用越强,到达地面的辐射能就越少。例如,在日出、日落时,太阳高度角非常小,阳光穿过大气层的路径很长,空气分子对短波的散射增强,以致到达地面的太阳辐射中红光比例增大(当太阳高度角为1°时,太阳光谱中红光占84%),因此,日出、日落时,太阳呈红色。

为了研究太阳单色辐射被大气吸收、散射的减弱规律,需要引入大气相对光学质量的概念。太阳光沿路径在单位截面积上所通过的空气柱的总质量称为大气光学质量,用 u 表示。当太阳光通过有限路径 L 时大气光学质量的计算公式为

$$u=\int_0^L \rho \mathrm{d}l \tag{2-22}$$

太阳光自 h 倾斜入射时与自天顶入射时的大气光学质量之比值称为大气相对光学质量，简称大气相对质量，用 m 表示。计算公式为

$$m=\int_0^\infty \rho \mathrm{d}l / \int_0^\infty \rho \mathrm{d}z \tag{2-23}$$

大气相对质量 m 随太阳高度角 h 的减小而增大，当太阳高度低时，m 值的增大特别迅速(表 2-4)。

表 2-4 不同太阳高度时的相对大气质量

太阳高度角	90°	80°	70°	60°	50°	40°	30°	20°	10°	7°	5°	3°	1°	0
大气相对质量	1	1.02	1.06	1.15	1.3	1.55	2	2.9	5.6	7.77	10.4	15.36	26.96	35.4

(2) **大气透明度** 在相同的大气相对质量下，到达地面的太阳辐射也不完全一样，因为其还受大气透明度的影响。大气对太阳辐射的透射程度称为大气透明度。描述大气透明度的物理量为大气透明系数(p)。当太阳位于天顶处时，在大气上界的太阳辐射强度 I_0 与到达地面后辐射强度 I 的比值，称为大气透明系数。即

$$p=I/I_0 \tag{2-24}$$

大气中所含水汽、水汽凝结物和尘埃越多，透明程度越差，太阳辐射减弱的程度越大，到达地面的太阳辐射也相应地减少。大气透明系数介于 0～1，一般实际大气取 0.7。因此，地球上任何地区所获得的太阳辐射能都比无大气时($p=1$)时要少得多，并且大气越混浊地面获得的太阳辐射能越少。极地直接辐射削弱得更多，极地与赤道间的直接辐射差异非常显著(图 2-15)。

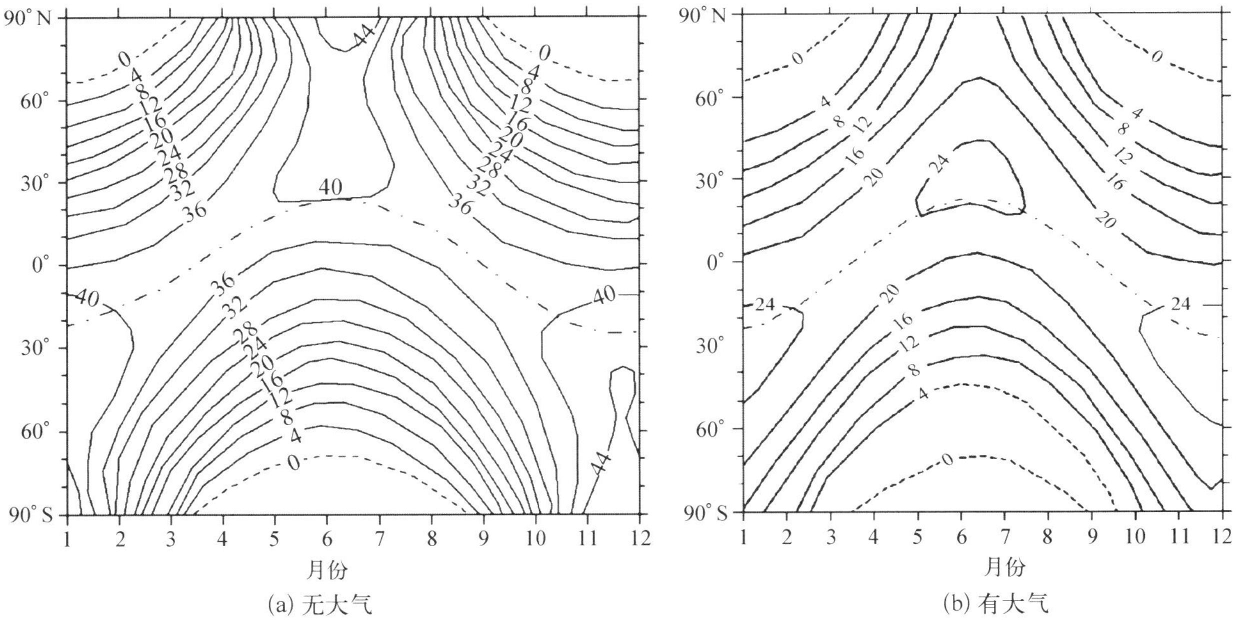

图 2-15 水平地表面上无大气(a)和有大气(b)时直接太阳辐射日总量[MJ /(m²·d)]随纬度和时间的分布

2. 太阳辐射在大气中的衰减规律

比尔—布格—朗伯(Beer - Bouguer - Lambert)定律，亦称比尔定律、布格定律、朗伯定律，原是物理化学中描述溶液对光的吸收的定律。太阳单色平行光穿过大气，被大气吸收、散射而减弱，其衰减规律也符合比

尔定律,即

$$S_\lambda = I_{0\lambda} p_\lambda^m \sin h \tag{2-25}$$

将式(2-25)对波长从0到∞积分,并设 p_λ 在整个光谱范围内的积分平均值为 p,则

$$S = I_0 p^m \sin h \tag{2-26}$$

式中,S 为直接辐射(到达地面的太阳辐射)强度;I_0 为太阳常数;m 为大气相对质量数;p 为大气相对质量为 m 时空气柱平均透明系数。比尔定律表明,到达地面的太阳辐射强度随大气透明系数 p 的增大而增大,随大气相对质量 m 的增加而减小。

3. 时空分布

(1) 日、年变化 由于太阳高度角的日、年变化,致使直接辐射具有显著的日、年变化规律。在无云的天气条件下,一天中,最大值出现在正午,并随着太阳高度角的减小而减少,日出、日落时为零。但有时由于午后对流的发展,把水汽和灰尘带到上空,或上午多雾,使大气透明系数变小,直接辐射就小一些,导致直接辐射对正午而言不对称,使午前小于午后。

世界各地直接辐射的年变化规律大致相似,一年中,最大值出现在夏季,最小值出现在冬季。但由于盛夏时,大气中的水汽含量增加、云量增多,使直接辐射减弱得较多。使得直接辐射的月平均最大值不出现在盛夏,而出现在春末夏初的季节。如表2-5列出了北京直接辐射的各月平均值,从中可以看出,北京直接辐射的月平均值最大值出现在5月,最小值出现在12月。

表2-5 北京直接辐射的月平均值 (单位: 10^{-2} W/m^2)

月 份	1	2	3	4	5	6	7	8	9	10	11	12
直接辐射	2.02	2.79	3.14	4.53	4.60	4.19	3.84	3.42	3.49	2.59	1.88	1.67

(2) 地理分布 直接辐射随纬度增高而减少,最大值出现在北回归线附近[图2-15(b)]。夏半年,虽然每天的太阳可照时间随纬度增高而增长,极地地区出现极昼现象,但高纬地区由于太阳高度角非常小,阳光穿过大气层的路径很长,被大气削弱更多,直接辐射依然不大。冬半年,由于太阳高度角和太阳可照时间均随纬度而增高而减少,直接辐射也随纬度增高而减少。极地冬季极夜期间的直接辐射为零。

(二) 散射辐射

1. 影响因素

太阳辐射被大气散射后,向下到达地面的那部分辐射称为散射辐射,亦称天空辐射、天空散射辐射。而另一部分则向上返回宇宙空间,成为大气反射光的一部分。散射辐射是一种短波辐射,其能量的分布,比直接辐射更集中于波长较短的光谱区。假设大气散射是各向同性的,其中一半回到宇宙空间,另一半到达地面,因此地面观测到的散射辐射强度 D 的计算公式为

$$D = 1/2 I_0 (1 - p^m) \sin h \tag{2-27}$$

散射辐射的大小也取决于太阳高度角和大气透明度。散射辐射随太阳高度角的增大而增强;随大气透明度的减小(散射质点多)而增强,尤其云、海拔对散射辐影响很大。云能强烈地增大散射辐射。一般,无云天空散射辐射约70～140 W/m^2,有薄的中云时可达420 W/m^2。当云层不太厚,地面又有冰雪覆盖,太阳辐射在云与下垫面之间出现多次反射,使散射辐射加大很多。在北极地区散射辐射可增大到200 W/m^2。但当云层很厚、云量很大时,由于直接辐射减弱的太多,散射辐射可能比晴天还少。散射辐射随海拔的增加而减少。这是由于随着海拔增高空气越稀薄,微尘含量少。

2. 日、年变化

散射辐射的日、年变化也主要取决于太阳高度角的变化,同时也与云量变化有关。一天中散射辐射的最

大值出现在正午前后(图 2-16)。一年内,最大值出现在夏季月份,最小值出现在冬季月份。晴天和阴天的散射辐射都随太阳高度的增加而增加,但是阴天正午时的最大值超过晴天正午时的一倍以上。云的变化使散射辐射呈现出极不规则的变化,日、年变化常出现次高值和次低值。图 2-16 中阴天曲线起伏就是大气透明度变化所致。

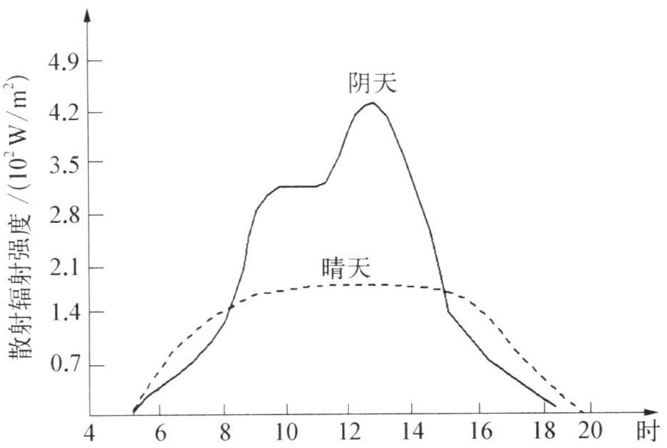

图 2-16 重庆散射辐射的日变化

(三) 总辐射

1. 影响因素

到达地表的太阳直接辐射(S)与散射辐射(D)之和称为总辐射(Q)。即

$$Q = S + D \tag{2-28}$$

将式(2-26)和式(2-27)代入式(2-28)得

$$Q = 1/2 I_0 (1 + p^m) \sin h \tag{2-29}$$

太阳总辐射的影响因素依然为太阳高度角(h)、大气透明系数(P)、大气质量(m),以及纬度、云量、海拔、坡度坡向等。

2. 时空分布

在晴朗的日子里,总辐射的日变化与太阳直接辐射的日变化基本一致。一天中,太阳总辐射在夜间为零,日出后逐渐增大,正午达到最大值,午后又逐渐减小。值得注意的是,由于夏季的午后常出现对流云,使最大值出现在正午之前或正午之后;另外,由于散射作用,只有当太阳光线在地平线以下且和地平线的夹角大于 7°时,太阳总辐射才能为零。一年中,赤道地区有两个最大值,分别出现在春分和秋分,而其他地区只有一个最大值,出现在夏季;最小值出现在冬季。

由图 2-17 可见,全球年总辐射基本上呈带状分布,随纬度增高而降低,只是在热带低纬度地区受到破坏。赤道附近云雨较多,对太阳辐射削弱得多,年总辐射减小。因此,年总辐射的最大值不是出现在赤道,而是出现在纬度 20°附近。无论在大陆上还是在海洋上,总辐射高中心的分布都与南、北半球的副热带高

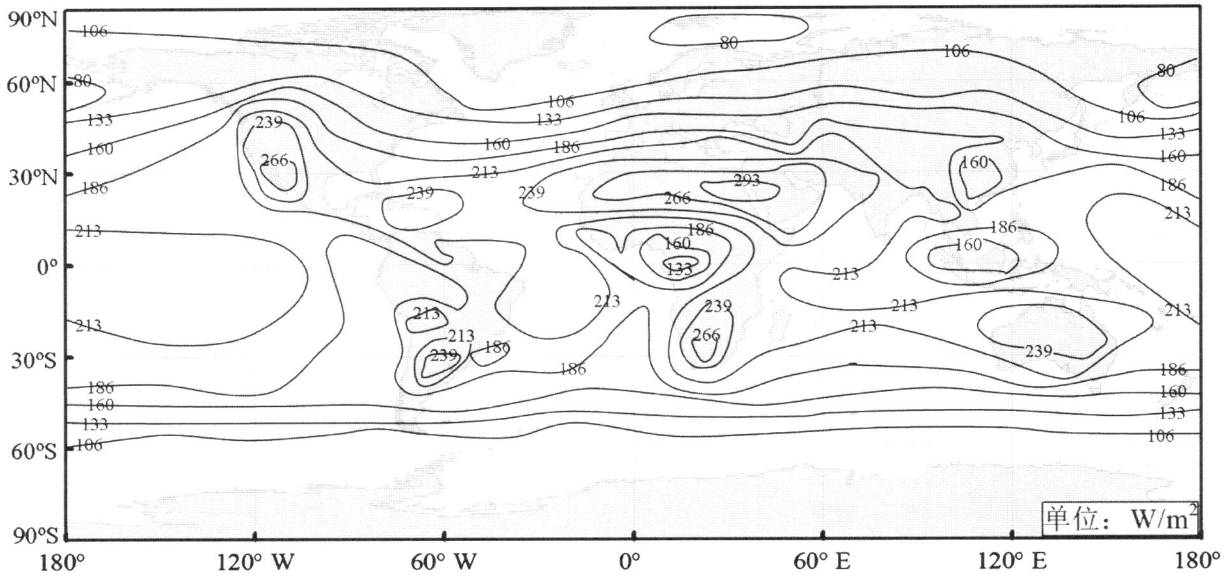

图 2-17 到达地面太阳总辐射通量密度(W/m^2)年平均值的地理分布

压(简称“副高”)带相一致,在大陆沙漠地区和高原地区尤为明显,最大值在非洲东北部,因为那里云量最少。

我国总辐射及直接辐射的分布主要取决于云量及所处纬度。我国总辐射年总量的分布最大值在西藏,青海、新疆和黄河流域次之,最低值在四川盆地东南部。除川黔地区外,全国大部分地区基本上是从东向西增加。西部地区总辐射分布基本上与海拔一致,以青藏高原为最大,新疆的塔里木盆地和准噶尔盆地较小。东部地区以川黔及长江以南为最小,分别向南、向北增加,内蒙古及华北较大,至东北地区又逐渐减小。青藏高原总辐射比新疆地区要高出三分之一,比同纬度的沿海地区高出一倍左右,比四川盆地高出近两倍。

我国不同地区直接辐射和散射辐射占总辐射的比例也存在着显著的差异。这种差异主要取决于云量及大气透明度。以年平均而言,直接辐射占总辐射的百分比,青藏高原最大,达 70%左右。其次为沙漠及草原地区,为 60%~65%。比例最小的是云雨最多的川黔地区,直接辐射仅占 40%。长江中下游及华南地区为 50%。可见,高原及干燥地区直接辐射对于地面热量供给比散射辐射供给多,长江流域和华南地区两者贡献率相等,川黔地区直接辐射低于散射辐射的作用。因此,在云雨较多的地区,散射辐射比直接辐射作用大,而在干燥地区则相反。

六、地面对太阳辐射的反射

到达地面的总辐射,并不都为地面所吸收,其中一部分要被地面所反射回到宇宙空间去。地球表面能获得多少太阳辐射能,在很大程度上依赖于地表反照率。在大陆上,某一区域往往可由许多不同类型的下垫面拼组而成,不同性质和状态的下垫面有不同的反射率,一般采用面积加权平均法计算区域的平均反射率。表 2-6 列举了各种地面的平均反射率。雪面的反射率最大,而森林、裸地、草地和海面的反射率较小。一般来说,水面反射率比陆面小,陆地表面的反射率约为 10%~30%,海面平均反射率约为 10%。但水面反射率随太阳高度角的变化比陆面大,太阳高度角越小,其反射率越大(表 2-7)。此外,水面的反射率还与水面平静程度和水的浑浊度有关。海冰反射率约为 30%~40%。

表 2-6　不同性质地面的平均反射率

地面状况	裸　地	沙　漠	耕　地	草　地	森　林	新　雪	陈　雪	海面 ($h>25°$)	海面 ($h<25°$)
反射率/%	10~25	25~40	14	15~25	10~20	75~95	25~75	2~10	10~70
地面状况	小麦地	水稻田	针叶林	阔叶林	砂　土	黏　土	浅色土	深色土	黑钙土
反射率/%	16~23	12	10~15	15~20	29~35	20	22~32	10~15	5~12

表 2-7　水面反射率随太阳高度角的变化

太阳高度角	90°	70°	50°	40°	30°	20°	10°	5°
反射率/%	2.0	2.1	2.5	3.4	6.0	13.4	34.8	58.4

地—气系统对太阳辐射的反射通量与入射辐射通量之比称为地球反射率,亦称行星反射率。地球反射包括三部分:① 地面的反射;② 云和尘埃的反射;③ 大气后向散射而返回宇宙空间。由于云的变化,地球反射率的变化范围很大,平均值为 31%。

因此,全球平均而言,太阳辐射有 31%被反射和散射而返回宇宙空间(其中云和尘埃反射返回 16%、地面反射返回 9%、大气散射返回 6%),20%被大气直接吸收,49%被地面吸收(包括散射辐射 25%、直接辐射 24%)。

第三节　地面和大气的辐射

按照辐射的基本定律,任何物体只要其绝对温度不为零,均要以某种光谱段向周围辐射能量。因此,地面在吸收太阳短波辐射的同时,也按其本身的温度不断向外放射长波辐射。大气(尤其是低层大气)虽然对太阳短波辐射吸收很少,但却能强烈地吸收地面长波辐射,下垫面是大气的直接热源,同时大气也按其自身的温度向外放射长波辐射。通过长波辐射,地面与大气之间,以及气层与气层之间相互交换热量,并将部分辐射能射向宇宙空间。

一、地面辐射

地面在吸收太阳辐射的同时,按其本身的温度向外放出辐射能,称为地面辐射。可以近似地把地球看作是吸收率与波长无关的灰体,由斯特藩—玻尔兹曼定律得地面辐射能力为

$$E_g = \delta\sigma T^4 \tag{2-30}$$

式中,E_g为地面辐射能力;T 为地面温度;δ 为地面的相对辐射率,又称比辐射率,是指地面的辐射能力与同温度下黑体辐射能力的比值。相对辐射率随地表性质不同而略有变化(表 2-8),一般取 0.90~0.95。根据式(2-30),当地面温度为-40~40℃,地面因辐射而损失的热量可达 139.3~557.3 W/m²。例如,当地面温度取 15℃,$\delta=0.9$,地面的辐射能力为 $E_g = 0.9\times5.67\times10^{-8}\times(288)^4 = 351$ W/m²。

地球表面平均温度为 300 K,绝大部分地面辐射能集中在 3~80 μm 波长范围内,最大辐射能力所对应波长为 10 μm。

表 2-8 不同性质下垫面的相对辐射率

地面物质	石英	石灰石	花岗岩	干沙	湿沙	干沙性土壤	黑土	黄黏土	浅草
相对辐射率	0.712	0.91	0.815~0.893	0.914	0.936	0.954	0.87	0.85	0.84
地面物质	厚绿草	针叶树	沥青	纯水	海水	泥炭	新雪	湿雪	冰
相对辐射率	0.936	0.971	0.956	0.993	0.96	0.97~0.983	0.986	0.997	0.98

二、大气辐射

大气在吸收地面长波辐射的同时,按其本身的温度向外放出辐射能,称为大气辐射。大气辐射也近似为灰体辐射,计算公式

$$E_a = \delta'\sigma T^4 \tag{2-31}$$

式中,E_a为大气辐射能力;T 为大气温度;δ'为大气的相对辐射率。大气平均温度为 250 K,绝大部分地面辐射能集中在 4~120 μm 波长范围内,最大辐射能力的波长为 11.6 μm。

三、大气对地面辐射的吸收

根据基尔霍夫定律大气能放射亦能吸收长波辐射,地面辐射的波段,刚好位于大气的吸收光谱区,因此绝大部分地面辐射都被大气所吸收。大气对地面辐射的吸收起重要作用的成分有水汽、液态水、二氧化碳和臭氧。它们对地面长波辐射的吸收具有选择性(图 2-18)。

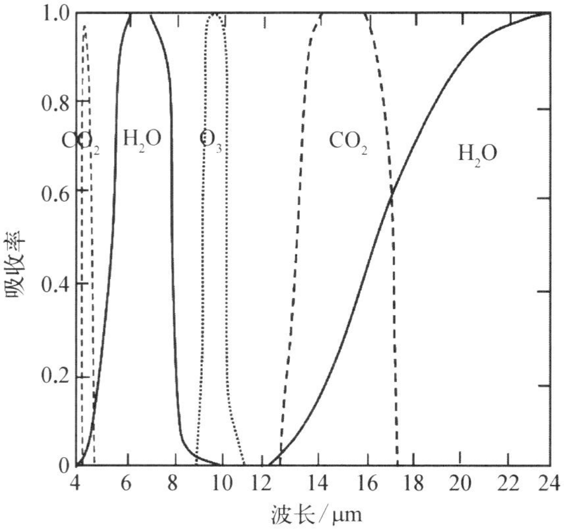

图 2-18 大气对地面辐射的吸收光谱

水汽对地面辐射的吸收最强,除 8~12 μm 波段的辐射外,其他波段都能吸收。并以 6 μm 附近和 24 μm 以上波段的吸收能力最强。依据基尔霍夫定律,水汽的长波辐射能力也强,因而干燥地区夜间降温剧烈,而湿润地区由于地面在夜间能接收较多的大气辐射而使降温和缓。

液态水对长波辐射的吸收性质与水汽相仿,只是作用更强一些。例如 0.1 μm 的薄层水可以吸收地面辐射的 99%。因此,厚度大的云层表面可当作黑体表面,能完

全吸收地面辐射,同时又以接近黑体的辐射能力向上和向下发射长波辐射。

二氧化碳有两个吸收带,中心分别位于 4.3 μm 和 14.7 μm。第一个吸收带位于地面放射能量曲线的末端,所吸收地面辐射能量少,其作用不大。第二个吸收带从 12.9～17.1 μm,对吸收长波辐射有比较重要的意义。

臭氧在 9.6 μm 附近有一个很窄、但很强的吸收带。

大气在地面辐射的波段(3～80 μm)中,除 8～12 μm 波段外,其余的吸收率为 1。对 8～12 μm 波段内的地面辐射,水汽和二氧化碳基本上不吸收,臭氧在这里的吸收带又很窄,好像大气中开了一扇窗,这个波段称为大气窗。大气窗正好位于地面辐射能力最强($\lambda_m=10$ μm)处,所以地面辐射有 20%的能量透过这一窗口射向宇宙空间。人造卫星就可以利用红外辐射观测来遥感大气窗这一波段内地面辐射的强弱和云体辐射的强弱,从而推算出各地的地面温度和云体温度。

大气主要靠水汽及液态水吸收地面长波辐射,依据基尔霍夫定律,大气的辐射也主要是由水汽和液态水放射出的。因此,大气辐射能力取决于大气温度、湿度、云况。气温越高,水汽和液态水含量越大,大气放射能力就越强。

四、大气逆辐射和大气温室效应

地面辐射的方向是向上的,而大气辐射的方向既有向上的,也有向下的。指向地面的那部分大气辐射称为大气逆辐射,而向上的那部分被高一层的大气所吸收。

由于大气对辐射吸收具有选择性,大气对太阳短波辐射吸收很少,能让大部分太阳辐射透过大气而被地面所吸收,但大气能强烈地吸收地面长波辐射而增热,并又以大气逆辐射的形式返回给地面一部分,对地面有保温作用,称为大气的温室效应,亦称保温效应、花房效应。但大气的温室效应与玻璃温室不尽相同,玻璃还有隔绝温室内外空气对流、减少室内外对流热交换的作用。如果没有大气,按现在约 31%的反射率计算,地表平均温度只有−18℃,而实际地表温度达到 15℃。因此,大气的存在使地面温度增高了 33℃,并减小了昼夜温差。

温室效应的产生是因为大气中水汽、CO_2、CH_4、O_3等气体能强烈地吸收地面的长波辐射,从而减少了长波往太空的辐射。把具有温室效应的大气气体统称为温室气体,包括水汽、二氧化碳、甲烷、氧化亚氮、臭氧和一些浓度更低但仍强烈吸收红外辐射的气体,如氯氟烃(CFCs)类。这些温室气体对地球变暖的贡献率以水汽为最大,水汽的贡献为 21℃,CO_2贡献为 7℃,O_3的贡献为 2℃,因此水汽是最重要的温室气体。然而由于水汽含量是由大自然决定的,直接受人类活动影响的温室气体是二氧化碳、甲烷、氯氟烃和臭氧,因此通常所说的温室气体并不包括水汽。矿物燃料的燃烧、甲烷和氯氟烃(CFCs)的释放却可以改变大气中几种痕量气体(CO_2、SO_2、CH_4和 O_3)的浓度,从而改变大气的辐射性质。随着大气中 CO_2浓度的增加,地球表面吸收的太阳辐射能总量基本保持不变,但低层大气却能够更多的吸收地面长波辐射,使低层大气温度升高,放出更多的长波辐射。当入射辐射和出射辐射达到平衡时,地球表面和低层大气变暖,而高层大气变冷。CO_2、CH_4温室气体在大气形成以来就存在于大气中,因此温室效应早已存在。而现在所说的温室效应是指人类活动引起温室气体增加,造成全球气候变暖。因此,实际上是温室效应加剧的问题,为了方便,人们一般仍简称温室效应。此外云的保温效应很强,所以在多云和高湿的热带地区温室效应较强,而在干燥的极地和沙漠地区温室效应较弱。

五、地面有效辐射

地面放射的辐射(E_g)与地面吸收的大气逆辐射(δE_a)之差,称为地面有效辐射(F_0)。公式为

$$F_0=E_g-\delta E_a \tag{2-32}$$

地面有效辐射实际上就是地面长波辐射收支相抵后剩余部分,故又称长波辐射净通量。通常情况下,地面温度高于大气温度,地面有效辐射为正值。这意味着通过长波辐射的放射和吸收,地表面经常失去热量。只有在近地层有很强的逆温及空气湿度很大的情况下,有效辐射才可能为负值,这时地面才能通过长波辐射

的交换而获得热量。

地面有效辐射的大小主要决定于地表温度、空气温度、湿度以及天空状况等。在其他条件不变的情况下，地面温度越高，地面辐射越强，有效辐射也就越大，地面损失的热量也就越多；空气温度越高，湿度越大，天空云量越多，则大气逆辐射越强，那么有效辐射就越小，地面损失的热量就越少。云可以使地面有效辐射显著减小。因此，夏季，多云的夜晚闷热，而无云的夜晚更凉爽。农业生产上用人工熏烟方法造成一层烟幕预防霜冻，道理就在于此。另外，海拔越高，空气越稀薄，水汽含量急剧减少，大气逆辐射减弱，地面有效辐射增大。地面温度虽然也随高度增加而降低，但它的影响还不能抵消大气中水汽含量减少的作用。

地面有效辐射具有明显的日变化和年变化。其日变化具有与温度日变化相似的特征。在白天，由于低层大气中垂直温度梯度增大，所以有效辐射值也增大，中午 12～14 时达到最大；而在夜间由于地面辐射冷却的缘故，有效辐射值也逐渐减小，在清晨达到最小。当天空有云时，可以破坏有效辐射的日变化规律。有效辐射的年变化也与气温的年变化相似，夏季最大，冬季最小。但由于水汽和云的影响使有效辐射的最大值不一定出现在盛夏。我国秦岭、淮河以南地区有效辐射秋季最大，春季最小；华北、东北等地区有效辐射则春季最大，夏季最小，这是水汽和云况影响的结果。

全球有效辐射年总量的最大值出现在热带大陆的沙漠地区，这是由于热带沙漠地区下垫面的巨大增温及空气湿度很小；赤道附近有效辐射年总量较低，并且在赤道附近的大陆上和海洋上的有效辐射并无多大差异。在大洋上，有效辐射随着纬度的增加而增大，直到纬度 60°处达到最大值；纬度再增高，有效辐射又将减小，甚至可以改变符号。在大陆地区，除热带纬度外，有效辐射平均比同纬度的洋面上稍大，在干燥地区尤其如此。

我国有效辐射年总量最大值出现在青藏高原，最小值出现在川黔地区及两湖盆地一带。我国东部的有效辐射，除福建南部及海南岛以外，基本上从南向北逐渐增加。这和我国东部地区云量、空气湿度从南向北减少相一致。我国西部的有效辐射与东部相反，是由南向北减少。我国西部的有效辐射远较东部大，这是由于西部比东部地势高，而且东部傍海气候湿润。

第四节 辐射差额

地面和大气因辐射进行热量的交换，其能量的收支状况，是由短波和长波辐射收支作用的和来决定的。物体收入辐射能与支出辐射能的差值称为净辐射或辐射差额，用 R 表示，公式为

$$R = \text{收入辐射} - \text{支出辐射} \tag{2-33}$$

在没有其他方式进行热交换时，辐射差额决定物体的升温或降温。当 $R=0$ 时，物体的温度保持不变；当 $R>0$ 或 $R<0$ 时，物体收支的辐射能不平衡，会产生升温或降温。

一、地面辐射差额(R_g)

地面由于吸收太阳总辐射和大气逆辐射而获得能量，同时又以其本身的温度不断向外放出长波辐射而失去能量。单位时间、单位水平面积地面所吸收的太阳总辐射与地面有效辐射之差，称为地面辐射差额(R_g)，也称地面净辐射，计算公式为

$$R_g = (S+D)(1-r) - F_0 \tag{2-34}$$

式中，$(S+D)$ 为到达地面的太阳总辐射；r 为地面对总辐射的反射率；F_0 为地面的有效辐射。地面辐射能量的收支，取决于地面辐射差额，当 $R_g>0$ 时地面有热量积累，$R_g<0$ 时地面热量亏损。

地面辐射差额具有明显的日变化和年变化。由图 2-19 可知，白天辐射差额为正，夜间为负。由负值转为正值的时刻在日出后 1 小时左右，由正值转为负值的时刻在日落前 1～1.5 小时。由图 2-20 可知，在一年中，地面辐射差额随纬度而异，低纬度全年各月均为正；高纬度地区，夏季各月均为正，冬季部分月份为负，且纬度越高，负值月份越多。最大值出现在较暖的月份，最小值出现在较冷的月份。辐射差额的年振幅随着纬度的增加而增大。这主要是由于纬度越高，年太阳高度角变化越大，导致地面接收的太阳辐射能差额也变化较大。同一纬度上，陆地的年振幅大于海洋。全球绝大部分地区地面辐射差额年平均值均为正值，只有在高

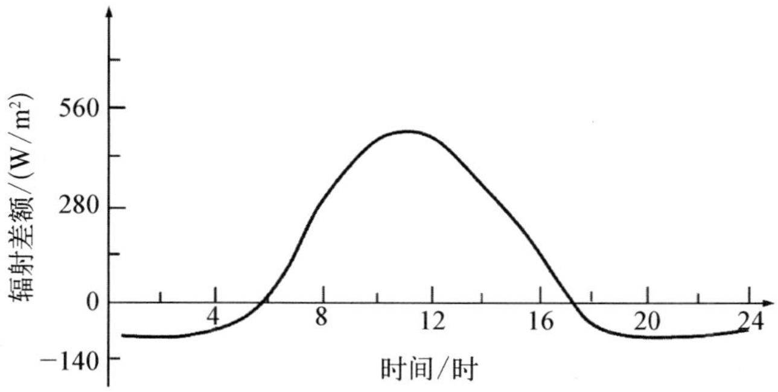

图 2-19 1979 年 7 月格尔木地面辐射差额的日变化

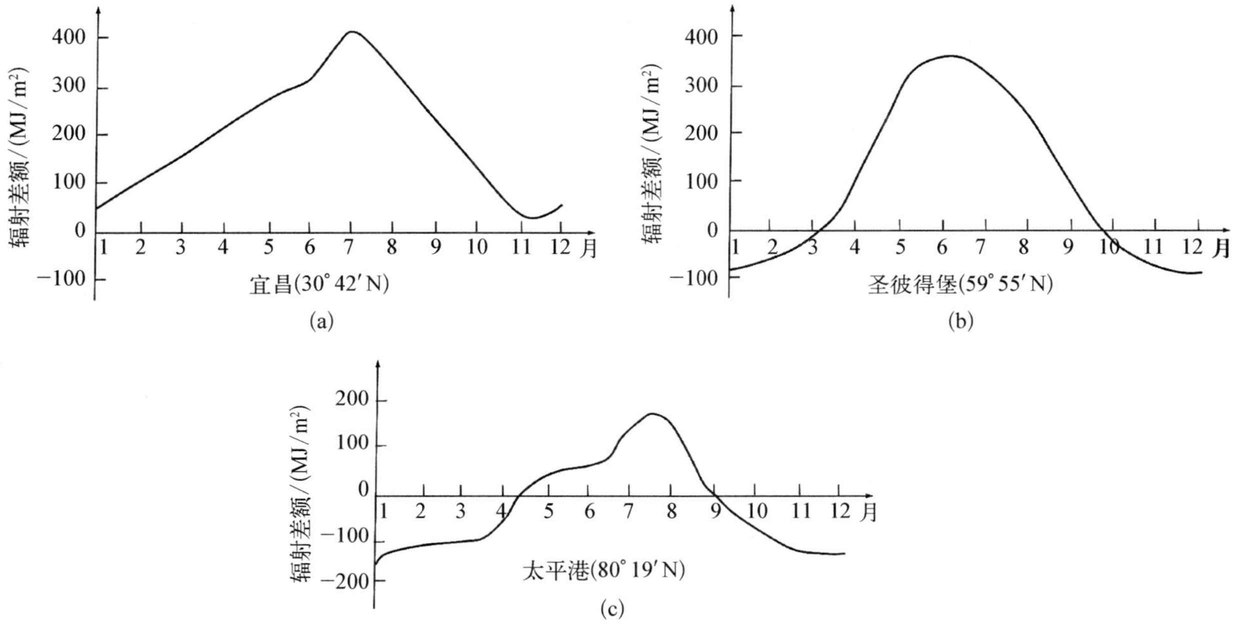

图 2-20 不同纬度地面辐射差额的年变化

纬度和某些终年积雪区才是负值,就整个地球表面来说收入是大于支出的,即地球表面通过辐射方式是获得能量的。

由图 2-21 可知,全球地面辐射差额年平均值随纬度增加而减小。赤道附近为 160～180 W/m²,60°纬度处减小至 20～40 W/m²。在全球大多数地区,地面辐射差额为正,不过在极区的冬季,地面辐射差额是负的,这是因为极夜太阳入射辐射非常小或接近于零。一般而言,在同一纬度上,海洋上的地面辐射差额大于陆面上的,最大值达 180 W/m²,出现于热带海洋。这与大气、海洋吸收的太阳辐射分布一致。赤道地区第二个极大值位于大陆上。热带的最小值位于沙漠地区,这是由于沙地反射率较大、云量较少、湿度小、地面温度高。

我国辐射差额年总量除海南岛地区在$(2.93～3.34)\times10^9$ J/m²外,其他区域大致都在$(1.67～2.51)\times10^9$ J/m²。川黔地区是一个低值区,仅 1.46×10^9 J/m²。珠江流域、黄淮地区及华北地区较大,为 2.3×10^9 J/m²。再向北的地区,Rg 年总量随纬度增加而减少。云南地区所处纬度虽低,但受西南季风影响 Rg 年总量仅 2.1×10^9 J/m²。青藏高原及新疆一带年 Rg 值与华北地区相近。

二、大气辐射差额(R_a)

大气辐射差额 R_a 的收入项有:大气吸收的太阳辐射 q_a,大气吸收的地面长波辐射 $(1-d_a)E_g$;支出项有:大气逆辐射 δE_a,逸出宇宙空间的大气辐射 $E_{a\infty}$。整个大气层的辐射差额表达式为

$$R_a = q_a + (1-d_a)E_g - \delta E_a - E_{a\infty} = q_a + (E_g - \delta E_a) - (E_{a\infty} + d_a E_g) \tag{2-35}$$

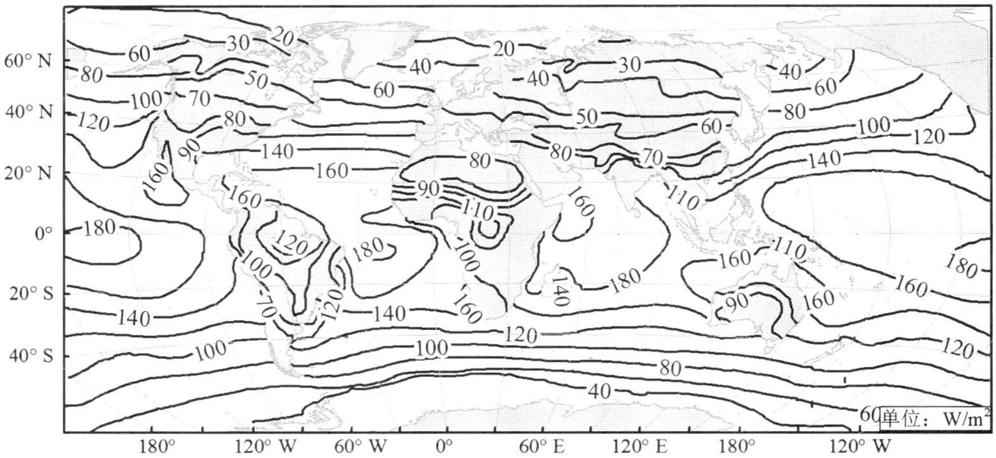

图 2-21 全球地面辐射差额(W/m²)年平均值的地理分布

式中，E_g为地面长波辐射，d_a为大气对地面辐射的透射率。式(2-35)可以改写为

$$R_a = q_a + F_0 - F_\infty \tag{2-36}$$

式中，F_0表示地面有效辐射，F_∞表示地面和大气层向宇宙空间逸出的长波辐射。由于F_∞总是大于F_0的，并q_a一般小于$F_\infty - F_0$，所以整个大气层的辐射差额是负值，大气要维持热平衡，还要靠地面以其他的方式，如对流、潜热交换等来输送平分热量给大气。

由大气辐射差额随纬度的分布图 2-22 可知，全球各纬度带大气辐射差额均为负值，其绝对值在两极最小，在南北极圈纬度附近达到最大，绝对值约为 110 W/m²。据计算，整个北半球大气辐射差额各分量年总量的绝对值约为：F_∞= 6 070 MJ/m²，F_0=2 093 MJ/m²，q_a=1 465 MJ/m²，所以北半球大气层辐射年净亏损 2 512 MJ/m²。南半球大气辐射年净亏损约 3 266 MJ/m²，比北半球大。

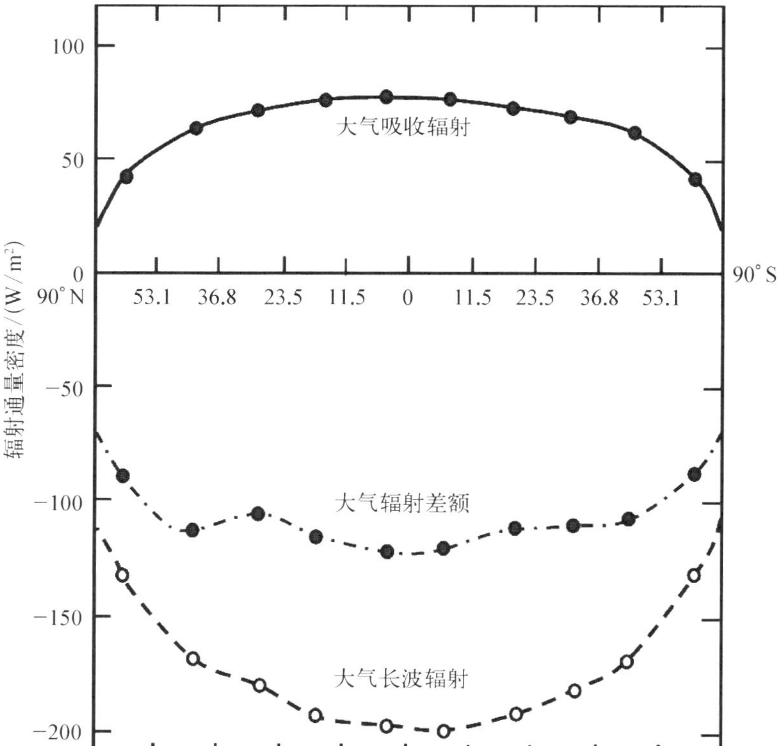

图 2-22 大气辐射差额随纬度的分布

三、地—气系统辐射差额(R_s)

如果将地面和大气作为一个整体,其辐射能的净收入称为地—气系统辐射差额(R_s)。地—气系统辐射差额收入项是地面和大气层吸收的太阳辐射;支出项是地—气系统逸出长波辐射,表达式为

$$R_s=(S+D)(1-r)+q_a-F_{\infty} \tag{2-37}$$

式中,r 为地表对太阳辐的反射率;q_a为大气吸收的太阳辐射;F_{∞}表示地面和大气层向宇宙空间逸出的长波辐射。

图 2-23(a)给出了地—气系统吸收的太阳辐射的年平均地理分布,地—气系统吸收的太阳辐射最大值约为 350 W/m^2,位于热带海洋,然后向极地逐渐减小,在极地小于 100 W/m^2。图 2-23(b)是地—气系统逸出长波辐射的年平均地理分布,地—气系统向外发射的长波辐射在副热带地区有最大值(约 270～280 W/m^2),然后向两极减小,在极地约为 160 W/m^2 或更小。北极地—气系统逸出的长波辐射比南极多,且南北梯度更小。热带地区的数值与云的分布呈负相关。图 2-23(c)给出地—气系统辐射差额的年平均地理分布,地—气系统辐射差额的年平均呈纬向分布,赤道附近为正,能量输入约为 60～80 W/m^2,而在南极和北极地区为负,能量损失约为 100 W/m^2。海洋地区吸收的能量较多,表明大气环流必然将净能量自海洋向陆地输送。

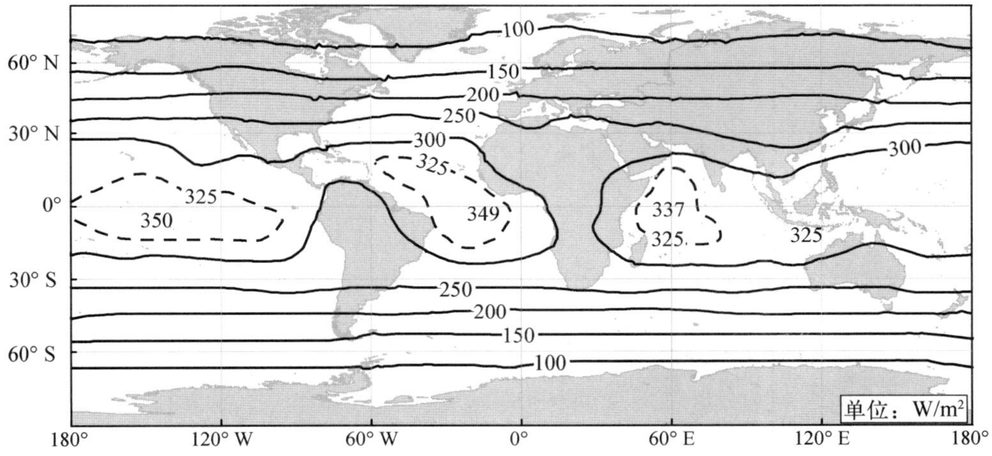

(a)

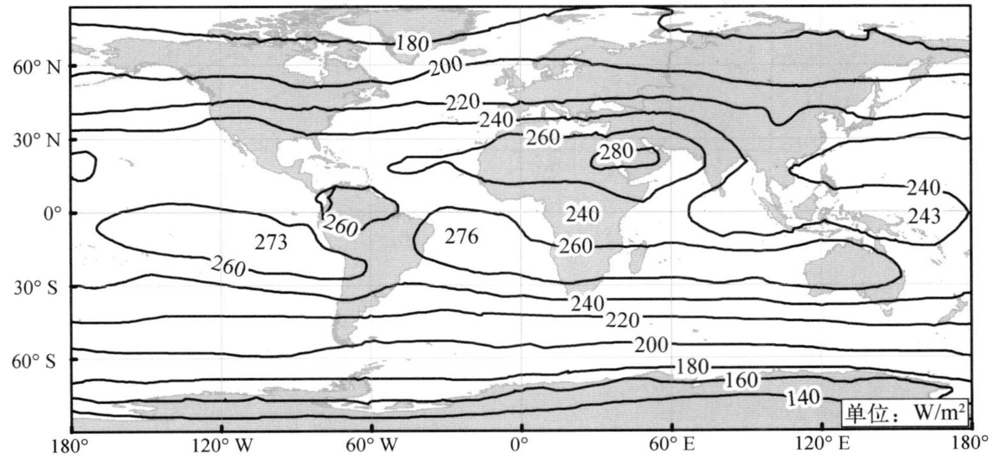

(b)

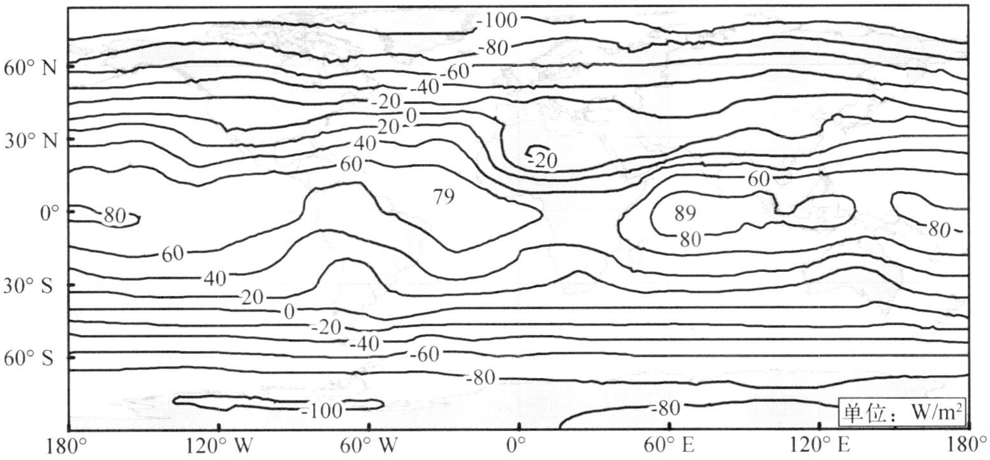

(c)

图 2-23 地—气系统吸收的太阳辐射(a)、逸出长波辐射(b)和辐射差额(c)的地理分布示意图

图 2-24 能更清楚地描述地—气系统辐射差额随纬度变化，在 35°S～35°N 的低纬度地区，地—气系统的辐射差额为正，而此范围以外的中高纬度地区为负[图 2-24(c)]。低纬度地区盈余的热量靠大气环流和洋流输送到高纬度地区，使高低纬地区之间的热量达到平衡。

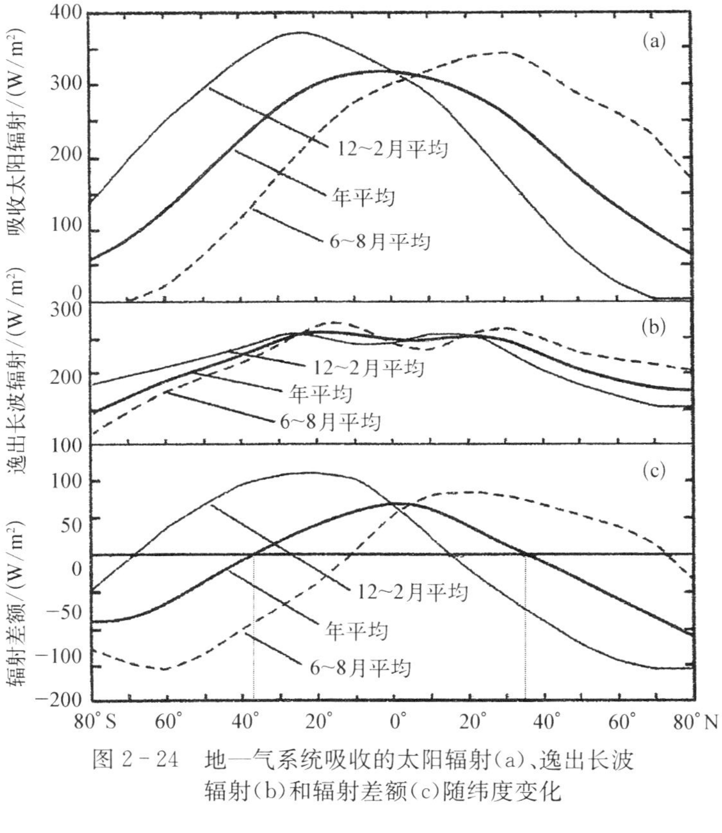

图 2-24 地—气系统吸收的太阳辐射(a)、逸出长波辐射(b)和辐射差额(c)随纬度变化

第五节 地—气系统热量平衡

一、地面热量平衡方程

地面热量收支差额 ΔQ 可以表示为

$$\Delta Q = R_g + LE + P + A \tag{2-38}$$

式中，R_g为地面辐射差额；LE 为地面与大气间的潜热交换量(L 为相变潜热，E 为蒸发量或凝结量)；P 为地面和大气间的湍流显热交换；A 为地面与下层土壤(或水)之间的热传输量 B 与地面下热量的平流输送 C 之和，即 $A = B + C$(图 2-25)。式(2-38)中各项的符号规定：地面得到热量时为正，地面失去热量时为负。

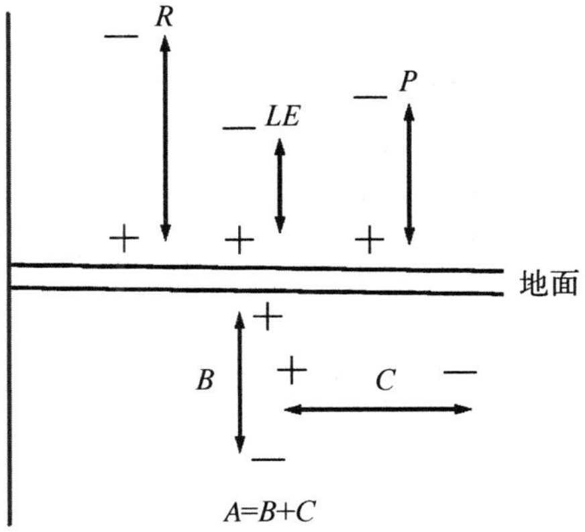

图 2-25　地面热量收支示意图

由式(2-38)可知，当 $\Delta Q > 0$ 时，地面有热量净收入，温度将升高；当 $\Delta Q < 0$ 时，地面有热量净支出，温度会降低；当 $\Delta Q = 0$ 时，地面处于热量平衡。地面得到的热量等于它失去的热量称为地面热量平衡。用数学形式表示出来就是地面热量平衡方程，它是能量守恒定律的一种特殊形式。地面热量平衡方程为

$$R_g + LE + P + A = 0 \tag{2-39}$$

对于陆地表面来说，由于土壤热传导所引起的水平输送异常缓慢，C 可忽略不计。对于年平均而言，地面与下层土壤间的热量垂直交换 B 为零。因此，陆地表面年平均热量平衡方程可简化为

$$R_g + LE + P = 0 \tag{2-40}$$

对于沙漠地区的年平均而言，LE 和 A 都等于零。因此，沙漠地面年平均热量平衡方程可简化为

$$R_g + P = 0 \tag{2-41}$$

这表明沙漠地区地面辐射差额的盈亏完全由湍流显热交换来平衡。

对于海洋，海洋表面与下层间热量的垂直输送 B 可以用单位柱体内热含量的变化来表示，虽然其年平均值并不等于零，但热含量的变化可以包含在由海流作用所造成的水平输送项 C 内。因此，海洋表面年平均热量平衡方程可简化为

$$R_g + LE + P + C = 0 \tag{2-42}$$

由于辐射差额有明显的日变化，因此地面热量平衡方程中其他分量也发生类似的周期变化，并且因下垫面性质而异。图 2-26 给出了草地上和干湖上的热量平衡各分量的日变化情况，可以看出，在草地上和干湖上 B 项都较小，白天地面辐射差额 R_g 为正，值较大，夜间 R_g 为负，值很小，而 P 与 LE 的日变化在草地上和干湖上截然不同。在湿润地区[图 2-26(a)]，白天地面获得的太阳辐射，通过湍流、蒸发、土壤热交换将热量输送给大气和深层土壤。其中蒸发耗热 LE 最多，湍流交换 P 次之，土壤热交换 B 最小。夜间蒸发耗热量接近于零，地面因辐射失去的热量是通过湍流、土壤热交换而流入的热量得到补偿的。在干燥地区[图 2-26(b)]，由于缺水，一天内蒸发耗热量近于零，白天地面获得的太阳辐射能，通过湍流、土壤热交换把热量输送给大气和深层土壤，且湍流热交换远远超过土壤热交换。夜间地面因辐射失去的热量是由来自大气和土壤中的热量输入来补偿的。

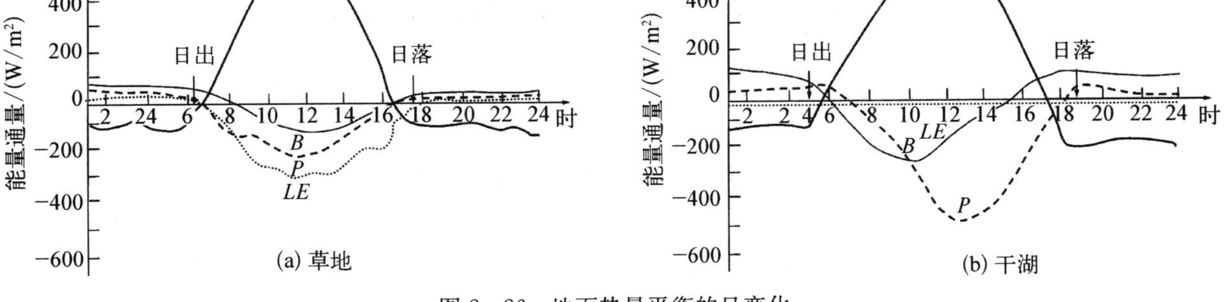

图 2-26　地面热量平衡的日变化

二、地—气系统的热量平衡

千百万年来地球平均温度变化很小,这表明整个地—气系统处于热平衡,即吸收的太阳辐射与放射出的长波辐射相等。这些能量在地—气系统中是怎样分配的,早在 1917 年 W.H.Dines 就给出了大气热量平衡模式,后来又出现了不少类似的模式。设计地—气系统热量平衡模式的基本数据为:太阳常数 $I_0=$ 1 367 W/m^2,地—气系统对太阳的反射率(行星反射率)为 30%,地球表面平均反射率为 15%,地球表面平均温度为 288 K,大气温度为 250 K。假设到达大气上界太阳辐射的辐照度 342 W/m^2(计算公式为 $\frac{\pi r^2}{4\pi r^2}I_0$,其中 r 为地球半径,I_0 为太阳常数)为 100 个单位(图 2-27)。根据斯特藩—玻尔兹曼定律计算出地球表面放射长波辐射的辐出度为 390 W/m^2,相当于入射太阳辐射的 114%。

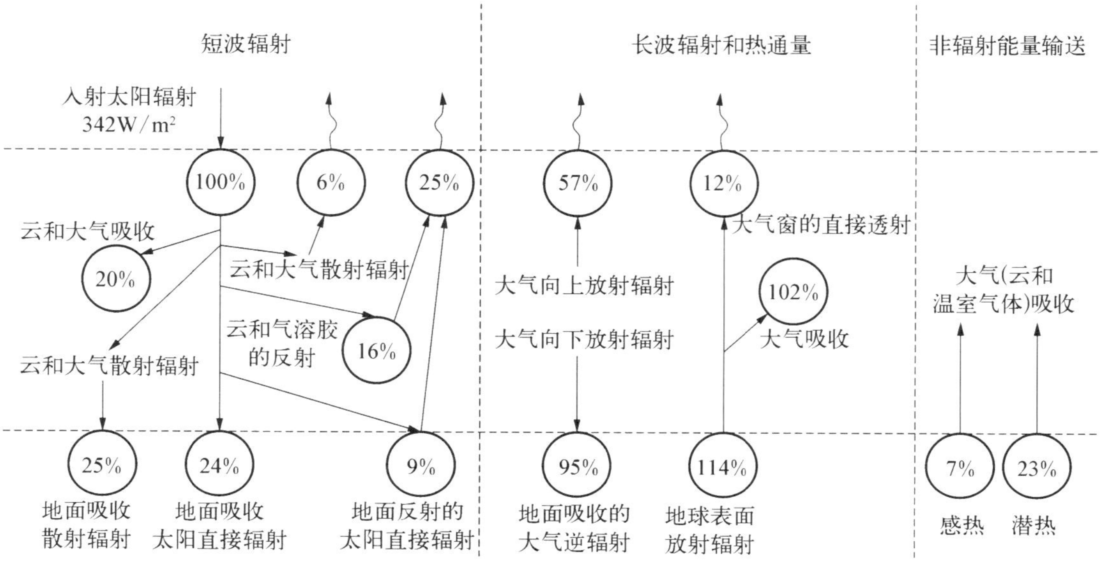

图 2-27 地—气系统热量平衡模式

由图 2-27 可以看出,到达大气上界的太阳辐射(100%)约有 20%被云和大气所吸收,49%被地面所吸收,31%被地面、云和气溶胶反射或散射后重返宇宙空间;地球表面放射出的长波辐射(114%)约有 102%被大气中水汽、CO_2和 O_3痕量气体所吸收(大气主要成分 N_2和 O_2并不吸收红外辐射),仅有 12%透过大气窗散失到宇宙空间;大气放射出的长波辐射(152%)约有 95%被地面所吸收,57%向上透过大气散失到宇宙空间。

由表 2-9 可知,大气因吸收和放射长波辐射亏损 50%,吸收太阳短波辐射 20%,结果大气辐射差额恒为负值,亏损 30%;而地面吸收太阳短波辐射 49%,吸收大气逆辐射 95%,放射长波辐射 114%,结果地面辐射差额恒为正值,盈余 30%。地面辐射差额盈余部分通过感热和潜热非辐射过程向上输送给大气,以补偿大气辐射差额亏损部分。

表 2-9 地—气系统热量平衡

系 统	收 入	W/m^2	%	支 出	W/m^2	%
地—气系统	入射太阳辐射	342	100	云和气溶胶反射	57	16
				地表反射太阳辐射	30	9
				云和大气向上散射	20	6
				大气向上放射辐射	195	57
				大气窗区直接透射	40	12
	合计	342	100	合计	342	100

续 表

系 统	收 入	W/m²	%	支 出	W/m²	%
大气	大气和云吸收太阳辐射	67	20	大气向上放射辐射	195	57
	吸收地面辐射	350	102	大气向下放射辐射	324	95
	感热输送	24	7			
	潜热输送	78	23			
	合计	519	152	合计	519	152
地球	吸收太阳直接辐射	82	24	地面放射辐射	390	114
	吸收大气和云散射辐射	86	25	感热输送	24	7
	吸收大气逆辐射	324	95	潜热输送	78	23
	合计	492	144	合计	492	144

地球、大气、地一气系统各作为一个整体均达到各自热量平衡,正是在这些热量平衡条件下,形成并维持着全球气候各时期的平衡状态。

第六节 大气的增温和冷却

一、基础知识

(一)海陆热力性质差异

在热量、动量和水汽交换过程中与大气相互作用的地球表面称为下垫面。大气的热能主要来自下垫面,不同性质下垫面对大气的增温和冷却的影响有很大差异,其中海陆差异影响最大。

1. 海陆比热不同

岩石和土壤的比热小于水的比热,因此,陆地受热快,冷却也快,温度升降变化大;海洋增温慢,降温也慢,温度升降变化小。潮湿土壤的比热为水的1/2左右,各种岩石的比热为不及水的1/5。因此,接受同等数量的热能,可使1 g水的温度变化1℃,却可使等质量的岩石温度变化5℃左右。

2. 海陆对太阳辐射的透射率和反射率不同

岩石和土壤对太阳辐射不透明,只有几毫米的表层吸收太阳能,吸收的能量仅分布在很薄的地表上,地表急剧升温加剧了地表和大气的热交换,陆地有一半热量传给大气;而海水对紫外线和可见光透明。光线垂直照射时,自水表面向下,光线是逐渐减弱的,在10 m以下,还有18%的辐射射入。由于太阳辐射可以透射到水的深处,散布在较厚的水层中。因此陆面温度的升降较水面迅速。陆面对太阳光的反射率大于水面。陆面比水面的反射率平均大10%~20%。因此,在同样的太阳辐射条件下,水面吸收的太阳辐射能比陆地吸收的太阳能多10%~20%。

3. 海陆的导热方式不同

海洋中有水平运动和垂直运动,水面所得到的太阳辐射通过对流、湍流等混合作用,可以传输到较深厚的水层;也可以通过波浪、洋流等形式在辽阔的水域进行热交换。因此,海洋中热能的水平与垂直交换量大,水温不易升降,温度变化和缓。而陆面为固体,陆面所得到的太阳辐射能主要以分子传导向地下传播。因此,陆面所得到的太阳辐射集中在地表面一薄层,以致陆面的升温和降温都很迅速,对近地层空气温度的影响也比较大。

4. 水相变化的差异

海洋中有充足的水源供应,大量的热量用于蒸发,使水温不易升高,而且海面上空气潮湿,大气中水汽含量多于陆面,水汽能强烈地吸收下垫面的辐射,并通过逆辐射归还于下垫面,也使水面不易降温。相反,陆地上(尤其是干燥地区)大部分热量用来增高陆面及近地层空气的温度。因此,水面温度变化较陆地和缓,广阔的海洋成为大气热量的储存器和调节器。

由于海陆具有不同的热力过程和特点,致使大陆受热快,冷却也快,温度升降变化大;而海洋受热慢,冷却也慢,温度升降变化比较迟缓。所以海洋年最高温和最低温要比大陆迟出现 1～2 个月。

(二)大气热力学第一定律

热力学第一定律是能量守恒定律在理想气体中的应用。处于孤立系统的理想气体从外界所吸收的热量 dQ 有两种用途:① 提高系统本身的温度增加内能(dE);② 使气本膨胀对外所做功(dW)。即

$$dQ = dE + dW \tag{2-43}$$

干洁大气和水汽都可以近似地看成理想大气,因此热力学第一定律也能直接应用于大气。对理想气体来说,气体内能就是分子运动的动能。对单位质量的气体而言,当气温变化为 dT 时

$$dE = C_V dT \tag{2-44}$$

式中,T 为气体温度;C_V 为定容比热(即当空气体积保持不变条件下,1 g 空气升温 1℃所需的热量),$C_V = 0.710\,6$ J/(g·K)。

以 P 表示压力,V 表示气体体积,在定压状况下,气体膨胀所做的功为

$$dW = P dV \tag{2-45}$$

将式(2-44)、式(2-45)代入式(2-43),得

$$dQ = C_V dT + P dV \tag{2-46}$$

对状态方程 $PV = RT$ 微分,有

$$P dV + V dP = R dT \tag{2-47}$$

将式(2-47)代入式(2-46),消去 $P dV$,并用 $C_p = C_V + R$ 表示气体的定压比热(在压强恒定条件下,1 g 空气升温 1℃所需的热量),得

$$dQ = C_p dT - RT \frac{dP}{P} \tag{2-48}$$

即

$$dT = \frac{dQ}{C_p} + \frac{RT}{C_p P} dP \tag{2-49}$$

式中,dQ 为单位质量空气由于辐射、湍流等引起的热量变化;C_p是空气的定压比热,对于单位质量的干空气,实测 $C_p = 1.005$ J/(g·K);R_d为比气体常数,对干空气来说,比气体常数 $R_d = 0.287$ J/(g·K)。式(2-49)是大气科中热力学第一定律的常用形式。

根据热力学第一定律式(2-49),引起空气温度变化有两种物理过程:① 由于空气与外界有热量交换而引起的气温的升或降,称为非绝热变化;② 作垂直上升或下沉运动的空气在升降过程中,与外界无热量交换,而是由于外界压力的变化使空气膨胀或压缩引起气块体积变化而做功,所引起的空气温度的降低或升高,称为绝热变化。

二、大气的增温和冷却过程

空气的冷热程度实质上是空气内能大小的表现。当空气获得热量时,内能增加,气温升高;反之,当空气失去热量时,内能减少,气温降低。因此,空气内能变化是引起气温变化的根本原因。

(一)气温的非绝热变化

地面与空气之间,空气与空气之间的热量交换和传递方式主要有辐射、平流、对流、湍流、潜热交换和传导。

(1) 辐射　指任何温度在绝对零度以上的物体,通过辐射的放射和吸收而进行的热量交换方式。大气主要依靠吸收地面的长波辐射而增温,同时地面也吸收大气放射出的长波辐射,这种以辐射交换热量的方式不仅在地面与空气之间,而且在空气团与空气团之间也在不停地相互进行着,从而影响各自的温度。这是大气与地面之间最重要的热交换方式。白天,空气吸收地面的长波辐射超过大气放射出的辐射,因此空气增温;夜间相反,大气各层温度都逐渐降低。

(2) 平流　空气的水平运动称为平流。冬季大规模的冷空气南下,可使气流经过地区的气温剧烈下降;夏季,暖湿的海洋空气北上,可使空气所经之地气温升高。平流是空气在水平方向上传递热量的重要方式,对大规模的热量传递以及缓和地区之间、纬度之间温度的差异起着很大作用

(3) 对流　由于各地受热不均,热空气上升,邻近较冷的空气下沉补充,产生了空气在垂直方向大规模的、有规则的升降运动,称为对流。对流的结果是:使上下层空气相互混合,使低层空气的热量输送到高空,这是对流层中热量交换的重要方式。

(4) 湍流　空气的不规则的运动称为湍流,又称乱流。湍流是空气层之间发生摩擦或空气流经高低不平的地面时产生的。地面或低层大气受热不均也会产生热力湍流。湍流作用的结果是:相邻气团之间发生混合,使空气中热量的分布趋于均匀。湍流是摩擦层中热量交换的重要方式。

(5) 潜热交换　水在蒸发(或冰在升华)时要吸收热量;相反,水汽在凝结(或凝华)时又会放出热量。如果蒸发(升华)的水汽,被带到别处去凝结(凝华),通过水相变化,就会伴随着热量传送。这种转移可以发生在地面和大气之间,也可以发生在空气团和空气团之间。由于大气中的水汽主要集中在 5 km 以下,因此这种热量交换主要对流层中下层发生。

(6) 传导　它是依靠分子的热运动,通过分子相互碰撞将能量从一个分子传递给另一个分子,而分子本身并没有发生位移。当地气与空气之间,或空气团与空气团之间有温度差异时,就会以传导方式交换热量。由于空气和地面都是热的不良导体,空气导热率仅为 0.000 05。因此,以传导方式传热很少,在大多数情况下可忽略不计,仅在贴地气层中温度梯度很大时才显示出来。

(二) 气温的绝热变化

若系统与外界没有热量交换时,称该系统是绝热的。在绝热条件下状态变化的过程称为绝热过程。当气块作垂直运动时,通常气块与周围有热交换,也可能吸收太阳辐射,并不是真正绝热过程。但垂直运动的气块在各气层中所经历时间很短,非绝热变化对温度的影响远比绝热变化对温度的影响小。所以,一般情况下,空气的垂直运动均可近似地看成绝热的。气温绝热变化包括干绝热变化与湿绝热两种。

1. 干绝热过程

(1) 干绝热方程(泊松方程)　干空气或未饱和的湿空气作垂直升降运动时,既没有与外界交换热量,又没有发生水相变化的过程,称为干绝热过程。这时 $dQ=0$,向外做功要靠系统内能负担,则热力学第一定律式(2-49)可写为

$$C_p dT = RT\frac{dP}{P} \tag{2-50}$$

由将式(2-50)从初态(P_0,T_0)至终态(P,T)积分,得

$$\frac{T}{T_0}=\left(\frac{P}{P_0}\right)^{0.286} \tag{2-51}$$

式(2-51)即干绝热方程,亦称泊松方程。它给出了干绝热过程初态(P_0,T_0)和终态(P,T)之间的内在联系,即绝热变化时温度随气压变化的规律。当 $P<P_0$(即气压降低)时,则 $T<T_0$(即温度也下降);反之亦然。利用干绝热方程,可以了解气块在上升和下降过程中状态的改变情况。例如初态为 $P_0=1\,000$ hPa,$T_0=273$ K,就可以算出它下降到 1 050 hPa 时,温度将变为 276.7 K;当上升到 900 hPa 时,温度将变为 265 K。

值得注意的是,绝热过程中气块的气压和气温都是指气块本身的状态,但是气块的气压可以用气块周围的环境大气的气压近似代替。原因是气块在垂直方向上受到的垂直气压梯度力(气压随高度分布不均匀所产生的力)有重力与之平衡,除少数山区和有强烈对流运动的地区之外,可以认为大气在垂直方向上是处于

准静力平衡状态,即作用在单位质量空气上的重力和垂直气压梯度力大小相等,方向相反。这时,气块的气压与气块周围环境大气的气压是相等的,也称这一条件为准静力平衡条件。若用 P_i、T_i 表示气块的气压和气温,以 P、T 代表周围大气的气压和气温,则按准静力平衡条件有 $P_i = P$,但一般地 $T_i \neq T$。

(2) 干绝热递减率　气块绝热上升单位距离时的温度降低值,称绝热垂直减温率。干空气或未饱和湿空气绝热上升单位距离时的温度降低值,称为干绝热递减率,以 γ_d 表示,有

$$\gamma_d = -\frac{dT_i}{dZ} \tag{2-52}$$

式中带有下标 i 的变量代表气块的状态参量。

将式(2-52)两边同除以 dz 整理,得

$$\gamma_d = -\frac{RT_i}{C_p P_i} \cdot \frac{dP_i}{dZ}$$

利用准静力平衡条件 $P_i = P$,$dP_i = dP$,并利用静力学方程 $dP = -\rho g dz$ 和状态方程 $P = \rho$,则

$$\gamma_d = -\frac{g}{C_p} \cdot \frac{T_i}{T} \tag{2-53}$$

在实际大气中,T_i 与 T 之差通常不超过 10 K,以绝对温度表示的比值 T_i/T 接近于 1,所以

$$\gamma_d = \frac{g}{C_p} = \frac{9.8}{1\,005} \approx 0.98(\text{K}/100\ \text{m}) \tag{2-54}$$

在实际工作中 $\gamma_d = 1℃/100$ m,即在干绝热过程中,气块每上升 100 m,温度约下降 1℃。γ_d 与 γ(气温垂直递减率)的含义是不同的。γ_d 是干空气在绝热上升过程中气块本身的降温率,也称个别温度递减率,它近似于常数;而 γ 是表示周围大气层的温度随高度的分布情况,也称为大气层结递减率,γ 可取不同值,有时可取负值(逆温层)。

如果气块的起始温度为 T_{i0},干绝热上升 ΔZ 高度后,其温度 T_i 为

$$T_i = T_{i0} - \gamma_d \Delta Z \tag{2-55}$$

如果某地方起始高度的大气温度为 T_0,与它相距 ΔZ 高度处的大气温度 T 应为

$$T = T_0 - \gamma \Delta Z \tag{2-56}$$

2. 湿绝热过程

(1) 湿绝热方程　饱和湿空气绝热上升时,因膨胀对外做功而降温,其中部分水汽就要发生凝结,而空气仍保持饱和,凝结物仍保留在饱和湿空气中,释放的凝结潜热加热气块;下降时,保留在气块内的凝结物不断蒸发,使气块仍可保持饱和状态。上升过程中释放的潜热与下降时所消耗的潜热是相等的,这种理想可逆过程称为湿绝热过程。所以饱和湿空气绝热上升时,虽然与外界没有热量交换,但在系统内部却因凝结潜热的释放而增加热量,这是与干绝热不同的。湿绝热过程并不十分符合实际情况,因为凝结物一般都要立刻降落脱离气块,需要用假绝热过程来描述。

设 1 克饱和湿空气中含 q_s 克水汽,绝热上升凝结了 dq_s 克水汽,所释放出的潜热为

$$dQ = -L\,dq_s \tag{2-57}$$

式中,L 为水汽的凝结潜热,计算公式为 $L = 2\,495 - 2.38t \approx 2.5 \times 10^3$ J/kg,t 为气温,单位为℃;负号表示当有水汽凝结时,得到热量,此时水汽减少,$dq_s < 0$,则 $dQ > 0$。而当水分蒸发时,消耗热量,这时 $dq_s > 0$,则 $dQ < 0$。

应用于饱和湿空气的热力学第一定律的形式为

$$-L\,dq_s = C_p dT_i - RT_i \frac{dP}{P} \tag{2-58}$$

将上式改写为

$$dT_i = \frac{RT_i}{C_p}\frac{dP}{P} - \frac{L}{C_p}dq_s \tag{2-59}$$

式(2-59)即为湿绝热方程。湿绝热方程表明饱和湿空气在绝热过程中,温度变化是由两种作用所引起的:① 绝热膨胀,气压变化引起的。例如气块上升时,气压减小, $dP<0$, 这使气块温度降低;气块下降时,气压升高, $dP>0$, 这使气块温度升高。② 内部潜热变化所引起的。例如气块上升时,水汽凝结, $dq_s<0$, 释放出的凝结热使气块温度升高;过饱和气块下降过程中,水分蒸发, $dq_s>0$, 因为消耗蒸发潜热而使气块温度降低。

(2) *湿绝热直减率* 饱和湿空气绝热上升单位距离时的温度降低值,称为湿绝热直减率,以 γ_m 表示。类似于求干绝热直减率 γ_d 的推导,可得

$$\gamma_m = -\frac{dT_i}{dZ} = \gamma_d + \frac{L}{C_p}\cdot\frac{dq_s}{dZ} \tag{2-60}$$

由式(2-60)可知,当饱和空气上升时,因为 $dZ>0$, $dq_s<0$, 所以 $dq_s/dZ<0$; 下降时,因 $dZ<0$, $dq_s>0$, 则仍有 $dq_s/dZ<0$, 因此 γ_m 总小于 γ_d。这是因为饱和湿空气在绝热上升时,不仅因膨胀作功消耗内能降温,而且又因冷却使气块中部分水汽凝结而释放出潜热,缓和了空气块降温程度。因此湿绝热直减率恒小于干绝热直减率。此外,由于 dq_s/dZ 是随气压和温度而变化的量,因此, γ_m 不是常数,而是气压和温度的函数,随温度升高和气压减小而减小(表 2-10)。因为温度高,饱和水汽压就大,在绝热上升时凝结的水汽量就越多,所释放的潜热也越多。又因为气压降低,密度减小,定容比热减小,由相等的潜热供给空气时,气压较低的空气由于潜热而增高温度必然比气压较高的空气为多。

表 2-10 不同温度、气压下的湿绝热直减率 (单位: ℃/100 m)

气压/hPa \ 气温/℃	−30	−20	−10	0	10	20
1 000	0.93	0.86	0.76	0.63	0.54	0.44
800	0.92	0.83	0.71	0.58	0.50	0.41
700	0.91	0.81	0.69	0.56	0.47	0.38
500	0.89	0.76	0.62	0.48	0.41	0.33
300	0.85	0.66	0.51	0.38	—	—

利用温度对数压力图可以绘制出层结曲线和状态曲线(图 2-28)。由气温绝热直减率的定义 $-\Delta T_i/\Delta Z$ 可知,绝热直减率 γ_d 或 γ_m 就是干绝热线或湿绝热线与横轴交角的余切,因此交角越大,绝热直减率越小。干绝热直减率 γ_d 近于常数,故干绝热线呈直线;而湿热直减率 γ_m 是一个变量,低层气温高, γ_m 小,上层气温低, γ_m 大,这样形成上陡下缓的一条曲线。且到高层水汽凝结越来越多,空气中水汽含量越来越少,所以到高层, γ_m 与 γ_d 越来越接近,使干、湿绝热线趋于平行了。又因为 $\gamma_m<\gamma_d$, 故湿绝热线在干绝热线的右方。此外,必须注意 γ_m 和 γ_d 与 γ(气温直减率)的含义是完全不同的。γ_m 和 γ_d 是干空气和饱和湿空气在绝热上升过程中气块本身的降温率;而 γ 是表示周围环境大气温度随高度的变化情况。

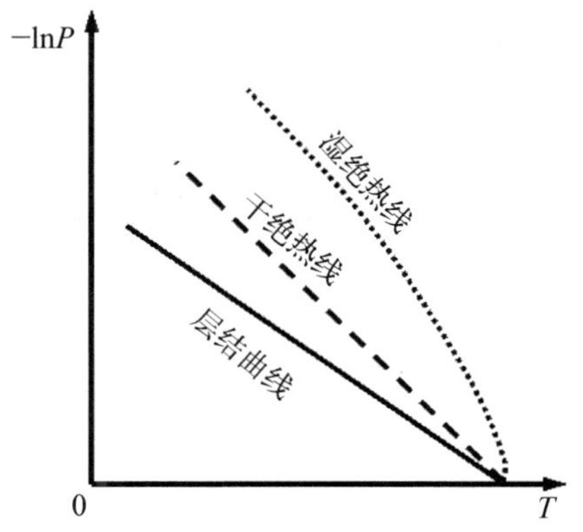

图 2-28 层结曲线和状态曲线

3. 位温和假相当位温

(1) *位温* 当空气块作垂直运动时,就将按干绝热过程改变其温度。这样对于同一气块,由于所在的垂直高度不同,温度也不同,因此用温度就不能辨别不同高度处气团的性质是否相同。为此,假设把气块都按绝热过程移到同一高度(或等压面上),就可以进行比较了,因此引入位温 θ 的概念。把各层中的气块循着干绝热过程移动到同一个标准高度 1 000 hPa 处,这时所具有的温度称为位温(θ)。根据泊松方程,有

$$\theta = T\left(\frac{1\,000}{P}\right)^{\frac{R}{C_p}} = T\left(\frac{1\,000}{P}\right)^{0.286} \tag{2-61}$$

位温高的气团代表较暖气团,位温低的气团代表较冷气团,位温相同的气团表示它们的热力性质相同(或者就是同一气团)。位温的重要性质是在干绝热过程中是守恒的。干绝热线也是等位温线,由空气块的温度和气压,就可以依据干绝热线在温度对数压力图上读出位温 θ 值。

(2) 假相当位温　饱和湿空气在绝热上升时,水汽凝结释放潜热,加热气团,因此,在湿绝热过程中位温就不守恒了,位温也因增温而增加,也就不能把位温作为辨别气团性质的判据了。为此需要引入假相当位温 θ_{se}的概念。假设气块中的水汽一经凝结,其凝结物便脱离原上升的气块而降落,而把凝结时释放出的潜热留在气块中来加热气团,这种过程称为假绝热过程。按照假绝热过程,使气块中的水汽全部凝结脱落后,再按干绝热过程变化到 1 000 hPa 处时所具有的温度称为假相当位温,用 θ_{se} 表示,公式为

$$\theta_{se} = \theta + Lq/C_p \tag{2-62}$$

式中,q 是气块在 1 000 hPa 处,1 g 湿空气所含水汽量。

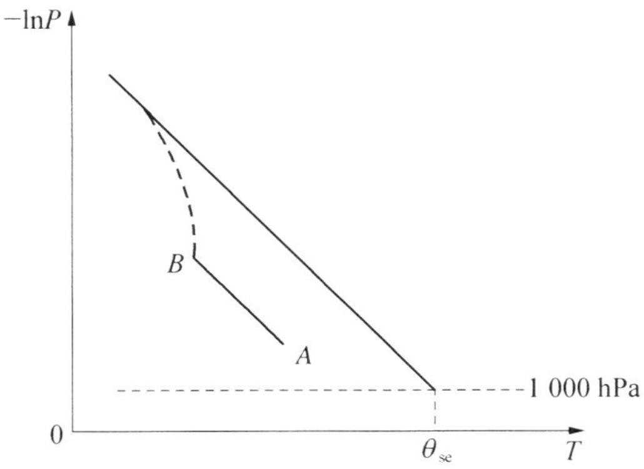

图 2-29　假绝热过程

由(2-62)式可以看出,θ_{se}是气压、温度和湿度的函数。如图 2-29 所示,设有一气块,其气压、气温、湿度分别为(P, T, q)。在绝热图表上温度、压力始于 A 点,这时气块是未饱和的,令其沿干绝热线上升到达凝结高度 B 点,这时气块达到饱和;当气块再继续上升时,就不断地有水汽凝结,这时它将按湿绝热直减率降温。当气块内水汽全部凝结降落后,再令其沿干绝热线下沉到 1 000 hPa,此时气块的温度就是假相当位温 θ_{se}。它不仅考虑了气压对温度的影响,也考虑了水汽对温度的影响,实际上是关于温度、压力、湿度的综合特征量,对于干绝热、假绝热和湿绝热过程都具有保守性。

位温和假相当位温都是用于比较不同海拔地区空气温度高低的量,空气移动过程中无水相变化时用位温比较,有水相变化时用假相当位温比较。例如虽然拉萨气温比成都低,但若拉萨位温比成都高,当拉萨的空气移到成都且无水相变化时,将使成都气温升高。

以上讨论了大气中空气块温度的绝热变化和非绝热变化。事实上,同一时间对同一团空气而言,温度的变化常常是两种原因共同引起的。哪个为主,则要看当时的具体情况。当空气团停留某地或在地面附近做水平运动时,外界的气压变化很小,但受地面增热和冷却的影响却很大,而气温的非绝热变化是主要的。空气团做升降运动时,虽然也能和外界交换热量,但因垂直方上气压的变化很快,空气团因膨胀或压缩引起的温度变化,要比和外界交换热量引起的温度变化大得多,因而气温的绝热变化是主要的。

三、气温度的个别变化、平流变化和局地变化

(1) 个别变化　单位时间内个别空气质点温度的变化 d_T/d_t 称作空气温度的个别变化,即空气块在运行过程中温度随时间的绝热变化和非绝热变化。

(2) 局地变化　某一固定地点空气温度随时间的变化称作空气温度的局地变化。例如气象站在不同时间观测的,或是自记仪器所记录的温度变化都是某一固定地点的空气温度随时间的变化。

(3) 平流变化　由于空气的移动所造成的某地温度的变化称为温度的平流变化。冷空气向暖空气方向流动,称为冷平流。冷平流使气温降低。例如冷空气南下(偏北风)即为冷平流[图 2-30(a)]。暖空气向冷空气方向流动,称为暖平流。暖平流使气温升高。例如低纬度暖空气北上(偏南风)即为暖平流[图 2-30(b)]。冷平流和暖平流统称为温度平流。

温度平流的表达式为

$$-V_h \cdot \nabla_h T = |V_h| \cdot |-\nabla_h T| \cos\alpha \tag{2-63}$$

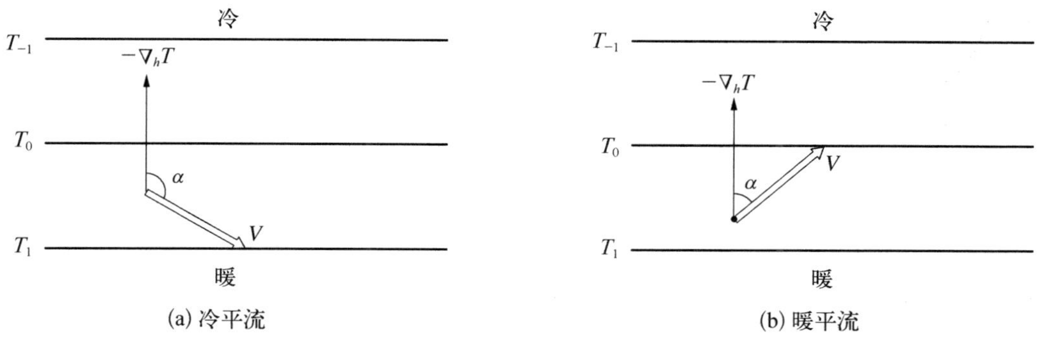

图 2－30　温度平流

式中，V_h 为风速；$-\nabla_h T$ 为水平温度梯度；α 为风向与水平温度梯度的交角。

由式(2－63)可知，温度平流的影响因子有风速、水平温度梯度、风向与水平温度梯度的交角。风速越大，温度平流越强。水平温度梯度是指垂直于等温线的单位距离内的温度差值，方向由高温指向低温。水平温度梯度越大，温度平流越强。当 $\alpha < \pi/2$ 时，$\cos\alpha > 0$，$-V_h \cdot \nabla_h T > 0$，为暖平流；水当 $\alpha > \pi/2$ 时，$\cos\alpha < 0$，$-V_h \cdot \nabla_h T < 0$，为冷平流。且风向与等温线越趋于垂直，温度平流越强。

(4) 气温度的个别变化、平流变化和局地变化的相互关系　温度的局地变化＝平流变化＋个别变化。例如，在预报北京的温度时，发现当前北京的气温为 0℃，而蒙古国的近地面气温为－20℃，高空为西北气流。当 36 小时以后，蒙古国的冷空气将移到北京，使北京的气温下降 20℃，这部分变化就是温度的平流变化。冷空气由蒙古国移到北京的过程，空气还将受到地面加热作用而升温，这部分变化就是温度的个别变化，假设个别变化使空气温度升高 5℃。这样考虑了上述两方面因子的共同影响，就可以预报北京在 36 小时后要降温 15℃，这就是气温的局地变化。

四、大气静力稳定度

(一) 大气静力稳定度的概念

大气中的温度、湿度随高度的分布状况称为大气层结。它可以利用大气中的气象探空仪器测得。不同的温度和湿度层结对于发生在其中的垂直运动的作用也不同。大气中对流运动是否得到发展，对流发展的强弱与持续时间，主要取决于大气本身的层结状态。处于静力平衡状态中的空气块受到垂直方向的扰动后，大气层结使气块具有返回或远离原来平衡位置的趋势和程度，称为大气静力稳定度，简称大气稳定度。

(二) 稳定度的三种状态

在静力平衡状态下，假如有一块空气在外力的作用下产生垂直运动，但外力除去后，则可能出现如下三种情况。

1) 稳定：若大气层结使气块逐渐减速，并有使它趋于返回原来平衡位置的趋势，这时气块所处的气层，对于该气块而言是稳定的。

2) 中性：若大气层结使气块既不加速也不减速，即加速度为零，使气块保持原有运动状态，这时气块所处的气层，对于该气块而言是中性的。

3) 不稳定：若大气层结使气块加速运动，并有使它远离原来平衡位置的趋势，这时气块所处的气层，对于该气块而言是不稳定。

气层稳定度的三种状态类似于如图 2－31 所示的三种不同曲面的稳定度，它表示曲面形状是否有利于小球返回或远离其平衡位置。将小球搬离平衡位置后，观察小球是否能够返回或远离其平衡位置，即曲面能否使小球产生加速度，便可以判定对于小球而言曲面是否稳定。因此，稳定度是指这三种曲面的稳定度，它只取决于曲面的形状，而与小球是否存在无关。类似地，大气稳定度是指气块所在空气层的稳定度，该层大气稳定与否是由大气层结所决定的，而与气块是否存在无关，气块仅仅是用来判定层结是否稳定的一种测试方法。

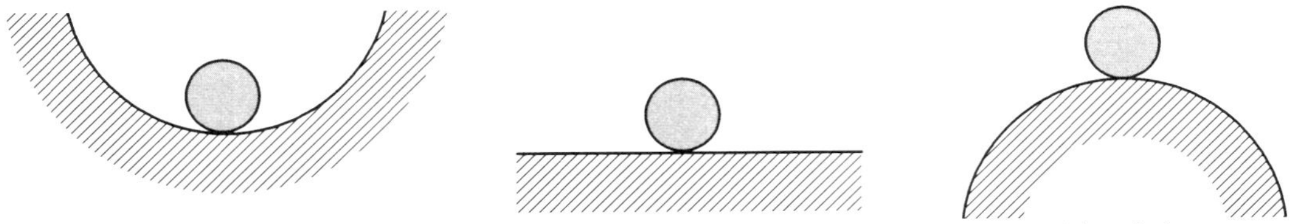

(a) 稳定　　(b) 中性　　(c) 不稳定

图 2-31　不同曲面的稳定度

大气稳定度是大气层结是否稳定的判据,主要用于判别大气层的温度、湿度垂直分布状态是否易于发生对流运动。大气稳定度不是表示大气中已经存在的对流运动,而是描述大气的层结状态是否稳定,这种状态的作用只有当空气发生扰动以后才能表现出来。当层结不稳定时,气层受到外力冲击后,气层内就会自发地产生对流运动,层结对上升运动有促进作用;当层结稳定时,气层受到外力冲击后,气层内不会产生对流运动,层结对对流运动有抑制作用。

(三) 大气稳定度的判别(气块法)

1. 判别稳定度的基本公式

判定大气层结是否稳定的方法是在该气层内任选一块空气,做虚拟的垂直位移实验,观察该层空气是否有利于气块的垂直运动,这种方法称为气块法。

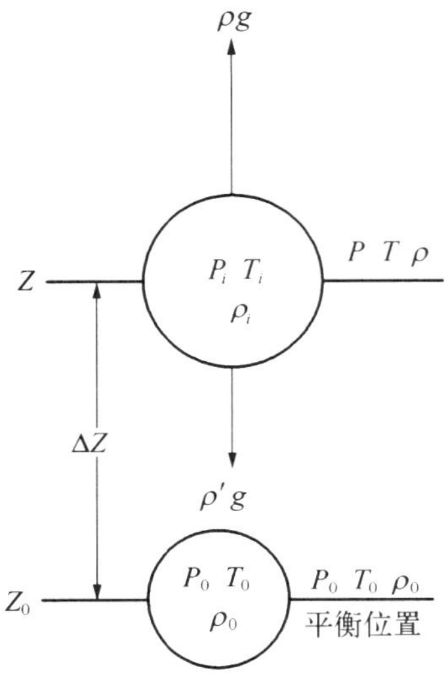

图 2-32　单位体积气块受力示意图

当气块处于平衡位置时,它具有与周围大气相同的气压 P_0、温度 T_0 和密度 ρ_0(图 2-32)。当气块受到扰动后,按绝热过程上升(或下沉),经 $\triangle Z$ 距离后其状态为 P_i、T_i 和 ρ_i,而周围大气为 P、T 和 ρ。根据准静力条件有 $P_i = P$, $T_i \neq T$, $\rho_i \neq \rho$。单位体积气块在 Z 高度处受到两个力的作用:一是周围大气对的它浮力为 ρg,方向垂直向上;另一个是气块本身的重力 $\rho_i g$,方向垂直向下。该两力的合力,称为层结内力,以 f 表示,$f = \rho g - \rho_i g$。根据牛顿第二定律 $f = ma$,对单位体积气块而言,$m = \rho_i$,则

$$a = (\rho - \rho_i)/\rho_i g \tag{2-64}$$

因 ρ、ρ_i 不易观测,由状态方程 $\rho = P/RT$ 和 $P = P_i/RT_i$,及准静力平衡条件 $P = P_i$,代入上式得

$$a = (T_i - T)/T \cdot g \tag{2-65}$$

式(2-65)就是判别稳定度的基本公式。当 $T_i > T$,$a > 0$,加速远离原来的位置;当 $T_i < T$,$a < 0$,减速回到原位置;当 $T_i = T$(中性气层),垂直运动不会发展。判别某一气层是否稳定,实际上就是分析某一受到扰动的空气块比周围空气轻还是重的问题。比周围空气重,倾向于下降;比周围空气轻,倾向于上升;与周围空气一样重,既不倾向于下降也不倾向于上升。空气的轻重,决定于气压和气温,在气压相同的情况下,两团空气的相对轻重就只由气温决定。在一般情形之下,在同一高度,气块和它周围空气大体有相同的温度。当气块上升到新的高度后,变得比周围空气冷,它就重一些,则这一气层是稳定的;反之,气块变得比周围空气暖,因而轻一些,则该气层是不稳定的。当气块上升到任何高度和周围空气都有相同的温度,因而有相同的轻重,则该气层是中性的。

2. 大气稳定度的判据

大气层结是否稳定,通常用周围空气的层结直减率(γ)与上升空气块的干绝热直减率(γ_d)或湿绝热直减率(γ_m)的对比来判断。

(1) 干空气或未饱和湿空气的稳定度判据　当干空气或未饱和的气块受到扰动上升时,将按干绝热直减率 (γ_d) 降低温度,而周围空气按层结直减率 (γ) 降低温度。如图 2-32 所示,在起始高度 Z_0 处温度都

为 T_0;在 Z 高度处,气块上升高度为 ΔZ,温度为 $T_i = T_0 - \gamma_d \Delta Z$,而周围空气温度为 $T = T_0 - \gamma \Delta Z$,代入式(2-65),得

$$a = (\gamma - \gamma_d) / T g \Delta Z \tag{2-66}$$

$(\gamma - \gamma_d)$ 的符号决定了加速度 a 与位移 ΔZ 的方向是一致还是相反,即决定了大气是否稳定,因此,称之为干空气和未饱和湿空气的判据。当 $\gamma < \gamma_d$,若 $\Delta Z > 0$,则 $a < 0$,加速度与位移方向相反,层结是稳定的;当 $\gamma = \gamma_d$,$a = 0$,层结是中性的;当 $\gamma > \gamma_d$,若 $\Delta Z > 0$,则 $a > 0$,加速度与位移方向一致,层结是不稳定的。

现举例说明,如图 2-33 所示,设有 A、B、C 三个气块,均未饱和,其平衡位置都在离地面 200 m 的高度上,在作升降运动时其温度均按干绝热直减率变化,γ_d 取 1℃/100 m。而周围空气的温度直减率 γ 分别为 0.8℃/100 m、1℃/100 m 和 1.2℃/100 m,则有以下三种不同的稳定度。

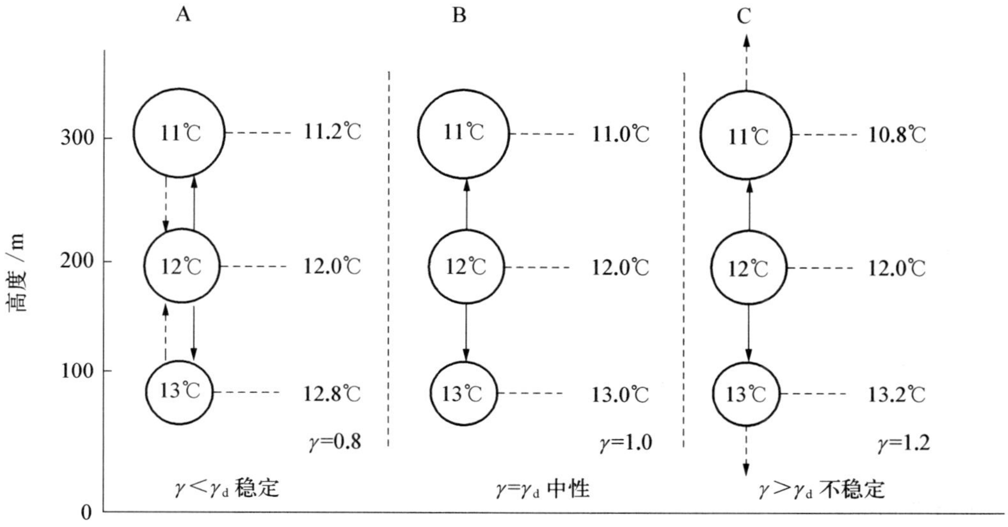

图 2-33 未饱和大气层的稳定度

A 气块受到外力扰动后,如果上升到 300 m 高度处,则气块的温度(11℃)低于周围空气的温度(11.2℃),因此,气块上升速度就要减小,并有返回原来平衡位置高度的趋势;如果它下降到 100 m 高度,气块的温度(13℃)高于周围空气的温度(12.8℃),气块下沉速度就要减小,也有返回原来高度的趋势。可见,当 $\gamma < \gamma_d$ 时,大气层结是稳定的。

B 气块受到外力作用后,不管上升或下降,其本身温度均与周围空气温度相等,其加速度等于零。因此,当 $\gamma = \gamma_d$ 时,大气层结是中性的。

C 气块受到外力作用后,如果上升到 300 m 高度,气块温度(11℃)高于周围空气温度(10.8℃),则要加速上升;如果下降到 100 m 高度,气块温度(13℃)低于周围空气的温度(13.2℃),则要加速下降。可见,当 $\gamma > \gamma_d$ 时,大气层结是不稳定的。

将以上判据用层结曲线和状态曲线表示出来,则如图 2-34 所示(T_i 为气块温度,T 为周围空气温度)。

(2) 饱和湿空气的稳定度判据 饱和湿空气绝热上升时,其温度随高度的变化由湿绝热直减率来决定,因此只要将式(2-66)中的 γ_d 换成 γ_m,即可得到饱和湿空气的稳定度判据为

$$a = (\gamma - \gamma_m) / T g \Delta Z \tag{2-67}$$

当 $\gamma < \gamma_m$,层结是稳定的;当 $\gamma = \gamma_m$,$a = 0$,层结是中性的;当 $\gamma > \gamma_m$,层结是不稳定的。

(3) 大气稳定度的综合判据 综合未饱和湿空气和干空气、饱和湿空气的稳定度的判据,可得大气静力稳定度的综合判据。

当 $\gamma > \gamma_d$ 时,不论空气是否达到饱和,大气层结总是不稳定的,称为绝对不稳定。

当 $\gamma < \gamma_m$ 时,不论空气是否达到饱和,大气层结总是稳定的,称为绝对稳定。

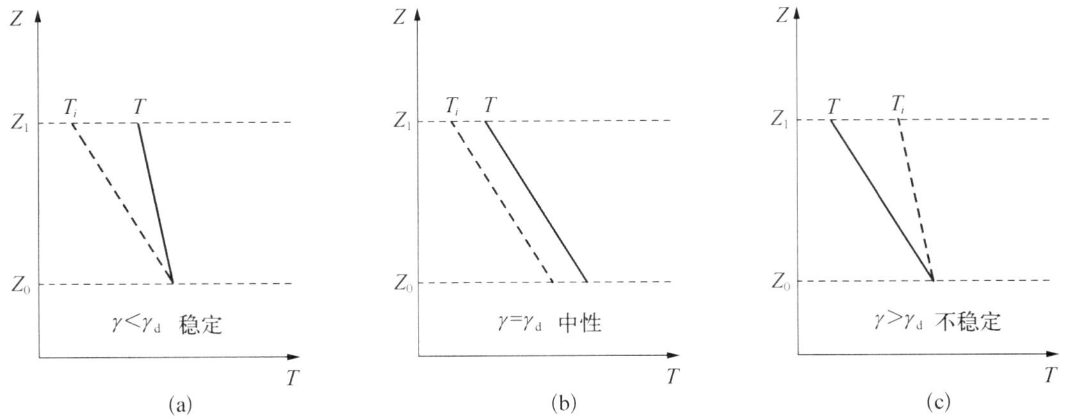

图 2-34 未饱和空气层结的稳定度的判据

当 $\gamma_m < \gamma < \gamma_d$ 时，对于未饱和湿空气和干空气，大气层结是稳定的；对于饱和湿空气，大气层结是不稳定的。称为条件性不稳定的大气层结。

当 $\gamma = \gamma_d$ 时，对于干空气是中性，对于湿空气是不稳定的大气层结。

当 $\gamma = \gamma_m$ 时，对于干空气是稳定的，对于饱和湿空气是中性的。

γ 越大，大气越不稳定；γ 越小，大气越稳定。γ 很小甚至等于零(等温)或小于零(逆温)，那将是对流发展的障碍。所以习惯将逆温、等温及 γ 很小的大气层称为阻挡层。

五、气温时空分布

(一) 气温随时间的变化

1. 气温的日变化

一天当中气温有一个最高值和一个最低值，最高值出现在午后 14 时左右，最低值出现在日出前后(表 2-11)。

表 2-11 气温的日变化极值温度出现的时间

季节	最高气温	最低气温
夏季	14:00～15:00	05:00～06:00
冬季	13:00～14:00	04:00～05:00

这是因为地面温度的升降取决于地面热量收支差额△Q，当△$Q>0$ 时，地面温度升高；当△$Q<0$ 时，地面温度降低；当△$Q=0$ 时，地面温度不变。日出以后，随着太阳辐射增强，地面净得的热量使地面升温，地面辐射也随之增强，大气因吸收了地面辐射，气温也随之上升。到了正午，太阳辐射达到一天中最强，气温也相应上升。正午之后，太阳辐射虽然开始减弱，但地面吸收的太阳辐射能仍大于地面放射长波辐射、潜热、显热等方式所支出的热量，即地面还是净得热量，致使地面温度继续上升，气温也随之升高，直到午后 13 时左右，地面热量收支达到平衡时，地面温度才达到最高值。由于热量传给大气需要一个过程，所以最高气温出现在午后的 14 时左右。随后，由于地面热量的支出大于收入，温度逐渐下降，地面所放射出的长波辐射也越来越少，直至日出前，完全被以潜热、显热等方式吸收的热量所平衡，出现最低温度。因此最低气温也出现在日出前后，而不在午夜。

一天中气温最高值与最低值之差，称为气温日较差。气温日较差大小与纬度、季节、地形、下垫面性质和天气状况有关。

1) 纬度：日较差最大的地区在副热带，向两极减小。一天中太阳高度角的变化是随纬度增高而减小的，赤道附近，昼夜长短几乎相等，气温日较差大；而极地冬季有极夜，夏季有极昼，气温日较差小。因此，气温日较差随纬度增加而减小。但由于赤道地区多云雨，所以日较差最大的地区在副热带。气温日较差热带地区平均约为10～12℃，温带为8～9℃，极圈内为3～4℃。

2) 季节：气温日较差随季节的变化以中纬度最显著，在中纬度太阳辐射日变化夏季比冬季大得多，所以气温日较差也是夏季大于冬季，但最大值并不出现在夏至日，因为夏至日正午太阳高度角虽然高，但夜晚时间短，地表面来不及剧烈降温，最低温度不够低。所以在中纬地区日较差最大值出现在初夏，最小值出现在冬季。

3) 地形：日较差凹地＞平地＞凸地。山谷、盆地等因与地面的接触面比平地广，白天增温强烈，加上通风不畅，热量不易流失，因此气温较高。夜间冷空气沿坡地下滑聚集在谷底，同时由于辐射冷却强烈，温度较低，因此日较差较大。如吐鲁番盆地有“早穿棉袄午穿纱，怀抱火炉吃西瓜”之说。而在山丘、高地等凸出地形地区，受地表影响小，气流速度较大，由于周围流动空气的调节，白天气温不易升高，夜间气温不易降低，气温日较差小。高原与高山不同，尤其低纬度的高原气温日较差大，但年较差却比同纬度平原小得多。例如，云贵高原上的昆明(25°01′N，海拔1 891.4 m)四季如春，年均气温14.5℃，最热月平均气温19.8℃，最冷月为7.7℃，年较差为12.1℃；同纬度的桂林(25°20′N，海拔166.7 m)年均气温19.3℃，最热月平均气温28.0℃，最冷月为7.9℃，年较差为20.1℃，比昆明大8.0℃。昆明夏季平均太阳高度虽然较高，但因海拔较高，气温并不太高；冬季，由于纬度低，太阳高度依然较大，白昼也较长，因此气温并不过低。一天中，在广阔而平坦的高原上，白天因太阳照射地表强烈增温，夜间因大气中水汽含量少，有效辐射剧增，而导致地表强烈冷却，故在高原上气温日较差与平原和高山相比显著增大。

4) 下垫面性质：气温日较差陆地＞海洋，海上日较差一般只有1～2℃，而内陆可达15℃以上；沙漠＞潮湿地区；裸地＞覆盖地；沙土、深色土、干松土＞黏土、浅色土、潮湿土。

5) 天气状况：阴天的气温日较差比晴天小(图2-35)。这是因为阴天时白天地面受到的太阳辐射少，最高气温比晴天低；夜间云层又减少了地面有效辐射，降温少，最低气温比晴天高。

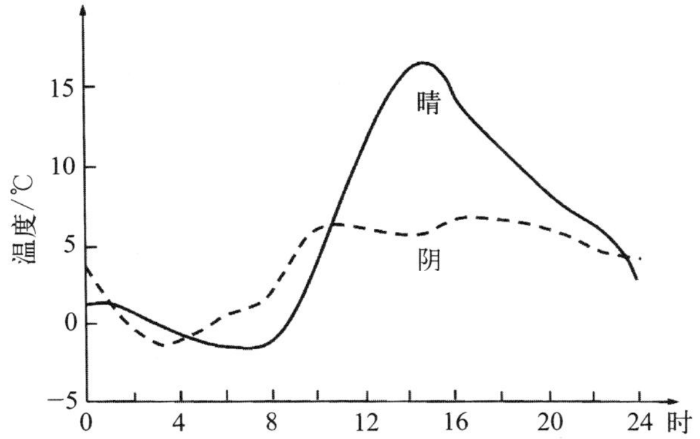

图2-35 天气状况对气温日较差的影响

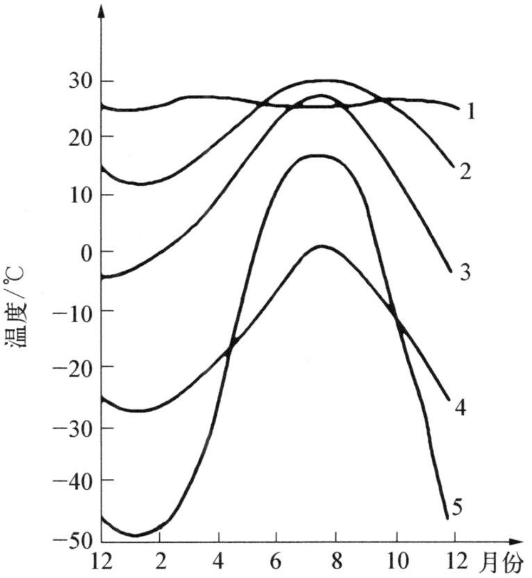

图2-36 不同纬度气温的年变化

(1. 雅加达6°11′s；2. 广州23°08′N；3. 北京39°57′N；4. 德兰乌兰贝尔格47°N；5. 维尔霍扬斯克67°39′N)

2. 气温的年变化

除赤道地区外，其他地区气温一年中有一个最高值和一个最低值。中高纬度大陆上气温以7月份为最高，1月份为最低；海洋上气温以8月份为最高，2月份为最低(图2-36)。

地球绕太阳公转时，地轴的倾斜造成了太阳辐射强度的年变化，从而产生了气温的年变化，形成了气候季节。气温年变化主要受正午太阳高度角在一年中的变化和昼夜长短的相对变化所控制。图2-37为同时考虑了正午太阳高度角和昼夜长短两个因子后，中纬地区的气温年变化曲线。从春分到夏至，正午太阳高度角逐渐增大，昼长于夜，两因子都使地面热量的收入大于支出，因此温度是逐渐增高；从夏至到秋分，正午太阳高度角逐渐减小，但昼仍长于夜，两个因子的作用是相反的，从夏至到大暑以昼长影响为主，故热量收入仍大于支出，温度仍在升高。到大暑前后，两个因子的作用刚好抵消，地面热量收支平衡，温度不再继续上升，到了一年中气温最高的时期。大暑以后，正午太阳高度角的影响上升到主导地位，地面热量支出大于收入，温度开始下降；从秋分到冬至，正午太阳高度角越来越小，白昼也越来越短，两因子都利于降温；从冬至到春分，正午太阳高度角由最小开始逐渐增大，而白昼仍短于夜，但差距越来越小，即地面增温因子在逐渐增加，降温因子逐渐减少。大寒前以降温因子影响为主，气温仍在降低。大寒前后两因子作用刚好抵消，地面的热量收支平衡，到了一年中气温最低的时期。大寒过后，增温的因子超过了降温因子，气温开始回升。由此可见，大暑是一年中气温最高的时期，比中午太阳高度角最高、白昼时间最长的夏至滞后约一个月；大寒是一年中气温最低的时期，比中午太阳高度角最低、白昼时间最短的冬至推迟约一个月。

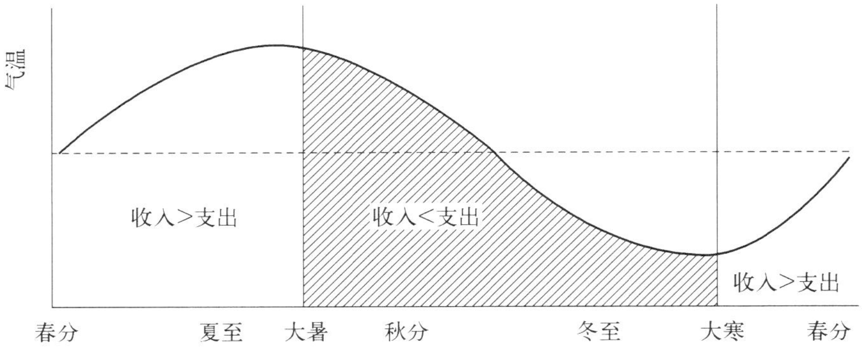

图 2-37 气温年变化示意图

一年中月平均气温的最高值与最低值之差称为气温年较差。气温年较差的大小主要与纬度、海陆分布等因素有关。由于太阳辐射年变化在高纬度比低纬度大，所以气温年较差随纬度增加而增大(图 2-36)。例如我国气温年较差自南向北逐渐增大，华南和云贵高原为 10～20℃，长江流域约为 20～30℃，华北和东北南部约为 30～40℃，东北北部在 40℃以上。同纬度地区气温年较差陆地大于海面，温带海洋上的年较差为 11℃，中纬度内陆年较差为 40～50℃，而海上仅 10～15℃。

根据温度年较差大小及最高、最低值出现的时间，可将气温的年变化分为四种类型。

1) 赤道型：一年中有两个最高值(分别出现在春分和秋分之后)和两个最低值(分别出现在冬至和夏至之后)，气温年较差小。因赤道地区春秋分时中午太阳位于天顶，而冬至和夏至时中午太阳高度角是一年中的最小值。赤道地区年较差很小，在海洋上仅 1～3℃，大陆上也只有 5～10℃。原因是该地区一年内太阳辐射能的收入量变化很小。

2) 热带型：一年中有一个最高值(在夏至以后)和一个最低值(在冬至以后)，年较差不大(但大于赤道型)，海洋上一般为 5℃，在陆地上约为 20℃。

3) 温带型：与热带型相似，一个年中也有一个最高值(出现在夏至后的 7 月)和一个最低值(出现在冬至以后的 1 月)，但年较差大些，并且随纬度的增加而增大。海洋上约为 10～15℃，内陆一般达 40～50℃，个别地区可达 60℃。此外，海洋上极值出现的时间比陆地延后，最高值出现在 8 月，最低值出现在 2 月。

4) 极地型：一个年中也有一个最高值(出现在夏末)和一个最低值(出现在冬末)，由于冬季长而冷，夏季短而凉，气温年较差很大。

3. 气温的非周期变化

某地气温除了由于太阳辐射的变化而引起的周期性变化外，还有因大气的运动而引起的非周期性变化。在中高纬度地区，由于冷暖空气交绥频繁，气温非周期性变化明显，如在季节交替之际，有大规模冷暖空气活动就会引起气温的非周期性变化，厄尔尼诺、拉尼娜效应等气候异常变化也可引起气温的非周期性变化。实际气温的变化，就是上述两个方面因素共同作用的结果。如果前者的作用大，则气温表现出周期性变化，否则就表现为非周期性变化。在多数情况下，气温日变化和年变化的周期性还是主要的。

(二) 气温的空间分布

1. 气温的水平分布

气温的分布通常用等温线图来表示。等温线就是指同一平面上气温相等各点用平滑曲线连接起来的线。影响气温分布的因素主要有纬度、海陆、高度和洋流等。为了便于比较不同高度地区的温度，将温度按当地的平均气温直减率订正到同一海平面上，以消除高度对气温的影响，避免等温线分布的纷乱现象，从而把纬度、海陆、洋流等影响因素更明显地表现出来。在等温线图上垂直于等温线方向的单位距离内温度的变化值称为水平温度梯度，方向从高值指向低值。等温线越密集，表示温度梯度越大，地区间气温悬殊；等温线稀疏，表示温度梯度小，地区间气温相差不大。闭合等温线表示冷暖中心。由1月份[图2-38(a)]和7月份[图2-38(b)]海平面等温线图可以出，不同季节，气温分布是不同的，全球气温水平分布有如下特征。

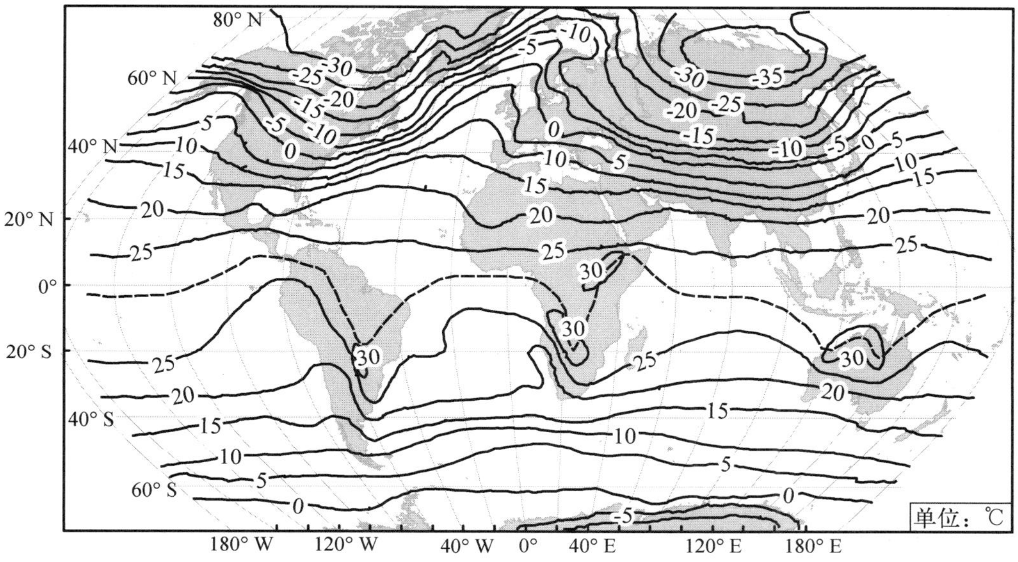

(a)

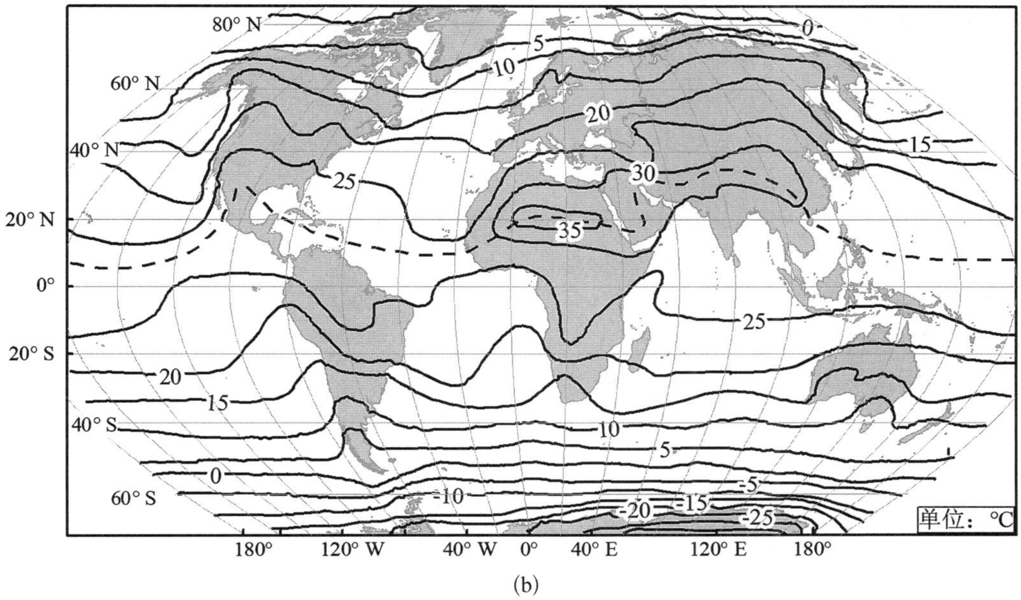

(b)

图 2-38　全球1月(a)和7月(b)海平面气温的分布

注：虚线为热赤道位置

1）等温线(尤其是南半球)大致与纬圈平行，气温从赤道向两极逐渐降低。这是由于太阳辐射的分布随纬度变化而形成的。

2）北半球，冬季等温线比夏季密集，表明冬季南北温差大，夏季南北温差小。南半球也有这种冬夏气温差异，但季节与北半球相反。这是因为冬季太阳直射点位于南半球，北半球高纬度地区不仅正午太阳高度较低，而且白昼较短；而北半球低纬地区，不仅正午太阳高度较高，且白昼较长，因此冬季北半球南北温差较大。夏季太阳直射点位于北半球，高纬地区有较低的正午太阳高度和较长的白昼，低纬地区有较高的正午太阳高度和较短的白昼，以致夏季北半球南北温差较小。无论冬夏，在中高纬度地区南北温差都较大，与高空西风急流相对应。

3）同纬度冬季海洋气温高于陆地气温，夏季陆地气温高于海洋气温，等温线发生弯曲。北半球冬季等温线在大陆上凸向赤道，在海洋上凸向极地，形成了冷暖中心；而夏季则相反。南半球因陆地面积小、海洋面积大，等温线较平直，大致与纬圈平行。除了海陆分布影响外，冷暖洋流对海面气温分布影响也很显著。北半球，1 月由于日本暖流和墨西哥湾暖流对气温巨大的增暖作用，太平洋和大西洋北部等温线急剧地凸向北极；7 月由于受加那利寒流和加利福利寒流的影响，等温线沿非洲和北美的西岸凸向赤道。南半球因受本格拉寒流和秘鲁寒流影响，等温线沿非洲和南美西岸全年都凸向赤道。此外，高大山脉能阻挡冷空气的流动，也能影响气温的分布。例如，我国的青藏高原、北美的落基山、欧洲的阿尔卑斯山均能阻挡冷空气不向南而向东流动。

4）靠近赤道地区有一高温带，月平均气温冬夏均高于 24℃，称为热赤道(图 2-38 中虚线)。热赤道并不在赤道上，它的位置随太阳直射点移动而变化。在海洋上，热赤道全年均接近于赤道；在大陆上，热赤道位置季节变化可以大到近 40 个纬度，冬季在 10～15°S，夏季北移到 20°N 左右。热赤道成因是到达地面的年总辐射的最大值不是出现在赤道，而是出现在 20°N 附近，以及南北半球海陆的相对面积和海陆分布的差异。北半球有广大的陆地，20°N 附近的大陆上，夏季太阳高度角较大，常年受副热带高压控制，晴朗少云，气温很高；而赤道地区云雨多，未形成高温区。

5）全球最冷的地方是南极，1967 年在南极点附近记录到的气温－94.5℃，至今都是全球测到的最低气温。全球最高气温出现在索马里境内，达 63℃。极端温度的度数和出现地区，在平均温度图上不能反映出来。南半球无论冬夏，最低温度都出现在南极。北半球最低温度夏季出现在极地，而冬季出现在东部西伯利亚和格陵兰地区。俄罗斯的维尔霍扬斯克和奥伊米亚康，分别为－69.8℃和－73℃。北半球夏季最高温度出现在低纬度大陆上，如 20°～30°N 的撒哈拉、阿拉伯半岛、加利福尼亚等。

我国最高气温出现在吐鲁番盆地，1975 年 7 月 13 日观测到 49.6℃的全国最高气温纪录。最低气温出现在漠河，达－52.3℃(1969 年 2 月 23 日)。

2. 高空气温随纬度变化

由图 2-39 可知：① 在对流层中，无论冬夏，气温随纬度的增高而降低。且冬季南北温差很大(极地与赤道温差达 50℃)，为夏季的两倍。但在对流层顶，极地气温却比热带高出约 15～25℃。这是由于热带对流运动强烈，垂直气流能达到很高的高度，因而温度在很大高度范围内持续递减，使热带对流层顶位置高且温度低。相反，极地对流弱，对流层顶位置低，温度较高。② 在平流层低层，气温随纬度分布很复杂，夏季赤道冷，极地暖；冬季中纬度(40°～60°，200～150 hPa 附近)气温最高，由中纬度向极地和赤道气温都降低。在平流层中上层，夏季气温随纬度的增高而增高，即赤道冷，极地暖；而冬季则相反，气温随纬度的增高而降低，即赤道暖，极地冷。

3. 对流层中气温随高度的变化

如图 2-39 所示，对流层中气温随高度增加而降低，整个对流层平均气温垂直递减率 γ 为0.65℃/100 m。对流层上层为 0.65～0.75℃/100 m，中层为 0.5～0.6℃/100 m，下层为 0.3～0.4℃/100 m。原因为：① 对流层大气的主要热源是吸收地面长波辐射，因此离地面越近获得的热量越多，气温也越高。② 越靠近地面空气密度越大，水汽和固体杂质也越多，因而吸收地面辐射能就多，气温也越高。越向上空气密度减小，空气中的水汽、微尘也减少，吸收地面辐射能减少，气温低。③ 湍流热交换效应随高度增加而减弱，因此气温随高度增加而降低。

4. 对流层中的逆温现象

对流层中出现的气温随高度升高而递增($\gamma<0$)的反常现象称为逆温。具有这种气温垂直分布的气层称

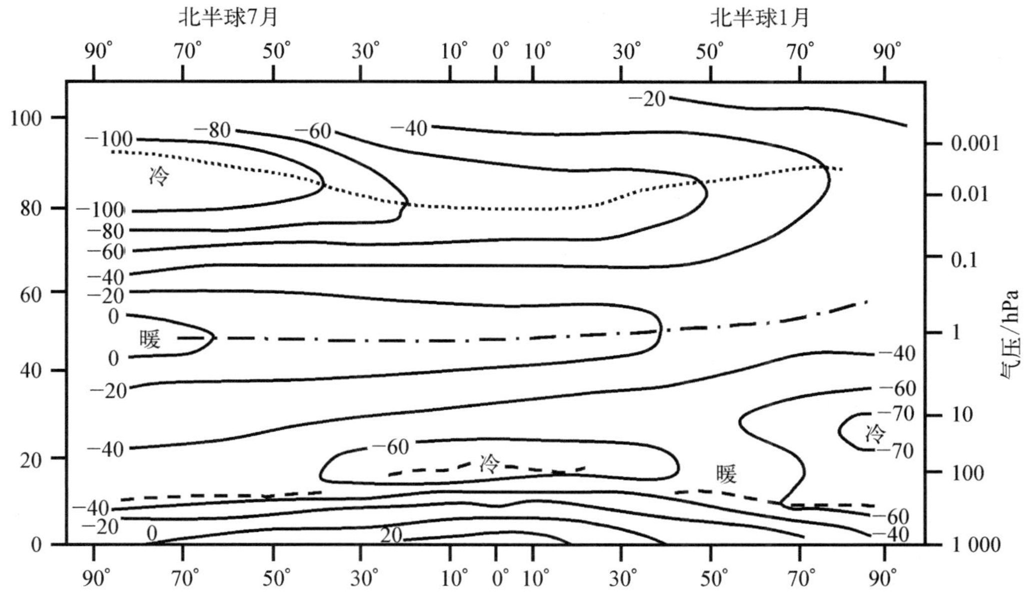

图 2-39 北半球 1 月和 7 月气温(℃)随纬度和高度的变化

注：虚线从低到高依次为对流层顶、平流层顶、中间层顶

为逆温层。对流层中的逆温层能阻挡底层空气的上升运动，积蓄不稳定能量使大气层结具有显著的稳定性，故逆温层又称为阻挡层。由于逆温层中难以发生垂直扰动和交换，以致下层的水汽、杂质不能向高空扩散，集中于逆温层底部，使逆温层下部温度露点差小，常有雾、露、霜等天气现象伴随出现，同时能见度变坏，易造成严重的空气污染。

根据逆温的成因可将逆温分为辐射逆温、湍流逆温、平流逆温、下沉逆温、锋面逆温、地形逆温等。

(1) **辐射逆温** 在晴朗无风或微风的夜晚，因下垫面强烈辐射冷却而形成的逆温，称为辐射逆温。近地层的辐射逆温，一般是在日落前后由地面开始形成，夜间随着辐射冷却的加强，逆温层逐渐加厚，黎明前达到最大厚度。日出后从地面开始逐步消失。它的垂直厚度一般可以从几十米到三四百米，高纬地区冬季有时可达 2 000 m 左右。其上下界温度差一般只有几摄氏度，很少能够达到 10～15℃。形成辐射逆温的有利条件是晴朗(或少云)而有微风(2～3 m/s)的夜晚。这是因为云能减弱地面的有效辐射，不利于地面冷却。风太大时，大气中的垂直混合作用太强，不利于近地面气层的冷却；无风时，冷却作用又不能扩展到较高的气层中去，也不利于逆温的加厚；只有在风速适当时，才能使逆温层既有相当的厚度而又不至于因乱流混合作用过程而遭到破坏。辐射逆温在中高纬大陆上常年都可出现，以冬季最强。夏季夜短，逆温层较薄，消失较快；冬季夜长，受冷高压控制，晴朗少云，地面和近地层空气强烈辐射冷却，形成的逆温层较厚，消失较慢。

在山区和盆地区域，夜间由于山上冷空气沿斜坡向下流入低谷和盆地并聚积于底部，使原来在洼地底部的较暖空气被迫抬升形成的逆温，称为地形逆温。地形逆温常使低谷和盆地的辐射逆温得到加强，往往持续数天而不会消失。

(2) **湍流逆温** 由于低层空气的湍流混合，在湍流层的顶部所形成的逆温，称为湍流逆温，又称乱流逆温。其形成的物理过程如图 2-40 所示，AB 为气层湍流未发生以前的层结曲线，气温直减率 γ 比干绝热直减率 γ_d 小。在湍流混合层中，当湍流发展较强时，上下层空气发生垂直混合，底层空气向上运动，当湍流气块上升到湍流混合层的上部时，因上升运动的气块按 γ_d 降温，因此其温度比周围空气低；混合后，使湍流混合层上部温度降低，即自 F 降到 D。同时自湍流混合层上部向下流动的空气也按 γ_d 下沉增温，其温度比周围空气高；混合后，使湍流混合层下部温度升高，温度自 A 升到 C。湍流混合的结果，使湍流混合层内的 γ 逐渐增大，趋于 γ_d，如图中

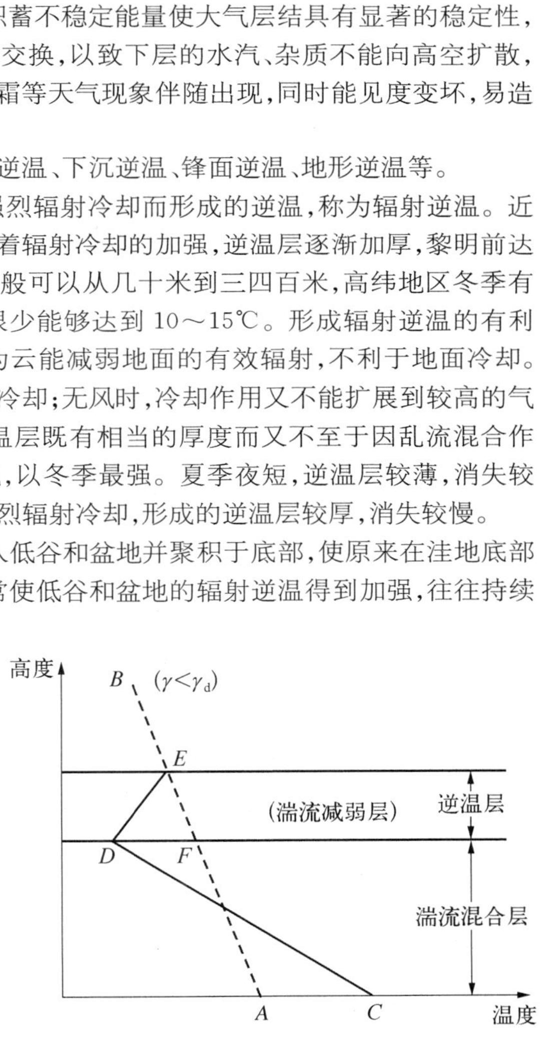

图 2-40 湍流逆温示意图

CD 线。这样在湍流减弱层(湍流混合层与未发生湍流的上层空气之间的过渡层)就出现了逆温层 DE。

(3) 平流逆温　暖空气平流到冷的地面或冷的水面上时，会发生接触冷却，越近地表面的空气降温越多，而上层空气受冷地面的影响小，降温较少，于是产生逆温现象，这种逆温称为平流逆温。它可以在一天中的任何时刻出现，有的还可以持续好几个昼夜。单纯的平流逆温没有明显的日变化。平流逆温的强弱由暖空气和冷地表面的温差决定，温差越大，逆温越强。平流逆温厚度一般不大，但水平范围却很广，热带气团向高纬度地区推进时，就可以出现大范围的平流逆温现象。例如，冬半年，在中纬度的沿海地区，因为海陆温差显著，当海上暖空气流到大陆时，常出现平流逆温。当暖空气流经冰、雪表面时，一般会产生平流逆温。如果冰、雪表面因暖空气的流过发生融冰或融雪现象，吸收了一部分热量，使得平流逆温得到加强，这种逆温称为冰面逆温或雪面逆温。此外，夜间城市的近地面气层仍有弱的温度递减率，当农村因辐射冷却而产生的厚逆温层随气流移到城市上空时，会形成空中逆温层。经过城市后，在下风方向的农村近地面气层又会建立起逆温，城市的烟气层也将被带到地面逆温层中，污染大气。

(4) 下沉逆温　因整层空气下沉而造成的逆温，称为下沉逆温。其形成的物理过程如图 2-41 所示，当气层 $ABCD$ 发生下沉运动时，因气压逐渐增大，引起气层向水平方向的辐散，使基厚度减小，即 $A_1C_1 < AC$。如果下沉过程是绝热的，而且气层内各部分空气的相对位置不发生改变，这样空气层顶部 AB 下沉的距离要比底部 CD 下沉的距离大，即 $h_1 > h_2$，所以顶部 A_1B_1 绝热增温比底部 C_1D_1 多，使顶部温度高于底部而形成逆温。下沉逆温多出现在高压区(极地冷高压或副热带高压)内，范围很广，厚度较大。冬季，下沉逆温有时与辐射逆温结合在一起，形成一个从地面开始数百米厚的逆温层，并出现温度升高、干燥晴朗的好天气。

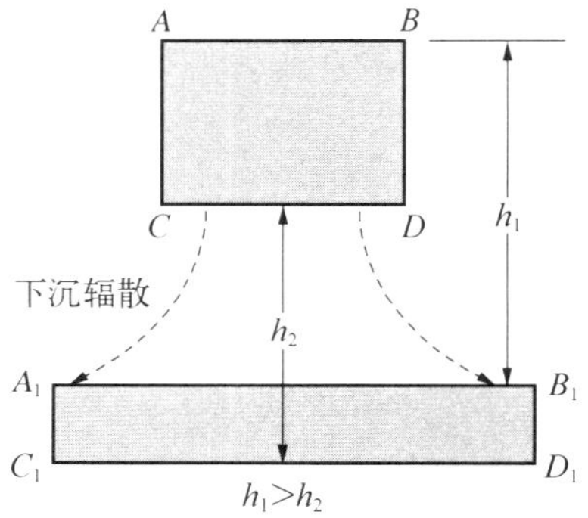

图 2-41　下沉逆温形成示意图

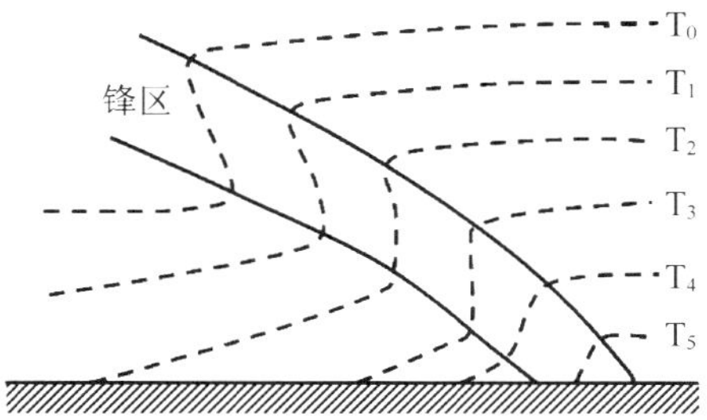

图 2-42　锋面逆温

(5) 锋面逆温　冷暖空气团相遇时，较轻的暖空气爬到冷空气上方，因锋面上下冷暖空气的温差而形成的逆温，称为锋面逆温。由于锋面是向冷空气一侧倾斜的，因此锋面逆温只能在冷气团所控制的地区内观测到。距地面锋线越近，逆温高度越低(图 2-42)。

实际大气中出现的逆温有时是由几种原因共同造成的，比较复杂，需要根据当时条件具体分析。

实习一　空气温度和日照的观测

一、目的与要求

了解建立小型气象园的步骤、要求；了解各种常用温度表、温度计的构造原理；了解日照计的构造原理；掌握空气温度和土壤温度和日照时数的观测方法。

二、实验内容

(一) 地面气象观测场的建立

1. 观测场地要求

1) 场地代表本地区较大范围气象要素特点和天气、气候特征的地方，避免局部地形的影响。一般要求场地平坦空旷,四周没有高大建筑物、树林和大水池。观测场地的边缘与四周孤立障碍物的距离,至少是该障碍物高度的 3 倍以上,成排的障碍物至少是该障碍物高度的 10 倍以上,四周不应种高秆作物,以保证气流的通畅。

2) 观测场地大小应为 25 m×25 m;如果条件限制,可为 16 m(东西向)×20 m(南北向)。高山站、海岛站、无人站不受此限;需要安装辐射仪器的台站,可将观测场南边缘向南扩展 10 m。中学气象园的大小可根据学校场地的条件而定,尽可能符合国家气象局的规定,可采用 16 m×20 m 的面积,但不要小于 5 m×4 m,否则仪器相距太近,相互遮挡,影响观测质量,而且影响活动的进行。

3) 为了保护场内仪器设备,观测场四周应设高度为 1.2 m 的稀疏围栏(铁丝网、铁栏杆、竹围栏等),保持气流通畅。围栏的北面正中开一个小门,方便出入。场地应平整,保持有均匀草层(不长草的地区例外),草高不能超过 20 cm。当草高超过 20 cm 时,要剪短并及时运出场地。场内不准种植作物。

4) 为保持观测场地自然状态,场内铺设 0.3~0.5 m 宽的小路(不得用沥青铺面),观测人员只准在小路上行走。有积雪时,除小路和百叶箱顶壁上的积雪可以清除外,应保护场地积雪的自然状态。

2. 观测场内仪器设施布置要求

观测场内仪器的布置可参考图 2-43。

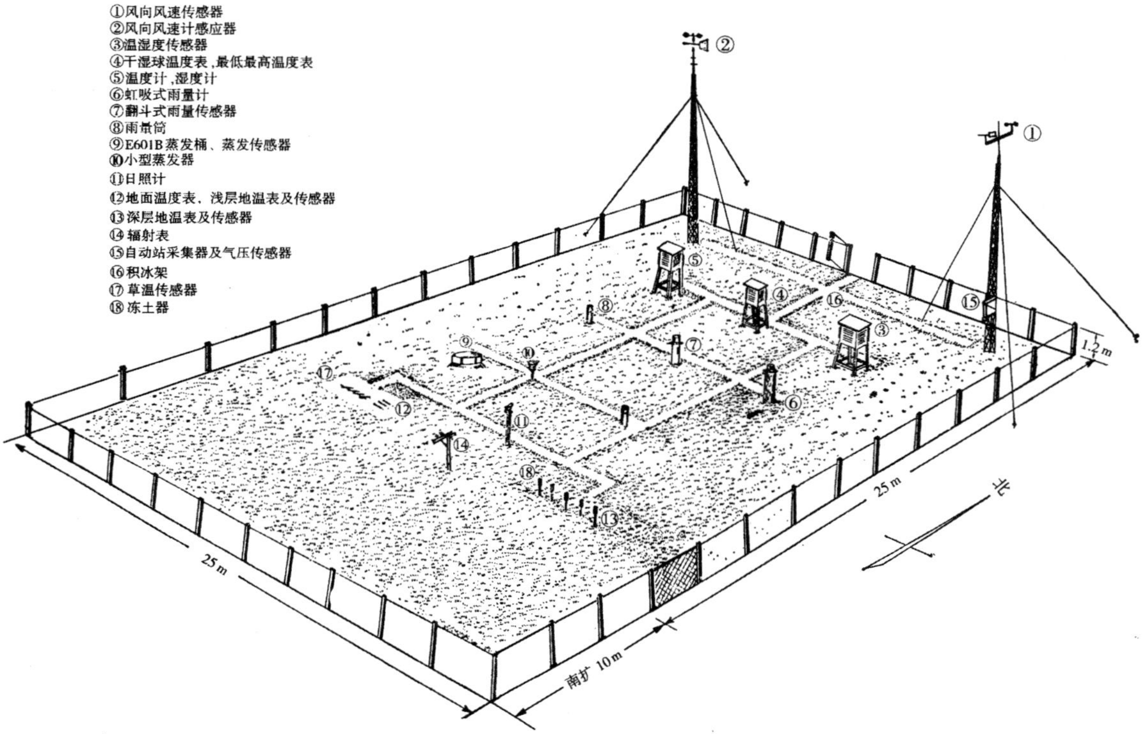

图 2-43 观测场内仪器布置

1) 高的仪器设施安置在北边,低的仪器设施安置在南边。

2) 各仪器设施东西排列成行,南北布设成列,相互间东西间隔不小于 4 m,南北间隔不小于 3 m,仪器距观测场边缘护栏不小于 3 m。

3) 仪器安置在紧靠东西向小路南面,观测员应从北面接近仪器。

4) 辐射观测仪器一般安装在观测场南面,观测仪器感应面不能受任何障碍物影响。

5) 因条件限制不能安装在观测场内的辐射观测仪器(总辐射、直接辐射、散射辐射、日照以及风观测仪器)可安装在天空条件符合要求的屋顶平台上,反射辐射和净全辐射观测仪器安装在符合条件的有代表性下垫面的地方,而且日射仪器事先需要测定反射率。

6) 百叶箱内的温度表安置的高度规定为 1.5 m。

7) 测量降雨量的雨量器的安置高度规定为 70 cm。

8）测量风的仪器安置在距地面 10 m 以上。

3. 观测时间

定时观测项目如表 2－12 所示。每日以北京时间 02 时、08 时、14 时、20 时进行四次气候观测，部分观测站、哨仪进行 08 时、14 时、20 时三次气候观测。在每次定时观测前 10 分钟左右观测干湿球温度表。中学气象园观测项目，每天观测三次，在不影响教学工作的前提下，可以提前 1 小时，在 07 时、13 时、19 时观测。

表 2－12 观测的时间和项目

时间/时	02、08、14、20	08	14	20	日落后
观测项目	云、能见度、天气现象、空气的温度、湿度、风、气压、0～40 cm地温	降水、冻土、雪深、雪压、地面最低温度	80～320 cm 地温，换温度、气压、湿度自记纸	降水、蒸发、最高和最低气温、地面最高和最低气温，并调整观测表放回原位	日照计换纸

（二）空气温度的观测

空气温度是以离地 1.5 m 高处的空气温度为标准的。其观测项目有：定时气温、日最高气温、日最低气温及气温的连续记录。

1. 气温观测仪器的构造原理

（1）干球温度表（普通温度表） 用来测定空气任一时刻的温度。根据水银热胀冷缩的特性而制成的。包括感应球、毛细管、刻度磁板、外套管四部分。

（2）最高温度表 用来测定一定时段内的最高温度。测温液是水银。它的特殊构造是在球部内有一玻璃针伸入毛细管，使球部与毛细管间形成窄道，当温度升高时，球部水银体积膨胀，挤入毛细管；而温度下降时球部水银收缩，但由于通道狭窄摩擦力的作用，毛细管内的水银不能缩回球部，并在水银柱与感应球部连接处断开，水银柱就停留在一定时段内的最高位置处。因此它能指示某时段内的最高温度。

（3）最低温度表 用来测定一定时段内的最低温度。它的测温液是酒精。毛细管内有一蓝色哑铃形游标，当温度下降时，酒精便收缩下降，由于酒精柱顶端表面张力的作用，带动游标下降；当温度上升时，酒精膨胀，酒精柱经过游标周围慢慢上升，而游标仍留在原来的位置上。因此它能指示出某时段内的最低温度。

（4）温度计 是用来自动连续记录气温变化的仪器。它的感应部分是双金属片，由两种膨胀系数不同的金属片焊接而成的。双金属片一端固定在仪器外部支架上，另一端通过杠杆和自记笔相连，笔尖内装有特制的墨水。自记笔尖和裹在自记钟上的自记纸接触，自记纸上的水平线表示温度，通常每格表示 1℃。自记钟内装有钟表机械，能使圆筒不断转动(分日转或周转)。当气温变化时，双金属片发生变形，通过杠杆作用，自记笔便在自记纸上记录出气温随时间变化的曲线。

2. 气温的观测方法

观测时按照干球温度表、湿球温度表、毛发湿度表、最高温度表、最低温度表、温度计(读数做时间记号)的顺序进行。干湿球温度表每天观测四次(02 时、08 时、14 时、20 时)，最高温度表、最低温度表每天 20 时观测一次。各种温度表读数要准确到 0.1℃，读完一遍后再复读一遍，避免发生误读或颠倒零上、零下的错误。最高温度表、最低温度表观测后应立即调整。最高温度表的调整方法是：用手握住表身，球部向下，臂外伸 30°用大臂前后甩动，直至水银柱示度接近当时的气温，然后放回原处，先放球部后放表身，以免水银柱滑动。最低温度表的调整方法是：将球部抬起，使游标滑到酒精柱顶端。放回原处时，先放顶部后放球部，以免游标发生移动。温度计读数记录后做时间记号，每天 14 时换纸。换纸时先做终止时间记号。拔开笔档，取下自记纸，记上终止时间。然后上好钟机发条，将填写好日期的新自记纸裹在钟筒上，卷紧、水平对齐，底边贴筒底缘并以压纸条固定。转动钟筒使笔尖对准记录开始时间，拨回笔档做时间记号，盖上盒盖。

（三）日照的观测

1. 构造原理

暗筒式日照计利用阳光通过仪器上的小孔射入筒内，使涂有感光药剂的日照纸上留下感光迹线，以此来计算日照时数。暗筒日照计应安置在开阔、终年从日出到日落都能受到太阳光照射的地方。通常安置在观测场南面的柱子上,高度以便于操作为宜。安置时底座要水平,座面上要精确测定南北(子午)线,并划出标记。再把仪器安置在台座上,筒口对正北(利用座面上南北标记)。牢固地将日照计底座加以固定。然后,转动筒身使支架上的纬度记号线对准纬度盘上当地纬度值。

2. 观测方法

1) 日照纸涂药:日照纸的感光剂用枸橼酸铁铵(又名柠檬酸铁铵),显影剂用赤血盐(铁氰化钾)。前者易感光吸水,后者有毒,故应防潮,在暗处收藏妥善保管。

用枸橼酸铁铵与清水以 3∶10 的比例配成感光液,用赤血盐与清水以 1∶10 的比例配成显影液。两种药液配好后分别装入褐色中放于暗处保存备用。每次配量不可过多,以能涂刷 10 张日照纸的用量为宜,以免日久失效。涂药时取等量的两种药液均匀混合,在暗处或夜间红灯下进行。涂药前,先用脱脂棉把需涂药的日照纸表面擦净;去掉表面油脂使纸吸药均匀;另用脱脂棉蘸药液薄而均匀地涂在日照纸上;涂好药的日照纸,应在暗处阴干后暗藏备用,严防感光。涂药后用具应洗净,用过的脱脂棉也不能再次使用。

2) 换纸:每天日落后换纸,即使全日阴雨无日照记录,也应照常换下,以备日后查考。

3) 记录整理:换下的日照纸,应依感光线的长短,在其下描画钢笔线。然后将日照纸放入足量的清水中浸漂 3～5 分钟拿出(全天无日照的纸,也应浸漂);待阴干后,再复验感光迹线与钢笔线是否一致,如感光线比钢笔长,则应补描上这一段钢笔线,然后按钢笔线长度计算日照时数。日照纸上每小格为 0.1 小时,一大格为 1 小时,计算时应准确到小数一位。如果某时 60 分钟都有日照,应记为 1.0;如果全天无日照时数,应记 0.0。

第三章　大气动力学基础

空气运动是大气中最重要的物理过程，既有水平运动，又有垂直运动。大气运动使高低纬度之间、海陆之间和不同高度之间水分和热量得以传输和交换，从而影响天气和气候的形成和演变。而风与气压场之间存在着一定关系，大气压力的空间分布是导致空气运动的直接原因。

第一节　气压的时空分布

一、气压随高度的变化

（一）大气静力学方程

大气在垂直方向上受到重力和垂直气压梯度力（气压随高度分布不均匀所产生的力）的作用并达到平衡时，称大气处于静力平衡状态。实际大气中，除了有强烈对流运动的区域外，空气的垂直运动速度是很小的，因此，可以近似地认为大气处于静力平衡状态—准静力平衡。

1. 大气静力学方程

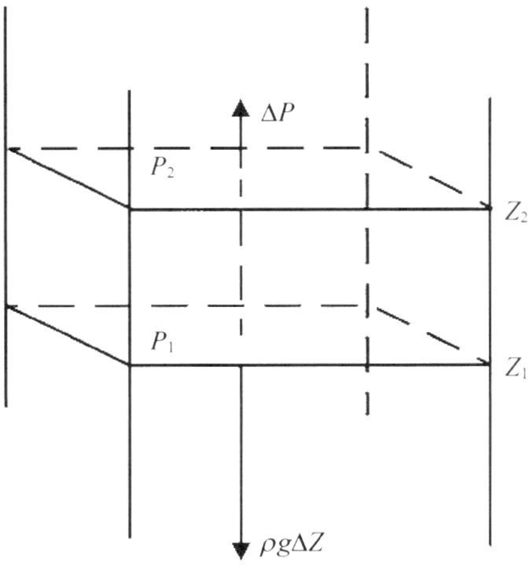

图 3－1　空气静力平衡

大气静力学方程反映大气处于静力平衡状态时气压随高度的变化规律。假设大气呈静止状态，从截面积为 1 m^2 的垂直气柱中，取一厚度为$\triangle Z$ 的微薄气块，垂直向上为坐标轴正方向（图 3－1）。

气块上、下表面所受的气体压力分别为 P_2 和 P_1，则气块受到向上的垂直压力梯度力为 $\triangle P=P_1-P_2$；以 ρ 和 g 分别表示空气密度和重力加速度，则气块受到向下的重力 $G=\rho gV=\rho g(Z_2-Z_1)=\rho g\triangle Z$。

向上的垂直压力梯度力与向下的重力达到平衡，即 $\triangle P=-\rho g\triangle Z$，令 $\triangle Z\rightarrow 0$，取极限得

$$\mathrm{d}P=-\rho g\,\mathrm{d}Z \tag{3-1}$$

式（3－1）为大气科学上著名的大气静力学方程。除了有强烈对流运动的区域外，静力学方程有很高的精度，误差仅为 1%，应用十分广泛。

由静力学方程可以得出如下几点结论：① 当 $\mathrm{d}P>0$ 时，$\mathrm{d}Z<0$，表示气压随高度增加而递减。② 气压随高度递减的快慢取决于空气密度（ρ）和重力加速度（g）的变化。重力加速度（g）随高度的变化很小，近似于常数，因而气压随高度递减的快慢主要取决于空气的密度。在密度大的气层里，气压随高递减得快，反之则递减得慢。③ 将静力学方程从任意高度 Z_0 积分到大气上界（$Z\rightarrow\infty$，$P\rightarrow 0$），得 $p_0=\int_{z_0}^{\infty}\rho g\,\mathrm{d}Z$，表明某一高度 Z_0 处的气压等于从该高度直到大气上界的单位截面积空气柱的重量。气压随高度增加总是减小的，这是因为高度越高，空气柱就越短，空气越稀薄。

由于常规气象观测不直接测量密度，测得的是空气的温度、压强、湿度，故需要利用湿空气的状态方程，以得到静力学方程的便于应用的形式

$$\frac{\mathrm{d}P}{P}=-\frac{g}{R_\mathrm{d}T_\mathrm{v}}\mathrm{d}Z \tag{3-2}$$

式中，T_v 为虚温。

2. 垂直气压梯度和单位气压高度差

垂直气压梯度是表征气压随高度变化的向量,方向垂直向上,大小为单位距离内气压的减小值,记为G_Z,单位为 hPa/100 m。定义式为

$$G_Z=-\frac{\mathrm{d}P}{\mathrm{d}Z}=\frac{gP}{R_\mathrm{d}T_\mathrm{v}}\approx 3.42\frac{P}{T_\mathrm{v}} \tag{3-3}$$

式(3-3)表明,低层大气中气压随高度增加递减得快;干冷空气比暖湿空气中气压随高度增加减少得快。

单位气压高度差是指在垂直气柱中,每改变单位气压时所对应的高度差,以 h 表示。垂直气压梯度的倒数就是单位气压高度差,即

$$h=-\frac{\mathrm{d}Z}{\mathrm{d}P}=\frac{R_\mathrm{d}T_\mathrm{v}}{Pg} \tag{3-4}$$

在不考虑水汽影响的条件下,即以干空气 T 代替 T_v,并将 $T=273+t$ 代入式(3-4)得

$$h\approx\frac{8\,000}{P}\left(1+\frac{1}{273}t\right) \tag{3-5}$$

式中,h 为单位气压高度差,单位为 m/hPa;P 为气压,单位 hPa;t 为气温,单位为℃。

(二) 压高公式

大气静力学方程和单位气压高度差公式只适用于微薄气层,如果气层很厚就不能直接应用这两个公式了,只能用压高公式。

将静力学方程式(3-2)从 $Z_1(P=P_1)$ 积分到高度 $Z_2(P=P_2)$ 得

$$P_2=P_1\exp\left(-\int_{Z_1}^{Z_2}\frac{g}{R_\mathrm{d}T_\mathrm{v}}\mathrm{d}Z\right) \tag{3-6}$$

$$Z_2-Z_1=-\int_{P_1}^{P_2}\frac{R_\mathrm{d}T_\mathrm{v}}{g}\mathrm{d}\ln P \tag{3-7}$$

式(3-6)和式(3-7)就是大气压力和高度关系的普遍公式,称为压高公式。压高公式表明气压随高度的增加而呈指数规律降低。

要知道较厚气层内气压随高度的变化规律,需要求出压高公式中的积分,但由于密度或温度随高度的分布受多种因素影响,难以用函数关系表达,所以需要对密度或温度的垂直分布作一些假设。这里仅讨论等温大气压高方程,即假定气温不随高度发生变化,并忽略水汽的影响,重力加速度不随高度变化,则可得到常用的等温大气压高方程

$$Z_2-Z_1=18\,400(1+t_\mathrm{m}/273)\lg(P_1/P_2) \tag{3-8}$$

由式(3-8)可知,等温大气中气压随高度仍是按指数规律递减的。若把大气分成若干层,分别求出各层的平均温度,代入公式依次求出各层气压随高度的分布情况,将各层的结果累计起来,就得到整个气层的压高关系。所以等温大气压高公式能近似地用于实际大气。公式(3-8)的主要用途是:根据不同高度上两点的气压值和它们之间的气柱的平均温度 t_m,求其间的高度差;还可以根据某一高度上的气压值和气柱的平均温度来推算另一高度上的气压值。气压随高度的变化如表 3-1 所示。

表 3-1 气压随高度的变化

高度/km	1.5	3.0	5.5	9	12	16	20	31	36
气压/hPa	850	700	500	300	200	100	50	10	5

例 1 低层气压 $P_1=1\,000$ hPa,气压 $t_1=20$℃,高层气压 $P_2=850$ hPa,气温 $t_2=8$℃,求高低层间的高

度差。

解：平均温度 $t_m=(20+8)/2=14℃$，$\Delta Z=18\,400\cdot(1+14/273)\lg(1\,000/850)=1\,549$ m。

例 2 已知某地地面高度 3 700 m，本地气压 650 hPa，该地气层 $t_m=7.5℃$，求海平面气压。

解：$P_1=P_2\cdot 10^{\frac{3\,700}{18\,400\cdot(1+7.5/273)}}=1\,010$ hPa。

二、气压场

（一）气压场的表示方法

气压的空间分布称为气压场。气压在水平面上的分布称为水平气压场。分析气压场要用到等压线和等压面的概念。等压线是同一水平面上各气压相等点的连线。等压面指气压相等点组成的空间曲面。等压面在空间就像地形一样，为高低起伏的曲面(图 3-2)。由于气压随高度增加而降低，因此，在同一高度上气压比四周高的地方，等压面向上凸，且气压高得越多，向上凸得越厉害，反之亦然。即等压面向上凸起的部位对应着水平面上的高压区域，等压面下凹部位对应着水平面上的低压区域。表示水平气压场的有地面天气图、高空天气图两种。

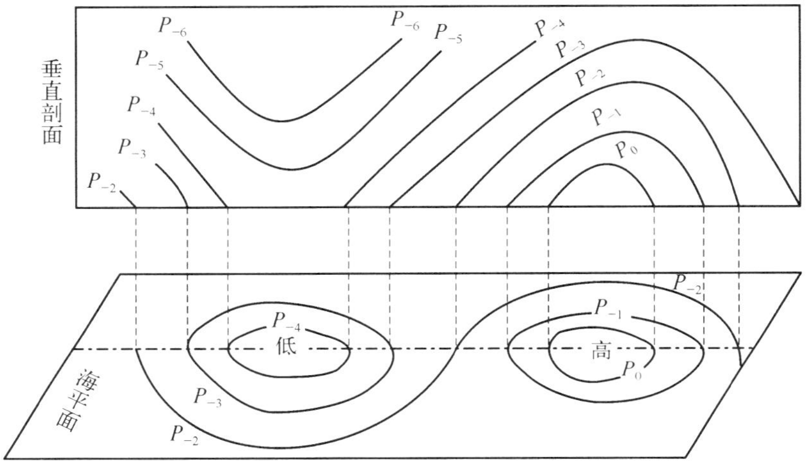

图 3-2 海平面等压线图中等压线与空间等压面的关系

1. 地面天气图(海平面气压场图)

海平面气压场图是用海平面去截割一组等压面(图 3-2)，在海平面上得到许多条等压线的分布图。与向上凸的等压面相交的是一组气压值由中心向外递减的闭合等压线，即高压。与向下凹的等压面相交的是一组气压值由中心向外递增的闭合等压线，即低压。因此，海平面上等压线的分布一方面说明了海平面气压的分布情况，另一方面反映了等压面的空间起伏状况。习惯把海平面等压线图称为地面天气图，图中填绘有各地同一时刻观测的地面气象要素(气温、风向风速、能见度、由本站气压订正得到的海平面气压)和部分高空气象要素(云状、云量、降水和各种天气现象)，因此它是综合性天气图，能够综合反映地面气象要素的分布情况。

在实际工作中，先将各地实测的气压值订正到海平面上，再把同一时刻各测站的海平面气压值填在一张空白地图上，结合风向等因素，把气压值相等的点用平滑的曲线连接起来，就构成了海平面等压线图(图 3-3)。地面图内的等压线每隔 2.5 hPa 或 5 hPa 画一条，按…、997.5 hPa、1 000.0 hPa、1 002.5 hPa、…数值序列绘制等压线。等压线应画至图边缘，否则应当闭合。低压中心用红色标注“D”，高压中心用蓝色标注“G”，台风中心用红色标注“ɥ”。根据等压线的疏密程度就可以判断水平气压梯度大小。

2. 高空天气图(高空等压面图)

高空等压面图是用于表示高空气压分布情况的，它类似于地形图中表示地形起伏的方法来表示高空等压面空间起伏形势。为了分析高空某一高度上气压分布情况，就将这一高度处对应的一个等压面(如

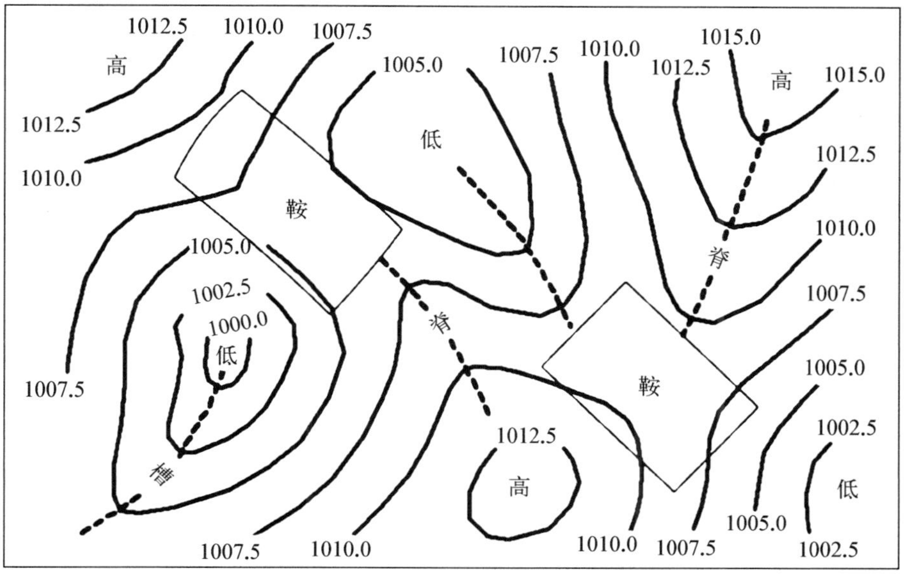

图 3-3 地面天气图(单位：hPa)

5 500 m处为 500 hPa 等压面)去截割一组等高面，在等压面上可得到许多条等高线，将这些等高线投影到空白地图上，便得到一张高空等压面图。如图 3-4 所示，P 为等压面，H_1、H_2、…、H_5为一簇等高面，由等压面截割的一组等高线投影到图的下方，即得到等压面图。从图中可以看出与等压面凸起部位相对应的是由一组闭合等高线构成的高值区域，高度值由中心向外递减；与等压面下凹部位相对应的是由一组闭合等高线构成的低值区域，高度值由中心向外递增。并且等高线的疏密与高空等压面的陡缓相对应，等压面陡的地方等高线密集，等压面缓的地方等高线稀疏。因此，等高线的分布表示出了高空等压面的起伏状况，从而反映出高空气压的水平分布。

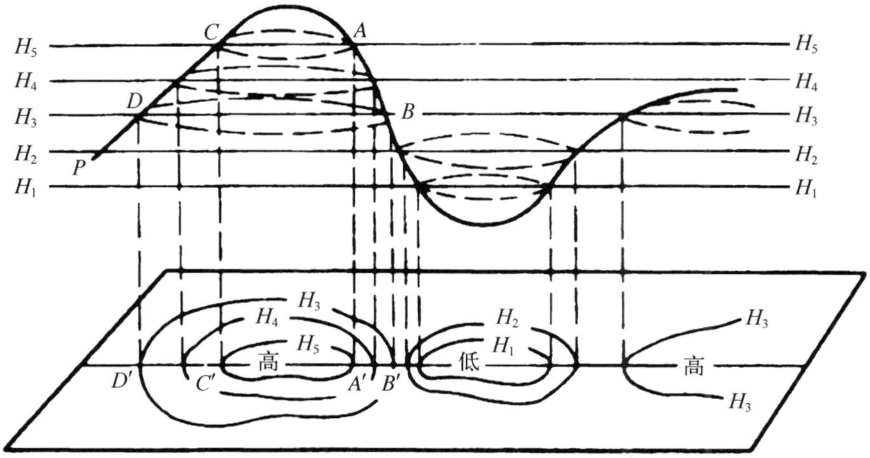

图 3-4 高空等压面图中等高线与空间等压面的关系

大气科学中，为了量度大气在空间中任意一点的势能，等高面、等高线的高度并不是几何高度(以几何米为单位)，而是位势高度。当位势以位势米或位势什米为单位时的高度称为位势高度，用 H 表示。1 位势米定义为 1 kg 空气上升 1 m 时，克服重力作了 9.8 J 功，即获得 9.8 J/kg 的位势能。1 位势什米=10 位势米。位势高度与几何高度的换算关系为

$$H = gZ/9.8 \tag{3-9}$$

式中，H 为位势高度，单位为位势米；Z 为几何高度，单位为 m；g 为重力加速度。当 g 取 9.8 m/s^2时，位势高

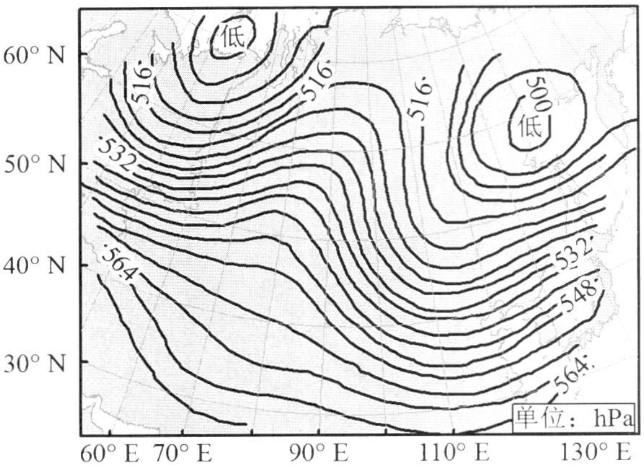

图 3-5　500 hPa 等压面示意图

与几何高度在数值上相等,但物理意义完全不同。位势米表示能量单位(空气在高处具有的势能),而几何米表示高度单位。

在实际工作中,只要将同一时刻各测站探空报告中,高空某一等压面的位势高度值填在一张特制的空白地图上,把位势高度值相等的各点用平滑的曲线连接成等高线,便可绘制出高空等压面图。高空等压面图又称为高空天气图,图 3-5 为填绘有各地同一时刻高空气象要素值分布的综合性天气图。高空图内的等高线每隔 4 位势什米画一条,根据等高线的疏密程度就可以判断水平气压梯度大小。通常使用的有 850、700、500、300 及 200 hPa 的等压面图。

(二)气压场的基本型式

由于地表的非均一性及动力、热力等因子的影响,气压并不呈简单的纬向分布。在水平气压场中等压线的各种组合形式称为气压系统。不同气压系统的结构、流场和天气特征各异。下面以地面天气图(图 3-3)为例,说明地面气压系统的基本型式。

(1) **低气压**　由闭合等压线所构成的中心气压比四周气压低的区域,称为低气压,简称低压,亦称气旋。空间等压面向下凹,形如盆地。天气一般多阴雨。

(2) **低压槽**　由低压延伸出的狭长区域称为低压槽,简称槽。在槽中,各等压线弯曲最大处的连线称为槽线。气压值在槽线上最低,向两边递增。槽的尖端,可以指向各个方向,但在北半球中纬度地区大多指向南方。因此,尖端指向北的称为倒槽,指向东的称为横槽。槽附近的空间等压面形如山谷,呈下凹形。

(3) **高气压**　由闭合等压线所构成的中心气压比四周气压高的区域,称为高气压,简称高压,亦称反气旋。空间等压面向上凸起,形如山丘。天气一般晴好。

(4) **高压脊**　由高压延伸出来的狭长区域称为高压脊,简称脊。在脊中,各等压线弯曲最大处的连线称为脊线。气压沿脊线最高,向两边递减。脊附近的空间等压面,类似山脊。

(5) **鞍形气压区**　由两个低压与两个高压相对交错组成的中间区域称为鞍形气压区,简称鞍。其附近空间等压面形如马鞍。

高空气压场分布要简单些,多呈平直或波状等高线,多槽脊,闭合系统相对较少(图 3-5)。

(三)气压系统随高度的变化

气压系统存在于三度空间中,在静力平衡条件下,气压系统随高度的变化同温度分布有密切的关系。因此,气压系统的空间结构与温度场的配置状况不同。当温度场与气压场配置重合(温度场的高温、低温中心分别与气压场的高压、低压中心相重合)时,称气压系统温压场配置对称;反之,称气压系统是温压场不对称。

1. 温压场对称系统

由于温压场配置重合,所以该系统中水平面上等温线与等压线基本平行,包括以下四种基本类型(图 3-6)。

(1) **暖高压**　高温中心和高压中心基本重合,高压中心区为暖区,四周为冷区,等压面和等温面基本平行且向上凸起。由于高压中心气温最高,密度小,气压随高度降低比四周慢,因此,暖高压越到高空越强,能伸展到较高的高空,甚至到对流层的上层,而且随着高度的增高,等压面向上凸得越厉害[图 3-6(a)]。

(2) **冷低压**　冷中心与低压中心基本重合,低压中心区为冷区,四周为暖区,等温线与等压线基本平行且向下凹。由于低压中心气温最低,密度大,气压随高度降低比四周快,因此,低压中心处的气压越到高空比四周的气压低得越多,即冷低压越到高空越强,等压面向下凹得越厉害[图 3-6(b)]。

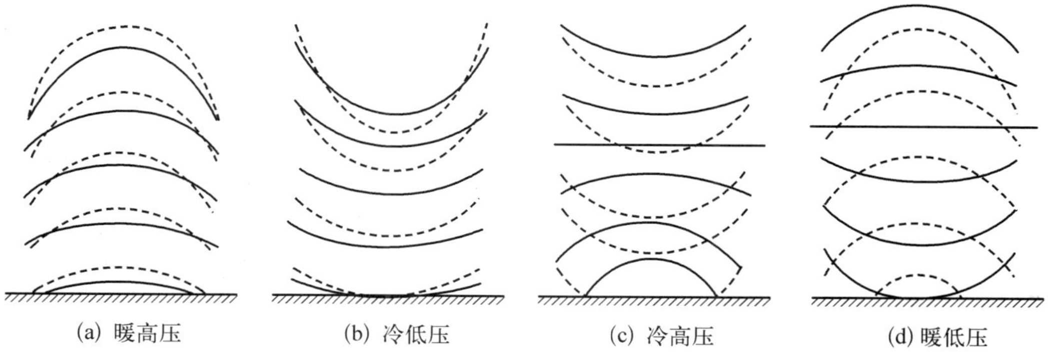

图 3-6 温压场对称系统

暖高压和冷低压都是深厚而对称的系统,一般从地面到 500 hPa 等压面图上都能维持闭合等高线,所以,高空大气中的高压系统往往都是暖性的,低压系统都是冷性的。例如西太平洋副热带高压,就是一种深厚而对称的暖高压;而我国东北的冷涡,就是一种深厚而对称的冷低压。

(3) **冷高压** 高压中心为冷区,冷中心与高压中心基本重合。因为高压中心气温比四周低,密度大,中心气压随高度降低比四周快,等压面的凸起程度随高度升高而不断减小,到某一高度处变成水平面,高压中心消失,再往上,中心上空等压面反而出现下凹现象,成为低压系统[图 3-6(c)]。

(4) **暖低压** 低压中心为暖区,暖中心与低压中心基本重合。由于低压中心气温比四周高,密度小,气压随高度降低比四周慢,低压等压面凹陷程度随高度升高而逐渐减小,到某一高度处低压将趋于消失,再往上,中心上空气压面反而较四周高,成为暖高压系统[图 3-6(d)]。

冷高压和暖低压都是浅薄而对称的系统,它们只存在于低空,在地面天气图上比较强盛,但随高度增加逐渐减弱,到 500 hPa 以上就消失或变成一个相反的系统。例如蒙古高压就是冷性高压,500 hPa 以上就变成冷低压或冷槽。

2. 温压场不对称系统

当地面的高、低压系统中心同温度场冷暖中心配置不相重合,则高、低压的轴线(在不同高度上气压中心的连线)就要发生偏斜。随高度升高,高压中心轴线向暖区倾斜,而低压中心轴线向冷区倾斜。如图 3-7(a)所示,在地面高压中心左侧比右侧暖,左侧空气密度小,气压随高度降低比右侧慢,因此,高压中心轴线是随高度向暖区倾斜的。同理,低压中心轴线是随高度向冷区倾斜的[图 3-7(b)]。

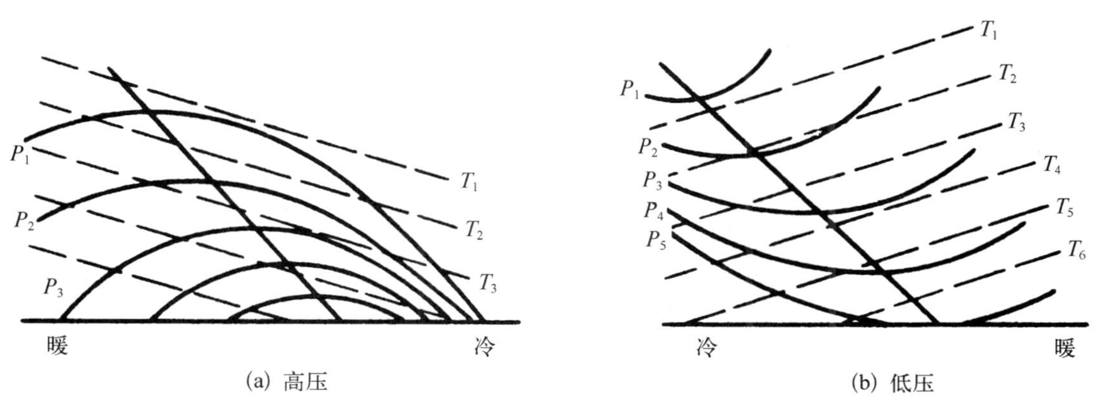

图 3-7 温压场不对称系统

大气中气压系统的温压配置绝大多数是不对称的,在北半球中高纬度地区,由于冷空气多从西北方向移来,因此低压中心轴线常常向西北方向倾斜;而高压的西南侧比较温暖,高压中心轴线多向西南方向倾斜。

三、气压随时间的变化

(一) 气压变化的原因

由于一个地方的气压等于该地单位面积上所承受的空气柱的总重量,因此一个地方气压变化的根本原因是其上空空气柱质量的增多或减少。空气柱中的质量增多了,气压就升高;质量减少了,气压就下降。由于全球大气质量是一定,并且大气又是一种连续流体,所以某些地区若有空气质量增多,则必然伴随着另一些地区空气质量的减少。因此,气压的变化,是由于空气运动而引起的空气质量重新分布的结果。空气柱质量的变化主要是由动力因子和热力因子引起。

1. 动力因子

气压变化的动力因子是指大气运动所引起的空气柱质量的变化。

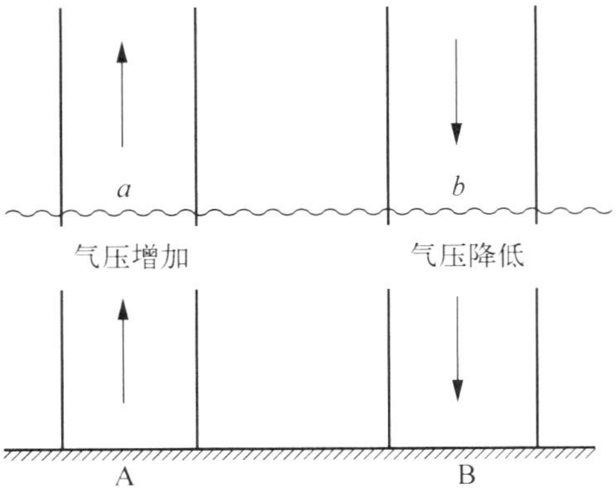

图 3-8 空气有垂直运动与气压变化的关系

(1) 水平辐合、辐散 空气质量在所考虑的区域内流入多于流出,使该区域内的空气质量增加的现象称为水平气流的辐合,简称辐合。辐合将引起气压升高。空气质量在所考虑的区域内流出多于流入,使该区域内的空气质量减少的现象称为水平气流的辐散,简称辐散。辐散将引起气压降低。实际大气中,在低空辐合(辐散)区域上空叠置辐散(辐合)区域,上下辐合、辐散交互重叠,并且在上下层辐合、辐散间必然伴有上升(下沉)运动(图 3-8)。由于上下层辐合、辐散的叠置,大部分空气质量相互补偿,两者净剩余产生气压变化,这种过程称为达因(Dyne)补偿原理。根据达因补偿原理,某一地点气压的变化要依据整个气柱中是辐合占优势还是辐散占优势而定。

(2) 垂直运动 当空气有垂直运动而气柱内质量没有外流时,气柱中总质量没有改变,地面气压不会改变。但气柱中质量的上下传输,可造成气柱中某一层次空气的质量改变,从而引起气压变化。如图 3-8 所示,在 A 气柱中,空气有上升运动,空气质量由下向上输送,因此 a 点空气柱中质量增多而气压升高。在 B 气柱中,空气有下沉运动,空气质量由上层向下层输送,因此 b 点空气柱中质量减少而气压降低。

2. 热力因子

气压变化的热力因子是指空气柱温度升降所引起的空气柱质量的变化。

(1) 冷暖平流 不同性质的气团,密度不同。当有冷平流时,移到某地的气团密度比原来的大,则该地上空气柱中质量会增多,气压随之增高。反之,暖平流将使气压降低。

(2) 下垫面受热不均 如图 3-9 所示,空气柱受到地表加热时,温度升高,空气膨胀上升,在高空堆积,高空的空气密度增大(低空密度减小),气压升高,空气辐散,引起地面气压降低;反之,空气受到地表冷却收缩下沉,高空的空气密度减小(低空密度增大),气压降低,空气辐合,造成地面气压升高。并由此形成一个环流。这种因下垫面温度分布不均而形成的空气环流称为热力环流(热力环流原理)。热力环流是热力驱动而产生的,是大气运动的一种最简单的形式。

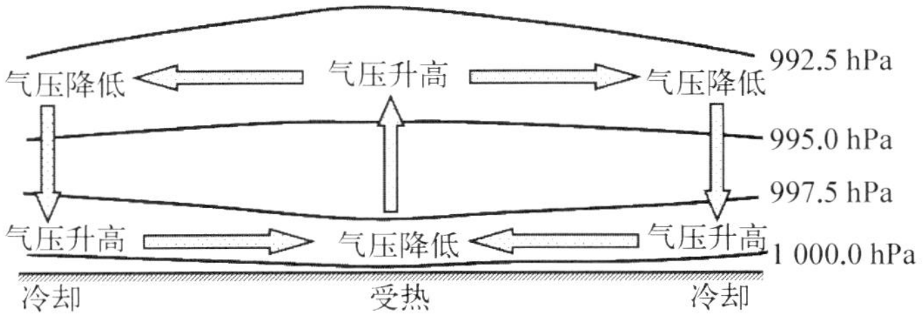

图 3-9 下垫面受热不均引起的气压变化(热力环流原理)

(二) 气压的周期性变化

1. 气压的日变化

地面气压日变化以双峰型最为普遍,其特点为一天中出现一个最高值(9～10 时)、一个最低值(15～16

时)、一个次高值(21～22 时)、一个次低值(凌晨 3～4 时)。图 3－10 中纵坐标是气压的日距平值，即某时刻的气压值与全天平均值之差。一天中气压最高值、最低值的出现与气温日变化有关，地球上向阳的一面(白天)，由于加热作用使空气膨胀而垂直上升，到一定高度后向四周辐散，引起地面减压；背阳的一面(夜间)，由于空气冷却而收缩下沉，高空辐合，气柱质量增多，地面气压升高。由于气温对气压的影响需要经历一段过程，所以气压变化滞后于气温。至于气压次高值和次低值出现的原因比较复杂，目前尚无完善的解释。

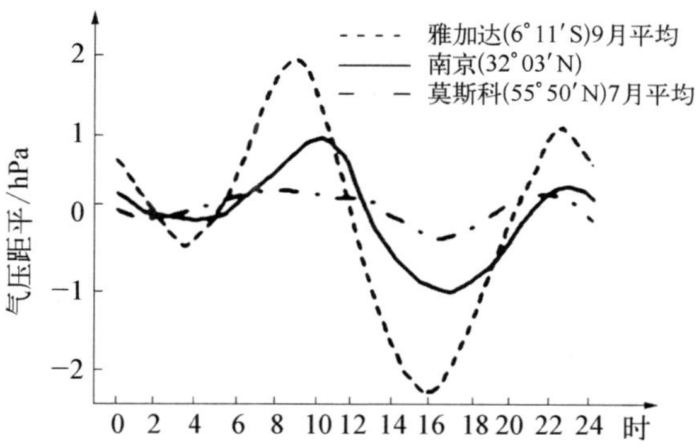

图 3－10　气压的日变化

气压日较差(一天中最高值与最低值之差称为日较差)随纬度的增高而减小。在低纬地区平均气压日较差可达 2～4 hPa，到纬度 50°附近日振幅小于 1 hPa(图 3－10)。在我国中纬度地区气压日振幅为 1～2.5 hPa，在低纬地区为 2.5～4 hPa。我国气压日较差最大的地方在青藏高原东部边缘的山谷中，有时可达 6.5 hPa。

2. 气压的年变化

气压年变化与地理纬度、海陆性质、海拔等自然地理条件有关。按气压年变化特点可分为大陆型、海洋型和高山型三类。

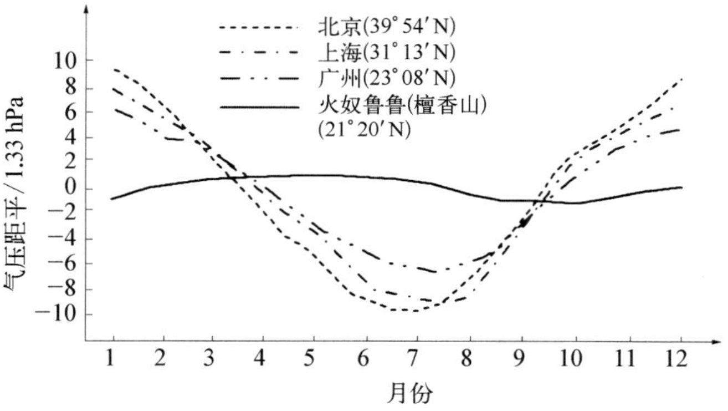

图 3－11　气压的年变化

(1) **大陆型**　大陆上，全年气压最高值出现在冬季，最低值出现在夏季，气压年较差(一年中最高月平均气压与最低月平均气压的差值)较大，并随纬度增高而增大，随地势增高而减小，越深入内陆越大(图 3－11)。在我国大陆上绝大部分地区的气压年变化均属于大陆型，在福建以南沿海地区气压年较差为 16 hPa 左右，东部沿海及东北南部地区为 21 hPa 左右，华北平原、华中、中南及四川盆地一般在 24 hPa 以上，例如北京的气压年较差达 26 hPa(图 3－11)。而在位于西北和西南及东北北部三个地区的地势较高的地方气压年较差小于 13 hPa，如拉萨仅 5.3 hPa。

(2) **海洋型**　与大陆型恰好相反，在海洋上，全年气压最高值出现在夏季，最低值出现在冬季，气压年较差小。例如，太平洋中的火奴鲁鲁(檀香山)，气压年较差仅 2.7 hPa(图 3－11)。

大陆型与海洋型气压年变化的差异主要是由于海陆热力性质不同所引起的。冬季，陆地比海洋冷，在较冷地表的影响下，大陆上空气柱变冷收缩，海洋上空的空气流向陆地上空，因此冬季大陆地面气压高，海面气压低；夏季情况与冬季相反。

(3) **高山型**　高山地区，一年中气压最高值出现在温暖的季节，最低值出现在寒冷的季节，气压年较差小。例如，峨眉山全年气压最高值出现在 9 月，最低值出现在 2 月，气压年较差约为 6.8 hPa。海拔 3 500～4 000 m 以上的青藏高原地区，其气压年变化也属于高山型。高山型气压年变化特点与海洋型相似，但两者的成因不同。在温暖季节，由于大气受热，整个大陆上的气柱膨胀，使高山地区地面以上的气柱质量增加，所以气压较高；在寒冷季节，由于大气冷却，整个大陆上的气柱收缩，使高山地区地面以上的气柱质量减少，所以气压较低。

第二节　大气的水平运动

一、风的定义

空气相对于地面的水平运动称为风。风是一个向量，既有大小(风速)，又有方向(风向)。风向是指风的

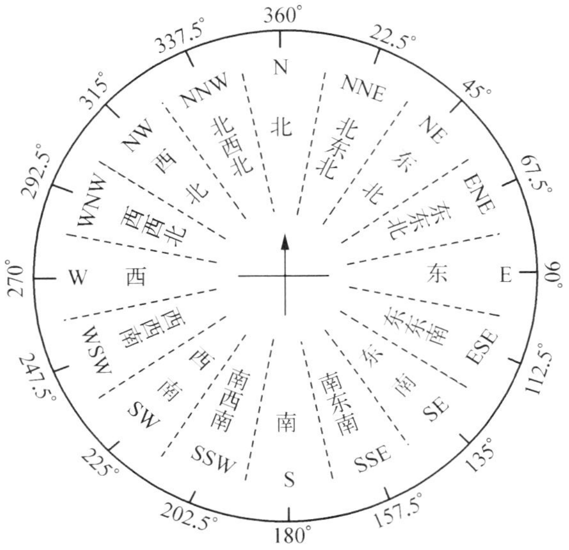

图 3-12 风向的十六个方位

来向。地面风向用十六个方位表示(图 3-12),从正北开始按顺时针方向,每隔 22.5°为一方位角。高空风向用方位度数表示,即以 0°(或 360°)表示正北,90°表示正东,180°表示正南,270°表示正西。南风表示风从南面吹来,一般较暖湿;而北风表示风从北面吹来,一般较干冷。

风速是单位时间内空气质点在水平方向上移动的距离。单位 m/s、km/h、kn(海里/小时),其换算关系为

$$1\ \text{m/s}=3.6\ \text{km/h} \qquad 1\ \text{kn}=1.852\ \text{km/h}$$

风速大小也可用风力等级来表示。目前把风分成十三级,有的国家在十三级基础上又增至十八级。最早提出十三级分法的是英国海军将领蒲福(Beaufort),因此,又称为蒲福风力等级表(表 3-2)。

表 3-2 风力等级表

风力等级	名称	海面浪高		海岸船只征象	陆地地面物征象	距地 10 m 高处的相当风速			
		平均/m	最高/m			范围/(m/s)	中数/(m/s)	km/h	kn
0	无风	—	—	静	静,烟直上	0~0.2	0.1	<1	<1
1	软风	0.1	0.1	平常渔船略觉摇动	烟能表示风向,但风向标不能转动	0.3~1.5	0.9	1~5	1~3
2	轻风	0.2	0.3	渔船张帆时,每小时可随风移行 2~3 km	人面感觉有风,树叶微响,风向标能转动	1.6~3.3	2.5	6~11	4~6
3	微风	0.6	1.0	渔船渐觉簸动,每小时可随风移行 5~6 km	树叶及微枝摇动不息,旌旗展开	3.4~5.4	4.4	12~19	7~10
4	和风	1.0	1.5	渔船满帆时,可使船身倾向一侧	能吹起地面灰尘和纸张,树的小枝摇动	5.5~7.9	6.7	20~28	11~16
5	清风	2.0	2.5	渔船缩帆(即收去帆的一部分)	有叶的小树摇摆,内陆的水面有小波	8.0~10.7	9.4	29~38	17~21
6	强风	3.0	4.0	渔船加倍缩帆,捕鱼须注意风险	大树枝摇动,电线呼呼有声,举伞困难	10.8~13.8	12.3	39~49	22~27
7	劲风	4.0	5.5	渔船停泊港中,在海者下锚	全树摇动,大树枝弯下来,迎风步行感觉有阻力	13.9~17.1	15.5	50~61	28~33
8	大风	5.5	7.5	近港的渔船皆回港避风	微枝折毁,人向前行感觉阻力甚大	17.2~20.7	19.0	62~74	34~40
9	烈风	7.0	10.0	汽船航行困难	屋顶瓦片被吹落,烟囱顶部被吹下,草房被吹倒	20.8~24.4	22.6	75~88	41~47
10	狂风	9.0	12.5	汽船航行颇危险	陆上少见,出现时可使小树连根拔起,普通瓦房多被吹坏	24.5~28.5	26.5	89~102	48~55
11	暴风	11.5	16.0	浪涛汹涌,汽船遇之极危险	陆上很少见,有则必有广泛损坏,大树被拔起,许多房屋被吹坏,造成风灾	28.6~32.6	30.6	103~117	56~63
12	台风	14.0	—	海浪滔天	陆上绝少见,摧毁力极大,大树被拔起吹走,小树被吹断卷走,房屋成片倒塌,造成重大灾害	32.7~36.9	>30.6	118~133	64~71

续　表

风力等级	名称	海面浪高		海岸船只征象	陆地地面物征象	距地 10 m 高处的相当风速			
		平均/m	最高/m			范围/(m/s)	中数/(m/s)	km/h	kn
13	—	—	—	—	—	37.0～41.4		134～149	72～80
14	—	—	—	—	—	41.5～46.1		150～166	81～89
15	—	—	—	—	—	46.2～50.9		167～183	90～99
16	—	—	—	—	—	51.0～56.0		184～201	100～108
17	—	—	—	—	—	56.1～61.0		202～230	109～118

注：13～17 级风力是当风速可以用仪器测定时用之。

二、作用于空气的力

任何物体的运动都是在力的作用下进行的，空气水平运动也不例外。作用于空气水平方向的力有水平气压梯度力、摩擦力、地转偏向力，空气做曲线运动时还受到惯性离心力的作用。其中水平气压梯度力是产生空气水平运动的原动力，其他力只有在空气运动时才表现出来，起到影响空气水平运动速度的作用。这些力之间的不同组合，构成了不同形式的大气水平运动。

（一）水平气压梯度力

1. 水平气压梯度

气压梯度是表征气压在空间变化快慢的一个向量，其方向垂直于等压面，由高压指向低压，大小等于单位距离内气压的减小值，表达式为

$$\nabla P = -\Delta P / \Delta N \tag{3-10}$$

式中，∇P 为气压梯度；$\triangle N$ 为两等压面间的垂直距离；$\triangle P$ 为两等压面间的气压差。由于气压梯度是从高压指向低压，沿着气压梯度的方向，气压总是降低的，因此，$\triangle P$ 恒为负值，为了使气压梯度取正值，在 $\Delta P/\Delta N$ 前加负号。气压梯度 ∇P 可以分解为水平气压梯度 ∇P_n 和垂直气压梯度 ∇P_Z（图 3-13）。

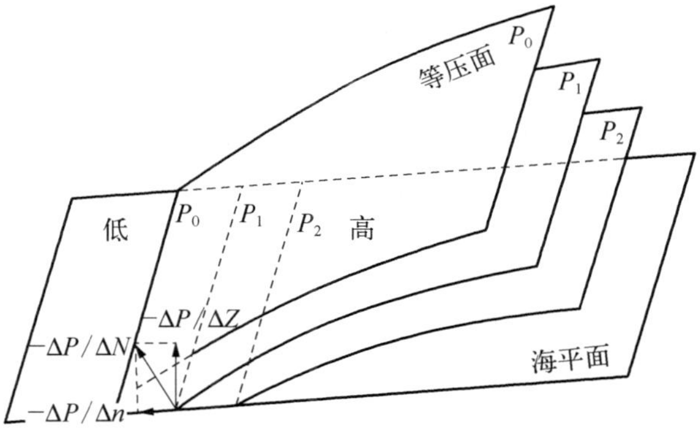

图 3-13　气压梯度的分解及与等压线的关系

水平气压梯度是表征气压在水平方向上变化快慢程度的一个向量，其方向与等压线垂直，由高压指向低压，大小等于单位距离内气压的减小值。水平气压梯度的大小计算公式为

$$\nabla P_n = -\Delta P / \Delta n \tag{3-11}$$

式中，∇P_n 为水平气压梯度的大小（而 $-\nabla_n P$ 为水平气压梯度的向量表达式，既能表示大小，又能表示方向）；Δn 为两等压线间的垂直距离；ΔP 为两等压线间的气压差。

水平气压梯度的单位常用 hPa/赤道度。1 赤道度等于在赤道上经度相差 1 度间的距离，约为 111 km。一般情况下，水平气压梯度很小，约为 1～3 hPa/赤道度。而垂直气压梯度在大气低层可达 0.1 hPa/m 左右，即可达水平气压梯度的近 10 万倍，因此气压梯度的方向几乎与垂直气压梯度方向一致。等压面的倾斜角度很小，一般不超过 1 度，近于水平。在地面天气图中相邻两条等压线的气压差 ΔP 均为 2.5 hPa（在高空图中相邻两条等高线间距 ΔH 均为 4 位势什米），因此，水平气压梯度 $\nabla P_n = -\Delta P/\Delta n$ 的大小与等压线的间距 Δn 成反比，即等压线越密集，水平气压梯度越大；反之，等压线越稀疏，水平气压梯度越小。

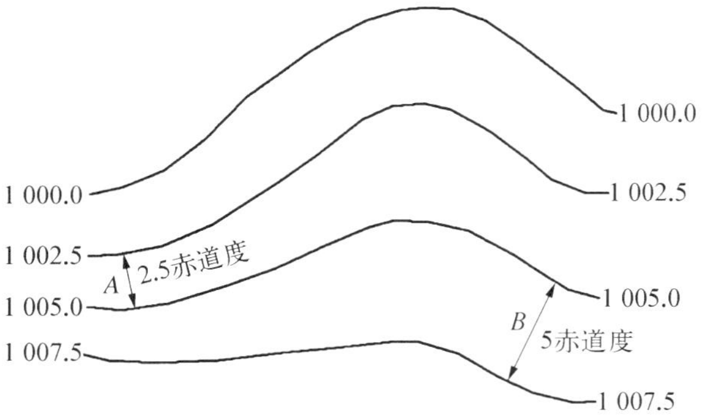

图 3-14 等压线疏密与水平气压梯度的关系

例如，在图 3-14 中，A 处的水平气压梯度 $\nabla P_{nA} = -\Delta P/\Delta n = -(1\,002.5 - 1\,005)/2.5 = 1$(hPa/赤道度)，$B$ 处的水平气压梯度 $\nabla P_{nB} = -\Delta P/\Delta n = -(1\,005 - 1\,007.5)/5 = 0.5$(hPa/赤道度)，故 A 处比 B 处水平气压梯度大。

2. 水平气压梯度力

单位质量空气在气压场中由于水平气压分布不均匀而受到的力称为水平气压梯度力。其方向为垂直于等压线由高气压区指向低气压区。与垂直气压梯度力 $G_Z = -\Delta P/(\rho \cdot \Delta Z)$（在静力学方程中已介绍过）类似，水平气压梯度力的大小与水平气压梯度成正比，与空气密度成反比，即

地面天气图上

$$G_n = -\Delta P/(\rho \cdot \Delta n) \tag{3-12}$$

高空天气图上

$$G_n = -\Delta H/(\rho \cdot \Delta n) \tag{3-13}$$

式中，ρ 为空气密度，单位为 kg/m^3；$\nabla P_n = -\Delta P/\Delta n$ 为水平气压梯度，单位为 Pa/m 或 N/m^3；G_n 为水平气压梯度力，单位为 N/kg；H 为位势高度，单位为位势米。

由公式(3-12)可知，只要在水平方向上存在着气压分布不均匀，就有水平气压梯度力作用在空气质点上，使空气沿着水平气压梯度力的方向作加速运动。因此，水平气压梯度力是形成风的原始动力。

例如，在图 3-14 中，假设 A 处的空气密度为 1.293 kg/m^3，在前面已经计算出 A 处水平气压梯度 $\nabla P_{nA} = -\Delta P/\Delta n = -(1\,002.5 - 1\,005)/2.5 = 1$(hPa/赤道度) $=100$ Pa/(111×1 000 m) $= 9\times10^{-4}$ Pa/m，则 A 处的水平气压梯度力为

$$G_{nA} = -\Delta P/(\rho \cdot \Delta n) = 9\times10^{-4}/1.293 = 7\times10^{-4}\ \text{N/kg}$$

由于水平气压梯度很小，致使水平气压梯度力也很小，如果 1 kg 空气在此力作用于下，从静止开始作匀加速运动，据牛顿第二定律 $G_n = ma$，可计算出加速 $a = 7\times10^{-4}\ m/s^2$。由速度公式 $v = at$ 可计算出，1 小时后可产生 2.5 m/s 的风速，3 小时后风速可达 7.7 m/s。可见，虽然水平气压梯度力很小，但空气在它的长时间作用下可产生很大的速度。如果在水平方向上，只有水平气压梯度力作用于空气质点上，则将使空气由高压流向低压，但实际观测表明，风并不是沿着水平气压梯度力的方向吹，说明空气质点还要受到其他力的作用。

专栏 3-1 水平气压梯度力计算公式推导

取一小块长宽高分别为 dx、dy、dz 的立方体空气，设空气密度为 ρ，水平气压梯度方向取为 x 轴正向，建立如图 3-15 所示坐标系。在 x 方向上，气压梯度为 $\nabla P_x = -\dfrac{\Delta P}{\Delta x}$，空气块 A 面比 B 面的气压高 $-\dfrac{\Delta P}{\Delta x}dx$，$B$ 面的气压为 $P - \left(-\dfrac{\Delta P}{\Delta x}dx\right) = p + \dfrac{\Delta P}{\Delta x}dx$。周围空气对 A 面的压力为 $P\,dy\,dz$，对 B 面的压力为 $-\left(P + \dfrac{\Delta P}{\Delta x}dx\right)dy\,dz$（负号表示压力的方向指向 x 轴的负方向）。气块在 x 方向上受到的净压力为

$$P\,\mathrm{d}y\,\mathrm{d}z-\left(P+\frac{\Delta P}{\Delta x}\mathrm{d}x\right)\mathrm{d}y\,\mathrm{d}z=-\frac{\Delta P}{\Delta x}\mathrm{d}x\,\mathrm{d}y\,\mathrm{d}z$$

同理气块在 y 方向和 z 方向上受到的净压力分别为 $-\frac{\Delta P}{\Delta y}\mathrm{d}x\,\mathrm{d}y\,\mathrm{d}z$ 和 $-\frac{\Delta P}{\Delta z}\mathrm{d}x\,\mathrm{d}y\,\mathrm{d}z$。作用于立方体上的总净压力为三者的向量和,即

$$-\left(\frac{\Delta P}{\Delta x}\vec{i}+\frac{\Delta P}{\Delta y}\vec{j}+\frac{\Delta P}{\Delta z}\vec{k}\right)\mathrm{d}x\,\mathrm{d}y\,\mathrm{d}z=-\nabla P\cdot\mathrm{d}x\,\mathrm{d}y\,\mathrm{d}z$$

空气块的质量 $m=\rho\mathrm{d}x\,\mathrm{d}y\,\mathrm{d}z$,则作用于单位质量空气块上的净压力(气压梯度力)为

$$\vec{G}=-\frac{1}{\rho}\nabla P=-\frac{1}{\rho}\left(\frac{\Delta P}{\Delta x}\vec{i}+\frac{\Delta P}{\Delta y}\vec{j}+\frac{\Delta P}{\Delta z}\vec{k}\right)$$

则水平气压梯度力的向量表达式为

$$\vec{G}_n=-\frac{1}{\rho}\nabla_n P=-\frac{1}{\rho}\left(\frac{\Delta P}{\Delta x}\vec{i}+\frac{\Delta P}{\Delta y}\vec{j}\right)$$

因此,水平气压梯度(地面天气图上)计算公式为

$$G_n=-\frac{1}{\rho}\cdot\frac{\Delta P}{\Delta n}$$

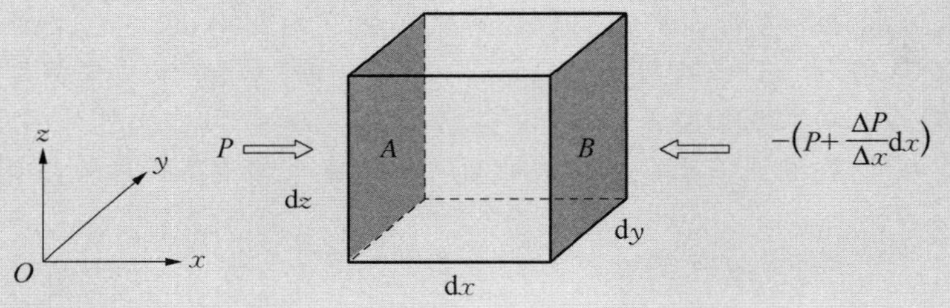

图 3-15 水平气压梯度力的 x 分量

(二) 水平地转偏向力

地转偏向力指运动物体在旋转参照系中所受到的一种视示力,又称科里奥利(Coriolis)力,简称科氏力。这种视示力不是作用在物体上的真实的力,而是观察者在旋转坐标系上所受到的假想力,是为了在非惯性参照系里应用牛顿定律而引进的一种惯性力。地转偏向力分为水平地转偏向力和垂直地转偏向力。但垂直地转偏向力与重力相比可以忽略不计,而水平地转偏向力对空气水平运动有重要作用,因此,常将水平地转偏向力简称为地转偏向力。

专栏3-2 视 示 力

大气水平运动的基本规律仍然可用牛顿第二定律、质量守恒定律、热力学第一定律和状态方程等来描述,但牛顿运动定律仅适用于惯性坐标系(静止坐标系)。例如,坐在加速向前行驶的汽车内的人,自然要以汽车作为参考系,观察到车外的树木在加速向后移动,而树木在水平方向上却没有受任何力,显然牛顿第二定律不能成立。由于所建立的坐标系与汽车一起向前加速移动,为非惯性坐标系。在这样的运动坐标系中应用牛顿第二定律,必须引入视示力,即树木受到了一个与汽车牵引力大小相等、方向相反的

假想力作用。人们生活在地球上,研究大气运动时,自然要以地球作为参考系。而地球是一个既环绕太阳公转,又绕地轴自转的非惯性系,只是地球绕太阳公转对大气运动的影响较小。固结在地球上的坐标系是一个随地球转动的相对坐标系,是非惯性坐标系。只有把此坐标系的加速度计算在内,引入地转偏向力(视示力)后,在此转动坐标系中才能应用牛顿运动定律。同样,在研究空气的曲线运动时,由于坐标系是随空气一起做曲线运动的,也是非惯性坐标系。因此,在这样的坐标系内必须引入惯性离心力(视示力)后,才能应用牛顿运动定律。可见,视示力不是作用在物体上的真实的力,而是因为坐标系为非惯性坐标系,为了应用牛顿第二定律所引入的虚拟力。

专栏3-3 转盘实验——地转偏向力产生原因

地转偏向力是1835年由法国工程师、数学家科里奥利(1792～1843)提出的。为了说明地转偏向力产生的原因,取一圆盘,让它绕着通过中心 O 点垂直于盘面的轴做逆时针旋转,同时让一个飞行器从圆盘中心点 O 沿 OB 向边缘 A 点飞去[图3-16(a)]。位于 O 点而不随圆盘旋转的观测者观看飞行器(即以不随圆盘旋转的绝对坐标系为参照系),发现飞行器沿直线 OB 飞行[图3-16(b)]。但位于 O 点,并且随圆盘一起旋转的观测者观看飞行器(即以随圆盘一起旋转的相对坐标系为参照系),根据相对运动原理,由于随着圆盘一起旋转的观测者把自己视为静止,此时圆盘所做的逆时针旋转就等价于飞行器以同样的角速度作顺时针旋转(即与圆盘旋转方向相反),因此,看到飞行器运行方向将向右偏,沿曲线 OB' 飞行[图3-16(c)]。这种曲线的弯曲,设想它是受力作用的结果,这个力称为科氏力。科氏力是为了在随圆盘一起旋转的相对坐标系(非惯性坐标系)中运用牛顿第二定律引入的一个假想力。由于我们都是在固结于地球上随地球转动的相对坐标系中研究大气运动的,为了应用牛顿第二定律,在对空气质点受力分析时必须像对待气压梯度力那样,科氏力也是作用于空气质点上的力。

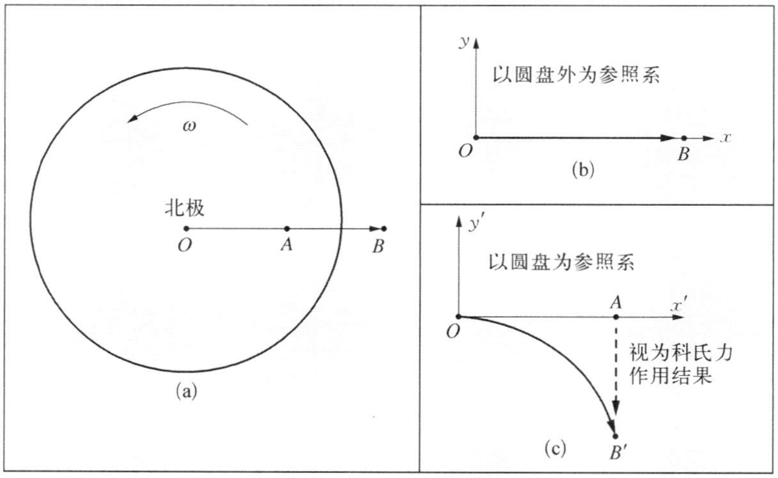

图3-16 地转偏向力示意图

在转盘实验中,假设飞行器从 O 点出发,以速度 V 匀速飞行,经 t 秒到达 A 点,它移动的距离 $OA=Vt$。用 s 表示小球偏离的距离,并近似等于弧长 AB',而圆盘转动的角度为 ωt,则 $s=OA\cdot\omega t=\omega Vt^2$。若时间 t 很短,可以把飞行器视为在地转偏向力作用下,从 A 点到 B' 点作初速度为零的匀加速运动,设其加速度为 a,则 $s=(1/2)\cdot at^2$,所以 $\omega Vt^2=(1/2)\cdot at^2$,$a=2\omega V$。

据牛顿第二定律,对单位质量物体,对应于加速度 a 的偏向力 A 的大小为

$$A = ma = 2\omega V \quad (3-14)$$

可见,偏向力的大小与飞行器运动的速度和圆盘转动的角速度成正比。偏向力 A 的方向垂直于飞行器的运动方向,并指向其右侧。

地球时刻不停地绕地轴以角速度 $\omega = 7.29 \times 10^{-5}$ 弧度/s 自西向东自转,与转盘上的观察者相似,生活在地球上的人们自然地要以转动的地球表面作为参照系来观测空气的运动。所不同的是,一个是转动的球体表面,一个是转动的平面。

在北极,地平面绕其垂直的地轴旋转,转动的角速度正好等于地球自转的角速度 ω,转动的方向也是逆时针[图 3-17(a)]。因此在北极,对单位质量的空气来说,它所受到的地转偏向力与空气运动方向垂直,并指向它的右方,大小等于 $2\omega V$。

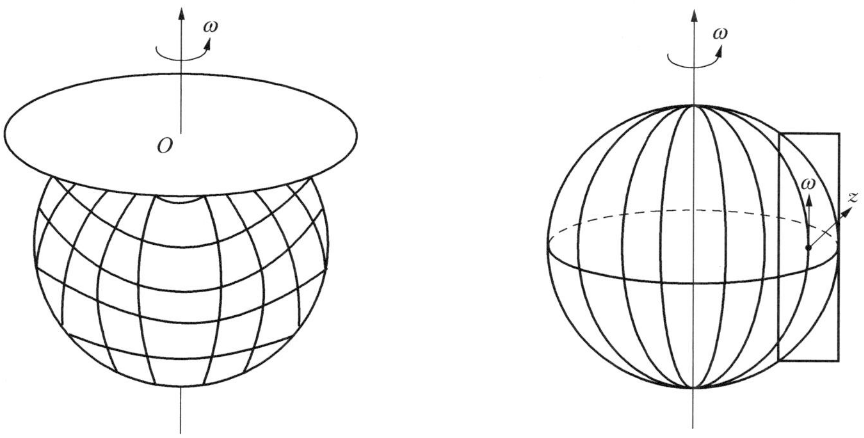

图 3-17　北极(a)和赤道(b)地平面的旋转

在赤道上,地球自转轴与地表面的垂直轴成正交,赤道上的地平面不随地球自转而旋转,因此在赤道上没有水平地转偏向力[图 3-17(b)]。但随着地球自转,赤道地平面的东边一侧下降,西边一侧上升。若有物体相对于地平面运动时,地球上的观察者感到向东运动的物体受到向上的力的作用,而向西运动的物体,受到向下的力的作用。这种由于地平面绕水平轴转动而使相对地面运动的空气在垂直方向上受到的力称为垂直地转偏向力。因此,只要物体速度不为零,全球范围内除在两极没有垂直地转偏向力外,其他地区均有垂直地转偏向力。但由于垂直地转偏向力仅有重力的万分之一,对于空气运动影响甚微,仅能略微改变空气的重量,因此可以忽略不计。

北半球,在赤道和极地之间的任意纬度处,地球自转轴与地平面的垂直轴的交角均小于 90°,因此,除赤道外,地球上其他任何地平面都在绕其垂直轴转动。如图 3-18 所示,把地球自转角速度 $\vec{\omega}$ 分解到水平方向和垂直方向,由于 $\angle AOE = \angle CAD = \varphi$,因此 $\vec{\omega}$ 在地平面垂直轴方向的分量为 $\omega \sin \varphi$,即图中 A 处地平面在以 $\omega \sin \varphi$ 的角速度绕垂直轴做逆时针方向旋转。与转动圆盘唯一不同的就是角速度,因此,只要把转盘所产生偏向力的计算公式 $A = 2\omega V$ 中的 ω,换成地平面旋转角速度 $\omega \sin \varphi$,便可得到任意纬度 φ 处作用于单位质量运动空气上的水平地转偏向力 A 为

$$A = 2\omega V \sin \varphi \quad (3-15)$$

式中,V 为风速。令 $f = 2\omega \sin \varphi$,则 $A = fV$,f 称为地转参数,亦称科氏参数,它随纬度增高而增大(表 3-3)。

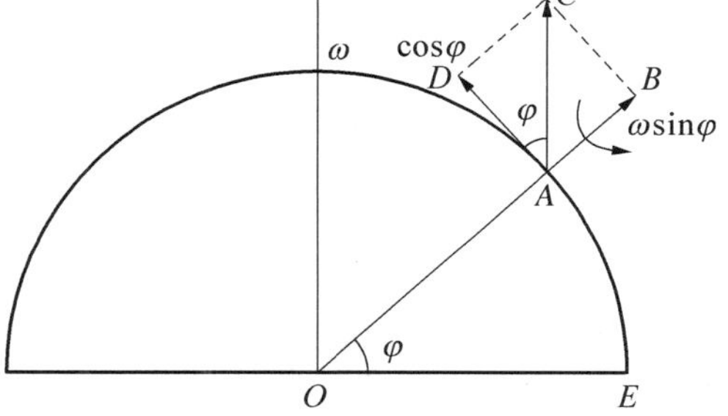

图 3-18　纬度 φ 处地平面绕其垂直轴转动的角速度

表 3-3　地转参数随纬度的变化

纬　度	0°	10°	20°	43°	90°
地转参数($10^{-4}\ s^{-1}$)	0	0.25	0.50	1.00	1.46

在南半球,由于地平面绕垂直轴按顺时针方向旋转(与北半球旋转方向相反),因此,水平地转偏向力的方向为垂直指向运动方向的左方,使空气运动方向左偏;其大小为 $A=2\omega V\sin\varphi$, 即地转偏向力大小与北半球同纬度上地转偏向力的大小相等。

由式(3-15)可知,水平地转偏向力具有如下性质:

1) 在北半球($\varphi>0$),水平地转偏向力垂直指向风速方向的右方,使空气向原来运动方向的右方偏转;在南半球($\varphi<0$),水平地转偏向力垂直指向风速方向的左方,使空气向左偏转。由于水平地转偏向力的方向与风速方向始终垂直,因此,水平地转偏向力只改变空气运动方向,不改变空气运动速率。

2) 当纬度一定时,风速越大,水平地转偏向力也越大。静止空气不受地转偏向力作用。当风速一定时,地转偏向力随纬度增高而增大。在两极($\varphi=90°$)地转偏向力最大, $A=2\omega V$; 在赤道上 $A=0$。

例如,在 $\varphi=30°$N 处,风速 $V=10$ m/s,则水平地转偏向力

$$A=2\omega V\sin\varphi=2\times7.29\times10^{-5}\times10\times\sin30°=7.3\times10^{-4}\ \text{N/kg}$$

可见,水平地转偏向力也很小,与图 3-14 中 A 处的水平气压梯度为 1 hPa/赤道度时的水平气压梯度力相近。

(三) 惯性离心力

当空气做曲线运动时,单位质量空气质点受到的由曲率中心沿曲率半径向外的视示力,称为惯性离心力,简称离心力,用 C 表示,单位为 N/kg。惯性离心力的方向始终与运动方向垂直,自曲率中心 O 点指向外缘(图 3-19),因此惯性离心力只改变物体运动方向,不改运动速率,公式为

$$C=\omega^2 r=V^2/r \tag{3-16}$$

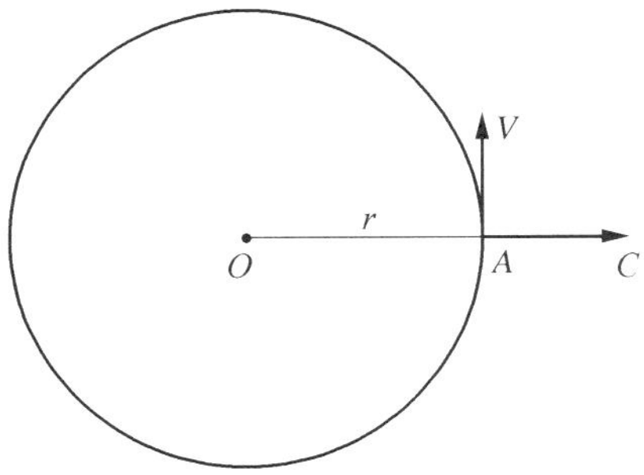

图 3-19　惯性离心力

式中,ω 为空气旋转的角速度;r 为曲率半径;V 为空气运动的线速度。

惯性离心力的大小与空气线速度的平方成正比,与曲率半径成反比。当空气静止 $V=0$ 时,$C=0$; 当空气做直线运动时, $r\to\infty$, $C\to0$。

与地转偏向力类似,惯性离心力也是在旋转相对坐标系中空气所受到的一种假想力。当空气做曲线运动时,在随空气转动的相对坐标系中的观察者看来,空气是静止的,但仍有产生向心加速度的向心力作用于空气质点,为了把牛顿第二定律用来描述这个转动的非惯性系统的运动,就必须引入一个附加的视示力,即离心力,以平衡作用于空气质点上的向心力。

实际大气中,由于空气运动路径较平直,曲率半径一般很大,约为 100～1 000 km,所以惯性离心力较小,通常小于地转偏向力。只有在风速很大,且曲率半径很小(如台风、龙卷风)时,惯性离心力的作用才比较显著,并有可能超过地转偏向力。

专栏 3-4　惯性离心力的本质

为了说明惯性离心力的产生原因,用一根细绳系住一个质量为 m 的小球,让其做半径为 r 的匀速圆周运动,角速度为 ω(图 3-20)。从绝对坐标系中的观测者看来,小球在做匀速圆周运动,虽然速率不变,但运动方向却在不断改变,小球的运动是一种指向转动轴的匀加速运动,加速度 $a=\omega^2 r$, 称为向心加速

度，它是由绳的拉力 T 所产生的，即为向心力[图 3-20(a)]。据牛顿第二定律知 $T=m\omega^2 r$。在绝对坐标系中，物体做曲线运动都需要外界提供向心力，以产生向心加速度。例如，此处提供给小球的向心力是绳的拉力 T；汽车转弯时所需向心力是重力的分力。从与小球同时转动的相对坐标系中的观测者看来，小球是静止的，但仍有绳的拉力作用于小球上(否则小球就会飞离圆心)。所以，为了把牛顿第二定律用来描述这个转动的非惯性系统的运动，就必须引入一个附加的视示力，即离心力 C，以平衡绳作用于球的拉力，这两个力大小相等而方向相反，即 $C=-m\omega^2 r$（负号表示与向心力 T 反向)[图 3-20(b)]。这样才能满足牛顿第二定律：球所受合外力为零，无加速度，保持静止状态。

与此类似，在研究空气做曲线运动时，所建立的坐标系是随同空气质点一起转动的相对坐标系，因此在应用牛顿第二定律时必须引入惯性离心力 C。作用于单位质量空气的惯性离心力大小为 $C=\omega^2 r$，方向由曲率中心沿半径向外。在对空气质点受力分析时，惯性离心力、科氏力、气压梯度力均同样是作用于空气质点上的力。

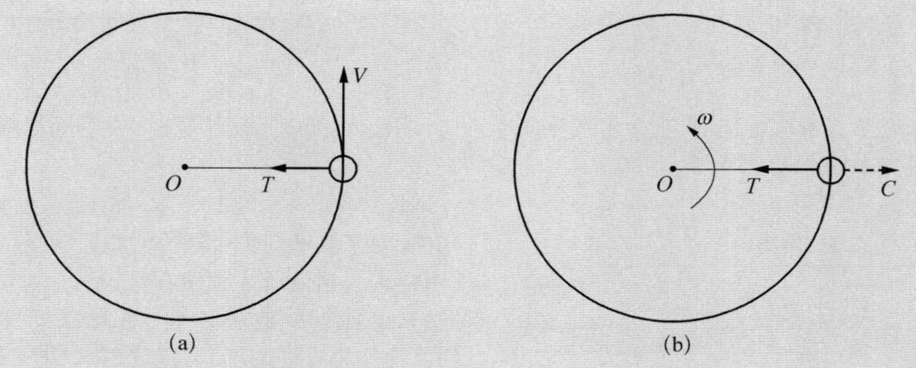

图 3-20　绝对坐标系(a)和相对坐标系(b)中小球受力及运动情况

（四）摩擦力

空气运动时，因受地面摩擦和气层间的相互摩擦作用，使空气运动减速，这种因摩擦作用产生的阻力即摩擦力。摩擦力可分为外摩擦力和内摩擦力两种。

外摩擦力是当空气在近地面运动时，粗糙地面对空气运动的阻力。其大小与风速成正比，方向与风向相反。即

$$R=-kV \tag{3-17}$$

式中，R 为摩擦力；k 为摩擦系数；V 为风速；负号表示摩擦力的方向与风向相反。风速越大，地表越粗糙，外摩擦力也越大。一般海上的外摩擦力小于陆地的。

内摩擦力是在速度不同或方向不同的相互接触的两个空气层之间产生的一种相互牵制的力。又可分为湍流摩擦力和分子摩擦力。在流速不同的气层间通过湍流交换作用，使流速慢的气层加速、流动快的气层减速，从而使流速有趋向一致的趋势，这种阻力称为湍流摩擦力。在流速不同的气层间通过分子不规则运动交换动量，使流速慢的气层加速，流动快的气层减速，这种阻力称为分子摩擦力，亦称分子黏滞力。湍流摩擦力比分子摩擦力大几万到几十万倍，所以，除贴近地面很薄的气层外，分子摩擦力通常可以忽略不计。

近地面空气既受外摩擦力作用，同时又受内摩擦力作用。内摩擦力与外摩擦力的向量和称为总摩擦力。在摩擦力作用下，空气的运动速度减小。

摩擦力对空气运动的影响随同高度增高而减弱，到 1～2 km 的高度以后，摩擦力的影响可以忽略不计。因此，1～2 km 以下的大气层称为摩擦层($R\neq0$)，亦称行星边界层。在摩擦层中又分为近地面层和上部摩擦层。从地面到 50 m 左右的大气层称为近地面层，此层中以湍流黏性力的作用为主。50 m 到摩擦层顶称为上

部摩擦层,也称为埃克曼层,该层中气压梯度力、地转偏向力和湍流摩擦力相平衡。摩擦层以上称为自由大气($R=0$)。在自由大气中,主要是气压梯度力和地转偏向力相平衡,如果空气质点做曲线运动还要考虑惯性离心力的作用。摩擦层与自由大气的垂直分布范围如图 3-21 所示。

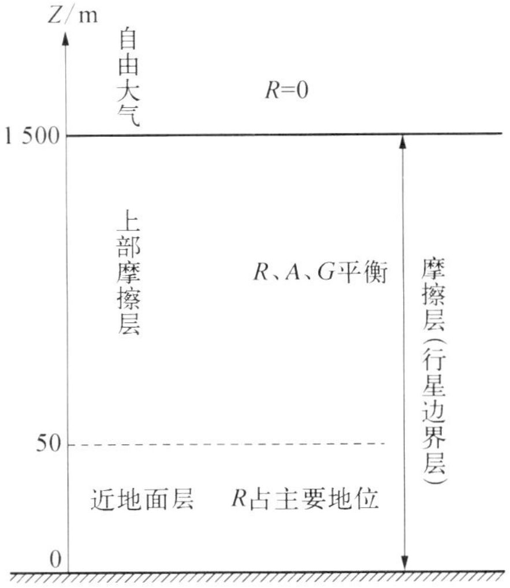

图 3-21　摩擦层与自由大气的垂直范围

三、自由大气中的空气水平运动

在非惯性坐标参照系中,引入视示力后,应用牛顿第二定律描述自由大气中空气水平运动特征,研究风与气压场的关系。自由大气中,可以不考虑摩擦力的作用,因此当空气做直线运动时,只需考虑水平气压梯度力和地转偏向力的作用;当空气做曲线运动时,还需要考虑惯性离心力的作用。

(一)地转风

自由大气中,平直等压线情况下,水平气压梯度力与水平地转偏向力相平衡时,空气的等速、直线水平运动称为地转风,用 V_g 表示。

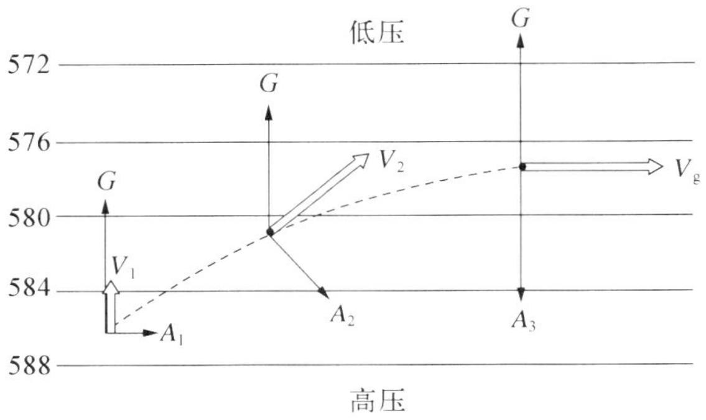

图 3-22　地转风形成示意图(北半球)

地转风的形成如图 3-22 所示,在平直等压线的气压场中,原来静止的单位质量空气,在气压梯度力的作用下,由高压流向低压。速度 V_1 一旦产生,就会受到地转偏向力 A_1 的作用,迫使空气向右偏转(北半球)。随着气压梯度力作用时间的增长,风速越来越大,随之增大的地转偏向力使风向右偏的程度也越来越大。最后,当地转偏向力 A_3 增大到与气压梯度力 G 大小相等、方向相反时,空气质点就沿着等压线做等速直线运动 V_g,即地转风。

地转风的方向平行于等压线,在北半球,背风而立,高压在右,低压在左;南半球相反。地转风与气压场之间的这种关系称为白贝罗(Buys Ballot)定律。

由于地转风是在水平气压梯度力与地转偏向力达到平衡时的风,即 $G=A$,而 $G=-\Delta P/(\rho\cdot\Delta n)$,$A=2\omega V\sin\varphi$,则

$$-\Delta P/(\rho\cdot\Delta n)=2\omega V_g\sin\varphi$$

所以地面天气图(当摩擦力忽略不计时)上地转风 V_g 公式为

$$V_g=-\frac{1}{2\omega\rho\sin\varphi}\cdot\frac{\Delta P}{\Delta n}\tag{3-18}$$

高空天气图上地转风 V_g 公式为

$$V_g=-\frac{9.8}{2\omega\rho\sin\varphi}\cdot\frac{\Delta H}{\Delta n}\tag{3-19}$$

式中,$-\Delta H/\Delta n$ 为等压面的水平位势梯度。

由地转风公式可知,地转风有如下特点:

1) 在纬度和空气密度一定时,地转风风速 V_g 与水平气压梯度成正比,即等压线越密集,风速越强;等压线越稀疏,风速越小。

2) 若两地的气压梯度、纬度相同时,地转风的风速与空气密度成反比,即空气密度越大的地区风速越小;空气密度越小风速越大。因此,在同一纬度,并在各高度上水平气压梯度相同时,由于密度的影响,地转风随高度的增高而增大。

3) 在气压梯度、密度相同时，地转风的风速与所在纬度的正弦成反比。因而低纬度地转风速度比高纬度要大，但这与实际情况不一致。实际上地转风的大小是由上述三个因子共同作用的结果。在赤道附近，由于地转偏向力过小，无法与气压梯度力平衡，因而不能形成地转风。在中、高纬度地区，气压梯度力比较大，所以风速比低纬度地区大得多。

例题　在 30°N 处，某地气压梯度 $-\Delta P/\Delta n=0.01$ hPa/km，空气密度 $\rho=1.3$ kg/m³，求该地的地转风风速 V_g。

解：已知 $\omega=7.29\times10^{-5}$ s^{-1}，$-\Delta P/\Delta n=0.01$ hPa/km $=0.001$ Pa/m，$\rho=1.3$ kg/m³，则

$$V_g=-\frac{1}{2\omega\rho\sin\varphi}\cdot\frac{\Delta P}{\Delta n}=\frac{1}{2\times7.29\times10^{-5}\times1.3\times\sin30^\circ}\times0.001=10.55\ \text{m/s}$$

故该地的地转风风速为 10.55 m/s。

专栏 3-5　地转风两力平衡表达式的本质

由于地转风的风速是空气质点相对于地平面的运动速度，即是固结在地球上随地球自转的相对坐标系中的运动速度，要在这个相对坐标系中应用牛顿第二定律，必须考虑地转偏向力。在随地球一起自转坐标系中，地转风为匀速直线运动，加速度 a 为零，由牛顿第二定律知 $\vec{G}+\vec{A}=0$，这正是地转风两力平衡的表达式。因此推导地转风公式所依据的两力平衡表达式，实质就是做匀速直线运动空气质点的牛顿第二定律表达式。与此类似，后面讨论的梯度风的三力平衡表达式，实质就是作匀速圆周运动空气质点的牛顿第二定律表达式。

（二）梯度风

在自由大气中，空气质点做曲线运动时，水平气压梯度力、地转偏向力及惯性离心力三个力达到平衡时的风称为梯度风。任一曲线总可以看成是由不同曲率的圆周所组成的，因此只需要讨论圆形等压线时低压和高压区中的梯度风特征。

在北半球，低压中的梯度风平行于等压线做逆时针旋转，因此低压又称为气旋。在高压中梯度风平行于等压线做顺时针旋转，所以高压又称为反气旋(图 3-23)；南半球则相反。梯度风仍遵守白贝罗定律，梯度风的方向平行于等压线，在北半球，背风而立，高压在右，低压在左；南半球则相反。

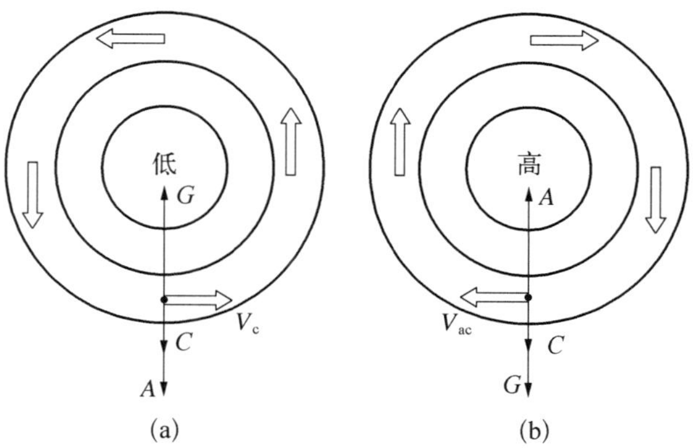

图 3-23　低压(a)和高压(b)中的梯度风(北半球)

设低压中的梯度风速为 V_c，高压中的梯度风速为 V_{ac}，曲率半径为 r，水平气压梯度力 $G=-\Delta P/(\rho\cdot\Delta n)$，地转偏向力 $A=2\omega V\sin\varphi$，惯性离心力 $C=V^2/r$。

对于北半球低压区中的梯度风，气压梯度力指向中心，而地转偏向力和惯性离心力自中心指向外缘[图 3-23(a)]，由三力达到平衡得

$$A+C=G \tag{3-20}$$

即

$$2\omega V_c\sin\varphi+\frac{V_c^2}{r}=-\Delta P/(\rho\cdot\Delta n)$$

解得低压中梯度风风速（∵ 令 $\Delta P/\Delta n=0$，即气压梯度力为零时，风速 $V_c=0$；∴ 根号前取正号）为

$$V_c = -r\omega\sin\varphi + \sqrt{(r\omega\sin\varphi)^2 - r\cdot\Delta P/(\rho\cdot\Delta n)} \tag{3-21}$$

对于北半球高压区中的梯度风，气压梯度力和惯性离心力自中心指向外缘，而地转偏向力指向中心[图3-23(b)]，由三力达到平衡得

$$A = C + G \tag{3-22}$$

即

$$2\omega V_{ac}\sin\varphi = \frac{V_{ac}^2}{r} - \Delta P/(\rho\cdot\Delta n)$$

解得高压中梯度风速(∵ 令 $\Delta P/\Delta n = 0$，即气压梯度力为零时，风速 $V_{ac} = 0$；∴根号前取负号)为

$$V_{ac} = r\omega\sin\varphi - \sqrt{(r\omega\sin\varphi)^2 + r\cdot\Delta P/(\rho\cdot\Delta n)} \tag{3-23}$$

由以上两个梯度风公式可知，梯度风的影响因素为水平气压梯度 $-\Delta P/\Delta n$、纬度 φ、空气密度 ρ 和曲率半径 r。梯度风具有以下性质：

1) 当其他条件一定时，梯度风风速 V_c 与 V_{ac} 均随水平气压梯度 $-\Delta P/\Delta n$ 的增大而增大，随水平气压梯度的减少而减小。即等压线越密梯度风风速越大，等压线越稀疏梯度风风速越小。

2) 当气压梯度力 G 和纬度 φ 一定，并且高压和低压的曲率半径 r 也相等时，高压中的梯度风风速 V_{ac} 最大，地转风风速 V_g 次之，低压中的梯度风风速 V_c 最小，即

$$V_{ac} > V_g > V_c \tag{3-24}$$

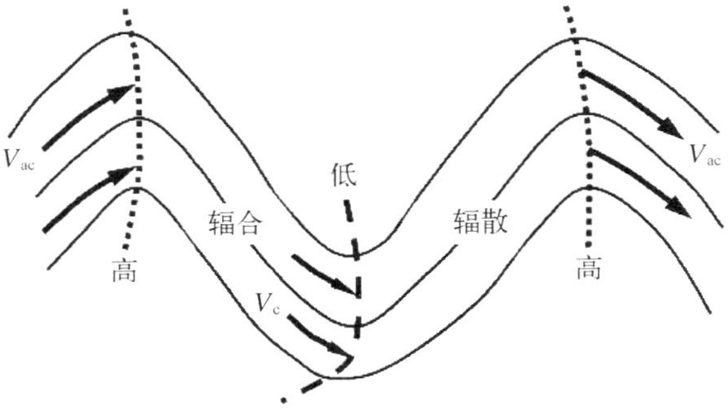

图 3-24 高空槽前辐散、槽后辐合

用下标 c、ac、g 分别表示低压、高压梯度风和地转风特征量。在低压区，三力平衡表达式为 $G = A_c + C_c$，则 $A_c < G$。地转风二力平衡时，$G = A_g$，因此，$A_g > A_c$。而地转偏向力 $A = 2\omega V\sin\varphi$ 与风速成正比，因此，$V_g > V_c$。同理，在高压区，三力平衡表达式为 $A_{ac} = G + C_{ac}$，有 $A_{ac} = A_g + C_{ac}$，则 $A_{ac} > A_g$，相应的 $V_{ac} > V_g$。所以，梯度风与地转风的关系为 $V_{ac} > V_g > V_c$。由此可解释高空槽前为辐散区，槽后为辐合区(图3-24)。

3) 在低压中气压梯度和风速可不受限制，而高压中则不能。在低压中，由于式(3-21)中根号 $\sqrt{(r\omega\sin\varphi)^2 - r\cdot\Delta P/(\rho\cdot\Delta n)}$ 内总是为正，因此，气压梯度和风速可以任意地大。即低压中心气压值可以很低，水平气压梯度不受限制，等压线可以很密集，风速可以很大。例如台风中心可以出现12级以上的大风。但在高压中，为了使式(3-23)中根号 $\sqrt{(r\omega\sin\varphi)^2 + r\cdot\Delta P/(\rho\cdot\Delta n)}$ 内不出现负值，气压梯度必须满足

$$(r\omega\sin\varphi)^2 + r\cdot\Delta P/(\rho\cdot\Delta n) \geqslant 0$$

即

$$-\Delta P/\Delta n \leqslant \rho r\omega^2\sin^2\varphi \tag{3-25}$$

当式(3-25)取等号，即 $-\Delta P/\Delta n = \rho r\omega^2\sin^2\varphi$ 时，高压梯度风风速达最大值，由式(3-23)知，最大风速 $V_{ac} = r\omega\sin\varphi$。这也可以从力平衡角度来解释，根据图3-23b，在高压中地转偏向力为气压梯度力与惯性离心力之和所平衡，即 $A = G + C$，当气压梯度和梯度风按一定比例增大时，因惯性离心力 $C = V^2/r$ 与风速的二次方成正比，而地转偏向力 $A = 2\omega V\sin\varphi$ 仅与风速一次方成正比，惯性离心力与气压梯度力之和比地转偏向力增大得更快，因此，到一定程度后，便会出现 $A < G + C$，就会有空气从高压中心向外流出，高压中心的气压随之降低，水平气压梯度减小，梯度风风速也相应减小。所以在反气旋中，在一定的曲率下，梯度风有一极大值。如果梯度风达到极大值 $V_{ac} = r\omega\sin\varphi$ 时，使曲率半径 r 减小，则惯性离心力 $C = V^2/r$ 增大，三力也不能保持平衡，这时只有使气压梯度和梯度风风速减小，三力才能重新平衡。所以随着曲率半径 r 的减小，即越接近高压中心，梯度风的极大值也将减小，因此，在高压中心附近，气压梯度和风速都是很小的。例如，在纬度30°附近的地方，常常受副热带高压控制，特别是高压中部地区，天气常常是晴朗、干燥、无风。在古代，航海家和商人依

靠风力行船,到副热带海区,往往是风平浪静,只得等风行船,如等待时间过长,不得不杀马或把饿死的马匹丢入大海。因此,这些地方也称为马纬度。

4) 在小尺度低压中,由于曲率半径 r 很小,使惯性离心力 $C=V^2/r$ 远远大于地转偏向力。另外,在低纬度地区地转偏向力很小,如果气压梯度力和惯性离心力都很大。在这两种情况下,水平地转偏向力可以忽略不计。在水平气压梯度力与惯性离心力平衡($G=C$)下的风称为旋衡风。由于不再考虑地转偏向力的影响,虽然旋衡风为低压系统,但旋衡流动既可按顺时针旋转,又可按逆时针旋转(图 3-25)。例如龙卷风有左龙卷和右龙卷。

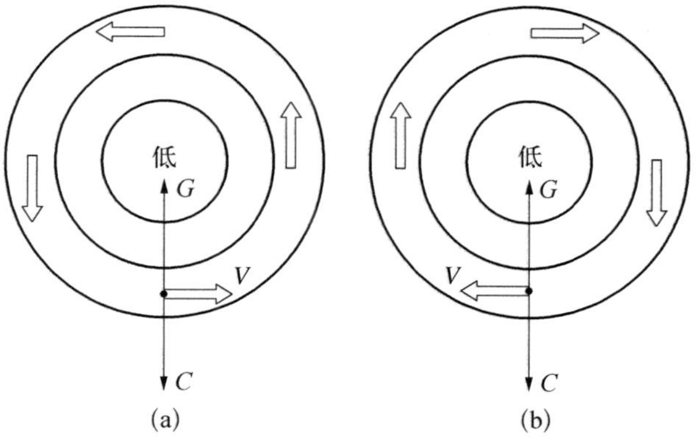

图 3-25　旋衡风

(三) 地转风随高度的变化

1. 热成风

在自由大气中,由于水平温度梯度而引起的上、下层地转风的向量差称为热成风。公式为

$$\vec{V}_T=\vec{V}_{g2}-\vec{V}_{g1} \tag{3-26}$$

式中,$\vec{V}_T$ 为热成风;$\vec{V}_{g2}$ 为上层地转风;$\vec{V}_{g1}$ 为下层地转风。热成风实质上就是地转风随高度的改变量,主要用于描述地转风随高度变化快慢程度。

热成风的形成原理可用图 3-26 来说明。设在自由大气中在 Z_1 高度上气压处处相等为 P_1,也就是说等高面 Z_1 与等压面 P_1 重合,在等高面 Z_1 上水平气压梯度为零,没有地转风速,$\vec{V}_{g1}=0$。当 A 处上空的空气比 B 处上空的空气暖,水平温度梯度由 A 指向 B,则 A 处上空空气密度比 B 处小,气压随高度降低得较慢,因此,使上层等压面 P_2、P_3 将不再是水平的,而自暖区向冷区倾斜。它们都与等高度面 Z_2 相交。此时,在 Z_2 等高面上的气压值就不相等了,暖区高于冷区,产生了由暖区指向冷区的水平气压梯度力 G,从而形成了相应的地转风 $\vec{V}_{g2}$,表明地转风随高度发生了变化 $\vec{V}_T=\vec{V}_{g2}-\vec{V}_{g1}=\vec{V}_{g2}$,产生了热成风。所以,热成风是由于空气水平温度梯度而引起的,即气温水平分布不均匀是产生热成风的原因。

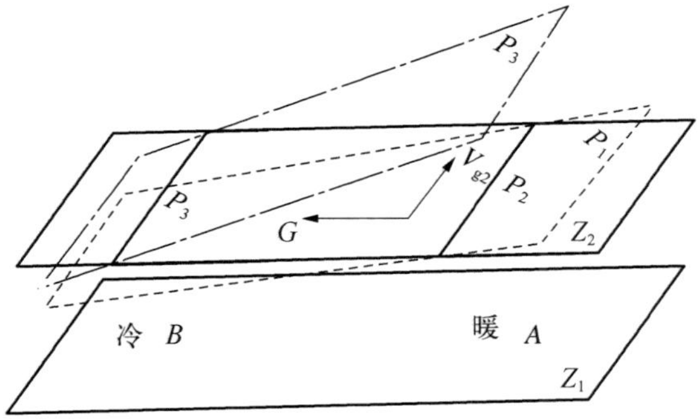

图 3-26　热成风的形成

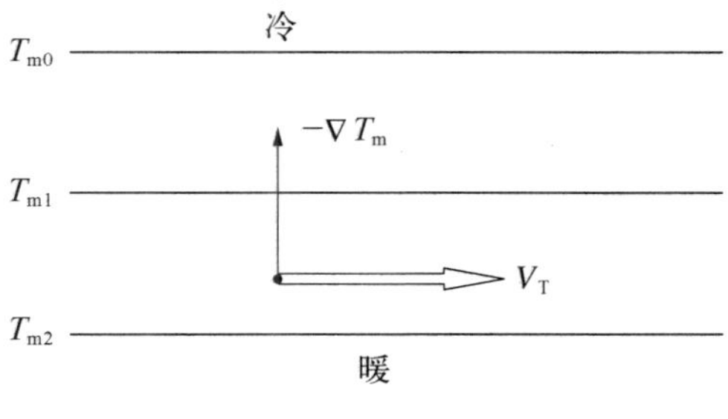

图 3-27　热成风与水平温度梯度的关系(北半球)

热成风是由水平温度梯度造成的,它的大小正比于空气层的厚度和该层平均温度水平梯度,而反比于地理纬度的正弦和气层的平均绝对温度。计算公式为

$$V_T=-\frac{g(Z_2-Z_1)}{fT_m}\cdot\frac{\Delta T_m}{\Delta n} \tag{3-27}$$

式中,T_m 为 Z_1 与 Z_2 高度之间气层中的平均温度;$-\Delta T_m/\Delta n$ 为气层平均温度水平梯度。热成风可以把不同高度的地转风与温度水平分布联系起来。

热成风与等温线的关系类似于地转风与等压线的关系。热成风平行于等温线,在北半球,背热成风而立,高温在右,低温在左;南半球则相反(图 3-27)。

2. 地转风随高度变化的基本类型

(1) 等温线与等压线平行　根据温压场配置不同可分为两类：一类是低层高压区与暖区重合、低压区与冷区重合，低层地转风与热成风方向一致，地转风风速随高度增加逐渐增大，风向不改变，没有冷暖平流[图 3-28(a)]；另一类是低层高压区与低温区重合、低压区与暖区重合，即水平温度梯度与低层水平气压梯度方向相反，低层地转风与热成风方向相反。导致起初地转风风速随高度逐渐减小，风向不变，到某一高度风速减小为零。再向上，风速随高度逐渐增大，但风向与低层相反，同热成风风向一致[图 3-28(b)]。

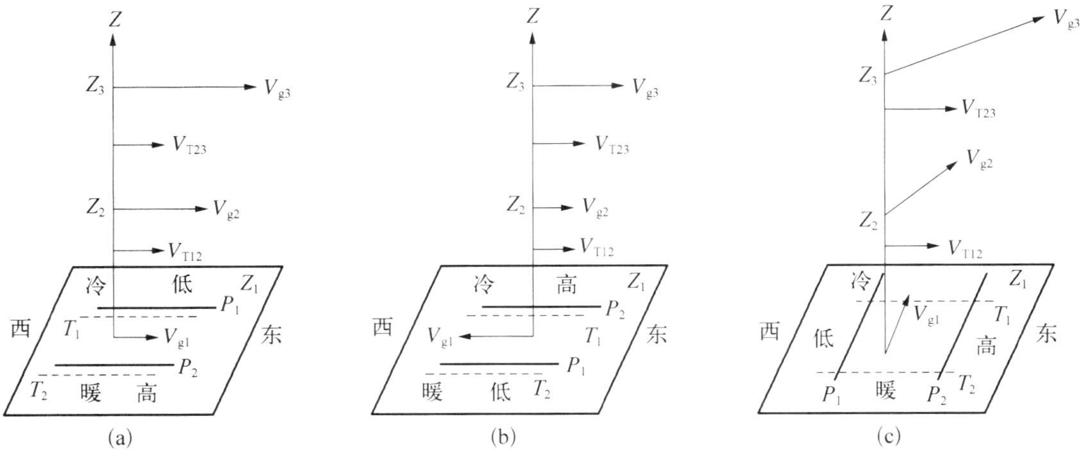

图 3-28　地转风随高度的变化(北半球)

(2) 等温度线与等压线垂直　根据冷暖平流的差异分为两类：一类是低层风从暖区流向冷区，有暖平流。如图 3-28(c)所示，热成风与低层地转风相垂直，并指向其右方，故随高度增加，风速不断增大，风向逐渐右转，而且越到高空，风向越接近于热成风方向。另一类是低层风从冷区吹向暖区，有冷平流。热成风与低层地转风相垂直，并指向其左方，故随高度增加，风速不断增大，风向逐渐左转，而且越到高空，风向也越接近于热成风方向。

北半球的对流层中，温度分布大致是南暖北冷，并且在纬度 30°附近温度梯度最大，所以热成风总是偏西风，因而在对流层上层总是以西风为主(热成风是自西向东)，并在纬度 30°附近上空出现最大的西风风速区，称为西风急流。

四、摩擦层中的风

在摩擦层(1～2 km 以下)中，摩擦力与水平气压梯度力、水平地转偏向力、惯性离心力具有相同量级，摩擦力($R\neq0$)不仅使风速减弱，风向受到干扰，而且破坏了地转平衡和梯度平衡。

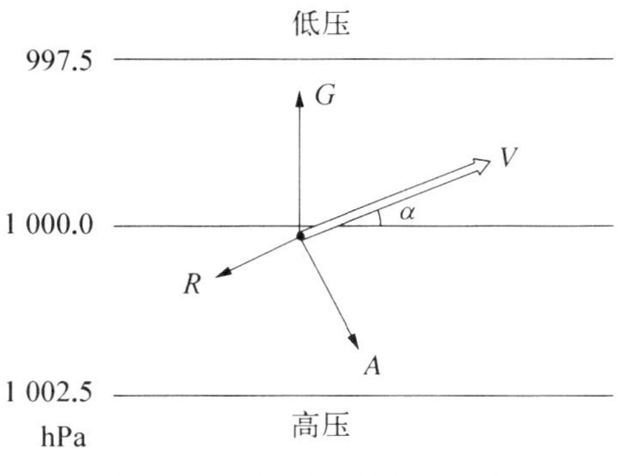

图 3-29　摩擦层中平直等压线气压场中的风

1. 平直等压线气压场中的风

在平直等压线的气压场中，摩擦层空气受到水平气压梯度力 G、水平地转偏向力 A 和摩擦力 R 三个力作用。由于摩擦力的作用使风速变小，因而水平地转偏向力也减小，减小后的水平地转偏向力不足以与水平气压梯度力相平衡，这时空气质点便斜穿等压线向低压一侧流去。水平气压梯度力、摩擦力和减小后的水平地转偏向力三个力达到新的平衡时，风就不再平行于等压线，而是斜穿等压线，由高压吹向低压(图 3-29)。

在摩擦层中，白贝罗定律依然成立，但要修改为：在摩擦层中，风斜穿等压线，由高压吹向低压，在北半球，背风而立，右后方为高压，左前方为低压；南半球相反。风向与等压线之间的角度(α)和风速减小的程度,则取决于摩擦力的大小。摩擦力越大,交角越大,风速减小得越多。据统计,在中纬度地区,陆地上的地面风速(10～12 m 高度上的风速)约为相同气压场所应有地转风速的 35%～45%,在海洋上约为 60%～70%。风向与等压线的交角,在陆地上约为 25°～35°,在海洋上约为 10°～20°。

2. 弯曲等压线气压场中的风

在弯曲等压线的气压场中,空气做曲线运动,必须考虑惯性离心力的作用($C\neq 0$)。当空气做稳定运动时,水平气压梯度力 G、水平地转偏向力 A、摩擦力 R 及惯性离心力 C 四个力达到平衡,地面风速比相同气压场所对应的梯度风风速要小,风斜穿等压线由高压吹向低压。

在北半球,低压内空气总是按逆时针方向旋转,并向中心辐合,产生上升运动,多阴雨天气[图 3－30(a)]。高压中的空气总是按顺时针方向旋转,并由高压中心向外辐散,引起下沉运动,多晴朗天气[图 3－30(b)]。

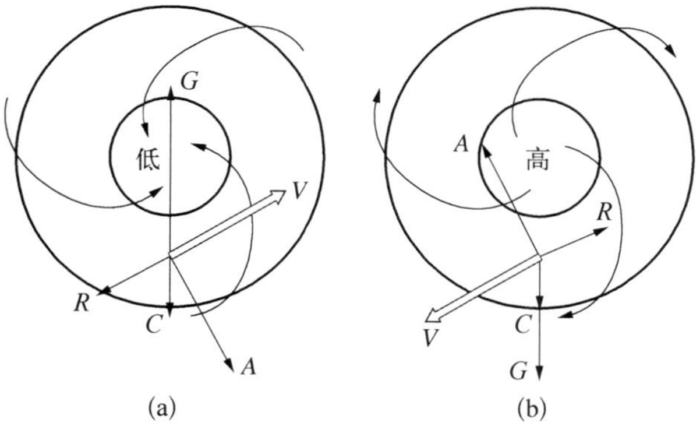

图 3－30 摩擦层中低压(a)和高压(b)中的风

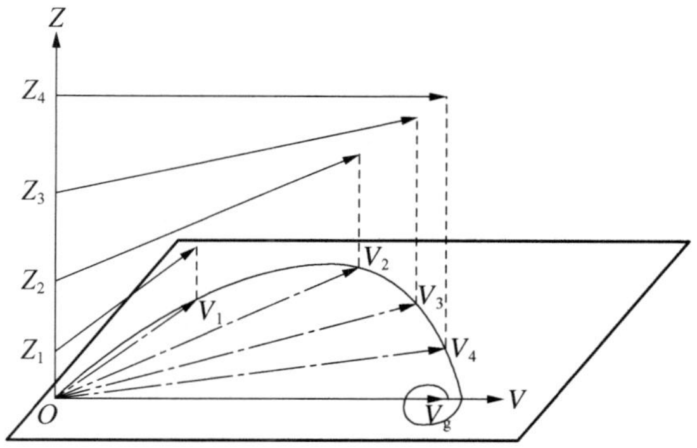

图 3－31 摩擦层中风随高度的变化

3. 摩擦层中风随高度的变化

由于摩擦力随高度增加而不断减小,因此,在摩擦层中,随高度增高,风速逐渐增大,风向不断向右偏转(北半球),风与等压线的交角逐渐减小。地面风速为零,到摩擦层顶部风速接近于地转风,风向与等压线平行。把摩擦层内各高度上的风速向量投影到同一平面上,并将各风速向量端点用光滑曲线连接起来,该曲线称为埃克曼(Ekman)螺线(图 3－31)。它表明不同高度上风速向量端点的连线呈螺旋分布。

4. 风随时间的变化

(1) 风的日变化　在近地面(摩擦层下层,平均厚度夏季为 100 m 左右,冬季为 50 m 左右),一般是白天风速增大,风向向右偏,到午后的 14～15 时左右风速达最大;夜间风速减小,风向向左偏,清晨日出前减至最小。而在摩擦层上层则相反,白天风速小,夜间风速大。

造成摩擦层的上、下层风日变化反相的原因是湍流交换作用及其日变化。白天地面吸收太阳辐射,近地面空气随之增热,膨胀上升,湍流逐渐增强,上下层间空气动量交换增大,一部分上层风速大的空气流到下层,使下层风速增大,风向向右偏转。同样,下层风速小的空气进入上层,造成上层风速减小,风向向左偏转。午后湍流发展到最强,下层风速增至最大,风向右偏最多,上层风速减到最小值,风向左偏最多,这时上下层风的差异最小。夜间湍流减弱,上层风恢复到原来的状况,下层因得不到上层动量的下传,风速减小,风向左偏。风的日变化,一般晴天比阴天大,夏季比冬季大,陆地比海洋大。

(2) 风的年变化　风速的年变化与气候的季节转变、地理位置等有关,在北半球中纬度地区,最大风速出现在冬季,最小风速出现在夏季。我国大部分地区,在春季 3 月、4 月风速最大,夏季 7 月、8 月时风速最小。

第三节 大 气 环 流

大气环流包含着极其丰富的内容,从不同角度着眼有不同的含义,没有十分明确、公认的定义。一般来说,大气环流是指大范围(全球、半球、对流层、平流层或整个大气圈)大气运动的平均状态或某一时段的变化过程。水平尺度在数千千米以上,垂直范围达 10 km 以上,时间尺度在 2 天以上。大气环流既是地—气系统进行热量、水分、动量等交换和能量转换的重要机制,又是这些物理量的输送、平衡和转换的重要结果。它反映了全球大气运动的基本状态和变化特征,是各种天气系统形成、活动的基础,是各地天气变化、气候形成和演变的重要背景条件。其主要表现形式为:全球规模的东西风带、三圈环流、常定分布的平均槽脊、行星尺度的高空急流、西风带中的大型天气系统等。

大气环流形成、维持和演变的主要影响因子包括太阳辐射、地球自转、地表性质不均匀性、地面摩擦作用。大气环流形成、维持和演变过程十分复杂,为了深刻理解大气环流的形成、演变规律,首先应当理解简化后的大气环流模型,这种模型是分步考虑了由单纯的大气热力、地球自转、海陆分布、地形、地表摩擦等因子的作用所形成的理想大气环流模型。

一、大气垂直环流

(一) 平均经圈环流

在沿经圈的垂直剖面上,由空气水平运动速度的北、南方向分量和垂直上升运动所构成的平均环流圈称为经圈环流。

1. 单圈环流模型及太阳辐射的作用

1735 年哈得来(Hadley)提出了单圈环流模型,这是最早的大气环流模型。假设地球不自转,地表性质均匀,仅考虑太阳辐射作用。地—气系统的年辐射差额在 35°S～35°N 为正值,有热量的盈余,在此范围以外的中赤道地区空气受热膨胀上升,极地地区空气冷却下沉。根据热力环流原理,温高的地方空气密度小,气压随高度递减得慢,气温低的地方空气密度大,气压随高度递减得快,因此,在对流层中上层,赤道地区的气压就会高于极地上空同一高度的气压,产生由赤道指向极地的气压梯度,在水平气压梯度力的作用下,对流层中上层的空气从赤道流向极地。赤道上空由于空气流失,单位气柱的空气质量减少,地面气压随之降低,形成低压,称为赤道低压带。极地上空有空气流入,单位气柱的空气质量增加,地面气压随之升高从而形成高压区,称为极地高压带。于是在低层就产生了空气自极地流向赤道,这支气流在赤道地区受热上升,补偿了赤道上空流失的空气质量。这样,在极地与赤道间就形成了南北向的闭合环流,称为单圈环流,这种理想的纯热力驱动的大气环流流型习惯上又称为哈得来环流(图 3-32)。单圈环流是对实际大气环流的高度简化,但它却有助于我们深刻理解大气环流的形成原理。

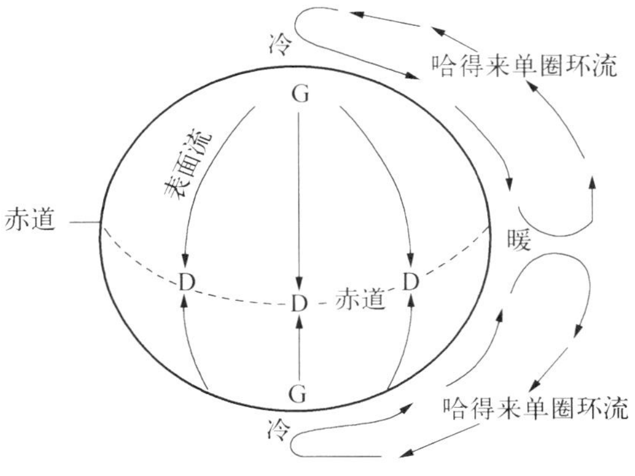

图 3-32 单圈环流模型

可见,哈得来环流理论的基本思想是热力驱动了空气的南北运动,太阳辐射随纬度分布不均匀导致的赤道和极地之间的温差是产生和维持大气环流的最终原动力。

2. 三圈环流模型及地球自转的作用

三圈环流理论模型是在 20 世纪 20 年代提出的,假定地表性质均匀,无摩擦力,只考虑太阳辐射和地球自转作用。由于地球的自转,热力驱动的环流产生的空气运动将受到地转偏向力的作用,使运动空气偏离气压梯度力方向。北半球空气向右偏,南半球空气向左偏。并且地转偏向力随着纬度的增高而增大。如图 3-33所示,赤道地区空气受热上升,到高空聚集后向南、北方向运行。高空向北运行的气流,受到随纬度增高而不断增大的地转偏向力的作用,运行方向发生右偏,气流的经向分速逐渐变小,而纬向分速越来越大,约在 30°N 附近地转偏向力已经增大到同气压梯度力相等的程度,空气处于地转平衡状态,气流转变为偏西风,并形成稳定的西风带,从而阻碍了由赤道上空源源而来的空气继续向北流动,并在那里辐合堆积起来,加之暖湿空气在向北运动过程中,由于辐射冷却作用,密度增大,产生下沉运动,地面气压升高,在 20°～35°N 形成副热带高压带(属动力高压)。因此,地转偏向力使热力驱动的单圈环流(哈得来环流)到不了极地,而只能到达副热带地区。地表副热带高压带与极地高压带间的相对低压带称为副极地低压带。在近地面,副热带高压下沉的空气在水平气压梯度力作用下,分别向赤道和极地方向流去,其中由副热带高压流向赤道低压的那支气流,在向南运行的过程中,在地转偏向力的作用下形成北半球的东北信风。相应的,在南半球低层流向赤道的气流,称为东南信风。两支信风在赤道地区辐合上升,补偿由赤道上空向两极方向流失的空气质量,这样在赤道和南北纬 30°附近之间各形成一个热力环流圈,即范围缩小的哈得来环流圈,亦称低纬度环流圈、信风环流圈。两支信风的辐合地带,称为热带辐合带或赤道辐合带(intertropical convergence zone, ITCZ)。北半球低层由副热带高压流向副极地低压的那支气流,在向北运行的过程中,在地转偏向力的作用下,向右偏转成为中纬度的西南风,因高层与低层大气均吹西南风,故称为盛行西风带。在极地高压区冷却下沉向南扩散的寒冷东北气流与从副热带高压向北流动的西南暖湿气流,在 60°N 附近汇合,形成锋面,即极锋,沿极锋滑升的暖空气,到高空后也分成南、北两支,分别向副热带和极地上空流去。向南流动的一支,流到副热带高空下沉,形成一个按顺时针方向流动的环流圈,称为费雷尔(Ferrel)环流圈,亦称为中纬度环流圈。由于其方向与哈得来环流圈相反,故哈得来环流圈亦可称为直接环流,费雷尔环流圈称为间接环流。在极锋上空,向北流动的一支,流到极地上空,冷却下沉以补充极地低层向南流失的空气,这样在高纬地区也构成一个正的环流圈,通常称为极地环流,亦称高纬度环流圈,或极地哈得来环流圈。哈得来环流圈上层来自赤道的更暖空气与费雷尔环流圈上层来自高纬度较冷空气在对流层上部相遇,形成副热带锋区。同样,在南半球也可以形成沿经圈方向的三圈环流,只是各圈气流的运行方向与北半球相反。由此可见,在地球自转影响下,南北半球各形成了三个环流圈,以哈得来环流圈最强,费雷尔环流圈最弱。

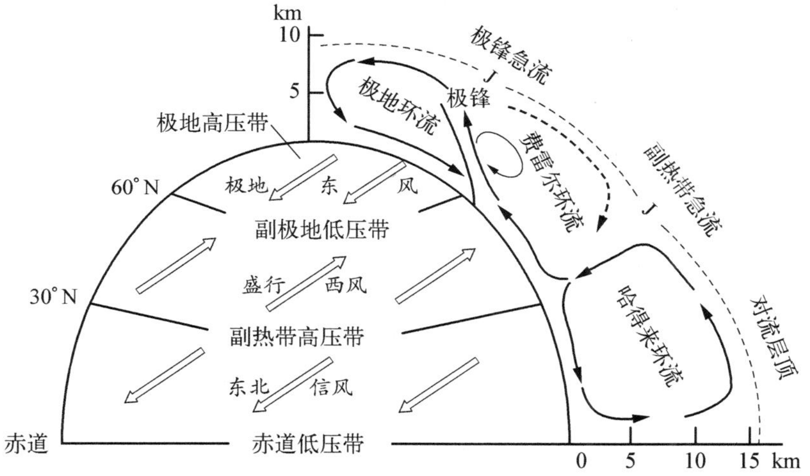

图 3－33　三圈环流模型

随着三圈环流的建立,在近地面层,南北半球各形成了三个盛行风带、四个气压带,简称"三风四带"(图 3－33)。四个气压带分别是赤道低压带、副热带高压带、副极地低压带和极地高压带。三个盛行风带分别是低纬信风带、中纬盛行西风带和极地东风带。这些呈纬向带状分布的风带水平范围很广,称为行星风带。

在高空流场上,按照三圈环流模型,低纬和高纬地区都是西风带,而中纬度地区,由于费雷尔环流圈上层自北向南流动的空气受地转偏向力作用向右偏转,应该为一个弱的由东北气流构成的东风带。但在实际大气中,中纬度高空却为西风带(应该用热成风原理解释),这说明三圈环流模型中的中纬度高空东风带是与实际观测相矛盾的,因此三圈环流模型是有缺陷的。

由此可见,大气环流不仅受极赤热力强迫,而且还受到地球自转的作用。地转偏向力迫使运动空气的方向偏离气压梯度力方向,产生了大气的东西运动,形成纬向环流和三个环流圈。

(二)平均纬向环流及地面摩擦作用

1. 对流层平均纬向环流

纬向环流(即东西风带)是对流层大气环流最基本的状态。

(1) 低纬度为信风带　如图 3-34 所示，在对流层中，自地面到高空是深厚的东风，称为热带东风带或信风带，北半球为东北信风，南半球为东南信风。热带东风跨越的纬距随高度增高而减小，在地面分布范围为 30°N～30°S。从冬到夏，风带北移，范围扩大，强度增加；从夏到冬，风带南移，范围缩小，强度减弱。

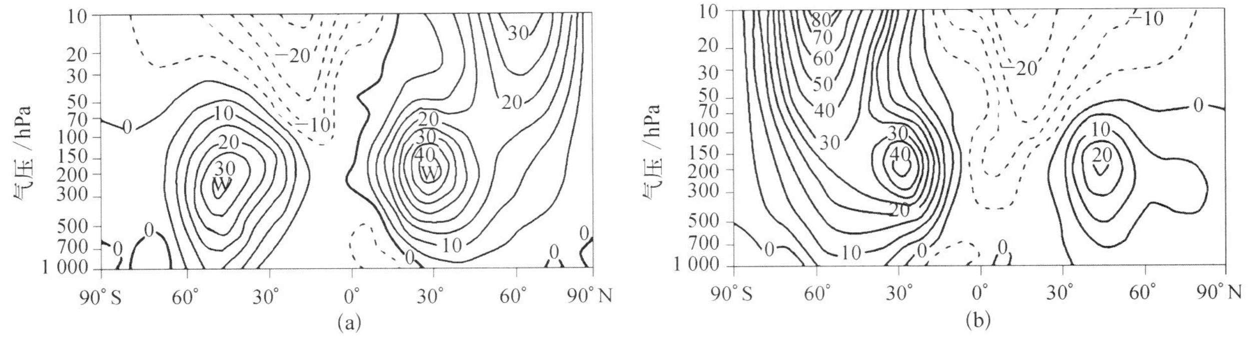

图 3-34　1 月(a)和 7 月(b)平均纬向风速(m/s)随纬度和高度分布

注：图中风速西风为正，东风为负。

所谓信风是一种风向、风速全年稳定少变的风系，是古代借助风力通商的风带，故又称"贸易风"。信风是行星风带中风向最为稳定、风速较大(平均风速 4～8 m/s)、活动范围广阔(几乎占全球的一半)的风带。

(2) 中高纬度为西风带　如图 3-34 所示，在对流层中，从地面向上都是西风，尤其在对流层中上部和平流层下部特别明显。北半球为西南风，南半球为西北风。西风跨越的纬距随高度增高而扩大，在地面附近位于 35°～70°，到对流层中上层，除赤道地区有东风外，各纬度几乎是一致的西风。而且西风风速也随高度增高而增大，直到对流层顶附近出现西风急流。在北半球，1 月份，最大西风风速中心位于 30°N 的对流层上层 200 hPa(约 12 km)高空，可达 40 m/s 以上。7 月份，西风最大风速中心位于 40°～50°N 的对流层上层200 hPa高空，减小到 20 m/s，范围缩小。即北半球西风带冬强夏弱，随季节南北位移。在南半球，7 月份，南半球的西风最大风速中心位于 30°S 附近，达 40 m/s 以上。1 月份，西风最大风速中心位于 40°S 的 200 hPa 左右，达 30 m/s 以上。西风中心强度冬夏变化不大，随季节南北位移。

在北半球温带地区，经常受到随基本气流向东移动的高压和低压的影响，加上陆地面积大、地形复杂，海陆的热力差异形成了季风，因而在近地层西风并不明显，仅在欧洲西部地区，西风终年显著。南半球海洋面积很大，西风风速比北半球要强，风向也更为稳定，特别是 40°～60°S。据统计一年中有 1/3 的时间出现狂风巨浪，海浪高达 6 m，有时可达 15 m。因此，南半球盛行西风带又称为"咆哮西风带"，非洲南部的好望角被称为"风暴角""多难角"。

(3) 极区近地面为弱东风带　在南北极地区的对流层低层，冬夏季都是一层很浅薄的东风带，它们向低纬输送干冷空气。但极地东风的风向多变，如果按纬圈平均，东风分量将变得很弱。主要分布在北大西洋低压和北太平洋低压的向极一侧，其厚度、强度都是冬季大于夏季(图 3-34)。

(4) 高空急流　对流层中上层的自由大气中存在的中心最大风速≥30 m/s 的狭窄强风带称为急流。急流的南北两侧有强大的水平风速切变，平均每千米约 5 m/s；上下方向垂直切变，平均每千米约 5～10 m/s。急流中心最大风速的连线称为急流轴。急流轴是准水平的，多呈东西走向。

1) 温带西风急流：在南北半球中高纬西风带位于极锋上空(图 3-33、图 3-34)，与极锋相联系，又称极锋急流或北支急流。平均高度，夏季约为 9～11 km，冬季约为 8～10 km。一般冬季强度大，平均位于 40°～60°N，夏季强度减弱，平均位置北移到 70°N 附近。急流中心最大风速一般是 45～55 m/s，最大可达 105 m/s。

2) 副热带西风急流：副热带地区对流层的中下层由于下沉气流很强而没有锋面存在，但对流层上部锋区特别明显，称为副热带锋区。与之对应的为副热带西风急流，又称南支急流(图 3-33)。急流最大强度区位于 25°～32°N 的 11～13 km 的高空，位置比较稳定，夏季向高纬度移动 10～15 个纬距。冬季风速可达 50～60 m/s；夏季较弱，仅是冬季风速的一半。位于东亚海上和日本上空的急流强度最大，冬季风速可达 150 m/s 左右，甚至可达 200 m/s。

3) 热带东风急流：在热带上空(副热带高压南缘)15～20 km 处有一支东风急流，称热带东风急流。其位置在赤道至南北纬 20°之间变动，最大风速平均为 30～40 m/s。夏季这支急流比较显著，主要分布在亚洲到非洲一带。亚洲地区在海陆对比和青藏高原热源的共同作用下，东风急流是全球最强且最稳定的。盛夏最强的平均东风位于 10°～15°N 附近的阿拉伯海上空，风速约 35 m/s。

我国上空经常出现两支西风急流：一支是温带西风急流，又称北支急流；另一支是副热带西风急流，也称南支急流。这两支西风急流的消长活动对我国天气、气候的变化十分重要。

2. 平流层和中间层平均纬向环流

在 100 hPa 以上的整个平流层和中间层，冬、夏季的风向完全相反。在北半球，在平流层中，冬季为一强大的绕极气旋所控制，从北极到热带都盛行西风，最大风速中心位于 60 km 的高空，达 80 m/s 以上，称为极夜急流；夏季则完全相反，北半球为一中心在北极的强大反气旋所控制，从北极到热带盛行东风，最大风速中心位于 65 km 左右的高空，达−60 m/s 以上(图 3-35)。夏至时，东风达到最强，而在春分或秋分时，由于西风转换成东风或者东风转换为西风，纬向气流很弱。中间层的环流转换与平流层相类似，因为驱动平流层和中间层大气环流的主要能源相似。

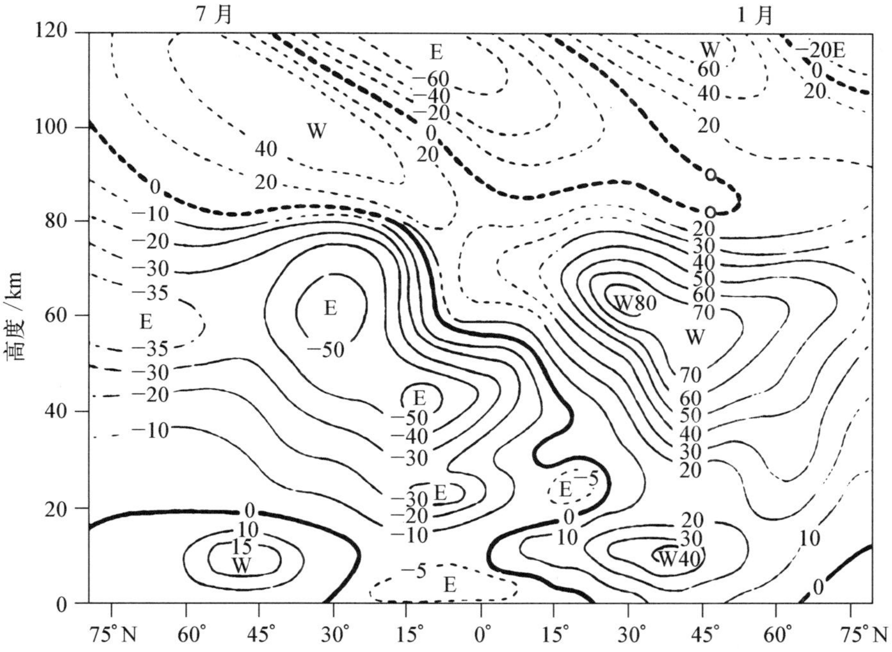

图 3-35　北半球平均纬向风(m/s)随纬度和高度变化

在南半球，1 月份是东风，最大风速中心位于平流层；7 月份是西风，最大风速中心风速达 80 m/s 以上，范围向低纬度显著扩展(图 3-34)。

3. 地面摩擦作用对大气环流的影响

在旋转的地球上，由于地转偏向力的作用在中高纬形成了西风带，在低纬产生了东风带。在西风带里，大气运动速度比地球自转速度快，通过摩擦作用大气向地球传递西风角动量。相反，在东风带里，大气运动速度比地球自转速度慢，通过摩擦作用地球向大气传递西风角动量。由于西风带不断消耗西风角动量，近地层西风就要减弱，而东风带也因不断获得西风角动量，近地层东风也要减弱。然而长期观测表明，东、西风带的平均风速没有发生明显变化，地球自转角速度也基本上维持不变。因此，大气中必然存在着西风角动量从东风带向西风带输送，使地球和大气的角动量都保持守恒。

单位质量空气相对于地轴的角动量公式为

$$L = \omega R^2 \cos^2\varphi + uR\cos\varphi \tag{3-28}$$

式中,L 为角动量;ω 为地球自转角速度;R 为地球半径;φ 为纬度;u 为纬向风速。式(3-28)右边第一项表示空气随地球一起以角速度为 ω 旋转的角动量,称为 ω 角动量;第二项表示空气相对于地球运动的角动量,称为 u 角动量。

大气中西风角动量的输送包括水平和垂直输送。水平输送主要通过高空槽脊和大气平均经向运动来完成对 u 角动量的输送。中、低纬度高空槽的槽线一般都呈东北—西南向(图 3-36),由于 $u_1 < u_2$,有西风角动量向北净输送,即把信风带多余角动量向中纬度西风带输送。在中高纬度地区,自由大气中空气运动是准地转的,平均经向风速很小,对 u 角动量的输送亦很小。垂直输送主要靠经圈环流来完成 ω 角动量的输送。由于纬度越高,转动半径越短,ω 角动量越小。在低纬哈得来环流圈中,赤道上升气流向上携带的 ω 角动量大于纬度 30°附近下沉气流向下携带的 ω 角动量,因而有净余的 ω 角动量向上输送。按照角动量守恒定律,赤道上空获得的 ω 角动量在向北运行时,转化为 u 角动量,以补充高空槽、脊向北输送 u 角动量。中纬度费雷尔环流圈中靠极一侧上升气流向上携带较小 ω 角动量,而靠低纬一侧下沉气流向下携带较大 ω 角动量,结果有净余 ω 角动量向下输送,并在低空于向北运动中转化为 u 角动量,以补充地面西风带 u 角动量的损耗。通过角动量的输送保持了东、西风带中角动量平衡,使东、西风带能够长期维持稳定状态。因此,地面摩擦作用是大气环流中纬向环流与经圈环流形成和维持的重要因素。

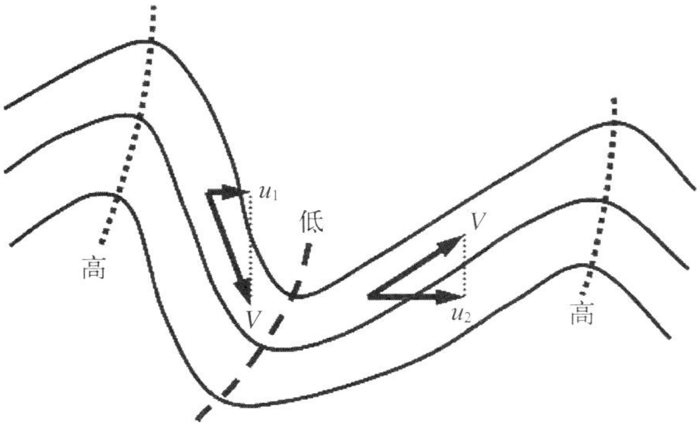

图 3-36 中、低纬度高空槽对 u 角动量的输送

二、平均水平环流(实际平均大气环流特征)及地表性质作用

(一)对流层低层的平均水平环流(海平面平均气压场分布特征)

三圈环流模式假设地球表面是均匀的,实际上并非如此,有海陆差异、地形起伏不平等。其中海陆热力性质差异尤为突出,大陆增温快,降温也快,温度年较差大;海洋则相反,增温和冷却速度缓慢。根据热力环流原理,由于大陆夏季为热源,出现低压;冬季为冷源,出现高压。而海洋冬季为热源,低压增强,高压减弱;夏季为冷源,高压增强,低压减弱。因此,由于地形及海陆差异,使全球呈带状分布的各气压带、风带被分割成一个个闭合的高、低压中心,月平均海平面气压图上出现的巨大高、低压系统,称为大气活动中心。常年存在,只是强度、范围随季节有变化的称为永久性活动中心,而只是季节性存在的则称为季节性活动中心。

1. 一月份海平面平均水平环流

(1) 北半球中高纬度　如图 3-37(a)所示,1 月份(北半球冬季),温带大陆上有两个热力成因的冷高压,属季节性活动中心。以亚洲的冷高压为最强大,中心位于蒙古—西伯利亚一带,称为蒙古高压或西伯利亚高压,中心位于(45°N,100°E),中心气压可超过 1 036 hPa,它对东亚地区,特别是我国的天气、气候影响很大,南下时常常造成大范围的寒潮。另一个中心位于北美大陆上,称为加拿大高压,亦称北美高压,中心位于(40°N,110°W),中心气压值约 1 027 hPa。温带海洋上有两个显著的副极地低压单体,一个是北太平洋的阿留申群岛有一个深厚而强大的低压,称为阿留申低压,中心位于(50°N,180°E),中心气压值约 1 000 hPa,它几乎占据整个北太平洋。另一个是北大西洋的冰岛附近也有一个强大低压,称为冰岛低压,中心位于(65°N,30°W)。

北极高压在冬季消失,夏季在北冰洋上出现,其中心气压可达 1 012 hPa,比南极气压要高些。在高纬度的格陵兰岛上终年存在一个高压中心,称为格陵兰高压,中心位于(75°N,35°W),其强度在夏季略大于冬季。

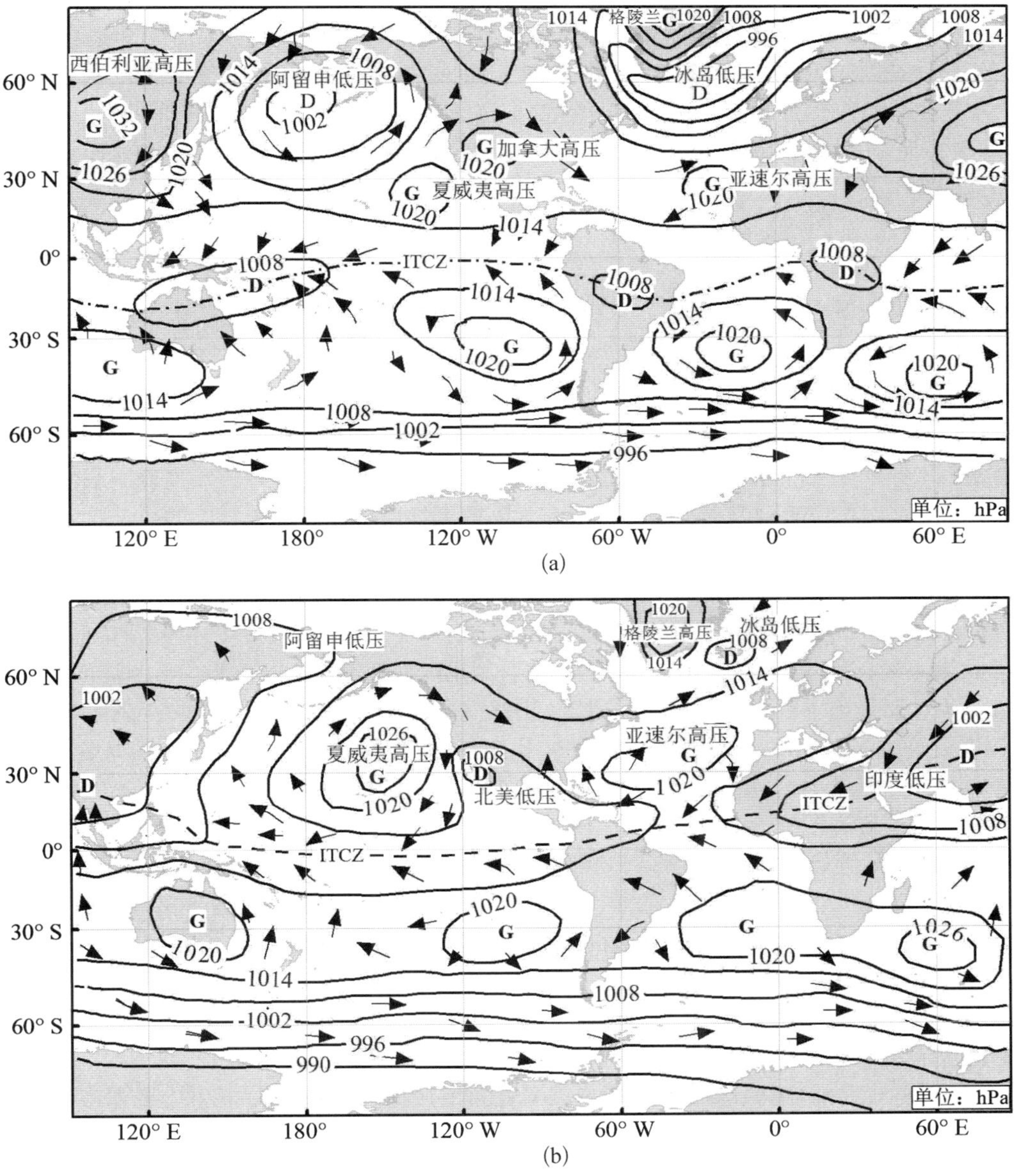

图 3－37　1 月(a)和 7 月(b)海平面平均气压场(hPa)和风场分布示意图

(2) *北半球低纬度*　　在北半球副热带地区,在北太平洋和北大西洋上各存在 1 个副热带高压单体,强度很弱,高压中心退居大洋的东部,副高的南侧是稳定的东北信风。其中北太平洋副热带高压位于夏威夷群岛附近,故又称为夏威夷高压或东太平洋高压,中心位于(30°N,135°W),常年存在,只是其强度和范围随季节而变化。冬季强度弱,中心气压仅 1 021 hPa,位置偏南,在北太平洋西部几乎看不到它的踪迹[图 3－37(a)];夏季时特别强大,其中心气压超过 1 027 hPa,位置偏北[图 3－37(b)]。而北大西洋副热带高压常分裂为几个中心,最著名的有亚速尔高压和百慕大高压,故又可称为亚速尔高压或百慕大高压,是深厚的暖高压,并随季节而南北移动。冬季其位置偏南,中心位于(30°N,30°W),中心气压约为 1 024 hPa;夏季位置偏北,中心位于(35°N,30°W)附近,中心气压约为 1 027 hPa。在一年中,南北移动约 5 个纬距,远小于北太平洋高压的南北变动范围。

在北半球热带地区(我国南方的陆地和海洋以及东南亚和南亚地区),位于西伯利亚强大冷高压南侧,冬季盛行东北季风,其中以南海较强,南亚和印度洋较弱。

(3) *南半球*　　如图 3－37(a)所示,1 月份(南半球夏季),副热带海洋上存在有 3 个副热带高压单体(每个大洋 1 个),分别称为南太平洋副高、南大西洋副高和印度洋副高,副高的北侧盛行着稳定的东南信风。南半球热带三个大陆均为热低压所控制。由于夏季大陆增温,气压下降,在澳大利亚、非洲南部和南美南部分别形成了范围较小的热低压，依次称为澳洲低压、非洲低压和南美低压，它们都位于赤道辐合带上。澳大利亚大陆热低压中心位于大陆北部，整个大陆均受低压控制。非洲南部低区中心位于卡拉哈里沙漠附近，并有一低压槽向北伸向几内亚湾，直达10°N附近。南美大陆热低压中心位于巴拉圭附近，大陆北部沿岸受北大西洋副热带高压边缘的影响，大陆最南端受威德尔海低压区控制。由于南半球大陆面积所占比例较小，低压强度较弱，其中心气压一般在1 006～1 009 hPa。温带地区为平直西风气流，形成环绕纬圈的副极地低压带；而南极则为极地高压。

南、北半球副热带高压之间是一个宽广的低压，称为赤道槽，在流场上两支信风(即东北信风和东南信风)汇合的地区称为赤道辐合带或热带辐合带(ITCZ)，此带大致环绕全球，主要活动于赤道及其以南地区。由于赤道附近没有地转偏向力，所以气流总是沿水平气压梯度力方向流动，致使气压分布较均匀，气压梯度较小，等压线较稀疏。

2. 七月份海平面平均水平环流

(1) **北半球**　如图3-37(b)所示，7月份(北半球夏季)，夏季与冬季最大差别是冬季大陆上的两个冷高压到夏季变成了两个热力成因的热低压，一个位于亚洲南部，称为亚洲低压(亦称印度低压或南亚低压)，中心位于(30°N，70°E)附近，中心气压可达997 hPa。亚非大陆的低纬度地区为这一强大的热低压所控制，印度洋、南亚、东南亚和我国南海的风系，由冬季的东北季风转变为稳定的西南季风。印度、中印半岛和我国是世界上著名的季风气候区。另一个位于北美西南部，称为北美低压，中心气压约1 008 hPa，强度不及亚洲低压。亚洲低压和北美低压均属季节性活动中心。冬季盘踞温带海洋上的两个副极地低压单体(阿留申低压和冰岛低压)仍然存在，且位置不变，但强度和范围减小，即冬强夏弱，属永久性活动中心。这是由于海洋夏季为冷源，冬季为热源，因此这两个低压夏季都显著减弱。阿留申低压夏季已减弱至无闭合等压线，变成亚洲低压的一个低槽；冰岛低压在夏季的强度(中心气压约为1 009 hPa)也比冬季(中心气压低于996 hPa)弱得多。

在副热带海洋上，太平洋和大西洋的两个副热带高压单体依然存在，并且强度和范围比冬季强得多，属于永久性活动中心。尤以北太平洋的副热带高压为最强，中心位于东太平洋洋面(40°N，155°W)附近。东北信风也有所增强并伴随副热带高压带北移到20°N或以北。两支信风汇合的赤道辐合带，夏季也显著北移，中心移到北半球。ITCZ横跨太平洋和大西洋，在海洋上的位置随季节的变动较小，常处于赤道附近，在近大陆地区有较大的季节性位移。例如，在东亚大陆的热带地区，赤道低压带在1月份位于4°S附近，7月份则位于13°N附近，有时甚至更北。

(2) **南半球**　如图3-37(b)所示，7月份(南半球冬季)，大陆温度降低，气压升高，1月份原在大陆上的热低压此时已完全消失，成为高压区。其中在南美洲和南部非洲大陆上的高压与南太平洋副高、南大西洋副高、印度洋副高[亦称马斯克林高压，中心位于(30°S，58°E)附近]连接成一个副热带高压带，几乎环绕全球，中心气压可超过1 020 hPa，而唯有澳大利亚大陆为冷高压所控制，它是经常影响西太平洋地区的南半球寒潮来源。温带地区仍为西风气流，副极地低压沿纬圈形成带状分布，南极依然为极地高压。

由上可知，北半球在海洋上生成的太平洋高压和大西洋高压以及冰岛低压和阿留申低压属于于永久性大气活动中心，大陆上生成的活动中心均属季节性活动中心(表3-4)。这主要是海陆影响不同的结果，海洋上气压年变化小，大陆上气压年变化大。赤道低压带、极地高压带为热力原因作用所形成，而副热带高压带、副极地低压带为动力原因所形成，四个气压带均属永久性系统。从冬季(1月)至夏季(7月)，南、北半球各个大气活动中心、气压带和风带向北移动；反之，向南移动。其中副热带高压带和赤道低压带随季节位移最显著。

表3-4　南、北半球海平面的大气活动中心

		北　半　球	南　半　球
季节性活动中心 (出现于陆地上)	1月	蒙古高压(亚洲冷高压)、加拿大高压(北美冷高压)	南非低压、澳洲低压、南美低压
	7月	印度热低压(亚洲热低压)、北美热低压	南非高压、澳洲高压、南美高压
永久性活动中心 (出现在海洋上)		阿留申低压、冰岛低压：冬强夏弱，属副极地低压带系统	南大西洋高压、南印度洋高压、南太平洋高压、副极地低压带、南极高压
		夏威夷高压(北太平洋副高)、亚速尔高压(北大西洋副高)：夏强冬弱，南北位移，属副热带高压 格陵兰高压：夏强冬弱，属极地高压	

(二) 对流层中、上层大气环流特征

北半球对流层中上层(以 500 hPa 为代表)平均环流最主要特征是极区为极涡控制；中高纬是以极涡为中心的环绕纬圈的西风环流，西风带上有行星尺度的平均槽、脊；低纬度为副热带高压控制(图 3－38)。由于高空风能很好地满足地转风原则，因此可以用平均高度场代表平均流场。

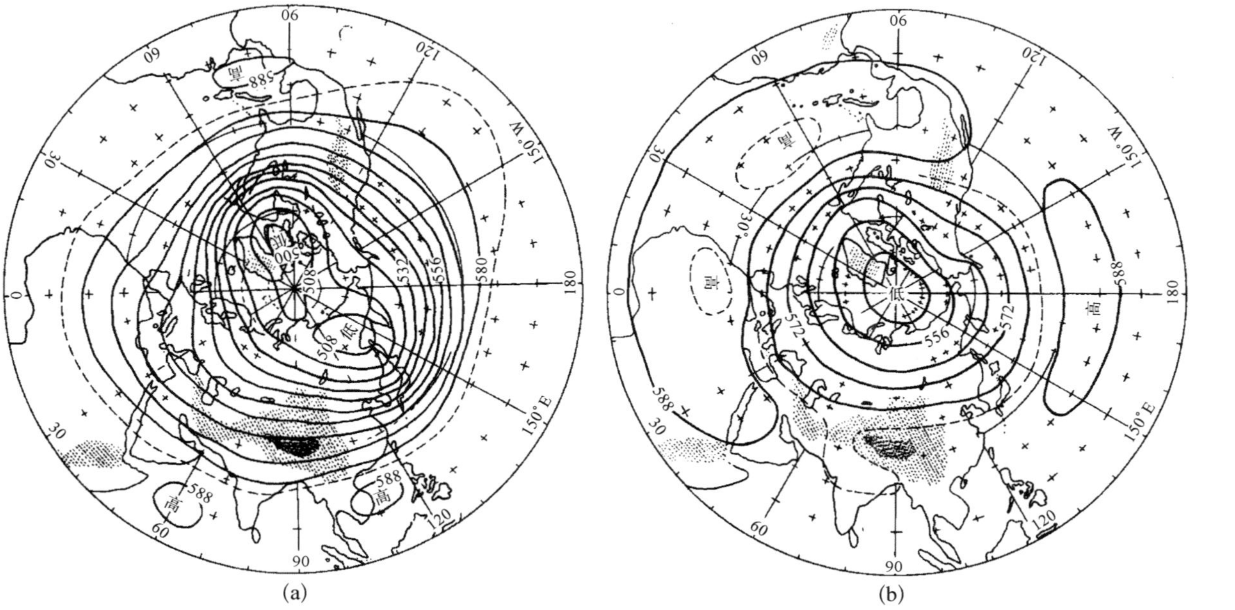

图 3－38　北半球 1 月(a)和 7 月(b)500 hPa 平均等高线

1. 极区为极涡控制

如图 3－38 所示，无论是冬季还是夏季，都存在围绕极地的低压中心，称极涡(极地涡旋)。由白贝罗定律可知，环绕极涡的等高线表示气流具有气旋性的运动方向。但极涡中心并不正好在南极和北极。冬季强盛，存在两个极涡中心(图 3－38a)，其中一个较强的中心位于格陵兰西部(70°N，70°W)，另一个较弱的在东西伯利亚的北冰洋沿岸(60°N，140°E)。夏季减弱，只有一个极涡中心(图 3－38b)，位于加拿大极区(75°N，70°W)。图 3－38 中显示的是平均意义上的极涡中心位置，实际上极涡位置是变动的，极涡位置的变动与我国的中长期天气变化存在一定的统计联系。特别是对全国范围的寒潮天气爆发具有重要的指示性意义。在东亚大陆出现寒潮天气过程时，亚洲上空已形成并稳定地维持了强大的极涡系统。如果极涡位置南压到西伯利亚北部，将促使冷空气南下，造成我国大范围的持续降温。

2. 中、高纬度槽脊系统

在北半球中、高纬地区的对流层中、上层全年盛行西风，有行星尺度的槽脊波动，称为西风波。如图 3－39(a)所示，冬季(1 月份)500 hPa(大约 5.5 km 高度)等压面图上西风带有三个长波槽，一个在亚洲大陆东岸(140°E 附近，由鄂霍次克海向纬度较低的日本及中国东海倾斜)，称为东亚大槽；第二个位于北美大陆东岸(70°～80°W 附近，自大湖区向纬度较低的西南方倾斜)，称为北美大槽；第三个位于欧洲白海(63°N，40°E附近)，称为欧洲浅槽，它是三个槽中最弱的一个。欧洲浅槽具体位置是乌拉尔山(大约 55°～65°N，60°E附近)以西，从欧洲东北部的海面上(70°N，60°E 附近)向西南方向伸展(即自北部的 60°E 到南部的 10°E 延伸)。在三个槽之间有三个平均脊，分别位于阿拉斯加(150°E 附近)、西欧沿岸(15°E 附近)和贝加尔湖地区(51°～56°N，104°～110°E 附近)，脊的强度比槽弱得多。

如图 3－39(b)所示，夏季(7 月份)北半球对流层中层的环流与冬季相比有显著的不同。中高纬度的西风带上由三槽三脊转变为四槽四脊；西风带明显北移，且等高线变稀疏，西风强度比冬季显著减弱。北美大槽由冬至夏略微东移(60°W 附近)；东亚大槽向东移 20 个经度，移到了堪察加半岛以东海面上(160°～180°E

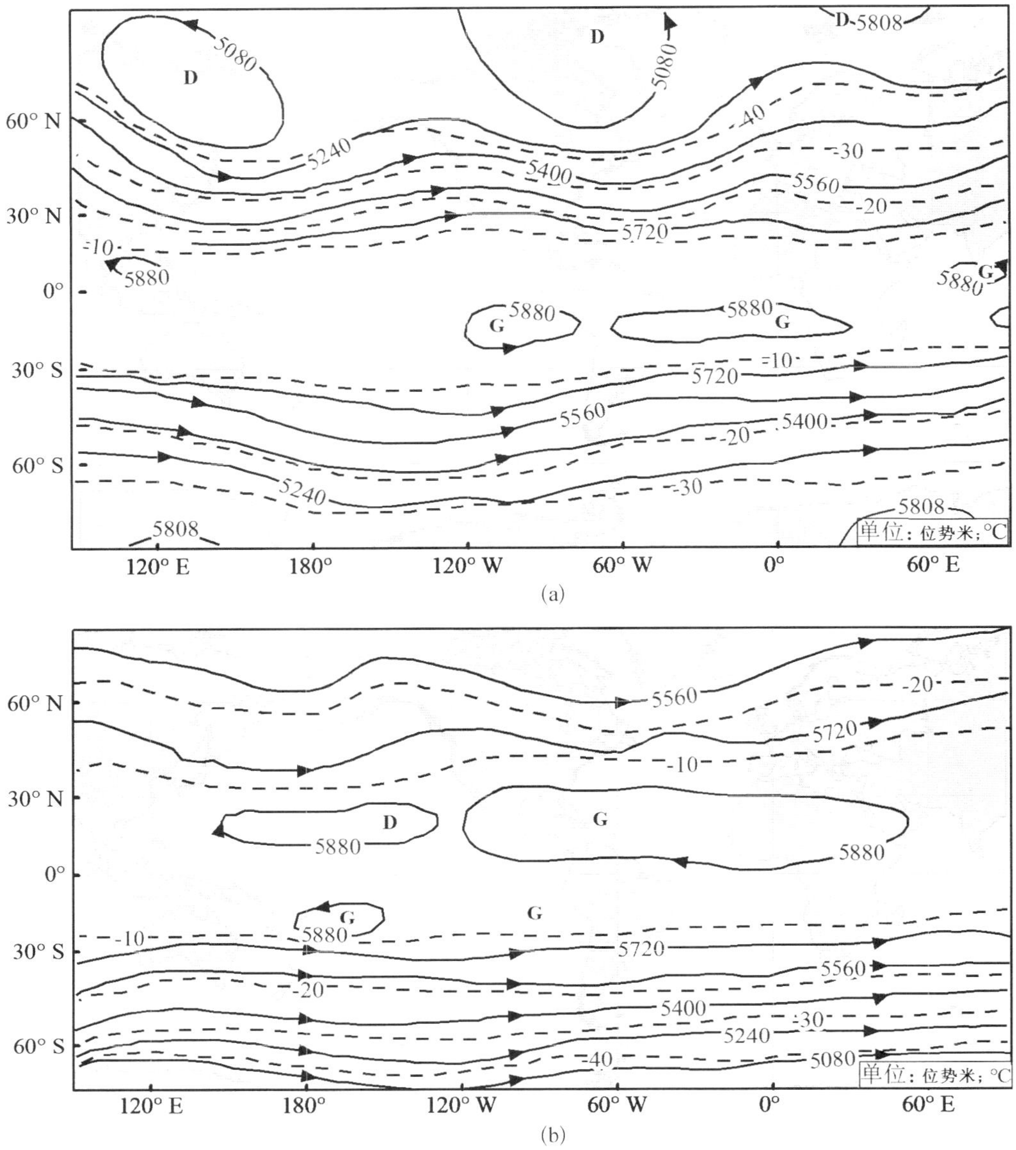

图 3-39 1 月(a)和 7 月(b)500 hPa 高度(实线，位势米)场和温度(虚线，℃)场分布

附近)；欧洲浅槽消失，并变为脊；而在欧洲西海岸和贝加尔湖地区(从青藏高原北部伸向贝加尔湖地区)，原冬季两个弱高脊的位置上，到了夏季变成为两个浅槽，分别称为欧洲西海岸浅槽(0°～10°E 附近)和贝加尔湖西部浅槽(90°E 附近)，从而构成了夏季四槽四脊的形势。

北半球对流层上层(200 hPa 等压面图)的环流形势与对流层中层大体相似，只是西风范围进一步扩大，风速更强，“冬三夏四”环流形势更明显。

3. 低纬度环流

(1) *对流层中层* 1 月份北半球低纬度对流层中层(500 hPa 高度)的平均槽脊位置和数目与中高纬度并不完全一样，除北美大槽和东亚大槽向南伸到较低纬度外，在地中海(非洲西海岸，10°E 附近)、孟加拉湾(90°E 附近)和太平洋东部(115°W 附近)还各有一个较明的槽，分别称为地中海低槽、印缅低槽和加利福尼亚低槽[图 3-39(a)]。因此，冬季低纬度共有 5 个西风带槽。冬季副热带高压较弱，其范围在 20°N 以南地区。7 月份北半球低纬度对流层中层(500 hPa 高度)副热带高压大大加强并北移，范围扩展到 40°N 以南地区，在北太平洋、北大西洋和非洲大陆西部各有一个闭合中心，低纬度地区主要受副热带高压控制[图 3-39(b)]。

(2) 对流层上层 1月份北半球热带对流层上层(200 hPa 高度)出现强大的副热带西风急流(南支急流),最大风速在 50 m/s 以上[图 3-40(a)]。从阿拉伯半岛往东,副热带西风急流经青藏高原南缘向东移去,到日本上空与极锋急流(北支急流)汇合,成为最强大的西风带急流,中心风速最大可达 100 m/s 以上。西风急流中有三个较弱的平均槽,分别在非洲西海岸、孟加拉湾和太平洋东部。

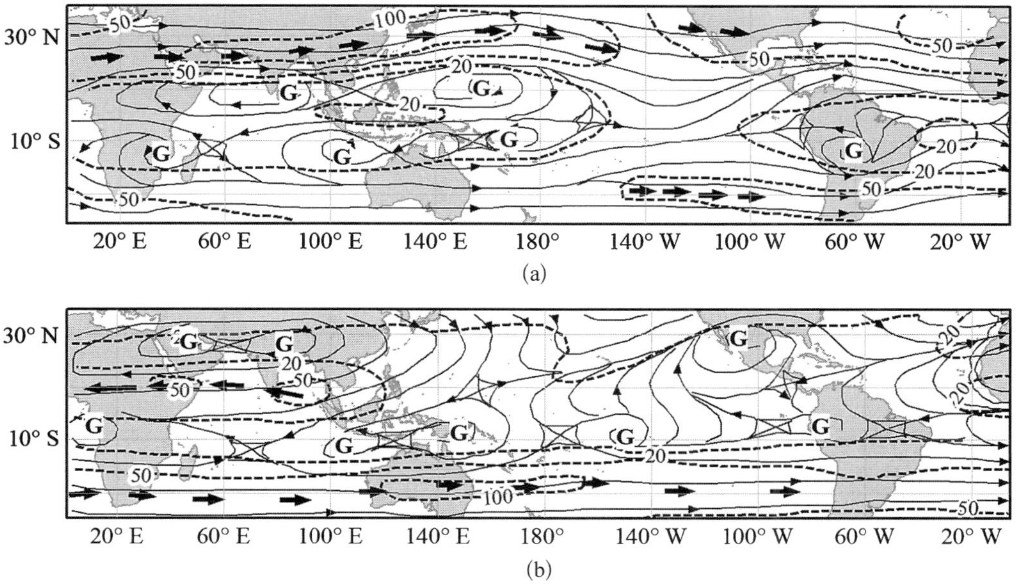

图 3-40 热带地区 1 月(a)和 7 月(b)200 hPa 流场示意图

注:风速单位为 n mile/h(1 n mile/h=1.852 km/h),粗箭头表示急流轴与方向

7 月份北半球热带对流层上层(200 hPa 高度)有两个明显的副热带高压中心[图 3-40(b)],一个位于青藏高原上空,称为青藏高压(或南亚高压),范围从 20°E 延伸到 140°E,表现十分强大,属于大陆上的副热带高压,是青藏高原热力作用所形成的。另一个位于墨西哥湾(100°W 附近)及其以西的东太平洋地区。它们与地面强大的亚洲低压和北美低压相对应。从西太平洋到非洲有一支稳定而强大的东风急流。在亚洲热带地区,冬季的副热带西风急流和夏季的东风急流都是全球最强大而稳定的气流,对全球的大气环流具有特殊意义,它与这个地区的青藏高原特殊地形、海陆分布所形成的特别显著的季风活动有很大关系。

4. 地表性质不均匀对对流层中、上层大气环流的影响

北半球陆地辽阔,海陆东西相间分布。在冬季,大陆是冷源,当纬向西风气流流经大陆时,气流温度逐渐降低,直到大陆东岸降到最低;当气流由陆地流入海洋后,因海洋是热源,气温不断升高,直到海洋东岸气温升到最高。这样在大陆东岸形成了温度槽,大陆西岸形成温度脊(图 3-41)。在夏季,温度场相反,大陆东岸为温度脊,大陆西岸为温度槽。根据热成风原理,出现与温度场相适应的高空流场,高空风平行于等温线。再由白贝罗定律可知,与高空地转风相适应的气压场则为冬季大陆东岸出现低压槽、西岸出现高压脊;夏季相反,大陆东岸出现高压脊、西岸出现低压槽。

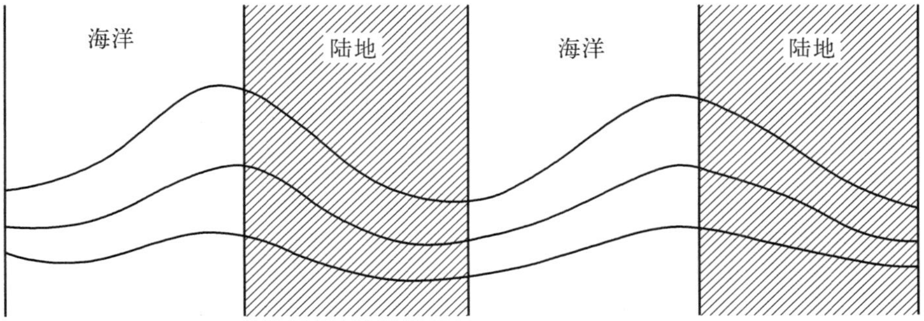

图 3-41 冬季由海陆热力性质差异形成的温度场示意图

地形起伏对大气环流的影响非常显著。当大规模气流爬越高原和高山时，常常在高山迎风侧受阻，造成空气质量辐合，形成高压脊；在高山背风侧，则利于空气辐散，形成低压槽。东亚沿岸和北美东岸，冬半年经常存在的高空大槽，虽然其形成同海陆温差有关，但同西风气流爬越巨大青藏高原的动力减压亦有一定关系。如果地形过于高大或气流比较浅薄，则气流往往不能爬越高大地形，而在山地迎风坡发生绕流分支、在背风坡发生气流汇合的现象。地形对大气的热力变化也有显著影响，青藏高原夏季是热源，冬季是冷源，这种热力作用对南亚和东亚季风环流的形成、发展和维持有重要影响。

夏季极冰的冷源作用改变了太阳总辐射所形成的夏季经向辐射梯度，使对流层大气的夏季热源仍维持在低纬地区，冷源维持在高纬极区，这种夏季极冰冷源作用是影响大气环流运动的又一重要因素。

由上可见，海陆和地形的共同作用，不仅使对流层低层大气环流变得复杂，而且也使对流层中上层大气环流有在特定地区出现平均槽、脊的形势。

三、大气环流的演变特征

（一）具有显著的季节转换规律

由图 3-42 可知，11 月～次年 4 月为冬季环流型，西风带为“三槽三脊”，西风急流强且位置偏南，东亚地区(100°～120°E)有北两支西风急流，位置与强度都很少变化。7～9 月为夏季环流型，西风带为“四槽四脊”，西风急流中心的位置，也由冬季位于 27°N 的 200 hPa 附近，北移到 42°N 的 200～300 hPa，强度大大减弱，东亚地区的强西风带合并成一支西风急流。两次环流季节突变发生在 5～6 月——冬季环流型转为夏季环流型，以及 9～10 月——夏季环流型转为冬季环流型。这种“突变”不是局部地区的，而是半球范围甚至全球范围的现象，但以亚洲最为明显，而且以中东地区和我国青藏高原附近变化最早，向东至太平洋中部逐渐落后，美洲最后。5 月环流突变首先是东亚大槽减弱东移入海，并且变成 1 个比较宽平的槽。6 月在亚洲中部的贝加尔湖西部地区开始有小槽生成，太平洋西部的低槽和西欧海岸的高脊开始建立，但它们的强度都比冬季弱得多。另外，原在乌拉尔山附近的弱脊和亚洲中部的小槽也消失。冬季和夏季的大气环流型式是基本的、稳定的，占了全年相当长的时间，而两者之间的过渡季节(春和秋)是短促的。促使冬夏环流型转换的主要原因是太阳辐射能分布的季节性变化。

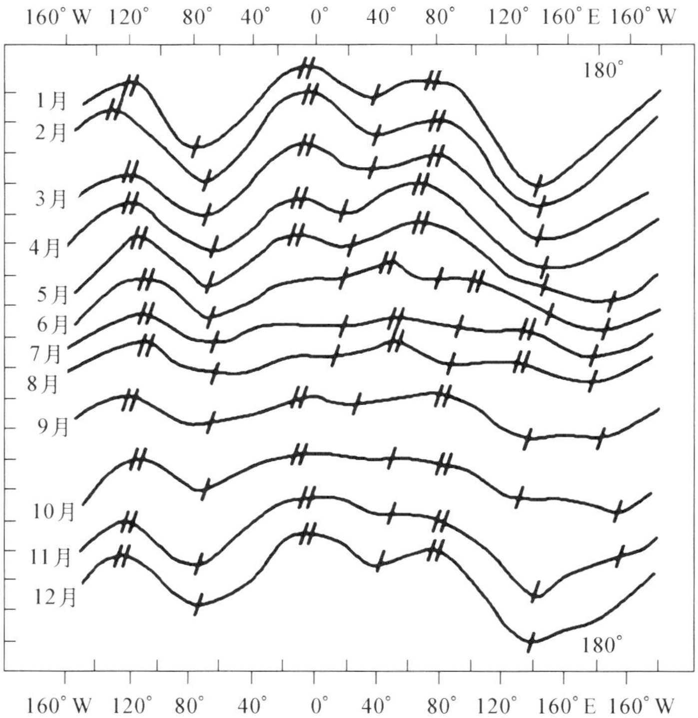

图 3-42　沿 50°N 的 500 hPa 平均槽脊位置和强度的年变化

注：纵坐标每格代表 100 位势米

(二) 经向环流和纬向环流交替出现(指数循环)

环流指数是表征一定区域内大气环流强度的参数。在 1939 年 Rossby 最先把 35°～55°N 海平面的平均地转风速定义为环流指数,亦称西风指数或罗斯贝指数,用 I_R 表示。实际工作中把两个纬度带之间的平均位势高度 H 之差作为西风指数。其计算公式为

$$I_R = \bar{H}_{35°} - \bar{H}_{55°} \tag{3-29}$$

环流指数的高低与天气气候有一定的联系,当环流为高指数(纬向环流型)时,西风较强,经向气流较弱,冷空气常在较高纬度积蓄加强;低指数(经向环流型)时,西风气流较弱,经向气流较强,容易发生寒潮爆发。在中纬度西风带,纬向环流阶段(高指数)和经向环流阶段(低指数)总是相互转换、循环往复,形成指数循环现象,一般具有 3～8 周的准循环周期。它是大气环流中期变化的主要特征之一。指数循环产生的原因如图 3-43 所示。

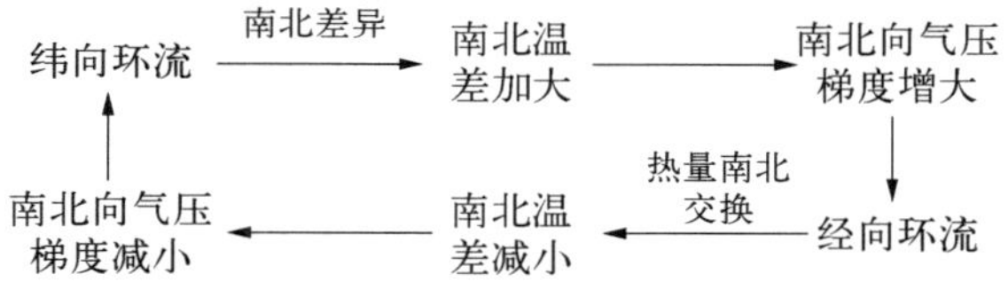

图 3-43　指数循环流程示意图

实习二　气压和风的观测

一、目的与要求

了解气压表、气压计和风的观测仪器的构造原理;掌握气压和风的观测方法。

二、实验内容

(一) 气压的观测

1. 动槽式水银气压表

(1) 构造　动槽式(又名福丁式)水银气压表由内管、外套管与水银槽三部分组成(图 3-44),在水银槽的上部有一象牙针,针尖位置即为刻度标尺的零点。每次观测必须按要求将槽内水银面调至象牙针尖的位置。气压表应安装在温度少变、光线充足,既通风又无太大空气流动的气压室内。气压表应牢固、垂直地悬挂在墙壁、水泥柱或坚固的木柱上,切勿安装在热源(暖气管、火炉)和门窗、空调器旁边,及阳光直接照射的地方。

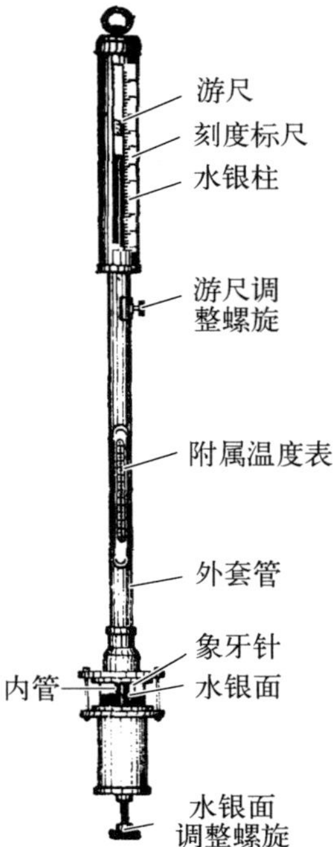

图 3-44　动槽式水银气压表

(2) 读数和记录　① 观测附属温度表(简称"附温表"),读数精确到 0.1℃。当温度低于附温表最低刻度时,应在紧贴气压表外套管壁旁,另挂一支有更低刻度的温度表作为附温表,进行读数。② 调整水银槽内水银面,使之与象牙针尖恰恰相接。调整时,旋动槽底调整螺旋,使槽内水银面自下而上地升高,动作要轻而慢,直到象牙针尖与水银面恰好相接(水银面上既无小涡,也无空隙)为止。如果出现了小涡,则须重新进行调整,直至达到要求为止。③ 调整游尺与读数。先使游尺稍高于水银柱顶,并使视线与游尺环的前后下缘在同一水平线上,再慢慢下降游尺,直到游尺环的前后下缘与水银柱凸面顶点刚刚相切。此时,通过游尺下缘零线所对标尺的刻度即可读出整数。再从游尺刻度线上找出一根与标尺上某一刻度相吻合

的刻度线,则游尺上这根刻度线的数字就是小数读数。④ 读数复验后,降下水银面。旋转槽底调整螺旋,使水银面离开象牙针尖约 2～3 mm。

2. 空盒气压表

空盒气压表是一种轻便的测压仪器,携带方便,多用于野外观测。它是利用金属的弹性形变和大气压力相平衡的原理制成的。空盒气压表的构造可分为感应、传递放大、指示三部分(图 3－45)。

(1) 感应部分　近于真空的弹性圆形金属空盒,上下面有波纹状的压纹,用弹簧片和它平衡。

(2) 传递放大部分　由传动杆、水平轴、长杠杆等组成。当外界气压变化时,金属空盒和弹簧片随之压缩或膨胀,通过传递、放大、把伸张运动通过传动杆传给指针。

(3) 指示部分　由指针、刻度盘和附属温度表组成。外界气压变化通过传动杆带动指针,指针在有刻度的圆盘面上转动,指示出气压读数。

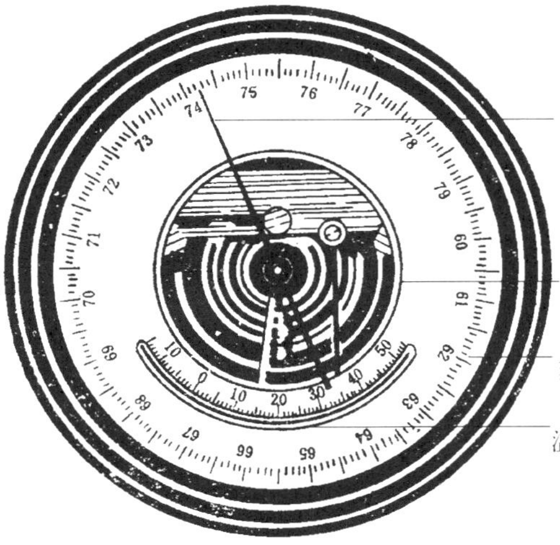

图 3－45　空盒气压表

3. 气压计

气压计是自动、连续记录气压变化的仪器。它由感应部分(金属弹性膜盒组)、传递放大部分(两组杠杆)和自记部分(自记钟、笔、纸)组成。由于准确度所限,其记录必须与水银气压表测得的本站气压值比较,进行差值订正,方可使用。

(二) 风的观测

1. 轻便风向风速表

(1) 构造与原理　轻便风向风速表,是测量风向和一分钟内平均风速的仪器,它用于野外考察或气象站仪器损坏时的备份。仪器由风向部分(包括风向标、方位盘、制动小套)、风速部分(包括十字护架、风杯、风速表主机体)和手柄三部分组成(图 3－46)。风杯可以自由转动,它的转速与风速有一个固定的关系。在风速读数指示盘内装有秒表,当打开启动开关后,秒表和风速示度指针一起走动,经过 1 分钟后,不论有无风速,风速指针自动停止,秒表也停止,此时风速读数盘上的指针指向的数字即为指示风速。

(2) 观测与记录　① 观测时应将仪器带至空旷处,由观测者手持仪器,高出头部并保持竖直,风速表刻度盘与当时风向平行;然后,将方位盘的制动小套向右转一角度,使方位盘按地磁子午线的方向稳定下来,注视风向标约 2 分钟,记录其摆动范围的中间位置。② 在观测风向时,待风杯转动约半分钟后,按下风速按钮,启动仪器,待指针自动停转后,读出风速示值(m/s);将此值从该仪器订正曲线上查出实际风速,取一位小数。③ 观测完毕,将方位盘制动小套向左转一角度,固定好方位盘。

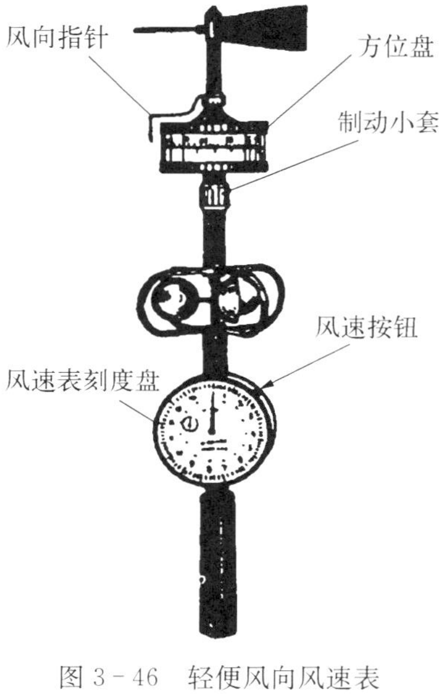

图 3－46　轻便风向风速表

2. EL 型电接风向风速计

(1) 仪器构造原理　EL 型电接风向风速计是由感应器、指示器、记录器组成的有线遥测仪器。

1) 感应器:由风向和风速两部分组成(图 3－47)。风速表由三个半球形风杯和连在下面的小交流发电机、蜗轮等组成。当风杯转动时,带动小电机产生电流,电流的大小与风速成正比;风向部分由风标、风向方位块、导电环、接触簧片等组成。风向标是风向的感应部分,它的头部为平衡锤,尾部为风向尾叶,平衡锤所指的方向表示风的来向(风向)。

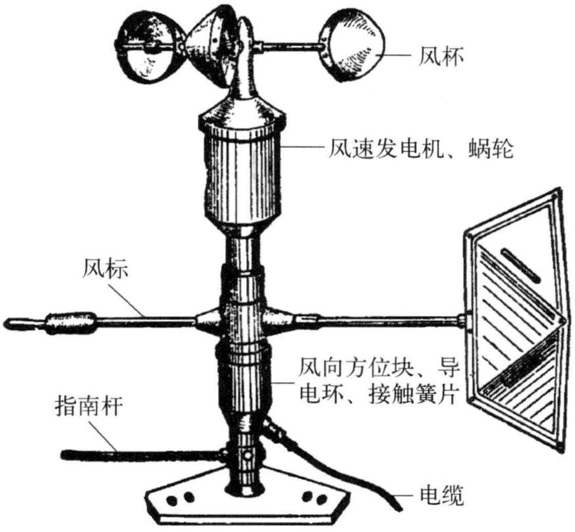

图 3-47 EL 型风向风速计感应部分

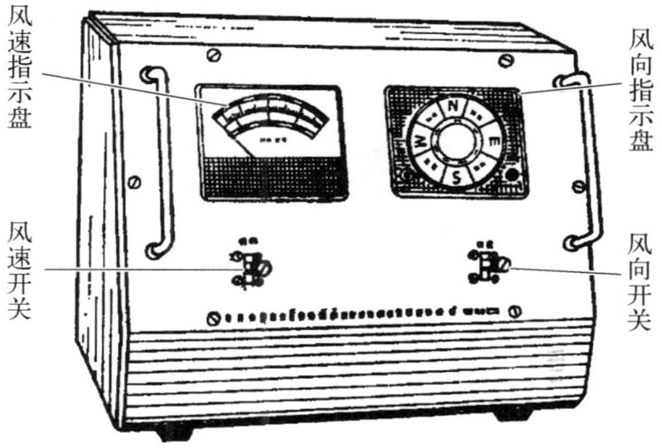

图 3-48 EL 型风向风速计指示器

2）指示器：由电源、瞬时风向指示盘、瞬时风速指示盘等组成(图 3-48)。由风速表产生的电流经电缆输送到指示器内的电流表，电流表上面直接刻成风速标尺，最小刻度为 1 m/s，风速刻度有两排（一排是 0～20 m/s，另一排是 0～40 m/s），用于观测不同大小的风速。风向指示盘内有 8 个灯泡表示 8 个方位。风向标上的 8 个方位通过电缆与指示器内 8 只小灯泡连接。根据风向标所处的方位，经过感应器的方位块接通某一电路，使代表相应方向的小灯泡发亮，从灯盘上可直接读出风向来。

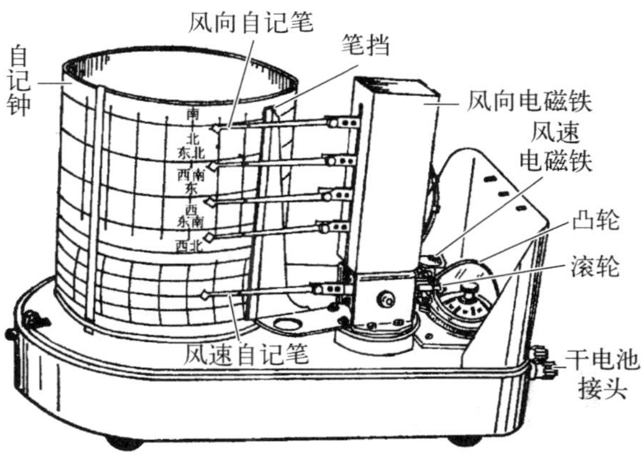

图 3-49 EL 型风向风速计记录器

3）记录器：由 8 个风向电磁铁、1 个风速电磁铁、自记钟、自记笔、笔挡、充放电线路接线板等部分组成，接线板装在记录器的底座下面(图 3-49)。记录器可以记录任意 10 分钟的平均风速及相应的风向，同时每隔 2 分钟记录一次瞬时风向。

（2）观测记录

1）观测风速：当风速小的时候，把风速开关向下拨至“20”档，读 0～20 m/s 标尺刻度；当风速大时，把风速开关向上拨至“40”档，读 0～40 m/s 标尺刻度。一般观测 2 分钟，按指针平均位置读取整数，小数位补零，记入观测簿相应栏中。风速观测完毕，立即关闭开关。

2）观测风向时，也要观测 2 分钟，观测风向指示灯，读取 2 分钟的最多风向，用十六方位对应符号记录。若两个灯泡同时发亮，表示风向在它们之间的方位。如 N 和 NE 两灯泡都发亮，则风向记为 NNE。风向观测完毕，立即关闭开关，以免烧坏隔离半导体和方位块。

静风时，风速记 0.0，风向记 C；平均风速超过 40.0 m/s，则记为＞40.0，作日合计、日平均时，按 40.0 统计。

因电接风向风速计故障或冻结现象严重而不能正常工作时，可用轻便风向风速表进行观测，并在备注栏注明。

第四章　水汽凝结物与降水

大气中的水分主要来自江、河、湖、海及湿土的蒸发和植物的蒸腾。大气中的水分在一定条件下产生凝结，形成水汽凝结物（如云、雾等），并以雨、雪等形式降落回地面。大气中水的三相变化，推动着地表面和大气中的水汽凝结物及降水等现象的发生、发展，促进地面与大气、海洋与大陆的水分循环。

第一节　蒸发和凝结

一、水相变化

冰、水和水汽称为水的三相。大气中的水汽基本上集中在对流层和平流层内，这里的温度不仅永远低于水汽的临界温度（374℃），而且也常低于水的凝固温度（0℃），所以，在自然条件下，水汽是大气成分中唯一能由一种相态变为另一种相态（如蒸发和凝结）的气体。

（一）水相变化原理

依据分子运动论的原理，水的相变是各相之间分子交换的结果。如图 4－1 所示，在水面，水和水汽两相共存，分子在不停地进行布朗运动，其运动速度的大小和方向各异。水面的某些分子，在得到超过分子间内聚力的运动能量时，便冲击水面而跃入紧靠水面的空气层中。同时，接近水面的一部分水汽分子，又可能受水面水分子的吸引或相互碰撞，运动方向不断改变，其中有些向水面飞去而重新落回水中。假设 N 为单位时间内跑出水面的水分子数，n 为单位时间内落回水中的水汽分子数，则得到水和水汽两相变化和平衡的分子物理学判据，即

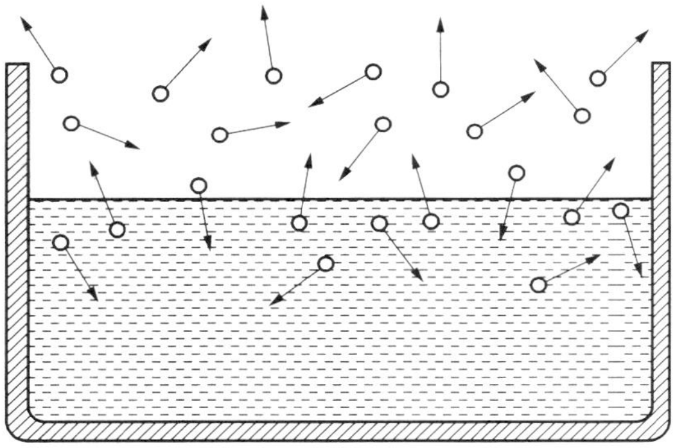

图 4－1　水面蒸发示意图

$N>n$　蒸发（未饱和）

$N=n$　动态平衡（饱和）

$N<n$　凝结（过饱和）

但在气象工作中不测量 N 和 n，所以不能直接应用以上判据。

（二）水相变化的判据

根据水汽的气体状态方程 $e=\rho_w R_w T$，在温度一定时，水汽 e 与水汽密度 ρ_w 成正比，而 ρ_w 与 n 成正比，所以 e 和 n 也成正比。当在某一温度下，水和水汽达到动态平衡时，水汽压 E 即为饱和水汽压，对应的落回水面的水汽分子数为 n_s，n_s 又等于该温度下跑出水面的水分子数 N，所以 E 正比于 N。由于实际工作中不测量 N 和 n，则可用实际水汽压（e）与饱和水汽压（E）来进行判断，即水和水汽两相变化判据为

$$
\begin{aligned}
&E>e \quad \text{蒸发（未饱和空气）}\\
&E=e \quad \text{动态平衡（饱和空气）} \qquad (4-1)\\
&E<e \quad \text{凝结（过饱和空气）}
\end{aligned}
$$

假设 E_s 为某一温度下对应的冰面上的饱和水汽压，同样可得到冰和水汽两相变化的判据为

$E_s>e$　升华

$E_s=e$　动态平衡

$$E_s < e \quad \text{凝华}$$

(三) 水相变化中的潜热

在水相的转变过程中,必然伴随着能量的转换。蒸发时,要消耗潜热;凝结时,则要释放出潜热。蒸发过程中,从水中跑出来的分子都是速度较大的分子,带走了一部分热量,剩下的则是平均速度较慢的分子,相应水的温度就会逐渐降低。1 g 水蒸发为同温度下的水汽所需要消耗的热量,称为蒸发潜热 L,L 与温度 t(℃)的关系为

$$L = (2\,500 - 2.4t) \times 10^3 \text{ J/kg} \tag{4-2}$$

由(4-2)式可知,L 随温度的升高而减小。当 $t=0$℃时,$L = 2.5\times10^6$ J/kg。在温度变化不大时,L 的变化很小,因此 L 的取值为 2.5×10^6 J/kg。

当水汽发生凝结时,水汽分子聚集成液态水,分子间的动能减少,有能量转化为热量释放出来,水汽凝结为 1 g 水时所释放的热量,称为凝结潜热。在同温度下,凝结潜热与蒸发潜热相等。

冰和水汽之间的相变同样存在能量的转变,在冰升华为水汽的过程中要消耗热量,这热量包含两部分,即由冰融化为水所需消耗的融解潜热和由水变为水汽所需消耗的蒸发潜热。融解潜热为 3.34×10^5 J/kg。若以 L_s 表示升华潜热,则有

$$L_s = 2.5\times10^6 + 3.34\times10^5 = 2.8\times10^6 \text{ J/kg}$$

二、饱和水汽压的影响因素

水的三相变化的判断,一般采用实际水汽压与同温度下的饱和水汽压进行比较。因此,有必要对饱和水汽压作进一步的讨论。影响饱和水汽压的因素主要有蒸发面的温度、蒸发面的性质、蒸发面的形状、曲率。

(一) 蒸发面温度对饱和水汽压的影响

在实际应用中,常用马格努斯(Magnus)经验公式来描述饱和水汽压与蒸发面温度的关系,其表达式为

$$E = E_0\, 10^{\frac{\alpha t}{\beta + t}} \tag{4-3}$$

式中,t 是蒸发面温度,单位为℃;α、β 为经验常数,对水面而言 α、β 分别为 7.63 和 241.9,对冰面而言 α、β 分别是 9.5 和 265.5;$E_0=6.11$ hPa($t=0$℃时,纯水平面上的饱和水汽压)。不同温度下水面和冰面的饱和水汽压可查气象常用表。

由马格努斯经验公式(4-3)可知,随着温度升高,饱和水汽压按指数规律迅速增大。其原因有两点:① 当蒸发面温度升高时,水分子平均动能增大,单位时间内脱出水面的分子增多,空气中水汽密度增大,当水面上的水汽密度增大到一定数量时,落回水面的分子才能与跑出水面的分子数相等;② 随着温度的升高,水面以上的水汽分子的平均动能也增大了,而水汽压是由水汽重量及其碰撞器壁的结果。所以,高温时的饱和水汽压比低温时要大。

饱和水汽压随温度的升高而增大对蒸发和凝结有重要意义:① 水温升高时,饱和水汽压大,空气中所能容纳的水汽量增多,因而能使原来已处于饱和状态的蒸发面会因温度升高而变得不饱和,蒸发重新出现;相反,如果降低饱和空气的温度,由于饱和水汽压减小,就会有多余的水汽凝结出来。② 对于饱和空气,降低同样的温度,高温时凝结水汽量比低温时多。例如饱和湿空气的温度由 35℃降低到 30℃,每立方米空气中最多可凝结水汽量为 9.2 g,远比由 15℃降低到 10℃时凝结水汽量 3.4 g 多。因此,降低同样的温度,在高温饱和湿空气中形成的云或雾要浓一些,这也说明了为什么暴雨总发生在暖季。

(二) 蒸发面性质对饱和水汽压的影响

自然界有很多不同性质的蒸发面,如水面、冰面、溶液面等。不同性质的蒸发面,分子受到周围分子的引力不同,分子跑出蒸发面难易程度也不同,因此,在同一温度下,蒸发面性质不同,饱和水汽压大小不同。

(1) **过冷却水面和冰面** 通常,水温在 0℃时开始结冰,但有时水在 0℃以下,甚至在 −20℃～−30℃

以下仍不结冰。这种温度低于 0℃仍不结冰的液态水称为过冷却水,简称过冷水。过冷水具有相对不稳定性,当它与冷物体表面接触时立刻会冻结起来形成冰层。

冰面的饱和水汽压小于同温度下过冷却水面的饱和水汽压。因为冰是固体,冰分子的运动不像水分子那样自由,从冰面跑出来要困难些。不同温度下两者差值见表 4-1,只有当温度刚好为 0℃时,冰和水处于过渡状态,它们的饱和水汽压才相等。

表 4-1 不同温度下过冷却水面和冰面饱和水汽压及差值

温度/℃	0	−5	−10	−11	−12	−15	−20	−25	−30	−35	−40	−50
E_s/hPa	6.108	4.215	2.863	2.644	2.441	1.942	1.254	0.807	0.509	0.314	0.189	0.064
E_i/hPa	6.108	4.015	2.597	2.376	2.172	1.652	1.032	0.632	0.380	0.223	0.128	0.039
ΔE/hPa	0	0.200	0.266	0.268	0.269	0.260	0.222	0.175	0.129	0.091	0.061	0.025

冰面与过冷水面饱和水汽压的差异,对于由冰晶和过冷水滴组成的混合云中降水形成机制具有重要作用。在冰水混合云中,实际水汽压(e)常大于冰面上的饱和水汽压(E_i),而又小于过冷却水面的饱和水汽压(E),即 $E_i < e < E$。那么,对过冷却水来说,由于 $e < E$,过冷却水滴会不断蒸发而逐渐变小;对冰面来说,$e > E_i$,冰晶体上会因凝华而逐渐增大,水分子不断向冰晶转移,这种使冰晶增大的过程称为冰晶效应,这种现象是贝吉龙首先发现的,故又称为贝吉龙理论。过冷却水面和冰面的饱和水汽压的差值越大,冰晶效应越显著。

(2)*溶液面* 溶液中因溶质的存在,使溶液内分子间的作用力大于纯水内分子间的作用力,溶液面水分子的脱离比纯水面水分子的脱离要困难些。因此,同一温度下,溶液面的饱和水汽压比纯水面的饱和水汽压要小些,且溶液的浓度越高,饱和水汽压越小。

(三)蒸发面形状及曲率对饱和水汽压的影响

(1)*蒸发面形状* 在同一温度下,凸面的饱和水汽压最大,平面次之,凹面最小。由图 4-2 可知,三个形状不同的水面上,水分子受到周围分子的吸引力是不同的,A 分子受到的引力最小,最易脱出水面;C 分子受到的引力最大,最难脱出水面;B 分子的情况介于两者之间。

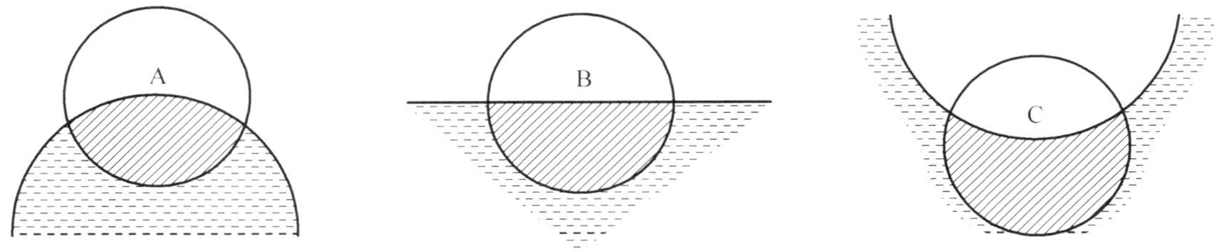

图 4-2 不同形状蒸发面上分子受到的吸引力

(2)*曲率效应* 云雾中的水滴(凸面)有大有小,曲率半径 r 的倒数称为曲率,大水滴曲率小,小水滴曲率大。在同一温度下,曲率越大的小水滴,水分子越容易跑出水面,饱和水汽压越大;反之,曲率越小的大水滴,饱和水汽压越小,即 $E_{凸小} > E_{凸大}$。在云中,大小水滴共存的现象是很普遍的,当云中实际水汽压介于大、小水滴的饱和水汽压之间时,由于 $e < E_{凸小}$,小水滴因蒸发而减小;而由于 $e > E_{凸大}$,大水滴因凝结而长大,产生水汽转移,出现大水滴"吞并"小水滴的现象,这种现象仅在云雾形成的初期起着重要作用,当水滴增长到半径大于 1 μm 时,曲率的影响就很小了。凹面则相反,即 $E_{凹大} > E_{凹小}$,如在土壤的毛细孔中和植物面上更容易出现露水,除辐射冷却外,还由于半径 r 很小的凹面上的饱和水汽压很小,容易达到饱和。

三、蒸发

(一)基本概念

液态水转变为水汽的过程称为蒸发。在自然界中,只要蒸发面上的实际水汽压小于当时温度下的饱和水汽压,就会产生蒸发现象。蒸发的大小,通常用蒸发速率和蒸发量来度量。单位时间单位面积上蒸发的水量,称为蒸发速率,单位为 kg/(m^2·s)。在气象观测中,以某一段时间内(日、月、年)因蒸发而消耗掉的水层深度来表示蒸发量。日蒸发量是指一日内因蒸发而消耗掉的水层深度,单位为 mm。

(二) 影响蒸发的因素

静止大气中,蒸发速度可表示为

$$W=A(E-e)/P \tag{4-4}$$

式中,W 为蒸发速度,它与饱和差($E-e$)及比例系数 A(与风速大小有关)成正比,与气压(P)成反比。式(4-4)是 1802 年由道尔顿(Dalton)提出的,称为道尔顿蒸发公式。考虑到自然蒸发的实际情况,影响蒸发速度的主要因子有四个:水源、温度、饱和差、风速与湍流扩散强度。

(1) *水源* 没有水源就不可能有蒸发,因此开阔的水域、雪面、冰面、潮湿土壤、植被是蒸发(蒸腾)产生的基本条件。在沙漠中,几乎没有蒸发。

(2) *蒸发面温度* 蒸发面温度越高,在实际水汽压一定的情况下,饱和差越大,则蒸发速度越快。蒸发必须消耗热量,在蒸发过程中如果没有热量供给,蒸发面就会逐渐冷却,使蒸发面上的饱和水汽压减小,导致蒸发减缓甚至逐渐停止。因此,在太阳直接照射下的土壤蒸发比阴凉处的土壤蒸发快。

(3) *空气湿度* 在同样温度下,空气湿度大时,饱和差小,蒸发进行得慢;空气湿度小时,饱和差大,蒸发进行得快。

(4) *风和湍流扩散* 大气中的水汽垂直输送和水平扩散能加快蒸发速度。有风时,湍流加强,蒸发面上的水汽随风和湍流迅速散布到广阔的空间,蒸发面上水汽压减小,饱和差增大,蒸发加快。水面面积大或沿风的方向水面狭长,其上空大量的水汽不易被风立即吹散,水汽含量多,蒸发慢。因此,风对小水域的蒸发速度影响大,对大水域的蒸发速度影响小。

除上述基本因子外,陆地上的蒸发还应考虑到土壤的结构、湿度、地下水位、植被等。地面上如有植被覆盖,除土壤蒸发外,还有植物蒸腾作用,总蒸发量可能增大。海洋上的蒸发还应考虑水中的盐分。河流、水库、湖泊的蒸发还应考虑水面大小和形状、水深、水质等。对地面和大气中水汽凝结物的蒸发还应考虑蒸发面性质、形状、曲率等。

(三) 蒸发量的地理分布

蒸发量的地理分布,受气温、海陆、降水量诸因素的影响。从气温条件来说,纬度越低,气温越高,蒸发能力越强,蒸发量越大;反之,则蒸发量越小。在温度条件相同的情况下,海洋上有足够的水汽来源,大陆上水汽来源较少,所以海洋上的蒸发量大于大陆,并有自沿海向大陆内部显著减少的趋势。蒸发量的大小与所在地区的年降水量也有关系,一般说来,降水量多的地方蒸发量大;反之,蒸发量小。全球冬夏季蒸发量分布如图 4-3。

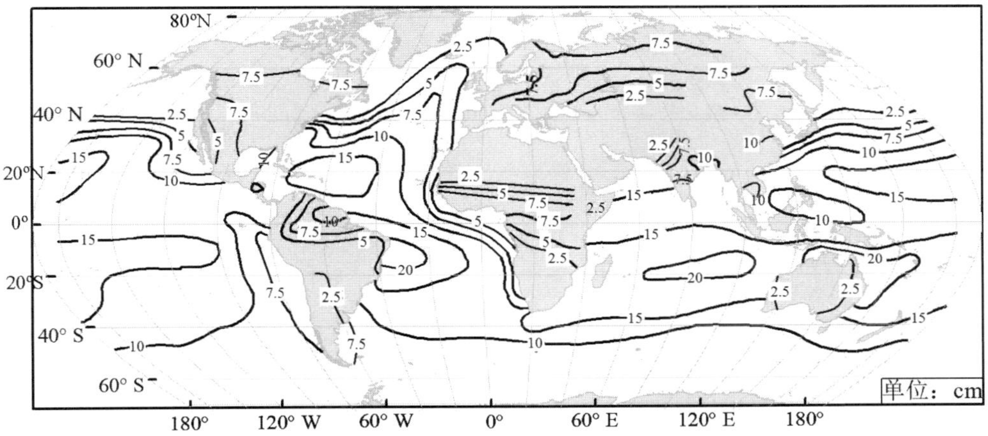

(a)

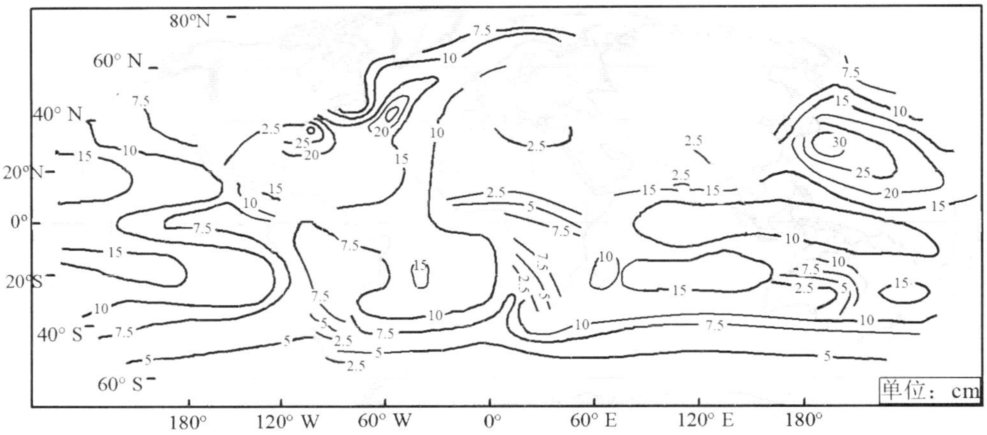

(b)

图 4-3　全球 1 月(a)、7 月(b)蒸发量(cm)分布

四、空气湿度的时间变化

(一) 水汽压的时间变化

(1) 日变化　水汽压的日变化有两种类型,单波型和双波型。

1) 单波型(海洋型)。水汽压的日变化与温度的日变化一致(即与蒸发量的日变化一致),一日内有一个最高值和一个最低值,最高值出现在温度最高、蒸发最强的午后,最低值出现在温度最低、蒸发最弱的清晨(图 4-4中虚线所示)。这种类型多出现在海洋上、沿海地区和陆地上湍流不强的秋冬季节。

2) 双波型(大陆型)。水汽压在一日内有两个最高值和两个最低值。最低值出现在清晨温度最低时和午后湍流最强时,最高值出现在 9～10 时和 21～22 时(图 4-4 中实心点线)。峰值的出现是因为蒸发增加水汽的作用大于湍流扩散对水汽的减少作用。这种类型多出现在大陆上湍流混合较强的夏季。

(2) 年变化　水汽的年变化与温度的年变化相似。有一个最高值和一个最低值。最高值出现在温度高、蒸发强的 7～8 月份,最低值出现在温度低、蒸发弱的 1～2 月份。

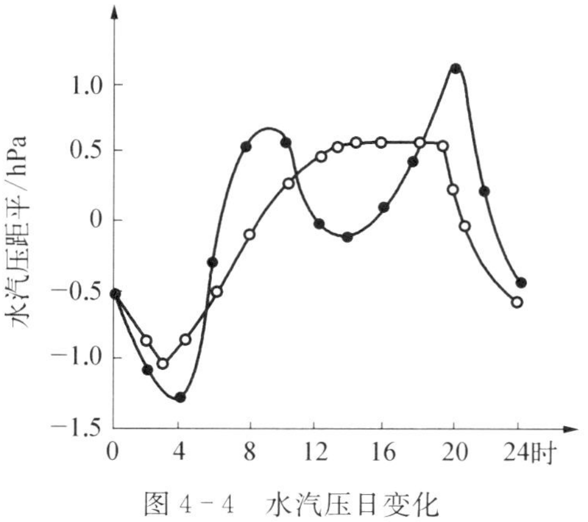

图 4-4　水汽压日变化

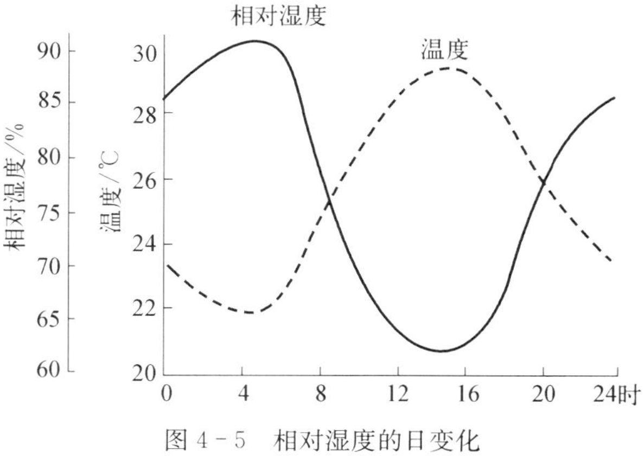

图 4-5　相对湿度的日变化

(二) 相对湿度的时间变化

(1) 日变化　相对湿度的日变化主要取决于气温。一日内有一个最高值和一个最低值,其最高值出现在清晨温度最低时,最低值出现在午后温度最高时。气温增高时,虽然蒸发加强,水汽压增大,但饱和水汽压增大得更多,反使相对湿度减小;温度降低时则相反,相对湿度增大。相对湿度的日变化与温度日变化相反(图 4-5)。

(2) *年变化* 相对湿度的年变化一般是冬季最大,夏季最小。但在某些季风盛行地区,由于夏季盛行风来自海洋,冬季盛行风来自内陆,相对湿度反而夏季大,冬季小。

天气变化等因素有时会破坏湿度这种有规律的年、日变化的特征,其中起主要作用的是湿度平流。空气从湿区流到干区时称为湿平流,所流经地区的湿度增加;空气从干区流到湿区时称为干平流,所经之处的湿度减小。

五、大气中的水汽凝结的条件

大气中水汽凝结或凝华必须具备的两个条件:① 空气中水汽达到饱和或过饱和状态;② 有凝结核或凝华核的存在。

(一) 空气中水汽达到饱和或过饱和状

使空气达到过饱和的途径有两种:① 通过蒸发,增加空气中的水汽,使水汽压大于当时的饱和水汽压;② 通过冷却作用,减少饱和水汽压,使其小于当时的实际水汽压。也可是两者的共同作用。

1. 暖水面蒸发

通常情况下,水面蒸发作用虽然可以增大空气湿度,但并不能使空气中的水汽产生凝结。因为靠近水面的空气接近饱和时,蒸发就会基本停止,不能达到过饱和,不能使水汽发生凝结。如果有冷空气流经暖水面时,暖水面温度比气温高,暖水面上的饱和水汽压比冷空气的饱和水汽压大得多,由于暖水面上不断蒸发,使水面上冷空气的水汽压逐渐增大,并接近暖水面上的饱和水汽压,这对冷空气来说,就可能达到过饱和状态而产生凝结。秋冬季的早晨,在水面较暖而空气较冷的情况下,水面上腾起的“雾气”(蒸发雾)就是这个缘故。

2. 空气的冷却

使空气达到过饱和的另一途径是通过空气冷却,减小饱和水汽压。空气冷却的方式很多,主要有以下四种。

(1) *绝热冷却* 指空气在上升过程中,因体积膨胀对外做功而导致空气本身的冷却。随着高度升高,温度降低,饱和水汽压减小,空气至一定高度就会出现过饱和状态,产生凝结。这一方式对于云的形成具有重要作用。

(2) *辐射冷却* 指在晴朗无风的夜间,由于地面的辐射冷却,导致近地面层空气的降温。当空气中温度降低到露点温度以下时,水汽压就会超过饱和水汽压产生凝结。辐射雾就是水汽以这种方式凝结形成的。

(3) *平流冷却* 暖湿空气流经冷的下垫面时,由于不断把热量传递给冷的地表而造成空气本身温度的降低。如果暖空气与冷地面温度相差较大,暖空气降温较大,也可能产生凝结。

(4) *混合冷却* 两团接近饱和的空气,当温差较大时,经过水平混合,可能使混合后气团的平均水汽压比混合气团平均温度下的饱和水汽压大,从而产生凝结。例如我国新疆地区就有因不同气团混合而产生的雾。若两个气团原来的湿度比较小,则混合后难以发生凝结。

在上述几种冷却过程中,对形成雾来说,由于凝结出现在贴近地面的气层中,因此辐射冷却、平流冷却是主要的;对形成云来说,由于凝结是发生在一定高度上的,因而绝热冷却是主要的。

(二) 凝结核、凝华核的作用

在大气中,只要相对湿度达到100%,水汽就会发生凝结,但在实验室里却发现,在纯净的空气中,水汽过饱和到相对湿度为300%~400%,也不会发生凝结。但如果此时投入吸湿性微盐粒,就立刻发生凝结。这一事实表明,水汽凝结除要满足水汽达到饱和或过饱和外,还必须有凝结核。气象上把那些能以其为核心凝结成水滴的微粒称为凝结核,半径一般为 $10^{-7}\sim10^{-3}$ cm,而且半径越大,吸湿性越好的核周围越易产生凝结。若水汽在核上直接凝华成冰晶,这种核叫凝华核。

大气中凝结核主要来自:由垂直气流及湍流带到大气中的土壤、风化岩石、火山爆发等的微粒;各种燃烧烟尘,如森林失火、工业烟尘等;海浪飞溅泡沫中的盐分,如氯化钠、氯化镁等小颗粒;来自宇宙的流星及陨石的燃烧发出微粒等等。由大气的水平运动将凝结核输送各地。而凝华核大都是土地尘粒、碳黑、燃烧灰烬等物质。

凝结核能促进凝结的主要原因：只有水汽分子时，它们之间引力很小，通过相互之间的碰撞不易相互结合为液态或固态水，而凝结核对水汽分子吸引力要大些，更易吸附水汽分子；同时，凝结核的存在使水滴半径增大，曲率减小，使饱和水汽压减小，从而有利于水汽分子在其表面上凝结。对吸湿性凝结核来说，吸水后形成溶液，使饱和水汽压减小，甚至在相对湿度不到100%时，就能发生凝结现象。

第二节 水汽凝结物

水汽凝结物可发生在地面或地物上，如露、霜、雾凇、雨凇；也可以发生在空中，如云、雾等。

一、地面的水汽凝结物

(一) 露和霜

1. 概念

(1) 露 傍晚或夜间，地面或地物由于辐射冷却而迅速降温，使贴近地表面的空气层也随之降温，当其温度降到露点以下，空气中水汽含量过饱和时，在地面或地物的表面就会有水汽的凝结。如果此时的露点温度在0℃以上，在地面或地物上就出现微小的水滴，称为露。

(2) 霜 如果露点温度在0℃以下，则水汽直接在地面或地物上凝华成白色的冰晶，称为霜。有时已生成的露，由于温度降至0℃以下，冻结成冰珠，称为冻露，实际上也归入霜的一类。

2. 形成条件

露和霜的形成的气象条件是晴朗微风的夜晚。夜间晴朗(无云)有利于地面或地物迅速辐射冷却。微风有利于辐射冷却在较厚的气层中充分进行，使贴地空气得到更换，有足够多的水汽供应凝结。无风时可供凝结的水汽不多，风速过大时由于湍流太强，使贴地空气与上层较暖的空气发生强烈混合，导致贴地空气降温缓慢，不利于露和霜的生成。对于霜，除辐射冷却形成外，在冷平流之后或洼地上聚集冷空气时，都有利于其形成。这种霜称为平流霜或洼地霜，它们又常因辐射冷却而加强。因此在洼地与山谷中，产生霜的频率较大。在水边平地和森林地带，产生霜的频率较小。

露的量很少，但对植物很有利，尤其在干燥地区和干热天气，夜间的露常有维持植物生命的功用。例如，在埃及和阿拉伯沙漠中，虽数月无雨，植物还可以依赖露水生长发育。

3. 霜和霜冻的区别

霜是指白色固体凝结物。霜冻则是指在农作物生长季节里，地面和植物表面温度下降到足以引起农作物遭受伤害或者死亡的低温。如果这种低温高于露点温度，只有霜冻而无霜出现，常称为黑霜；如果这种低温低于露点温度，既有霜冻又有霜出像，称之为白霜。对农作物威胁较大的是霜冻而不是霜，尤其是早霜冻(或初霜冻)和晚霜冻(或终霜冻)对农作物的伤害较大，应引起重视，并需采取熏烟、浇水、覆盖等预防措施。

(二) 雾凇和雨凇

1. 雾凇

(1) 定义 雾凇是形成于树枝上、电线上或其他地物迎风面上的白色疏松的微小冰晶或冰粒。我国东北和华北地区称之为“树挂”。

(2) 分类 根据其形成条件和结构可分为两类。

1) 晶状雾凇：晶状雾凇主要由过冷却雾滴蒸发后，再由水汽凝华而成。它往往在有雾、微风或静稳以及温度低于−15℃时出现。由于冰面饱和水汽压比水面小，因而过冷却雾滴就不断蒸发变为水汽，凝华在物体表面的冰晶上，使冰晶不断增长。这种由物体表面冰晶吸附过冷却雾滴蒸发出来的水汽而形成的雾凇叫晶状雾凇。它的晶体与霜相似，结构松散，稍有震动就会脱落。在严寒天气，有时在无雾的情况下，过饱和水汽也可直接在物体表面凝华成晶状雾凇，但增长较慢。

2）粒状雾凇：粒状雾凇是由过冷却的雾滴被风吹过，碰到冷的物体表面迅速冻结而成的。由于冻结速度很快，因而雾滴仍保持原来的形状，所以呈粒状。往往在风速较大，气温为－2～－7℃时出现。它的结构紧密，能使电线、树枝折断，对交通运输、通信、输电线路等有一定影响。

2. 雨凇

雨凇是过冷却的液态降水(冻雨)碰到温度低于0℃的地面物体后直接冻结而成的毛玻璃状或透明的坚硬冰层，外表光滑或略有隆突。雨凇通常在不太寒冷时(0～－3℃)出现，主要形成在物体的水平面和迎风面上，在电线或树枝上还形成长长的下垂冰挂。如果它是由非过冷却雨滴碰到冷却得很厉害的地面物体后而形成的，一般这种雨凇很薄，存在的时间不长。雨凇是一种灾害性天气现象，严重的雨凇厚度可达几厘米，它能压断电线和电杆、折损树木，对交通运输、电讯、输电以及农业生产都有很大影响。

二、大气中的水汽凝结物

（一）雾

1. 概念

雾是悬浮于近地面空气中的大量小水滴(或冰晶)的可见聚合群体，底部接触地面。

2. 雾的形成条件

形成雾的基本条件是近地面空气中水汽充沛，有使水汽发生凝结的冷却过程和凝结核的存在。

3. 雾的分类

雾能使大气的透明度大为减小，降低能见度。雾越浓，能见度越小。

(1) 根据雾的浓度分类

1）雾：使水平能见度小于1 km的物理现象，称为雾。

2）轻雾：如果能见度在1～10 km，则称为轻雾。

(2) 根据雾的成因分类

1）辐射雾：辐射雾是由地面辐射冷却使贴地气层变冷而形成的。有利于形成辐射雾的条件是：空气中有充足的水汽；天气晴朗少云；风力微弱(1～3 m/s)；大气层结稳定。

辐射雾多出现在高气压区的晴朗夜晚，它的出现常表示晴天。例如，冬半年我国大陆上多为高压控制，夜又较长，特别有利于辐射雾的形成。辐射雾有明显的地方性。四川盆地是有名的辐射雾区，其中重庆冬季无云的夜晚或早晨，雾日几乎占80%，有时还可终日不散，甚至连续几天。在城市及其附近，烟粒、尘埃多，凝结核充沛，因此特别容易形成浓雾(常称都市雾)。如果机场位于城市的下风方，这种雾就会笼罩机场，严重地影响飞机的起飞和着陆。

2）平流雾：平流雾是暖湿空气流经冷的下垫面而逐渐冷却形成的。海洋上暖而湿的空气流到冷的大陆上或者冷的海洋面上，都可以形成平流雾。

形成平流雾的有利天气条件是：下垫面与暖湿空气的温差较大；暖湿空气的湿度大；适宜的风向(由暖向冷)和风速(2～7 m/s)；层结较稳定。因为只有暖湿空气与其流经的下垫面之间存在较大温差时，近地面气层才能迅速冷却形成平流逆温，而这种逆温起到限制垂直混合和聚集水汽的作用，使整个逆温层中形成雾。适宜的风向和风速，不但能源源不断地送来暖湿空气，而且能发展一定强度的湍流，使雾达到一定的厚度。

平流雾的范围和厚度一般比辐射雾大，在海洋上四季皆可出现。由于它的生长与消亡主要取决于有无暖湿空气的平流，因此只要有暖湿空气不断流来，雾就可以持久不消，而且范围很广。海雾是平流雾中很重要的一种，有时可持续很长时间。在我国沿海，春夏为多雾季节，这是因为平流性质的海雾，只有当夏季风盛行时才能到达陆上。

此外，在陆上，有由于平流冷却和辐射冷却的共同作用而形成平流辐射雾，冷气流流经暖水面时产生的蒸发雾,稳定的空气沿高地或山坡上升时因绝热冷却而形成的上坡雾,以及冷暖性质不同的气团交界处形成的锋面雾等。

(二)云

云是发生在空中的凝结物。云是降水的基础,它的发生发展总伴随着能量的交换。云的形状千变万化,一定的云状常伴随着一定的天气出现,因而在一定程度上不仅反映了大气的运动、稳定程度、水汽状况等,而且具有预示未来天气变化的作用。目前气象雷达和气象卫星都可以观测云,卫星拍摄的云图已成为天气预报的重要资料之一。

1. 概念

云是悬浮在大气中的大量的小水滴、冰晶微粒或两者混合物的可见聚合群体,底部不接触地面(如接触地面则为雾),且具有一定的厚度。云量是指云遮蔽天空视野的成数。将地平线以上全部天空划分为10份,被云所遮蔽的份数即为云量。例如,碧空无云,云量为0;天空一半为云所覆盖,则云量为5。

2. 云的形成条件

云的形成条件有:① 有充足的水汽;② 有凝结核的存在;③ 有使空气中水汽发生凝结(或凝华)的冷却过程。这种冷却过程主要是空气的上升运动引起的绝热冷却。大气的上升运动主要有如下四种类型。

1) 热力对流:指地表受热不均和大气层结不稳定引起的对流上升运动。由对流运动所形成的云多属积状云。

2) 动力抬升:指暖湿气流受锋面、辐合气流的作用所引起的大范围上升运动。这种运动形成的云主要是层状云。

3) 大气波动:指大气流经不平的地面或在逆温层以下所产生的波状运动。由大气波动形成的云主要是波状云。

4) 地形抬升:指大气运行中遇地形阻挡,被迫抬升而产生的上升运动。这种运动形成的云既有积状云,也有波状云和层状云,通常称之为地形云。

3. 云的分类

云的外貌形态各种各样,为了便于辨别,需要按照一定的原则进行分类。一般有按发生学的原则分类、形态学原则分类以及云底高度分类几种。根据云底高度分类,可将云分为低云、中云和高云。按形成云的上升气流的特点可分为积状云、层状云和波状云(表4-2)。目前气象观测上,世界各国统一采用的云的国际分类法,它是根据云的形成高度并结合其形态,将云分为4族10属。我国2004年出版的《中国云图》将云分成3族11属29类。

表4-2　云的分类

云　型	低(<2 500 m)	中(2 500~5 000 m)	高(>5 000 m)
层状云	雨层云(Ns)	高层云(As)	卷层云(Cs)、卷云(Ci)
波状云	层积云(Sc)、层云(St)	高积云(Ac)	卷积云(Cc)
积状云	淡积云(Cu hum)、浓积云(Cu cong)、积雨云(Cb)		

4. 云的形成

(1) *积状云的形成*　积状云是垂直发展的云块,主要包括淡积云、浓积云和积雨云。它们是积状云发展的不同阶段,强大的积状云常伴有大量降水和各种灾害性天气,如雷暴、冰雹、暴雨、龙卷等。

积状云的形成是与不稳定大气中的对流上升运动有关。它是由于空气对流上升,产生绝热冷却,使水汽发生凝结而形成。对流能否形成积状云,还要看对流达到的最大高度(对流上限)能否超过凝结高度。对流上限超过了凝结高度,便能形成云;反之则不能形成。对流越强,对流上限高于凝结高度的差值就越大,积状云厚度就越大。对流上升区的水平范围越大,则积状云的水平范围也就越大。

积状云多形成于夏季午后,它的外貌形态具孤立分散、云底平坦和顶部凸起的特征。由于大气是连续的流体,当地表受热不均和大气层结不稳定引起空气对流运动时,一部分空气上升,四周的空气就会下沉补充。

对流上升处形成了云,下沉处空气绝热增温,不会形成云,造成空隙。故呈孤立分散状态,云块间露出蓝天。积状云范围不大。对于一定的地区,在同一时间里,空气温度、湿度的水平分布近于一致,其凝结高度基本相同,因而积云底部平坦。由于对流中心区上升气流最强,达到的高度最高,而四周上升气流较弱,达到的高度较低,因而云顶凸起。

当对流上限稍高于凝结高度,则一般只形成淡积云[图 4-6(a)]。云顶一般在 0℃等温线所在的高度以下,云体由水滴组成,云内上升气流的速度不大,一般不超过 5 m/s,云中湍流也较弱。在淡积云出现的高度上,如果有强风和较强的湍流时,淡积云的云体会变得破碎,这种云叫碎积云。

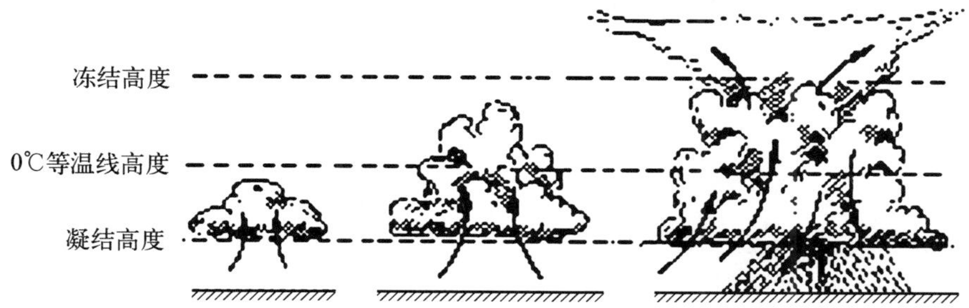

图 4-6 积状云的形成

当对流上限超过凝结高度许多时,云体高大,顶部呈花椰菜状,形成浓积云[图 4-6(b)]。其云顶伸展至低于 0℃的高度,顶部由过冷却水滴组成,云中上升气流强,可达 15~20 m/s,云中湍流也强。

如果上升气流更强,浓积云云顶即可向上伸展,云顶可伸展至-15℃以下的高空。于是云顶冻结为冰晶,出现丝缕结构,形成积雨云[图 4-6(c)]。在高空风的吹拂下,积雨云顶部向水平方向展开呈砧状,称为砧状云。在顺高空风的方向上,云砧能伸展很远,因而它的伸展方向,可作为判定积雨云的移动方向。积雨云的厚度很大,在中纬度地区为 5 000~8 000 m,在低纬度地区可达 10 000 m 以上。云中上升下沉气流的速度都很大,上升气流常可达 20~30 m/s,曾观测到 60 m/s 的上升速度,下沉速度也有 10~15 m/s。云中湍流十分强烈。

热力对流形成的积状云具有明显的日变化。通常,上午多为淡积云。随着对流的增强,逐渐发展为浓积云。下午对流最旺盛,往往可发展为积雨云。傍晚对流减弱,积雨云逐渐消散,有时可以演变为伪卷云、积云性高积云和积云性层积云。如果到了下午,天空还只是淡积云,这表明空气比较稳定,积云不能再发展长大,天气较好,所以淡积云又叫晴天积云,是连续晴天的预兆。夏天,如果早上很早就出现了浓积云,则表示空气已很不稳定,就可能发展为积雨云,因此早上有浓积云是有雷雨的预兆。傍晚层积云是积状云消散后演变成的,说明空气层结稳定,一到夜间云就散去,这是连晴的预兆。由此可知,利用热力对流形成的积云的日变化特点,有助于直接判断短期天气的变化。

(2) *层状云的形成* 层状云包括卷云、卷层云、高层云及雨层云。它的外貌具有均匀幕状,连绵成片的特征。

由于空气大规模的系统性上升运动(主要是锋面上的上升运动),使大范围气层强迫抬升,绝热冷却而使水汽凝结,形成层状云。这种系统性的上升运动通常水平范围大,上升速度只有 0.1~1 m/s,持续时间长,能使空气上升几千米。例如当暖空气向冷空气一侧移动时,由于两者密度不同,稳定的暖湿空气沿冷空气斜坡缓慢滑升,绝热冷却,形成层状云(图 4-7)。云的底部同冷暖空气交绥的倾斜面(又称锋面)大体吻合,云顶近似水平。在倾斜面的不同部位,云厚的差别很大。最前面的是卷云和卷层云,其厚度最薄,一般为几百米至两千米,云体由冰晶组成;中部的是高层云,厚度一般为 1 000~3 000 m,顶部多由冰晶组成,主体部分多由冰晶与过冷却水滴共同组成;最后面是雨层云,厚度一般为 3 000~6 000 m,其顶部由冰晶组成,中部为过冷却水滴与冰晶共同组成,底部由温度高于 0℃的水滴组成。

有些云可以作为降水来临之前的征兆。如果卷层云移来,通常知道未来有雨层云移来。卷层云有一个显著特征,即透过它可以清楚地看出日、月的轮廓,而且在日、月的外围,经常出现一个内红外紫的彩色晕圈,它往往是坏天气来临的征兆,有谚语道"日晕三更雨,月晕午时风"。雨层云的到来常预示有降水出现,有谚

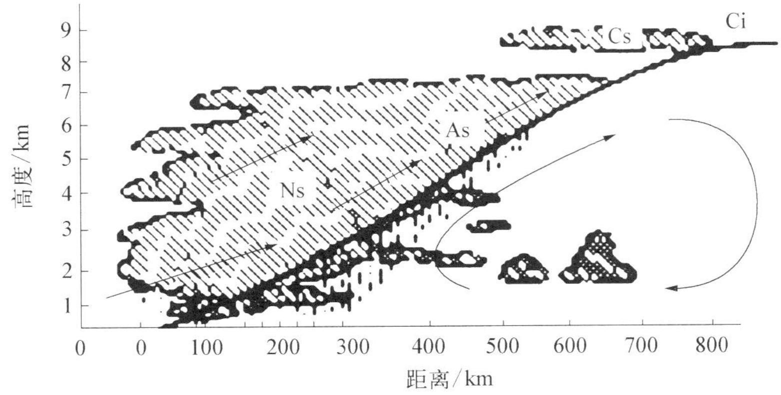

图 4-7　系统性层状云的形成

语道“天上灰布悬,雨丝定连绵”。

(3) 波状云的形成　波状云包括卷积云、高积云、层积云、层云。其外貌特征是呈波浪起伏,一排排、一列列,块状连接(排列较整齐)的云层。

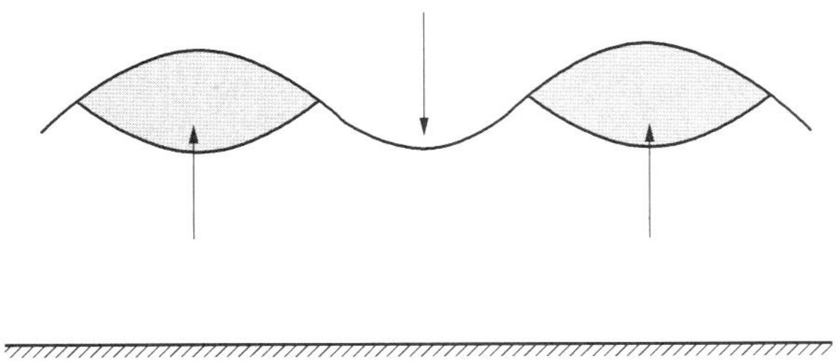

图 4-8　波状云的形成

波状云是由空气波动运动引起的。当空气存在波动时,波峰处空气上升,波谷处空气下沉。空气上升处由于绝热冷却而形成云或云层加厚,下沉处则无云或云层减薄(图 4-8)。从而形成厚度不大、保持一定间距的平行云条,呈一列列或一行行的波状云。云中的上升速度可达每秒几十厘米,仅次于积状云中的上升速度。

形成波动的原因有两个:① 由于大气中存在着空气密度和气流速度不同的界面,在此界面上引起波动;② 由于气流越山而形成的波动(称地形波或背风波)。

波状云的厚度不大,一般为几十米到几百米,有时可达 1 000～2 000 m。在它出现时,常表明气层比较稳定,天气少变化。谚语“瓦块云,晒死人”“天上鲤鱼斑,明天晒谷不用翻”,就是指透光高积云或透光层积云出现后,天气晴好而少变。但是系统性波状云,像卷积云是在卷云或卷层云上产生波动后演变成的,所以它和大片层状云连在一起,表示将有风雨来临。因此有谚语“鱼鳞天,不雨也风颠”。

(4) 特殊云状的形成　除上面介绍的几种云外,还有一些外貌特殊的云,如悬球状云、堡状云、絮状云、荚状云等。

1) 悬球状云:是指从云底下垂的云团,多出现在积雨云的底部。有时在高积云、高层云和雨层云的底部也可以见到。当云中有大量的水滴时,如果云底附近有强烈的上升气流,将下降的水滴托住,便会形成好像悬挂在云底的云团,这就是悬球状云。悬球状云的出现,通常预兆有降水产生,因为一旦上升气流减弱,原先被托住的水滴就会降落下来,形成降水。

2) 堡状云和絮状云:堡状云底部水平,顶部则是并列着突起的小云塔,形状像远方的城堡。这种云的形成,常常是在波状云的基础上发展起来的。当波状云在逆温层下形成以后,如果逆温层不太厚,则逆温层下湍流发展时,较强的上升气流就穿过逆温层,使水汽凝结,形成具有圆弧顶部的云朵,这就是堡状云(图 4-9)。常见的堡状云有堡状高积云和堡状层积云。

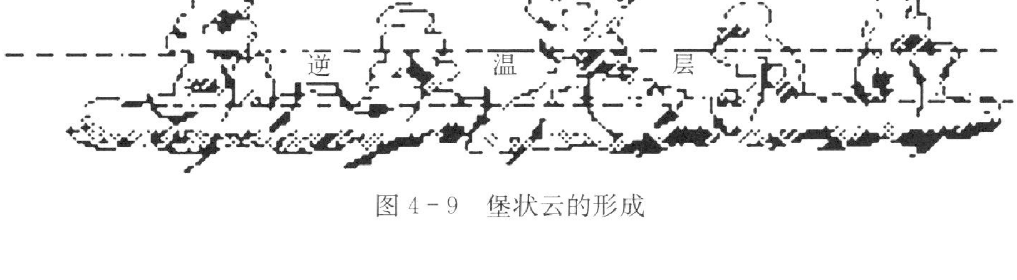

图 4-9　堡状云的形成

絮状云的个体破碎,形状像棉絮团,它常是潮湿气层中的强烈湍流混合作用而形成的,主要为絮状高积云。

夏半年如早晨出现堡状高积云或絮状高积云,表示该高度上气层不稳定,到了中午,低层对流一旦发展,上下不稳定气层结合起来,会产生强烈上升气流,形成积雨云,出现雷暴雨或冰雹。傍晚对流减弱,如出现堡状高积云,表明高空将有不稳定系统逼近,次日可能出现系统性雷暴雨。

3) 荚状云:荚状云中间厚、边缘薄,云块呈豆荚状。常见的荚状云主要是荚状高积云和荚状层积云。

荚状云是由局部上升气流和下降气流相汇合而形成的。当上升气流使空气绝热冷却而形成云时,如果遇到下降气流的阻挡,其边缘部分因下降气流而逐渐变薄,这样便形成荚状云。在山区,气流受到地形的影响也能形成荚状云(图 4-10)。

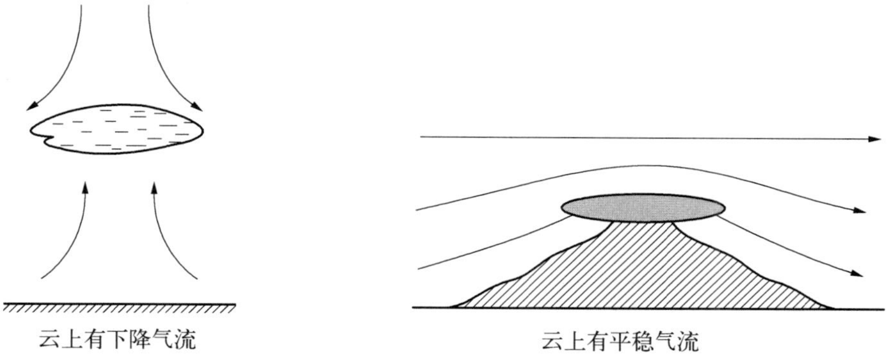

图 4-10　荚状云的形成

前面介绍了积状云、层状云、波状云和一些特殊云状形成的物理过程,但它们并不是孤立不变的。由于条件的变化,它们可以是发展的或消散的,也可以相互转化和演变。

第三节　降　　水

一、降水的特征量

(1) 降水　从空中降到地面上的液态或固态水,称为降水。如雨、毛毛雨、雪、雨夹雪、霰、冰粒和冰雹等。降水的多少用降水量表示。

(2) 降水量　降水量指降水落至地面后(固态降水则需经融化后),未经蒸发、渗透、流失而在水平面上积聚的深度,降水量单位为 mm。降水量具有不续性和变化大的特点,通常以日为最小时间单位,进行降水日总量、旬总量、月总量和年总量的统计。气象上测量降水的仪器主要有雨量器、雨量计等。

在高纬度地区冬季降雪多,还需测量雪深和雪压。雪深是从积雪表面到地面的垂直深度,以厘米(cm)为单位。当雪深超过 5 cm 时,则需观测雪压。雪压是单位面积上的积雪重量,以 g/cm^2 为单位。降水量是表征某地气候干湿状态的重要因素,雪深和雪压还可反映当地的寒冷程度。

(3) 降水强度　指单位时间内的降水量。单位:毫米/分钟(mm/min)、毫米/小时(mm/h)、毫米/天(mm/d)。单位时间通常取 10 分钟(10 min)、1 小时(1 h)或 1 天(1 d)。

二、降水的分类

降水的分类较复杂,由于分类依据不同,降水的类型也不同。

(一) 按降水连续性分

(1) 连续性降水　降水时间较长,强度变化较小,降水范围较大,这类降水称为连续性降水。

层状云由于云体比较均匀,云中气流也比较稳定,所以层状云的降水是连续性降水,这种降水通常降自高层云和雨层云。

(2) 阵性降水　降水持续时间短,强度变化大,常突然开始和突然结束,降水范围小,而且分布不均匀,这类降水称为阵性降水。

积状云的降水属于此类降水。一方面由于积状云云体水平范围与垂直伸展的尺度差不多,即它的水平范围小,经过一个地方所用时间较短,因而降水的起止很突然;另一方面是由于积状云中,升降气流多变化,上升气流强时,降水物被"托住"降落不下来。当上升气流减弱或出现下沉气流时,降水物骤然落下,也使降水具有阵性。这种降水通常降自浓积云和积雨云。

(3) 毛毛状降水　极小的滴状液体降水,落在水面上没有波纹,落在干地上无湿斑,降水强度小,这类降水称为毛毛状降水。

波状云的降水属于此类降水。在波状云中,由于含水量较小,厚度不均匀,所以降水强度较小,往往时降时停,具有间歇性。这种降水通常降自层云和层积云。

(二) 按降水强度分

降水按降水强度划分,雨可分为小雨、中雨、大雨、暴雨、大暴雨、特大暴雨;雪可分为小雪、中雪、大雪等类型。其划分标准见表 4-3。

表 4-3　降水强度划分标准

划分标准	雨		雪
	mm/d	mm/h	mm/d
降水强度等级	微量<0.1	微量<0.1	微量<0.1
	0.1≤小雨<10	0.1≤小雨<2.5	0.1≤小雪<2.5
	10≤中雨<25	2.5≤中雨<8.0	2.5≤中雪<5.0
	25≤大雨<50	8.0≤大雨<16.0	5.0≤大雪
	50≤暴雨<100	16.0≤暴雨	
	100≤大暴雨<200		
	200≤特大暴雨		

(三) 按降水形态分

(1) 雨　雨指自云体中降落至地面的液体水滴。有以下三类云都可形成雨。

1) 水成云:由液态水滴(包括过冷却水滴)所组成的云体称为水成云。水成云内如果具备了云滴增大为雨滴的条件,并使雨滴具有一定的下降速度,这时降落下来的就是雨或毛毛雨。

2) 冰成云:由冰晶组成的云体称为冰成云。

3) 混合云:由水滴(主要是过冷却水滴)和冰晶共同组成的云称为混合云。

从冰成云或混合云中降下的冰晶或雪花,下落到 0℃以上的气层内,融化以后也会成为雨滴下落到地面,形成降雨。

(2) 雪　雪指从混合云中降落到地面的雪花形态的固体水。在混合云中,由于冰水共存使冰晶不断凝华增大,成为雪花。当云下的气温低于 0℃,雪花可以一直落到地面而形成降雪。如果云下的气温高于 0℃,则可能出现雨夹雪。雪花的形状极多,有星状、柱状、片状等,但基本形状是六角形。由于边、面、角上曲率不同,其饱和水汽压也不同,一般来说,同一温度条件下,角上的饱和水汽压最大,边上的次之,平面上的最小,在实际水汽压相同时,各部分的凝华增长不同。当实际水汽压仅大于平面的饱和水汽压时,水汽只在面上凝华,形成的是柱状雪花。当实际水汽压大于边上的饱和水汽压时,边上和面上都会发生凝华。由于凝华的速度还与曲率有关,曲率大的地方凝华较快,故在冰晶边上凝华比面上快,多形成片状雪花。当实际水汽压大于角上的饱和水汽压时,虽然面上、边上、角上都有水汽凝华,但尖角处位置突出,水汽供应最充分,凝华增长得最快,故多形成枝状或星状雪花。由于冰晶不停地运动,其温度和湿度条件也不断变化,使得冰晶各部分增长的速度不一致,形成的雪花多种多样。

(3) **雹** 雹是颗粒最大的固体降水,其直径小的为几毫米,大的可达几十厘米。发生在有强烈上升运动的积雨云中,由霰在云中继续增大而形成。雹按尺寸和结构分为以下三类。

1) 霰(软雹):是从云中降落至地面的不透明的球状晶体,由过冷却水滴在冰晶周围冻结而成,直径2～5 mm。着地反跳,易碎,降落时呈阵性。

2) 小冰丸(小雹、冰粒):由透明或半透明的小冰粒所组成的降水。冰粒呈圆球形或不规则形,偶有呈锥形,直径为5 mm或更小。冰丸有两种形成过程:一是雨滴冻结或雪花融化后重新冻结而成;二是米雪下降时碰冻过冷却水滴或由米雪部分融化后再冻结而成。米雪是由直径小于1 mm的扁平或伸长的白色不透明冰粒组成的降水。着地不反跳,也不破碎,常降自层云和雾,量少。

3) 冰雹:由直径大于5 mm的冰块所组成的降水。其单体称为雹块或冰雹。雹块由透明冰层或透明与不透明交替的冰层组成。其形状多样,有球形、椭球形、锥形、扁圆形、无规则形状等,大小不一。常降自积雨云。

此外,还有米雪、雨夹雪、冻雨、冰针等。

(四) 按降水成因分

(1) **对流雨** 指由于近地面气层强烈受热引起空气急剧绝热上升,水汽凝结而形成的积雨云所产生的降水。这种雨多发生在夏季午后,而且时常伴随着雷电现象,所以又称热雷雨。

(2) **地形雨** 暖湿气流在运行时,遇到较高大的山地阻挡后,气流在迎风坡被迫抬升,气流上升时绝热冷却而凝结成云,在一定条件下便形成降水,称地形雨。一般来说,山区比附近平原的降水量多,原因就是山区多地形雨的缘故。

(3) **锋面雨** 指当冷暖气团相接触,暖湿气流沿锋面抬升,暖空气在上升过程中冷却产生凝结所形成的云雨。其降水量的大小以及降水时间的长短,主要取决于锋面的性质与移动的速度。

(4) **台风雨** 由于台风而造成的降水,称台风雨(台风将在第五章中详细介绍)。

三、降水的形成

降水主要来自云中,但有云不一定有降水。这是因为云滴的体积很小,不能克服空气阻力和上升气流的顶托。只有当云滴增长到能克服空气阻力和上升气流的顶托,并且在降落至地面的过程中不致被蒸发掉时,才形成降水。降水是在一定的宏观条件和微观物理过程共同作用下形成的,二者缺一不可。

(一) 降水形成的宏观条件

充沛的水汽和空气的上升运动是形成降水的必要的宏观条件。其中充沛的水汽是形成降水的物质基础,而一定的上升气流,一方面可导致空气的绝热冷却,使其达到饱和或过饱和;另一方面,又可输送地面或近地气层的水汽及凝结核。

(二) 降水形成的微观物理过程

通常把半径$r<100\ \mu m$的水滴称为云滴,$r>100\ \mu m$的水滴称为雨滴。而标准云滴的半径为$10\ \mu m$,标准雨滴的半径为$1\,000\ \mu m$。从体积来说,要有一百万个云滴才能合并成一个雨滴。降水的形成就是云滴增大为雨滴、雪花或其他降水物,并降至地面的过程。

1. 暖云降水形成的微观物理过程

暖云是指整体温度都在0℃以上的云,它是由水滴组成的,我国南方夏季的浓积云、层积云多属于暖云。使暖云云滴增大的微观物理过程主要有两个:① 云滴凝结增长过程;② 云滴碰并增长过程。这两种过程彼此独立,但又同时起作用。

(1) **云滴凝结增长过程** 云滴凝结增长过程是指云滴依靠水汽分子在其表面上凝聚而增长的过程。

在云的形成和发展阶段,在热力或动力抬升作用下,低层空气携带水汽和气溶胶粒子上升,绝热冷却达到饱和状态,水汽凝结成云滴,云体再上升时,就会发生过饱和。因上升空气绝热冷却所提供的多余水分比在凝结核及云滴上凝结的水分多,从而引起了过饱和度的增大。当空气绝热冷却所提供的多余水等于凝结在凝结核和云滴上的水分时,过饱和度达到最大值。再向上,增长中的云滴所消耗的水分就比气块绝热冷却所提供的多余水分多,空气湿度减小,过饱和度开始减小。由于云滴凝结增长速率与其半径成反比,故较小的云滴比较大的云滴增长得快。最后,云中水滴尺度就越来越趋于均匀化。计算表明,单靠水汽凝结作用,云滴只能长到大约 10 μm,这表明在暖云中仅靠水汽凝结,云滴要长成半径上 1 000 μm 的雨滴是十分缓慢的。但实际上暖云在较短时间内就能产生降水,如热带的暖性积云,因此,之后云滴的增长还必须通过碰并增长才能形成雨滴。

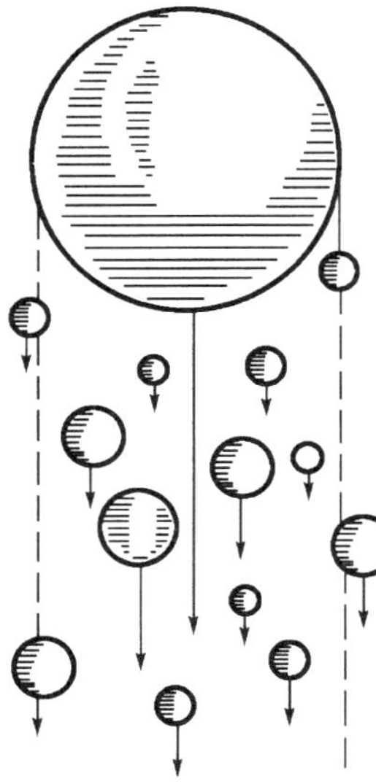

图 4-11 云滴的碰并增长

(2) 云滴碰并增长过程 云滴之间互相碰撞合并成大水滴的过程,称为碰并增长过程。如图 4-11 所示,云内的云滴大小不一,运动速度各不相同。大云滴下降速度比小云滴快。大云滴在下降过程中很快追上小云滴,大小云滴相互碰并为更大的云滴。在有上升气流时,当大小云滴被上升气流向上带时,小云滴也会追上大云滴并与之合并,成为更大的云滴。云滴增大以后,它的横截面积变大,在下降过程中又可合并更多云滴。这种在重力场中由于大小云滴速度不同而产生的碰并现象,称为重力碰并。在碰并过程中,以重力碰并最为重要,其他还有布朗运动、流体引力、湍流混合、云滴所带的正负电荷等所引起的云滴合并增大。同时,不断增长的大水滴在下降过程中,受上升气流和重力作用,使其变形,底部向内凹陷,并破碎成许多大小不同的水滴,再重新被上升气流携带上升,作为新一代的胚胎而增长。增长—下降—破碎—上升—再增长—下降—再破碎—上升,循环往复,这种循环往复的过程称为连锁反应。连锁反应不会无限地进行下去,因为强烈的上升气流不会持久。当上升气流支撑不住大量雨滴的降落时,便形成降水。

2. 冷云降水形成的微观物理过程

冷云是指云体上部的温度低于 0℃的云(或云体上部伸展到 0℃等温面以上的云)。单纯由冰晶组成的冷云称为冰云。有过冷却水滴和冰晶共存的云称为混合云。例如,深厚的雨层云(图 4-7)顶部为冰晶,中部为过冷却水滴和冰晶共同组成,底部由水滴组成。在我国单纯由冰晶组成的层状云,因离地较高、含水量很稀少,即使有降水也很少及地,而纬度较高的地区冬季低而厚的一些冰成云有时可降雪。混合云特别有利于降水。云中冰晶增长的微观物理过程主要有二个: ① 凝华增长过程;② 结凇、碰连、碰并增长过程。

(1) 凝华增长过程 混合云中有水滴和冰晶共存,当云中实际水汽压处于水面上的饱和水汽压与冰面上的饱和水汽压之间(即 $E_{水} > e > E_{冰}$)时,就会产生冰晶效应,水滴会因蒸发而减小甚至消亡,而冰晶则可凝华增大,冰晶的这种增长过程称为凝华增长过程,又称为贝吉龙(Bergeron)过程。这种增长作用在温度 $t = -12$℃时最为显著。凝华增长过程要比凝结增长过程迅速得多(10~20 倍于水滴的凝结增长),常常只需要几分钟就可以使云滴长到半径 50~60 μm 的尺度。所以它是中纬度地区混合云降水的重要过程。但要使云滴继续增长,还要靠其他过程。

(2) 结凇、碰连、碰并增长过程 在混合云中,冰晶与过冷水滴相碰撞,使水滴在冰晶上面冻结,从而使冰晶增大,形成各种结构的凇结体,这个过程称为结凇增长。冰晶之间或冰晶、雪晶之间互相碰撞,黏连成雪花而使其增大的过程,称为碰连增长。通过结凇、碰连,冰晶继续长大后下降到 0℃等温线以下的低层,开始融化成大水滴,再通过重力碰、连锁反应继续增大为雨滴,最后雨滴离开云底降落到地面形成降水。

四、人工影响云雨的基本原理和方法

(一) 人工影响云雨的基本原理

人工影响云雨就是根据自然界降水形成的原理,人为地补充降水的微观物理过程中所缺少的关键因素,促使云滴迅速凝结或碰并增大,形成降水。

(二)人工影响云雨的基本方法

1. 人工影响冷云降水

(1) *静力催化法* 根据冰晶效应,在冷云中没有降水,主要是云中缺乏冰晶,云滴得不到增长。影响冷云降水的基本方法是在冷云内播撒冷冻剂——干冰(即固态二氧化碳),制造适量的冰晶,使其产生冰晶效应,使水滴蒸发,冰晶增长。当冰晶长大到一定尺度后,发生沉降,沿途由于结凇、碰连、碰并增长而变成雨滴,形成降水。这种改变云内水的相态不稳定性的方法称为静力催化法,这是目前人工降雨最常用的方法。

冷冻剂干冰,在一个大气压下,它的升华温度为−79℃,将它播撒到过冷却云中后,在其周围薄层内便形成一个冷区,在此冷区内,过饱和度很大,水汽分子结合物能够存在和长大。试验表明,当温度低于−40℃时,即有自生冰晶。因此,在干冰周围形成了大量的冰晶胚胎,其中较大的冰晶经过湍流扩散到四周空间,以后继续成长为更大的降水质点而下落。

(2) *动力催化法* 在云雨的形成和发展过程中,上升气流起着决定性的作用。因此,如果能人为地减弱或增强云中的上升气流,便能减少或增加云雨。通过播撒颗粒物质,利用下沉粒子的拖带作用产生下沉气流而消云,从而减少云雨。通过在云体过冷却区(−10℃)大量迅速播撒人工冰核(凝华核)——碘化银,使过却冷水滴全部转化为冰晶,放出大量潜热,加大云中浮力,使上升气流进一步发展,云体变宽、变高、寿命延长,加速连锁反应,使自然降水过程得以完成,增加降水量。这种改变云内的热力不稳定的方法称为人工影响冷云降水的动力催化法。人工冰核碘化银,具有三种结晶形状,其中六方晶形与冰晶的结构相似,能起冰核作用,适用于−4～−15℃的冷云催化。

2. 人工影响暖云降水

在暖云中,胶性稳定状态的维持往往是由于云中缺乏大水滴,促使降水形成起决定性作用的是水滴大小不均匀和碰并过程。因此,人工影响暖云降水的方法是在暖云中播撒吸湿性核(如食盐),通常研细成 100～101 μm 尺度的粒子,它们在云中能很快长大成几十微米以上的大云滴,激发重力碰并过程。也可直接撒入 30～40 μm 的大水滴,加速碰并增长的过程,达到降水的目的。美国、澳大利亚和我国都曾对暖云进行过播撒大水滴的试验,用飞机从云顶或云下部撒水。发现能使暖云降水有所发展,并可使薄云消散。用这种方法要求飞机有较大的载量,其效能也不如播散吸湿性物质。这就是人工影响暖云降水的静力催化法。

人工增雨催化作业是人工影响天气的实际操作业务。为了使人工增雨能较好地达到人们的预期目的,在实施催化作业时,必须根据催化对象(冷云或暖云)考虑催化剂的选择、剂量,作业时机的选择,以及播撒部位的确定等。播撒方法有飞机施放焰弹、高炮、地面烧烟以及气球携带等。

五、降水的地理分布

降水的地理分布特征,可以用降水等值线图来表示。图 4-12 是全球年平均降水量的分布图。降水沿纬度带状分布特点明显,全球可分为四个降水带。

(1) *赤道多雨带* 赤道及其两侧是全球降水量最多的地带,由于地处赤道低压带中,这里大量湿热空气辐合上升产生大量对流雨。年降水量一般为 1 000～2 000 mm,个别地区(如太平洋岛屿与大陆的高耸海岸)年降水量可超过 3 000～4 000 mm。

(2) 20°～30°*少雨带* 南北纬 20°～30°处于副热带高压的控制下,以下沉气流为主,是全球降水量很少的地带,尤其是在大西洋西岸及大陆内部降水更少,年降水量一般不超过 500 mm。撒哈拉沙漠某些地方的年降水量仅 5 mm。但在此少雨带中,因地理位置、季风环流、地形等因素影响,某些地区降水却很丰富。全球年降水量最高纪录即出现在本带内。如喜马拉雅山南坡的乞拉朋齐(25°N)年均降水量高达 12 665 mm,绝对最高年降水量竟达 2 6461 mm;太平洋夏威夷考爱岛上的怀厄莱阿莱年降水量高达 12 244 mm。我国华南和长江中下游地区也位于这一纬度带,因受季风的影响,东南沿海一带的年降水量在 1 500 mm 左右。

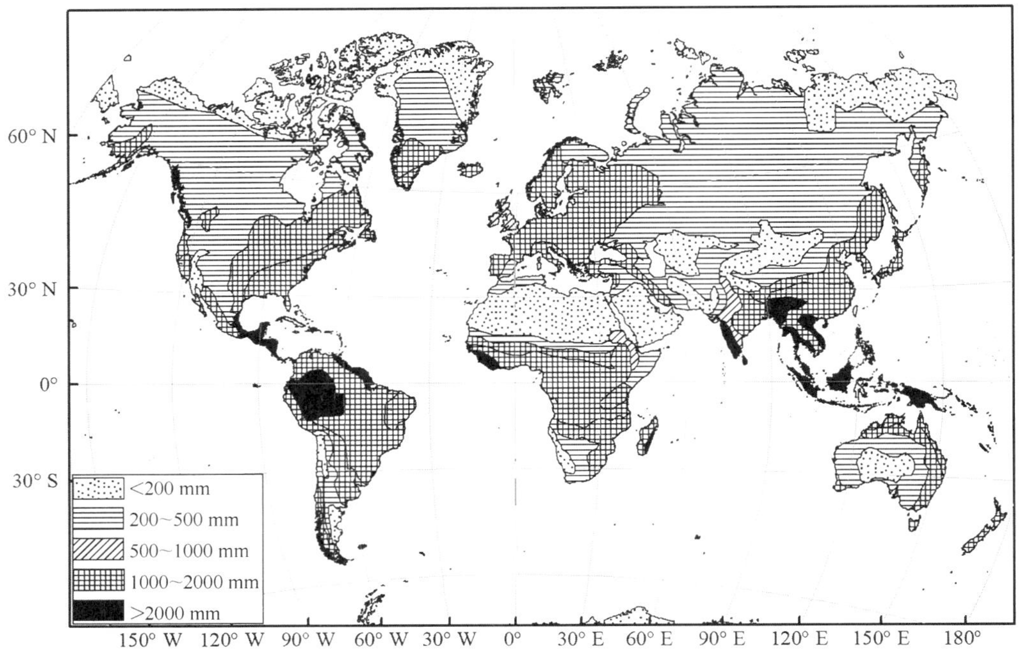

图 4-12　全球年平均降水量分布示意图

(3) 中纬度多雨带　　中纬度全年受西风带控制,冷暖空气交绥频繁,多锋面、气旋活动,因此降水量较多。温带的年降水量比副热带多,一般在 500～1 000 mm。大陆东岸还受到季风影响,夏季风来自海洋,带来较多降水。本带也有局部地区降水特别丰富,如智利西海岸(42°～54°S)降水量为 3 000～4 000 mm。

(4) 高纬度少雨带　　高纬度地区,全年气温低,蒸发微弱,气层较稳定,故降水量稀少。全年降水量一般不超过 300 mm。

六、干燥度

1. 干燥系数

一地某时段内最大可能蒸发量与同期内降水量之比值,称为干燥度或干燥系数,其表达式为

$$K = W_0 / R \tag{4-5}$$

式中,K 为干燥度;W_0 为最大可能蒸发量;R 为同期内降水量。

最大可能蒸发量是指土壤经常保持湿润状态,土壤和植物最大可能蒸发和蒸腾的水量。

2. 干湿区的划分指标

在干湿气候的划分标准中,年降水量是一个重要的指标。但人们注意到,一个地区的干湿状况不仅取决于水分收入(降水量),与水分的支出(蒸发量)也有密切关系,所以现在多采用干燥度作为干湿程度的指标。其实,年降水量与年干燥度数值虽不相同,但两者有很好的对应关系,等值线的走向也基本一致。干湿区的划分指标如表 4-4 所示。

表 4-4　干湿区的划分指标

干湿状况	年降水量/mm	干　燥　度
湿　润	>800	<1.00
半湿润	500～800	1.00～1.49
半干燥	250～500	1.50～3.49
干　燥	<250	≥3.50

当某地降水量大于蒸发量时,干燥度<1.00,表示该地降水量除满足蒸发所需水量外还有盈余,因此该地是湿润的;当某地降水量小于蒸发量时,干燥度>1.00,表示该地降水量不能满足蒸发所需水量,因此该地是干燥的;当某地降水量正好等于蒸发量时,干燥度等于 1.00,表示该地水分收支达到平衡。

实习三　空气湿度、蒸发和降水的观测及 $T-\ln P$ 图的应用

一、目的与要求

了解观测空气湿度、蒸发和降水仪器的构造原理;掌握空气湿度、蒸发和降水的观测方法;掌握温度对数压力图的结构,并根据本次实验实测的气温 t 和气压 P 值,利用 $T-\ln P$ 图求出当时空气的水汽压、饱和水汽压、比湿、饱和比湿、位温、假相当位温、露点、虚温、凝结高度、主要等压面的厚度。

二、实验内容

(一) 空气湿度的观测

1. 百叶箱干湿表

利用百叶箱干湿表法测量空气湿度的仪器是一对型号完全一样的水银(或酒精)温度表,一支测量空气温度,称为干球温度表;另一支球部包有纱布(图 4-13 和图 4-14),纱布用蒸馏水浸湿,并保持湿润状态,称为湿球温度表。在空气未饱和时,湿球纱布上的水分蒸发,蒸发消耗的热量直接来自湿球本身及周围的薄层空气,当湿球因蒸发所消耗的热量和周围空气中获得的热量相平衡时,湿球温度不再下降。因此干湿球温度表示度有一个差值,称为干湿差。空气湿度越小,湿球纱布水分蒸发越快,消耗的热量越多,干湿差越大;反之,干湿差就越小。根据干湿球温度,通过查表或计算,可以得到各种空气湿度参量值。

图 4-13　温度零上时湿球纱布包扎示意图

图 4-14　湿球纱布冻结时纱布包扎示意图

正确地包扎纱布才能保证湿球表面处于良好的蒸发状态,使湿球温度表示度显示正确。更换纱布时,取下湿球温度表,解下旧纱布,用清洁的水将感应球部洗净。取长约 10 cm 脱脂纱布,在蒸馏水中浸湿后包扎在感应球部上,纱布在感应球部上重叠部分不能超过球部圆周长的 1/4,纱布一端与感应球部上部相齐,另一端垂在球部下边。最后先用纱线扎紧纱布上端,再用纱线将球部下边的纱布在紧靠球部处扎好,使纱布紧贴球部,但不要过紧。

2. 通风干湿表

通风干湿表是野外测量空气温度和湿度的常用仪器。通风干湿表的测湿原理和百叶箱干湿表相同,其

构造如图 4-15。通风干湿表利用机械装置进行强制通风,保证温度表感应部分周围的通风速度稳定在 2.5 m/s。干湿球温度表的感应球部装在双重金属护管内,护管通过三通管和中央圆管与通风器相通。仪器附件有湿润纱布用的注水皮囊、防风罩、挂钩等。由于通风干湿表表面镀有反射性能良好的镍或铬,同时温度表感应球部又处于能防止热传导的双层金护管中。因此,它可以在阳光直接照射下观测。

在观测前,先把仪器挂好,仪器离地高度因观测目的而定。在读数前 4~5 分钟,用滴管湿润湿球纱布,然后上好发条。当温度低于 0℃时,应观测前半小时湿润湿球纱布,并上好发条,然后观测前 4 分钟再通风一次,但不再湿润纱布。其观测步骤为先读干球温度,后读湿球温度。读数时切忌用双手接触金属护管,身体不要与仪器靠得过近。风速大于 4 m/s时,应将防风罩套在风扇向风面的缝隙上,使防风罩的开口部分顺着风扇的转动方向。风扇保持等速旋转,如果转速减慢或停转,须重新上发条,2 分钟后再读数。此外,湿球纱布应保持洁净,注意及时更换。

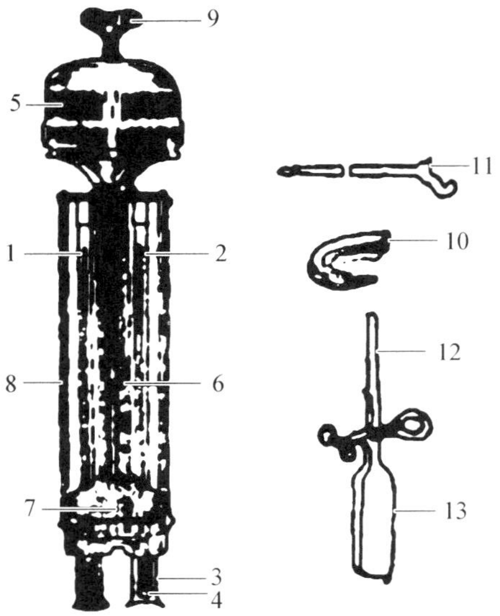

图 4-15 通风干湿表

1、2. 干湿球温度表;3、4. 保护管;5. 风扇;6. 中心管;7. 三通管;8. 外保护板;9. 钥匙;10. 防风罩;11. 挂钩;12. 玻璃滴管;13. 橡皮囊

3. 毛发湿度计

能够自动记录空气湿度连续变化的仪器称为自记湿度计,简称湿度计。通常所讲的湿度计是指感应部分为一束脱脂毛发的毛发湿度计。

毛发湿度计仪器构造分三部分:感应部分、传递放大部分、自记部分(图 4-16)。感应部分是一束脱脂毛发,毛发两端固定在支架上,中部由一小钩钩住,与传递放大部分相连。传递放大部分比较特殊,是采用两次放大的杠杆装置,自记部分(自记钟、纸、笔),与自记温度计相同。

毛发湿度计放置在大百叶箱内靠后的温度计的后方。湿度计的读数方法同温度计,但只取整数,不记小数,当湿度计笔尖超过 100 时,估计读数,若笔尖超出钟筒,则在记录栏内记"一"表示缺测。超出范围较大,需进行调整。读数后要做时间记号。湿度计的毛发应保持清洁,切勿用手触摸。

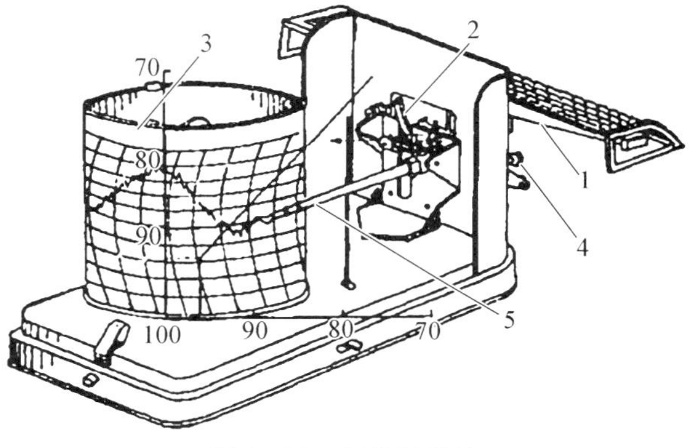

图 4-16 毛发湿度计

1. 毛发;2. 曲臂;3. 自记钟;4. 调整螺丝;5. 笔杆

(二) 蒸发的观测

气象观测中的蒸发量,指一定口径容器内的水,经过一段时间因蒸发而消耗的水层深度。以 mm 为单位,精确到 0.1 mm。气象台站用小型蒸发器来测定蒸发量。小型蒸发器又称蒸发皿,为一口径 20 cm、高约 10 cm 的铜制圆盘,旁有一个倒水用的小嘴,口缘镶有内直外斜的刀刃形铜圈,口缘上安有铁丝罩,以防鸟兽饮水,如图 4-17。降水时,应将铁丝罩取下,以免雨滴溅入,使测得的降水量增加。蒸发皿安装在终日得到阳光照射、靠近雨量筒的地方,要求口缘保持水平,距地面高约 70 cm。蒸发量的观测在每天 20 时进行。一般是前一日 20 时以量杯量 20 mm(原量)清水倒入器内,经 24 小时后蒸发,即当日 20 时,再量器内的水量(余量),减少的量为日蒸发量。

(三) 降水量的观测

降水量通常用雨量器和虹吸式雨量计进行测量,以 mm 为单位,精确到 0.1 mm。

图 4－17　小型蒸发器

1. 雨量器

雨量器由接水的漏斗口、储水瓶、外套筒组成,并配有与其口径成比例的专用雨量杯,如图 4－18。雨量器的筒口直径通常为 20 cm,筒口有一呈内直外斜的刀刃形的铜圈,筒内安装一漏斗,漏斗口为正圆形,雨水经漏斗流入储水瓶中,用雨量杯量取,雨量杯的刻度单位为 mm(图 4－19)。

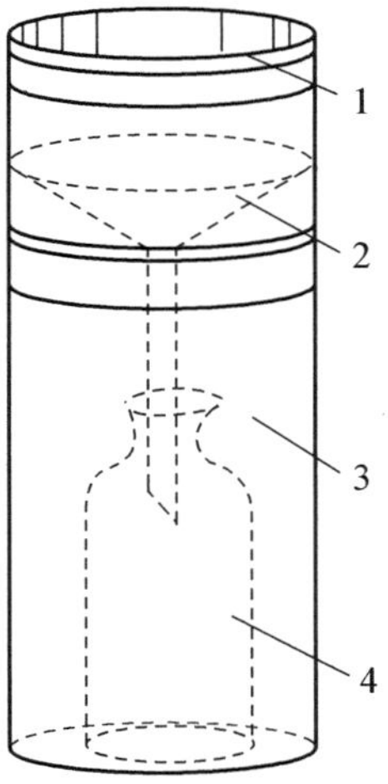

图 4－18　雨量筒

1. 接水器;2. 漏斗;3. 外套筒;4. 储水瓶

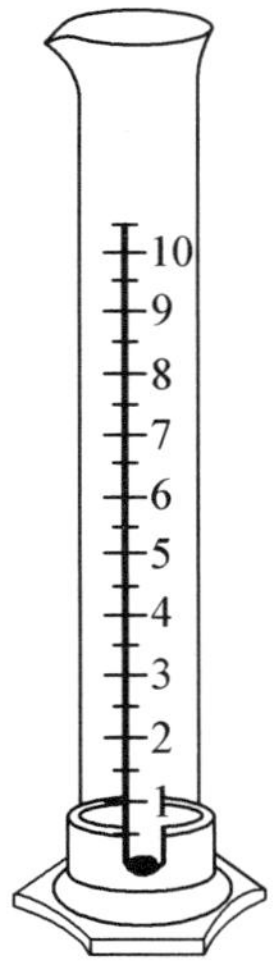

图 4－19　雨量杯

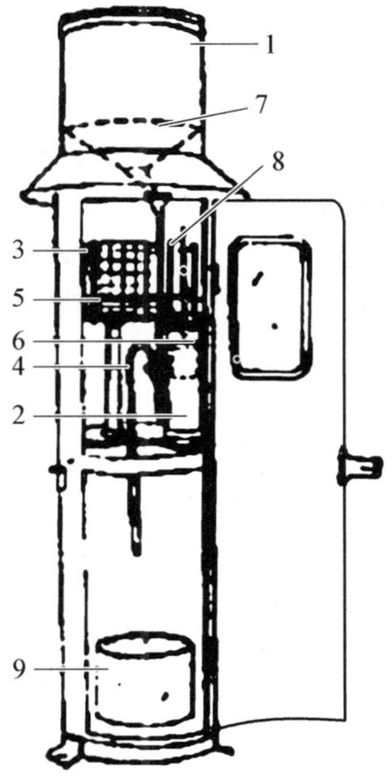

图 4－20　虹吸式雨量计的构造

1. 接水器;2. 浮子室;3. 自记钟;4. 虹吸管;5. 自记笔;6. 浮子;7. 漏斗;8. 笔挡;9. 盛水器

雨量器安置在不受四周仪器设备及障碍物影响的地方,器口离地面高 70 cm,要求水平,器口保持正圆形。降水量在每天 8 时和 20 时观测。观测时,用空的储水瓶将积有降水的储水瓶换下,然后把储水瓶中的水慢慢地倒入雨量杯内。读数时,视线要与水面平齐,以水凹面最低处为准,以 mm 为单位,精确到 0.1 mm,读得的刻度数即为降水量。降水量大时,可分数次量取,求其总和。没有降水时,降水量记录栏空白不填;有降水但降水量不足 0.05 mm 时,记 0.0。出现固态降水(雪、雹)时,需用量杯取适量温水加入雨量器,使其溶化后再量取,量取的结果减去加入温水的量,即为固体降水量。

2. 虹吸式雨量计

虹吸式雨量计是记录液态降水量和降水时数的自记仪器,从记录上还可了解降水强度。它由接水器、浮子室、自记钟、虹吸管等组成(图 4－20)。降雨时,雨水从接水器流入浮子室之后,浮子室中的水就逐渐增高,浮子跟着上升,与浮子相连的笔杆也随着上升,笔尖在自记纸上连续记下降水量变化的曲线。浮子室中的水到达一定高度以后,水就从虹吸管自动排出来,以后浮子下降,笔尖也随之下降。若仍有降水,笔尖又重新开始随之上升,而自记曲线的坡度就表示了降水强度的大小。

雨量计应安置在观测场内雨量器的附近。接水器口离地面高度以仪器本身高度为准,器口应水平。每日 8 时观测并更换自记纸,从降水仪器上的读数精确到小数点后一位。如果换纸时由于有降水量,笔尖不在零线上,这时要用人工虹吸方法,使容器内的水排出。若 24 小时内全部无降水,自记纸上只有一条平线。可往仪器中注入 0.5～1.0 mm 的水,使笔尖位置开高,并使笔尖对准时间,重复使用。

(四) 温度对数压力图

温度对数压力图($T-\ln P$ 图)是大气科学中普遍应用的一种绝热图,也称埃玛图(图 4－21)。它是以温度 T 为横轴,用摄氏温标和绝对温标标注;气压的负对数$-\ln P$ 为纵轴,以 hPa 标注。

1. $T-\ln P$ 图的结构

1) 平行于纵坐标轴的实线为等温线。

2) 平行于横坐标轴的实线为等压线。由于 $\ln np-\ln p=\ln(np/p)=\ln n$, 这表明气压值为 np 和 p 的两条等压线在纵轴上的距离为 $\ln n$。例如 $\ln 800-\ln 1\,000=\ln(800/1\,000)=\ln 0.8$, 而 $\ln 200-\ln 250=\ln(200/250)=\ln 0.8$, 说明 1 000 hPa、800 hPa 这两条等压线间的距离,与 250 hPa、200 hPa 这两条等压线间的距离相等。因此在 $T-\ln P$ 图上 1 000 hPa、800 hPa 这两条等压线,就可以分别作为 250 hPa、200 hPa 使用,这样就缩短了纵轴的长度。所以当上升高度超过 200 hPa 时,就用括号内的气压值,从 250 hPa 开始,直至 50 hPa,位温、饱和比湿使用括号内的数值。

3) 斜实线(倾角为 45°)为干绝热线(根据干绝热方程绘出),也是等位温线,标注有位温值。

4) 斜虚线为湿绝热线(根据湿绝热方程绘出),也是假相当位温线,标注有假相当位温值。

5) 斜实线(倾角>45°)为等饱和比湿线(根据饱和比湿公式 $q_s=622E/P$ 绘出),单位为 g/kg。

6) 几条主要等压线(1 000、900、…、300 hPa)上的短划线(图 4－25)为计算虚温时所用。相邻两短划线之间的温度间距温度表示该等压面上下的饱和虚温差。

2. $T-\ln P$ 图的应用

(1) *绘制层结曲线和状态曲线* 根据各高度的实测温度和气压(t, P),描点绘制成的曲线称为层结曲线,表示各高度温度的分布情况。把 t 换成露点 t_d时所绘制成的曲线称为露点曲线,表示各高度湿度的分布情况。表示空气在绝热上升过程中温度变化情况的曲线称为状态曲线。层结曲线与状态曲线所围的面积就是大气的不稳定能量,据此可判别大气稳定度。

(2) *求位温* 通过点(t, P)的干绝热线上的位温值就是该点的位温。如果图上没有正好通过点(t, P)的干绝热线,采用内插法求。例如,$P=500$ hPa,$t=2$℃时,查得 $\theta=62.5$℃。

(3) *求饱和比湿和比湿* 若已知温度和气压,则通过点(t, P)的等饱和比湿线上的读数,就是该点的饱和比湿值 q_s。若已知露点温度和气压,$\because q=622\dfrac{e}{P}=622\dfrac{E(t_d)}{P}$,则通过点($t_d$, P)的等饱和比湿线上的读数,就是该点的比湿值 q。例如,$P=980$ hPa,$t=25$℃,$t_d=20$℃时,查得 $q_s=22$ g/kg,$q=15.2$ g/kg。

(4) *求露点* 若已知温度 t、气压 P 和比湿 q,则点(t, P)等压左移与比湿值为 q 的等饱和比湿线相交,此交点的温度就是所要求的露点。例如,$P=1\,000$ hPa,$t=25$℃,$q_s=18$ g/kg 时,查得 $t_d=23$℃。

(5) *求饱和水汽压和水汽压* $\because q_s=622\dfrac{E}{P}$ (g/kg),若 $P=622$ hPa, $q_s=E$, $\therefore E=E(t,622)$。因此,已知温度 t 时,通过点(t,622) 的等饱和比湿线上的读数,就是所求温度为 t 时的饱和水汽压(hPa)。同理,$e=e(t_d,622)$, 已知露点温度,通过点(t_d,622) 的等饱和比湿线上的读数,就是所求的水汽压。例如,$t=25$℃,$t_d=23$℃时,查得 $E=33$ hPa,$e=29$ hPa。

(6) *求凝结高度* 已知温度、气压和比湿,则通过点(t, P)的干绝热线与比湿值为 q 的等饱和比湿线相交,此交点的气压值就是所要求的凝结高度 z 上的气压 P_z。例如,$P=850$ hPa,$t=25$℃,$t_d=17$℃时,查得 $P_z=755$ hPa。

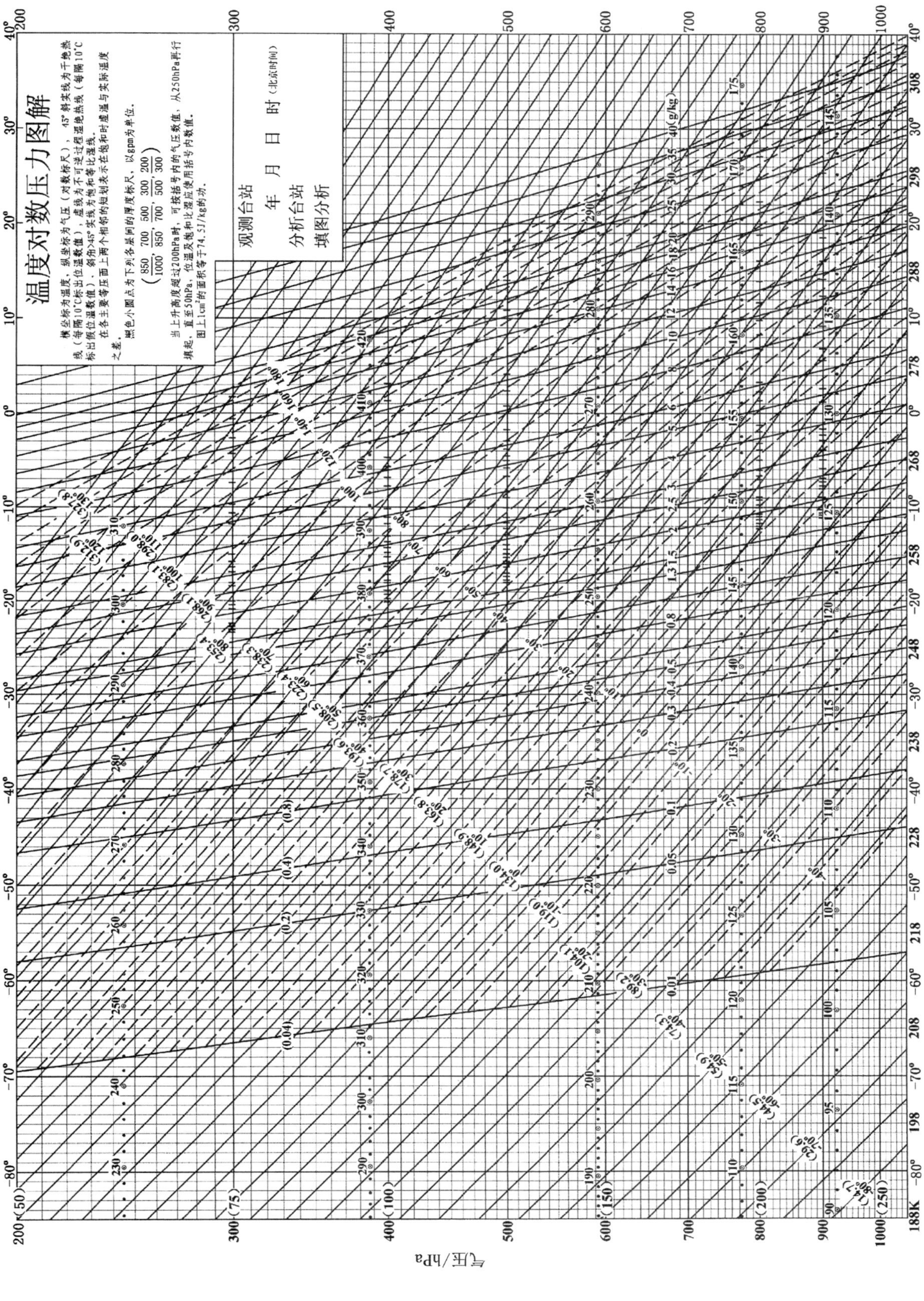

4－21　温度对数压力图

(7) 求假相当位温　已知温度、气压和比湿,则通过点凝结高度的湿绝热线上的读数就是所要求的假相当位温 θ_{se}。例如,$P=700$ hPa,$t=0$℃,$q_s=4$ g/kg 时,查得 $\theta_{se}=43$℃。

(8) 求虚温　虚温差 $\Delta T_v=T_v-T=0.378T\dfrac{e}{P}=0.378T\dfrac{E}{P}\dfrac{e}{E}=\Delta T_{vs}f$,其中 ΔT_{vs} 称为饱和虚温差,就是 $T-\ln P$ 图中两短划线之间的温度差。若已知温度、气压和相对湿度,则过点(t,P)作一平行于等温线的直线,与最近的一条主要等压线相交,其交点所在位置两短划线之间的温度差就是饱和虚温差 ΔT_{vs},再乘以相对湿度 f,就得到虚温差 ΔT_v,于是虚温 $T_v=T+\Delta T_v$。例如,$t=12$℃,$P=900$ hPa,$f=56\%$,求虚温是多少?解:由点(t,P),即(12,900),查得 $\Delta T_{vs}=12.8-11=1.8$℃,于是 $\Delta T_v=1.8\times56\%\approx1$℃,故 $T_v=12+1=13$℃。

(9) 求气层的平均温度　如图 4-22,求 P_1 到 P_2 间气层的平均温度 t_m 的方法(等面积法):在 $T-\ln P$ 图上绘出层结曲线(BGC),作一条等温线(EF),使面积 $S_1=S_2$,则等温线(EF)的温度 t_m 就是 P_1 到 P_2 间气层的平均温度。

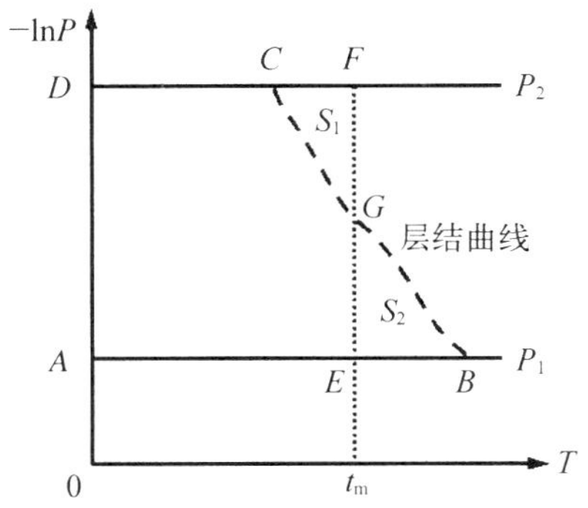

图 4-22　求气层的平均温度 T_m

(10) 求各主要等压面的厚度　在 $T-\ln P$ 图上,黑色小圆点所标的数值为下列主要等压面间 1 000～850、850～700、700～500、500～300、300～200 hPa 的气层,在不同平温度 T_m 时的厚度值,以十位势米为单位。例如图上 $p=920$ hPa,$t_m=0$℃时,黑色小圆点上标有 130,就表示当气压平均温度 $t_m=0$℃时,850 到 1 000 hPa 等压面间的气层厚度是 1 300 位势米。又如,$p=700$ hPa,$t_m=17$℃时,黑色小圆点上标有 165,就表示当气压平均温度 $t_m=17$℃时,850 到 700 hPa 等压面间的气层厚度是 1 650 位势米。

因此,确定各主要等压面之间的厚度的方法是:先在 $T-\ln P$ 图上绘出层结曲线,再利用等面积法确定各主要等压面间气层的平均温度 t_m 值,再根据(P,t_m)值,分别读出(用内插法)各黄色小圆点的数值,即得各主要等压面间的厚度。

(11) 求某一等压面距地面的高度　先要求出测站地面与其上方最接近的一个主要等压面 p 间的距离(H_p),其方法为:在 $T-\ln P$ 图上,用等面积法先求出测站到等压面 p 间的气压平均温度 t_m,然后将 t_m 代入位势压高公式 $H_p=67.4T_m\lg\dfrac{P_0}{P}$(式中为 P_0 测站地面气压)。求出 H_p 后,加上其中各主要等压面的厚度(逐层相加)即可得到某一等压面距地面的位势高度。

天　气　篇

第五章　天气系统和天气过程

天气系统是指大气中具有一定结构特征，并能引起天气变化的各种尺度的系统，包括气团、锋面、气旋、反气旋、台风、龙卷、高空槽脊、低空急流等。各种天气系统都具有一定的空间尺度和时间尺度。所谓尺度是表征一个系统在空间上的大小，或在时间上持续的长短。目前，国际上对天气系统的分类还不统一，普遍采用的分类标准如表 5－1 所示。在美国分类中，将水平尺度 2～2 000 km 的统称为中尺度天气系统。在日本，则将 2～200 km 的称为中尺度天气系统，将 200～2 000 km 的称为中间尺度天气系统。一般情况下，天气系统的空间尺度越小，时间尺度也就越短，其强度也就越大。

表 5－1　各种天气系统的水平尺度与时间尺度特征

尺度名称	大尺度		中尺度	小尺度
	行星尺度	天气尺度		
水平尺度／km	$\geqslant 10^3$	$10^2 \sim 10^3$	$10^1 \sim 10^2$	$10^{-1} \sim 10^1$
时间尺度	一周以上	3～5 天	≤1 天	1 小时以内
温带	超长波、长波、阻塞系统	温带气旋、反气旋、锋	海陆风、山谷风、背风波	雷暴、尘卷
副热带	副热带高压	切变线、低涡、副热带气旋	飑线	龙卷风
热带	热带辐合带、季风	台风、热带云团、东风波	积云群、热带风暴	积云单体
垂直速度量级／(cm／s)	10^{-1}	10^0	10^1	10^2

第一节　中、高纬度天气系统

中、高纬度典型的天气系统有锋面、温带气旋和反气旋、高空槽脊、阻塞高压、切断低压、急流等天气系统。

一、气团

（一）气团的概念

温度和湿度等气象要素水平分布比较均匀的大范围空气块称为气团。其水平尺度由几百千米至几千千米，垂直范围可达几千米到十几千米，甚至伸展到对流层顶。同一气团内，由于其物理属性相近(水平温度梯度一般小于 1～2℃／100 km)，天气现象也大体一致，但不同气团的温度差异较大，在两个不同性质气团交界附近易形成降水天气。

（二）气团的形成与变性

1) 气团的形成条件：① 大范围性质均匀的下垫面；② 有利于空气在均匀下垫面上停滞或缓行的环流条件。

气团的形成主要受下垫面温度和湿度的影响，在对流层中，大气的热量、水汽主要来自下垫面，只有广阔的性质均匀的下垫面才能向空气提供相同的水汽和热量，使气团获得较为均匀的物理性质。气团形成的地区称为气团的源地。广阔的海洋、冰雪覆盖的大陆、一望无际的沙漠等都可成为形成气团的源地。

比较稳定的环流条件才能使大范围的空气长时间停留,并通过辐射、乱流、对流、平流、蒸发、凝结等物理过程,逐渐获得与下垫面基本一致的物理属性。由于高压稳定少动,且水平范围大,盛行下沉辐散气流,利于空气温度、湿度的水平梯度减小,趋于均匀化,因此在高压控制下有利于气团的形成。例如,冬季西伯利亚和蒙古地区常有一个不大移动的高压盘踞,高压中的下沉辐散气流缓慢地向四周流散,使空气性质趋于一致,形成干冷气团。气团的属性主要由下垫面的性质所决定,例如:在冰雪覆盖的地区往往形成冷而干的气团;在水汽充沛的热带海洋上,常常形成暖而湿的气团;在沙漠或干燥大陆上,常形成干而热的气团。

2)气团的变性:当气团离开源地移到与源地性质不同的下垫面时,两者间就产生了热量与水分的交换,气团的物理性质逐渐发生变化,这种变化称为气团的变性,该气团被称为变性气团。气团变性的快慢主要与气团的性质及它同下垫面性质差异的大小有关,也与离开源地的时间和路程有关。一般来说,冷气团移到暖的地区,空气变暖较快,这是因为冷气团中下层空气增暖使层结变得不稳定,乱流和对流能很快把下垫面的热量上传,使上层空气很快变暖;相反,暖气团移到冷的下垫面则变冷较慢,因为暖气团中低层空气变冷使层结趋于稳定,湍流和对流不易发展,气团变冷主要通过缓慢的辐射作用进行。同样,从大陆移入海洋的气团容易取得海面蒸发的水汽而变得湿润;从海洋移入大陆的气团需要通过凝结作用变干就慢得多了。

(三)气团的分类

(1)**地理分类法** 地理分类法是根据气团源地的地理位置和下垫面性质,对气团进行分类的。首先按源地的纬度位置把南北半球的气团分为冰洋气团(北极气团和南极气团)、极地气团(中纬度气团)、热带气团和赤道气团四种基本类型。其中,前三类按下垫面性质又分为大陆型和海洋型。而赤道气团源地主要是海洋,就不再分海洋型与大陆型。这样,每个半球划分出 7 种气团(表 5-2)。各种气团在地球上的分布如图 5-1 所示。干冷的冰洋气团和极地气团,源自北冰洋和极地地区;暖湿的热带气团和赤道气团,源于热带洋面和赤道洋面;热而干燥的热带气团,来源于副热带内陆地区。

表 5-2 气团的地理分类

名称	符号	主要天气特征	主要分布地区
冰洋(北极、南极)大陆气团	Ac	气温低,水汽少,气层非常稳定,冬季入侵大陆时会带来暴风雪天气	南极大陆、65°N 以北冰雪覆盖的北极地区(北冰洋)
冰洋(北极、南极)海洋气团	Am	性质与 Ac 相近,夏季从海洋获得热量和水汽	北极圈内海洋上、南极大陆周围海洋
极地(中纬度或温带)大陆气团	Pc	低温、干燥,天气晴朗,气团低层有逆温层,气层稳定,冬季多霜、雾	北半球中纬度大陆上的西伯利亚、蒙古、加拿大、阿拉斯加一带
极地(中纬度或温带)海洋气团	Pm	夏季同 Pc 相近,冬季比 Pc 气温高,湿度大,可能出现云和降水	主要在南半球中纬度海洋上,以及北太平洋、北大西洋中纬度洋面上
热带大陆气团	Tc	高温、干燥、晴朗少云,低层不稳定	北非、西南亚、澳大利亚和南美一部分的副热带沙漠区
热带海洋气团	Tm	低层温暖、潮湿,且不稳定,中层常有逆温层	副热带高压控制的洋面上
赤道气团	E	湿热不稳定,天气闷热,多雷暴	南北纬 10°之间

(2)**热力分类法** 热力分类法根据气团移动时与其所经下垫面的温度对比或两个气团之间的温度对比,把气团分为暖气团和冷气团。

1)暖气团:气团温度高于流经地区下垫面温度的气团,或两个气团相遇时温度较高者,叫暖气团,如热带气团、赤道气团。暖气团使所经之地变暖而本身逐渐冷却,故气团内层结趋于稳定,有时会形成逆温或等温层。因此,暖气团通常具有稳定性天气的特点。在暖气团控制时,天气暖和而潮湿,如在夏季我国长江流域的梅雨季节,空气又热又潮。

2)冷气团:气团温度低于流经地区下垫面温度的气团,或两个气团相遇时温度较低者,叫冷气团,如北极气团、极地气团。冷气团使所经之地变冷而本身逐渐变暖。由于底层先增温,层结趋于不稳定,对流易发展。所以,冷气团具有不稳定天气的特点。冬季,当被冷气团控制时,天气很冷,并且由于来自大陆的气团,水汽含量少,天气常常晴朗无云。例如,冬季寒潮过境后,我国北方天气又冷又干。

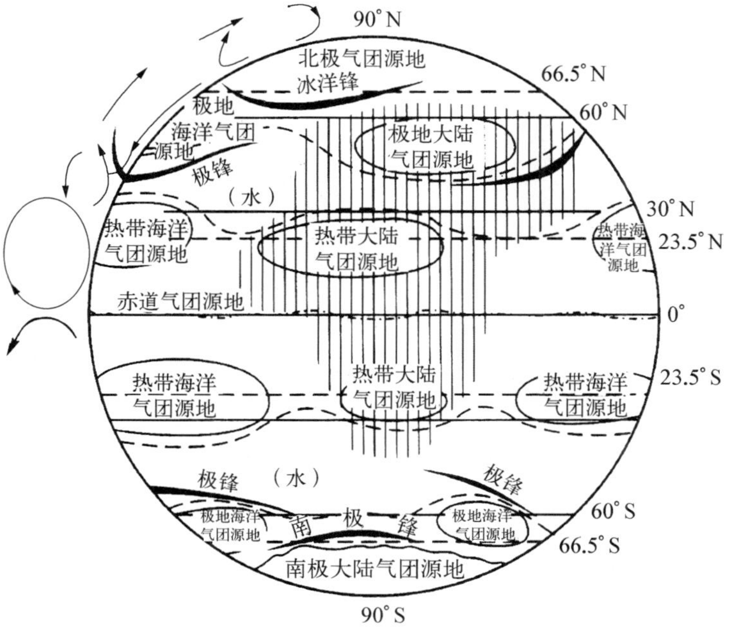

图 5-1 气团和锋的地理分类示意图

(四) 影响我国的气团

我国大部分处于中纬度地区,冷、暖气流交绥频繁,缺少气团形成的环流条件,同时,地表性质复杂,没有大范围均匀的下垫面可作气团源地,因而,活动在我国境内的气团,大多是从其他地区移来的变性气团,且随季节而变化。其中最主要的是极地大陆气团和热带海洋气团。

如图 5-2(a)所示,冬季我国绝大部分地区都是受变性极地大陆气团的影响,它的源地在西伯利亚和蒙古,称为西伯利亚气团。这种气团地面为很强的冷性高压,中低空有下沉逆温,在它的控制下,天气晴朗,寒冷干燥。来自副热带太平洋上或南海的变性热带海洋气团可影响到华东、华南和云南等地,形成温热、湿润的天气,当它与极地大陆气团相遇时,其交界处常常形成阴雨天气,如冬季华南地区的阴雨。北极气团也可南下侵入我国,造成气温剧烈下降的强寒潮天气。

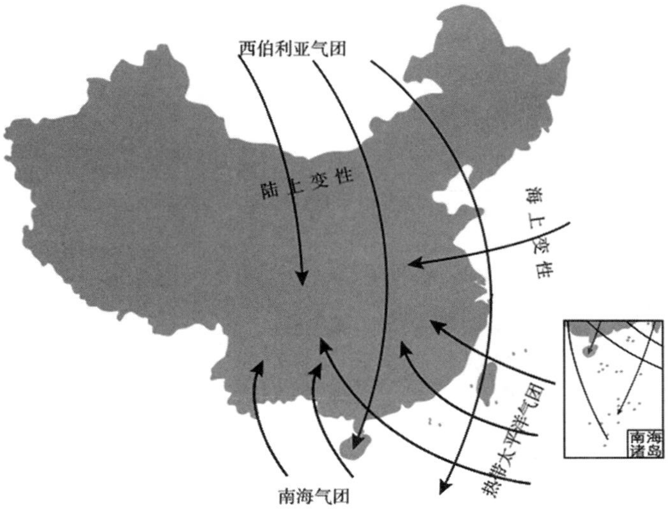

(a)

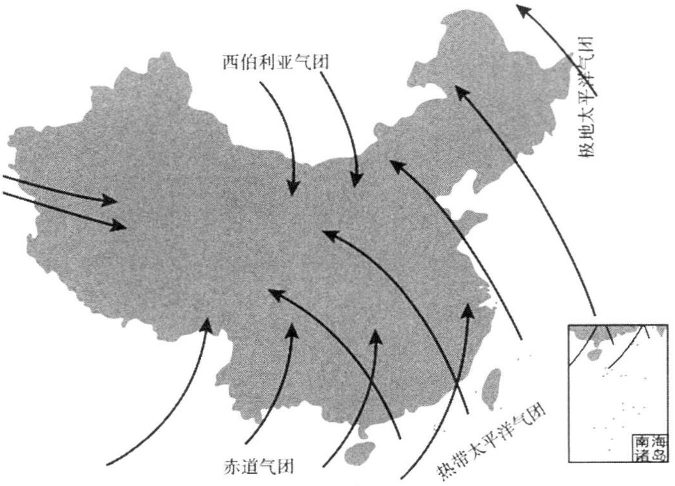

(b)

图 5-2 冬季(a)和夏季(b)影响我国的气团示意图

如图 5-2(b)所示,夏季,影响我国的气团较多,除变性热带海洋气团和变性极地大陆气团外,来自撒哈拉沙漠、西南亚的热带大陆气团,以及来自印度洋的赤道气团也经常影响我国。夏半年,西伯利亚气团常在我国长城以北和西北地区活动,它与南方海洋气团在我国大陆交绥并由南向北推进,造成我国大范围的降水。热带大陆气团常影响我国西部地区,被它持久控制会出现严重干旱和酷暑。来自印度洋的赤道气团(季风气团)可造成长江流域以南地区大量降水。

春季,变性的西伯利亚气团(即变性极地大陆气团)和变性热带海洋气团势力相当,互有进退,其交绥区是锋系及气旋活动最频繁的地区,常造成多变天气。

秋季,变性的西伯利亚气团加强南伸,占主要地位,变性热带海洋气团势力减弱并逐步退居东南海上,我国东部地区在单一气团控制下,出现全年最宜人的秋高气爽的天气。冷暖气团交界地带常产生秋雨,雨后地面为冷高压控制,天气凉爽。

二、锋面系统

(一)锋的概念

锋指冷暖气团之间形成的狭窄而又向冷气团倾斜的过渡带(图 5-3)。锋面的概念是皮叶克尼斯(V. Bjerknes)于 1919 提出的,这个概念至今还广泛在气象学和天气预报中应用。

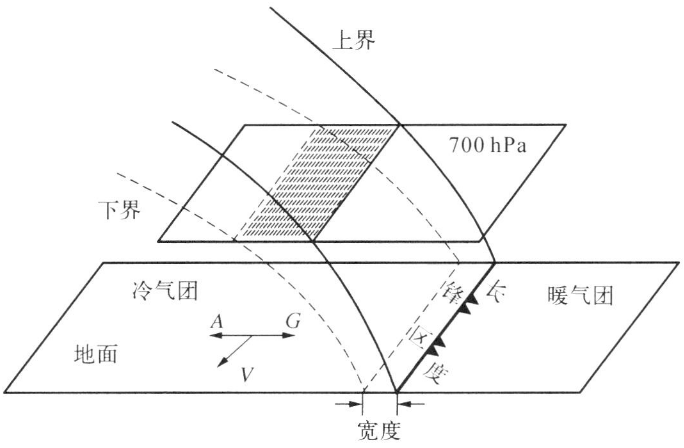

图 5-3 锋区空间结构图

锋面是一个具有三维结构的天气系统。在水平面上,锋面呈现为一个狭长带,锋面与空中某平面相交的区域称为锋区。锋区的宽度随高度的增加而增大,在近地面层一般为几十千米,而到高空可达 200～400 km。水平尺度(长度)与气团水平尺度相当,一般为 1 000～2 000 km。锋的宽度同气团宽度相比显得很狭窄,因而常把锋区看成是一个几何面,称为锋面。锋面与地面的交线称为锋线。习惯上又把锋面和锋线统称为锋。锋在垂直方向的厚度一般为 1～2 km,属浅层系统。

(二) 锋的分类

根据锋面两侧的气团源地的地理位置不同,可将锋分为冰洋锋(北极锋)、极锋和副热带锋。如图 5-4 所示,对流层顶是区分对流层气团与平流层气团的界线,冰洋气团与极地气团之间所形成的锋称为冰洋锋(北极锋)。极地气团与热带气团之间所形成的深厚锋称为极锋,极锋上部的暖区一侧有一极锋急流(Jp)。热带气团与赤道气团之间所形成的锋称为副热带锋,与副热带锋区相联系的有一个副热带急流(Js)。

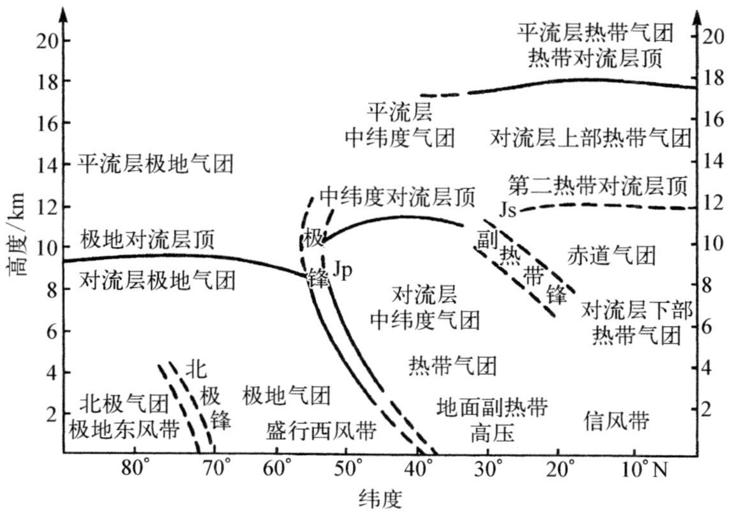

图 5-4　对流层到平流层主要气团与锋面

根据锋的伸展高度,可将锋分为地面锋和高空锋。地面锋是伸展高度仅限于对流层低层(1.5 km 以下)的锋。高空锋主要指位于对流层上层的锋面,它主要与急流和急流轴相伴随。

根据锋在移动过程中冷、暖气团所占有的主次地位,可将锋分为冷锋、暖锋、准静止锋和锢囚锋。

(1) **冷锋**　锋面在移动过程中,冷气团起主导作用,推动锋面向暖气团一侧移动,这种锋面称为冷锋[图 5-5(a)]。当冷锋经过时(冷锋过境),冷空气代替暖空气,气温下降。

(2) **暖锋**　锋面移动过程中,暖空气团起主导作用,推动锋面向冷气团一侧移动,这类锋面称为暖锋[图 5-5(b)]。当暖锋经过时,暖空气代替冷空气,气温将升高。

(3) **准静止锋**　当冷、暖气团的势力相当时,锋面的移动十分缓慢或相对静止,这种锋称为准静止锋。在实际大气中,绝对静止的锋面是不存在的,有时冷空气势力较强,有时暖空气势力较强,这样可出现锋面在某一地区来回摆动。实际工作中,经常将 6 小时内位置变化小于 1 个纬距的锋判定为准静止锋[图 5-5(c)]。

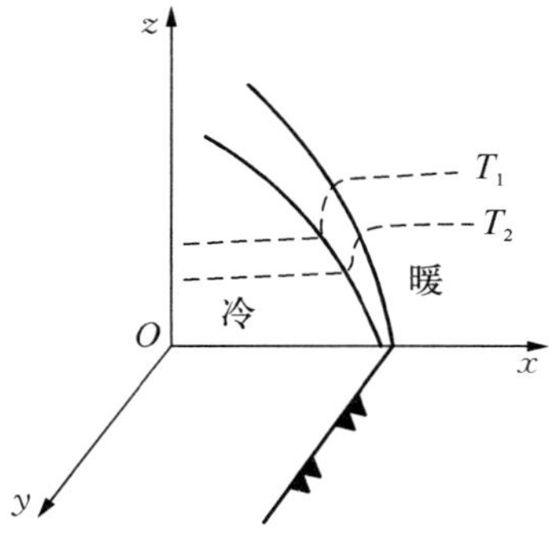

(a) 冷锋

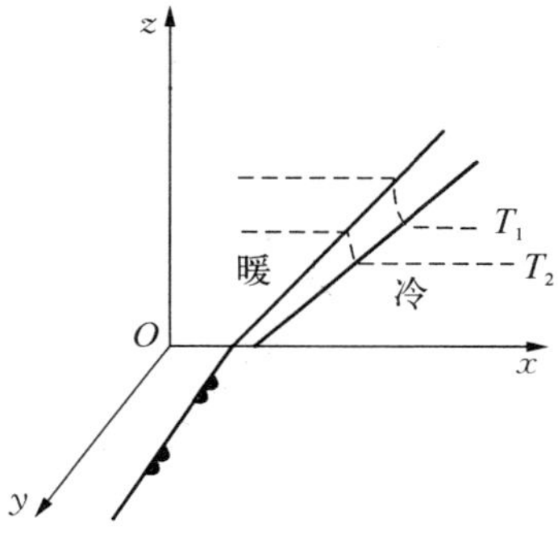

(b) 暖锋

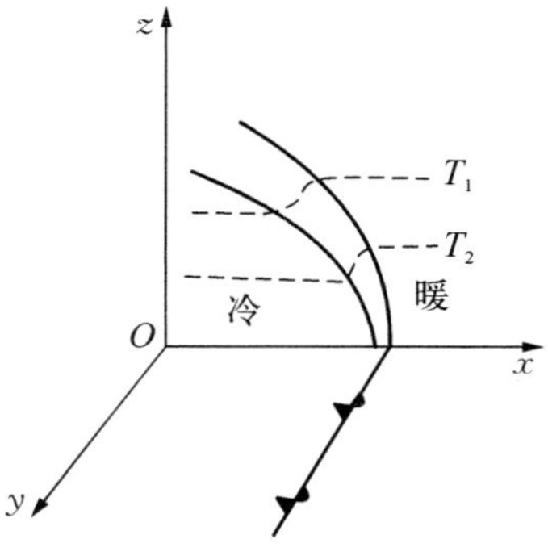

(c) 静止锋

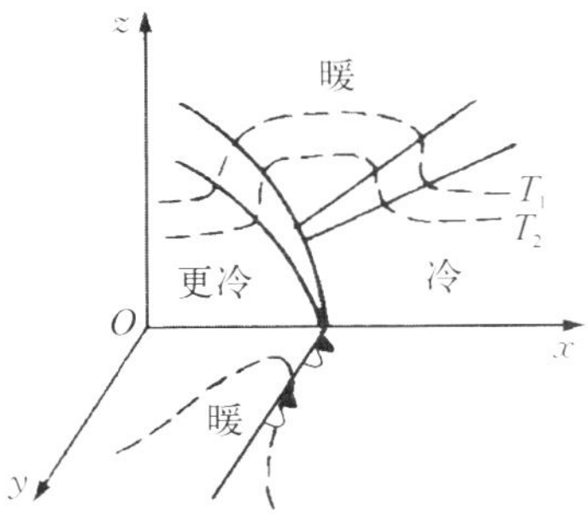

(d₁) 冷式锢囚锋

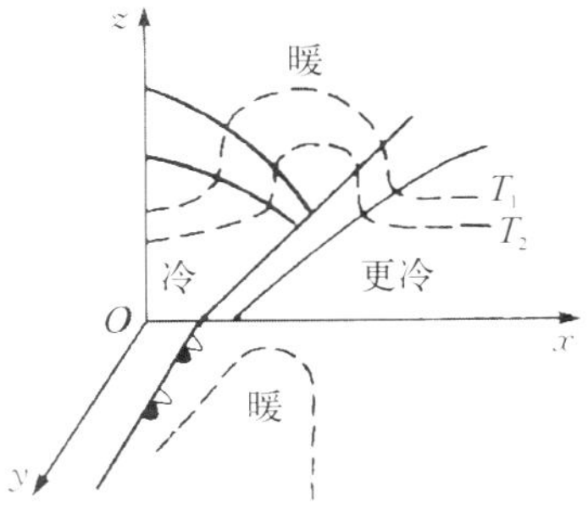

(d₂) 暖式锢囚锋

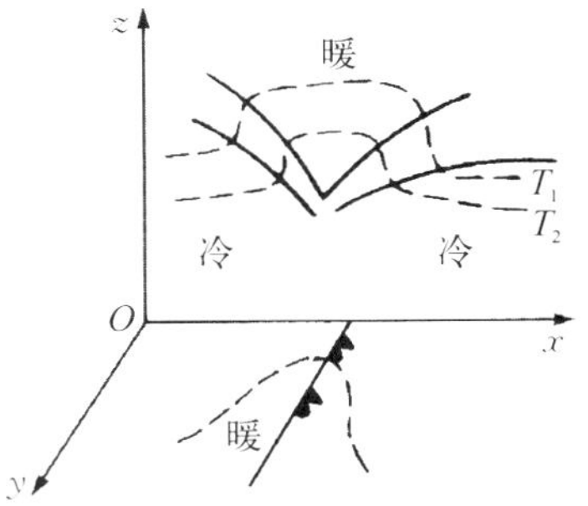

(d₃) 中性锢囚锋

图 5-5 锋的分类

(4) 锢囚锋　当冷锋赶上暖锋,或者两条冷锋迎面相遇,两锋间暖空气被抬离地面锢囚到高空,近地面层冷暖锋合并而形成的一种锋称为锢囚锋。两条锋面在空间的交接点称为锢囚点。锢囚锋又可分为三种:如果冷锋后的冷空气团比暖锋前的冷空气团更冷,称为冷式锢囚锋[图 5-5(d_1)];如果冷锋后的冷空气团比暖锋前的冷空气团暖,称为暖式锢囚锋[图 5-5(d_2)];如果冷锋后的冷空气团与暖锋前的冷空气团的温差较小,称之为中性锢囚锋[图 5-5(d_3)]。

(三) 锋的特征

在锋区内,气象要素与天气变化极为剧烈。锋面的两侧各要素都有显著差异,因此锋面可以看成是大气中气象要素的不连续面(近似为物质面)。

1. 锋面坡度

锋在空间上呈向冷气团一侧倾斜状态,冷空气在下,暖空气在上。锋面坡度的形成和维持是地球自转偏向力作用的结果。如图 5-3 所示,锋面的一侧是冷气团,另一侧是暖气团,由于冷暖气团密度不同,在两气团间便产生了一个由冷气团指向暖气团的水平气压梯度力,这个力迫使冷气团呈楔形伸向暖气团下方,并力图把暖气团抬挤到它的上方,使两者分界面趋于水平。然而,当水平气压梯度力开始作用时,地转偏向力就随之起作用,并不断地改变着冷空气的运动方向,使其逐渐与锋线趋于平行,当地转偏向力、惯性离心力和气压梯度力达到平衡时,形成梯度风,这时冷暖气团的分界就不再向水平方向过渡,而呈现为倾斜状态。当锋面保持稳定时,锋面与地平面的交角称为锋面倾斜角,其简化后的马古列斯(Margules)锋面坡度公式表达式为

$$\operatorname{tg} \alpha \approx \frac{f}{g} T_{m} \frac{\Delta V_{g}}{\Delta T} \tag{5-1}$$

式中,f 为地转参数;g 为重力加速度;$\Delta T = T_2 - T_1$,T_1 和 T_2 分别是冷暖气团的气温;$T_m = (T_2 + T_1)/2$;$\Delta V_g = V_{g1} - V_{g2}$,$V_{g1}$ 和 V_{g2} 分别为冷暖气团平行于锋线的风速分量。

据统计,我国南方(低纬)锋面坡度约为 1/200 ~ 1/500,在北方(高纬)锋面坡度约为 1/50 ~ 1/200。一般情况下,冷锋坡度>暖锋坡度>准静止锋坡度。

2. 锋面附近的气象要素场特征

(1) 温度场　在水平方向,锋区内水平温度梯度比两侧气团内水平温度梯度大。即锋区内等温线密集,且等温线密集区随高度增加而向冷空气一侧倾斜(图 5-6)。在同一气团中水平温度梯度一般为(1~2)℃/100 km,而在锋区内的水平温度梯度可达(5~10)℃/100 km。在垂直方向,锋区出现锋面逆温。逆温层的底部相当于锋面下界面,逆温层的上部相当于锋面的上界面(图 5-7)。

(2) 气压场　在地面天气图上,锋线处于低压槽中,等压线通过地面锋线时呈气旋式弯曲,折角指向高压。在图 5-8 中,假设无锋面且只是暖气团控制时的气压分布如实线所示。当有锋面出现且东部是冷气团控制后,等压线通过锋线进入锋面下方的冷气团时,由于锋下密度较大的冷空气柱逐渐增长,那么沿 AB 线向右方气压必然逐点升高,如图中 c 点气压必然比 b 点高,而锋线上 a 点的气压值却未改变,结果造成等

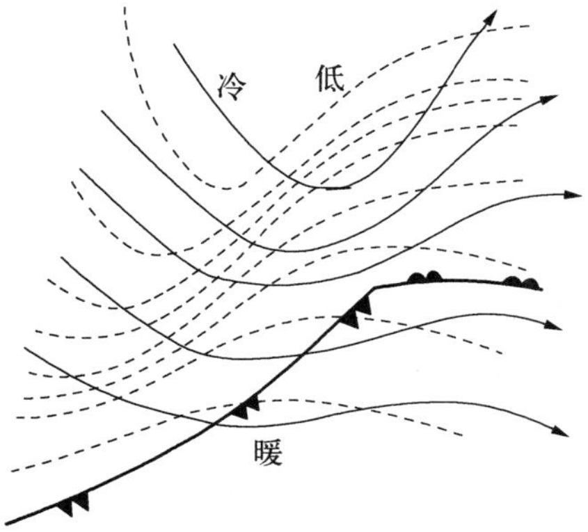

图 5-6 地面锋线与高空锋区的相对位置

注：虚线和实线分别是等压面图上的等温线和等高线。

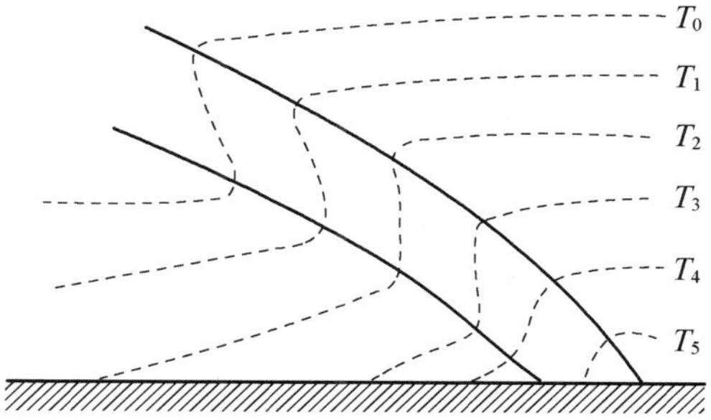

图 5-7 锋区附近温度的垂直分布(锋面逆温)

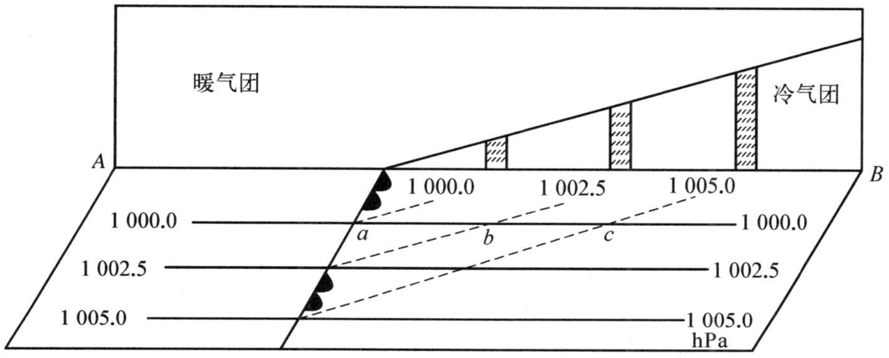

图 5-8 锋附近的气压场特征

压线不维持原来的平直走向,而变为图中虚线所示的情况。这样锋线必然处在低压槽中,等压线在锋线处产生折角,其折角指向高压区一方。

(3) **风场** 在水平方向上,锋两侧的风具有气旋式切变和气流辐合(图 5-9)。由于地面锋线位于低压槽中,根据梯度风原理,锋线附近的风场具有气旋性切变,而地面摩擦作用可使这种气旋性切变变得更加明显。

在垂直方向,锋区上空可出现大风速区,甚至可以出现急流。由于锋区的水平温度梯度要比两侧气团内的水平温度梯度大,由热成风原理可知,在锋区存在较大的风速垂直切变。在冷锋附近有冷平流,自下而上穿越锋区,水平风向随高度增加而呈逆时针旋转;而在暖锋附近有暖平流,自下而上穿越锋区,水平风向随高度增加而呈顺时针旋转。

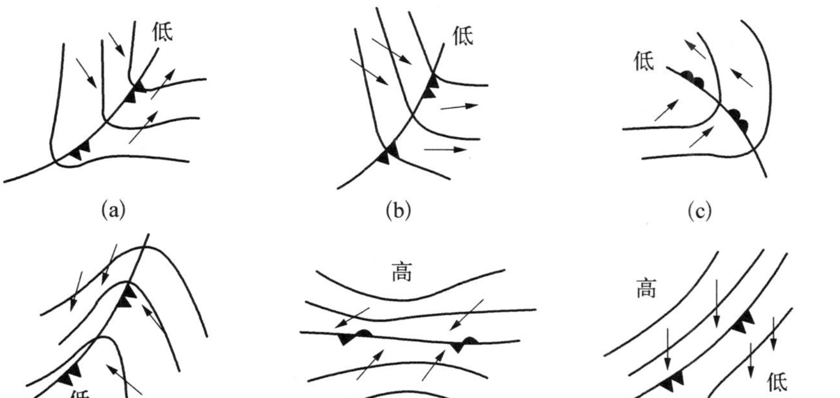

图 5-9 锋附近的典型气压场和风场分布

(四) 锋面天气

锋面天气主要指出现在锋附近的云系、降水和风等天气现象的分布和演变状况。决定锋面上云雨现象的基本因素是锋面坡度大小、空气中的水汽含量、垂直运动和稳定度。

(1) **暖锋天气** 暖锋坡度较小,约为 1/150。冷暖气团都为上升气流,暖气团在推挤冷气团过程中,主动沿着锋面缓慢滑升绝热冷却,当上升到凝结高度后在锋面上形成广阔的系统的层状云系。典型云序为:卷云(Ci)、卷层云(Cs)、高层云(As)、雨层云(Ns)(图 5-10)。该云系沿着整个锋面可连绵数百千米。降水主要发生在雨层云内,为连续性降水,降水区在锋前,降水宽度 300~400 km。层云的云底高度可达 1 km,云顶较平,其高度可达 7~8 km。

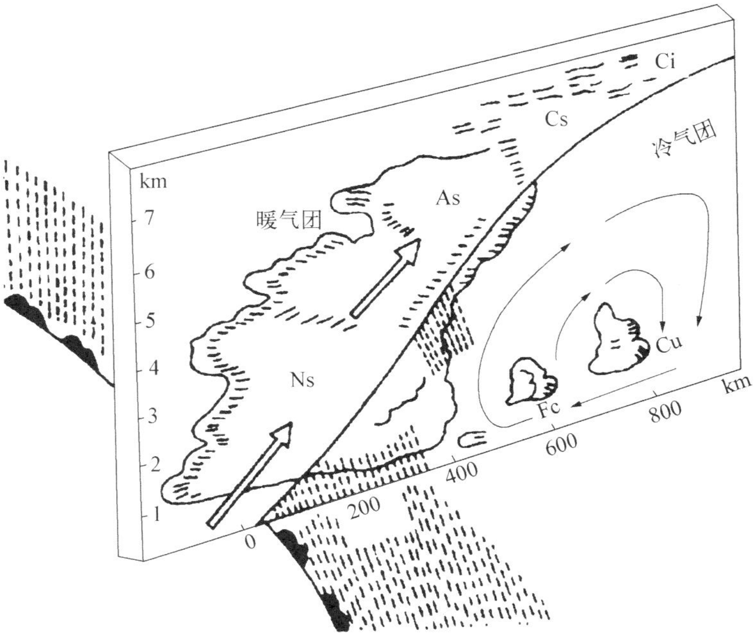

图 5-10 暖锋天气模式

(2) **冷锋天气** 冷锋是我国最常见的一种锋面,全国各地一年四季都有它的活动踪迹。根据冷锋移动速度、锋上垂直运动特征不同,冷锋又分为第一型冷锋(缓行冷锋)和第二型冷锋(急行冷锋)。这两种冷锋的天气特征有明显差异。

1) 第一型冷锋(缓行冷锋)天气。第一型冷锋的地面锋线位于高空槽前部,锋面坡度较小,约为 1/100,移动速度较慢(与第二型冷锋相比),暖空气沿锋面缓慢滑升。当暖气团比较稳定、水汽比较充沛时,产生与暖锋相似的层状云系,但排列次序相反。地面锋线过境后开始降水,风速突然增大,天气恶劣,待高空槽过后,降水逐渐停止,天气开始转晴。降水多为连续性降水,降水区出现在地面锋线之后,雨区宽度一般为 150~200 km(图 5-11)。如果锋前暖气团不稳定时,在地面锋线附近也常出现积雨云和雷阵雨天气。

2) 第二型冷锋(急行冷锋)天气。第二型冷锋的地面锋线一般位于高空槽线附近或槽后,坡度大,约为 1/70,低层锋面坡度特别陡峭,有时甚至向前突出成一个冷空气"鼻",它移速快,猛烈地冲击前方的暖空气,使之产生强烈的上升运动,形成沿锋线排列很长的积雨云堤,产生对流性降水天气(图 5-12)。在高空,冷锋往往处于西风带低槽后,冷平流较强,暖空气沿锋面下滑,出现下沉气流。因此,云系及降水区分布于地面锋线附近,云雨区比较狭窄,一般约为 10~100 km。这种冷锋天气状况随季节有明显的不同。夏季,由于暖气团比较潮湿,这种冷锋过境时,常常出现狂风暴雨、雷电交加,但历时短暂,锋线一过气温急降,天气豁然开朗。冬季,由于暖气团比较干燥,只在地面锋线前方出现与暖锋相似的层状云系(卷云、卷层云、高层云、雨层云),但要狭窄得多。当暖气团水汽充足时,地面锋线附近才有很厚、很低的云层和宽度不大的连续性降水,锋线一过云消雨散,出现晴朗、大风、降温天气。当暖气团比较干燥时,第二型冷锋也可能出现只有少量高云和中云,而无降水的现象,在锋后常出现大风和沙尘暴天气,这种冷锋常称为"干冷锋",多出现于我国北方的春季。

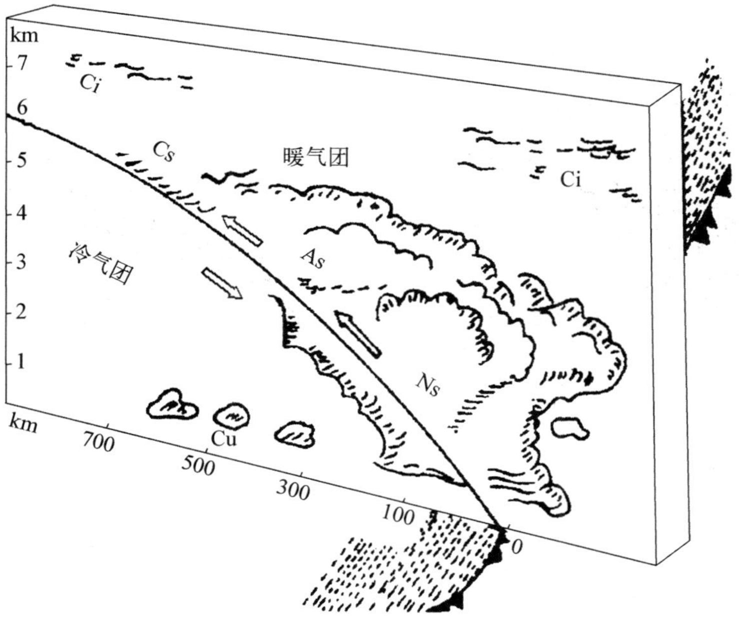

图 5-11　第一型冷锋天气模式

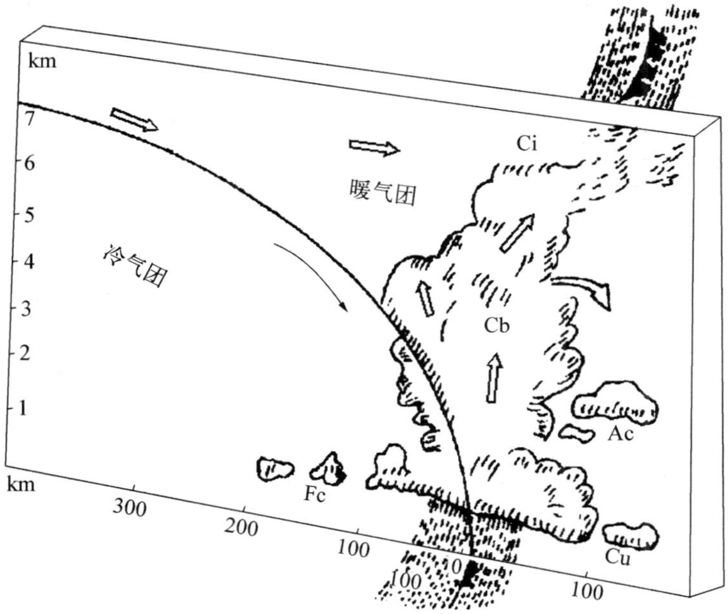

图 5-12　第二型冷锋天气模式

(3) **准静止锋天气**　常由冷锋演变而成,其天气和第一型冷锋相似,只是锋面移动缓慢并来回摆动。锋面坡度(约 1/200)比暖锋还小,沿锋面上滑的暖空气可以伸展到距锋线很远的地方,所以云区和降水区比暖锋更为宽广,降水持续时间长、强度小(毛毛雨、小雨),具有连续性,可造成连阴雨天气,雨区离锋线有一段距离。

准静止锋天气可分为两类:① 有显著降水[图 5-13(a)]。如 4～6 月的华南前汛期,冷锋南下过程中,冷气团不断减弱,暖气团不断增强,由冷锋演变而成华南准静止锋。6 下旬至 7 月上旬的江淮梅雨锋(准静止锋)也属此类型。天气与第一型冷锋类似,降水主要发生在西太平洋副高北侧的西风带中。由于准静止锋移动缓慢,并常常来回摆动,天气时阴时晴,阴雨持续时间可达十天、半个月,甚至一个月以上,形成华南前汛期和江淮梅雨天气。夏初,若暖气团的湿度增大,气团呈现不稳定状态,锋上可出现积雨云和雷阵雨天气。若在低空有切变线或低涡相配合,多有显著的降水现象,有时甚至可产生暴雨。② 无降水或只有层积云和雨量极小的零星降水[图 5-13(b)]。因冷空气南下受山地阻挡而形成。在锋上暖空气干燥,缓慢地滑升,不能

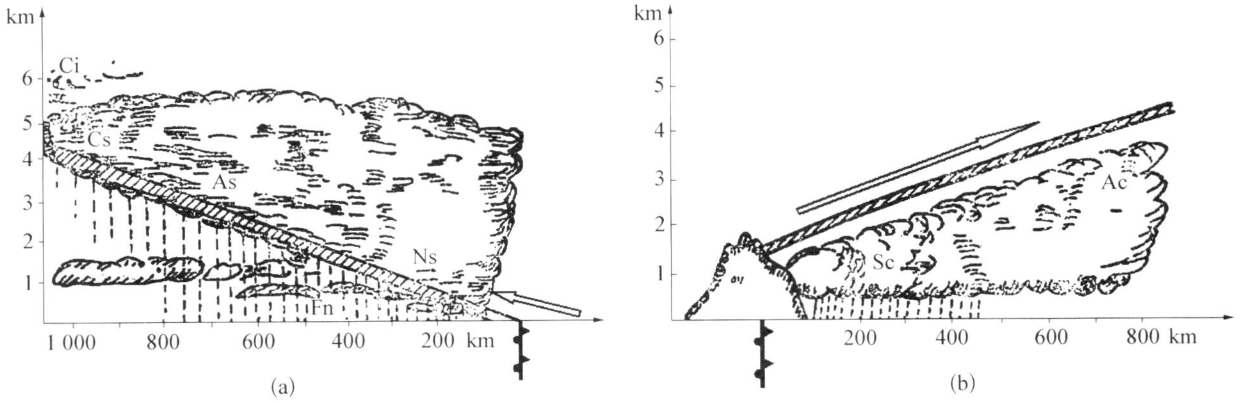

图 5-13 准静止锋天气模式

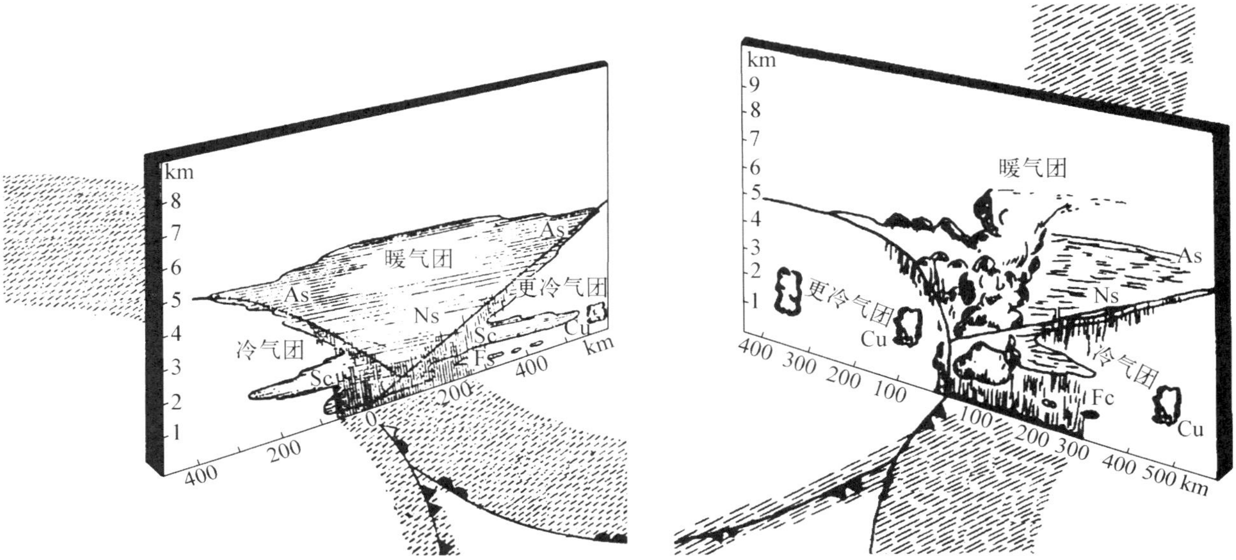

图 5-14 锢囚锋天气模式

形成云。在锋下有冷湿空气沿山坡滑升,形成层积云。天山北侧的天山准静止锋、云贵高原的昆明准静止锋都属此类型,以冬半年为多。

(4) 锢囚锋天气　锢囚锋是由两条移动的锋面相遇合并而成,而且两条锋面相遇后,锋上暖空气被抬升到锢囚点以上,使锢囚点之上的云层变厚、降水增强、雨区扩大,锢囚锋两侧均有降水区;锢囚点之下仍保留原两条锋面的天气特征。暖式锢囚锋由两条具层状云系的冷、暖锋合并而成,则锢囚锋的云系也呈现层状云,并近似对称地分布在锢囚点的两侧[图 5-14(a)]。冷式锢囚锋原来一条是积状云,另一条是层状云,那么冷式锋锢囚锋云系为积状云和层状云相连[图 5-14(b)]。

(五) 我国锋面分布、锋生锋消概况

(1) 我国锋面活动　我国的冷锋大多从俄罗斯、蒙古国进入我国西北地区,然后南下。冷锋在我国活动范围很广,几乎遍及全国,而且北方多于南方。冷锋全年都有,尤其在冬半年更为常见,它是影响我国天气的重要天气系统。冬季,多第二型冷锋,常能直驱华南及南海,造成寒潮天气。但其移到长江流域和华南地区后,常常转变为第一型冷锋或准静止锋。夏季,多第一型冷锋,影响范围较小,一般只达黄河流域,主要活动在西北、华北地区,常带来雷雨天气。春季,冷锋在东北常造成大风和降水,而在华北往往只引起风沙天气。

明显的暖锋在我国出现得较少,主要分布在我国东北和长江中下游地区,且大多数与冷锋相伴随。秋季

一般只出现在江淮流域和东北地区，夏季多出现在黄河流域、渤海地区的气旋中。

准静止锋大多数在我国的华南、云贵、天山和江淮地区出现，它们的出现大多数与地形有关。

在我国，锢囚锋主要出现在东北、华北地区，一年中以春季为最多。东北地区的锢囚锋大多由蒙古国、俄罗斯移来，多属冷式锢囚锋。华北锢囚锋多在本地生成，属暖式锢囚锋。冬半年会在西北、华北、华东区域出现地形作用形成的地形锢囚锋。

(2) **我国锋生**　我国的锋生区，集中在华南到长江流域和河西走廊到东北这两个地区，称为南方锋生带和北方锋生带。锋生带，从春季到夏季，逐渐北移；自夏季到冬季，逐渐南撤。

冬半年(10～5月)南方锋生带位于江南地区。春季锋生最频繁，因为这时南下的冷空气势力比冬季时弱，而南方暖湿空气已开始加强，东移的高空低槽增多，地面倒V形槽容易发展，利于锋生。6～7月，锋生带移到长江流域；盛夏时，锋生带移到华北，这时江南极少锋生；9月以后，锋生带又逐渐南移。

北方锋生带有显著的季节变化。冬季，由于这一带经常位于高空脊前槽后，地面反气旋活动频繁，锋生不多。3月以后，这一地区的反气旋势力减弱，高空槽频繁从西方东移，这时蒙古国和我国东北地区常有锋生。5月以后，高空锋区北移，中蒙边界一带的锋生又减少。但在我国东北地区，这时经常有冷涡存在，涡后强烈的冷平流常在东北及华北地区生成副冷锋。河西地区在夏季锋生较多，这是因为夏季侵入我国的冷空气路径偏西，常沿青藏高原东侧南下，此时河西地区是冷空气必经之路。冬半年，由于冷空气路径偏东，所以春、冬两季在这一带的锋生较少。

我国有些地区的锋生与地形有关。如天山北坡、南岭北坡和昆明—贵阳—成都一线的坡地等，都是常见的静止锋锋生区。

(3) **我国锋消**　我国的锋消区主要是在青藏高原以东的30°～40°N一带。这是因为它常处在东亚大槽后部，有利于加压与气流下沉。当冷空气从西北高原向东南移动时，地形助长了西北来的冷空气的下沉。因此，冷锋经过此地区时常有显著的锋消现象。一般来讲，夏半年(6～9月)锋消较多，特别是7、8月，锋消过程最多。这是由于7月份以后，太平洋高压开始西伸并北移，高压脊控制我国近海及东南大陆，环流形势有利于锋消。7、8月我国北部虽有冷空气活动，也有冷锋南下，但冷空气势力都不强，到达的位置偏北，即便能南下也因为大陆温度高，冷空气极易增暖变性。所以，从西方或北方侵入我国大陆的锋面，绝大多数在我国境内消失，能继续向东入海的极少。

三、温带气旋和反气旋

(一) 概述

(1) **气旋和反气旋的概念**　气旋是指在同一高度上中心气压比四周气压低的水平涡旋，又称低压。在北半球，空气作逆时针旋转；在南半球则相反。反气旋是指在同一高度上中心气压比四周气压高的水平涡旋，又称高压。在北半球，空气作顺时针方向旋转；在南半球则相反。

(2) **气旋和反气旋的一般特征**　气旋和反气旋的大小以地面图上最外围一条闭合等压线的直径长度来量度。气旋的水平尺度一般为1 000 km，大的可达3 000 km，小的只有200 km或更小。反气旋的水平尺度比气旋大得多，大的反气旋可以和最大的大陆或海洋相比。如冬季欧亚大陆的反气旋(蒙古高压)往往占据整个欧亚大陆的四分之三，小的反气旋的直径也可达数百千米。气旋和反气旋的强度用中心气压值的大小来表示。气旋中心气压越低，表示强度越大；反气旋中心气压值越高，强度越大。地面气旋的中心气压值一般在970～1 010 hPa。强台风中心气压值可低至870 hPa。地面反气旋中心气压值一般在1 020～1 030 hPa。冬季，东亚大陆上的反气旋中心气压值可达1 040 hPa以上，最高曾达到1 083.8 hPa。

(3) **气旋和反气旋的分类**

1) 气旋的分类：根据气旋形成和活动的主要地理区域，可分为温带气旋和热带气旋。按气旋的热力结构可分为锋面气旋和无锋面气旋。锋面气旋中有锋面存在，由两种不同气团组成，温度场分布不对称。一般中高纬度的气旋大多是锋面气旋，因此也称温带气旋，它移动性大，是中高纬度地区产生大范围云雨天气的主要天气系统。无锋面气旋没有锋面存在，又可分为热带气旋、地方性气旋和冷涡。热带气旋发生在热带海洋上，当其中风力达到一定程度时，称为台风或飓风。地方性气旋是由于地形作用或下垫面加热作用而产生的地形低压、热低压,这类气旋基本上不移动,一般不会带来云雨天气。冷涡一般形成于中、高纬度(有时也在较低纬度)地区高空的冷性气旋。如形成在青藏高原东南侧的西南低涡、形成在新疆塔里木盆地的气旋、500 hPa 上的极地涡旋和切断低压都是无锋面气旋。

2) 反气旋的分类:根据反气旋形成和活动的主要地理区域可分为极地反气旋、温带反气旋和副热带反气旋。按其热力结构可分为冷性反气旋和暖性反气旋。活动于中高纬度大陆近地面层的反气旋多属冷性反气旋,习惯上又称冷高压。冬半年强大的冷高压南下,可造成寒潮天气。出现在副热带地区的副热带高压多属暖性反气旋。在海洋上形成于对流层中下层(如西太平洋副高)、在大陆上形成于对流层上层(如南亚高压)的副热带高压较少移动,但有季节性的南北位移和中短期的东西进退。

(二) 温带气旋

1. 锋面气旋的结构和天气

1922 年前后,皮叶克尼斯(J. Bjerknes)等发现在气旋中有冷暖锋,从而建立了如图 5-15 所示的锋面气旋模式。图 5-15(b)为锋面气旋在地面上的分布。锋面气旋是一个呈逆时针方向旋转的涡旋,整个气旋自西向东移动,自中心向前方伸展出一条暖锋,向后方伸展出一条冷锋,在锋面上有云和雨区(阴影部分)。在气旋后部,冷空气南下抬升暖空气,使暖空气沿冷锋上升,形成冷锋锋后降水。在气旋前部,暖空气沿暖锋锋面向上滑升,形成暖锋锋前降水,雨区范围比冷锋降水范围大。冷、暖锋以南为暖空气,以北为冷空气。图 5-15(a)为锋面气旋北部的东西向剖面,锋面没有到达地面,雨层云出现在暖空气中。图 5-15(c)为气旋南部的穿越冷锋、暖区和暖锋的东西向剖面,气旋前部是宽阔的暖锋云系及相伴随的连续性降水天气,云系向前伸展很远。气旋后部是比较狭窄的冷锋云系和降水天气,一般靠近气旋中心的一段冷锋移速较快,属第二型冷锋;离中心较远的一段冷锋移速缓慢,多为第一型冷锋,冷锋过后雨过天晴。气旋中部是暖气团天气,其天气特征主要取决于暖气团的性质。如果暖区为热带海洋气团所控制,离中心较远的地方通常为少云天气,靠近中心地方有层云、

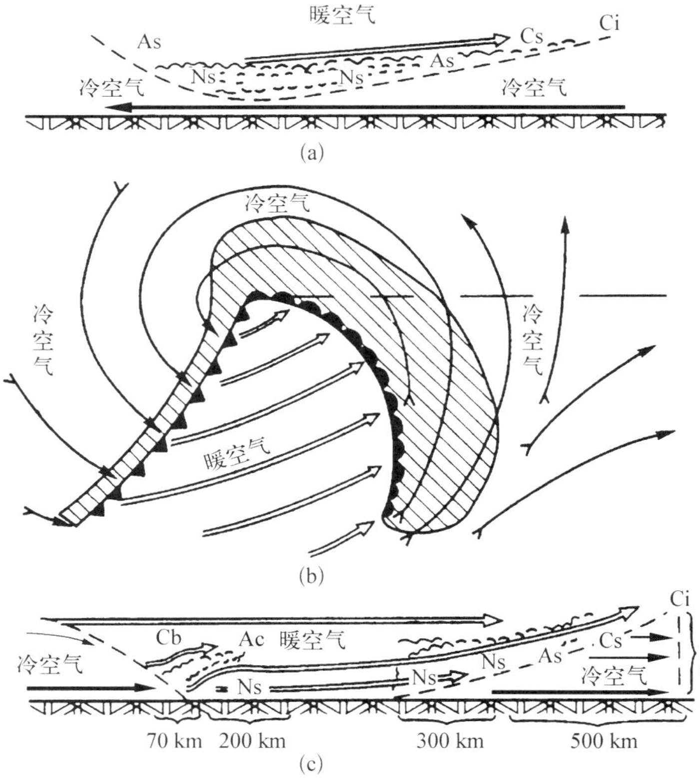

图 5-15 锋面气旋模式

(a)与(c)分别为气旋中心以北和以南东西向垂直剖面图,
(b)为气旋在地面上的分布(阴影部分为降水区)

层积云,有时可能出现毛毛雨和雾的天气;如果是热带大陆气团控制,则空气干燥,没有降水,至多有一些薄云。

图 5-16 是锋面气旋中气流输送带模式。锋面气旋中,暖空气、冷空气和干冷空气这三种不同性质的空气有四个气流输送分支。高空槽后干冷空气输送带分成两支:一支下沉,促成冷锋后高压发展,天气晴好,也使冷锋后的降水边缘非常清楚;另一支随高空西风气流流动,导致暖锋前上层云系向下风方向拖出一个长尾巴。在暖区,暖空气输送带由南向北沿冷锋上滑形成冷锋降水,沿暖锋上滑形成暖锋降水。在暖锋的前部,暖空气输送带的下方,由东向西有另一支冷湿空气输送带。这支气流来自东部海上。在暖锋前,上升运动导致干冷空气输送带高度抬高,并转向基本气流方向,导致逗点云系的形成。

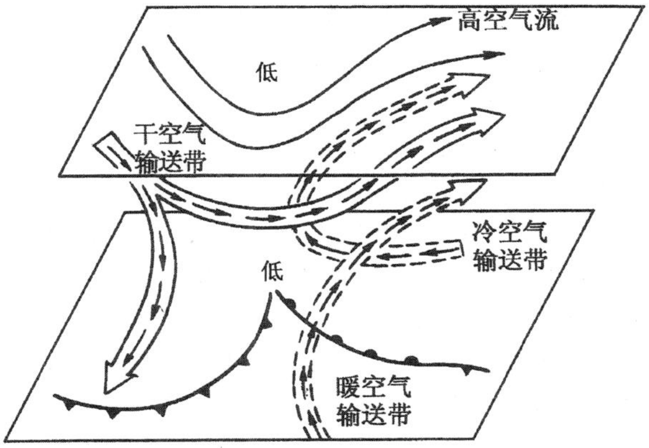

图 5-16 锋面气旋中气流输送带模式

2. 锋面气旋的形成与发展

温带气旋的形成,一般有三种类型:① 准静止锋或缓慢移动的冷锋上锋面波动型。这就是 20 世纪 20 年代以皮叶克尼斯为首的挪威学派所建立的气旋发展模型的锋面波动型,其认为锋面气旋是在一条准静止锋或缓慢移动的冷锋上发生小扰动而形成的。我国江淮气旋(南方气旋的典型代表)和黄河气旋中的一部分属于这种类型。② 极锋理论模型。低压的发展开始于极锋上的小扰动,扰动从低层向高层发展。我国北方气旋的典型代表蒙古气旋和东北气旋属于这种类型。③ 冷锋进入倒槽暖锋锋生模型。这类气旋大多在大陆上发生,我国江淮气旋和黄河气旋的一部分属于这种类型。

(1) 准静止锋上锋面波动发展过程　准静止锋上锋面波动型与极锋理论模型气旋形成过程虽然不同,但发展过程都相同,分为如下 4 个阶段(图 5-17)。

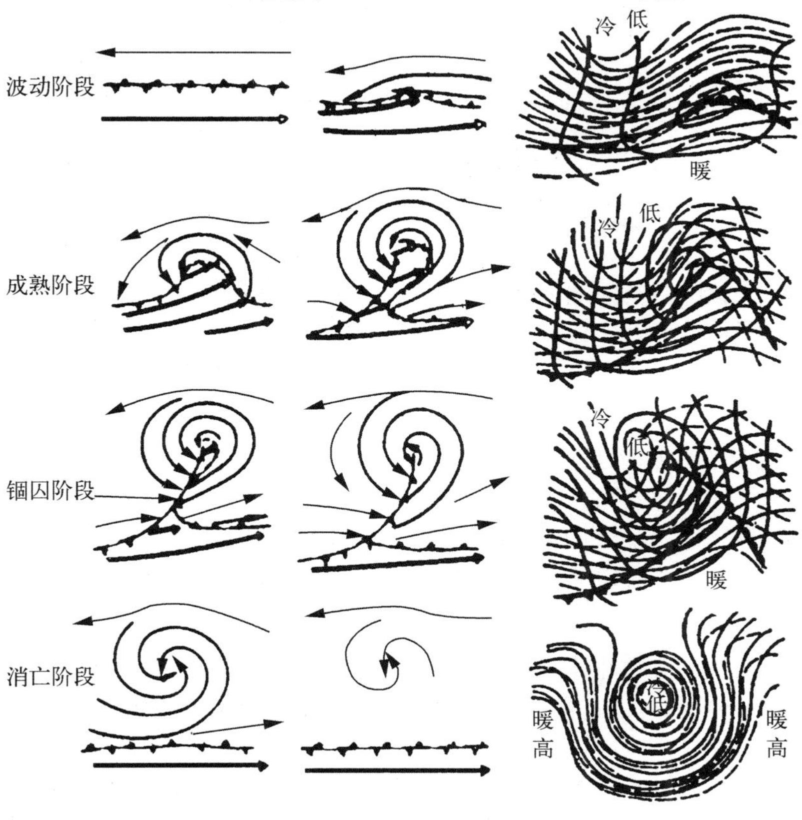

图 5-17 皮叶克尼斯提出的气旋发展的四个阶段

1) 波动阶段：从发生波动到绘出第一根闭合等压线。气旋发生前高纬为偏东风,温度低;低纬是偏西风,温度高;中间有一条准静止锋。开始出现波动时,冷空气向南侵,暖空气向北扩展,波动在锋面上出现,并出现冷暖锋和锋面降水。① 动力作用。地面气旋位于高空槽前,槽前为辐散气流,动力因子会引起地面减压。② 热力作用。高空温度槽落后于气压槽,槽前为暖平流,热力因子也会引起地面减压。因此,动力和热力因子都利于气旋加深发展。

2) 成熟阶段：地面气旋仍位于高空槽前,温度槽仍落后于气压槽,且高空槽加深,温度平流(热力作用)与辐散作用(动力作用)都加强,使地面气旋加深,闭合等压线增多,达到最强盛阶段,雨区扩大,气旋移速减慢,冷暖锋之间暖区缩小,辐合上升和地面摩擦作用增强,但仍不占主导地位。

3) 锢囚阶段：① 冷锋运动速度快于暖锋,冷锋追上了暖锋,暖空气完全从地面抬升到高空,形成锢囚锋;② 高空槽达到最强,出现闭合低压中心,温度槽上出现闭合冷中心,并且与高度槽趋于重合,冷平流侵入到气旋中心及其南部;③ 气旋达到最盛阶段,出现大范围云雨区,风力增大,降水强度加剧,而云系比较对称地分布在锢囚锋两侧,天气发展到最盛时期。

4) 消亡阶段：高空冷中心与低中心重合,动力作用与温度平流很弱,地面低中心与高空低中心重合,气旋逐渐与锋面脱离,成为深厚冷性低压,锋面消失。以后由于地面摩擦和辐合作用,气旋逐渐填塞消亡。

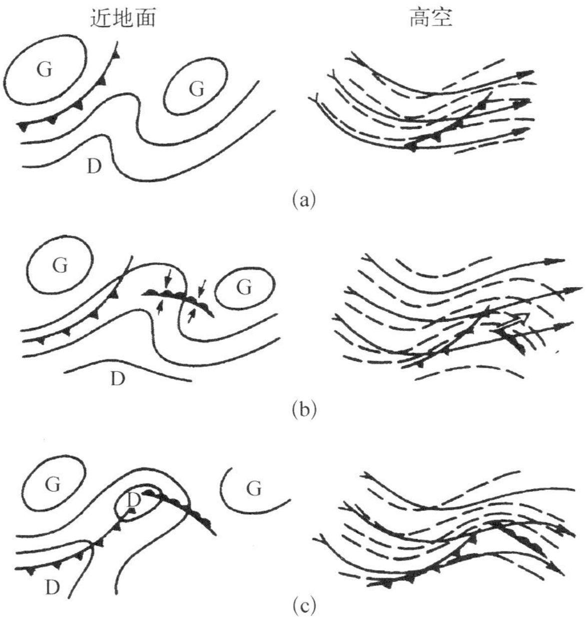

图 5-18 冷锋进入倒槽暖锋锋生模型中气旋发展的四个阶段

(2) 冷锋进入倒槽暖锋锋生过程　冷锋进入倒槽暖锋锋生过程与皮叶克尼斯提出的锋面气旋发展模式有很大的不同,分为以下 4 个阶段(图 5-18)。

1) 地面倒槽阶段：在高空图上有比较明显的槽,槽后有微弱的冷平流。与高空槽相配合,地面有一条冷锋,其后部有一个冷高压。南面有较强的暖空气活动,在地面形成一个暖性倒槽。

2) 暖锋锋生阶段：在地面图上,当冷锋开始侵入倒槽时,在倒槽东面,由于暖空气向北活动较强,形成暖锋。高空图上高空槽振幅加大,冷暖平流加强,但暖平流强度向北减弱。

3) 气旋形成阶段：地面冷锋侵入暖性倒槽中与新生的暖锋连接,这时气压下降,地面低压中心出现,形成锋面气旋。高空图上形成明显锋区。

4) 锢囚消失阶段：气旋形成后,锋面发展为锢囚锋,然后气旋与锋面逐渐脱离,消失。这个阶段与准静止锋上锋面波动发展过程中的锢囚、消亡过程相同。

锋面气旋从发生、发展至消亡,一般约为 5～6 天。活动在北大西洋和欧洲的气旋,生命史往往超过 5 天;而活动在东亚地区的气旋,生命史大多在 3 天左右。

3. 气旋族

锋面气旋一般不是单个出现,而是在一条延续的锋面上出现一连串气旋序列。当最前面的一个已经锢囚时,其后跟着的是一个发展不成熟的气旋,再后面跟着一个初生气旋,这种在同一条锋面上出现的气旋序列,称为气旋族(图 5-19)。据统计,大西洋上平均每一个气旋族有 4 个气旋,太平洋上和我国沿海是 2～3 个。一个气旋族经过某一区域的时间平均为 5～6 天,但也有长达 10 天或更长的。

4. 气旋源地

气旋源地不是均匀分布在温带地区,而是随地理区域和季节变化的。图 5-20 给出了 1 月和 7 月北半球地面气旋发生频率(即每 5 个纬度上气旋发生次数占气旋总数的百分比)及主要路径统计图。北半球气旋源地有如下 4 个特点。

1) 1 月和 7 月北太平洋和北大西洋有两个气旋发生最大频率中心,即永久性的阿留申低压和冰岛低压所在地。亚洲、北美大陆北部及沿海的气旋分别向这两个频率中心移动。冬季气旋发生频数明显高于夏季,

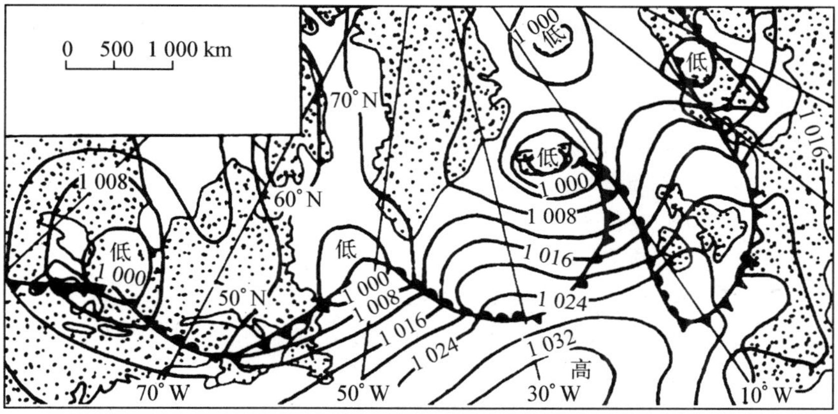

图 5－19　气旋族

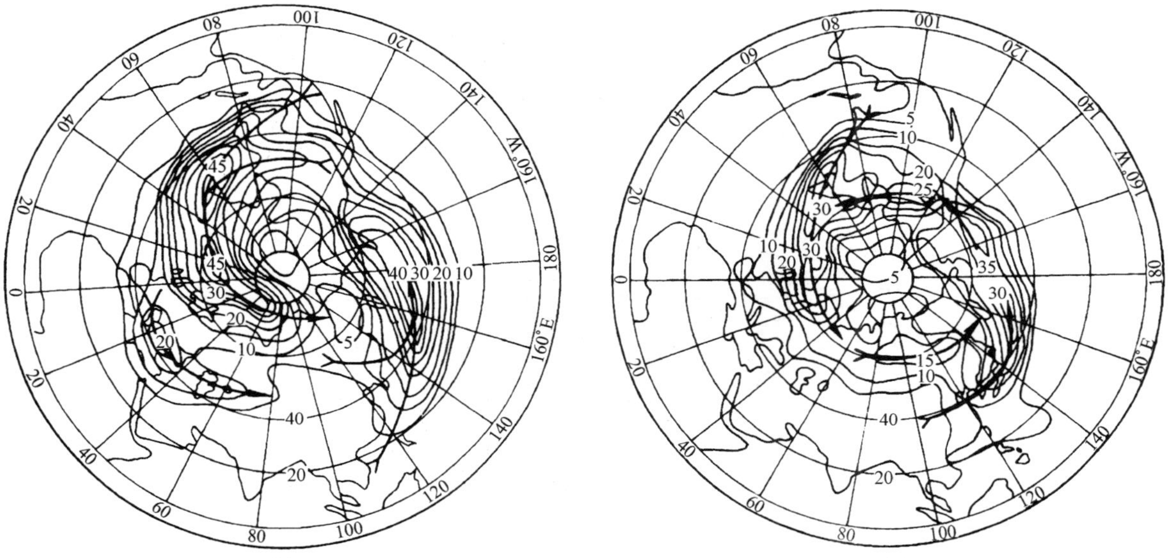

(a)　(b)

图 5－20　北半球 1 月(a)和 7 月(b)地面气旋发生频率的分布及主要路径统计图

同时夏季的东亚气旋路径比冬季的偏北。

2) 气旋的源地分布平行于纬圈,呈东西向,在洋面上(尤其在太平洋上)十分显著。

3) 气旋较多发生在巨大山地的背风坡一侧及其以东地区。北美的落基山、北欧的斯堪的纳维亚山脉、亚洲青藏高原的东面,都是气旋的主要发生地。

4) 海湾以及内陆湖泊,在冬季温度较高,也容易有气旋生成。地中海中的意大利半岛的两侧,黑海、里海和北美的五大湖区等都是著名的气旋源地。

5. 东亚气旋

1951～1960 年对东亚气旋(70°～140°E,20°～55°N)发生情况的统计表明,由于东亚南北两支锋区的存在及地形的影响,无论冬夏,使东亚气旋主要发生在南北两个地区。南面的一个位于 25°～35°N,即我国的江淮流域、东海和日本南部海面的广大地区,称南方气旋。南方气旋有江淮气旋(发生地主要在长江中下游、淮河流域和湘赣地区)和东海气旋(活动于东海地区,有的是江淮气旋东移入海后而改称的,有的是在东海地区生成的)。北面的一个位于 45°～55°N,并以黑龙江、吉林与内蒙古交界区产生最多,称为北方气旋(图 5－21)。北方气旋有蒙古气旋(多生成于蒙古国中部和东部)、东北气旋(又称东北低压,多系蒙古气旋或河套、华北以及渤海等地气旋移到东北地区而改称的)、黄河气旋(生成于河套及黄河下游地区)、黄海气旋(活动于黄海和由内陆移来的气旋)。平均而言,北方气旋深厚,南方气旋浅薄。

江淮气旋可作为南方气旋的典型，一年四季都可形成，春季和初夏最多。江淮气旋是造成江淮地区暴雨的重要天气系统，除了在气旋中心有暴雨外，冷锋经过的地区也可产生雷暴或暴雨。暖锋前有偏东大风，暖区有偏南大风，冷锋后有偏北大风。

蒙古气旋可作为北方气旋的典型，一年四季均可出现，春季最多。蒙古气旋活动时，总是伴有冷空气侵袭，带来大风、降温、沙尘、吹雪、霜冻天气。

黄河气旋介于两者之间，一年四季均可出现，夏季最多。黄河气旋是影响我国华北、东北地区的重要天气系统。夏季可带来大风和暴雨，其他季节一般只形成零星降水，主要是大风天气。

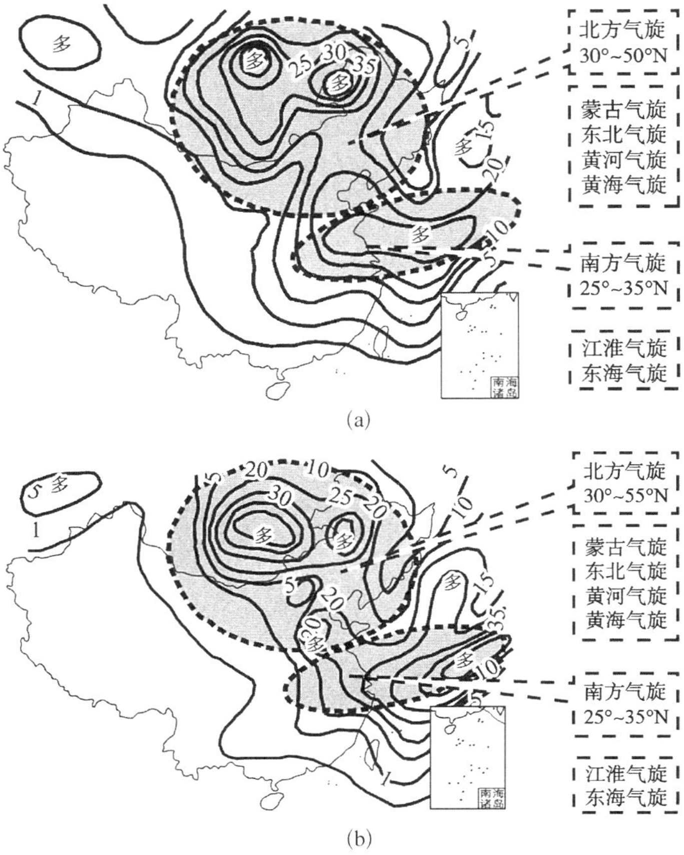

图 5-21 夏半年(a)、冬半年(b)东亚气旋发生频数地区分布示意图

另外，在太行山背风侧的华北平原、日本海和哈萨克斯坦的巴尔喀什湖附近，也是气旋发生较多的地区。20°N 以南就没有产生过锋面气旋。我国大陆 110°E 以西的地区很少有气旋发生。这是因为当对流层中下层西风经过青藏高原时分为两支，北支在 40°N 以北甘肃一带形成高压或贝加尔湖高压脊；南支西风经高原南侧形成孟加拉湾低槽，槽前西南气流向北侵袭我国。两支气流在 110°E 以东汇合，四川盆地成为高原东侧的“死水区”，故这一带没有地面气旋生成。但在南支气流的北侧，我国的西南地区，低层常形成一个个低涡，即西南涡，西南涡东移到 110°E 以东时，成为诱导地面气旋生成的一个重要原因。对流层低层、高原北边缘有时连续出现由西往东偏南方向移动的闭合小高压，其直径约为几百千米到一千千米。通常把这种高压称为兰州高压。这些高压是形成江淮切变线的天气系统之一。江淮切变线经常伴有地面静止锋，在条件合适时亦可能有地面气旋波生成。

（三）温带反气旋

温带反气旋主要是指活动在中高纬度地区(如西伯利亚和蒙古、格陵兰、加拿大等地)的冷性反气旋，一般称为冷高压。

影响我国的冷高压主要来自西伯利亚和蒙古地区，我们通常称之为西伯利亚高压或蒙古高压，是控制和影响我国天气的、占主导地位的天气系统。从范围和强度上来看,冬季欧亚大陆的冷高压是全球最强大的冷高压,水平范围最大,可占据亚洲大陆面积的 3/4,而小的冷高压只有几百千米。其中心气压强度一般为 1 040～1 050 hPa,最高达 1 083.3 hPa(1968 年 12 月 31 日出现在中西伯利亚北部),一般冷高压南下后都会减弱,到达江南后一般不超过 1 030 hPa。

冷高压一般分为两种类型,即准静止型冷高压和移动型冷高压。准静止型冷高压在冷空气源地较多见(冬季西伯利亚、蒙古地区常出现这种高压),温压场比较对称,中心轴线基本上垂直,强度随高度迅速减弱,500 hPa 以上就变成冷低压或冷槽(极涡)。这种高压移动缓慢或呈准静止状态,在其控制下,有利于冷空气积聚、冷却和加强。移动型冷高压是影响我国最多的冷高压,这种高压的温压场分布不对称,移动性强,东移南下。冷锋后的冷高压多为此类移动性冷高压,但其移动速度随强度、环流形势、地区和季节的不同而出现很大差异。高层东半部为冷槽,有冷平流,引导冷空气南下,西半部(后部)对应有暖脊,有暖平流北上,因而是移动型系统。冷空气表现为东厚西薄,呈楔状。高压中心轴线随高度向西南方倾斜,强度随高度减弱,到 3～4 km 高度处就变成高压脊。进入我国的移动性冷高压,大都从亚洲西部、西北部和北部移来,仅少数是在蒙古西部形成的。

冷性反气旋内部的空气干而冷,盛行下沉气流,主要是晴朗少云天气。但不同的反气旋中,或者是同一反气旋的不同部位,其天气不尽相同。一般在反气旋中部下沉气流强烈,天气晴朗。但因风速较小,容易形成辐射逆温或下沉逆温,在夜间或清晨会出现辐射雾、烟、霾等天气,使能见度变差。当空气潮湿时,在冬季出现层云、层积云,夏季出现淡积云。冷高压的前半部,因有偏北气流南下,并且因接近冷锋,气温较低,风速较大,云层较厚,有时有降水。而高压的后半部,气流自南向北输送,并且处于高空槽前,气温相对较暖,经常出现暖锋性质的天气。

冷高压的活动相当频繁,就东亚地区来说,平均 3～5 天就有一次,其活动与冷空气活动密切相关,而且冷高压的强度也能反映冷空气势力的强弱。夏季冷高压一般很弱,而冬季强大的冷高压南下往往给我国广大地区带来剧烈降温、大风、霜冻等灾害性天气。冬半年从 9 月份开始冷空气就带来我国北方的初霜。10 月中下旬的强冷空气往往使黄河以北出现大范围霜冻。在隆冬,强大冷空气的爆发,造成内蒙古与东北的大风雪。一次剧烈的温度下降,能使气温在 24 小时内下降 10℃甚至 20℃。随着冷空气的向南推进,在华北等地常出现 6～8 级大风,个别情况下风力甚至可达 10 级到 12 级。当冷空气到达江南,与那里的暖空气交汇时,会出现大片雨区。如果冷空气与暖空气势力相当,会在南岭一带形成准静止锋,造成较长时间的连阴雨天气。另外,冷空气所带来的海上大风对生产、交通运输也有巨大影响。

四、高空主要天气系统

(一)高空槽和脊

由于海陆和地形的影响,纬圈环流形成各种尺度的大气槽、脊波动。由于高空大气满足地转平衡,所以南北波动的波谷对应于低压槽,波峰对应于高压脊,这样的流型在对流层的中上层表现得十分明显,向下逐渐变得不甚清晰,而到大气低层则常常表现为结构不同的闭合高、低压。实际大气中的波动并不是由单一波长的波组成的,而是不同波长的多个波的叠加(图 5-22)。按波的尺度大致可分为超长波、长波、短波三种类型。在实际天气图上,三类波中长波和短波比较明显,通过日常天气分析就能看出超长波一般掩盖在长波和短波之中,在几天以上的平均图上比较明显,或者可通过滤波分析得到。

(1) **超长波** 又称为行星罗斯贝波,波长约为 120 个经度,即水平尺度在 10 000 km 以上,绕地球有 1～3 个波。它的时间尺度在 10 d 以上,是大气中时空尺度最大的一类波。

(2) **大气长波** 亦称罗斯贝波或行星波。在西风气流上的波数并不是固定不变的,时多时少,在 500 hPa天气图上,整个半球中高纬度可以出现 4～7 个波,常见的为 4～5 个波,波长一般为 5 000～7 000 km,相当于 60～120 个经度,振幅一般为 10～20 个纬距。长波自西向东移动,移速较慢,平均移速在 10 个经距/d 以下,有时呈准静止性,甚至会向西倒退。一般维持 3～5 天以上。长波移动速度公式为

$$C = U - \beta (L/2\pi)^2 = U - \frac{\beta}{k^2} \tag{5-2}$$

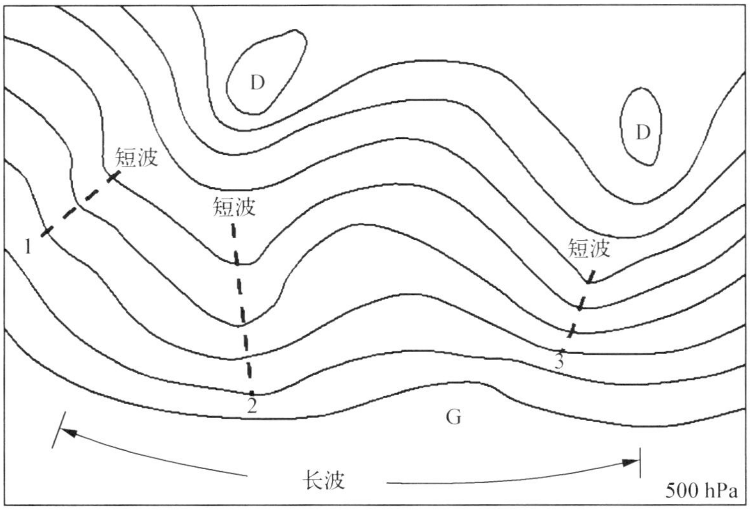

图 5-22 北半球 500 hPa 高度场长波与短波相对长度示意图

式中，C 为长波移动速度；U 为西风风速；L 为波长；k 为波数；$\beta=(2\Omega/R)\cos\varphi$。

式(5-2)称为槽线方程，亦称罗斯贝(Rossby)长波公式。它给出了槽脊移动速度与西风风速、波长的关系。

由式(5-2)可以看出：① 西风强时，波动移动较快，反之较慢；② 波长短时，波动移动较快，反之较慢；③ 在波长和西风强度相同的情况下，较高纬度(β 值较小)，波动移速快，较低纬度(β 值较大)，波动移速慢。

在西风带中，U 为正值，而 $-\beta/k^2$ 为负值，在某一合适的波数 k_s 处，两者恰好相互抵消而使 C 等于零，这种波动是静止的，由此可求得静止波的波长 L_s 为

$$L_s=2\pi\sqrt{U/\beta} \tag{5-3}$$

利用式(5-3)，可以把式(5-2)改写为

$$C=(\beta/4\pi^2)(L_s^2-L^2) \tag{5-4}$$

由此可以存在以下三种情况：① 当 $L<L_s$ 时，$C>0$，前进波；② 当 $L=L_s$ 时，$C=0$，静止波；③ 当 $L>L_s$ 时，$C<0$，后退波。对于超长波而言，一般是后退波或静止波；对于短波一般是近似以 U 的速度移动；长波则介于两者之间。

图 5-23 给出了北半球 500 hPa 的等高面图，从图上可以看到在中纬度环绕极地的西风带中，叠加有 7 个长波，波长(两槽线之间的距离)在 3 000～4 000 km。每个长波槽前的地面图上都对应有锋面气旋族的活动，而与此气旋族对应的高空短波叠加在高空长波上，并随长波槽前的西南气流向东北方移动。长波槽和脊的活动不仅是维持大气环流的一种重要机制，而且是中高纬度较小尺度天气系统产生和发展的背景条件。因而长波的稳定和调整往往引起与其相联系的天气系统的变化，甚至造成环流形势的转换。

(3) **短波**　短波的波长和振幅较小，波长小于 50 个经距或 3 000 km，围绕地球波数达到 8 个以上。短波活动多出现在平直西风气流上，随着平直西风气流自西向东移动，移速较快，生命期短。短波槽一般比较浅薄，多数出现在对流层中下部，往往叠加在长波之上(图 5-22)。短波的振幅可以相差很大，移速也不相同。一种是振幅较小的波动，其振幅一般小于 5 个纬距，此类波移速快，约为每天 10～15 个经度，而且是一个个接踵而至；另一种是具有中等振幅的波动，其振幅约为 5～8 个纬距，移速约为每天 5～15 个经度。因槽前与脊后多偏西南气流，它将暖空气往北输送，有暖平流；槽后与脊前多偏西北气流，它将冷空气向南输送，有冷平流(图 5-24)。从铅直方向看，槽前暖平流引起地面减压，有利于气旋发展，易产生上升气流，多阴雨天气，尤以槽线附近最甚；槽后冷平流使地面加压，有利于反气旋发展，多为辐散下沉气流，天气晴好。短波虽然在高空环流形势中表现得很微弱，但一次高空槽活动反映了不同纬度间冷、暖空气的一次交换过程，给中、高纬地区造成阴雨和大风天气。

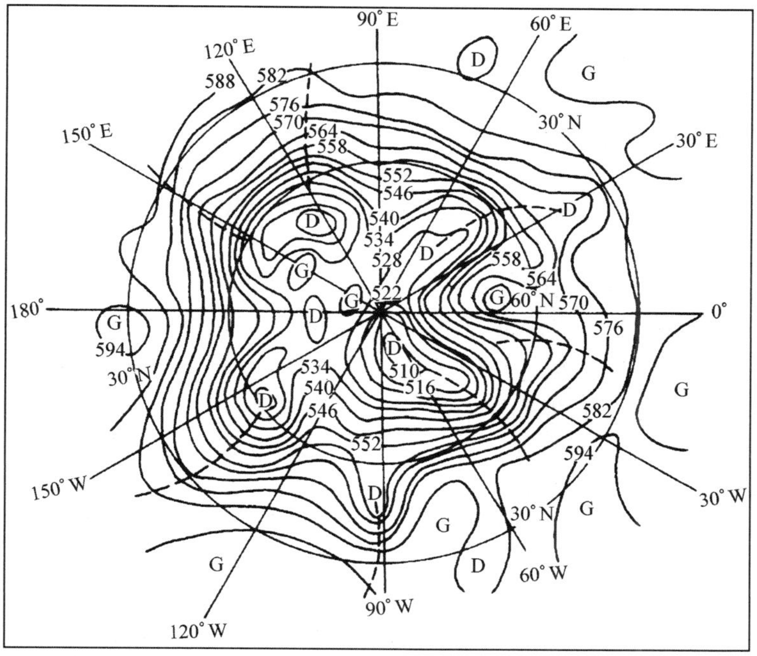

图 5－23　北半球 500 hPa 高度场

注：实线单位为 10 位势米；虚线为槽线，整个半球有 7 个槽。

在我国，短波一年四季都有出现，以春季最为频繁，冬季的寒潮间隙期间也经常有短波活动。冬半年，活动于我国的高空槽有西北槽、青藏槽和印缅槽，它们大多从上游移来，很少产生于我国。西北槽是叠加在中支西风气流上，从西北经青藏高原北面地区移至我国东部的；青藏槽从西面经越青藏高原而东移；印缅槽是叠加在南支西风气流上，从高原南面经过印度、缅甸东移影响我国的；北方槽是叠加在北支西风气流上，经贝加尔湖一带进入我国东北、华北。在西风环流比较平直时，高空槽一个接一个的东移，易造成阴晴相间周期变化的天气。如果移动过程中受高压所阻，将减速或停滞，可造成持续性降水。经过我国北部的短波，在春季每月约 6～9 次，冬季的 1～2 月平均每月 4～6 次。由青藏高原南面东移影响我国天气的低槽一般每月有 6～7 个，其中较强的每月只有 2～3 个。

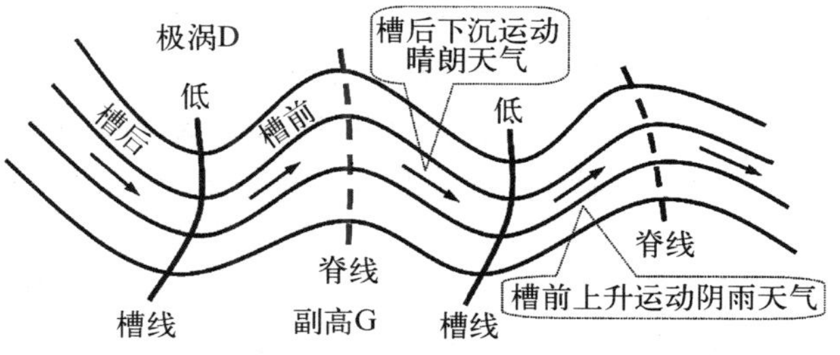

图 5－24　高空槽和高空脊示意图

(二) 低空切变线、低空低涡、低空急流

(1) **低空切变线**　　切变线是指出现在低空(850 hPa、700 hPa 等压面上)风场具有气旋式切变的不连续线。切变线附近的水平气压场的气压梯度较小，有时分析不出等高线，但在风场上却表现出明显的气旋性切变。在切变线附近，气流辐合上升，多阴雨天气。切变线常与地面静止锋或冷锋相配合，其降水区一般发生在700 hPa切变线与地面锋线之间。

根据切变线附近的风场形式，可以分为四种类型：① 冷锋式切变，由偏北风与西南风或西风构成，偏北风占优势，通常自北向南移动[图 5－25(a)]；② 暖锋式切变，由东南风与西南风或东风与南风构成，偏南风占优势，通常自南向北移动[图 5－25(b)]；③ 准静止锋式切变，由东风与西风构成，两者势均力敌，很少移动[图 5－25(c)]；④ 南北向切变，切变线的东西两

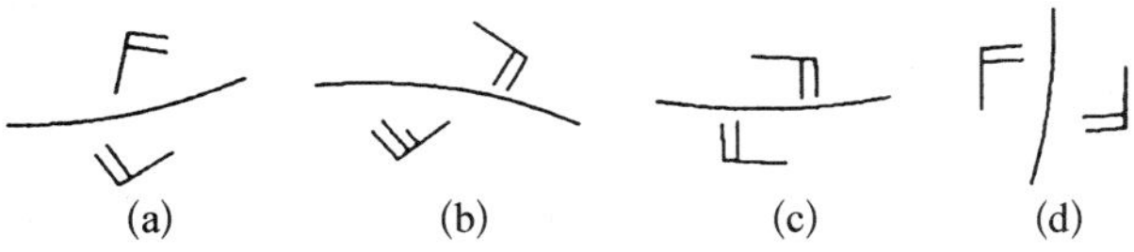

图 5－25　常见的切变线类型

侧分别是偏南风和偏北风,常沿切变线方向形成带状雨区(图 5 - 25d)。我国南方的切变线多为东西向,北方的切变线多为南北向。

切变线在我国的各个地区、各个季节都可出现,会引起不同程度的降水过程。尤其在夏季,切变线是我国主要降水天气系统之一。春季,副热带高压脊线位于 20°N 以南,切变线一般活动在华南地区,称为华南切变线;初夏(6 月～7 月初)副热带高压脊线移到 22°～25°N,切变线多位于江淮流域,称为江淮切变线;盛夏(7 月中旬～8 月)副热带高压脊线北移到 30°～35°N,切变线常常出现在华北地区,称为华北切变线。此外,夏季在西北和青藏高原地区 400 hPa 高空也有切变线活动,造成较强的降水。切变线形成后一般可维持 3～5 天,长的可达 10 天以上。

(2) 低空低涡　低涡是指低空闭合的低压环流,是尺度较小的环流系统,多存在于距地面 2～3 km 的低空,是影响我国降水的重要天气系统,如西南涡、西北涡、高原涡等。低空低涡形成于青藏高原及其附近地区,与高原的作用是分不开的。生成于四川盆地的称为西南涡,生成于青海高原的称为西北涡,生成于西藏地区的称为高原涡。低涡中存在气流的辐合上升,产生云和降水天气,并且在其东移后,会对我国东部广大地区的降水产生较大影响。

西南涡是指形成于我国四川西部地区,低空 700 hPa 或 850 hPa 等压面上的具有气旋性环流的闭合小低压,其直径通常在 300～400 km 左右。西南涡是我国活动最为频繁、影响最大的一种低空低涡,是影响我国降水(尤其是暴雨)的一种重要天气系统。西南涡在源地发展不大,只有在东移过程中才能发展。西南涡在源地时,可以产生一些阴雨天气。当其向东移出源地时,绝大部分都有降水,雨区主要分布在低涡的中心区和低涡移向的右前方。在西南涡的东移发展过程中,其降水区也在不断地东移和扩大,降水强度逐渐增强,一般到了两湖盆地,往往形成暴雨。同时,西南涡的东移和发展,常引起地面锋面气旋的发生和发展,出现大风、降水等较恶劣的天气。

(3) 低空急流　低空 850 hPa 或 700 hPa 等压面上,风速大于或等于 12 m/s 的西南风极大风速带称为低空急流。在对流层下部(600 hPa 以下)也常有强而窄的气流带,虽然其强度和尺度比对流层上部的急流要小得多,但它是影响大范围降水(尤其是暴雨)的重要天气系统,因此,为区别于对流层上部的高空急流,将其称为低空急流。其一般为西南风低空急流,简称为西南低空急流。

我国西南低空急流主要存在于副高的西侧或北侧,是我国夏季水汽输送的主要通道,其左侧常有切变线和低涡活动。据统计,在江淮流域梅雨期有 70%以上的天数出现低空急流,其中 79%的低空急流有暴雨,83%的暴雨伴有低空急流。其他地区(如华南前汛期)的统计结果也大致相同。绝大部分的暴雨发生在低空急流的左侧 200 km 以内,其中多数又降落在低空急流的中心的左前方。

(三) 阻塞高压和切断低压

阻塞高压和切断低压是大气长波在发展过程中槽脊加强、振幅加大演变而成的闭合系统,两者往往同时出现,因此把阻塞高压和切断低压出现后的大范围环流形势称为“阻塞形势”。由于其流场特征很像希腊字母 Ω,故又称为 Ω 形势(图 5 - 26c)。阻塞形势是整个大气环流发展演变过程中的特殊阶段,它的建立和崩溃对其控制的地区以及下游广大地区,甚至半球的环流、天气过程和天气现象,会产生巨大影响。阻塞形势是一种稳定的形势,它可以维持相当长时间,并会带来大范围的气候反常现象。

1. 阻塞高压

(1) 概念　当西风带中的大气长波发展加强时,由于脊不断北伸,其南部与南方暖空气的联系会被冷空气所切断,在脊的北边形成的呈准静止状态的闭合暖高压系统,称为阻塞高压,简称阻高。阻塞高压需要满足以下条件:① 要有闭合暖高压中心存在,且中心位置一般在 50°N 以北的较高纬度,表现为南来强盛暖空气被孤立于北方高空。② 暖高压至少要维持 3 天以上,在它维持时间内,一般呈准静止状态,甚至可以向西倒退,偶尔即使向东移动,其速度也不超过 7～8 个经度/天。③ 在阻塞高压区域内,西风急流主流显著减弱,同时急流自高压西侧分为南北两支,绕过高压后再会合起来,其分支点与会合点间的范围一般要大于 40～50 个经度。

(2) 阻塞高压的形成与消亡　在阻塞高压建立之前,环流要从纬向型转为经向型。通常,先在上游有槽发展,接着槽就加深,而下游高压也相继发展,然后阻塞高压从脊中切断出来(图 5 - 26)。当阻塞高压西侧

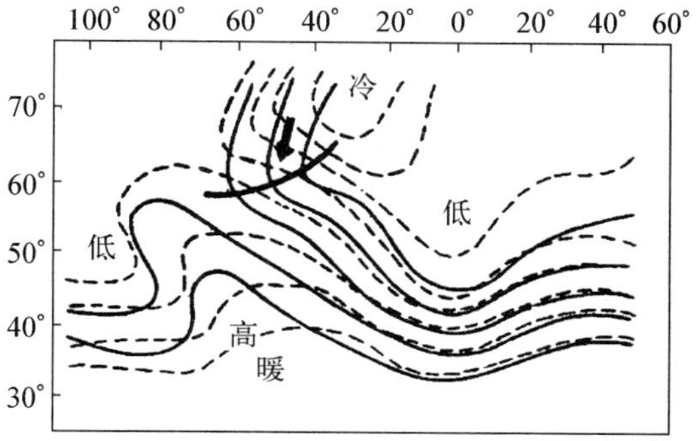

(a) 第一阶段

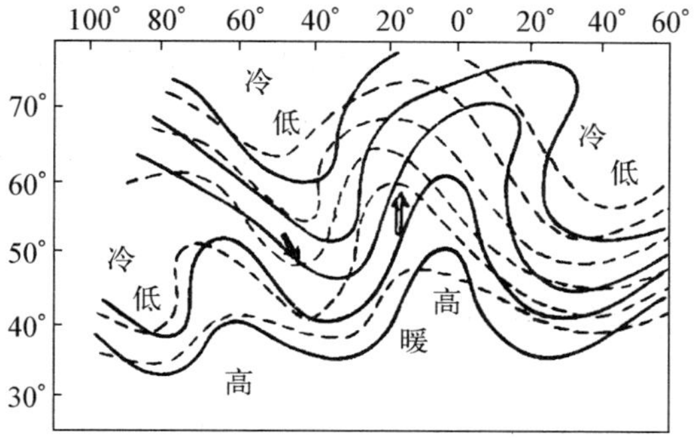

(b) 第二阶段

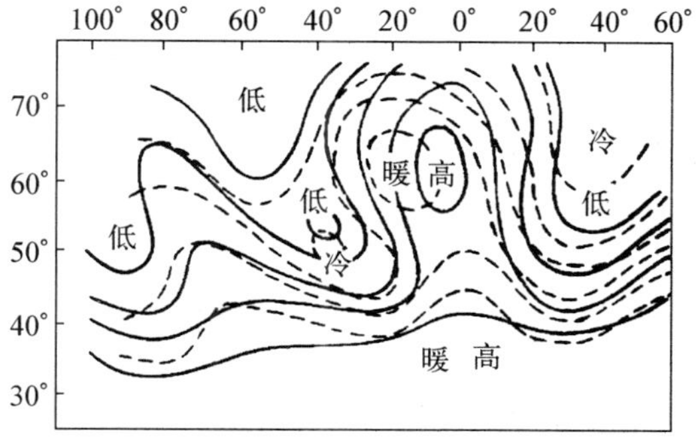

(c) 第三阶段

图 5-26 阻塞高压和切断低压形成过程示意图

有发展的小冷槽带来强冷空气,从其后部入侵时,破坏了高压的暖性结构,阻塞高压将逐渐减弱、崩溃、东移消失。随着西侧小冷槽的发展,阻塞高压内暖平流明显减弱,北支急流逐渐南移与南支趋于合并,阻塞高压变成高压脊并东移而减弱消失。因此,阻塞高压长时间维持的重要条件是没有发展小槽的冲击和源源不断暖平流的供应。

(3) 阻塞高压的活动及对天气的影响　阻塞高压常出现在北大西洋东北部、欧洲、北太平洋东部阿拉斯加地区,并且在大西洋比太平洋出现得更多。在亚洲地区,阻塞高压常出现在乌拉尔山及鄂霍茨克海地区,其强度不大,但对我国特别是寒潮和梅雨天气影响很大。阻塞高压的持续时间,在欧洲一般 20 天左右,至少 5 天以上。亚洲的阻塞高压平均约为 8 天,最短约 3 天。阻塞高压出现的时间,在亚洲以 5～7 月出现最多,而以 3 月和 11 月最少;欧洲最多出现在 11、3、4、5 月,最少在 1 月和 7 月。

我国境内上空没有阻塞高压活动,但阻塞形势是整个大气环流演变的一个过渡阶段,它的建立与崩溃对其控制区域以及上下游广大地区的环流将产生巨大的影响。对东亚环流及天气有直接影响的是乌拉尔、贝加尔湖以北和鄂霍次克海至雅库次克地区上空出现的阻塞高压。亚洲地区的阻塞高压(乌拉尔阻塞高压、雅库次克阻塞高压)在夏季出现,当其稳定时,我国长江中下游多连阴雨天气(梅雨)。在春、秋或冬季出现,当其减弱崩溃时,常引起我国的寒潮爆发。

阻塞高压是高空深厚的暖高压系统,它阻塞了(西部)上游系统的向东移动,破坏了西风带波动的正常活动。由于西风带被分为南北两支,西来的高空波动或地面气旋被阻滞,沿两分支急流行进。因此,当阻塞高压控制时可形成长时间的单调天气,因为阻塞高压可维持半个月到一个月,甚至更长的时间。一般说来,在阻塞高压东部盛行偏北气流,有冷平流和下沉运动,天气以冷晴为主。西部盛行偏南气流,有暖平流和上升运动,天气较暖且多云雨。南北两侧多稳定的西风气流,并常伴有短波活动,天气时阴时晴。

2. 切断低压(冷涡)

阻塞形式的另一方面是切断低压,又称高空冷涡,是指对流层中部和上部的冷性气旋。它是对流层中上层低压槽南端的冷空气急速南下的过程中被两侧暖空气从北方冷空气主体中切断而形成的冷低压,南北方的冷空气只在低层连接起来。切断低压是随高度而加强的,一般在 700 hPa 以上才有明显表现,300 hPa 上最清楚,是比较深厚的系统。低压的下面一般为冷高压。在卫星云图上,切断低压表现为一条宽上百千米,长上千千米气旋式旋向中心的涡旋云。在切断低压东南侧地面上可以形成锋面气旋,因此一般说来,云雨天气区多出现在切断低压的东南方。

切断低压出现后,一般可以维持两三天或更长一些时间。切断低压最常见的消失过程有两种:① 它本身逐渐填塞,并缓慢向西南方移动,然后逐渐消失;② 当北方另有新鲜冷空气南下时,促使它很快向东南方移动,冷堆中的空气迅速下沉,切断低压不能再继续维持而很快消失。

切断低压一般发生在春秋两季。切断低压在北美及西欧地区产生的频率最大,在亚洲及北美东岸,当冷空气自内陆由西北流向东南,冷空气的西方有强烈的暖空气自西南移来时,也可以产生切断低压。典型的切断低压在我国比较少见,但在春末、夏初我国也常有冷涡活动,常见的切断低压是东北冷涡、华北冷涡等,它们对北方天气影响较大。

当冷空气自泰梅尔半岛侵入到贝加尔湖时,已形成一个较明显的西风槽,当有自蒙古高原而来的暖空气从槽后侵入时,容易使冷槽切断,形成东北冷涡。东北冷涡天气具有不稳定的特点。冬季,它可以有很大的阵雪,阵雪天气还可影响到内蒙古、河北北部及山东半岛。夏季,常造成东北、华北和内蒙古的雷阵雨天气。因为冷涡在发展阶段,其温压场结构并不完全对称,所以它的西部常有冷空气不断补充南下,在地面图上则常常表现为一条条副冷锋南移,有利于冷涡的西、西南、南到东南部位发生雷阵雨天气。类似的天气可连续重复出现,从而出现暴雨。

第二节 低纬度天气系统

天气学上的低纬度地区是指副热带高压脊线向赤道一侧,盛行东风带的地区,而中高纬度地区则是指副热带高压脊线向极地一侧,盛行西风带的地区。低纬地区大致是 30°N～30°S 的范围,包括热带地区(23.5°N～23.5°S,即南北回归线之间)和副热带地区(大致在南、北纬 20°～35°,即副热带高压活动地区)。其中热带地区的 10°N～10°S 范围又称为赤道地区。不过随副热带高压脊线的季节移动,其位置和范围也是在变化的。低纬地区的主要天气系统有副热带高压、热带气旋、赤道辐合带、东风波、热带云团等。

一、副热带高压

在南、北半球副热带地区,各有一个沿纬圈分布的强高压带,即副热带高压带。副热带高压带受海陆分布的影响,常断裂成若干个高压单体,这些单体统称为副热带高压,简称副高。具体地说,在北半球的太平洋、大西洋上分别有一个高压中心,分别称为夏威夷高压(北太平洋副高)和亚速尔高压(北大西洋副高)。在南半球的太平洋、大西洋、印度洋上也存在高压中心。海洋上的副热带高压出现在对流层中下层,常年存在,夏强冬弱,动力原因形成。大陆上的副热带高压包括青藏高压(亦称南亚高压、亚洲季风高压)和墨西哥高压。青藏高压出现在对流层上层,夏季存在,热力原因形成。这些高压在流场上表现为一个个反气旋环流系统,并具有暖性结构。影响我国的副热带高压,是北太平洋副高向西伸出的脊,即西太平洋副热带高压脊。副热带高压的结构是相当复杂的,不仅高空与低空不同,而它在海洋上和大陆上也很不相同。从垂直方向变化看,海洋上的副热带高压,强度随高度减小,位置随高度西移;大陆上的副热带高压,强度随高度增大。无论在大陆或海洋上,当副热带高压北移时,高压脊轴向上的倾斜一般变大;而南退时,其脊轴的倾斜减小。

(一) 西太平洋副热带高压

1. 概述

太平洋副热带高压位于夏威夷群岛附近,是常年存在、稳定而少动的暖性深厚系统,冬季弱,位置偏南,在西太平洋几乎看不到它的踪迹。夏季时特别强大,位置偏北。多呈东西扁长形状,中心有时只有 1 个,有时有多个。位于西太平洋的称为西太平洋副高,位于东太平洋的称为东太平洋副高。西太平洋高压除在盛夏时偶呈南北狭长形状外,一般呈东西向的椭圆形。在对流层中、下层,太平洋副热带高压的主体一般位于海洋上,而西端的高空脊伸至我国沿海;夏季可伸入大陆,冬季在南海上空形成独立的南海高压。直接影响我国天气的并不是北太平洋副高主体，而是它伸向我国大陆的脊，副高变动实际上是指伸向我国大陆的脊的变动。

2. 西太平洋副高位置、强度的表示方法

(1) *副高纬度位置*　副高脊线是副热带高压内东西风的分界线，因此在副高脊线上东西风速为零。我国常用 500 hPa 图上副热带高压的脊线与 120°E 经线的交点的纬度值的变化来表示副热带高压的南北移动(图 5-27)。

(2) *副高西伸脊点位置*　用 500 hPa 月平均图上 588 位势什米线(简称 588 线)最西端所在的经度来表示副热带高压西伸脊点位置。

(3) *副高强度*　取 500 hPa 月平均图上 10°N 以北、110°～180°E 内 588 线所包含的范围，即用面积指数来表示副热带高压的强度。

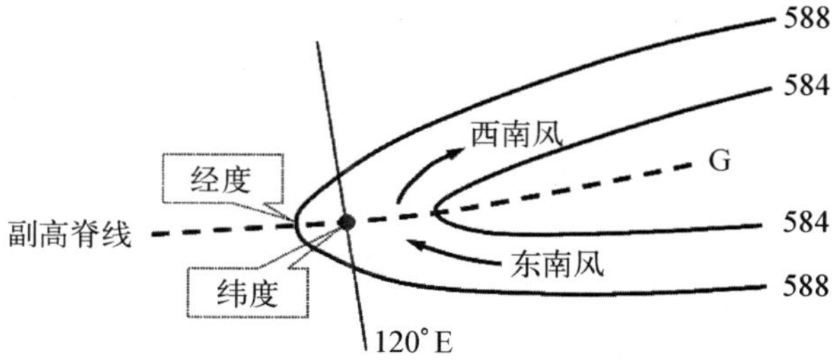

图 5-27　西太平洋副高范围、位置的表示方法

3. 西太平洋副高的结构

西太平洋副高是一个深厚的暖性高压，动力原因形成，随高度增高而减弱。在对流层低层表现得比较明显，到了 200 hPa 高压强度比较弱。在高压区内，整层空气质量辐合大于辐散。中下层(600 hPa 以下)以辐散为主，辐散区主要位于高压南部，高压的西北侧有辐合；在对流层上层(600～100 hPa)以辐合为主，尤以 200 hPa附近辐合最突出，高压南部是辐合区，北部为辐散区。在对流层下半层的高压内主要为下沉运动，并形成下沉逆温，尤其高压东部逆温层较厚、较低。逆温层阻挡着对流运动的发展和水分垂直输送，导致逆温层以下空气潮湿，而逆温层以上空气干燥。西太平洋副高的脊线附近风较小，南北两侧风较大。由于太平洋高压是一个深厚的暖性系统，所以其两侧的风速必然随高度增加而增大，到一定高度时便成为两条急流，北侧的是副热带西风急流，中心在 200 hPa 附近；南侧的是东风急流，中心在 30 hPa 附近。

4. 西太平洋副高的天气

如图 5-28 所示，副热带高压内部盛行下沉气流，天气以晴朗、少云、微风、炎热为主，在它长时间控制某一地区时，往往会造成该地区的干旱。副高东侧边缘受北来冷气流的影响，形成较厚逆温层，产生干冷、少云、多雾天气，长期受其控制的地区，久旱无雨，出现干旱，甚至变成沙漠气候。副高南侧边缘是东风气流，晴朗少云，低层潮湿、闷热，但当有热带气旋、东风波等热带天气系统活动时，也可产生大范围暴雨和中小尺度雷阵雨及大风天气。西南边缘多台风活动和东风波活动，西和西北边缘与西风带交互作用，有切变线、低涡和锋区、气旋活动。副热带高压的北侧是中纬度西风带，也是副热带锋区(季风槽)所在，副热带高压西部的偏南气流可以从热带海面上带来充沛的水汽，并输送到锋区的低层，在副热带高压的西到北部边缘地区形成一暖湿气流输送带，向副热带高压西北部、北侧的锋区源源不断地输送高温高湿的气流。当西风带有低槽或低涡移至锋区上空时，在系统性上升运动和不稳定能量释放所造成的上升运动的共同作用下，使充沛的水汽凝结而产生大范围的降水，形成雨带，通常还伴有暴雨。雨带一般在副热带高压脊线以北 6～10 个纬距处，其走向大致和脊线平行。

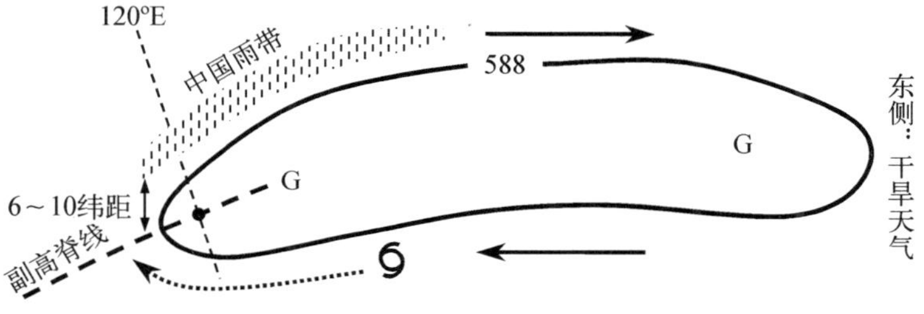

图 5-28　西太平洋副热带高压的天气

5. 西太平洋副高的活动及其对我国雨带和天气的影响

西太平洋副热带高压的活动主要是指其强度、位置的变动，在时间尺度上可分为季节性变动和1～2周的中短期变动。西太平洋副热带高压从冬到夏，位置北移，强度增大；从夏到冬，位置南撤，强度减弱。一般在8月份到达一年中的最北点，8月以后，副热带高压开始南撤(图5-29)。

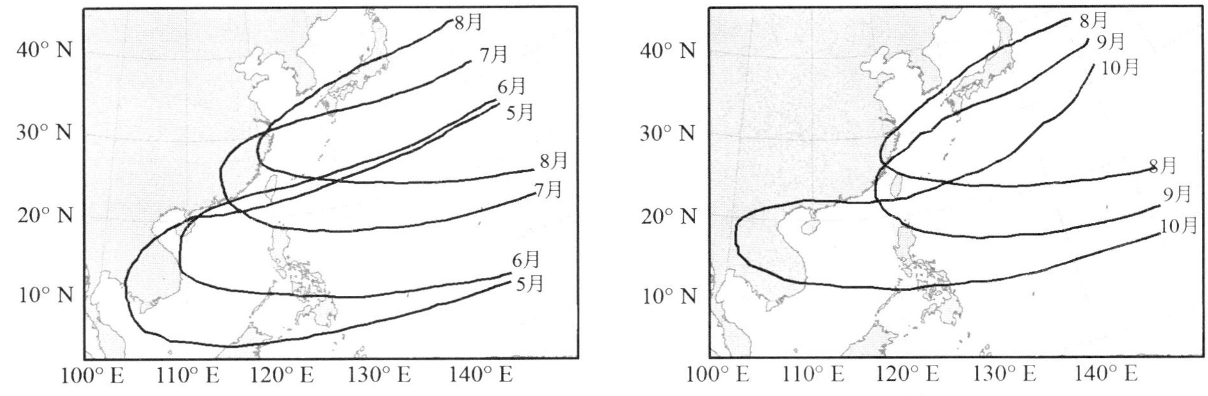

(a) 5~8月 (b) 8~10月

图5-29 西太平洋副高588线季节性变动示意图

西太平洋副高是亚洲夏季风环流系统的重要组成成员，是向我国大陆输送水汽的重要系统，其季节性南北移动对我国夏季雨带和天气的影响十分显著。西太平洋副高一年中北进与南撤过程并不是匀速进行的，而是表现为稳定少变、缓慢移动与跳跃三种形式。冬季副高脊线在15°N附近，3、4月份开始缓慢北移，并稳定在20°N以南的地区，这时副热带锋区位于华南(27°N以南)，造成华南雨季的第一阶段，称为华南前汛期。6月中旬，副高脊线出现第一次北跳，越过20°N，并稳定在20°～25°N达一个月左右，此时华南前汛期结束，相对干旱，南海北部及华南沿海已面临东风带系统(台风等)的影响，雨带随之北移到江淮流域，江淮梅雨期开始。到7月中旬，脊线第二次北跳，越过25°N，徘徊在25°～30°N，这时长江流域的梅雨期结束，开始被西太平洋副高脊所控制，进入盛夏的炎热少雨的伏旱期，雨带从江淮流域移到黄淮流域，黄淮流域雨季开始。这时华南开始较多地受热带天气系统影响，进入雨季的第二阶段，称为华南后汛期。在7月底或8月初，越过30°N，北移到30°～35°N，到达一年中的最北位置，雨带也北移到40°N以北的华北、东北地区，形成华北和东北的雨季。9月以后，随着西太平洋副高势力的减弱，脊线开始自北向南迅速撤退，9月上旬脊线第一次回跳到25°N附近，雨带也从华北退回到淮河流域，而长江流域及江南一带出现秋高气爽天气，华西则开始有名的秋雨。10月上旬再次回跳到20°N以南地区，秋雨结束，中旬以后又逐渐回到15°N附近，开始出现冬季天气形势(表5-3)。

表5-3 西太平洋副高季节移动与我国雨带及天气

时 间	脊线位置(110°～130°E)	中国雨带及天气
冬季	15°N附近	华南沿海
春季(5月中旬～6月上旬，约25天)	15°～20°N	华南前汛期
6月中旬	第一次北跳(越过20°N)	华南→江淮流域
初夏(6月中旬～7月上旬，约20天)	20°～25°N	江淮梅雨
7月中旬	第二次北跳(越过25°N)	江淮→黄淮流域
盛夏(7月中下旬)	25°～30°N	黄淮流域雨季
		华南后汛期
8月初	越过30°N	黄淮流域→华北、东北
夏末(8月份)	30°～35°N	华北、东北雨季
		长江流域伏旱

续　表

时　　间	脊线位置(110°～130°E)	中国雨带及天气
9 月上旬	迅速南撤到 25°N	回跳至淮河流域
秋季(9 月份)	20°～25°N	淮河秋雨
		华西秋雨
10 月上旬(秋季)	南退到 20°N 以南	淮河流域→撤至华南沿海
10 月中旬	逐渐回到 15°N 附近	开始冬季天气形势

副热带高压除了季节性变动外，还存在着季节内的周期分别为 15 天的中期变动和一周左右的短期活动。所谓中期活动是指在半个月左右的时间内，副高总的偏强或偏弱之后的稳定，或西进、东退之后的稳定趋势。例如，图 5－30 是 1982 年 7 月的一次副热带高压中期变动过程，7 月 6 日副高脊线在 20°N 左右，588 线西脊点位于 120°E，然后开始西伸北进，到 7 月 9 日，脊线已越过 25°N，588 线西伸至 105°E。副热带高压在这里一直维持到 7 月 15 日，而后由于受热带气旋影响，开始东撤南下，到 17 日副热带高压撤至 115°E，历时 12 天，完成了一个中期变动过程。所谓短期变动表现为 6～7 天的摆动，主要是东西进退，一个东退到下一个东退的间隔一般为一周左右。此外，副高还有一种 1～2 天的不规则小摆动。

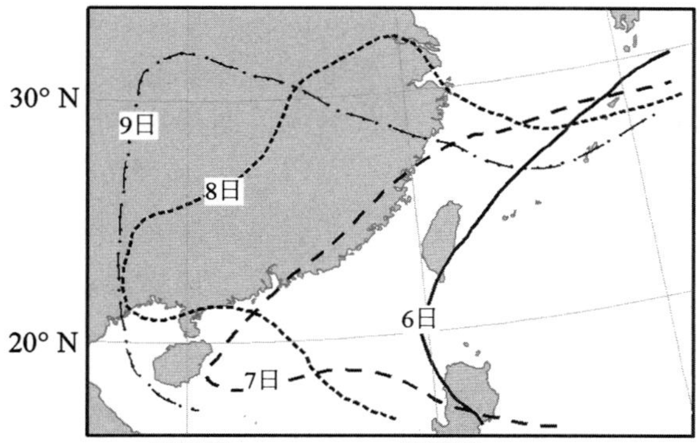

(a) 6~9日副高西进

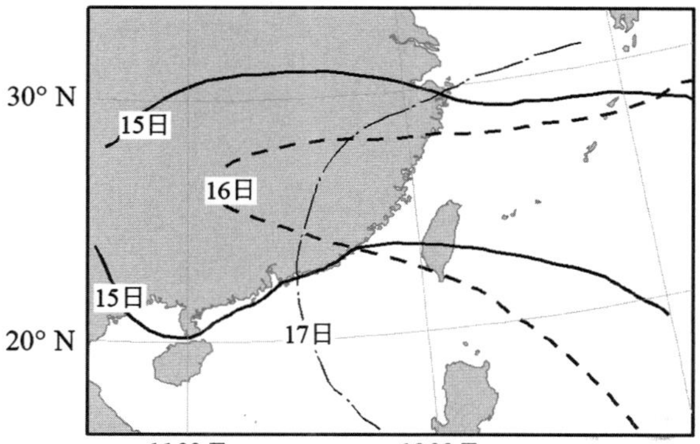

(b) 15~17日副高东退

图 5－30　西太平洋副高 1982 年 7 月 6～17 日 588 线进退示意图

6. 西太平洋副热带高压的短期变化与我国大陆高压及台风的关系

(1) 与青藏高压的关系　夏季，500 hPa 图上，在青藏高原地区常有分裂的暖高压中心出现(简称青藏高压)，当其东移入海合并到西太平洋副热带高压时，会引起副高明显的西伸或北跳。

(2) 与华北暖高压的关系　夏季，尤其是 8 月份，在华北地区上空(一般在 700 hPa 上)，有时会出现暖高压系统，常称华北暖高。当华北暖高并入西太平洋副热带高压时，可使西太平洋副热带高压脊的形状发生较大的变化，脊线可从原来的东西向转为南北向，甚至可在较北地区出现闭合高压中心。

(3) 与大陆冷高压的关系　初夏或秋季，有冷高压从我国大陆东移入海，在刚入海的阶段，由于其东部有冷平流，可使西太平洋副热带高压脊减弱东撤。而当冷高渐渐变性增暖并入西太平洋副热带高压后，西太平洋高压脊往往加强西伸。

(4) 与台风的关系　太平洋上的台风，多产生于西太平洋副热带高压的南缘，并沿高压的外围移动。这是它们之间相互制约的基本方面。但台风在受其外围气流“操纵”的同时，也会给副热带高压以一定的影响，特别当台风强大时，影响更为显著。

(二) 南亚高压

1. 概述

南亚高压是夏季出现在青藏高原及邻近地区上空的对流层上部具有行星尺度的大型高压系统，又称青

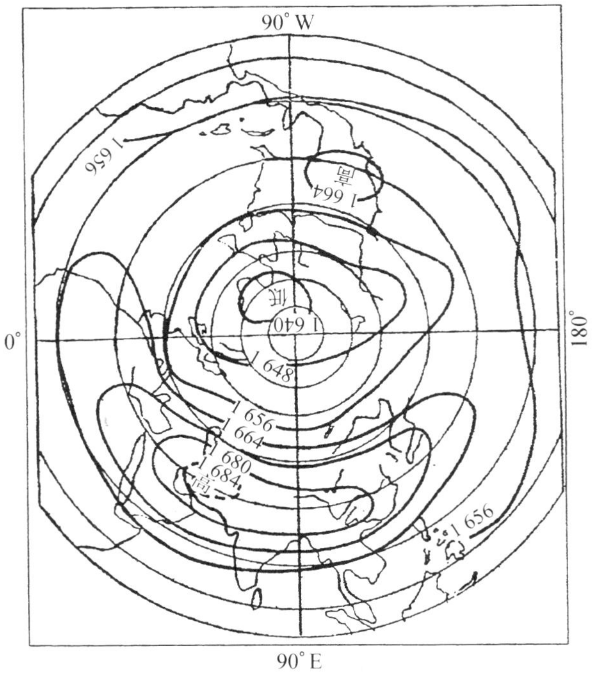

图 5-31 南亚高压 7 月 100 hPa 平均示意图(1965～1970 年)

藏高压或亚洲季风高压。

2. 南亚高压的结构

(1) 南亚高压是具有行星尺度的反气旋环流 南亚高压是夏季存在于青藏高原上空对流层上部的大型反气旋环流系统，反气旋环流以高原为中心，其范围从非洲一直延伸到西太平洋，约占所在纬圈的一半，是夏季北半球对流层上部除极涡以外最强大、最稳定的大气活动中心(图 5-31)，对夏季我国大范围旱涝分布以及亚洲天气都有重大影响。

(2) 南亚高压是由高原热力作用所形成的，是对流层上部的暖高压 南亚高压在 500 hPa 以下是热低压(图 5-32)，在 500 hPa 以上的高空才表现为高压，而且越向高空高压强度越大，到 200～100 hPa 高度强度最大，成为北半球上空强大的高压单体(图 5-31)。青藏高原是世界上最高、最大的高原，又处在副热带地区，夏季青藏高原的温度比同高度的空气温度高，是热源，其热量不断以显热和潜热的形式向上输送。其湿度也比较大，对流活动旺盛。强烈的对流活动使高原上空的对流层高层成为质量源，空气从这里流向四周，而水平辐散将导致了反气旋性环流的形成。在南亚高压的南侧是热带东风急流，北侧是高空副热带西风急流。

(3) 南亚高压具有独特的垂直环流

1) 经向环流：形成与哈得来环流相反的季风环流，有利于夏季风环流的建立和维持，加强我国夏季西南季风。

2) 纬向环流：在高原上，形成了在高原上升，在太平洋下沉的纬向环流圈。成因主要是高原与其东部海洋之间热力差异所引起的直接热力环流。

(4) 南亚高压控制区具有潮湿不稳定，对流活动非常活跃 潮湿不稳定与地面加热及印度西南季风影响有关。

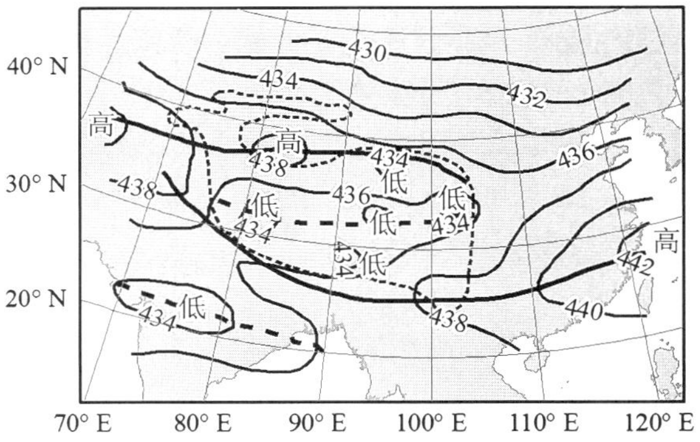

图 5-32 南亚高压 7 月 600 hPa 平均示意图 (1961～1970 年)

3. 南亚高压的活动特征

(1) 季节南北移动规律 南亚高压的位置和强度都有明显季节变化。对流层上部的暖高压在冬季也存在，其中心位于菲律宾东南沿岸附近(南海高压)，但在 4 月以后开始向西北方向转移，5 月移到中南半岛，6 月跳上高原，7、8 月在高原上空最强，8 月到达最北，9 月以后又逐渐南撤到海上。100 hPa 上高压的平均脊线位置 4 月位于 15°N 附近，5 月跳至23°N 附近，8 月到最北位置 33°N，9 月南撤，退至 28°N 附近。这表明南亚高压的形成不仅取决于青藏高原的加热作用，而且与太阳辐射南北移动有关。

(2) 夏季高压中心的东西振荡 夏季，根据南亚高压形状和中心位置的变动可分为西部型[图 5-33(a)，有两个高中心，主中心在 90°E 以西]、东部型[图 5-33(b)，有两个高中心，主中心在 90°E 以东]和带状型[图 5-33(c)，在 50°～140°E 有几个强度相当的高压中心]三种基本天气过程。三种类型中的东、西部型比较多见，带状型为这两类的过渡型，维持时间短。青藏高压的东部型和西部型，一般半个月左右转换一次，这种转换称为青藏高压的东西振荡。

夏季南亚高压中心附近纬度带上有两个主要加热中心：一个位于高原上(高原加热)；另一个位于长江中下游地区(雨带凝结潜热)。当长江中下游梅雨期雨带中所释放的潜热加热超过高原加热强度时，南亚高

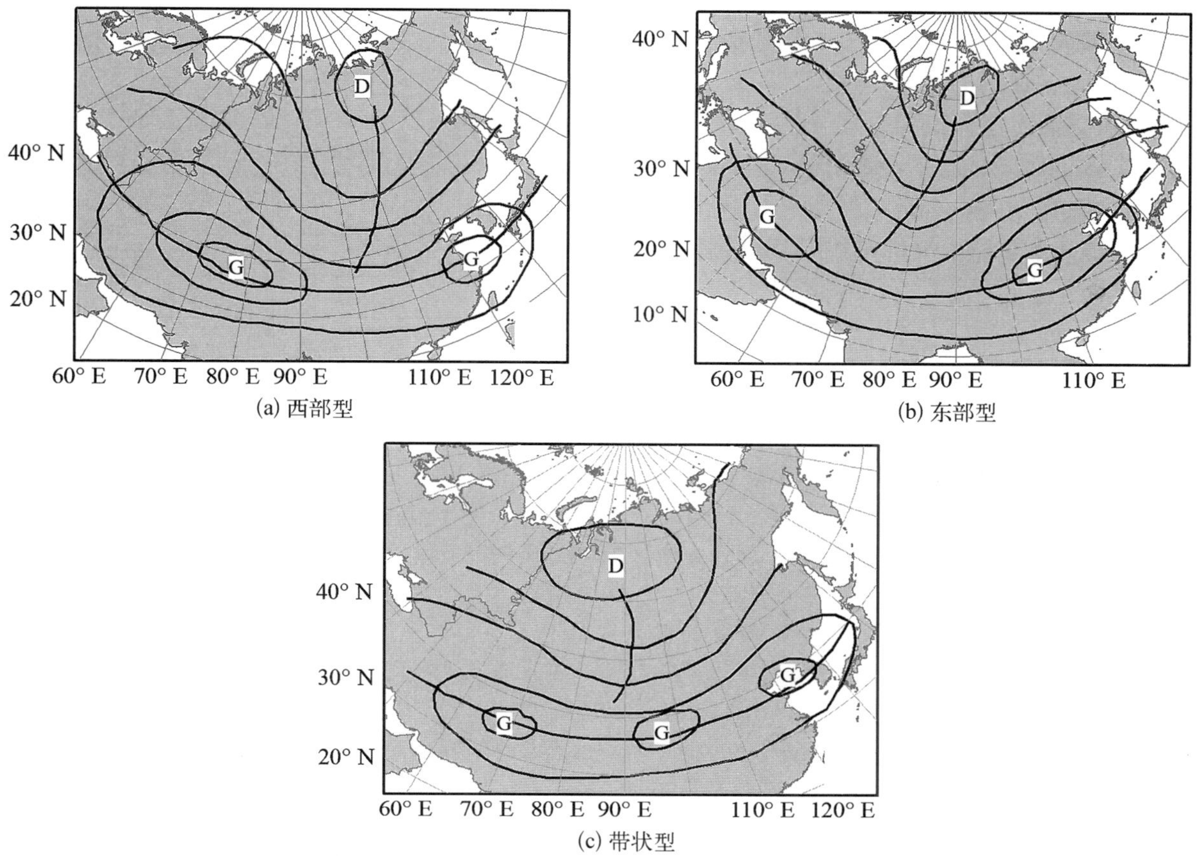

图 5-33　南亚高压流型示意图

压主中心稳定在我国东部上空,南亚高压转为东部型。直到高原上的加热作用超过东部地区时,位于东部的南亚高压中心减弱,位于高原上的南亚高压中心增强,南亚高压转为西部型。

4. 南亚高压对我国和亚洲天气降水的影响

南亚高压中心区近地面有上升气流,多对流活动,是我国夏季雷暴发生最多的地区。当南亚高压为西部型时,西太平洋副高偏东偏南,雨带处在长江流域,江淮地区多雨(梅雨季节)。当南亚高压为东部型时,西太平洋副高西伸北跳,588 线控制在长江中下游地区,长江流域少雨(梅雨结束,进入伏旱),华北、东北一带多雨。此外,南亚高压与印度季风槽的活动及日本夏季天气也有密切关系。

二、台风

(一) 概述

(1) *热带气旋概念*　热带气旋是发生在热带海洋上、具有暖心结构、强烈的气旋性涡旋。热带气旋总伴有狂风、暴雨和暴潮,具有很大的破坏力,是全球最为严重的灾害性天气,也是热带地区最重要的天气系统。

(2) *热带气旋分类*　发生在不同海区的热带气旋,人们按习惯袭用不同的名称。在西太平洋和南海称台风(我国和东南亚),在东太平洋和大西洋地区称飓风(美国),在印度洋地区称热带风暴,在南半球洋面称热带气旋。从 1989 年起,我国采用世界气象组织(WMO)规定的统一标准,按近中心地面最大风力,将热带气旋划分为 4 类(表 5-4 中的前 4 类,只是台风标准为近中心最大风力≥12 级)。从 2006 年 6 月 15 日起,我国将台风进一步分为台风、强台风、超强台风三个等级,具体标准见表 5-4。为了叙述方便,本书以下所阐述的台风是指最大风力达到或超过 8 级的热带气旋,包括热带气旋分类表中的热带风暴、强热带风暴、台风、强台风、超强台风。

表 5-4　热带气旋分类标准

名　　称	最大风速/(m/s)	风力等级
热带低压(tropical depression,TD)	10.8～17.1	6～7 级
热带风暴(tropical storm,TS)	17.2～24.4	8～9 级
强热带风暴(severe tropical storm,STS)	24.5～32.6	10～11 级
台风(typhoon,TY)或飓风(hurricane)	32.7～41.4	12～13 级
强台风(severe typhoon,STY)	41.5～50.9	14～15 级
超强台风(super typhoon,Super TY)	≥51.0	≥16 级

(3) 台风的编号和命名　目前在各个海域,每年都按出现时间先后将风速 8 级以上的热带气旋进行编号。它采用了 4 位数字编号,前 2 位数字表示年份,后 2 位数字表示当年热带气旋的顺序号。我国每年在 150°E 以西、赤道以北的西北太平洋和南海海面上生成的热带气旋统一编号,并按照其强度变化分别称为第几号热带低压、热带风暴、强热带风暴和台风。如果台风强度减弱,台风的序号不变,再改称为热带风暴或热带低压。例如 1002 号表示 2010 年第 2 号台风。自 2000 年 1 月 1 日开始,西北太平洋地区在对台风编号的同时,还采用了新的命名(由 WMO 所属亚太地区的 14 个国家和地区提供),命名时大多使用花草植物及动物等名字(美国采用人的名字),每个国家提供 10 个共 140 个名字,如 2017 年的第 13 号台风(1713)命名为"天鸽"(日本提供,意为天鸽星座),"天鸽"于 2017 年 8 月 23 日在广东珠海南部沿海登陆,登陆时最大风力达到 14 级,中心最低气压 950 hPa。"天鸽"肆虐下的广东,海水倒灌、风雨大作、航班及列车取消。2006 年的第 8 号台风(0608)命名为"桑美"(越南提供),超强台风"桑美" 于 2006 年 8 月 10 日从浙江苍南县马站镇登陆,登陆时中心气压 920 hPa,中心附近最大风速 60 m/s,严重影响我国东部沿海地区,共造成了 25 亿美元的巨大损失。2011 年的第 9 号台风(1109)命名为"梅花"(澳门提供),"梅花" 7 月 28 日在西北太平洋洋面上生成,在海上转了 11 天,山东转移 36 万余人,浙闽沪转移 61 万余人,辽宁转移近 13 万人,把从福建到东北的人们都忽悠了一圈之后,8 月 8 日仅以热带风暴的强度在朝鲜登陆,9 日在辽宁省铁岭市减弱为热带低压。

(4) 台风的范围和强度　台风的范围通常以其最外围闭合等压线的直径度量,大多数台风直径在 600～1 000 km,大的直径在 1 000 km 以上,小的直径只有 200～300 km。台风环流伸展的高度可达 300～100 hPa(9～16 km)。台风强度以靠近台风中心地面最大平均风速和台风中心海平面最低气压值来表示。大多数台风的风速在 32～50 m/s,强者可达 110 m/s 以上。台风中心气压值一般为 950 hPa,低者达 920 hPa,有的仅 870 hPa[1979 年狄普(Tip)台风]。

(5) 台风源地和季节活动　全球热带洋面每年大约有 80 个台风形成,北半球占 73%,南半球仅占 27%。如图 5-34 所示,台风源地主要在赤道两侧低纬地带的 8 个海区,即北半球的西北太平洋(包括南海)占 36%,孟加拉湾占 10%,阿拉伯海占 3%,西北大西洋占 11%,东北太平洋占 16%,共 5 个海区;南半球的西南太平洋占 11%,东印度洋占 3%,西南印度洋占 10%,共 3 个海区。无论北半球还是南半球,台风大多数发生在大洋的西部。而南太平洋和东南太平洋则极少有台风生成,赤道上也没有台风生成,绝大部分台风出现在南北纬 5°～20°地区。由于西北太平洋暖池的存在,致使西太平洋(包括我国南海)是全球台风发生最

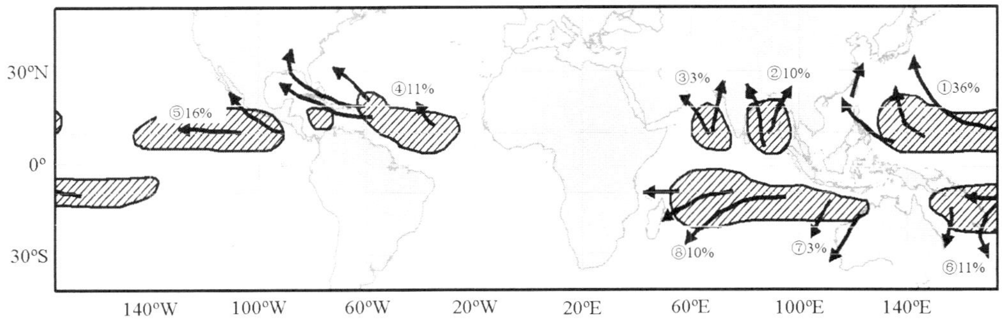

图 5-34　全球热带气旋的发生地及其移向示意图
注:图中斜线部分为热带气旋发生地,箭头为其移动方向。

多的地区,也是全球唯一的全年可观测到热带气旋活动的地区,强台风和超强台风也最容易产生在这一地区。西北太平洋台风源地有三个相对集中区:南海中部、北部,菲律宾以东的洋面,关岛附近洋面,即10°~25°N,110°~150°E。其中在南海形成的台风对我国华南一带影响重大。由于低纬主要为东风环流,形成在这些地方的热带气旋都向西和向中纬度方向移动。

北半球台风主要发生在7~10月份,8、9月最多,南半球则主要发生在1~3月份,其他季节明显减少。我国是世界上受台风影响最严重的国家之一,据统计,1982~1990年的9年间,我国死于台风的人数约4 167人,平均每年约463人,年平均直接经济损失约为41.6亿人民币。影响我国的台风主要发生在西北太平洋地区。每年5~11月台风都有在我国登陆的可能性,但12月~次年4月则没有台风在我国登陆。在我国登陆的台风平均每年7.4个,最多的是华南沿海(占58.1%),其次是华东沿海(占37.5%)。7~10月,是台风活动的集中时期,登陆的台风数占全年总数的81.86%,8、9月份最多,往往也最强。台风登陆我国的地点也随季节变化,一般5月和11月只有少数台风登陆海南、广东地区;6月和10月,台风可登陆海南、广东、台湾、福建和浙江一带;7~9月,我国沿海从广西、海南、广东向北直到辽宁都可能有台风登陆。

台风生命期平均为一周左右,短的只有2~3天,最长可达一个月左右。例如,影响我国的7203号台风生命期达26天,1971年大西洋的一个飓风生命期达30天。在不同季节形成的台风,生命期也有所不同,一般夏、秋季的台风生命期较长,冬、春季的台风生命期较短。

(二)台风的结构

1. 台风气压场特征

台风是一个强大的暖性低压。台风中心气压很低,水平气压梯度很大,等压线十分密集。台风经过时,当地气压随时间的变化曲线呈漏斗状,气压变化剧烈,陡降又陡升。台风移近时气压急剧下降,台风中心过后,气压又迅速回升(图5-35)。

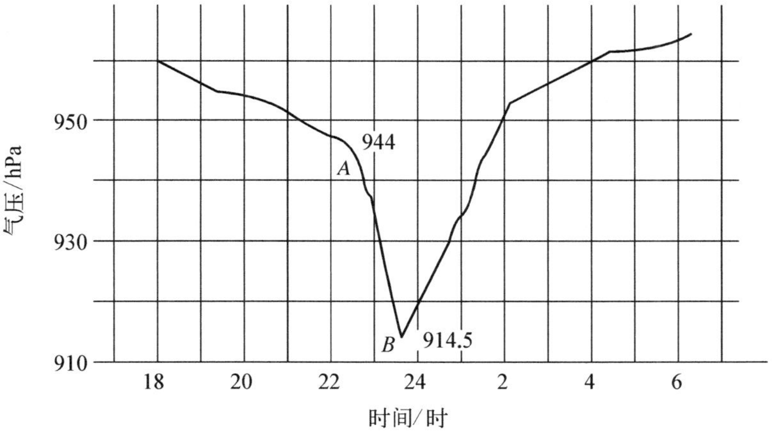

图5-35 1956年8月1日台风经过石浦时气压随时间的变化曲线

2. 流场特征

台风内低空风场的水平结构可以分为三个区域。

(1) **内圈** 又称台风眼,台风中心部分,其直径一般为30~40 km,最大的可达200 km,小的只有10 km左右。大多呈圆形,也有呈椭圆形的,大小和形状常多变。在眼区中,水平风速小,有下沉运动或弱的上升运动,无云或少云,与眼外的狂风暴雨相比,这里显得风平浪静,眼区一般随台风的加强而缩小。台风眼是热带气旋区别于温带气旋的主要特征之一。

(2) **中圈** 又称涡旋区,是围绕台风眼分布着的一条最大风速带,宽度平均为10~20 km。它与环绕台风眼的云墙重合。台风中最强烈的对流、降水都出现在这个区域,是台风破坏力最猛烈、最集中的区域,并且一般在台风前进方向的右前方风速最强。

(3) **外圈** 又称大风区,自台风边缘到涡旋区外缘,直径一般约为400~600 km,有的可达8~10个纬距,主要特点是风速向中心急增,风力可达6级以上。如图5-36所示的卫星云图上,台风具有独特的螺旋状云雨带和眼区。这个台风中心的纬度已经超过25°N,已经脱离热带辐合带,所以在它的周围没有其他系统的云系存在。

图5-36 2000年8月7日西北太平洋强台风卫星云图

在垂直方向上,台风可分为三层。

(1) **低空流入层** 从地面到3 km的对流层下层,气流强烈向中心辐合,最强的流入层出现在1 km以下的行星边界层内。由于地转偏向力作用,内流气流呈气旋式旋转,而且在向内流入过程中越接近台风中心,旋转半径越短,惯性离心力也相应增大。结果在地转偏向力和惯性离心力作用下,内流气流并不能到达台风中心,而在台风眼壁附近强烈螺旋上升。

(2) **上升气流层** 从3 km到10 km左右,这里气流主要是切向的,径向分量很小。气流主要沿切线方向环绕台风眼壁上升,上升速度在700～300 hPa达到最大。

(3) **高空流出层** 大约从10 km到对流层顶(12～16 km),这层内气流主要是向外辐散,成熟台风的最大流出层常在12 km附近。气流在上升过程中释放大量潜热,致使台风中部气温高于周围,其水平气压梯度力随高度增高而逐渐减小,大约在10～12 km处,当水平梯度力小于惯性离心力和水平地转偏向力的合力时,则出现向四周外流的气流。空气的外流量同低层的流入量大体相当,否则台风会减弱或加强。

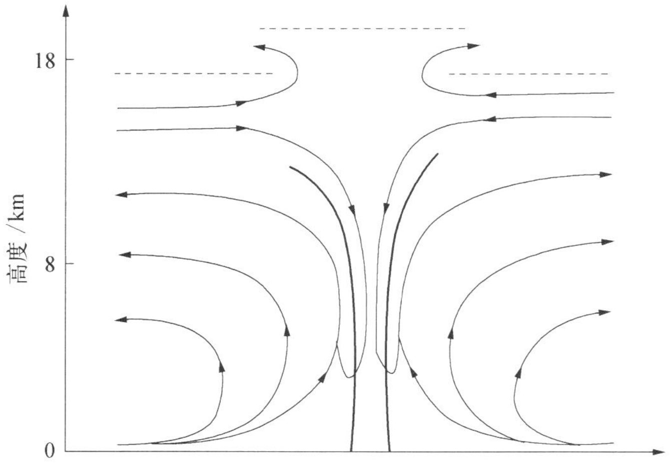

图5-37 台风垂直环流模式

台风的垂直环流模式如图5-37所示,在低层流入层内空气流进台风中,产生上升运动,主要出现在眼区周围的云墙区和外部降水带里;然后,空气从台风的顶部向外流出,在远离中心一定距离后出现下沉运动。此外,由于空气从台风顶部向外流出,根据达因补偿原理,更高层必有空气从四周流入补充,有气流的水平辐合。高空水平辐合气流一部分在台风眼内下沉,形成眼区内强烈的下沉逆温。眼区的下沉气流到达较低层时又向四周辐散,被眼壁附近的强烈上升气流卷挟一道上升。另一部分高空辐合气流在台风眼高空上升,使对流层顶抬高,然后又向四周辐散。

3. 温度场特征

台风温度场结构的最重要特点是具有暖心结构。发展成熟的台风,在台风眼区的对流层中上层,有明显的暖核存在,在不同高度等压面上的温度场是近于圆形的暖中心。台风暖核一般都出现在 300 hPa 至200 hPa高度上,此高度上,眼区温度都可高出周围 10℃ 以上(图 5-38)。在眼壁附近,半径为 20～50 km 的环形带上,径向温度梯度非常大,曾探测到 8～9℃/(20～30 km)的记录。暖心是眼壁外侧雨区释放大量凝结潜热和眼区空气下沉增温共同作用的结果。暖心结构是台风维持和发展的重要因素。当台风移到西风气流的南缘,由于高空辐合吸入冷空气,或者当台风移入冷海面或陆地,断绝了热源,都将导致暖心结构的破坏。

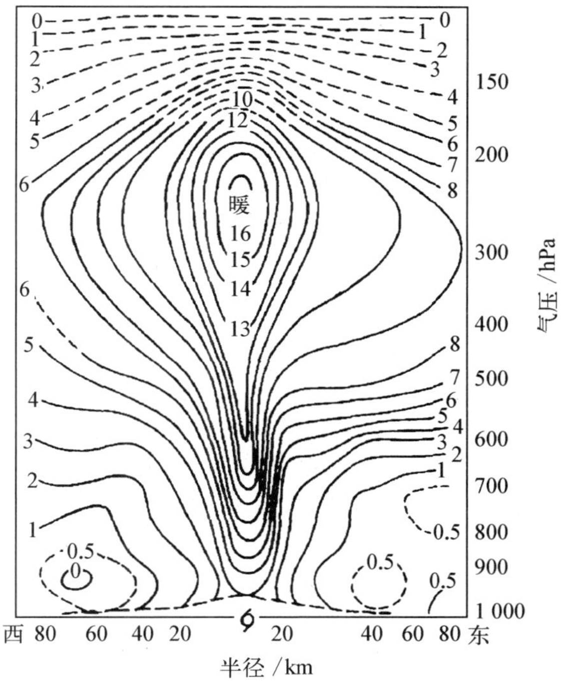

图 5-38 台风暖心结构(单位:℃)

(三) 台风的天气

伴随台风的天气主要有狂风、暴雨及在海上引起的风暴潮,具有极强的破坏力,造成巨大的灾害,在沿海地区受其影响最大。例如,1991 年 11 月,9125 号台风挟带狂风暴雨席卷菲律宾莱特岛和鹤内格罗岛,8 000 人死亡,10 万人受伤或无家可归。1970 年 11 月12～13 日,热带风暴袭击孟加拉湾沿海地区,引起特大风暴潮,造成 30 万人丧生,100 多万人流离失所。

1. 云墙和螺旋云带

台风的云系主要有云墙和螺旋云带(图 5-39),螺旋云雨带也是其区别于温带气旋的一个重要特征。

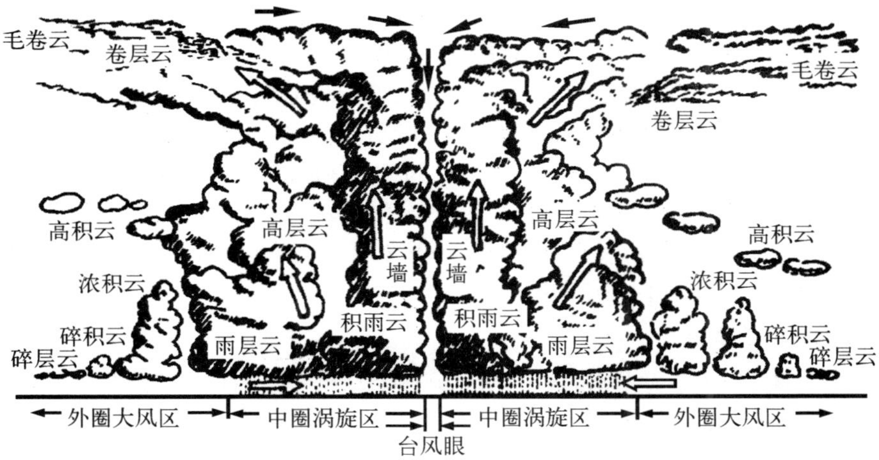

图 5-39 台风云系

(1) *云墙* 台风眼区外围的一个圆环状的积雨云区称云墙或眼壁。云墙宽度一般为 20～30 km,云高一般可达 15 km,上升速度可达 5～13 m/s,最强降水及破坏性最大的风都发生在这里。

(2) *螺旋云带* 外侧云带宽窄不一,可由十几千米到数百千米,分布疏密不一,都是由对流云群组成的,发展着的台风常拖有很长的尾巴,实际上就是台风的水汽输送带。螺旋云带又可分为内螺旋云带和外螺旋云带。内螺旋云带由数条积雨云或浓积云组成,直接卷入台风内部,并有降水形成。外螺旋云带则由层积云或浓积云组成,以较小角度旋向台风内部。云带常常被高空风吹散成“飞云”。

(3) *台风眼少云区* 眼区内气流下沉,风弱、干暖、晴朗无云。如果低层水汽充沛,逆温层以下也可能产生一些层积云和积云,但垂直发展不盛、云隙较多、一般无降水。

2. 暴雨

台风是一个强降水系统,其降水具有阵性,强度大,范围广。一次台风过境,通常可造成300~400 mm的特大暴雨,有的可超过1 000 mm。例如,我国台湾省的新寮1967年10月17日受当年18号台风影响,日降水量达1 672 mm,3天的降水量达2 749 mm;1975年8月5日受7503号台风影响,河南省出现"758"特大暴雨过程,3天降水量达为1 631 mm,是该地区年降水量的两倍。台风的降水区主要集中在眼区周围云墙和螺旋云带,另外台风与其他系统相互作用产生降水,这时可以在台风的外围甚至台风移动前方很远的地方产生大暴雨;与热带气旋相联系的热带云团的降水,一般出现在台风的后方。台风影响我国的范围广阔,南北约跨30个纬度,东西可达30个经度。除新疆外,我国其他地区均可受直接热带气旋暴雨和间接热带气旋暴雨的影响。

3. 大风

由台风引起的大风相当强,一般都在25 m/s以上,60~70 m/s也并不少见,有的最大风速可达100 m/s以上。例如,1956年8月1日在浙江象山登陆的台风,中心附近最大风速达75 m/s。台风风速有很大的阵性,其瞬时极大风速和极小风速之差可达30 m/s以上,台风阵风的平均周期为6 s左右。热带气旋的风速分布并不均匀,这与气旋周围的气压场分布有关,一般来说,热带气旋的右前方往往和副热带高压相邻,在这里水平气压梯度最大,最大风速区也出现在这里。台风登陆后,由于摩擦加大和水汽供应减少,强度都要减弱,风力也比在海上时小,尽管如此,登陆后出现12级以上的大风还是经常可见的。登陆后台风风速受地形影响较大,一般平原地区的风速比山区大。

(四)台风形成的机制与条件

1. 热带气旋形成的物理机制

1964年,Charney等人在前人工作的基础上提出了第二类条件不稳定(conditional instability of second kind,简称CISK)理论,它较好地解释了热带气旋的发展问题,之所以称之为第二类条件不稳定,是为了与产生小尺度积云对流的条件不稳定(用稳定度的判据判别)区别开。台风是由一个弱小的热带低压扰动发展起来的。当弱小的热带低压在高温洋面上空产生或由外地移来时,通过下垫面的摩擦作用,造成大量热带潮湿空气辐合到气旋中心,并产生上升运动(称为埃克曼抽吸),暖湿空气发生凝结,释放出大量潜热,使低压中心上空大气的温度升高,形成暖心。同时高层等压面抬高形成辐散流出,结果使地面气压降低,气旋性环流加强。气旋性环流变强进一步使低空暖湿空气向中心摩擦辐更强,更多的水汽向中心集中,对积云对流更加旺盛,凝结潜热释放更多,中心变得更暖,地面气压更低。如此循环,直至增强成台风。

CISK机制突出了积云对流的作用,抓住了水汽凝结释放潜热是热带气旋发展的主要能量来源这一本质。积云对流与低压环流间的正反馈,使得低压扰动不断发展,并且下垫面的摩擦不只是消耗能量的因子,而且通过埃克曼抽吸和积云对流成为能量的制造者。

2. 热带气旋形成的必要条件

(1) *低空要有一个原先就存在的扰动*　扰动气旋都是从一个原先存在的热带低压发展而形成的。据统计,西太平洋—南海地区热带气旋来源于四种初始扰动:热带辐合带中的扰动占80%~85%,东风波约占10%,中高纬长波槽中的切断低压或高空冷涡约占5%,斜压性扰动约占5%以下。

(2) *广阔高温洋面,海水温度高于26.5℃*　台风具有相当大的能量,其主要能量来源是水汽凝结释放潜热。而热带海洋上低层大气的温度和湿度,主要取决于海表水温(sea surface temperature,简称SST),SST越高,则低层大气的气温越高,湿度越大,大气层结愈不稳定。热带气旋形成于SST≥26~27℃的暖洋面上,除赤道东南太平洋外,全球热带海洋面上全年都满足此条件。由于赤道东南太平洋全年的SST≤26.5℃,因此这里没有热带气旋发生。在西北太平洋上,夏季的海温特别高,SST≥30℃的区域东西长20~25个经距,南北宽10个纬距(称为西太平洋暖池),SST≥29℃的范围则更大,这个高海温区和夏季ITCZ位置相接近。

(3) *一定的地转偏向力*　热带初始扰动的发展、壮大,需要依靠一定的地转偏向力作用,才能不断地使辐合气流逐渐变为气旋性旋转的水平涡旋,使气旋性环流加强。否则,若无地转偏向力或地转偏向力过小,达不到一定数值,水平辐合气流可径直到达低压中心,发生空气堆积,中心填塞,致使气旋性涡旋减弱或不能形成。据计算,只有在距赤道 5 个纬距以外的热带海洋上地区,地转偏向力才能达到一定数值,利于台风形成。只有西北太平洋有个别热带气旋形成于 3°N 附近,但在赤道两侧 3 个纬距以内从未发现有热带气旋形成。事实上,大多数热带气旋发生在纬度 5°～20°。

(4) *整个对流层风的垂直切变要小* 对流层风速垂直切变的大小决定着初始热带低压扰动中分散的凝结潜热能否集中在一个有限的空间之内。如果垂直切变小,上下层空气相对运动很小,则凝结释放的潜热始终加热一个有限范围内的气柱,使之很快增暖形成暖心结构,初始扰动能迅速发展形成热带气旋;反之,如果上下切变大,潜热将被很快输送出扰动区的上空,不能形成暖性结构,也不可能形成热带气旋。据统计,台风多形成于 200 hPa 和 850 hPa 等压面间,风速差小于 10 m/s 的地区。

上述条件仅仅是必要条件,不是充分条件。在热带洋面上,满足以上条件的时间和海域很多,相比较而言,热带气旋发生得很少。

(五) 台风移动的路径

台风在形成和发展过程中,受到外界条件及台风本身内力的影响而发生移动。台风移动速度平均约 20～30 km/h,转向后的移速比转向前要快些,有时可达 80 km/h 以上,转向时移速较慢,停滞、打转时移速最慢。台风在西太平洋地区移动的基本路径大致有三条,即西移路径、西北路径及转向路径(图 5-40)。

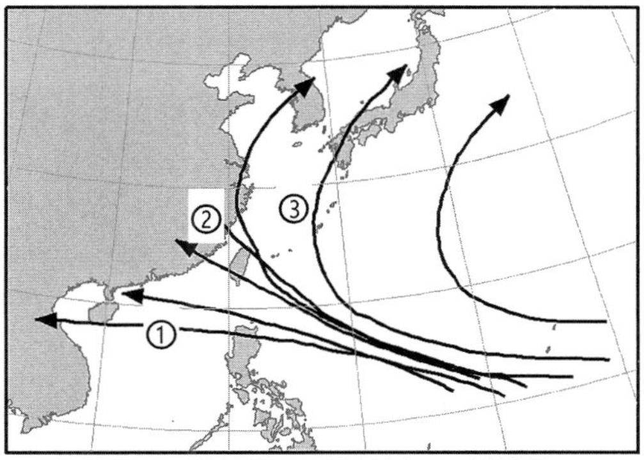

图 5-40 北太平洋西部台风移动路径

① 西移路径;② 西北路径;③ 转向路径

(1) *西移路径* 当西太平洋副高脊线呈东西走向,而且强大、稳定时,或西太平洋副高不断增强西伸时,台风在菲律宾以东洋面形成后西行,经过菲律宾或巴林塘海峡、巴士海峡,进入南海,西行到我国华南沿海、海南岛或越南登陆。有时台风进入南海西行一段时间后,突然北转到广东省登陆。对我国华南地区影响很大。

(2) *西北路径* 当西太平洋副高脊线呈东南—西北走向时,台风在菲律宾以东洋面形成后向西北偏西方向移动,在我国台湾登陆,然后穿过台湾海峡,在福建登陆;或者在菲律宾以东洋面形成后向西北方向移动,穿过琉球群岛,在浙江一带登陆。台风登陆后在我国消失。这种路径也叫登陆型路径,对我国影响范围较大,尤其对华东地区影响大。

(3) *转向路径* 当西太平洋副高东退海上时,台风在菲律宾以东洋面形成后,先向西北方向移动,进入我国东部海面或在我国沿海地区登陆,然后约在 25°N 附近再转向东北方向,向日本方向移动,路径呈抛物线状,分别称为海上转向和陆上转向路径,对我国东部沿海地区及日本影响较大。

三、赤道辐合带

南、北半球信风气流汇合而形成的狭窄气流辐合带称为赤道辐合带(ITCZ),亦称热带辐合带或赤道锋。赤道辐合带是热带地区主要的、持久的大型天气系统,有时甚至可以环绕地球一圈。就气压而言,赤道辐合带处于南北半球两个副热带高压之间的宽广低压区内,这个低压区称为赤道槽,赤道槽可分为季风槽和信风槽。一般赤道槽中只有一条赤道辐合带,但有时在一些地段,在短时间内,南北半球各有一条赤道辐合带同时出现,形成“双赤道辐合带”。由于赤道辐合带内气流辐合上升,有对流活动,因此在卫星云图上,赤道辐合带表现为由许多云团有间隔地排列、近东西向的一条长云带,宽约 200～300 km,断断续续地几乎围绕地球一周。

(1) *赤道辐合带的分类* 如图 5-41 所示,根据辐合带中南北半球的气流汇合情况,赤道辐合带可分为两种类型。

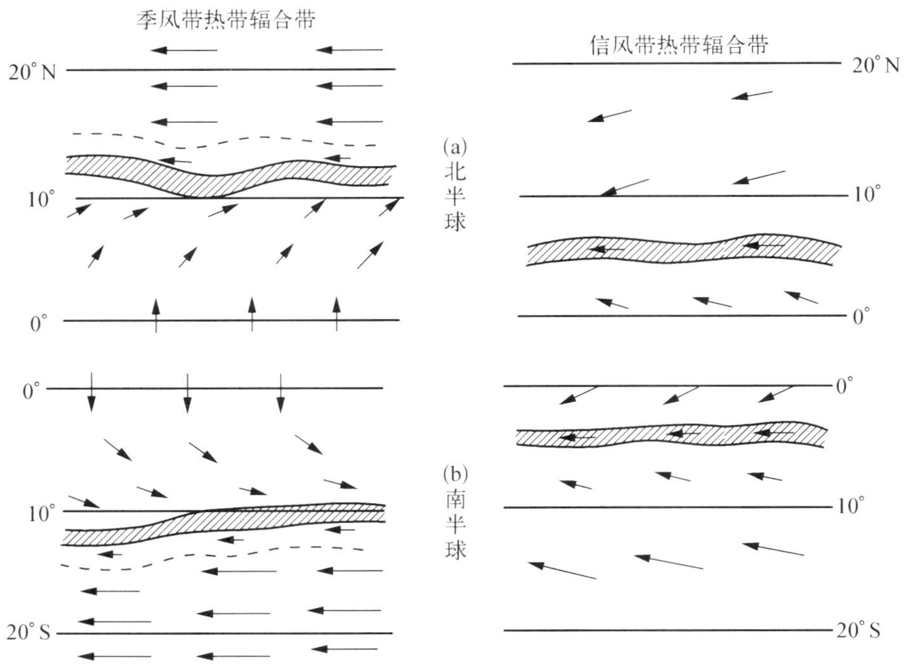

图 5－41 南北半球赤道辐合带模式

1）季风带辐合带：在北半球夏季，由南半球东南信风越赤道后转向为西风，与北半球东北信风汇合而形成的气流辐合带称为季风带辐合带，亦称季风槽或无风带辐合带。

2）信风带辐合带：由北半球的东北信风与南半球的东南信风汇合而形成的气流辐合带称为信风带辐合带，辐合带中吹东风。

（2）赤道辐合带的季节变化　赤道辐合带随季节有南北移动。北半球夏季，由于副热带高压北移和西南季风增强，赤道辐合带位置偏北；冬季则相反，辐合带位置偏南。例如在中南半岛的经度上，赤道辐合带活动于 25°N～10°S。7 月，它的平均位置在我国南海东部，8 月正好位于台湾省以南，9 月在 20°N 左右的南海北部，10 月开始南退到 8°N～15°N，11 月在赤道和 5°S，到 12 月赤道辐合带已离开北半球而活动于 10°S 和赤道之间。

赤道辐合带季节性南北移动比太阳直射点的南北摆动有所滞后。太阳直射点分别在 12 月 22 日和 6 月 21 日前后达到南回归线和北回归线，而热带辐合带则分别在 3 月初和 9 月初到达它的最南和最北位置。赤道辐合带南北移动并不是关于赤道对称的，它最南一般只能到 5°S，最北却可达到 15°N 附近。这个说明除了太阳高度角这个因子以外，地形和海陆分布等其他因子也影响热带辐合带的季节变动。赤道辐合带在各地区南北移动的幅度并不相同，季风带辐合带位置变化大，信风辐合带位置变化小。活动于东太平洋、大西洋和西非的信风辐合带，移动幅度较小，而且一年中大部分时间位于北半球，如在东太平洋地区的热带辐合带常年出现在 5°N～10°N 附近；而活动在东非、亚洲、澳大利亚的季风辐合带，季节位移较大，印度洋和西太平洋辐合带的位置在北半球的冬季和春季位于 5°S 附近，夏季辐合带的位置可达 20°N 附近，是全球辐合带位置最为偏北的地区，而且有的年份 10 月份南北半球各出现一个季风辐合带（双热带辐合带），这种季节变化是同活动地区的海陆分布和地形特征密切相关的。

（3）赤道辐合带的结构　热带辐合带一般只存在于对流层的中、下层。这是因为赤道西风带在大多数情况下出现在 500 hPa 层以下的缘故。在东南亚地区，赤道辐合带绝大多数是随高度向南倾斜的，也有几乎近于垂直的，向北倾斜的为极少数。平均倾斜角约为 3°，比锋面坡度大得多。辐合带两侧的温差很小，一般都小于 3℃。热带辐合带高层以辐散为主，低层以辐合为主，辐合量在 850 hPa 最大。热带辐合带中几乎有整层的上升运动。低层空气潮湿近于饱和，南侧湿度大于北侧。

（4）赤道辐合带的天气　由于赤道辐合带是对流活动最频繁的地区，又是低纬度地区水汽、热量最集中的区域，其天气是多云、降水、雷阵雨等，特别是在它上面有低涡或台风发展时，便可带来狂风暴雨。辐合带的降水范围通常可达 200～800 km 宽，主要降水区一般位于辐合带两侧附近。辐合带的天气分布是不连续的,最大降水位于辐合最强的气旋性环流区域,24 小时雨量可达 100 mm 以上。在中南半岛南部和沿海地区,最大雨量中心往往位于低层辐合带的南侧,24 小时降水量可达 200 mm 以上。这除了辐合带的影响外,可能还与西南季风的加强和地形有关。在辐合带上有的部分并无降水,最多出现一些积状云。所以,在赤道辐合带的狭长带内,好坏天气是交替存在的。在卫星云图上常可看到赤道辐合带是一条狭长的近于连续的对流云带,有时云区和晴好区相间出现,有时云区十分宽广,东西长可达几千千米。

四、东风波

在副热带高压南侧东风气流中产生的,自东向西移动的天气尺度波状扰动,称为东风波。波长一般为 2 000～4 000 km,伸展的高度多限于对流层中下层,一般为 6～7 km,有的达对流层顶。最大强度出现在 700～500 hPa。周期约为 3～6 天,移动速度为 5～12 m/s。

北半球夏季在大部分热带地区都有东风波的活动,如西非、东大西洋、加勒比海、东太平洋、西太平洋、东南亚和印度等地区。

东风波一般表现为东北风与东南风间的切变。不同地区的东风波结构有所不同,波动发生发展的能量来源也不一样。北半球东风波有以下两个主要活动区。

(1) **非洲、大西洋到加勒比海**　这里的东风波起源于非洲大陆,是由于撒哈拉沙漠南侧对流层中上部东风急流的强烈风速切变所产生的,故也称为非洲波状扰动。东风风速随高度减小,波槽随高度略向东倾斜。东风波呈倒 V 形,槽前吹东北风,槽后吹东南风(图 5-42)。对流层低层,槽区及槽后区为辐合上升,有大量水汽向上输送,湿层较厚,形成云雨天气,云系呈逗点状,移入大西洋中西部和加勒比海后,有些可发展成为热带气旋。槽前气流下沉辐散,湿层较薄,只生成一些小块积云或晴朗无云。高层(700 hPa以上)则相反,槽前(西侧)为干区,槽后(东侧)为湿区。

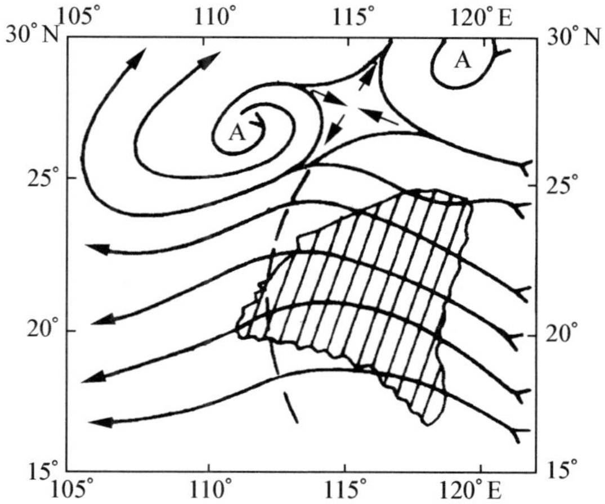

图 5-42　东风波的 700 hPa 流线
注:A 为辐散中心;斜实线区为云区

(2) **中西太平洋和我国东南部**　这一地区的东风波有两种:一种沿 25°N～30°N 西移,槽区及槽后区为辐合上升气流,出现云雨天气,槽前气流下沉辐散,为晴朗少云天气。主要影响日本和我国的台湾、福建、浙江等省,带来强烈的飑线和暴雨天气。另一种则在 25°N 以南活动,这里低层的西南季风强盛,低层为赤道西风,5 km 以上才是东风,故东风波只存在于西南季风之上 5～12 km 的范围,强度随高度增加而增强,在 400～200 hPa 间最清楚,而且东风波风速随高度增加而增大。在低层槽前辐合,槽后辐散;高层则相反。云雨天气出现在槽前及槽区附近。在夏季和初秋季节,当西太平洋副热带高压位置偏北呈东西向带状分布时,副热带高压南侧常常有东风波进入我国沿海,影响我国的广东、福建、浙江、江苏及山东等省份。

第三节　季风与中国的寒潮和雨季降水天气过程

由海陆间热力性质差异产生的热力环流包括以日为周期的海陆风和以年为周期的季风。

一、海陆风

在沿海地区及邻近的海域或岛屿上,由于海陆表面受热不均而形成的白天由海面吹向陆面,夜间从陆面吹向海面的风,称为海陆风。

海陆风是由于海陆昼夜热力差异所形成的。根据热力环流原理,白天在太阳辐射下,陆面增热比水面快,陆地空气受热膨胀上升,在高空聚积起来,到某高度以上后,因其气柱质量增多,气压比同高度的海洋上空的气压高,高空空气由大陆流向海洋。由于陆地高空空气向外流出,使整个空气柱质量减少,地面气压降

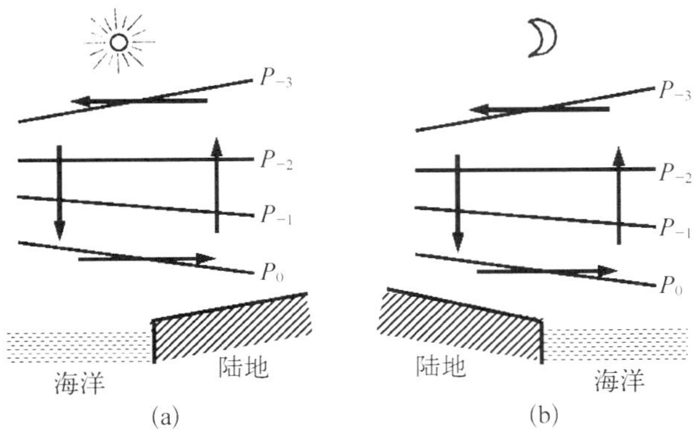

图 5-43 海风(a)和陆风(b)的形成机制

低,而海洋因高空有大陆空气的流入,整个空气柱质量增多,海面气压升高,在近地层产生由水面指向陆面的水平气压梯度力,从而形成由海洋吹向陆地的风,称为海风[图 5-43(a)]。夜间,陆面辐射冷却比海面快,陆地空气冷却收缩,致使高空气压比海面上同高度的气压低,高空空气由海洋流向大陆,使陆地地面气压比海面气压高,形成与白天相反的热力环流,在近地层风由陆地吹向海洋,称为陆风[图 5-43(b)]。

海风和陆风的转换时间随地区和天气条件而异,通常在 9~10 时陆风转变为海风,13~15 时海风最盛,日落以后海风逐渐减弱,17~20 时再转变成陆风。阴天,海风出现的时间后延,强度也较弱。海陆风在紧靠海岸附近最强,距海岸越远风越弱。海风的强度、水平范围和垂直范围都比陆风大。海风最大风速可达 5~6 m/s,可深入陆地的距离达 50 km 左右,垂直厚度可达 1~2 km。而陆风风速一般为 1~2 m/s,可深入海洋的距离不到 10 km,垂直厚度约 200~300 m。海陆风对滨海地区的气候有一定的影响,白天海风带来大量水汽,使陆上空气湿度增大,沿岸地区有时还可形成云雾和降水。海风可使沿岸陆地温度降低,夏季不致太热。

二、季风

(一)季风的定义

大范围地区近地面层冬夏盛行风向接近相反,且气候特征明显不同的现象,称为季风(monsoon)。英文此词源自古代阿拉伯语 mausim,意思为季节(season)。赫洛莫夫(ХромоБ)规定,凡地面上冬(1 月)夏(7 月)盛行风向之间至少差 120°,且盛行风向的平均频率(称为季风指数,用 I 表示)超过 40%的地区为季风区。季风指数的计算公式为

$$I=\frac{1}{2}(f_1+f_2) \tag{5-5}$$

式中,f_1 和 f_2 分别为 1 月和 7 月盛行风向频率的百分数。$I \geqslant 40\%$ 为季风区;$I \geqslant 60\%$ 为明显季风区;$I < 40\%$ 为具有季风倾向的地区。

季风也是大气环流的一个组成部分,属于大范围的区域性环流,不像 Hadley 环流圈具有全球规模。随着盛行风向的变换,两种季风各有不同的源地,气团性质将发生转变,天气气候也发生明显变化。例如,冬季风空气寒冷干燥,为旱季;夏季风炎热潮湿,为雨季。

(二)季风的分类

按照季风分布的纬度,可分为赤道季风、热带季风、副热带季风、温带季风。

(1) 赤道季风　出现在赤道附近,包括赤道非洲、印度南部、斯里兰卡、印度尼西亚、马来西亚一带。全年炎热,有明显的雨季和旱季。

(2) 热带季风　出现在纬度 10°到回归线附近的南亚和东南亚,如我国的台湾南部、雷州半岛和海南岛,中南半岛,印度半岛大部,菲律宾,澳大利亚北部沿海等地。夏季受来自南半球的西南季风的直接影响,冬、夏已有明显的温度差别,但差别不大,并且有明显的雨季和旱季。

(3) 副热带季风　位于副热带亚欧大陆东岸,约以 30°N 为中心,向南北各伸展 5°左右。由于夏季风在进退过程中前沿经过该区域,故雨季主要在初夏和秋季。夏热冬温,最热月平均气温在 22℃以上,最冷月平均气温在 0~15℃,气温年较差为 15~25℃,年降水量约 800~1 000 mm。

(4) 温带季风　位于亚欧大陆东岸纬度 35°~55°地带,包括中国的华北和东北、朝鲜大部、日本北部以及俄罗斯远东部分地区。雨季主要在盛夏,即夏季风的鼎盛时期。温度比副热带季风区更低,年较差更大,年降水量少于 800 mm。

(三) 季风的地理分布

由全球季风区分布图 5－44 可以看出,季风分布很广,全球季风区包括亚洲(南亚—东亚季风)—西太平洋季风、印尼—北澳大利亚季风、非洲季风(南非和北非季风)、美洲季风(南美和北美季风),即“4A”季风。北印度洋—南海—西南太平洋及其附近地区,以及东非的索马里和西非的几内亚附近沿岸属于明显季风区。从我国华南到东北、日本、西太平洋和印度尼西亚、澳大利亚北部和东南沿岸,以及非洲中部属于季风区。另外,在北冰洋沿岸、北美洲西部沿岸至东太平洋东部地区也有一些局部的季风区,但其范围、强度较亚洲的季风弱得多。南亚季风是世界上最著名的季风区,东亚季风仅次于南亚季风。

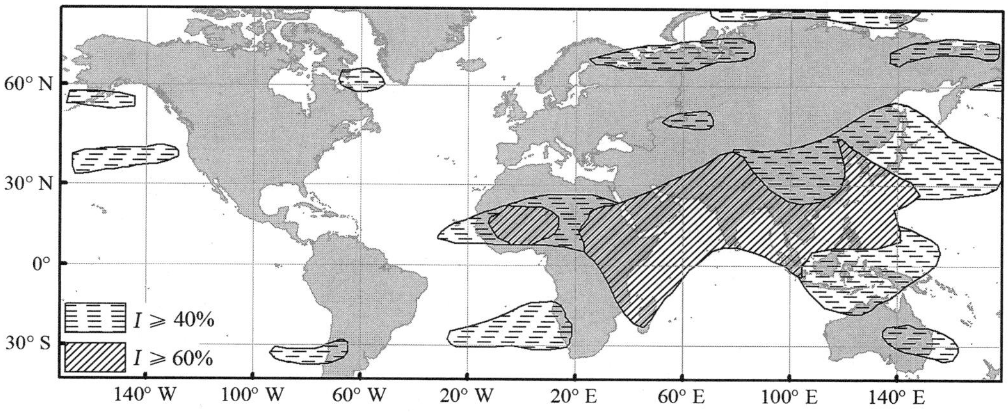

图 5－44　全球季风区分布示意图

非洲东岸的季风属于印度洋季风的范畴,具有明显的季风交替现象。10 月到次年 5 月盛行东北季风,7～8 月盛行西南季风,6～9 月为过度季节,风向变化不定。在亚丁湾沿岸的少量降水是来自东北季风的地形雨,而在索马里高原上的降水则来自西南季风。

在西非地区,由塞拉利昂至塞内加尔热带地方也存在西南风与东北风季节交替现象。在塞内加尔,夏季有 4 个月为西南季风,这是南半球东南信风越过赤道风向转变结果,气候湿润多雨,其余时间为东北风,气候干燥,越向南方西南风的持续时间越长。

从澳大利亚北部延伸至新几内亚和印度尼西亚地区,夏季(南半球)盛行西北季风,西北季风是由北半球的东北信风穿越赤道后,受南半球地转偏向力作用偏转而成的,由海洋吹向大陆内部。冬季(5～10 月)受东南信风控制,盛行东南季风,由大陆吹向海洋,范围也较大,但强度比亚洲季风弱。澳大利亚南部也有类似季风转换,但不如北部显著。

在北美大陆的南岸与东岸,也具有类似季风的转变,但不如亚洲季风明显。

(四) 亚洲季风

1. 亚洲季风的子系统

东亚季风和南亚季风是夏季亚洲既相互独立又相互作用的两支季风子系统,这两支季风的来源、季风成员及其影响的地区是不同的。东亚季风起源于澳大利亚高压、西太平洋副热带高压,而南亚季风起源于南半球的马斯克林高压。

(1) **东亚季风**　　东亚季风区包括热带季风(与越赤道气流有关的季风,这不同于季风的纬度分类)和副热带季风(与副热带高压有关的季风)两部分。东亚热带季风的范围包括中南半岛、我国南海和菲律宾等地,亦称南海—西太平洋热带季风区。夏季盛行西南季风,冬季盛行东北季风。

东亚副热带季风区的范围包括我国东部、朝鲜半岛、日本等地区。夏季盛行来自西太平洋副热带高压西北部的西南季风或东南季风;冬季亚洲大陆为强大的冷高压控制,30°N 以北盛行西北季风,30°N 以南盛行东北季风。

(2) **南亚季风**　　南亚是世界最著名的季风区,西部以越赤道索马里气流与西风带气流相交的地方为界,东部则以 100°E 附近与东亚季风区为分界线,北邻青藏高原外围,包括阿拉伯海、印度半岛、孟加拉湾和我国西南等地，其中以印度半岛为最显著，故称为印度季风。南亚季风是典型的热带季风(与越赤道气流有关的季风)，夏季盛行由印度洋和阿拉伯海吹向印度半岛的西南季风；冬季盛行来自亚洲大陆的东北季风，且两者的转换多为爆发性突变。

2. 亚洲季风环流

(1) 亚洲夏季风环流

1) 东亚夏季风环流：图 5-45 是亚澳地区 1988 年 6 月 850 hPa 和 200 hPa 平均流场。从图 5-45 的两

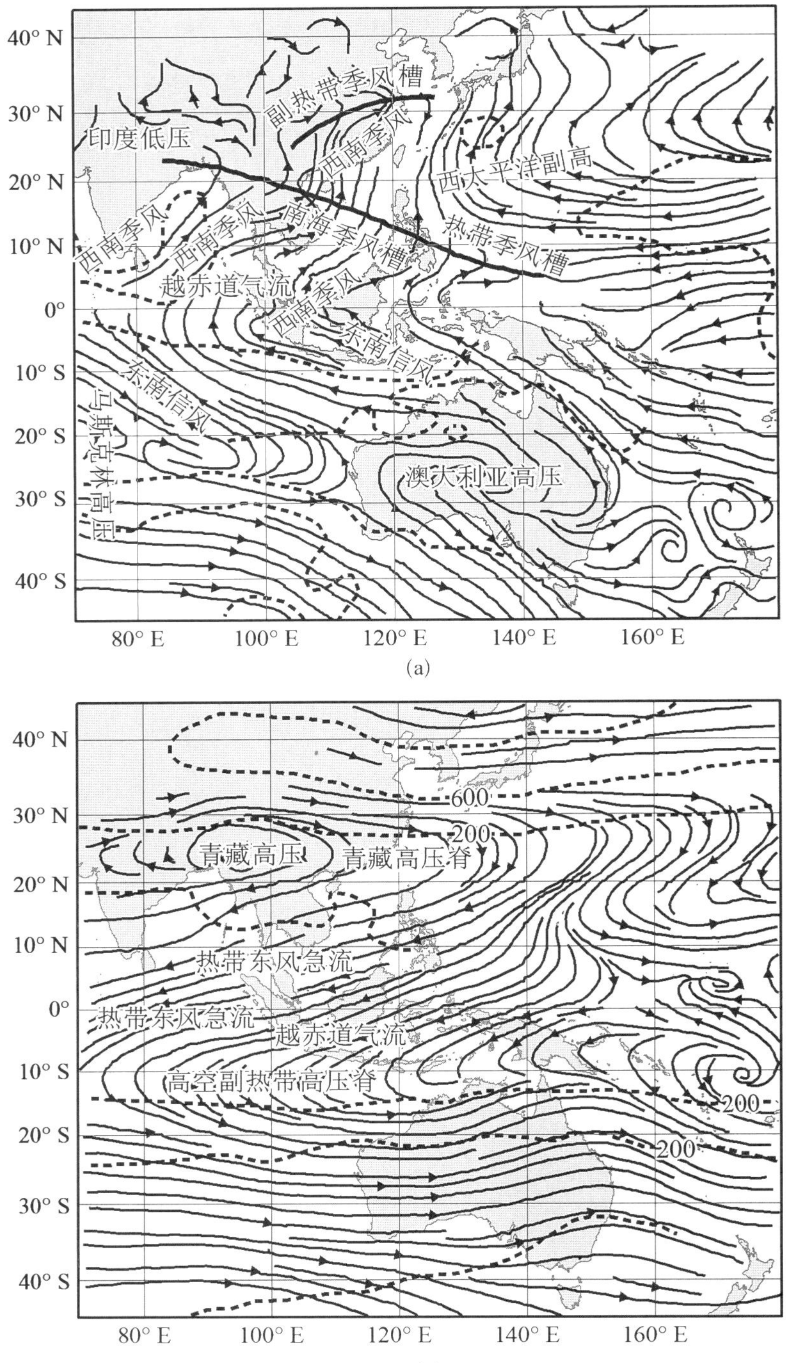

图 5-45 亚澳夏季风近地面 850 hPa 流场(a)、高空 200 hPa 流场(b)示意图

注：虚线为等风速线，间隔为 20 m/s。

张图上可以看出东亚夏季存在两个闭合的经向垂直环流：① 东亚热带季风环流。近地面从澳大利亚高压中辐散出向北的气流，在南海季风槽(ITCZ)中辐合上升，到高空后转向南流，在澳大利亚上空下沉，再回到澳大利亚高压中，构成了闭合的东亚热带季风经圈环流。② 东亚副热带季风环流。近地面从西太平洋副热带高压脊西侧向北的气流，在梅雨辐合带中上升至高空后转向南流，在华南沿海西太平洋副热带高压脊中下沉，构成一个较小的闭合经圈环流，即东亚副热带季风经圈环流。

东亚热带季风主要是由行星风带的季节移动所形成的，但也有海陆热力差异的共同影响。由图 5 - 45a 可见，在低层，东亚热带季风起源于澳大利亚高压，从高压辐散出向北的东南信风在105°～125°E 附近越过赤道以后，受北半球地球自转偏向力的作用，在南海、西太平洋地区转为西南气流(低空越赤道气流在我国南海北部一带汇入低空急流，最大风速可超过 30 m/s)，即为东亚热带西南季风(南海—西太平洋热带西南季风)。这支西南气流与西太平洋副热带高压南侧的东北信风辐合，形成了南海季风槽，亦称南海—西太平洋热带辐合带(ITCZ)，并产生强的降水中心(图 5 - 46)。

东亚副热带季风主要是由海陆热力差异所形成的，其中包括青藏高原、行星风带季节移动的共同影响。西太平洋副热带高压脊南侧的东南气流向北又变成西南气流，成为东亚副热带西南季风(东亚大陆—日本副热带西南季风)，这支西南季风与北方冷空气辐合，在长江流域形成梅雨锋，并形成一条季风雨带(图 5 - 46)。

东亚热带季风的气流起源于澳大利亚高压(南半球)。东亚副热带季风的气流由三部分组成，即由副热带高压西南侧的东南气流、东亚热带的西南季风和印度热带的西南季风三支气流在副热带高压西侧汇合而成。东亚热带季风辐合带(南海季风槽)由单一的热带海洋气团组成，不具锋面性质。东亚副热带季风辐合带(梅雨锋)由热带气团与北方极地大陆变性气团构成，湿度对比明显，至少在高空有明显的锋面结构。东亚地区这两支西南季风的北侧是两条辐合带(南海季风槽和梅雨锋)，高层为辐散带(青藏高压脊)，相应地对应着两条季风雨带。

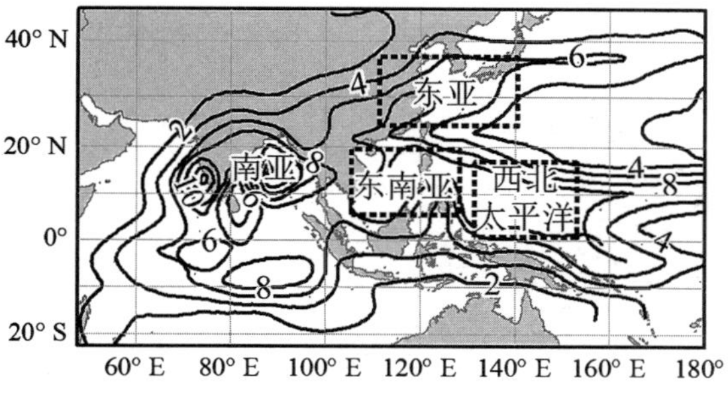

图 5 - 46　亚洲 1979～2001 年 6 月中旬至 7 月中旬候平均降水量分布

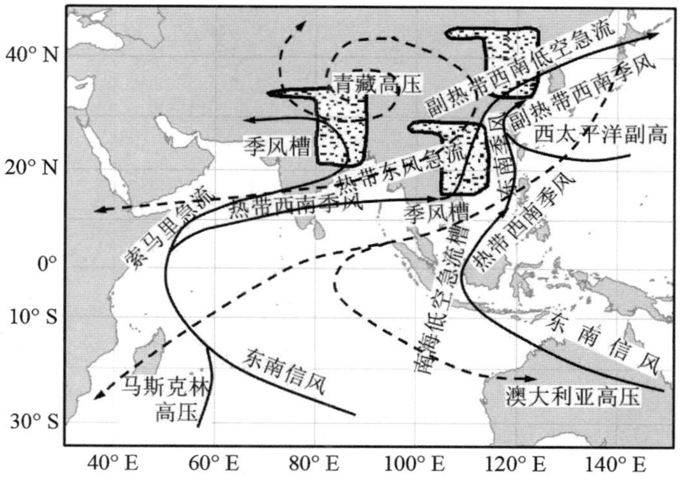

图 5 - 47　亚洲夏季风环流系统示意图

注：实线表示低层系统，虚线表示高层系统

2) 南亚夏季风环流：从图 5 - 47 可知，近地面从马斯克林高压中辐散出向北的气流，在印度季风槽(ITCZ)中辐合上升，到高空后从青藏高压中辐散出向南的气流，在南半球高空副热带高压脊下沉，再回到马斯克林高压中，构成了闭合的南亚季风经圈环流。

南亚季风主要是由行星风带的季节移动形成的，但也有海陆热力差异、青藏高原的共同影响。夏季，行星风带北移，赤道低压带移到北半球，再加上孟加拉湾热源和青藏高原热源的热力作用，亚洲南部位于赤道低压内，并在印度半岛西北部出现了低压中心，形成了印度季风槽。而此时南半球为冬季，在马斯克林冷源作用下，南印度洋副高中心北移至马斯克林群岛，形成了马斯克林高压。在由南向北的气压梯度力作用下，源于南半球马斯克林高压的东南信风，在东非沿岸越赤道后，受北半球地球自转偏向力的作用，转为西南风，形成索马里急流。印度处于大陆热低压南侧及赤道西风北移经过地，西南气流与赤道西风叠加，形成世界上最著名、最典型的西南季风。由于印度西南季风来自印度洋，携带大量水汽，因此通常说西南季风就意味着季风雨。整个南亚地区的降水相对比较集中,有两个主要的降水中心,分别在印度半岛的西侧和孟加拉湾(图 5-46),与南亚季风槽及地形有关。

(2) 亚洲冬季风环流 图 5-48 是亚澳地区 1987 年 12 月平均流场。从图 5-48 的两张图可以看出,近地面从西伯利亚蒙古高压辐散出的冬季风,向南流越过赤道,在南半球印度尼西亚季风槽上升,到对流层高层后,又转为辐散的东南气流向北流,越过赤道,进入北半球的西风带,下沉回到西伯利亚蒙古高压中,构成了闭合的亚洲冬季风经圈垂直环流。

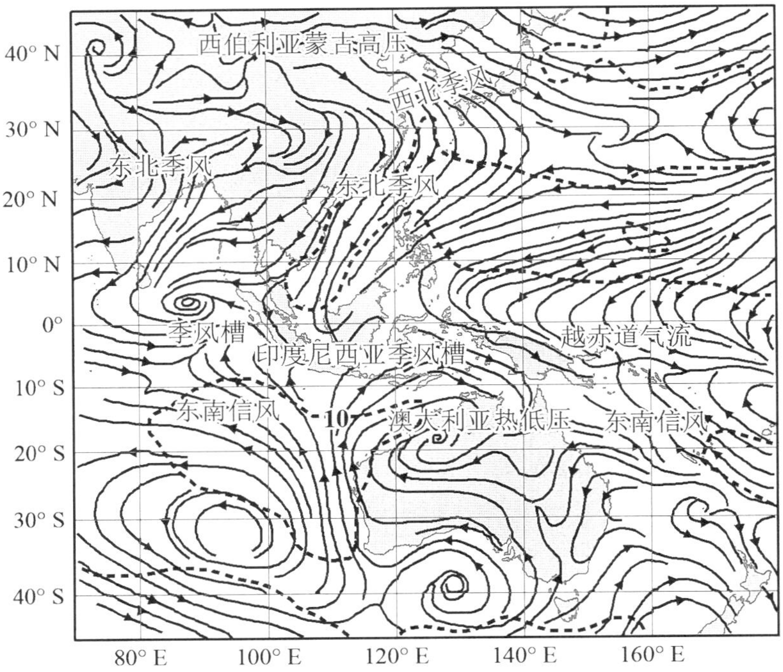

(a)

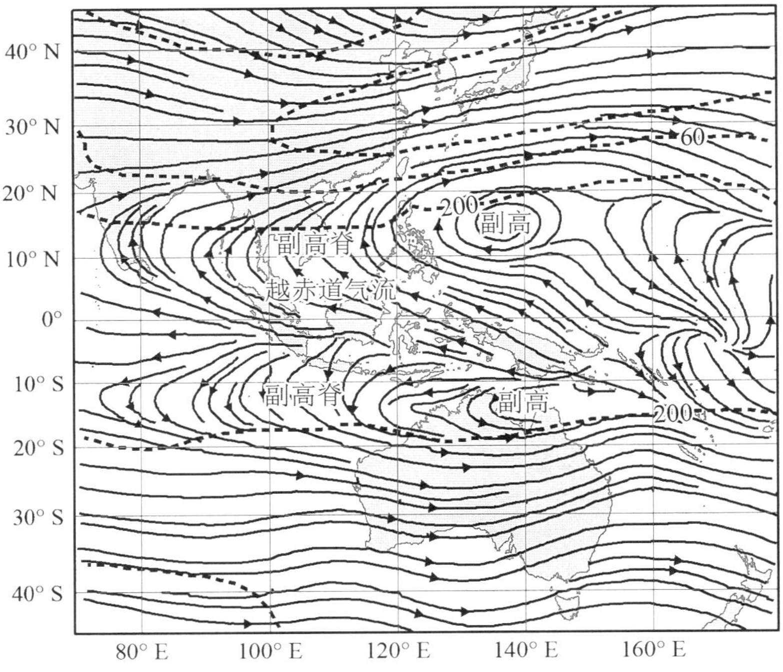

(b)

图 5-48 亚澳冬季风近地面(950 hPa)流场(a)、高空(200 hPa)流场(b)

注:点划线为等风速线,间隔为 20 m/s

由图 5－48(a)、图 5－49 可见，亚洲冬季风起源于西伯利亚高压。冬季，行星风带南移，赤道低压带(ITCZ)移到南半球，亚洲大陆为冷性的西伯利亚蒙古高压所控制，冷高压东侧的偏北风就成为东亚季风区的冬季风，30°N 以北为西北季风，以南为东北季风。而蒙古冷高压南侧的东北风就成为南亚季风区的冬季风。亚洲冬季风期间的主要降水区已由北半球移到赤道及其南侧的印尼地区，这里也是冬季全球最强的降水区。当东北季风向南流向南海及印度尼西亚一带时，可形成冷涌(东亚冬季风在北方爆发及侵入我国时习惯上称为寒潮，当其进一步向南海推进时称为冷涌)，最后流入赤道槽内，加强那里的对流和降水。

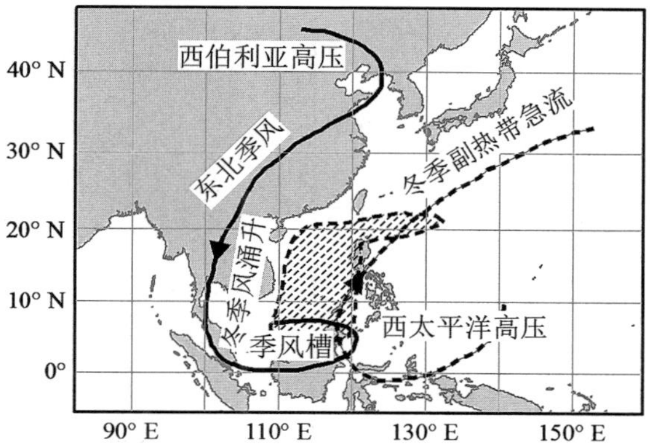

图 5－49 亚洲冬季风环流系统示意图

注：实线表示低层系统，虚线表示高层系统

3. 亚洲季风的形成与维持

(1) 亚洲季风形成的基本因子

1) 海陆热力差异：由于地球表面海陆分布不均，特别是欧洲、亚洲、非洲大陆连成一片，海陆热机造成了风向的季节变化，从而形成冬夏相反的季风气流。冬季大陆为冷源，海洋为热源，大陆上的气压比海洋上高，气压梯度力由大陆指向海洋，风从大陆吹向海洋，空气寒冷而干燥；夏季大陆为热源，海洋为冷源，大陆上气压比海洋上低，气压梯度力由海洋指向大陆，风从海洋吹向大陆，空气潮湿而温和。

2) 行星风带的季节移动(太阳辐射的经向差异)：太阳辐射加热下垫面，再由下垫面通过地面长波辐射、地—气感热交换、潜热交换加热大气，其中地面长波辐射和感热交换直接加热当地的低层大气。而潜热交换是垂直上升气流将水汽输送到高空，通过凝结潜热释放加热大气，而且不一定在当地。由于太阳直射点在 23.5°S～23.5°N 摆动，将造成冬夏季相反的经向大气加热梯度，从而引起行星风带的季节移动，在两个行星风带交替控制的地区，盛行风向冬、夏季近于反向，形成季风。这种季风可以发生在沿海和陆地，也可以出现在大洋中央，并以低纬度地区(30°N～30°S)最为显著。由于东半球的低纬地区(从东非经南亚到东亚以至西太平洋)，海陆热机和行星风带季节变化的作用一致，造成了最显著的季风气候区。

3) 青藏高原的作用：青藏高原对夏季风来说，以热力作用为主，有利于夏季风环流的建立和维持。主要表现在高空南亚高压的北上，夏季(3～9 月)，青藏高原相对于同高度的自由大气是个热源，由于高原地区大气的感热加强，从 4 月份开始高空副热带高压中心就从菲律宾以东的洋面上向西北移至南海，5 月又移至中南半岛，6 月跃上高原。在此过程中高压不断增强，范围不断扩大，最终成为夏季北半球高空最强大的环流系统。由于南亚高压是亚洲季风环流中的主要高空系统，当它进入中南半岛时，东亚热带和副热带季风开始建立；当它跃上高原时，印度季风开始建立。可见，夏季青藏高原的热力作用，对亚洲夏季风、高层青藏高压、东风急流的建立与维持均有重要作用。当然，亚洲、北非大陆的热源对南亚高压的发展扩大同样有重要的作用。此外，由于高原的存在，在其背风坡的我国西南一带可以生成西南涡、西北涡等降水天气系统，对东亚副热带季风降雨有重要的作用。

青藏高原对冬季风来说，以动力作用为主，阻碍冬季风的向南传播。首先表现在青藏高原对冬季风的阻挡作用。由于冬季东北季风浅薄，青藏高原的存在限制了冬季风的向南传播。其次还表现在对高空西风带的分支。冬季高空西风带南移，受高原阻挡分为南北两支。并有利于北支西风气流在高原东侧沿海一带形成东亚大槽，引导低层冷空气南下。南支西风带则在孟加拉湾处生成南支槽，当南支槽活跃东移时，有利于我国南方冬季锋生和降水。

此外，海冰与其他下垫面之间的热力差异、降水引起的凝结潜热释放等对季风的形成也有重要作用。但是决定亚洲季风环流基本特征的仍是上述三个基本因子。

(2) 亚洲季风的形成与维持机制

1) 亚洲夏季风的形成与维持机制：图 5－50(a)是 1961～1974 年 7 月亚洲大气冷热源分布。由图 5－50(a)可知，7 月平均大气热源在印度—南海—西太平洋一带，这里正是南亚和东亚的热带季风辐合带(ITCZ)的位置。印度西海岸、青藏高原、孟加拉湾、南海东部和西太平洋分别为强热源中心，其中孟加拉湾和南海东部热源中心最强。南半球低纬及赤道附近为东西向的冷源区，非洲东海岸和澳大利亚为冷源中心。其

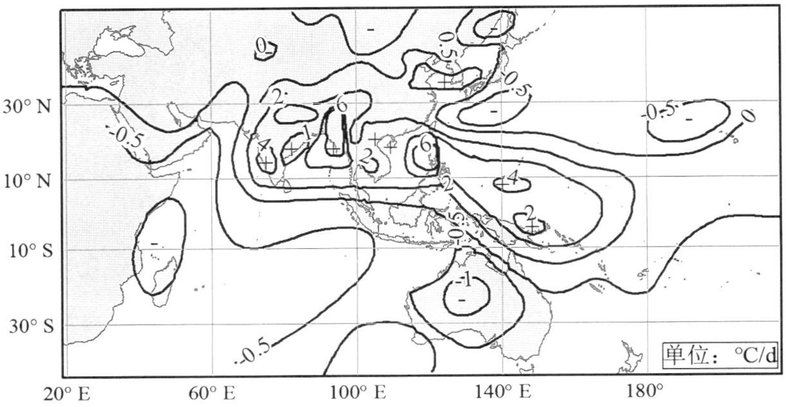

(a)

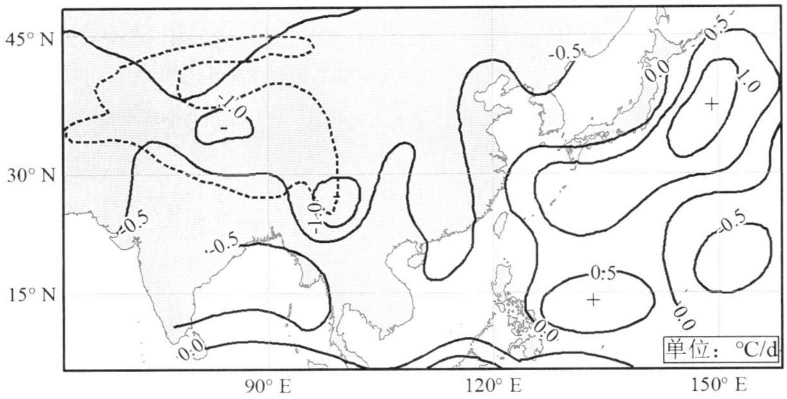

(b)

图 5-50 亚洲 1961～1974 年 7 月(a)、1 月(b)平均大气冷热源分布(大气增温率单位：℃/d)

中西面的印度与非洲东海岸这对强冷热源中心与南亚热带季风环流相对应，东面的南海—西太平洋与澳大利亚这对强冷热源中心与东亚热带季风环流相对应。此外，在东亚北部还有一对强度较弱、范围较小的冷热源，热源位于我国华北—日本一带，冷源位于西太平洋副热带高压所在地区。这对冷热源与东亚副热带季风相对应。

对于东亚热带季风来说，澳大利亚地区冷却下沉，南海—西太平洋地区加热上升。像一部热机一样，冷热源是驱动其运转的动力，凝结潜热是维持这部热机的主要动力。对于东亚副热带季风来说也是如此，西太平洋副热带高压中气流冷却下沉，西北侧雨带中加热上升，从而维持了副热带季风经向垂直环流。由于这两个经向垂直环流的维持，不仅维持了低层南北两支西南季风气流，同时也维持了高空南北两支热带东风急流，并有利于青藏高压的东部脊在东亚大陆上空的维持。

印度、孟加拉湾(凝结潜热释放)、青藏高原热源与非洲东海岸冷源，像一部热机一样，驱动着印度季风槽的上升支和南半球非洲东海岸的下沉支，维持着南亚季风经向垂直环流。

2) 亚洲冬季风的形成与维持机制：图 5-50(b)是 1961～1974 年 1 月亚洲大气冷热源分布。由图 5-50(b)可见，在 1 月整个亚洲大陆都是冷源，西伯利亚地区最强，青藏高原中部和东南部分别有两个 −1℃/d 以上的中心。广大太平洋地区为热源区。此外，加里曼丹以南地区的南半球也为热源区。由于 1 月份季风雨带已移至印尼—北澳地区，加里曼丹以南的热源主要是由对流凝结潜热释放所造成的，亚洲大陆的冷源主要为大气长波辐射冷却和感热交换所造成的。维持东亚冬季风经向垂直环流的冷热源是亚洲大陆的冷源和印尼—北澳地区的热源。

亚洲季风环流是整个大气环流的一部分，它还受到全球大气环流的制约，并对全球大气环流施加影响。亚洲季风环流的维持是在全球各种热力、动力因子的作用下，大气环流变化的结果。但就其主要环流特征来说，是由以上四对冷热源所驱动和维持的。

4. 亚洲季风的特点

东亚季风冬强夏弱。由于东亚季风区冬季大陆高压的气压梯度大，而夏季热低压的气压梯度较弱，所以冬季风不但比夏季风强，而且比印度的冬季风也强，这是东亚季风的重要特征。

南亚季风夏强冬弱。冬季亚洲南部远离西伯利亚冷高压中心，且北部有喜马拉雅山和青藏高原阻挡，南亚冬季风较弱。相反，夏季印度半岛气温特别高，是热低压中心所在，它与南半球马斯克林副热带高压之间的气压梯度大，印度低压南侧的西南气流与越赤道西风叠加，夏季风强于冬季风。

东亚夏季风来临过程比较缓慢，常在几次加强或减弱的过程后，才成为明显的盛行风，不像印度的西南季风那样以爆发的形式开始。此外，在东亚季风区，冬季风盛行时寒冷、干燥和少雨，夏季风盛行时则为高温、湿润和多雨。在南亚季风区，冬季干燥少雨，夏季降水特别丰沛，成为世界上降水最多的地区之一，那里的人们通常按照季风活动的特点，将一年划分为四个季节，即东北季风季(12～2 月)、热季(3～5 月)、西南季风季(6～9 月)和西南季风撤退季(10～11 月)。

5. 中国季风分布

由图 5－51、图 5－52 可见，印度和我国东部是两个季风十分明显的地区，而我国四川及云南东部是一个季风不明显的地区，它们把两个季风明显的区域隔开。印度季风影响中国的范围不大，只有云南和四川西

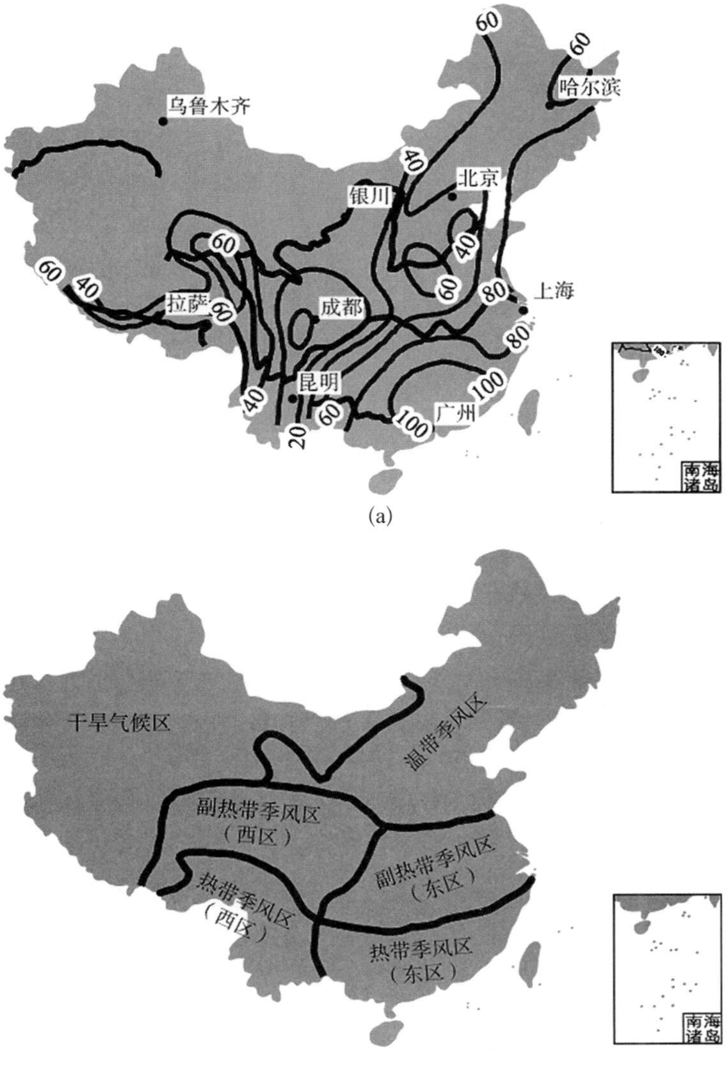

(a)

(b)

图 5－51　中国季风指数分布(a)、季风区划(b)示意图

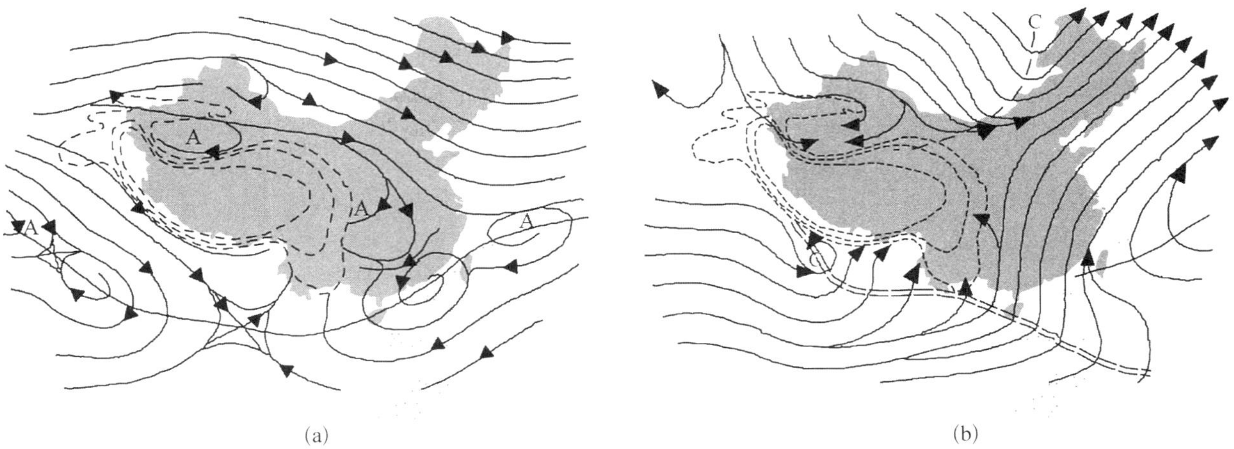

图 5-52 中国 1 月(a)、7 月(b)850 hPa 平均流场示意图

注：双虚线为赤道辐合带，实线为高压轴线，单虚线为槽线

部、西藏的东部和雅鲁藏布江流域等地区。我国季风区域大致在大兴安岭—阴山—贺兰山—乌鞘岭—巴颜喀拉山—唐古拉山—冈底斯山连线的东南部。地面风受地方条件影响大，在我国东南部以距离地面高度 500～1 000 m 的近地面层最明显，在南岭南北及闽粤沿海季风指数最大。距离地面 2 000 m 以上季风现象不明显，说明我国季风只是近地面现象。我国的台湾南部、雷州半岛和海南岛为热带季风区，夏季盛行西南季风，冬季盛行东北季风。我国东部秦岭—淮河以南，热带季风区以北为副热带季风区(25°～35°N 左右)，夏季盛行西南季风、东南季风，冬季盛行东北季风。我国东部秦岭—淮河以北的华北、东北地区为温带季风区(35°～55°N 左右)，夏季盛行西南季风，冬季盛行西北季风。

三、亚洲冬季风与寒潮天气过程

(一) 概述

亚洲冬季风起源于西伯利亚(冷)高压，当高压离开源地向南爆发时，在其东侧和南侧可产生很强的北风或东北风，这就是在冬季常见的冷空气活动。我国地处欧亚大陆东岸，是冷空气南下必经之路，大部分地区冬季的天气过程粗略地讲就是一次又一次的冷空气活动。中央气象台的寒潮标准规定，以过程降温与温度负距平相结合来划定冷空气活动强度。过程降温是指冷空气影响过程的始末，日平均气温的最高值与最低值之差。而温度负距平是指冷空气影响过程中最低日平均气温与该日所在旬的多年旬平均气温之差。冷空气强度等级划分的具体标准如表 5-5 所示。

表 5-5 单站冷空气强度等级标准

冷空气强度等级	过程降温/℃	温度负距平绝对值/℃
一般冷空气	5～7	≤3
强冷空气	8～9	4
寒潮	≥10	≥5

寒潮天气过程是指一种与强大冷高压相伴随的大规模的强冷空气向中、低纬度侵袭，造成大范围剧烈降温和偏北大风，气压猛升，温度锐减的一种灾害性天气过程。由于我国幅员辽阔，气候差异很大，寒潮的标准各地不一。根据国家气象局的规定，凡一次冷空气侵入后，使气温在 24 小时内下降 10℃以上，最低气温在 5℃以下，同时伴有 6 级左右偏北大风的，称为寒潮。后来又补充规定：长江中下游及以北地区，48 小时内降温 14℃以上，长江中下游最低气温达到 4℃或以下，并且陆地上有三个大区出现 5～7 级大风，海上有三个海区伴有 6～8 级大风的，也称为寒潮。

我国冬半年全国性寒潮平均每年有3～4次,还有约2次仅影响长江以北的北方寒潮和仅影响长江以南的南方寒潮。全国性寒潮一般于9月下旬开始活动,一直到第二年5月才结束。春季的3～4月和秋季的10～11月是寒潮和强冷空气活动最频繁的季节。原因是春秋两季是过渡季节,西风带环流处于转换期,调整和变动都很剧烈。隆冬季节,虽然冷空气活动频繁,但是天气形势变化较小,气温较低,因而南下的冷空气往往达不到寒潮强度。一次寒潮从爆发到结束(移出我国)需3～4天,但也有一些寒潮,待冷锋过后,北方又有一股更冷的冷空气补充南下,气温持续下降,这样总的历时可达7～10天。

(二)寒潮冷空气源地和路径

(1) *源地* 寒潮源地是指冷空气最初进入亚欧大陆的地点或者指冷空气在大陆上发生的地点。据统计,影响我国的寒潮冷空气有4个源地(图5-53)。

1) 新地岛(55°E,72°N附近)以西的北方寒冷洋面:经巴伦支海、白海进入俄罗斯欧洲境内进入我国。影响我国的冷空气来自这个源地最多,约占冷空气总次数的49%,达到寒潮强度的次数也最多。

2) 新地岛以东的北方寒冷洋面:经喀拉海、泰梅尔半岛进入俄罗斯亚洲境内进入我国。该源地冷空气影响我国的次数较少,约占18%,但气温较低,能够达到寒潮强度的占该源地冷空气总数的比例最大。

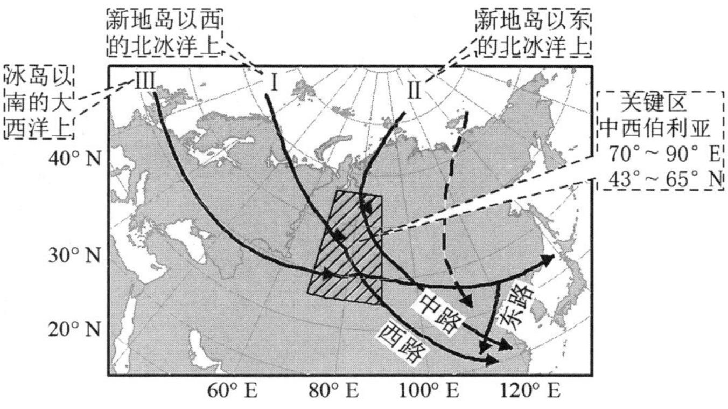

图5-53 冷空气源地、路径及关键区

3) 冰岛(18°W,63°N附近)以南洋面:经俄罗斯欧洲地区的南部或地中海地区,起初常表现为一个小冷楔,至黑海、里海逐渐发展。该源地的冷空气影响我国的次数较多,但温度不够低,一般均达不到寒潮的标准,不过若与其他源地的冷空气汇合,仍可造成寒潮天气。

4) 北地群岛(100°E,80°N附近)以东的洋面及东西伯利亚地区:经西伯利亚东部地区向南直插我国东北及华北地区,以超极地(所谓超极地是指冷空气自源地跨越它的偏西经度直接南下以最短的路径侵入我国,所以冷气团变性小,通常给我国东部地区带来明显的低温)的形式南下后,由于地转的原因,在我国江南转为东北气流,最易形成华南及云贵准静止锋(图5-53中的次要路径)。

(2) *寒潮路径* 寒潮的路径是指冷空气主体的移动路线。据统计,4个源地的冷空气有95%都要经过关键区(指西伯利亚中部地区,即图5-53中的阴影区),并在那里积累加强。冷高压从关键区南下有西路、西北路(中路)与东路三种。冷空气从河套(105°E)以西南下时为西路,从河套地区(105°～115°E)南下为中路,自东经115°E以东南下为东路。此外,图5-53中虚线箭头还标有影响华北和东北其他寒潮路径(不经过关键区)。

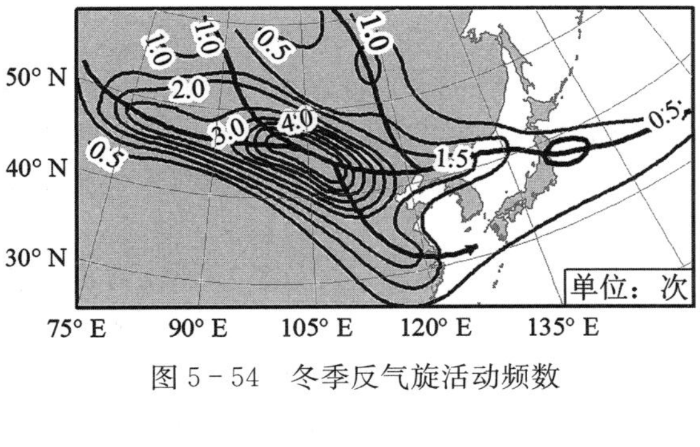

图5-54 冬季反气旋活动频数

从冷高压活动的频数图(图5-54)可以看出冷空气对我国的影响范围。在冬季,亚洲冷高压出现频数最高的地区是从蒙古西部到我国河套地区,呈西北—东南向的狭长地带,其活动可延伸到华东沿海。由于冷高压中心的东部是冷平流,高压出现频率最多地区的东部,就是冷空气活动最多的地区。因此,从蒙古国西部到我国河套的这个高活动中心就标志着冷空气在我国的活动中心。

冷空气从关键区到影响我国西北地区一般要24～48 h,到影响华北地区、东北地区要3～4 d;到影响长江以南要5～6 d。

(三)寒潮天气系统

寒潮地面天气系统主要有冷高压和寒潮冷锋,高空天气系统主要有极涡和阻塞高压。

（1）西伯利亚冷高压　从地面气压系统来看，冷空气活动往往表现为一次强大冷高压在大陆上积聚产生、向南侵袭、最后入海的变性过程。在冷空气南下之前，冷高压提供了形成冷气团的最理想的环流条件。并且冷高压的强度也能反映冷空气势力的强弱。冷高压一旦南下，也必然带着冷空气南下，常可形成寒潮。图 5-55 为 1971 年 12 月 16 日 08 时地面天气图，从图中可清楚地看到强大的西伯利亚冷高压。在 1971 年 12 月 11～19 日的这次强寒潮过程，引起我国的内蒙古、华北、东北等地区气温剧降和大风天气，其中大连 24 小时降温达 16℃，北京出现 7 级偏北大风。

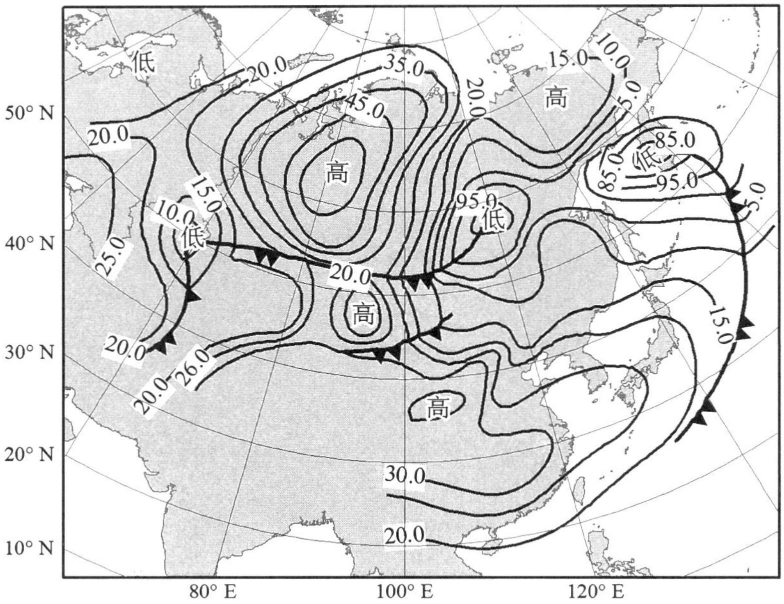

图 5-55　1971 年 12 月 16 日 08 时地面天气图

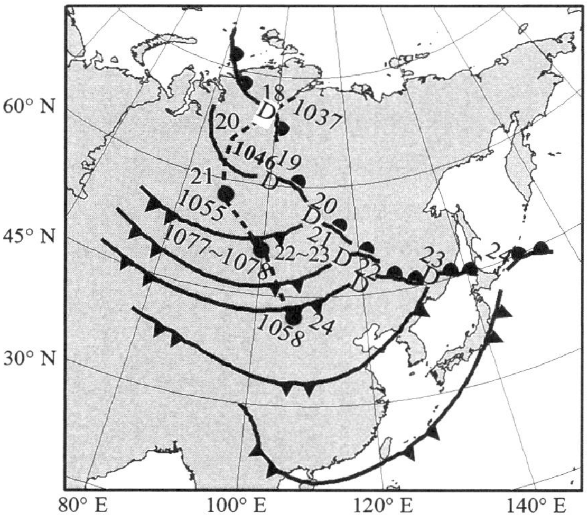

图 5-56　寒潮地面冷高压和冷锋综合动态图
（1965 年 12 月 18～24 日）

注：圆圈为冷高压中心，圆圈上面数字为日期，下面数字为中心气压值

（2）寒潮冷锋　在寒潮地面高压的前缘都有一条强度较强的冷锋（图 5-55），在高空对应有很强的锋区，锋区呈上宽下窄。在 300 hPa 及以下各等压面上均有明显的冷槽和锋区。

图 5-56 为一次寒潮天气过程的地面冷高压和冷锋综合动态图。在寒潮天气过程中，寒潮冷锋和寒潮地面冷高压逐步东移南下。冷空气的活动主要表现在冷高压的东南部，在冷空气的前缘有一条较强的寒潮冷锋，作为寒潮向南爆发的前锋。

（3）极涡　影响我国的冷空气最终都可追溯到北冰洋及其附近地区，在这里冬季极夜期间的强烈辐射冷却形成了大规模极寒冷空气团，它在地面图上表现为浅薄的冷高压（极地高压），冬季这个浅薄的高压与西伯利亚和加拿大冷高压连成一个统一的系统，这个浅薄的高压在 700 hPa 高度上已经为低压所代替。到了 500 hPa 高度已变为一个绕极区的极涡。故人们常把极涡作为大规模极寒冷空气的象征。它也就成为寒潮的重要成员之一。

（4）阻塞高压　冬季，由中、高纬度的阻塞高压（乌拉尔阻塞高压）进入极地并维持期间，阻塞高压上游的欧洲地区，因冷空气受阻滞留而出现严寒天气，而我国除北部地区外，温度一般较温和。但当乌拉尔阻塞高压向南衰退与西风带上发展的长波脊叠加时，在其下游的低槽通常发展加深东移，到达日本上空建立新的东亚大槽，使堆积于乌拉尔阻塞高压东部的冷空气，随东亚大槽后的西北气流大举南下，可造成我国一次寒潮天气过程。

(四) 寒潮爆发的环流形势

寒潮爆发的环流形势可以分为小槽发展型(经向型)、横槽转竖型(阻塞高压崩溃型)、槽脊东移型(纬向型)。

(1) 小槽发展型 小槽发展型是由不稳定短波槽引起强冷空气爆发而造成的。在寒潮过程的酝酿阶段,在 500 hPa 高空图上[图 5-57(a)],乌拉尔山地区有高压脊或阻塞高压,亚洲中纬度环流平直,东亚大槽平浅,西风带偏北。不稳定小槽出现在格陵兰以东洋面上,不稳小槽沿乌拉尔山东北部高压脊前西北气流向东南移动,并不断发展,到西伯利亚成为一个比较深厚的冷槽,槽后地面冷高压在西伯利亚强烈发展到极盛。此后,由于小槽不稳定,在一定条件下,它在南下过程中不断强烈发展,最后取代原来的东亚大槽,亚欧环流形势也由纬向型转为经向型[图 5-57(b)],该过程就伴随着寒潮的爆发。小槽发展型的冷空气从新地岛附近的北冰洋出发,在西伯利亚加强后进入"关键区",取西北路径侵入我国,再转向出海。

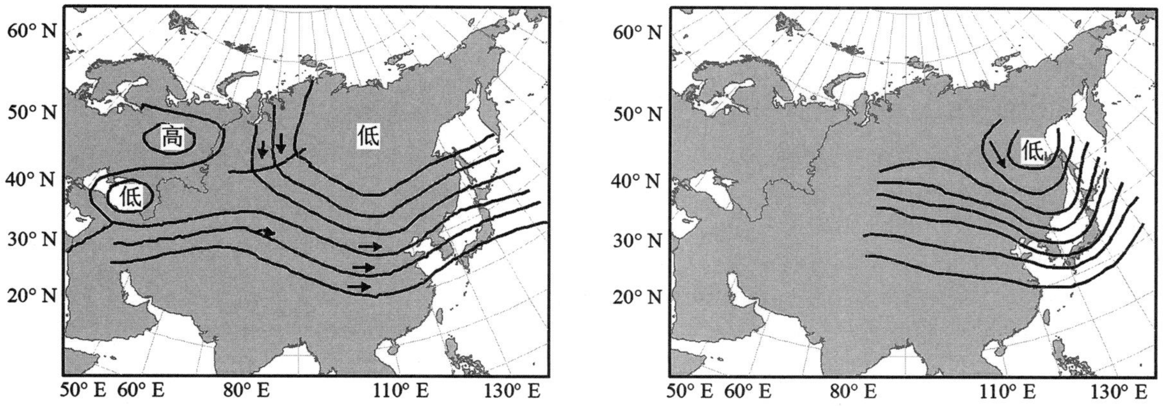

(a) (b)

图 5-57 小槽发展型寒潮过程酝酿阶段(a)、爆发阶段(b)500 hPa 等压面图

(2) 横槽转竖型 横槽转竖型寒潮是阻塞高压崩溃引起的强冷空气爆发。在酝酿阶段,在 500 hPa 高空图上[图 5-58(a)],乌拉尔山地区有一个东北—西南向的阻塞高压,阻塞高压以东的贝加尔湖到巴尔喀什湖为一个横槽。由于阻塞高压和横槽的维持,使冷空气不断在横槽内积聚和增厚。50°N 以南地区环流较平直,多小波东移。在地面图上,整个欧亚大陆几乎全部为强大的冷高压所占据。一旦乌拉尔山高压脊上游有不稳定小槽出现,阻塞高压崩溃,横槽转竖,使我国上空转为很强的西北气流[图 5-58(b)],引导聚集在西西伯利亚和蒙古西部的冷空气大举南下,寒潮爆发,一泻千里,快者一天横扫全国。此类寒潮的冷空气源地偏东,多在中西伯利亚以东的内陆或北冰洋上,一般取西北路径南下,但当横槽偏西时,冷空气主力经河西走廊从西路东移;当横槽偏东时,冷空气则从北路南侵。由于源地冷空气气温较低,从源地到侵入我国所经的路径短,因而其势力较强。

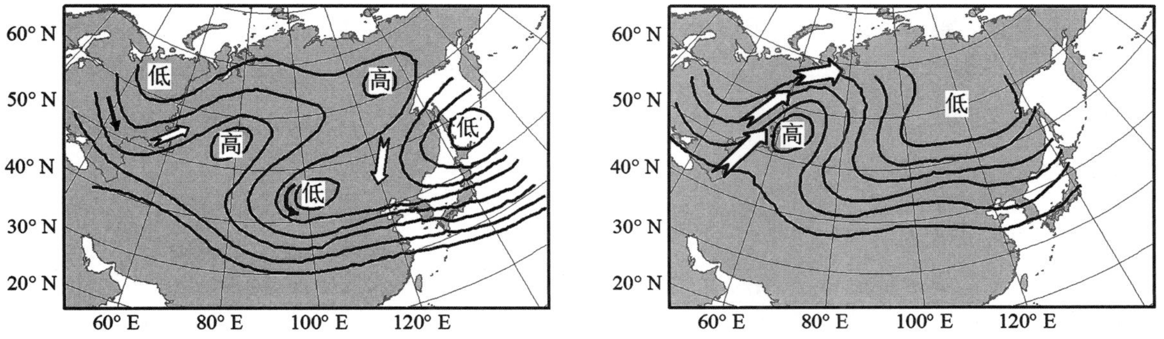

(a) (b)

图 5-58 横槽转竖型寒潮过程酝酿阶段(a)、爆发阶段(b)500 hPa 等压面图

(3) 槽脊东移型　槽脊东移型的高空环流的特点是西风带环流较平直,有一个低槽自西向东移动,这时在槽后的地面冷高压也不断东移,一路增强。冷高压中心移至贝加尔湖附近、冷锋位于河套以北。随着低槽东移,使堆积在河套以北的冷空气沿着槽后的西北气流大举南下。槽脊东移型的冷空气源地和路径偏西,因路径很长,容易变性,所以寒潮强度相对较弱,但次数比较多。

(五) 寒潮天气

强冷空气或寒潮过境时,其前缘有一条冷锋作为前导,锋后气压梯度很大,造成大风和剧烈降温,有时伴有风沙、雨、雪、雨淞和霜冻,春秋两季在江南地区还可能有雷暴产生。降水主要产生在寒潮冷锋附近,在我国淮河以北,由于空气比较干燥,很少降水,常带来扬沙和沙暴。移到淮河以南后,暖空气比较活跃,含有水分增多,常伴有雨雪,有时还有雷暴与冰雹等灾害性天气。寒潮大风的风向在南北方也有差异,东北、内蒙古多为西北大风,华北、黄河淮河流域多为偏北大风,长江以南多为东北大风。由于寒潮冷锋的移速越往南越慢,有时会在南岭以北地区趋于准静止状态,所以,南方大风持续时间往往比北方长。

冷高压中心出海后,沿海地区有时会出现回流低云,特别在我国渤海、黄海和东海,有时在南海。回流低云主要是冷高压出海后,在前面吹来的暖湿气流,在冷高压经过的地面上升形成的。

四、亚洲夏季风与我国雨季降水天气过程

(一) 我国降水与雨带活动

我国各地的雨季、汛期开始和结束的迟早主要是由夏季风的进退、锋面的移动决定的,受南亚和东亚季风环流影响很大。在盛夏,季风可以到达东北、华北以及西北的一部分。我国的雨季一般始于夏季风爆发,终于夏季风撤退。绝大多数地区雨量都集中在夏季,有明显的雨季、干季之分。我国东部地区降水的年进程主要受副高和季风气流的影响,各地雨季起讫时间不一。一般来说,雨带移到哪里,哪里就出现降雨天气,进入雨季。5 月,雨带徘徊于南岭一带,这里成为全国的多雨中心。6 月,雨带推移到长江流域以后,在江淮之间摆动一个月左右,形成阴雨连绵的天气,这就是长江中下游地区的梅雨季节。7 月上旬,雨带才继续向北、向西推移,7、8 月份到达华北、东北等地区。9 月,受冬季风的逼迫,夏季风迅速撤回到长江以南,雨带也随着南移。10 月,夏季风在大陆上消失,各地雨季先后结束。我国南方雨季开始早而结束晚,雨季长、降水多;北方的雨季开始晚而结束早,雨季短,降水少。

我国是多暴雨的地区,除了青藏高原、内蒙古和新疆的沙漠地区以外,从南到北都有暴雨的危害。有些持续性大暴雨或罕见的特大暴雨能引起江河暴涨,洪水泛滥,造成严重灾害。暴雨极值多出现在山脉的迎风坡,平原与山脉的过渡地区或河谷地带。从辽东半岛南部起,沿着燕山、阴山经河套、关中、四川到两广,在这条界线以南以东都是容易出现大暴雨的地区。暴雨及暴雨极值多发生在暖季,这与我国位于亚洲季风区有关,夏季风带来充沛水汽和层结不稳定有利于暴雨的形成。我国的暴雨主要是由台风、锋面和从青藏高原东移过来的气旋性涡旋(西南涡、西北涡)引起的。除台风雨外,大多数暴雨都与中高纬冷空气向南的侵入有关,夏季副热带高压、南亚高压、副热带西风急流等行星尺度系统北上与中高纬环流相互作用可以产生强烈的降水。沿海地区的降水量极值多数由台风引起。长江中下游和淮河流域的暴雨主要由 6~7 月梅雨锋上的西南涡所引起。黄河中下游和海河流域的暴雨出现在 7~8 月,引起暴雨的天气系统主要是从四川移出的西南涡和从青海移出的西北涡。长江到华南沿海之间是一条暴雨活动相对弱的地带,这与西南涡从这里经过较少且季节较早有关。

(二) 江淮梅雨天气过程

1. 梅雨天气特点

从我国江淮流域到日本南部,每年初夏到 6~7 月都有一段连续阴雨时期,降水量大,降水次数频繁。这时正值江南梅子黄熟的季节,故称梅雨。由于这段时间多雨阴湿,一些物体易受潮霉烂,因而也俗称霉雨。

梅雨天气的主要特征是:雨量多,雨日长,湿度大,云量多日照时间短,地面风力较弱,降雨多为连续性,时有阵雨和雷暴,并且常常是大雨或暴雨。霉雨是大范围大型降雨过程,而不是局部小范围的天气现象。我

国的梅雨主要发生在宜昌以东,26°～34°N 的江淮流域。梅雨结束后,雨带移到黄河流域,江淮一带的降水量显著减少,相对湿度降低,晴天增多,温度升高,天气酷热,进入盛夏时期。

2. 梅雨期的确定标准

一般认为 6 月中旬入梅(也称立梅),7 月上旬出梅,这是多年平均情况。但每年的梅雨期开始和结束日期并不一致,迟早可以相差很多。根据有关台站的研究,提出确定梅雨期的标准(表 5－6)。

表 5－6 梅雨期的确定标准

降水标准	长江中下游出现 6 天以上的雨期
高空标准	副热带高压脊(110°～125°E)位置位于 20°～25°N
地面指标	上海各候 $\bar{P}$ <1 010 mb, $\bar{T}$ >19℃ 福州各候 $\bar{T}$ ≥25℃ 雨期结束后,上海持续 2 候 $\bar{T}$ ≥25℃,出梅入夏
参考指标	长江中下游出现雨期时,雨副轴线在 28°N 以北, 极锋稳定在 27°～33°N

3. 梅雨的环流形势

入梅前,东亚高空有两只西风急流,南支绕过青藏高原南缘,北支在高原以北,有两支西风与两只西风急流相对应,反映在地面上有两个锋带:一个在华南;一个在 40°N 附近。此时江淮流域正介于两支急流之间,地面上一般都在反气旋控制之下,虽有锋面和气旋经过,但为时很短,入梅前江淮流域在气候上常有一段干旱时期。

梅雨开始时,环流形势出现显著的变换。青藏高原南缘的南支急流消失,在青藏高原上空,原来盛行西风气流,此时副热带高压开始建立。高原以北的急流仍在。急流在整个梅雨期内一直稳定在我国东部和日本群岛上空。随着高原上副热带高压的建立,高原南部由盛行西风转成东风,在亚洲南部上空可能出现一支热带东风急流。印度上空流型转换为低压,印度西南季风开始爆发。在我国东部大陆上空不如上游高原地区变化激烈,主要表现在西风带变弱北移,太平洋副热带高压脊线北移至 22°N 附近,原在华南的地面准静止锋也相应地北移到我国江淮流域到日本群岛。

图 5－59 是梅雨期近地面、对流层中层、高层环流形势概略图。在低层是东北风或西北风与西南季风形成的辐合上升区(梅雨锋)。中层是无辐散层。高层是辐散层,该处南北两支气流对辐散气流起着加速作用。

(1) *低层* 如图 5－59 所示,地面图上,在江淮流域有静止锋(东亚副热带季风槽)停滞,梅雨锋是夏季季风气流和极地气团或变性极地大陆气团之间的辐合线。季风气流来自印度洋,部分来自南海和西太平洋越赤道气流,以后在南海到江淮流域汇合成一支西南季风,梅雨的开始与这个地区稳定而持续的西南季风的建立一致。在 700 hPa 或 850 hPa上,则为江淮切变线,切变线之南并有一与之近乎平行的低空西南风急流,雨带主要位于低空急流和 700 hPa 切变线之间。若在 500 hPa平直西风带上有较弱的低槽东移,则在低空常有西南低涡与之配合,沿切变线东移;而在地面上,则会引起静止锋波动,产生江淮气旋,这种气旋是不发展的,一次次气旋活动,即产生一次次暴雨过程。在图 5－59 的 700 hPa 图中,切变线上有两个低涡活动,而切变线南侧则确明显的大于 20 m/s 的低空急流。

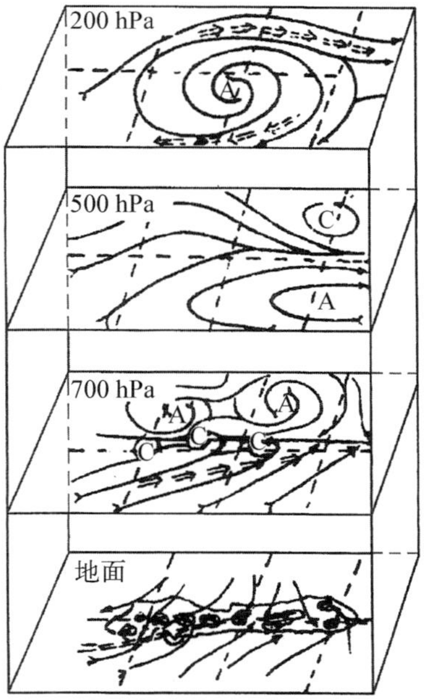

图 5－59 梅雨期各层环流形势概略图

注:粗实线为切变线或辐合线,双实线箭头为低空急流轴,双虚线箭头为高空急流轴

(2) *中层* 整个梅雨期间的降水天气过程,是在中层(500 hPa)大范围纬向气流中,配合一次次短波活动所造成的。在副热带,西太平洋副热带高压呈带状分布,其脊线从日本南部至我国华南,略呈东北—西南走向,在 120°E 处的脊线位置稳定在 22°N 左右。在印度东部或孟加拉湾一带有一稳定低压槽存在。这样就使长江中下游地区盛行西南

风,与北方来的偏西气流构成一范围宽广的气流汇合区,有利于锋生并带来充沛的水汽。在中纬度,巴尔喀什湖及东亚东岸(河套到朝鲜之间)建立了两个稳定的浅槽,而高纬则为阻塞高压活动的地区。此处阻塞高压可分为以下三类。

1) 双阻型:如图 5-60(a)所示,在 50°~70°N 内有两个稳定阻塞高压维持。西阻塞高压位于乌拉尔山附近,东阻塞高压在雅库茨克附近。在这两个阻塞高压之间是一宽广的低压槽,35°~40°N 是一支较平直的西风。在贝加尔湖西面的大低槽内,不断有冷空气南下。冷空气的路径有两支:一支从巴尔喀什湖附近的低槽中分裂出小股冷空气经河西走廊南下;另一支从贝加尔湖南下。

2) 单阻型:如图 5-60(b)所示,在 50°~70°N 的亚洲地区有一个阻塞高压,其位置在贝加尔湖北方,此时我国东北低槽的尾部可伸到江淮地区。冷空气主要是从贝加尔湖以东沿东北低压后部南下,到达长江流域。有时也有小股弱的冷空气从巴尔喀什湖移来。

3) 三阻型:如图 5-60(c)所示,在 50°~70°N 的高纬地区,有 3 个稳定的阻塞高压。东阻塞高压位于亚洲东部雅库茨克一带;西阻塞高压位于欧洲东部;中阻塞高压位于贝加尔湖西北方。在这些阻塞高压南部亚洲范围 35°~45°N 间是一个平直强西风带,且有锋区配合,其上不断有短波槽生成东移,但不发展。冷空气路径有两支:一支从巴尔喀什湖冷槽内分裂出来,随短波槽东移,经我国新疆和河西走廊南下;另一支从贝加尔湖南下。

在梅雨期间,上述三类 500 hPa 西风带环流型是互相转换的,不过在多数年份,梅雨的中期和后期容易出现双阻型,故称为"标准型"。

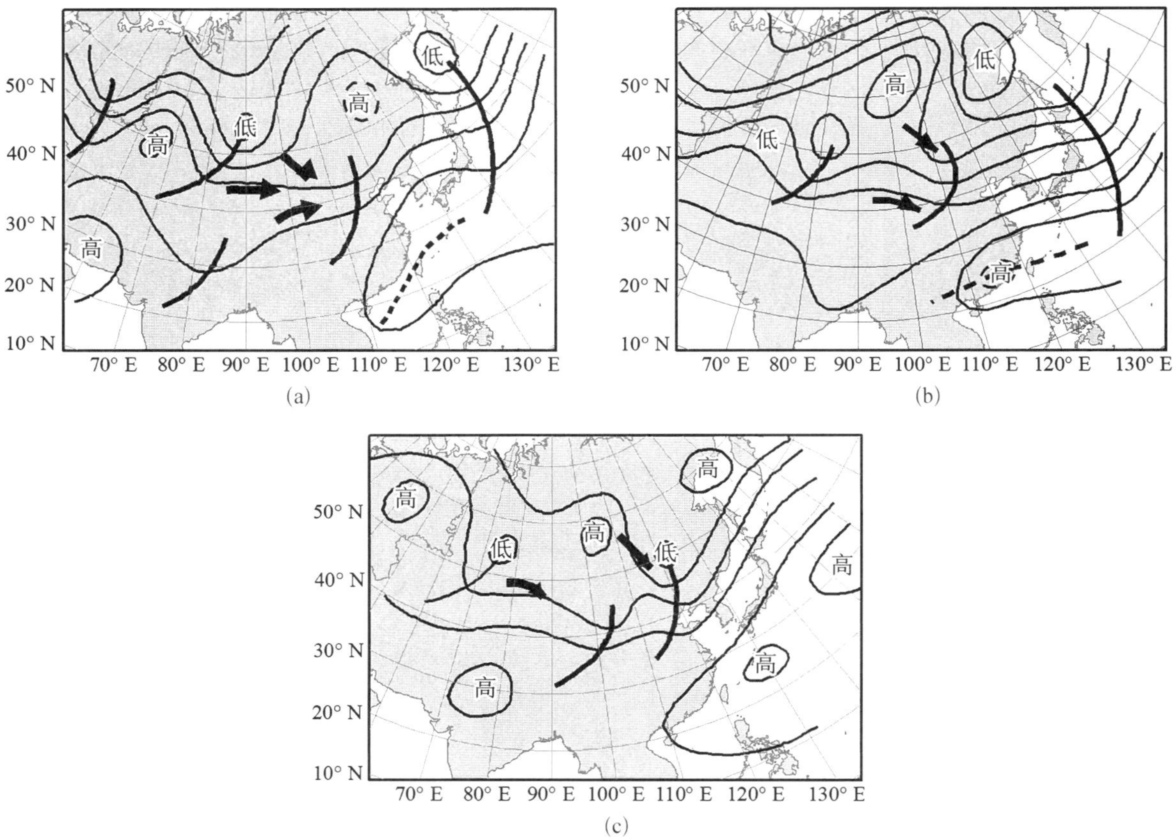

图 5-60 双阻型(a)、单阻型(b)、三阻型(c)梅雨 500 hPa 形势示意图

(3) *高层* 如图 5-59 所示,梅雨期开始时,高层(200 hPa)的青藏高压从高原向东移动,位于长江流域上空(高压脊位于 30°N 以南),当高压消失或东移出海时,梅雨即告结束。在青藏高压形成的同时,其北侧的西风急流和南侧的东风急流也有明显加强的现象。

梅雨期结束后的 7、8 月为盛夏季节,西太平洋副热带高压再次北跳,并到达最北位置,月平均副热带高压脊线在 28°~30°N,逐日天气图上甚至可达 35°N 以北。ITCZ 也达到 20°N。进入盛夏季节,江淮流域在副热带高压控制下处于伏旱季节,华南地区进入台风汛期,35°N 以北的北方地区则进入盛夏雨期。

(三) 华南降水

(1) 华南降水特点 华南是指武夷山—南岭以南的广西、广东、福建、台湾和海南五省、自治区区域,属于热带季风气候区,是我国年平均温度最高、雨期长(4～10 月)、雨量最充沛的区域。分为两个不同雨季:① 华南前汛期(4～6 月),在南海夏季风爆发前后开始,是西风带环流系统与热带季风环流系统相互作用的降水;② 华南后汛期(7～10 月),7 月中旬(江淮流域梅雨结束)开始,是台风、ITCZ 等热带系统造成的降水,故又称为台风汛期。

华南前汛期降水主要发生在副热带高压北侧的西风带中。4 月初降水量开始缓慢增大,5 月中旬雨量迅速增大进入华南前汛期盛期。5 月中旬前大雨带位于华南北部,主要是北方冷空气侵入形成的锋面降水。5 月中旬后受东亚季风影响,雨带移至华南沿海,降水量增大。

华南前汛期每年平均有 19 场暴雨,6 月最多占 52.2%,4 月最少占 12.4%。暴雨一般持续 1～3 天,广东省的暴雨持续天数和强度均比广西、福建大,特别是在广东沿海地区,平均 2～4 天的暴雨量可达到 800～1 000 mm。华南前汛期的夜雨现象也非常明显,一般从 23 时到清晨 5 时降水量最大。

(2) 华南前汛期降水环流形势 华南前汛期降水是在一定的中高纬和低纬环流背景下生成的。在 500 hPa 上,乌拉尔山以东的西伯利亚西部和亚洲东岸的中高纬地区为高压脊,贝加尔湖地区为低槽,即两脊一槽(图 5-61)。沿着乌拉尔山以东的高压脊前不断有冷空气自北冰洋南下,使贝加尔湖切断低压发生一次次的替换,在长波槽替换过程中,原来的长波槽蜕变为短波槽,引导冷空气南下。这时西太平洋副高脊位于 15°N 以南,南支槽与副高的稳定维持把大量暖湿空气输送到华南地区上空,与北方频繁南下的冷空气相交绥。与此同时,南亚高压进入中南半岛,使得华南高空维持辐散的西北气流,为前汛期降水提供了有利的高空辐散条件。

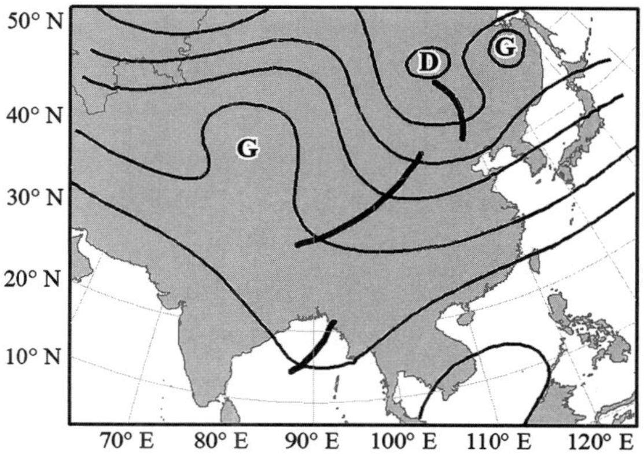

图 5-61 华南前汛期暴雨 500 hPa 环流形势

(四) 华北、东北雨季降水

7 月中旬至 8 月下旬,我国主要雨带位于华北和东北地区,形成华北、东北雨季。华北、东北雨季的降水特征与华南前汛期、江淮梅雨有着显著的不同,具有以下特征。

(1) 降水强度大,持续时间短 华北、东北地处中纬地区,夏季暖湿空气北上,同时冷空气活动也很频繁,冷暖空气激烈交绥造成了很强的降水。暴雨日雨量常在 100 mm 以上,200 mm 以上的特大暴雨也很多,个别地区的日雨量甚至达 400～500 mm。我国大陆暴雨的许多极值纪录都出现在这些地区。例如,1971 年 7 月 1 日,山西省梅桐沟曾出现 5 分钟降 53.1 mm 的降水量,这种极强的雨强是我国罕见的;1975 年 8 月 7 日,河南省林庄出现 24 小时降 1 060 mm 的特大暴雨,8 月 5～7 日三天共降水 1 605 mm,均创我国大陆降水量最高纪录。另外,华北、东北降水的持续时间比华南、江淮地区要短得多,一般在 1～3 天,最多也只有 10 天左右。降水的过程性较清楚,降水过程结束天气转晴,不像华南和江淮阴雨连续湿度大、日照少。

(2) 降水时段集中 华北地区的降水 80%～90%出现在 6～8 月,并主要集中在雨季,其中又以 7 月下半月和 8 月上半月最集中。"63 · 8""75 · 8""77 · 8"等特大暴雨均出现在 8 月上旬。东北地区的暴雨多集中在 7 月中旬至 8 月中旬,几乎集中了全年降水量的 60%。

(3) 降水的局地性强,年际变化大 华北、东北雨季的强降水区覆盖面积比华南、江淮地区的要小得多。在华南和江淮地区一次强降水过程的覆盖面积东西可长达 1 000 km 以上,南北宽度也有 200～300 km,其中可有几个暴雨中心。而华北、东北暴雨的长宽只有 200～300 km,并且每年出现的地区多不相同。对于一个地区来讲,降水量的年际变化很大。1963 年 8 月河北省的特大暴雨,仅降落在太行山东麓的一个狭长地带内。1975 年 8 月河南省伏牛山的特大暴雨,主要降落在伏牛山的迎风面。

(4) 暴雨与地形关系密切 华北、东北暴雨主要出现在山脉的迎风坡和山区。燕山南麓、太行山东麓和南部、伏牛山东麓及沂蒙山区都是华北暴雨最多的地区。而在太行山以西、燕山以北及河北东部地区暴雨较少。东北暴雨多出现在平原向山区过渡的大小兴安岭和长白山一带。

(五) 我国的其他连阴雨天气

每年3～4月,在我国长江中下游地区往往出现持续5～7天或10天以上的阴雨天气,称为长江中下游春季连阴雨。有时一次接着一次,致使阴雨天气持续一个月以上。一般降水强度不大,降水时温度低,故称低温阴雨天气。在长江中下游春季连阴雨期间,南支西风急流与北支西风急流上的槽脊在亚洲位相不同,甚至相反,南支西风急流输送的暖湿空气与北支西风急流输送的冷空气在长江中下游一带交汇,形成切变线和准静止锋,出现一次小槽东移,就会形成一次降水过程。当这种环流形势比较稳定时,就会不断地有小槽活动,从而造成连阴雨天气。

长江中下游秋季(9月)连阴雨、华南春季(3～5月)连阴雨与长江中下游春季连阴雨的天气过程特点基本相似,都是由于准静止锋所造成的。

我国其他地区的连阴雨,也都是在比较稳定的大的环流形势下,由冷暖空气活动所造成的。例如,西南地区秋季连阴雨是由昆明静止锋造成的;西北地区冬季的连阴雨雪是由于西南气流在高原东部低层冷空气垫上活跃而形成的;华北地区冬半年的连阴雨雪是由于高空小槽在低层的回流(冷空气从东部海上进入华北)冷空气垫上接连东移而形成的。

五、我国各季环流概况和主要天气过程的特点

1. 冬季

10月中旬以后东亚高空西风急流分为南北两支。急流强度逐渐加强到达全年最强程度。整个中国大陆都在西风环流控制之下,西风带的平均大槽位于140°E附近,强度明显加强。青藏高原北部90°E附近为平均脊所在。我国上空基本气流是西北风,地面上,蒙古的冷性高压强度达全年最强值,中心平均位于100°～105°E、45°～55°N附近,冷高压的范围可达整个东亚地区,相当稳定。这个季节里冷高的气流,就是冬季风,也十分稳定。我国北部盛行西北—北气流。长江以南为北—东北气流,越向南,偏东分量越大。蒙古的冷性高压,只有在高空有较大的低槽移来而地面气旋发展时才能在短时间内受到破坏,但是这种高空槽和地面气旋往往又是诱导一次新的强冷高压入侵东亚地区的气压系统,会造成一次强冷空气或寒潮天气过程。当这种过程结束后冬季风又会相对稳定一段时间,整个冬季基本上就是这样一次次冷空气活动一再重复的过程。同时,南支急流中的孟加拉湾低槽的槽前西南气流不断向我国输送水汽,与蒙古冷性高压向南输送的冷空气相遇而形成华南、昆明准静止锋,对我国南方天气影响很大。华南准静止锋上有时还会有气旋活动。

另外,诱导强冷空气向南爆发的高空槽,随西风带基本气流向东移动并加深,最后变成大槽取代衰老的东亚大槽,于是东亚大槽经历了一次新陈代谢。强冷空气活动结束时,地面的气旋在高空槽前向东北移动并加深,最后汇入亚洲东北部的阿留申低压,补充了它因为摩擦而消耗的能量与涡度,从而使它再生。因此在整个冬季,这个大低压基本上维持稳定不变,故又称之为半永久性的大气活动中心。它与蒙古冷高压一起是亚洲冬季天气形势的基本成员。

2. 春季

南支西风急流于3～6月先后发生两次显著减弱,位置也向北移动约5个纬距。北支西风急流的强度和位置均少变化。西风带槽、脊的平均位置没有大的变化,但强度减弱。5月份东亚大槽明显变得宽平,我国上空基本气流就由冬季西北风变成偏西风了。在每天的天气图上多小槽、小脊的活动,而且槽、脊的移动都很明显。低纬度热带系统开始活跃。

地面上因为大陆增暖较快,蒙古冷性高压减弱并西移到75°E附近,阿留申低压也东移到160°W。我国东北地区开始出现一个低压,鄂霍次克海为一个高压。南亚的印度低压于3月份开始渐渐扩展到孟加拉湾、缅甸,形成一个低压带,华南开始出现偏南风。4月中旬以后偏南的夏季风就盛行起来,雨季也逐渐开始。太平洋副热带高压向西伸展。

因为冬季的两个大气活动中心向相反方向移动并减弱,南方出现了印度低压和西太平洋副热带高压。

但是它们的势力还弱,高空的基本气流是较平直的西风,多小波动,南、北两支急流仍然存在,并对应着两个锋区,所以这个季节里是我国气旋活动最频繁的季节。气旋出现在北方的有蒙古气旋、东北低压和黄河气旋,出现在南方锋区中的有江淮气旋、东海气旋,与气旋相伴出现的还有移动性的小型反气旋,这就构成了春天天气多变的特点。

3. 夏季

南支急流消失,与北支急流合并成一支急流,位于 40°N 附近。西风带的平均槽、脊位相与冬季相反。东亚沿海出现高压脊取代原来的东亚大槽,在 80°～90°E 出现槽取代原来的平均脊。脊、槽强度都比冬季弱。西太平洋副热带高压脊线由 15°N 向北移到 25°N 并继续向北移。在 22°N 以南出现了东风气流,随着副热带高压脊线逐渐向北移动。在青藏高原南侧出现了全球最强的东风急流,中心位于 100～150 hPa 等压面上。在东风急流的下方为印度西南季风气流。印度的热低压大大加深。比海洋暖得多的亚洲大陆几乎都为热低压所控制。蒙古冷性高压和阿留申低压完全破坏。副热带高压在我国东部,势力增强。我国西部则受性质不同的大陆副热带高压影响。冷空气势力大大减弱,范围缩小,路径偏西,常常沿高压东侧南下到四川、陕西一带再往东移。冷空气南下,在高空图上表现为冷性低槽或冷涡,而在地面图上则为冷性闭合小高或高压脊。锋面冷暖气团温差也大大不如冬、春两季,但它是我国大部分地区雨季中必不可少的角色,雨带就发生在西太平洋副热带高压脊的西北部的西南气流与冷空气交绥的地方。由初夏经盛夏向秋季过渡的时期中,雨带随着副热带高压脊线逐渐北移,6～7 月雨带停留在长江中下游,这就是梅雨。7 月中旬梅雨结束,雨带北移到华北,长江流域相对干旱。但这时华南受热带天气系统影响,雨量又增多,进入另一雨量高峰期。东风带系统随副热带高压脊线北移,一直可影响到 35°N,台风的影响范围就更广了。

冬季,我国天气过程是以西风带气流操纵为特色,比较单一稳定。而夏季则同时受东风带、西风带控制,影响天气的系统除了西风带槽脊、气旋、反气旋和锋面等以外,又有副热带高压和东风带的热带辐合带、东风波、台风等天气系统。季风风系也比冬季复杂得多,北部是偏北风,南部有东南季风和西南季风。

4. 秋季

9 月份,东亚沿岸在 130°E 附近平均槽开始建立,副热带高压势力减弱,并自盛夏最北的位置南撤,脊线退到 25°～30°N,海上高压中心则向东南方移去。高空强东风开始南移,南支的西风带逐渐恢复。地面上北方冷空气势力加强,冷高压又活动在蒙古人民共和国一带,地面热低压渐渐消失。各地区冷空气活动增多。热带天气系统,除台风外,基本上很少能影响我国大陆。除华西、华南以外,各地区雨季基本结束。由于副热带高压仍维持在我国上空,但地面为冷高压所控制,构成秋高气爽的天气特色。若副热带高压增强且稳定地控制某一地区时,也会使该地区很热,成为秋老虎天气。但华西地区,秋季开始就阴雨连绵,直到冬季来临时雨季才结束,这与其他地区有所不同。

第四节　对流性天气过程

一、中小尺度天气系统概述

(一) 中小尺度天气系统的概念

中小尺度天气系统是指大气中像雷暴、飑、冰雹、龙卷等一类空间尺度较小、生命期较短的天气系统。此外,海陆风、山谷风、尘卷风等也可包括在中小尺度天气系统范畴内,但一般指天气图上分析出来的中小尺度的气压系统。中小尺度天气系统都是对流旺盛的积雨云(Cb 云)的产物,对流性天气十分激烈,破坏性很强,容易成灾,会给工农业生产和人民生命财产造成很大的损失,在中纬度地区尤为突出。

(二) 中、小尺度天气系统的基本特征

(1) 空间尺度小,生命期短　中尺度系统的水平范围在十几千米到两三百千米,生命期约为 1 小时至十几小时,一般不超过 1 天;小尺度系统的水平范围只有几十米至十几千米,生命期只有几分钟至 1 小时。

(2) 要素场水平梯度大,天气现象激烈　水平温度梯度可达 5℃/10 km,气压梯度可达 1～3 hPa/km。风速达几十米每秒(如飑线),甚至 100～200 m/s(如龙卷)。对流旺盛,具有很大的能量,造成如暴雨、特大

暴雨、冰雹、龙卷、雷暴大风、尘暴等严重的灾害性天气,破坏力极大。如1972年5月3日,贵阳机场下了一场历时8分钟的冰雹,使飞机遭到了严重损坏。

(3) 不满足静力平衡,垂直速度大　在旺盛的对流云内,空气不符合静力平衡,浮力可以使气块产生很大的垂直加速度。垂直速度达1～10 m/s,甚至有的达60 m/s以上。而大尺度系统的垂直速度只有几厘米每秒。

(4) 不满足地转平衡　由于龙卷等直径很小,地转偏向力对其影响很小,其旋转运动主要取决于气压梯度力和惯性离心力两力平衡,所以它们的旋转可以是气旋式的,也可是反气旋式的。风向斜穿等压线,甚至垂直于等压线。

二、对流性天气系统

(一) 雷暴

(1) 雷暴概述　雷暴是对流旺盛的积雨云(Cb云)中所发生的雷电交加的局地对流性天气。常伴有强烈的阵雨或暴雨,有时有冰雹和龙卷,所以常与雷雨通称。没有降水的闪电、雷鸣现象,称干雷暴。

雷暴是大气不稳定状况的产物,是积雨云及其伴生的各种强烈天气的总称。雷暴的持续时间一般较短,单个雷暴的生命史一般不超过2小时。我国雷暴南方多于北方,山区多于平原。多出现在夏季,雷雨是夏季常见的降水形式;其次是春季和秋季;冬季只在我国南方偶有出现。雷暴出现的时间多在下午。夜间因云顶辐射冷却,使云层内的温度层结变得不稳定,也可引起雷暴,称为夜雷暴。

雷暴过境时,气象要素和天气现象会发生剧烈变化,如气压猛升、风向急转、风速大增、气温突降,随后倾盆大雨。强烈的雷暴甚至带来冰雹、龙卷等严重灾害。

(2) 雷暴的分类　只伴有阵雨的雷暴称为一般雷暴。伴有暴雨、大风、冰雹、龙卷等强对流天气现象之一的雷暴叫做强雷暴,或强风暴。一般雷暴和强雷暴都是对流旺盛的积雨云的产物,所以通称为对流性天气或对流性风暴。强雷暴与一般雷暴的主要区别在于系统中垂直气流的强度,以及垂直气流的有组织程度和不对称性。强雷暴中的垂直气流比一般雷暴强得多。并且在强雷暴中,当其发展到一定阶段时,会出现一个可以维持数小时之久的、近乎稳定的、较强的、高度有组织的、不对称的垂直环流。

(二) 一般雷暴

1. 一般雷暴的分类

(1) 雷暴单体　产生雷暴的积雨云叫做雷暴云。一个雷暴云叫做一个雷暴单体。其水平尺度约十几千米,生命期约为半小时至1小时。雷暴单体的生命史大致可分为发展、成熟和消散三个阶段。每个阶段约持续十几分钟至半小时。在不同的阶段中雷暴云的结构有不同的特征:发展阶段即积云阶段,其主要特征是上升气流贯穿于整个云体;成熟阶段的特征是开始产生降水,并且由于降水的拖曳作用而产生了下沉气流,但在下沉气流的上方,上升气流仍贯穿云体,云中上升气流为上层与下层小,中层最大;消散阶段的特征是下沉气流占据了云体的主要部分。

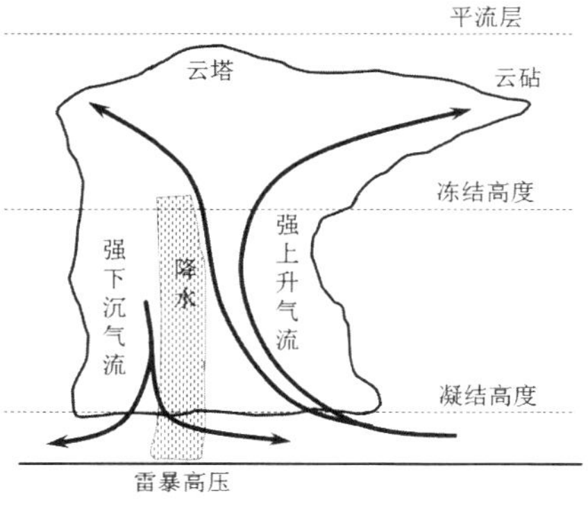

图5-62　成熟阶段的雷暴单体剖面图

(2) 雷暴群　多个雷暴单体成群成带地聚集在一起叫做雷暴群(或雷暴带)。其水平尺度有时可达数百千米。雷暴群可由好几个同时处于不同阶段的雷暴单体所组成。多单体的雷暴群作为整体可存在几小时。

2. 一般雷暴的天气现象及成因

发生雷暴时,通常出现雷电、阵雨、阵风等天气现象,以及气压、气温、湿度等气象要素的变化。这些现象主要发生在雷暴云的成熟阶段(图5-62)。

(1) 雷电　雷电是由积雨云中冰晶"温差起电"以及其他起电作用所造成的。一般当云顶发展到-20℃等温线高度以上时,云中便有了足够多的冰晶,就会出现闪电和雷鸣。所以,第一次闻雷表明云顶已达－20℃等温线高度附近。随着云顶增高,闪电、雷鸣便愈发频繁。一般来说,云中放电强度及频繁程度与雷暴云的高度、强度有关。因此,雷电现象可用以判断雷暴强度。

(2) 阵雨　在雷暴云中上升气流最强区附近,通常有一个大水滴累积区,当大水滴累积量超过上升气流承托能力时,便开始降雨。由于累积区中的水倾盆而下,因而造成阵雨或暴雨。阵雨持续时间为几分钟到一小时不等,视雷暴云的强弱及含水量多少而定。雷暴群形成的降水区呈片状或带状。由于雷暴群中的每个单体强弱不一,所以降水量分布很不均匀。

(3) 阵风　在积云阶段,地面风一般很弱。低空有向云区的辐合,促使上升气流发展。到了雷暴云的成熟阶段,云中产生的下沉气流冲到地面附近时,向四周散开,因而造成阵风。一般来说,阵风发生前,风力较弱,风向不定,但多偏南风。阵风发生时,风向常呈气旋式旋转,然后又呈反气旋式旋转。移动缓慢的雷暴。云下的流出气流几乎是径向(即向四面八方铺开)的。多数情况下,在雷暴移向的下风方的风速要大于上风方的。

(4) 气压、气温、湿度的变化　由于下沉气流中水滴的蒸发使下沉气流几乎保持饱和状态,所以下沉空气由上层至下层是按湿绝热增温的。上层冷空气虽然在下沉过程中会变暖些,但升温率小,到地面时,仍比四周地面空气要冷。因此在雷暴云下形成一个近乎饱和的冷空气团,因其密度较大、气压较高,这个高压叫"雷暴高压"。当雷暴云向前移动时,云下的雷暴高压也随之向前移动,当它移过测站时,就使该站发生气温下降、气压涌升、相对湿度上升、露点或绝对湿度下降等气象要素的显著变化。其变化幅度取决于雷暴云的强度和测站相对于雷暴云的位置,雷暴中心经过地区变化明显,而边缘地区则变化较小。

(三) 强雷暴

前述的雷暴单体模式只能说明一般雷暴结构特点,主要是气团雷暴生命史。它们的强度弱,生命期也短。对于能产生冰雹、龙卷、暴雨的强雷暴则不适用。对于尺度更大、生命史更长的强雷暴,无论在内部结构和环境条件上都与一般雷暴模式有很大差别。

1. 强雷暴分类

(1) 超级单体风暴　具有单一的特大垂直环流的巨大强风暴云。它是所有风暴云中最壮观、最强烈的一种风暴云。超级单体风暴的结构有以下特征。

1) 风暴云顶:这种巨大的风暴云在其几小时的生命期中,一直维持很高的云顶(最高可达 18 km 以上),且升降幅度很小。最高云塔顶一般出现在风暴云柱的后沿附近(图 5－63)。

2) 气流:云内垂直气流基本分为两部分。前部为上升区,后部为下沉区(图 5－62)。

上升气流是来自低层的暖湿气流,它是由于风暴云底部的流出气流与其外围的流入气流辐合而造成的。由于云底下沉气流呈楔状,把它前方的暖湿空气抬升起来,所以上升气流通常呈倾斜状,一般称其为"斜升气流"。暖湿的上升气流通常是由风暴云(移向)的右前侧输入风暴云内部的。在风暴云的右前侧,地面一般为气旋性涡度,所以上升气流是呈螺旋状的(图 5－63)。

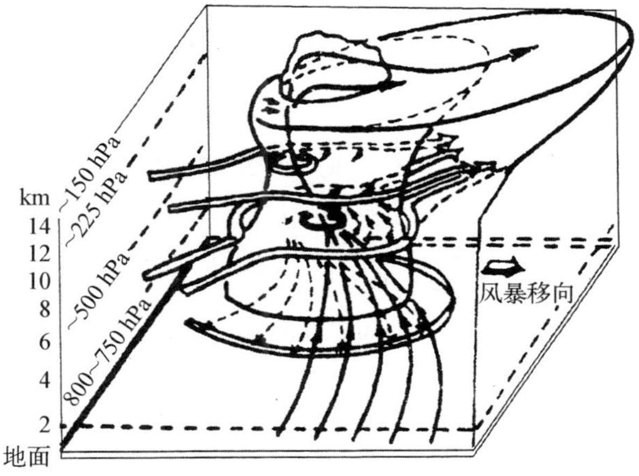

图 5－63　强风暴云的内部与环境气流模型图

注:带箭头细实线表示上升气流;带箭头虚线表示下沉气流;扁空心箭头表示云体外围的环境气流

下沉气流是由三种作用综合造成的:第一种是降水物的拖曳作用;第二种是在中层云外围绕流的干冷气流被卷入后,在云体前部逐渐下沉;第三种是在中层从云后部直接进入云中的干空气,降水物通过这种干空气时强烈蒸发冷却,因而形成很冷的下沉气流。这三种作用综合的结果,便产生一支来自右后方中层的下沉气流。它在近地面辐散并在与其前方的暖湿空气交界处,形成"阵风前沿线"。下沉气流迫使暖湿空气倾斜抬升,这样,一方面不断促使其前方的对流发展;另一方面由于上升气流倾斜,降水物降落时可以很快脱离上升气流。因此上升气流不至于遭到削弱,从而使得强对流得以维持较长时间,形成稳定状态的风暴云。

3) 环境风:因为风暴云像一个十分高大的障碍物,因此它迫使环境气流分成两支绕云而过。在环境气流与云边界之间会发生涡旋混合作用。

(2) 多单体风暴　由许多较小的雷暴单体组成的,但有一个统一的垂直环流(前部有一支上升气流,后部有一支下沉气流。这一点区别于多单体的一般雷暴群)的风暴。图 5-64 中最外围的波纹线表示云的轮廓,实线表示雷达回波区,阴影区为反射率最强区域,箭头线表示相对气流流线。$n+1$、n、$n-1$、$n-2$ 表示四个对流单体,它们处于不同发展阶段,$n+1$ 是初生单体,n 是发展阶段的单体,$n-1$ 和 $n-2$ 分别处于成熟和消亡阶段的单体。虽然云内包含着多个单体,但整个风暴都是一个整体。其前部有一支上升气流,后部有一支下沉气流。

图 5-64　多单体风暴的垂直剖面图

(3) 飑线　由许多雷暴单体(其中包括若干个超级单体)侧向排列而形成的强对流云带称为飑线,亦称为飑暴。飑线上的单体常常彼此不相干扰。飑线一般长约几十至几百千米,宽约几十千米至 200 km。飑线上的对流云不断新陈代谢,但作为整体,飑线可持续几小时至十几小时。

2. 强雷暴天气及成因

强雷暴发生时会出现飑、冰雹、龙卷等强烈天气现象中的一种或几种。下面分别说明每种天气现象的成因和特征。

(1) 飑　强雷暴云中的低温、高速的下沉气流造成了近地面层很强的雷暴高压和辐散流场。而且在雷暴高压冷空气堆与其前方的暖空气之间形成一个陡峭的分界面。因此当强雷暴云来临的瞬间,风向突变,风力猛增,由静风突然加强到大风以上(8~12 级)的强风。与此同时,气压涌升,形成明显的雷暴鼻,气温急降,相对湿度也大幅度上升。通常把具有上述气象要素激烈变化特征的、随强雷暴云来临而突然发作的强烈阵风叫做飑。例如,1974 年 6 月 17 日在南京发生了飑,当强雷暴云侵袭时,南京出现 12 级以上的大风,最大瞬时风速达到了 38.8 m/s,在 10 min 内气温下降 11℃,相对湿度上升 29%,1 h 内气压涌升 8.7 hPa。

(2) 冰雹　冰雹是一种直径大于 5 mm 的固体降水物。它是以雹胚(直径约 0.2~0.3 mm)为核心,在雹云中碰冻过冷水滴长大而成的。大雹块有明、暗(乳色)交替的多层结构,一般有四五层,最多的有 28~30 层。

1) 冰雹云的特点:冰雹是冰雹云的产物,冰雹云多数是超级单体风暴、多单体风暴、飑线这三类强风暴云中的一种。较强的雹灾多半是由超级单体风暴云造成的。冰雹云有以下五个方面的特点:

① 斜升气流强度较大,最大上升速度一般在 15 m/s 以上。这样大的上升速度能承托住直径 15~20 mm 的雹粒。同时由于上升气流较强,云体外观一般比较高大。

② 最大上升速度及水分累积区的高度一般在温度零度层以上,因此水分累积区中的水滴都是过冷水滴。这个过冷水滴累积区就是产生冰雹的主要源地,称为冰雹生长区。

③ 水分累积区的含水量较为丰富,一般都不小于 15~20 g/m^3,累积区厚度不小于 1.5~2.0 km。雹胚在过冷水含量丰富的环境中,与过冷水碰冻的机会较多,所以增长较快,这种增长方式叫做湿生长。相反,在过冷水含量贫乏的环境中,与过冷水碰冻的机会较少,所以增长很慢,这种增长方式称为干生长。雹云中要求过冷水含量丰富就是因为在这种情况下,才有利于雹胚湿生长。

④ 有宜于形成雹胚的环境。雹胚可以是尘埃或云中的小冰晶等,但它们很小,增长成大雹需要很长的时间。而大的过冷水冻滴颗粒较大,能较快地增长成雹块。因此大的过冷水冻滴是主要的雹胚。不同类型的风暴云,产生雹胚的方式和条件有所不同。对于超级单体风暴来说,因为其水分累积区上部的云内温度较

低,而且在强上升气流的边沿部分,上升气流较弱,水分丰富,小冰晶在此处缓慢上升时容易增长成为较大的雹胚。因此这个部位通常是超级单体中产生雹胚的主要源地,称为胚胎帘。

⑤ 云内0℃层的高度适当,不太高也不太低。按经验,一般认为以600 hPa(4 km)左右为宜。这是因为在这种条件下,既保证云体可以发展得较高,有利于冰雹生成;同时当雹块长大后下落时也不至于因暖层较厚而被融化成雨滴。

2) 冰雹的形成过程: 不同类型的冰雹云,其成雹过程也不完全相同。在一般超级单体雹云中冰雹形成大致经历如下过程: 首先雹胚进入斜升气流之中,斜升气流把小冰粒带到中、高层,穿过过冷水累积区,然后由砧状流出气流将小雹粒撒向前方。大的抛得近些,小的抛得远些。通过这种分选作用,大小雹粒在不同部位徐徐下落,重新进入斜升气流,又开始第二次升降。如此循环数次,小雹粒反复通过过冷水累积区,因此很快长大(形成冰雹一般只需4~10 min)。当最强上升气流不能承托雹粒时便降雹。大雹一般降落在阵风前沿线附近的后方,而小雹则可能降落在离阵风前沿线较远的后方或前方(图5-65)。

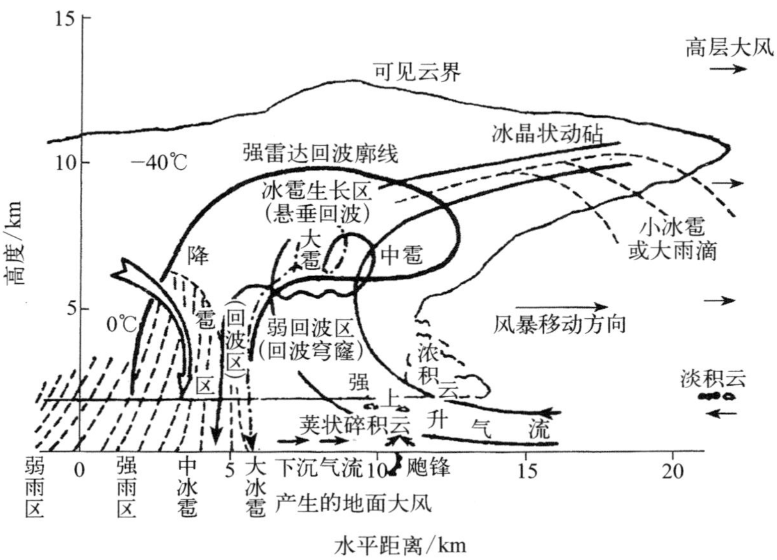

图5-65 超级单体冰雹云的结构及其成雹过程

(3) **龙卷** 雷暴云底伸展出来并到达地面的漏斗状云叫做龙卷。龙卷伸展到地面时会引起强烈的旋风,这种旋风叫做龙卷风。龙卷是一种强烈旋转的小涡旋,中心气压很低,中心与外围之间气压梯度可达2 hPa/m左右,所以其中心风力可达100~200 m/s以上,具有极大的破坏力。龙卷漏斗云轴一般是垂直的,但当风速垂直切变较大时,也有曲折或倾斜的。

龙卷有时成对地出现,这时,两个龙卷的旋转方向正好相反。一个是气旋式的,另一个是反气旋式的(图5-66),但是以气旋式的龙卷较为常见。龙卷中心为下沉气流,四壁为极强的上升气流(图5-67),速度可达50 m/s以上。

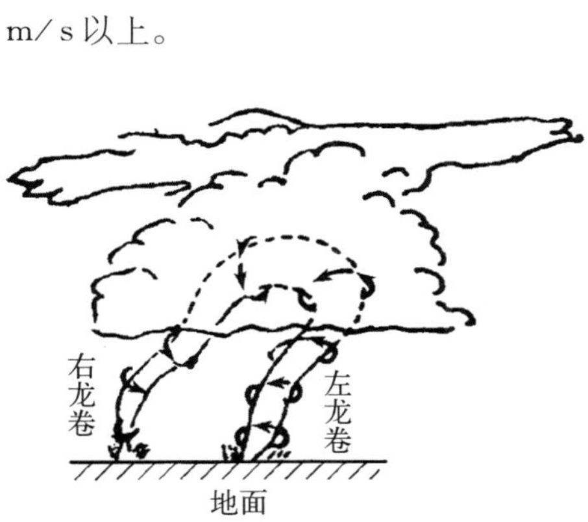

图5-66 左、右龙卷

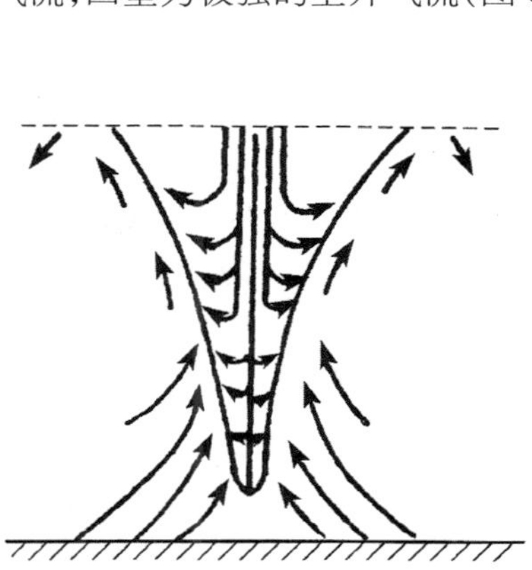
图5-67 龙卷中的气流分布示意图

1) 龙卷的形成：与强雷暴云中强烈的升降气流有关。当升降气流之间形成很强切变时，就会发生强烈的水平轴的涡旋。由流体力学知识可知，流体中形成的涡管不能在流体内部中断，而只能起止于流体的边界面或形成闭合涡管。因此，云中形成的涡管通常有将其两端伸向地面的趋势。当它的两端伸到云下或地面时，便形成两个旋转方向相反的龙卷。观测事实表明，产生龙卷的雷暴云比别的雷暴云更高、更强，而且在主要雷暴的侧面产生龙卷的机会要比在其正下方更多。少数情况下，龙卷可能在发展中的积云下面形成。龙卷出现的概率随着雷暴云的高度、强度的增加而增大。一般认为，阵雨、雷电、冰雹、强飑、龙卷风，这几种对流性天气现象所要求的积雨云的高度和强度，大致上是依次一个比一个地更大。

2) 龙卷的分布：从世界范围看，龙卷主要发生在中纬度(20°～50°)地区。美国是龙卷出现最多的国家，平均每年出现500次左右。澳大利亚、日本次之。我国也有龙卷出现，主要在华南、华东一带。以春季、夏初为多。

实习四　天气图的认读

一、目的与要求

了解主要天气现象符号的意义及记录，了解简易天气图的种类和填写方法，初步掌握绘制等值线的原则，能够熟练识读和分析简易天气图。

二、天气图简介

天气图是目前我国气象台进行天气预报的主要工具，通过分析天气图，确定天气系统并探讨天气系统的发生发展和演变规律，从而预报未来的天气。

(一) 天气图的种类

天气分布是三度空间的，为了比较全面地揭示三度空间的天气状况，在气象预报中，通常绘制三种天气图，即地面天气图、高空天气图和辅助图。

地面天气图是根据地面观测资料绘制的，它是天气分析和预报中最基本的天气图。高空天气图就是各等压面图，它是根据高空观测资料绘制的。目前在气象台的业务中，经常用的有850 hPa等压面图(海拔约1 500 m)、700 hPa等压面图(海拔约3 000 m)、500 hPa等压面图(海拔约5 500 m)。辅助图大体分两类：一类是地面辅助图，如区域实况演变图、变压图等；另一类是高空辅助图，如温度对数压力图、单站高空风的垂直图。

(二) 天气图的填绘

各地同一时刻观测到的地面和高空资料，通过电报形式传递到各个通讯中心，然后再由通讯中心通过有线或无线电通讯向各地气象台转播。气象台收到各地气象报告后，便按一定的格式将电码译成一定的符号和数字填在一张空白地图上，经过天气分析后便成为天气图。

目前实行的地面观测记录编报的电码基本形式如下：

$$\mathrm{IIiii}\quad \mathrm{Nddf_m f_m}\quad \mathrm{VVwwW}\quad \mathrm{PPPTT}\quad \mathrm{N_h C_L h C_M C_H}\quad \mathrm{T_d T_d aPP}\quad \mathrm{XRR}\,\frac{\mathrm{T_e T_e}}{\mathrm{T_g T_g}}$$

II为区号，iii为站号，N为总云量，dd为风向，$f_m f_m$为风速，VV为能见度，ww为现在天气，W为过去的天气，PPP为海平面气压，TT为气温，N_h为低云量，C_L为低云状，h为低云高，C_M为中云状，C_H为高云状，$T_d T_d$为露点，a为三小时以来的气压倾向，PP为三小时以来的气压变量，X为指示码，RR为降水量，$T_e T_e$($T_g T_g$)为最高(或最低)气温。

地面填图格式如图5－68(a)所示。高空天气图的填图模式比较简单，如图5－68(b)所示。其中，HHH为等压面上的位势高度，TT为等压面上的气温，$T-T_d$为等压面上的气温与露点之差，dd为风向，ff为风速。

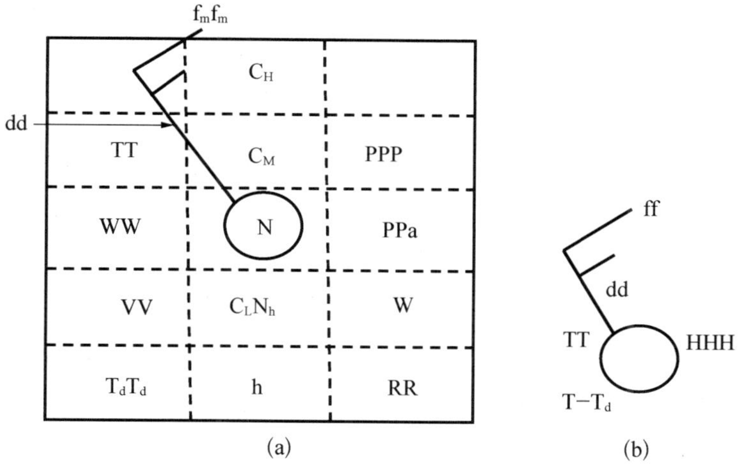

图 5-68　**地面图(a)和高空图(a)填图格式**

天气图的必填项目如下：N 为总云量；h 为云底低于 2 500 m 的云底高度；dd 为风向；C_M为中云状；$f_m f_m$为平均风速；C_H为高云状；VV 为有效水平能见度；T_dT_d为露点温度；ww 为现在天气现象；a 为过去三小时气压倾向；W 为过去天气现象；PP 为三小时气压变量；ppp 为海平面气压；RR 为过去六小时内(包括本次观测时)的降水量；TT 为气温；N_h为云底低于 2 500 m 的低云或中云的总量；C_L为低云状。

填写天气图的技术规定为：填写时各气象要素用符号或数字表示；N 为总云量，填在站圈内；dd 为风向，注意风向的方位应根据本站经纬线而定，风向杆长约 0.6～0.3 cm，风向杆的一端应紧贴站圈；$f_m f_m$为风速，在北半球风速填在风向杆远离站圈一端的顺时针方向一方，风速杆要垂直于风向杆。

风速杆分三种：长划(每一长划代表 4 m/s，长度以 0.4 cm 为宜)，短划(每一短划代表 2 m/s，长度为长划的一半)，三角旗(每一三角旗代表 20 m/s，三角旗是高为 0.4 cm 的空心等腰三角形)。

例如，图 5-69 是一个填好的测站示例。图中所填符号和数字分别表示：该站总云量为 9～10，高云为毛卷云，中云为透光高积云，低云为层积云，低云量为 5，低云高为 1 500～2 000 m，东南风2 m/s，现在天气有烟幕，能见度 4 km，气温 23℃，露点 15℃，海平面气压1 009.5 hPa，最近三小时内气压升后降，三小时气压变量为−1.1 hPa。

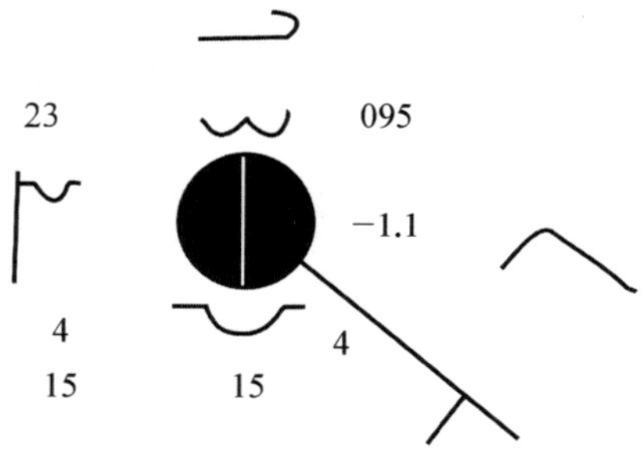

图 5-69　**地面天气图填图实例**

(三) 简易天气图的气压场分析

1. 海平面气压场分析

地面天气图的分析，可以了解地面天气系统和天气现象的分布状况，进而判断天气演变趋势。海平面气压场分析，就是在地面图上绘制出等压线(即按规定把气压数值相同的各点连成线)，在绘制的等压线图上能清楚地表明气压系统在海平面的分布状况(图 5-70)。

(1) **等压线分析规则**　等压线是等值线中的一种，具有各种等值线分析的共同规律，掌握了等值线的分析规则，就可以正确地进行各种气象要素的等值线分析。① 同一条等值线上，要素值处处相等；② 等值线一侧的数值必须高于另一侧的数值；③ 等值线不能相交，不能分支，不能在图中中断；④ 在两高值区或两低值区之间，必须有两条相邻的等值线，其数值相等，并且这两条等值线的数值在两个高值区之间是最低值，在两个低值区之间是最高值。

(2) **绘制等压线的主要技术规定**　① 等压线用黑色实线绘制，一般每隔 2.5 hPa 画一线，按…，997.5，1 000.0，1 002.5，…等数值序列绘制等压线。在同一张地面图上，等压线间隔应当一致。② 等压线应画到图边，否则应当闭合。没有记录的地区可例外，但应将各条并列的等压线末端排列整齐，终止于某一定的经纬线上。在非闭合的等压线的两端应标注等压线的气压值；在闭合的等压线上，应在等压线的正北端开

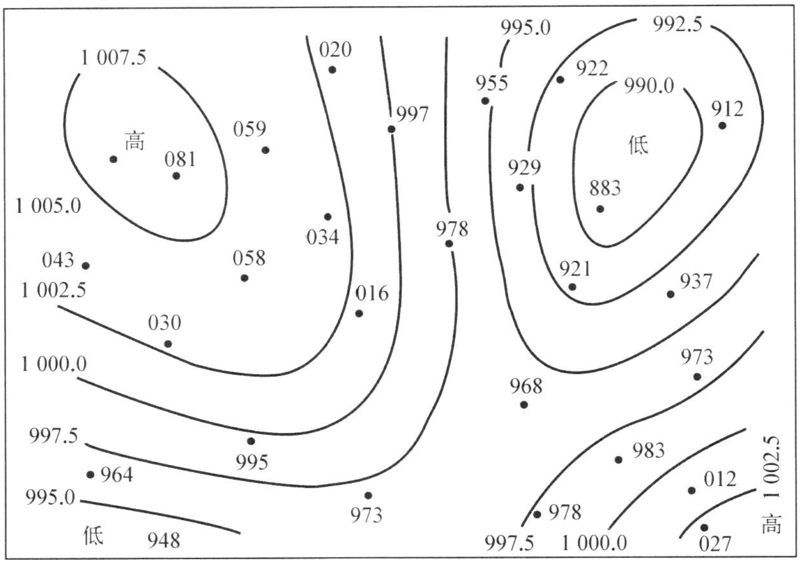

图 5-70　海平面等压线

一缺口，在缺口中间标注气压数值。③ 等压线画好后，在低压中心用红色标注“低”或“D”字，在高压中心用蓝色标注“高”或“G”字，在台风中心用红色标注“ **϶** ”或“台”，并在标注字的下方标出中心气压数值。

绘制等压线时，尽可能参考风的记录，根据风压定律，等压线应与风平行。但在地面，由于摩擦作用，风向和等压线有交角，这个交角在海洋上一般为 15°，在陆地平原地区约为 30°。等压线应分析得平滑一些，避免不规则的小弯曲和突然曲折，两条数值相等的等压线，尽量避免互相平行过长而相距又很近。当等压线通过锋线时，应有明显的折角或气旋性曲率的突然增加，而且折角尖端指向高压的一侧。

2. 高空天气图温压场分析

分析高空等压面图，可以了解大气压力场、风场、温度场和湿度场的空间分布及其相互联系，有助于认识天气系统的空间结构和发展演变的原因。等压面图的分析项目，一般包括各等压面(850 hPa、700 hPa、500 hPa)的位势高度场、风场、温度场、切变线等。

等高线的分析原则与等压线相似，等高线用黑色铅笔以平滑实线绘制。各等压面图上的等高线均每隔 4 位势什米画一条，并规定：在 850 hPa 图上画…，144，148，152，…等位势高度线；在 700 hPa 图上画，…296，300，304，…等位势高度线；在 500 hPa 图上画…，496，500，504，…等位势高度线。各等压面上的高位势区中心(高压)用蓝色标注“G”字，低位势区中心(低压)用红色标注“D”字。高空等高线与风的关系，非常接近于地转风。因而，等高线基本上和高空的风向一致，不能交角过大。等高线的疏密分布和风速大小也相一致。槽线、切变线用棕色铅笔画出当时的槽线和切变线。槽线是低压槽中等高线曲率最大点的连线，而切变线是风场的不连续线。在槽线和切变线两侧，风向都具有明显的气旋性的切变，然而在低压槽中的气旋性风场切变，分析为槽线；在两高压之间的风切变，分析为切变线。槽线和切变线附近都有气流辐合上升运动，是天气变化剧烈的区域，也是分析的重点项目之一。

等温线用红色铅笔画实线，每隔 4℃画一条，每条线应为 4 的倍数，并须标注具体数值。规定在等压面图上绘制…，8，4，0，−4，…等线，暖中心用红色标“N”字，冷中心用蓝色标“L”字，为了工作的需要，可以把某些等温线画得深一些。

气 候 篇

第六章 气候形成的影响因子

气候形成和维持与造成气候变化和异常的物理过程是不同的，气候形成和维持是如何达到平衡状态的问题，而气候变化和异常却是一个偏离平衡态的问题。气候形成和变化的影响因子可以分为以下五类：① 太阳辐射。它是大气运动的最根本的能源，到达地球表面的太阳能时空分布及变化，决定了地球气候的最基本特征。② 大气环流。具有气候意义的大气环流(如平均经圈环流、平均纬圈环流、行星风带、长波、急流、大气活动中心等)是造成气候要素分布的直接原因。③ 下垫面因子。包括海陆分布、地形起伏、冰雪覆盖、不同性质的下垫面引起的热力作用和地表粗糙度对大气的动力作用，以及火山喷发进入大气的灰尘对辐射产生的影响。④ 人类活动的影响。据统计，1950～1973 年大气中二氧化碳年增长率为 8.06%，1940 年以来大气气溶胶浓度每年增加 4%，大气中某些化学物质的增加使臭氧层开始受到破坏，以及人类大规模改造自然活动所引起的地面环境的变化等，对气候的影响都是不可忽视的。⑤ 宇宙地球物理因子。例如，地球公转轨道参数是以一定的周期在变动着的，这将导致地球上所受到的太阳天文辐射发生变动，引起气候变迁；地质记录显示，新生代以来，地球至少存在六次重大的地外物体撞击事件，模拟结果显示地外物体对地球的撞击将引起气候降温。

气候形成和变化的影响因子还可以分为气候系统内部因子和外部因子。能够影响气候，而本身却不受气候影响的因子称为外部因子，如太阳辐射、地球轨道参数、火山活动等。气候系统内各子系统(即大气圈、水圈、冰雪圈、岩石圈和生物圈)相互之间的作用为内部因子。各类气候因子不是孤立的，它们相互作用，综合影响构成复杂的地球气候系统。

第一节 太阳辐射因子

一、太阳辐射在气候形成中的作用

太阳辐射是驱动气候系统唯一重要的外部能源，是大气运动和大气中一切物理过程的基本能源，通过转化为地面辐射、感热和潜热加热大气。气候的各种特征(冷暖、干湿、风、雨和云等)均是能量在大气圈内部、地球表面和海洋中传输和转化的结果。天文辐射全球分布及随时间的变化，与大气及地面所接收到多少辐射能密切相关，决定了大气温度场的基本气候特征，是形成地球上不同地区气候差异及气候季节交替的基本因素。

二、天文气候带

由天文辐射时空分布所形成的气候状况称为天文气候。天文气候是一种假想的简单气候模式，不仅能反映全球气候的基本轮廓，而且能突出太阳辐射对气候形成的作用。根据天文辐射的时空分布，把天文气候划分为 7 个天文气候带(图 6-1)。

(1) **赤道带** 横跨赤道，位于 10°S～10°N，占地球表面积的 17.36%。全年正午太阳高度角都很大，一年中两次太阳直射，昼夜长短几乎相等。天文辐射年变化小，日变化大。年平均温度约 25～27℃，年较差不超过 5℃，日较差大于年较差，各月平均温度都在 18℃以上。

(2) **热带** 横越南北回归线，位于纬度 10°～25°，在南北半球各占地球表面积的 12.45%。回归线以内地区一年中两次太阳直射，天文辐射年变化小，日变化大。全年温度较高，最热月平均温度常超过 22℃，最冷月平均温度不低于 10℃，温度年较差比赤道带大，一般为 12℃左右。

(3) **亚热带** 位于纬度 25°～35°，在南北半球各占地球表面积 7.55%。已无太阳直射，但夏半年受到

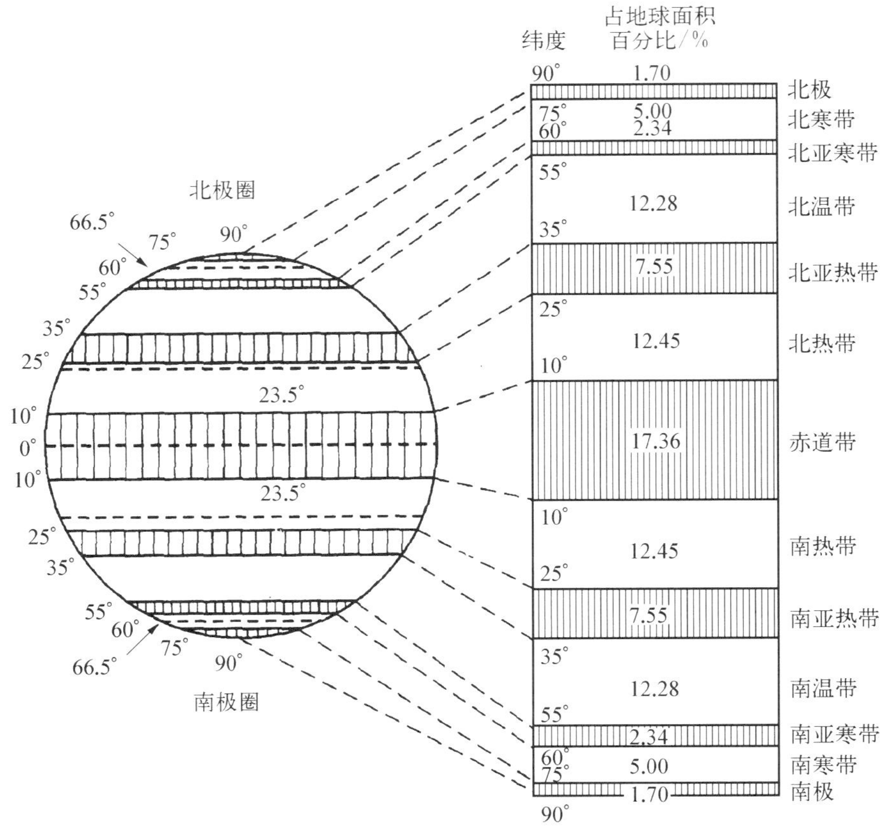

图 6-1 天文气候带

的太阳辐射仅次于热带,而大于赤道带;冬半年太阳辐射较少。由于太阳高度的季节循环,一年中存在着明显的季节交替。夏热冬冷,气温年较差约在 5～15℃,气温日较差大于年较差。

(4) **温带** 位于纬度 35°～55°,在南北半球各占地球表面积的 12.28%。天文辐射的季节变化最显著,四季分明。由于太阳辐射的季节差异增大,温度年变化很大。根据年温变化的激烈程度,区分为暖温带和冷温度。暖温带低纬一侧夏季温度接近亚热带,冬温夏热;冷温带极地一侧冬季温度接近寒带,冬冷夏凉。

(5) **亚寒带** 位于纬度 55°～60°,在南北半球各占地球表面积的 2.34%。昼夜长短差别大,但无极昼、极夜现象。

(6) **寒带** 位于纬度 60°～75°,在南北半球各占地球表面积的 5.00%。昼夜长短差别更大,极圈内有极昼、极夜现象。

(7) **极地** 位于纬度 75°～90°,在南北半球各占地球表面积的 1.70%。昼夜长短的年变化非常大,其中约有半年几乎是极夜,另半年几乎是极昼,极昼和极夜的长度由极圈向极点逐渐增加,在极点处半年为极昼,半年为极夜。即使在极昼期间,太阳高度仍很低,全年温度很低,最热月平均温度都在 10℃以下,气候极其寒冷,低纬一侧的界限就是树木生长的极向界限。

第二节 环 流 因 子

大气环流(包括平均经圈环流和大尺度涡旋)与洋流对气候系统中热量和水分的重新分配起着重要作用,是气候形成和变化的基本因素。

一、环流对热量输送作用

1. 大气环流驱动不同性质气团移动,是造成气候要素分布的直接原因

大气环流具有双重性质,一方面通过输送热量和水分,调节高、低纬和海、陆之间温度和降水的分布。

另一方面它本身也是一种气候现象。低纬度在哈得来环流控制下，热带地区，尤其在 ITCZ 中，强烈的空气上升运动形成生命史很短的对流云团(热塔)，并且降水强度非常大。当空气上升到 12～15 km 高度，并且几乎失去所有水汽时，空气就开始水平扩散，向南、北两侧运动，在副热带地区下沉，形成干热气候带，从而形成了副热带沙漠区。在近地面，副热带空气流向 ITCZ，形成了信风带。在中高纬度地区，锋面气旋活动频繁，使大量空气抬升形成大范围云雨，降水通常比较均匀，降水强度也比热带地区小很多，但局地风暴却可以引起非常强烈的降水。极地高压带内空气盛行下沉运动，形成了南、北两极干冷气团，在南极尤为突出。

2. 环流对高、低纬间的热量输送作用

在气候系统中，35°S～35°N 之间地—气系统有辐射能净输入，而两极则有辐射能净输出，但赤道地区并没持续增温，极地亦没持续降温。这是由于大气环流和洋流共同作用把赤道盈余热量传输到高纬度地区，调节了赤道与两极间的温度差异，使热带(0°～30°)地区温度降低了 2～13℃，中高纬度地区纬度(40°～90°)地区温度升高了 6～23℃(表 6-1)。

表 6-1　各纬度上辐射差额温度与实测温度的对比

温度(℃，平均值)	纬度									
	0°	10°	20°	30°	40°	50°	60°	70°	80°	90°
辐射差额温度(对于不流动大气的计算)	39	36	32	22	8	−6	−2	−32	−41	−44
观测温度(流动大气)	26	27	25	20	14	6	−1	−9	−18	−22
温度差值	−13	−9	−7	−2	+6	+12	+19	+23	+23	+22

由图 6-2 可以看出，地—气系统由低纬度向高纬度总能量输送包括洋流感热输送、大气环流感热输送和大气环流潜热输送三个部分。其中，洋流感热输送占 33%，大气环流输送占 67%。且经向输送的热量随纬度和季节而变。

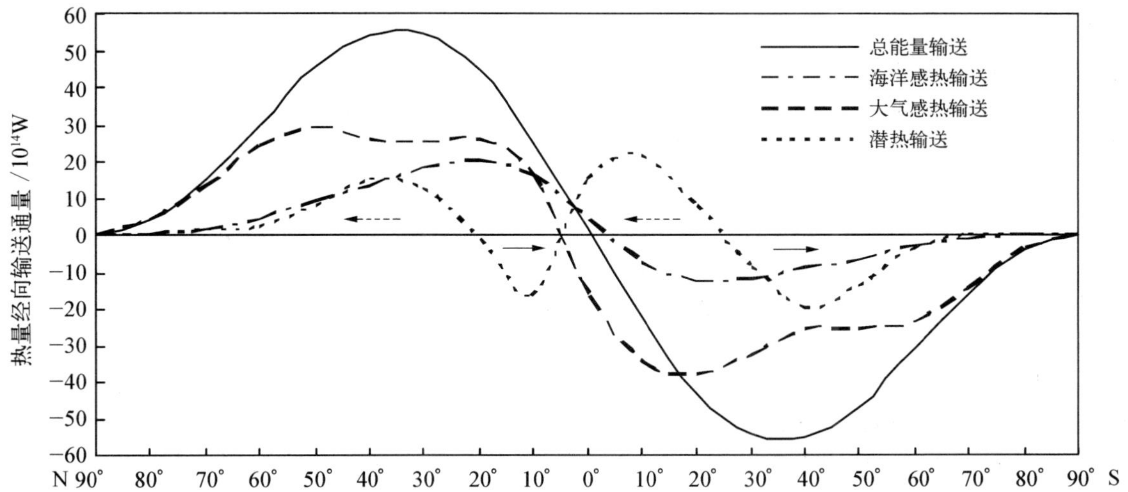

图 6-2　地—气系统热量年平均经向输送通量

(1) *总热量输送*　从年平均而言，以 40°N(S)附近最大，而赤道和极地为低值区。从季节来讲，冬季南北温差大，环流最强，由低纬向高伟输送的热量最多；夏季南北温差小，传输的热量较少。

(2) *大气环流感热输送*　热赤道约在 5°N，感热输送即从热赤道分别向北、向南输送。感热输送有两个极大值,分别出现在 20°N(S)和 50～60°N(S),且主要发生在近地面和对流层上部。

(3) 大气环流潜热输送　潜热输送较小,主要发生在近地层附近。潜热约在回归线附近分别向高、低纬度输送。向高纬度输送的潜热在纬度 40°左右达最大值,向低纬度输送的潜热在纬度 10°左右达最大值。由南半球回归线向北输送的潜热可跨越赤道直至 5°N 附近。

大气环流将热量从赤道向极地输送是通过不同尺度环流系统来完成的(图 6-3)。由图 6-3 可以看出,北半球大气向北的热量总输送是由平均经圈环流输送、涡旋输送组成的。在涡旋输送中包括瞬时涡旋输送和定常涡旋输送,而后者较小。因此在总输送中,最主要的是瞬时涡旋输送,其量值与总输送基本相当。平均经向输送贡献很小,反映了平均经向环流在热量输送中只起调节作用,而各种较小时间尺度的环流变化和天气系统对热量的输送作用更重要。

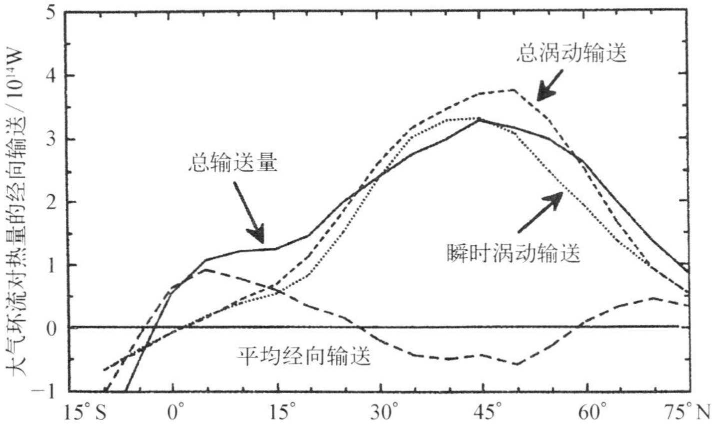

图 6-3　不同尺度大气环流对高、低纬间的热量输送通量

(4) 洋流对感热输送　从图 6-2 可以看出,自 2°N 左右的洋面分别向南向北输送,极大值在 20°附近。由图 6-4 可知,大西洋是向高纬度输送能量的主要输送器,洋流通过大洋输送带把低纬度的热量向高纬度输送,大约在 50°N 附近的大西洋,通过强烈的海气热交换,把大量的热量输送给大气,再由大气环流把能量输送到更高纬度。

此外,南北半球之间也有大量的热量交换。由于热赤道位于地理赤道以北,北半球要通过大气环流和洋流,向南半球输送大量热量。又由于南半球海洋面积比北半球大,南半球年蒸发量大约比年降水量多 120 mm。因此,通过洋流把相应的水量从北半球输送到南半球,而通过大气环流把相应的水分自南半球输送到北半球,同时也把大量潜热由南半球输送到北半球。

专栏 6-1　全球大洋输送带

根据大洋水团的分布,由美国哥伦比亚大学布鲁克(Broecker,1991)最早提出的全球大洋输送带(图 6-4)。大洋传送带把热带太平洋和南非附近印度洋温暖的、低盐度的海水传送到冰岛附近的北大西洋。在向北输送的过程中,蒸发使得表层海水温度降低、盐度增加、密度变大。当温度接近于凝固点时,高密度的海水沉入洋底,再沿北大西洋西边界向南流到南极洲,并与形成于威德尔海的南极底层水混合,之后分为两支分别流向太平洋和印度洋,在那里上翻穿过温跃层达到上层海洋,从而构成闭合环流。这一全球环流特别依赖于北大西洋海水的盐度和温度,温盐环流是驱动形成深海洋流的主要过程。全球变暖有可能引发了温盐环流的重大变化。

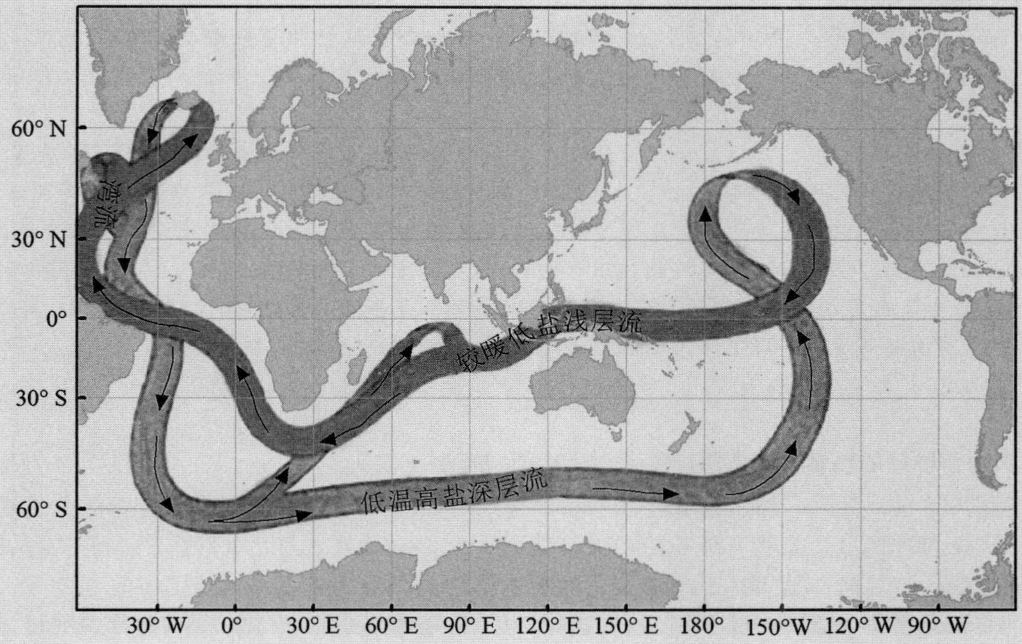

图 6－4　全球大洋输送带

专栏6－2　洋　　流

从图 6－5 中可以看出,全球海洋表层洋流构成了分别以副热带和副极地为中心的大洋环流。

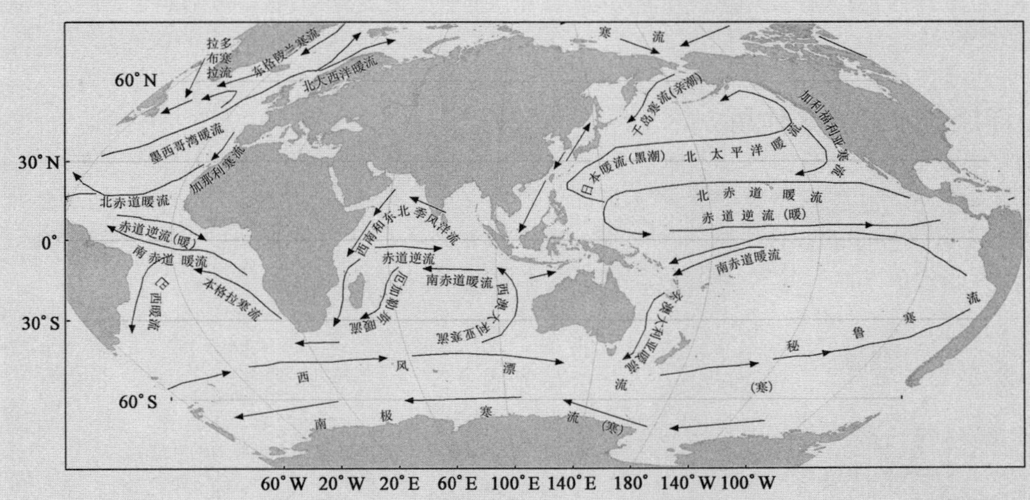

图 6－5　世界海表主要洋流

赤道为低气压区,由赤道两侧吹向赤道的东北信风和东南信风,驱动赤道南北两侧的海水由东向西流动。北面的称为北赤道暖流,南面的称为南赤道暖流。赤道暖流到达大洋西岸时,受陆地阻挡,其中一小股回头向东形成赤道逆流;大部分受地转偏向力的影响,沿海岸向较高的纬度流去,至中纬地区受西风吹动形成西风漂流。当它们到达大洋东岸时,一部分沿大陆西岸折向低纬,成为赤道暖流的补偿流;另一部分沿大陆西岸折向高纬,构成极地环流。

洋流对地理环境的影响

全球的大洋环流，对高、低纬度间的热量输送和交换，调节全球的热量分布，有着重要意义。洋流对流经海区的沿岸气候、海洋生物分布和渔业生产、航海等都有影响，对人类文明进程和社会生活有着重要的贡献。

从低纬流向高纬的洋流，水温比流经海区温度要高，叫做暖流。暖流对沿岸地区气候起增温、增湿的作用。例如，西欧海洋性气候的形成，就直接得益于暖湿的北大西洋暖流。如果没有北大西洋暖流的作用，英国和挪威的海港将有半年以上的冰封期。从高纬流向低纬的洋流，水温比流经海区温度低，叫做寒流。寒流对沿岸地区气候起降温、减湿的作用。例如，沿岸寒流对澳大利亚西海岸、秘鲁太平洋沿岸荒漠化环境的形成起了一定的作用。寒流和暖流交汇给鱼类带来了丰富多样的饵料，这些海区往往成为世界著名的渔场，如纽芬兰渔场和日本北海道渔场。

3. 环流对海陆间的热量输送作用

大气环流和洋流对海陆间的热量输送是造成同纬度大陆东西岸和大陆内部气温显著差异的重要原因。大气环流使迎风海岸的气温能够受到海洋调节，扩大海洋性气候区域(如西北欧)。而在背风海岸，即使在洋面上，也会因为受到大陆气团影响而出现较大的气温年较差(如鄂霍次克海、渤海等)。

冬季海洋是热源，大陆是冷源，在中高纬度盛行西风，大陆西岸是迎风海岸，又有暖洋流经过，热量由海洋输送到大陆，使迎风海岸气温比同纬度内陆为高。而中高纬度大陆东岸是背风岸，在大陆冷风影响下，近陆海面气温则比同纬度洋面气温低。例如，法国波尔多(45°N)和俄罗斯符拉迪沃斯托克(海参崴，43°N)，纬度仅相差2°，但1月平均气温却相差18.5℃。前者位于亚欧大陆西岸(西风带迎风海岸)，冬季盛行来自海洋的暖湿西南气流，1月平均气温为5℃；而后者位于亚欧大陆东岸，冬季盛行来自内陆严寒的西北气流，1月平均气温为－13.5℃。

夏季，大陆是热源，海洋是冷源。在迎风海岸，受来自海洋气流的影响，气温比较凉(如西北欧的英国、法国)。而在背风海岸，热量由大陆输送到海洋，但输送量远比冬季海洋输向大陆的为小。例如，从7月海平面等温线图上可见，在热带、副热带大陆(非洲撒哈拉沙漠)上气温最高，在大陆热风影响下，使红海海面气温特别高(大于32℃)。

二、环流对水分输送作用

据长期观测，地球上的总水量是不变的，因而水分的收入与支出是平衡的。水量平衡是水分循环过程的结果，而水分循环又必须通过大气环流来实现。现据水分循环中三个分量[蒸发、降水、水汽输送(大气径流)]的平均经向分布(图6-6)来说明大气环流与它们的关系。

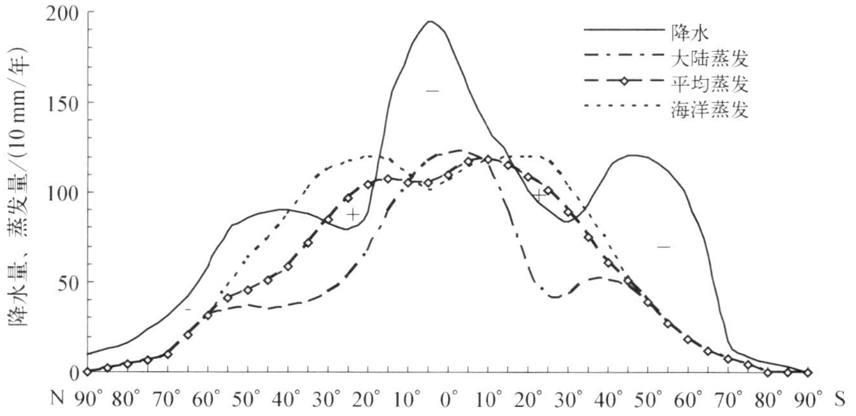

图6-6　年平均降水量、蒸发量随纬度的分布

(1) **对蒸发的影响**　在蒸发过程中,在水源充足的条件下(如海洋),蒸发的快慢和蒸发量的多寡要受环流方向和速度的影响。从图 6-6 可以看出,海洋上年平均蒸发量最高峰出现在 15°N～20°N 和 10°S～20°S的信风带,这是风向和风速都很稳定的地带。信风又来自副热带高压,最有利于海水的蒸发,而赤道低压带因风速小,海面蒸发量反而相形见绌。

(2) **对降水的影响**　云和降水的形成,以及降水量的大小与大气环流的形势更是息息相关。图 6-6 明显地表示出世界降水的纬度带分布有两个高峰:一个在赤道低压带(ITCZ),这里气流强烈辐合上升,产生大量对流雨;一个在中纬度西风带,这里冷暖气团交绥,锋面气旋带活动频繁,带来较多降水,是仅次于赤道的第二个多雨带。在这两个高峰之间,是副热带高压带,盛行下沉气流,因此即使在海洋表面,降水也十分稀少。

(3) **在水汽输送中的作用**　如图 6-6,在赤道辐合带和中、高纬度地区降水量大于蒸发量(图 6-6"—"区域),有水汽亏损。在副热带地区,特别是在副热带高压控制的洋面上蒸发量大于降水量(图 6-6"+"区域),有水汽盈余。因此,要达到水分平衡,则需要大气径流将水汽从盈余的地区输送到亏损的地区。由图 6-7 可知,盈余的水汽以副热带高压为中心,通过信风和盛行西南风(北半球)将水汽分别向南和向北作经向地输送,以补偿赤道和中、高纬度地区水汽亏损,达到水分平衡。

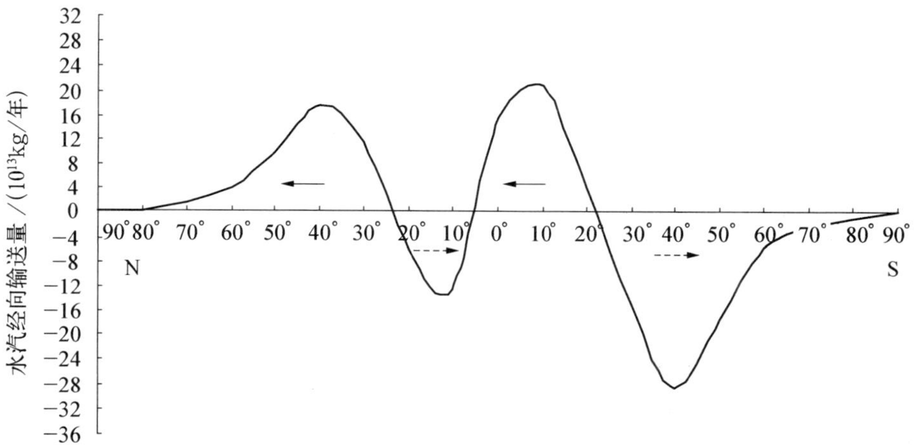

图 6-7　水汽的年平均经向输送通量

专栏6-3　水 分 循 环

如图 6-8 所示,自然界的水在太阳能和大气运动的驱动下,不断地从水面(江、河、湖、海等)、陆面(土壤、岩石等)和植物的茎叶面,通过蒸发或散发,以水汽的形式进入大气圈,然后被气流水平输送或垂直输送到其他地方,并发生凝结,成云致雨或雪。降水中的一部分以地表径流形式在重力作用下很快流入江、河、湖泊,再汇入海洋;一部分通过蒸发和散发重新逸散到大气圈;还有一部分渗入地下,或者成为土壤水,再经由蒸发和散发逸散到大气圈,或者以地下水形式排入江、河、湖泊,再汇入海洋。水的这种没有明确"开端"和"终结"的永无休止的循环运动过程称为水文循环,又称水分循环或简称水循环。水分由海洋输送到大陆,又回到海洋的循环称为大循环或外循环。水分由陆地输送到陆地又回到陆地,或由海洋输送到海洋又回到海洋的循环称为小循环或内循环。一般为区别这两种小循环,将前者称为内陆小循环,后者称为海洋小循环。

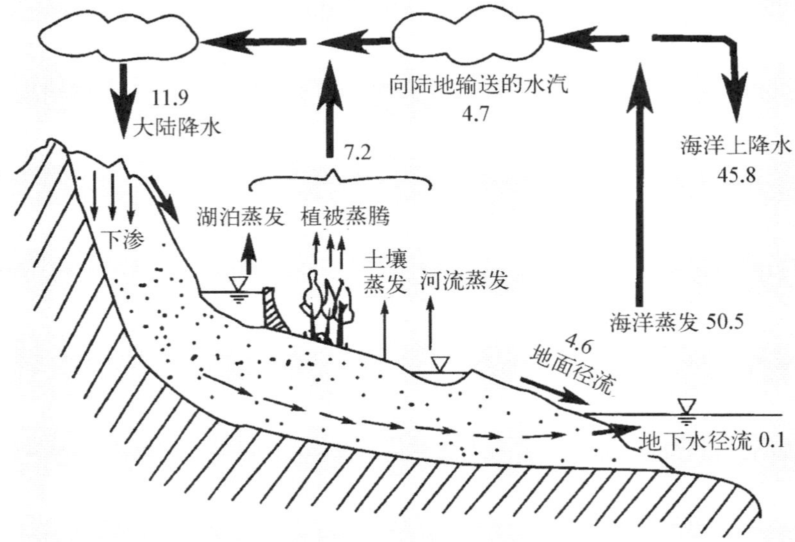

图 6-8 水分循环示意图(图中数字单位为：10^4 km^3/a)

第三节 下垫面因子

下垫面是对流层大气的直接热源和水源,也是近地面空气运动的下边界。下垫面性质不同,如海洋和陆地、平原和山地、裸地和植被覆盖地、冰雪面和沙漠等,对大气的温度、湿度、风及尘埃的含量等有很大影响。因此,下垫面也是气候形成和变化的基本因素。

一、海陆分布对气候的影响

(一) 海陆分布对气候大陆度的影响

海陆性质的不同,致使同纬度、同季节海陆增温和冷却迥然不同,海上和陆上气温、气压、大气运动方向、水分和降水等都有显著差异。海气相互作用、陆气相互作用形成了海洋性气候与大陆性气候的区别(表 6-2)。

表 6-2 海洋性气候与大陆性气候特征对比

气候类型	气温					降水			湿度	云量
	日较差	年较差	最热月	最冷月	春秋温	量	变率	时间		
海洋性	小	小	8	2	春<秋	大	小	全年均有,冬季较多	大	多
大陆性	大	大	7	1	春>秋	小	大	集中夏季	小	少

在洋面、海岛和常受海洋气流影响的大陆海岸地带具有典型的海洋性气候;内陆和海洋气流难以到达的地区具有典型的大陆性气候。信风带的大陆西岸,风来自大陆又有冷洋流经过,干燥少雨呈大陆性气候。信风带的大陆东岸,风来自海洋,并有暖洋流经过,因而潮湿多雨,气候呈海洋性。在温带,盛行西风下,大陆西岸受暖湿气流影响,呈典型的海洋气候。在离西海岸很远的大陆内部,受不到海洋影响,终年少雨,气温年较差很大,是典型的大陆性气候,如中亚细亚和我国新疆等地。

海洋性气候与大陆性气候常用大陆度来表示,这是一个表示该地区受大陆影响还是受海洋影响的指标。用以表征大陆度的气象要素若以气温年较差为主要参数则称为温度大陆度;若以降水量为主要参数则称为降水大陆度;以多种气象要素为参数的称为综合大陆度。温度大陆度的计算方法很多,其中以波兰学者焦金斯基(W. Gorczynski)于1920年提出的焦金斯基大陆度公式应用较广,公式为

$$K = 1.7A / \sin\varphi - 20.4 \tag{6-1}$$

式中,K 为大陆度;A 为气温年较差(℃);φ 为纬度。公式(6-1)的缺陷是当纬度较小时,$\sin\varphi$ 较小,K 值不准确,而且该公式不能用于赤道地区。1946年康拉德(V. Conrad)将这一公式修正为

$$K = 1.7A / \sin(\varphi + 10) - 14 \tag{6-2}$$

式(6-2)可以用于计算中低纬度的大陆度,但不适合高纬度的大陆度。

大陆度取值范围为0～100,0为最强海洋性气候,100为最强大陆性气候,50为海洋性气候与大陆性气候的分界。由表6-3可知,我国气候大陆度由东南沿海向西北内陆逐渐增大。

表6-3　我国部分城市大陆度

城　　市	恒春	广州	上海	西安	兰州	呼和浩特	吐鲁番	海拉尔
纬度/N	22°00′	23°08′	31°10′	34°18′	36°03′	40°49′	42°56′	49°13′
气温年较差/℃	8.5	15.2	25.0	27.6	29.1	35.5	41.3	46.8
大陆度/%	18.2	45.4	61.7	62.9	63.7	71.9	82.7	84.7

(二)海陆分布对周期性风的影响

海陆风和季风的形成、变化都与海陆热力差异密切相关。海陆风是由于海陆昼夜热力差异而形成的。海陆风对滨海地区的气候有一定的影响,白天海风带来大量水汽,使陆上空气湿度增大,沿岸地区有时还可形成云雾和降水。海风可使沿岸陆地温度降低,使夏季天气不十分炎热。

海陆冬夏热力差异是季风形成的主要因子,尤其东亚季风主要是由于海陆热力差异所形成的,南亚季风是由行星风带的季节移动和海陆热力差异共同作用所形成的。东亚季风区所处的纬度较高,冬季风盛行时寒冷、干燥、少雨,夏季风盛行时高温、湿润、多雨,但季风降水的持续时间较短。东亚夏季风的进退与我国大部分地区雨季的起讫关系极为密切。南亚季风区所处的纬度较低,气候特征是冬季干燥少雨,夏季风降水的时间比较长,降水特别丰沛,是世界上降水最多的地区之一。

二、海气相互作用及其对气候的影响

大气和海洋在各个时间和空间尺度上都是密切耦合的,而不是一个驱动另一个的问题。海—气耦合系统是气候系统中最重要的子系统,对气候形成和变化起着重要作用,在低纬度部分地区甚至起着决定作用。

(一)海洋是大气能量和水汽的重要来源

地球表面70.8%为海洋,全球海洋所吸收的太阳辐射约占进入地球大气上界太阳辐射量的70%,除反射其中的15%左右外,85%左右被贮存在海洋表层(混合层)中。这部分能量并不是永远贮存于海洋中的,海洋又以长波辐射形式输送给大气(约占21%)。全球大气86%的水汽来源于海洋,水汽被输送到高空发生凝结,在大气中释放出大量潜热。全球降水的78%都集中在海洋上。特别是在热带地区70%以上面积是海洋,由于热带海洋温度高,蒸发强,在大气中的潜热释放也集中于热带。此外,在南北半球冬季,洋面温度往往高于大气,海洋向大气输送感热。当大气温度高于海表温度时,海洋则从大气中吸收感热。因此,海洋是气候的调节器,而大气通过风应力驱动洋流来改变海洋温度分布。

(二)海洋对大气运动具有重要的调谐作用

海水比空气和土壤的比热大,因此,海洋比陆地和空气具有更大的热惯性,是一个巨大的热量贮存器。一方面,通过海气相互作用,海洋可以把大气变化信息贮存起来,然后再对大气运动产生影响,使其变化有明

显的持续性。另一方面,海洋的热惯性使海洋状态的变化具有滞后效应。例如,海洋对太阳辐射季节变化的响应比陆地要滞后1个月左右。此外,与大气十分迅速的变化相比,海洋对外部扰动的反应十分迟钝,海洋是大气的稳定器。许多大气中瞬变天气波动只能引起海洋运动的微小变化,并且大气中很多的快速变化在输入海洋后就被海洋滤掉,使海洋变化的频率降低后再作用于大气。

(三)海洋对温室效应具有缓解作用

海洋,尤其海洋环流,不仅减少了低纬度大气的增热,使高纬度大气变暖,降水量也发生了相应的改变,而且海洋通过其上层与大气之间的湍流交换以及极区高浓度碳酸氢盐的下沉和远距离的水平输送等过程,几乎吸收了一半的由于人类活动而产生的CO_2。

(四)南方涛动、厄尔尼诺、拉尼娜、暖池、沃克环流

在世界有很多地方,第一年冬季干旱,可第二年的冬季那里又将有洪涝。另外一些地区,有些年份里热带风暴频繁发生,而其他年份里则不然。对于年际时间尺度,地球的地质构造及太阳常数几乎完全不变,因此,这些气候振荡的发生似乎很难理解。过去,对这种气候振荡的研究主要集中在大气和海洋在较长时期里是如何相互作用的,其中最重要的进展就是对大气中南方涛动的发现,其次是弄清了大气是如何与热带海洋相互作用的。

1. 基本概念

(1) *南方涛动*(SO)　1924～1937年沃克(Walker)发表了6篇《世界天气》的论文,给出了三大涛动的定义。他的基本思想是在月平均海平面气压图上,可以看到稳定的高压或低压区,这些高压或低压区被称为大气活动中心。但是,大气活动中心的变化不是孤立的,有时两个大气活动中心的气压有此起彼伏的现象。例如,北大西洋上的冰岛低压与亚速尔高压中心气压的变化就经常是相反的。当亚速尔气压高时,冰岛气压低;而亚速尔气压低时,冰岛气压高。沃克(Walker)把发生在两个大气活动中心之间的反相气压振荡(跷跷板式变化,负相关关系)称为涛动,把北大西洋上的冰岛低压与亚速尔高压之间的涛动称为北大西洋涛动(NAO),把北太平洋上阿留申低压与夏威夷高压之间的涛动称为北太平洋涛动(NPO)。同样,印度洋赤道低压(位于印度尼西亚和澳大利亚北部)与东南太平洋副热带高压(位于厄瓜多尔和秘鲁沿岸)之间的反相气压振荡,由于它主要发生于南半球,故称南方涛动(Southern Oscillation)。南方涛动振荡的平均周期为2～7年,最大值出现在3.5年左右。南方涛动通常是用达尔文港和塔希提岛(位于南太平洋中部的波利尼西亚群岛)两个观测站的气压差来表示的(即南方涛动指数,SOI)。月平均海平面气压在两种极端状态之间呈"跷跷板"式的变化:一是印度尼西亚和澳大利亚北部的海平面气压高于正常值,而东太平洋大部分地区的海平面气压则低于正常值(SOI为负值);另一种极端情形则相反。

(2) *厄尔尼诺*(El Nino)　即暖事件,是指赤道中、东太平洋的海面温度异常升高的现象。中、东太平洋赤道海域水温季节性上升的现象每隔几年就有一次异常发展,从南美西岸(秘鲁和厄瓜多尔沿岸)向西延伸至日界线(180°经线)附近,海面温度异常变暖。厄尔尼诺为西班牙语"圣婴"或"男孩"的音译,由于厄尔尼诺事件经常在圣诞节前后发生,给世界上许多地区带来灾害,因此被称作"圣婴事件"。实际上南美沿岸海水温度在每年圣诞节前后均要变暖,南美秘鲁北部和厄瓜多尔一带的渔民使用厄尔尼诺一词来描述这一季节性变暖现象已达数百年。不过厄尔尼诺现在的含义已与早期有所不同,现在仅把那些温度上升剧烈,影响巨大的变暖才称为厄尔尼诺。厄尔尼诺发生时,由于海水温度升高,浮游生物减少,鳀鱼(南美沿岸海鱼主要品种)因为得不到食物而大量死亡,以鱼为食的海鸟或饿死或迁徙,南美沿岸岛屿上的鸟粪减少,因此,不仅渔获量大为下降,而且还会影响南美的农业及鸟粪肥料出口。

厄尔尼诺事件的判别标准为:多用赤道东太平洋(5°N～5°S,150°W～90°W)海区的海温距平值连续6个月以上高于0.5℃,最大值在1.0℃以上,则称赤道太平洋发生了厄尔尼诺事件。若采用季海温距平,则连续两个季度以上正距平在0.5℃以上即为1次厄尔尼诺事件。

(3) *拉尼娜*(La Nina)　即冷事件,是指赤道中、东太平洋的海面温度异常偏冷的现象。拉尼娜是西班牙语"圣女"的音译,是相对于厄尔尼诺事件而言的,其实它并不经常发生在圣诞节前后,也不是每个厄尔尼诺事件之后都有La Nina事件发生。起初有些人并不同意采用这个名词,他们认为圣婴(即耶稣)是独一无二

的,并不存在一个圣女。因此,有一段时间多用反厄尔尼诺(Anti-El Niño)或逆厄尔尼诺(Counter-El Niño),但后来拉尼娜得到广泛认可。

拉尼娜事件的判别标准为:与厄尔尼诺相反,若赤道东太平洋(5°N～5°S,150°W～90°W)海区海表温度距平持续 6 个月以上低于−0.5℃,则可认为赤道太平洋发生了拉尼娜(La Nina)事件。

(4) *厄尔尼诺—南方涛动*(ENSO) 在厄尔尼诺事件发生的同时,东西热带太平洋海平面气压将随之发生涛动,因此,南方涛动和厄尔尼诺是紧密联系在一起的,常简称为厄尔尼诺—南方涛动(El Niño - Southern Oscillation)。ENSO 在暖相位(厄尔尼诺,负 SOI)与冷相位(拉尼娜,正 SOI)两种状态之间振荡。

在 20 世纪里共发生了 23 次厄尔尼诺事件和 22 次拉尼娜事件。在 20 世纪末以前的一段时期为厄尔尼诺多发期。在 1979～1998 年的 20 年中分别在 1982～1983 年、1986～1987 年、1991～1992 年、1993 年、1994～1995 年、1997～1998 年共发生了 6 次厄尔尼诺事件,其中 1982～1983 年和 1997～1998 年的两次最强(图 6-9)。这期间仅在 1988～1989 年发生了 1 次拉尼娜事件。

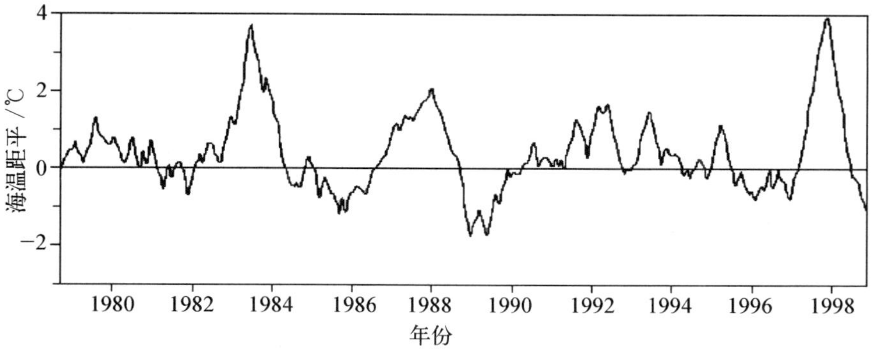

图 6-9 1979～1998 年赤道东太平洋海温距平

(5) *暖池* 赤道信风沿赤道地区把大量的表层暖海水由热带东太平洋输送到热带西太平洋,造成大量海水堆积,加上热带太平洋西边多岛屿的地形特征,使海洋涌升流很弱,因此,热带西太平洋是全球海洋温度最高的海域,称之为暖池(warm pool)。

(6) *沃克环流* 沃克提出了南方涛动的概念之后的较长一段时间里很少有人再提到这个名词。到了 1969 年,皮叶克尼斯(Jacob Bjerknes)提出沃克环流,才为此后的 ENSO 研究树立了里程碑。皮叶克尼斯提出在赤道太平洋存在一个东西向的环流圈(图 6-10)。其根据是在赤道太平洋东部南美沿岸为一冷水域,冷水域的上空是著名的赤道干旱带,在 0°～10°S 范围内年降水量仅 500 mm。而在赤道西太平洋为暖池,是世界上降水量最大的地区,大部分地区年降水量在 2 000 mm 以上。东部干旱,说明空气下沉;而西部降水多,空气上升。低层大气海面上吹东风,南半球为东南信风、北半球为东北信风,对流层上层则吹西风。这样从南向北看就可以发现一个顺时针旋转的闭合环流。为了纪念沃克,皮叶克尼斯谦虚地把这个环流命名为沃克环流。

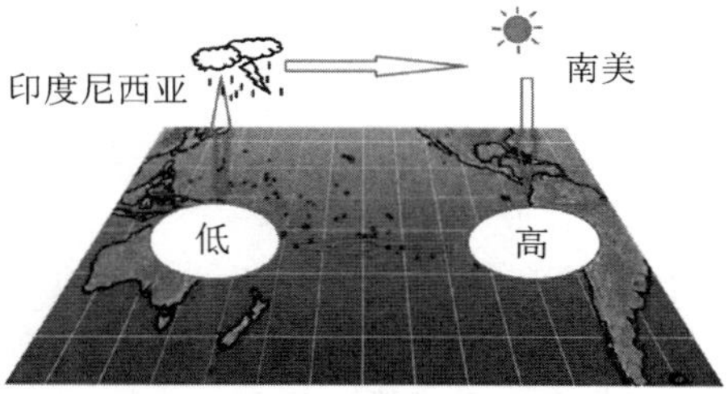

图 6-10 沃克环流

1975 年,弗隆(Flohn)与弗雷尔(Fleer)把沃克环流的概念推广到整个赤道带。除了在太平洋及印度洋有一对旋转方向相反的纬向环流圈之外。在非洲到大西洋也有这样一对纬向环流圈,只不过其规模没有太平洋与印度洋上的环流圈大而已。

2. 沃克环流与厄尔尼诺、拉尼娜和南方涛动的关系

如图 6-11(a)所示,当厄尔尼诺事件发生时,大量暖水缓慢地向东回流,赤道中、东太平洋海面温度上升,冷水域减弱,而西太平洋暖池的水温却不上升,甚至有所下降,东西向的海面温度对比减弱。这时赤道太平洋东部的下沉减弱,西部暖池的上升减弱,低层信风也减弱,因此沃克环流减弱,并向东收缩。这时下沉支仍然在赤道东太平洋,但上升支东移到赤道中太平洋。同时西太平洋形成一个与沃克环流反向的纬向环流圈,赤道中太平洋上升,在暖池附近下沉,低层盛行西风,从南向北看时,呈逆时针旋转。对流中心和降雨区东移,秘鲁沿岸海洋的冷水上涌减弱,赤道东太平洋海面温度升高,温跃层的倾斜度减小,热带太平洋总体上比正常情况下偏暖,随着海洋向大气中输送热量,全球近地表气温也随之变暖。由图 6-11(c)可知,与厄尔尼诺相反,拉尼娜时沃克环流增强,信风增强,对流活动稳定在亚洲和印度尼西亚群岛上空,中、东太平洋的海面温度降低。增强的信风加深了西太平洋的温跃层,但却引起东太平洋深层的冷水上涌增强,温跃层上升到海洋表层。由图 6-11(b)可见,正常情况介于厄尔尼诺和拉尼娜状态之间,亚洲上空为上升气流,东太平洋上空为下沉气流。

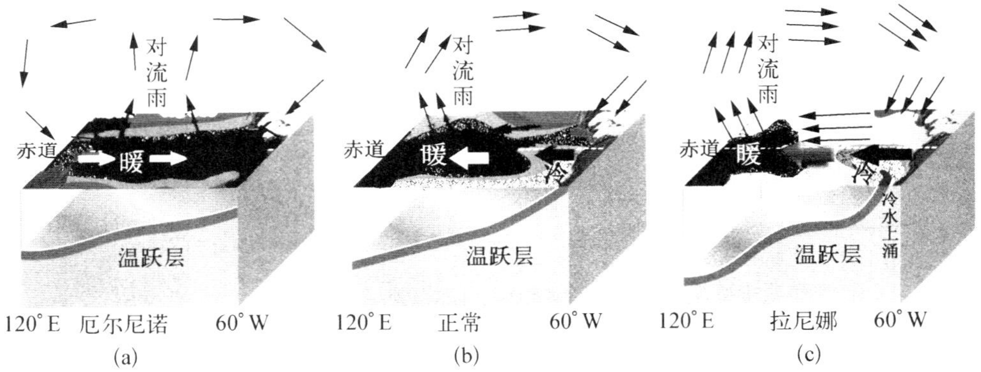

图 6-11 沃克环流、南方涛动、厄尔尼诺和拉尼娜现象

3. 厄尔尼诺—南方涛动(ENSO)形成机制

在赤道太平洋上,大气和海洋通过热量、水汽和动量在分界面上相互交换而耦合在一起。沃克环流近地面层强大的信风(北半球为东北信风,南半球为东南信风)沿赤道地区把表层暖海水向西吹送,既为亚洲和印度尼西亚群岛上空气的垂直上升运动提供了能量,又使西太平洋暖水层加厚。并且,由于赤道太平洋东部为南美沿岸,东风把表层暖水带离沿岸地区,低层冷水随之涌升,称为沿岸涌升。同时沿赤道由于两个半球科氏力的方向与运动的方向之间的关系有所不同,北半球在风向之右,而南半球在风向之左。因此当东风盛行时,表层海洋中海水在两个半球均有指向高纬的分量,这样造成下层冷水涌升,称为赤道涌升。沿岸涌升及赤道涌升使赤道东太平洋形成冷舌,从垂直剖面来看则表现为温跃层变浅。强劲的东风把暖水从东吹到西,因此西太平洋的海面高度可以比东太平洋高 40 cm。当由西到东的海面高度梯度达到一定值时,表层暖海水向东回流,赤道东太平洋海水温度升高与海面气压降低以及驱动信风的海平面气压梯度减小同时出现,信风减弱,西太平洋到中太平洋甚至可能出现西风,东太平洋的信风也大为减弱,赤道涌升及沿岸涌升减弱,使在一开始就出现的海水温度升高现象进一步增强,斜温层变深,形成一次厄尔尼诺过程。这样的机制只能说明自东向西发展的厄尔尼诺过程,但还存在自西向东发展的过程,1982～1983 年的厄尔尼诺就是典型的例子。实际上存在着两类增暖过程:第一类主要限于太平洋东部,最大振幅在南美沿岸,增温过程可以看作是年变程的加强,在北半球的冬、春季首先出现于南美沿岸,然后向西扩展;第二类是赤道中、东太平洋的增暖,最大振幅在 150°W～90°W,开始于北半球的夏季,在年末达到最大强度。一般是先发生第一类过程,然后再发生第二类过程,看起来就像海温正距平由东向西传播。但有时(如 1982 年)先发生第二类过程,后发生第一类过程,因此好像正距平自西向东传播。

4. ENSO 事件的生命史

(1) *产生阶段* 一般在春季和初夏,在赤道东太平洋的秘鲁沿岸的洋面上有微弱海温正距平。

(2) *发展阶段* 到了夏季与秋季,正的海温距平由赤道东太平洋扩展到赤道中太平洋,并伴随洋面温度的升高,赤道东太平洋(5°N～5°S,150°W～90°W)海区海温距平逐渐达到 0.5℃以上。

(3) *成熟阶段* 到了晚秋与初冬,从赤道东太平洋到中太平洋,海表增温达到顶点,赤道东太平洋(5°N～5°S,150°W～90°W)海区的海温距平超过 0.5℃并维持一段时间。

(4) *衰亡阶段* 从隆冬到第二年春季,赤道东太平洋和中太平洋的海表温度停止升温并下降,从赤道东太平洋到中太平洋的海水又逐渐从暖变冷。

一般来说,一个 ENSO 事件都要经历这 4 个阶段,但每一个 ENSO 事件所经历的时间长短并不一致,生命周期约为 2～7 年,主要周期大约为 3～4 年。

5. ENSO 和拉尼娜事件对气候的影响

(1) *受影响地区及分类*　ENSO 事件起源于热带太平洋，但它却给全球 3/4 面积带来严重气候异常。依据受影响大小，可以把全球受 ENSO 影响的地区划分为三类：第一类是受 ENSO 影响的核心地区，包括澳大利亚、印度尼西亚、赤道中太平洋岛屿、秘鲁、厄瓜多尔、智利；第二类是受 ENSO 影响，但关系较弱的地区，包括中国、印度、巴西及非洲南部；第三类是受 ENSO 影响很弱的地区，包括美国、日本、西欧、俄罗斯及西非萨赫勒。

厄尔尼诺时澳大利亚、印度尼西亚干旱，秘鲁、智利及赤道中太平洋岛屿多雨；拉尼娜时相反。第一类的部分地区这种一致关系能达到 90%，一般也有 70%～80%。在第二类地区中，印度夏季风降水与 ENSO 关系最好，近百年来，印度所有干旱年中有 74%为厄尔尼诺，所有多雨年中有 59%为拉尼娜。我国即便是夏季降水与 ENSO 相关性最好的地区，多雨年中 64%为厄尔尼诺，干旱年中 51%为拉尼娜，其他地区(如长江流域的梅雨)几乎没有什么关系。

(2) *ENSO 事件对气候的主要影响*　在厄尔尼诺事件发生期间，赤道东太平洋冷水域的海面温度上升，沃克环流减弱，这时处于暖池附近的印度尼西亚上空的上升气流会减弱甚至反转，从而改变热带降水和气压场的正常分布，热带对流和降水向东扩展越过太平洋，年末到达美国。

厄尔尼诺事件会给位于太平洋东岸的南美和中美洲带来严重洪涝。如图 6－12(b)所示，南半球的夏季，南美的秘鲁、智利、厄瓜多尔以及赤道中太平洋的岛屿降水异常增多，频繁的暴雨常造成安第斯山脉以东的副热带地区发生洪水，尤其是在巴拉那河流域和巴拉圭河流域，即便是通常比较干旱的厄瓜多尔南部和秘鲁北部沿岸地区有时也会出现大暴雨。而亚马孙河流域的大部地区和巴西东北部地区则遭受旱灾。例

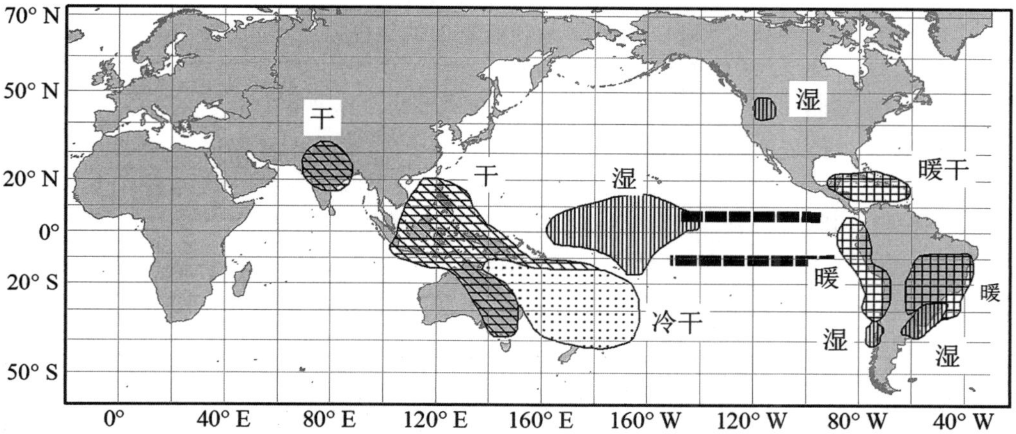

(a) 暖事件(6~8月)

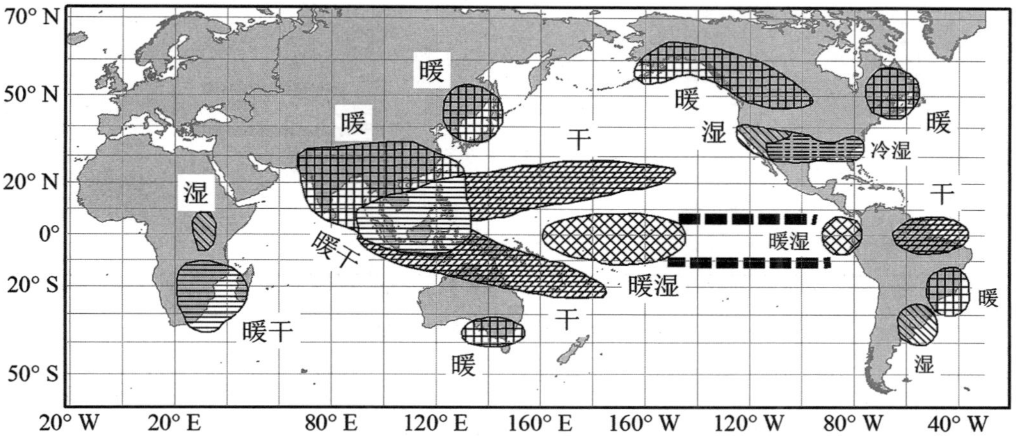

(b) 暖事件(12月至次年2月)

图 6－12　与厄尔尼诺有关地区的气温和降水异常

如,1997 年南美玻利维亚和秘鲁连遭暴雨袭击,洪水泛滥成灾,造成重大损失;6 月份,智利和阿根廷又遭 20 多年来最严重的暴雨袭击;10 月中旬,暴风雨袭击巴西,造成河流决堤。

相反,厄尔尼诺事件则给太平洋西岸的地区带来严重干旱。如图 6-12(a)所示,6～9 月厄尔尼诺事件处于发展时期,印度尼西亚、马来西亚、菲律宾以及澳大利亚的北部和东南部降水减少,发生干旱;印度和我国的夏季风降水减少,但对印度西北部影响不大;非洲东南部也比常年干燥。如 1997 年,菲律宾发生了严重干旱,印度尼西亚由于干旱少雨在苏门答腊地区发生了严重森林大火,澳大利亚由于干旱少雨小麦产量严重减少。

厄尔尼诺事件对全球热带气旋发展的影响。在厄尔尼诺事件发生时,热带大西洋和加勒比海飓风活动的减少最明显。澳大利亚附近的热带气旋活动有所减少。赤道西太平洋地区热带风暴的数目没有明显变化,但风暴形成源地东移。因此,在正常情况时热带风暴经过的那些地区,如菲律宾和西南太平洋诸岛,当厄尔尼诺事件发生时降水异常减少。相反,东太平洋和日界线以东的西南太平洋地区热带气旋活动增多。

厄尔尼诺事件发生时,由于热带对流位置东移以及由此引起的大气主要加热区的东移,也会导致中、高纬度地区的大气环流—急流位置发生变化,中纬度风暴沿异常路径移动,北太平洋东部的中纬度低压增强。异常的暖湿空气涌入加拿大西部、阿拉斯加和美国的最北端。墨西哥湾北部和美国东南沿岸也出现了较多的雷暴,导致该地区的降水较常年偏多。

(3) 拉尼娜事件对气候的主要影响　虽然不是每次厄尔尼诺事件之后都会发生拉尼娜事件,但它仍然是厄尔尼诺—南方涛动(ENSO)的重要组成部分,也具有全球效应,但拉尼娜对气候的影响与厄尔尼诺时相反。

拉尼娜事件同样打破了热带对流的正常分布型,但热带对流和大气主要加热区西移,赤道中、东太平洋海温异常偏冷,气压升高,而印度尼西亚以西和澳大利亚北部的气压降低,赤道东、西太平洋气压差增大,信风增强。如图 6-13 所示,在拉尼娜事件形成的早期(6～8 月),其对热带及南半球冬季天气系统的影响最为显著。当接近发展的高峰期(12 月至次年 2 月)时,其影响仍维持在热带但偏向更高纬度,并转而影响北半球冬季的天气系统。当发生拉尼娜时,赤道中、东太平洋降水偏少(尤其在北半球冬春季);巴西南部和阿根廷中部在南半球冬季降水偏少;加勒比海和南美洲北部在北半球夏季偏冷偏湿。相反,位于太平洋西岸的印度尼西亚、马来西亚和澳大利亚北部在南半球夏季,澳大利亚大部分地区(特别是东部地区)在南半球冬春季,以及菲律宾在北半球夏季,降水增加。此外,印度季风在北半球夏季趋于加强(特别是在东北部地区),非洲东南部和巴西北部在南半球夏季降水量增加。

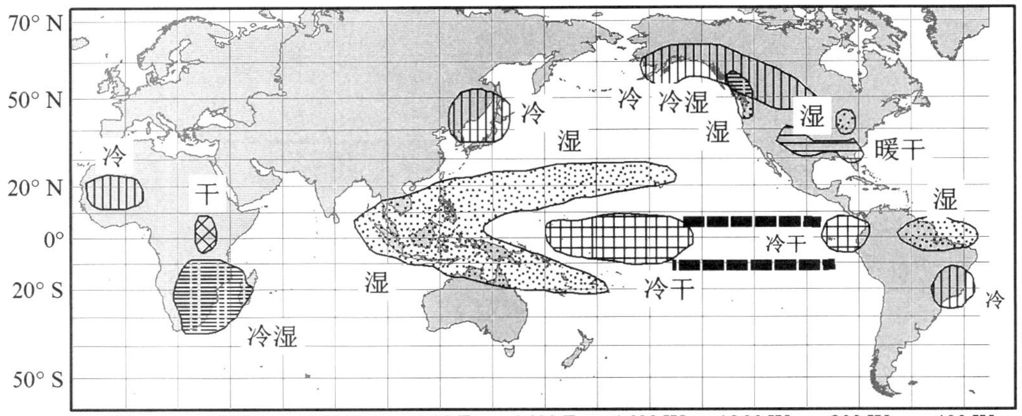

图 6-13　与拉尼娜有关地区的气温和降水异常(12 月至次年 2 月)

拉尼娜时,热带大西洋的风暴数目增多,西北太平洋的风暴源地西移。再往北,阿拉斯加湾一带的中纬度低压系统偏弱,使得阿拉斯加和加拿大西部上空的偏冷气流加强并常常侵入美国西北部。相反,美国东南部却偏暖偏干。

全球地表气温变化和赤道太平洋海面温度变化之间存在着密切联系。厄尔尼诺事件与全球气候偏暖相对应,厄尔尼诺达到峰值的几个月之后全球温度也达到峰值。拉尼娜事件发生之后,地表气温偏冷。例如,1997 年发生了破纪录的暖事件,虽然 1998 年下半年有拉尼娜事件发展,但 1998 年还是观测到了有器测记录以来的全球平均最高地表气温,而 1999 年和 2000 年的全球气温偏低。

ENSO 对我国降水的影响在秋、冬两季最明显,当发生厄尔尼诺时,长江下游地区多雨,长江以北大范围少雨。夏季也保持这个特征,但是相关性不如秋、冬两季。在发生拉尼娜时,北方大范围多雨,夏、秋、冬三季均很明显。

6. 热带西太平洋暖池对气候的影响

热带西太平洋暖池是全球暖海水集中的区域,全球高于 28.5℃的暖海水约有 90%都集中在这里,热容量很大,又是沃克环流的上升支,因此,它对全球气候,特别对东亚气候有重要影响。

热带西太平洋暖池海表面温度的变化幅度不大,一般在 1.0℃之内,而 50～250 m 深的次表层温度的变化幅度夏季可达 4.0℃,冬季也达 3.0℃。如图 6-14(a)所示,当暖池处于暖状态时(拉尼娜时),从菲律宾周围的热带西太平洋,经南海到中印半岛地区(图中斜线阴影区)对流活动强,使西太平洋副热带高压偏北、偏东,这样从印度洋和热带西太平洋来的水汽先在华南辐合,后在华北与黄淮地区辐合,造成华南、华北、江南和黄淮地区降水偏多,特别是鄱阳湖与洞庭湖流域多雨,经常发生洪涝且气温偏低;而江淮、长江下游地区、朝鲜半岛南部和日本南部夏季高温少雨,且可能发生干旱。相反,如图 6-14(b)所示,当暖池处于冷状态时(厄尔尼诺时),暖池范围向东扩展,菲律宾周围的热带西太平洋对流活动弱,而在印度尼西亚爪哇岛以东对流活动强,使西太平洋副热带高压偏西、偏南,造成我国长江下游地区、江淮流域、朝鲜半岛中部、日本本州的夏季多雨且气温偏低,往往发生洪涝;而华北和江南地区高温少雨,华北将发生干旱。

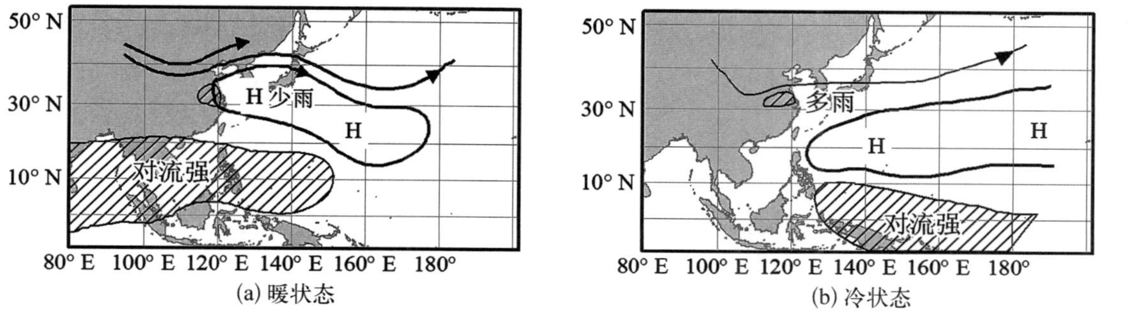

图 6-14　暖池热状态、对流活动、西太平洋副热带高压和东亚夏季降水之间的关系

三、地形对气候的影响

地形对气候的影响主要表现在两个方面: ① 地形本身所形成的独特气候,如山地气候、盆地气候、高原气候等;② 地形对邻近地区气候产生影响。

(一) 地形对气温的影响

(1) 坡地方位对气温的影响　在中纬度,南坡气温比北坡高,西坡气温比东坡高,东坡和西坡的气温介于南坡与北坡之间,且与平地相接近。且纬度越高、地形尺度越大、气候越干燥、植被越稀少,不同方位坡地之间的温度差异越显著。一般南坡气温在冬季可比北坡高 1～2℃,在夏季高零点几摄氏度。例如,在坡度为 20°左右的情况下,在晴天南京方山南坡的地面平均温度比平地高 2.6℃,比北坡高 4.6℃,但随着离地面高度增加,不同坡向之间的温度差异就逐渐减小,在 1.5 m 高度上南坡的平均温度只比平地高 0.8℃,比北坡高 0.9℃(表 6-4)。东坡的温度一般都大致接近于平地,西坡的温度都比东坡高。这是因为东坡是上午接受太阳辐射最多,而这时地面潮湿,特别是在冬季土壤还有冻结,有较多的热量用在水分蒸发和土壤解冻上,故温度上升较小。西坡是下午太阳辐射最强,而这时土壤比较干燥或早已解冻,可有较多的热量用于土壤和空气增温,故其温度相对比东坡高。

表 6-4　南京方山冬季晴天不同方位地面温度和空气温度　(单位:℃)

方　位	北	东北	东	东南	南	西南	西	西北	平地
地　面	−1.8	−1.7	0.0	2.1	2.8	2.3	0.9	−0.9	0.2
离地 0.2 m	−1.4	−1.2	−1.0	−0.4	0.1	−0.4	−0.7	−1.0	−1.2
离地 1.5 m	−1.4	−1.3	−1.1	−0.8	−0.5	−0.6	−1.0	−1.1	−1.3

(2) 地形形态对气温的影响　气温日较差和年较差都是山峰小于山谷,而陡崖介于两者之间,且山峰与山谷之间的差异高纬大于低纬(但冬半年极夜区和夏半年回归线内除外),冬季大于夏季。例如,在黑龙江地区(图 6-15),夏季白天谷地最高气温比山顶高 3℃,比陡崖高 0.6℃;夜间谷地的最低气温比山顶和陡崖分别低 4.5℃和 2.2℃,气温日较差比山顶和陡崖分别大 7.5℃和 2.8℃。在冬季,差别更大,谷地最低气温分别比山顶和陡崖低 10.0℃和 5.4℃,最高气温也分别比山顶和陡崖低 1.4℃和 2.6℃,气温日较差比山顶和陡崖大 8.6℃和 2.8℃。然而,在纬度较低的南京方山,即使在冬季微风的晴天,谷地夜间最低气温也只比山顶和坡地低 3～4℃,白天最高气温比山顶和坡地高 3.5℃左右,气温日较差比山顶和坡地大 6～8℃。

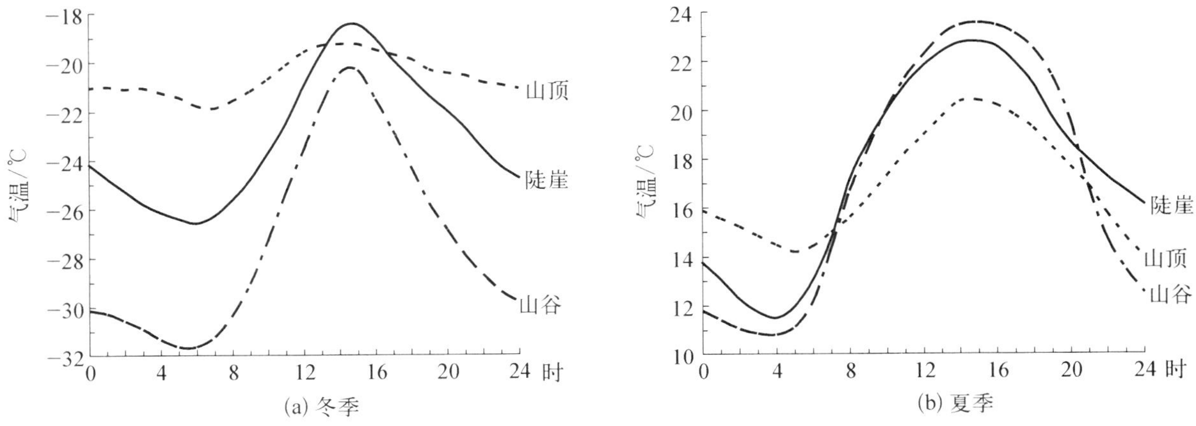

图 6-15　不同地形气温日变化(黑龙江地区)

在周围山地环绕的山谷和盆地中,风速小,湍流交换弱,白天或夏季所接受太阳辐射的热量不易散失,因此,白天和夏季山谷中比较炎热;通风不畅也利于夜间或冬季山谷辐射冷却,且周围山坡上的冷空气又会向下流动,聚集在谷底和盆地,所以,山谷夜间和冬季的温度都比平地和山顶低。由此可知,谷底气温日较差和年较差皆比较大。在山顶和坡地等凸出地形则相反,因为风速较大,湍流交换较强,白天或夏季受热的空气容易借平流与同高度自由大气交换;夜间或冬季近地面的冷空气可以沿坡下沉,换来自由大气中较暖的空气,所以不论白天增温或夜间冷却都比谷地和盆地缓和,气温日较差和年较差较小。

在地形整个抬升后形成的广阔而平坦的高原上,气温日较差和年较差与平原地区或山地相比具有不同的特点。在高原上,白天因太阳照射地表强烈增温,夜间因大气中水汽含量少,有效辐射剧增,而导致地表强烈冷却,故在高原上气温日较差与平原和高山相比显著增大。而气温年较差则相反,高原上小,平原上大。尤其在低纬的高原上更是如此,气温日变化虽大,但年较差却比同纬度平原小得多。这是因为夏季平均太阳高度虽然较高,但因高原的海拔较高,气温并不太高;冬季,由于纬度低,太阳高度依然较大,白昼也较长,因此气温并不过低。例如,位于云贵高原上的昆明(25°01′N,1 891.4 m)四季如春,最热月平均气温只有 19.8℃,最冷月为 7.7℃,年较差为 12.1℃,比同纬度的桂林(25°20′N,166.7 m)小 8.3℃。

(3) 气温随海拔的变化　气温随海拔升高而降低,使得高山和高原上的气温低。例如青藏高原虽地处亚热带、暖温带纬度,但因海拔高,气温特别低,冬夏均比东部平原地区的平均温度低 18～20℃,故有第三极地之称。高大的山脉在垂直方向形成不同的气候带,低纬度的一些高大山脉从山麓到山顶依次出现热带、温带和寒带气候及相对应的植被和土壤。

高大山脉和高原对寒潮和热浪都有明显的屏障作用,使冷空气在迎风侧的山麓盆地里滞积起来,形成冷湖。在冷湖上面是一层相对较暖的空气,形成逆温,这就是山坡上的暖带。例如,由于天山、祁连山对冷空气的阻挡,天山北麓的乌鲁木齐海拔比南坡的焉耆低 402 m,纬度相差不足 2°,但冬半年各月平均气温都是焉耆高于乌鲁木齐,天山对冷空气的屏蔽作用明显。在天山北坡逆温层的厚度至少有 1 500 m,在南坡只有 700 m。

(二) 地形对风的影响

(1) **山谷风**　在山区,由热力原因引起的白天由谷地吹向山坡、夜间从山坡吹向谷地的风,称为山谷风。前者称为谷风[图 6 - 16(a)],后者称为山风[图 6 - 16(b)]。白天,在太阳辐射作用下,山坡气温增温速度快于山谷中同高度自由大气,由于暖空气密度较小,坡地上空气柱气压随高度降低较慢,到了一定高度以上,坡地上空的气压要高于同高度的谷地上空的气压,出现由坡地指向谷地的气压梯度力。在这个气压梯度力的作用下,空气从坡地上空流向谷地上空,结果谷地上低层气压增高,坡地上低层气压降低,低层出现自谷地指向坡地的气压梯度力,谷底的空气沿山坡向上补充流失的空气,形成谷风,并在山坡和山谷间形成热力环流。夜间,由于山坡辐射冷却降温,反使山坡气温比谷中同高度自由大气的温度低,密度较大,上空出现自谷地指向坡地的气压梯度力,低层出现自坡地指向谷地的气压梯度力,因而,上层空气自谷地流向坡地,低层山坡上的冷空气沿坡下滑,流入谷地,形成山风。

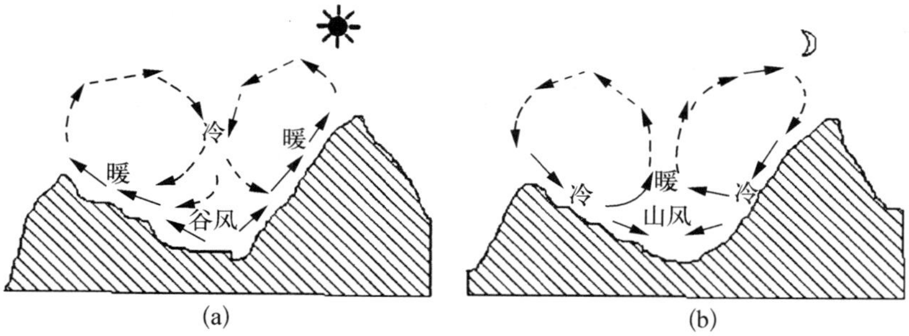

图 6 - 16　山谷风

山谷风在山区是比较常见的一种局地环流,只要周围气压场比较弱,山谷风就表现得十分明显。一般在早晨日出后 2～3 h 开始出现谷风,并随着地面增热,风速逐渐加强,午后达到最大,之后随着气温的降低,风速逐渐减弱,在日落前 0.5～1 h 谷风平息而代之以山风,并随着夜间气温的降低,山风风速逐渐增强,至次日日出后急剧转弱,最后被谷风所代替。山谷风还有明显的季节变化,山风冬季比夏季强,谷风夏季比冬季强。并且冬季山风比谷风强,夏季则谷风比山风强。

(2) **焚风**　沿着背风山坡向下吹的干热风,称为焚风(图 6 - 17)。这是由于当气流爬越山脉时,湿空气沿迎风坡上升绝热冷却,起初是按干绝热直减率降温,到达凝结高度后,水汽开始凝结成云致雨,爬山空气温度就按湿绝热直减率($r_m < r_d$)降低。越过山顶后,因失去水汽而相对干燥的空气沿背风坡下沉,并以干绝热直减率增温。因此,背风坡的气温度比迎风坡同高度的气温要高,但湿度要小得多。

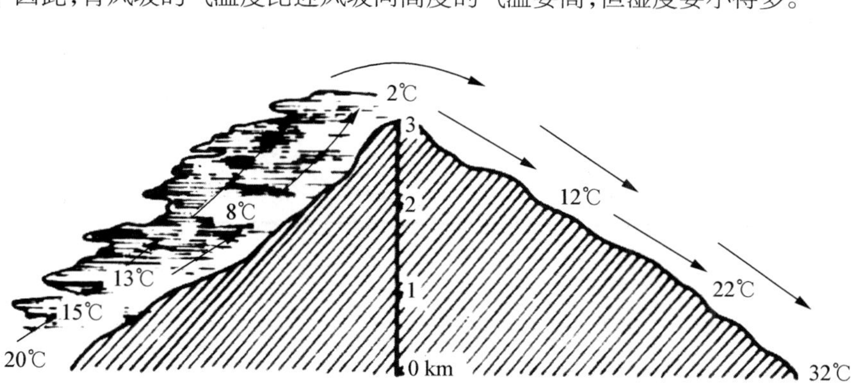

图 6 - 17　焚风

在中纬度,当山脉相对高度达到 100～200 m 时,就可以产生焚风效应;当相对高度达到 800～1 000 m 以上时,都会出现焚风现象。焚风持续的时间一般为 1 天,也有长达 2～3 天的。焚风可以在短时间内引起气温迅速升高。

世界上著名的焚风区有欧洲阿尔卑斯山北坡、高加索山、北美落基山的东坡、格陵兰西岸、南非的好望角、亚洲的阿尔泰山等。气流越过阿尔卑斯山后在德国、奥地利谷地变得干热,有些地区(如因斯布鲁克)一年中焚风日数就有 80 天,地中海西西里岛北部巴勒莫出现焚风时,气温几小时可升高 10℃以上,该地曾出现 3 分钟内气温升高 17℃的记录。我国许多地方都有焚风,例如,横断山脉地区,山峰很高,背风坡焚风十分显著,形成了西南干热河谷生态脆弱区(金沙江、澜沧江、怒江流域的高山峡谷区);太行山(东边为华北平原)焚风也较显著,西风气流越过太行山,位于东麓的石家庄就会出现焚风,气温比无焚风时可增高 10℃左右;东北地区盛行偏西风时,气流越过大兴安岭(东边为东北平原)后沿东坡形成焚风,使东坡海拔 300 m 左右 1 月平均气温比同纬度无焚风地区高 4℃左右。

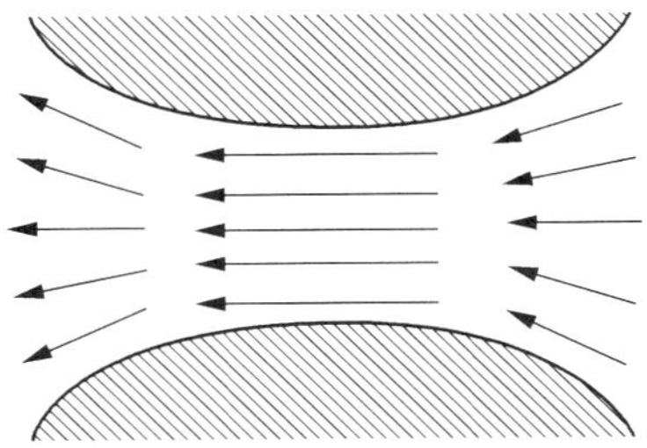

图 6-18 峡谷风

(3) 峡谷风 当气流由开阔地带进入峡谷口时形成的一种比开阔地带风速大得多的风,称为峡谷风(图 6-18)。这是气流由开阔地带流经山地峡谷口时,横截面积减小,流速加大所致。新疆西部的阿拉山口,两侧都是海拔数千米的高山,由于峡谷口很窄,风速特别大,全年 8 级以上的大风日数有 165.8 天;在甘肃河西走廊西部,北面是海拔 2 583 m 的马宗山,南边为海拔超过 3 000 m 的野马山,其间构成一个峡谷通道,位于通道上的安西有"安西风库"之称,极端最大风速曾达 34 m/s(12 级),年平均大风日数 80 天;台湾海峡,当冬季盛行的东北季风时,峡谷风十分显著,海峡中的马祖岛全年 6 级以上的大风日数有 169.4 天。

(三) 地形对降水的影响

(1) 坡向对降水分布的影响 在尺度较大的山地,迎风坡降水多,背风坡降水少。因此,迎风坡多成为"雨坡",背风坡则成为"雨影区"。这可以从北美洲加利福尼亚海岸的圣克鲁斯附近到内华达高原一线地形与年降雨量之间的关系看出。如图 6-19 所示,当地盛行西风,自太平洋吹来,正好与南北向的海岸山脉垂直相交,在迎风坡气流上升,至山顶降水量达第一高峰,第二最大降水出现在迪阿博罗山脉,第三个最大降水出现在内华达山脉的最高峰。在谷地中,由于空气下沉,降水显著减少。同时,当西来气流翻越内华达山脉后已变得很干燥,因此内华达高原的降水量只有 170 mm,比迎风坡少 90%以上。

(2) 海拔对降水分布的影响 在高山迎风坡,由山足向上,降水量最初随高度的增加而递增,至某一

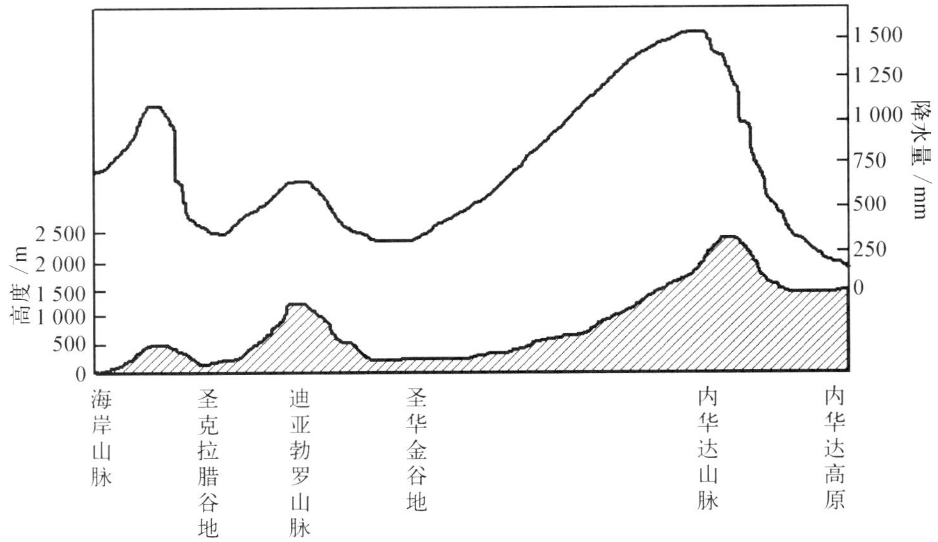

图 6-19 北加利福尼亚的年平均降水与地形之间的关系

高度达到最大值以后，转为随高度的增加而递减。在高山迎风坡降水量达到最大值的高度称为最大降水高度。这是因为空气中的水汽随高度升高减少得很快，当到达某一高度以后，水汽减少的影响超过坡地抬升的影响，所以降水量开始减少。最大降水高度随气候条件、季节和纬度而不同，干燥区高于湿润区；冬季高于夏季；在热带最低，约 1 km，至高纬度可超过 2 km。

(3) 地形形态对于降水的影响　在大型山谷和盆地中多夜雨，而山顶多日雨(主要是日间降水强度大，雨量比夜间多，但雨时仍是夜间比白天多)。其原因是山谷环流，夜间山峰和坡地上冷空沿坡下滑，注入谷地，迫使谷地暖空气抬升，绝热冷却，水汽凝结成云致雨。例如，西藏的拉萨和四川盆地是我国两大多夜雨的中心。

(4) 高原对降水分布的影响　在高原上，降水比山区和平原少。因为高原相当于是抬高的平原，随海拔升高，水汽含量逐渐减少，因此在高原内部降水量较少，但在暖湿气流迎风面的高原边缘降水量十分丰沛。例如，在青藏高原中部，年降水量仅 70～80 mm，而东南部是孟加拉湾暖湿气流进口处，是高原夏季风主要水汽通道，降水特别多；在恒河下游，年降水量普遍在 3 000 mm 以上，世界降水最多的乞拉朋齐高达 12 700 mm；位于雅鲁藏布江谷地的巴昔卡年降水量达 4 495 mm，是我国多雨中心之一，逆江而上，降水逐步减少，到上游的拉萨仅 443.6 mm，再向西降水量更少，西北部的阿里仅 53 mm。此外，世界上几个较大的高原，如帕米尔高原、伊朗高原、伊比利亚半岛上比利牛斯山以南的高原、北美落基山以东的高原，降水量都很少。如果在不大的高原上，而且凸出部分很显著，则其降水量有如山脉一样，比较丰富，如阿比西尼亚。

(四) 青藏高原的热力和动力作用

青藏高原是世界上面积最大、海拔最高、具有非常复杂地形的巨大高地，面积约 250×10^4 km^2，平均海拔 4 000 m 以上，水平范围在南北约跨 11 个纬度(29°～40°N)，东西约跨 35 个经度，长达 4 000 km。由于它地势高，强大的动力、热力及高原上复杂中小地形作用，对东亚大气环流和气候，甚至全球气候都有很重要的影响。

1. 动力作用

(1) 屏障作用　青藏高原对西南季风和冬季风都有很强的阻挡作用。夏季，青藏高原阻挡西南暖湿气流(西南季风)北上，使位于高原以北的我国新疆、青海气候干燥，而喜马拉雅山南坡的印度河流域湿润多雨。由于青藏高原对印度洋北上的西南暖湿气流的阻挡，使得暖湿气流难以到我国西北地区，加上高原北侧是下沉气流，因此，致使我国西北地区年降水量很少，许多地区年降水量不到 100 mm，植被稀少，土地严重荒漠化，沙漠或戈壁广布。而夏季在孟加拉湾经常产生热带风暴，当热带风暴西行或北行时，经常被阻挡在喜马拉雅山的南麓，但热带风暴高云系往往可以飘越高原，从而经常在高原地区引起暴风雪，这就是很多登山队在登山时经常遇难的主要原因之一。

冬季，由于青藏高原对从西伯利亚移来的冷空气的阻挡，使得冷空气大量在蒙古高原堆积，形成很强的又干又冷的高压，从而给我国带来严重的寒潮危害。从西伯利亚西部入侵中国的寒潮，一般都是通过准噶尔盆地，经河西走廊、黄土高原，然后从东部平原南下，形成全国性的寒潮天气过程。而由于青藏高原对冷空气的阻挡作用，在冬季印度半岛很少有冷空气到达，使印度半岛冬季非常温暖。因此，我国东部热带、亚热带地区的冬季气温远比纬度相当的受青藏高原屏障的印度半岛北部低。

(2) 对西南季风的牵引作用　夏季，由于青藏高原对热带西南季风的牵引作用，使西南季风向东亚延伸，加强了印度洋的水汽向东亚输送，从而使热带多雨区向东北延伸至我国江淮流域以及韩国、日本，甚至到达我国的华北和东北地区。因此，虽然我国东部大部分地区都位于副热带地区，应该是干旱少雨，但是，我国东部江南地区、江淮流域以及日本和韩国，夏季降水量高达 500～600 mm，多雨年份可达 800 mm，有时甚至多达 1 200 mm，造成严重的洪涝灾害。

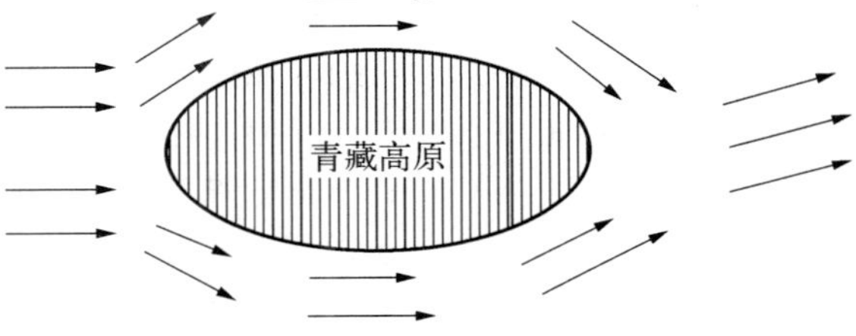

图 6-20　青藏高原对西风气流的分支作用示意图

(3) 对西风气流产生分支作用　冬季，西风气流受到青藏高原阻挡被迫分成南北两支，分别沿青藏高原绕行(图 6-20),在西北侧为暖平流,西南侧为冷平流;绕过青藏高原后,东北侧为冷平流,东南侧为暖平流,并在高原东侧会合。北支从中亚细亚沿高原北侧的河西走廊经黄土高原流到江淮流域,在高原的北侧形成一高压脊区,所以北疆、蒙古西部一带经常有高压脊出现。南支从伊朗经青藏高原南侧的印度半岛北侧和我国云贵高原流到长江流域,在青藏高原南侧形成孟加拉湾低槽,因此,冬春季节我国西南地区处于孟加拉湾地形槽前,低涡活动特别多,这就是西南低涡容易在四川盆地形成的原因。

此外,较高层的西风气流可以爬越高原,并在高原东侧下坡。冬季,由于西风气流较强,气流的爬坡和绕流都很重要;而夏季,西风气流较弱,气流的绕流比较明显。冬季,盛行偏西北气流,高原北坡降雨较多;夏季,多西南或东南气流,高原东坡、南坡降水丰沛。

2. 热力作用

高原热力作用表现在冬夏季不同的冷热源作用,形成了高原季风,对大气环流和气候影响很大。

(1) 青藏高原季风　青藏高原作为地球上一块隆起的巨大台地,对周围自由大气形成了一个高耸的冷热源。青藏高原地面气温与同高度的自由大气相比,冬季偏低,夏季偏高。冬季高原是冷源,在高原上形成冷高压(厚度约 1 km),盛行反气旋环流;夏季高原是热源,形成热低压(厚度约 2.5 km),盛行气旋式环流,这种冬夏季相反的盛行风系,称为高原季风。高原季风的水平范围低层大,高层小,其厚度夏季比冬季大。风的季节转换,一般是高原北侧开始最早,高原上次之,高原东侧再次,高原南部最迟。

(2) 高原季风对大气环流和气候的影响

1) 高原季风使我国冬夏对流层低层的季风厚度增大。我国西南地区冬夏季分别处在青藏冷高压和热低压的东南方向,分别盛行东北季风和西南季风,这与由海陆热力差异形成的低层季风方向完全一致。两者叠加,使我国西南地区的季风厚度特别大。高原季风的强弱与旱涝关系密切,当高原夏季风强时,高原东部多雨,西部少雨;反之,夏季风弱时,则东部少雨,西部多雨。

2) 高原季风破坏了对流层中层的行星气压带和行星风带。夏季青藏高原是热源,在近地面形成热低压,不仅使对流层中部(500 hPa)的副热带高压带断裂,而且在热低压中气流辐合产生大规模的对流运动,把地面的感热和高温高湿空气释放出的潜热带到对流层上部,在对流层上部和平流层下部形成一个巨大的暖性高压,即青藏高压。青藏高压在 500 hPa 以下是热低压,在 500 hPa 以上的高空才表现为高压,而且越向高空高压强度越大,在 200～100 hPa 附近最强。高原周围对流层下部的空气向高原强烈辐合上升,到 300 hPa 以上高空自青藏高压向四周辐散,南侧的辐散气流在赤道附近下沉,然后随西南季风北上返回高原,形成强的季风经圈环流,方向与哈得莱环流相反。它对西南季风有加强作用,并吸引南半球的越赤道气流,促进南北半球间的热能、动能和水汽的交换。冬季则相反,形成与哈得莱环流方向相同的季风环流圈。青藏高原的热状况一方面加强了高原的垂直运动,在夏季形成季风经圈环流,春季可加速南支西风的崩溃,秋季延迟南支西风的建立;另一方面,如果冬季高原气温偏低,地面积雪多,则初夏热低压弱,南支西风撤退迟,副高北跳迟,中国夏季风始现期迟,青藏高压也弱。可见,青藏高原热力作用不仅加强了季风环流上升的高度和强度,而且促进了南北半球气流交换,对东亚大气环流影响显著。

(五) 山脉是气候的分界线

任何地方的高大山脉,只要横截盛行风,在其迎风面和背风面就会形成不同的水热条件,使两侧气候状况发生很大差异,山脉就成为气候的分界线。

由于喜马拉雅山对季风的屏障作用,使其南侧是典型的热带季风气候,而北侧是高寒荒漠气候。喜马拉雅山作为夏季西南季风的高大屏障,使位于南坡(迎风坡)的乞拉朋齐成为世界上降水量最多的地区之一,平均年降水量达 11 437 mm,年最大降水量高达 26 461.2 mm。而喜马拉雅山北坡的年降水量一般不超过 250～500 mm,例如,位于青藏高原上的隆子(28°25′N,92°33′E,3 860 m)年降水量仅有 279 mm,隆子与乞拉朋齐相距仅三个纬度,经度相当,但降水量相差 40 多倍。喜马拉雅山东部地势较低,部分西南季风可通过雅鲁藏布江河谷进入喜马拉雅山以北,但唐古拉山却又形成第二道屏障,因此,唐古拉山以北年雨量很少。由于喜马拉雅山对冬季风的阻挡作用,使南亚大部分地区冬季的气温比同纬度的我国东南沿海一带要高得多。例如,1 月份平均温度,加尔各答(22°32′N,88°20′E,6 m)为 20℃,广州(23°08′N,113°19′E,6.3 m)仅 13.3℃。

秦岭是我国北亚热带(华中)与暖温带(华北)气候的重要分界线。由于秦岭冬季阻挡了冷空气(冬季风)的南下,夏季又阻挡了东南季风的北上,所以秦岭南北出现两种不同的气候类型,秦岭以南地区为典型的北亚热带气候,可以生长柑橘、棕榈、油桐等亚热带经济作物,而秦岭以北的关中地区则为暖温带气候,只有阔叶树和松、柏等针叶树种。秦岭以北,1 月平均气温在 0℃以下,以南均在 0℃以上。年降水量在秦岭以北一般只有 500～700 mm,以南多在 1 000 mm 以上。

西北干旱地区的天山山脉是南疆沙漠气候和北疆半沙漠气候的分界线。新疆地处内陆,东南季风势力难以深入,西南季风受阻于青藏高原,水汽主要来源于大西洋。由于呈东西走向的天山山脉阻挡了北来水汽向南输送,使天山南北两侧的降水量发生很大的差异,北疆较湿润,南疆极为干旱。例如,天山北麓的乌鲁木齐年平均降水量为 277.6 mm,而天山以南大部分地区年降水量少于 50 mm。由于天山山脉对西伯利亚冷空气的阻挡作用,天山以北日平均气温高于 0℃的时间不足 220 天,而天山以南的塔里木盆地有 260 天。乌鲁木齐 1 月份平均气温为－15.4℃、年平均气温为 5.7℃,而南疆的喀什分别为－6.6℃和 11.7℃。

南岭山脉和武夷山高度虽低,且并非连续山脉,但对冬季寒潮的继续南侵所产生的屏障作用也相当显著。因为由北方南下的寒潮抵达南方时势力已大为减弱,在山脉的阻挡下,处于背风面的南部沿海地区冬季气候较为温和,日平均气温全年都在 10℃以上。夏季又成为东南季风的屏障,使迎风面的降水比背风面高出许多。以广州和郴州(25°48′N,111°36′E,191.7 m)为例,1 月平均气温,广州为 13.3℃,郴州只有 5.6℃;夏季(6～8 月)降水量,广州为 634.5 mm,郴州仅 335.1 mm。

四、冰雪覆盖对气候的影响

(一) 世界冰雪覆盖概况

冰雪圈是指地球表层存在的固态水体,主要由两极冰盖、山地冰川、海冰、积雪、冻土五部分所构成,可分为冰原、季节性雪被和冻土。地球上的冰雪主要分布在中高纬度地区(图 6－21),陆地冰体(南极大陆冰盖、格陵兰冰盖和山地冰川)约占全球陆地面积的 11%,海冰约占全球海洋面积的 6.5%,季节性积雪、冻土分别占全球陆地面积的 17.1%和 21%(表 6－5)。

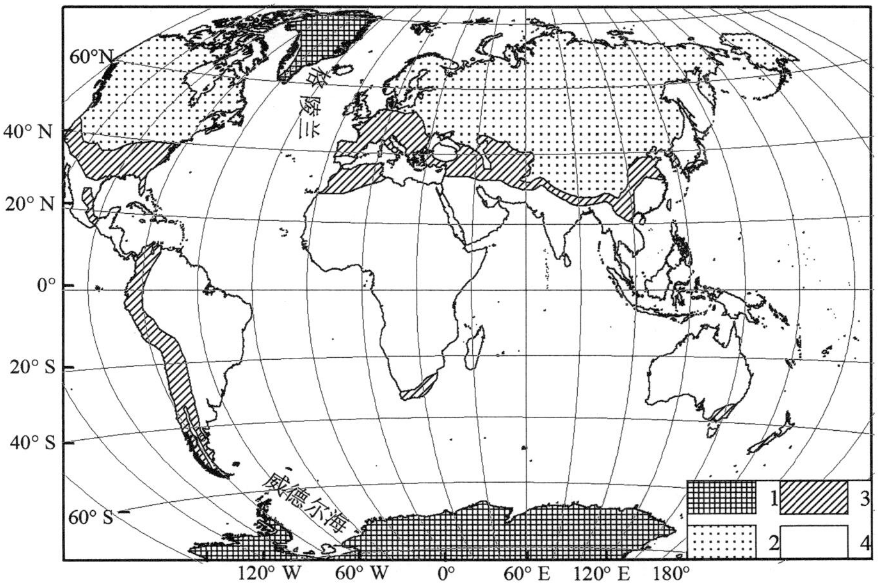

图 6－21　南、北半球冰雪覆盖的分布

1. 陆地上终年不化的雪和冰;2. 冬雪固定覆盖的区域;3. 冬雪偶尔覆盖的区域;4. 无积雪的区域

表 6-5 冰雪圈各主要成分所占面积和体积

类型			面积/10^6 km^2	体积/10^6 km^3	占地球面积/%			存留时间/年
					全球	陆地	海洋	
陆地冰体	大陆冰盖	南极冰盖	13.6	28.6	2.7	10.6		10^3～10^5
		格陵兰冰盖	1.8	2.7	0.4			
	山地冰川		0.35	0.24	0.05			10^1～10^3
海冰	南极地区海洋	年平均	12.1	0.02	2.4		6.5	10^{-2}～10^1
		最小	3.6	0.005	0.7			
		最大	19.0	0.03	3.7			
	北冰洋	年平均	11.4	0.04	2.2			
		最小	7.0	0.02	1.4			
		最大	14.3	0.05	2.8			
雪盖	年平均		25.5	0.003	5.0	17.1		10^{-2}～10^1
	最小		4.5	—	0.9			
	最大		46.9	0.03	9.2			
多年冻土			32	—	6.3	21		10^1～10^3

(1) 冰原　南极大陆和格陵兰冰原几乎占了全球冰体积的97.5%,它们几乎贮存了地球上4/5的淡水。南极大冰原的高度在4 000 m以上,格陵兰大冰原的高度约3 000 m。格陵兰的冰如果全部融化,将使全球海平面平均升高8 m,而南极东部冰的融化,将使海平面升高65 m。根据地貌学的证据,在过去10万年中这些冰原的变化是比较小的,在近200年中几乎保持平衡。冰原对气候的影响除了对太阳辐射有很高的反射作用外,就是它有很大的热惯性。巨大冰原(特别是南极大陆的深厚冰原)及其上空厚度约1 km的大气层对地球气候变化起着极其重要的调节与稳定的作用。

(2) 海冰　海冰的覆盖面积平均起来大约是冰原的1.5倍,其体积不到0.2%。从表6-5中可以看到,海冰范围有巨大的季节变化,因而可以影响时间尺度从几个月到几年的气候变化。冬季海冰布满整个北冰洋,以及格陵兰海、巴伦支海和鄂霍次克海的大部。夏季北方冰盖仅限于格陵兰大冰原和北冰洋的大浮冰。南极地区的海冰覆盖面积的季节变化比北极地区要大得多,冬季海冰分布可达到60°S,而夏季只局限于70°S以南。北极冰受到陆地的限制,南极冰盖的年际变化和区域变化比北极大。南极海冰最大范围出现在7～10月,最小范围出现在2～3月。北极海冰最大范围出现在1～2月,最小范围出现在8～9月。北极海冰的消亡慢,增长较快,而南极则恰好相反。海冰一旦形成,空气、雪、冰和水四种介质相互作用,表面性质和热量平衡发生极大的变化,海冰的含盐量比海水要少10%～70%,成冰时析出的盐使海洋上层变得不稳定,而冰的覆盖抑制了动力混合和海面与大气之间的辐射和潜热交换。

(3) 季节性雪被　雪的效应是增加地表面反射率,减少地面获得的太阳辐射和地热传导。从表6-5中可以看出季节性雪被覆盖很大的范围,但其体积所占比例很小。在北半球冬季,雪覆盖着50%的陆面和10%的海洋,雪盖在北美和欧亚大陆上可以南伸至50°N以南的中纬度。雪盖有显著的年变化,积雪时间以天和月计,比海冰短。北半球冰雪总覆盖的年变化振幅要比南半球大得多,全球冰雪总覆盖的年变化主要是由于北半球大陆雪盖的变化引起的。北半球雪盖的变化远大于海冰的变化。雪在中高纬度的水循环中发挥着主要作用,是径流和土壤湿度的主要水分来源,欧洲和北美广大地区的水分供应主要来自雪化融水。

(4) 冻土　永冻带覆盖的区域范围广阔,总面积约占地球陆面的15%～20%,主要位于北美及西伯利亚大陆的北极边缘。阿拉斯加、加拿大北部和亚洲东北部的大部分陆地是冰冻的。永冻带妨碍着地面水的运动,限制着植物的生长,并加速着地表径流。

(5) 高山冰川　虽然在某些地方高山冰川具有气象上、水文上和经济上的意义,但从冰的体积和表面积这两个方面看,它们在全球冰雪圈中所占比例很小,因此,作为全球气候系统相互作用的一个要素是不重要的,但是它们可以起着短期气候和长期气候变化的指示器的重要作用。

(二) 冰雪覆盖对气候的影响

由于冰和雪的性质和物理特征,以及冰雪圈与气候系统其他圈层的耦合,使得冰雪圈在地球气候中起着非常关键的作用。

(1) 冰雪覆盖有致冷作用,降低了地面和大气的温度　冰雪覆盖是大气的冷源,不仅使冰雪覆盖地区的气温降低,而且通过大气环流的调整,对更大范围乃至对全球气候产生影响。产生这种致冷效应的原因主要与冰雪覆盖的辐射特性和冰雪与大气之间的能量交换有关。冰雪表面对太阳辐射的反射率很大,并且地面对长波辐射多为灰体,而雪盖几乎与黑体相似,其长波辐射能力很强,这就使冰雪表面的有效辐射在相同的温度下比其他下垫面大,从而产生较低的地面温度,使地面向大气输送的长波辐射能和感热减少,导致气温降低。

冰雪面的导热率小,具有很好的绝热性,能阻止或大大削弱大气与地面之间的热量交换。这种作用在海洋上尤为明显,海冰是冷的极地气团和冰下面相对暖的海洋之间的绝缘层。当冰雪厚度达 50 cm 时,地表与大气之间的热量交换基本上被切断。北极海冰的平均厚度为 3 m,南极海冰的平均厚度为 1～2 m,格陵兰冰盖平均厚度达 1.6 km,南极冰盖平均厚度更是高达 2.1 km。因此,当存在大范围的冰雪覆盖时,大气得不到地表的热量输送,而且冰雪融化还要消耗热量,使气温降低,在冰雪表面常出现逆温。海洋中的较暖水流不能向高纬度地区输送更多的热量,造成南北极地区更加寒冷。例如,南极夏季是全球接受太阳辐射最多的大陆,但依然非常冷,其主要原因就在于南极大陆有 98%的区域常年为冰雪覆盖着。气温的降低利于冰雪面积的扩大和维持,而冰雪表面的高反射率又可减少冰雪面对太阳辐射吸收,使冰雪表面温度下降,进而造成大气进一步降温,所以冰雪面积—气温之间的反馈是一种正反馈过程。

(2) 冰雪覆盖有致干效应,减少了冰雪面上空气中的水汽含量　由于冰雪表面和近地面温度很低,饱和水汽压特别小,空气中水汽极易达到过饱和,在冰雪表面产生凝华现象,并且经常出现雪面逆温。因此,冰雪表面不仅切断了大气的热量和水汽源,供给空气的热量和水分很少,相反,空气反而要向冰雪表面输送热量和水分,水汽凝华在冰面,使空气变干,具有致干效应。这样,冰雪面上的空气缺少水汽,大气逆辐射弱,加剧了地面降温,使冰雪表面形成的气团干而冷。由于冰雪面积的增大将减少大气中的水汽,从而减少降雪量,因此,冰雪面积—空气水汽的反馈是一种负反馈过程。

(3) 冰雪覆盖对降水影响　由于冰雪的致冷作用,导致地面气压升高,地面冷高压强大、持续,高空形成冷涡。冰雪覆盖形成之后,尤其是南北极的冰雪覆盖形成之后,将使高低纬度之间的温差和相应的气压梯度明显加大,于是气压场和大气环流随之变化,从而导致气温异常、降水异常。大范围冰雪覆盖也影响大气圈和水圈之间的热交换。当存在大范围的冰雪覆盖时,这种热交换显著减少,海洋中的较暖水流不能向高纬度地区输送更多的热量,造成南北极地区更加寒冷。最后,融冰化雪需要大量热量。这些过程都会导致相应的大气环流调整,大气环流调整的结果,也必然导致降水发生变化。

第四节　人 类 活 动

人类活动对气候的影响主要体现在三个方面:改变大气成分、改变下垫面性质、人工释放热量而对气候产生影响。

一、大气成分的改变对气候的影响

(一) 温室效应

1. 温室气体

大气中温室气体包括水汽、二氧化碳、甲烷、氧化亚氮、氯氟烃类和臭氧。表 6 - 6 列出了不同年代温室气体浓度、变化速率及其在大气中的寿命期。辐射强迫是衡量温室气体浓度增加对全球气候增暖效应的物理量。全球变暖潜势(GWP)是用于比较不同温室气体对温室效应贡献大小的量,指在考虑气体衰减率后,在未来相同时段内(如 20 a、100 a、500 a)某温室气体所产生累积辐射强迫值与 CO_2 累积辐射强迫值之比。

表 6-6 主要温室气体的浓度和寿命期

温 室 气 体	二氧化碳	甲烷	氧化亚氮	CFC-11	CFC-12
分子式	CO_2	CH_4	N_2O	CF_2Cl_2	$CFCl_3$
工业化(1750～1800 年)前浓度/ppm	280	0.715	0.27	0	0
2005 年浓度/ppm	379	1.774	0.319	2.8×10^{-4}	5.03×10^{-4}
年增长率/%	0.46	0.7	0.25	0	1.4
2050 年浓度预测值/ppm	400～600	2.1～4.0	0.35～0.45	4.1×10^{-2}	8.5×10^{-2}
1750～2000 年间产生的辐射强迫/($W\cdot m^2$)	1.43	0.48	0.12	0.38(CFCs、氯仿、四氯化碳及其他卤烃衍生物)	
对气候变暖的贡献率/%	59	20	5	2	7
全球变暖潜势/GWP_{100}	1	23	396	4 000	10 600
在大气中的存留时间/年	30～100	12～17	114	50	102
主要来源	化石燃料的使用及土地利用的变化(如森林砍伐)	农业(如稻田、牲畜、湿地)	农业(氮肥、氨肥)	发泡剂、气溶胶、制冲剂、清洗剂	

图 6-22 给出了政府间气候变化专业委员会(IPCC)报告中的过去 1 000 年来温室气体浓度的变化曲线,这是由南极钻取的 3 300 多米深的冰芯资料以及夏威夷的马纳洛阿(Mauna Loa)于 1958 年开始的准确观测记录得到的。冰芯记录揭示,工业革命前的 800 年中,CO_2、CH_4、N_2O 平均浓度仅分别为 280 ppm、715 ppb* 和 270 ppb,且随气候变化波动很小。但自 1750 年工业革命以来,人类活动过度排放温室气体,使其在大气中的浓度快速增长,到 2005 年已远超过了工业革命之前的值,大气中 CO_2 浓度已增至 379 ppm,CH_4 浓度为 1 774 ppb,N_2O 浓度为 319 ppb,并且气温和 CO_2、CH_4、N_2O 具有同位相变化。全球 CO_2 浓度增加主要是化石燃料的使用及土地利用的变化所引起的,而 CH_4 和 N_2O 浓度的增加主要由农业引起。

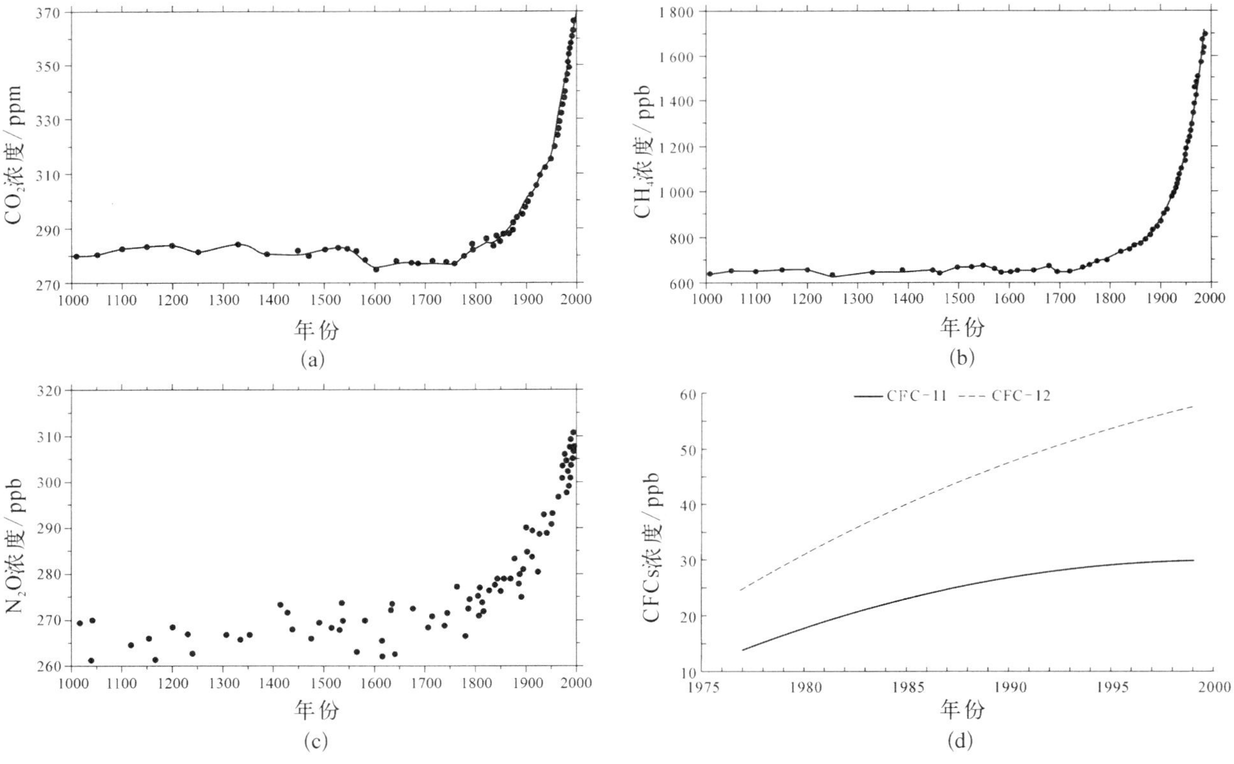

图 6-22 近千年来大气中温室气体浓度变化

* 1 ppm=10^{-6};1 ppb=10^{-9}。

(1) 二氧化碳(CO_2)　　CO_2是最重要的温室气体,对温室效应的贡献率约为59%。CO_2主要的人工源是矿物燃料燃烧和工业活动。此外,死亡生物体的腐败和呼吸作用也都排出CO_2,而植物的光合作用又使CO_2还原。海洋能吸收大量CO_2,是一个巨大的储存库。海水中溶解的CO_2的浓度取决于海水与大气间CO_2的分压差,若海水内CO_2分压大于大气的CO_2分压,则CO_2将从海洋进入大气,反之,则海洋吸收CO_2。海水中CO_2分压与海水的温度、酸度、含盐量、表层海水和深层海水的交换速率以及洋流状况等有关。在温度低而且酸度小的海水内,CO_2的平衡蒸汽压也低,所以,高纬寒冷地区的洋面主要起到汇的作用,吸收大气中的CO_2;而热带和低纬地区的洋面是大气中CO_2的源,往往放出CO_2。全球平均起来,是大气向海洋输送CO_2。深海里的水流能把海水中的部分CO_2从高纬地区带往低纬地区,还有部分CO_2转变成碳酸盐矿物(如贝壳)沉积于海底。因此,海洋对于全球大气中的CO_2起到调节作用。CO_2是在地壳、大气层、海洋和生物圈之间循环的。

如图6-22a所示,自公元1000~1800年大气中CO_2平均浓度为280 ppm,且仅在±5 ppm范围内波动。但自工业革命以来,由于大量煤、石油等矿物作为燃料,致使从1800~1900年大气中CO_2浓度从280 ppm增加到295 ppm,1990年增至345 ppm,1990年以后,增长速度更快(年增长率在0.9~2.8 ppm),2000年达到368 ppm,至2005年已增至379 ppm,大气中CO_2总量达2.96×10^{12} t。在19世纪的100 a中CO_2增加了15 ppm,而在20世纪的100 a间CO_2增加了73 ppm。

大气中CO_2浓度增加的原因,主要是由于人类大量燃烧矿物燃料和大量砍伐森林所造成的,火山爆发及从碳酸盐矿物、浅地层里释放CO_2是次要的原因。其中燃煤贡献率约31.0%,燃油(主要是发动机用油)占31.4%,燃气占12.9%;森林砍伐(主要在热带)约占3.5%,其他的土地利用变化占19.1%,制造黏合剂占2.0%。人类活动对大气中CO_2浓度的影响起始时间出现在1780~1870年,1870年对应于大气中CO_2浓度明显升高,为这之前900年间的最高值。在19世纪到20世纪初主要是砍伐森林,20世纪以来又加上燃烧矿物燃料。在1780年之前很长一段时间里,CO_2浓度一直稳定在280 ppm左右。到了19世纪大量砍伐森林,开垦耕地,由于自然植被与未开发森林的含碳量比农业用地大20~100倍,从1850年到1986年,估计仅此一个因素就向大气共排放了115±35 Gt的碳,现在每年的排放量约1.9±1.1 Gt碳。燃烧矿物燃料的作用在20世纪之前相对十分微弱。19世纪,因砍伐森林向大气中排放的碳已达每年0.5 Gt,而燃烧矿物燃料的排放量那时只有0.1 Gt。但20世纪以来,由于矿物燃料的消耗迅速增大。向大气中排放的碳,在第一次世界大战前已达0.8~0.9 Gt。第二次世界大战(二战)前为1.5 Gt,虽然两次世界大战及20世纪30年代的大萧条,使排放量的增量减少,但二战后,排放量以指数形式增加,年增量达4%。1973年石油危机之后才回落到2%。估计从1850年到1987年总共向大气排放了201 Gt,加上因砍伐森林的排放,使大气中CO_2浓度从280 ppm上升到350 ppm以上。目前,因燃烧矿物燃料每年向大气中排放的CO_2约为6 Gt碳,而每年由于土地利用变化和森林破坏而释放出的CO_2约为1.5 Gt碳,总计每年向大气输入约7.5 Gt碳的CO_2。然而,这些CO_2并不都滞留在大气中,只有一半左右,即3.8 Gt碳的CO_2滞留在大气中,使大气中CO_2浓度增加,而其余的3.7 Gt碳的CO_2则被海洋和陆地生物圈吸收,其中海洋吸收约为2 Gt碳的CO_2,陆地生物圈吸收约为1.7 Gt碳的CO_2。如果不是这样,大气中CO_2的浓度增加将更为迅速。但是,CO_2在大气中存留时间比较长(表6-6),这意味着今天排放的CO_2会影响到未来几个世纪。因此,即使目前停止排放,在200 a内大气中浓度也不可能回落到工业化前的水平。据预测,到21世纪中叶,世界能源消费总体格局不会发生根本性变化,人类将继续以矿物燃料为主要能源,并且需求量仍将增加,即使把人类活动引起的CO_2排放量保持在目前水平上,到2050年大气CO_2浓度仍将增至415~480 ppm,到2100年将维持在400~480 ppm。

大气中CO_2浓度还具有显著季节变化。自1958年以来,世界很多地方包括南极、夏威夷马纳洛阿和巴罗观象台均连续监测了大气中CO_2的浓度(图6-23)。在一年内,大气中CO_2浓度,在植物生长季节较低,而其他时期较高;季节变化强度,北半球大于南半球,在极区最强,热带不明显,而在赤道附近接近于零;季节变化相位,南北半球相反,即北半球CO_2浓度增加时,南半球减少。这是因为春季和夏季,大陆上的绿色植物从大气中吸收大量的CO_2,并储存在生物体中,而氧化作用(包括生物体燃烧和腐烂等)在全年任何时间都在发生,但干冷季节占主导地位,因此大气中CO_2浓度在植物生长季节最低。在南半球主要是海洋,而北半球陆地和陆地植被相对较多,且在热带树叶几乎不随季节变化,因此在南半球或热带大气中CO_2浓度季节变化不明显。

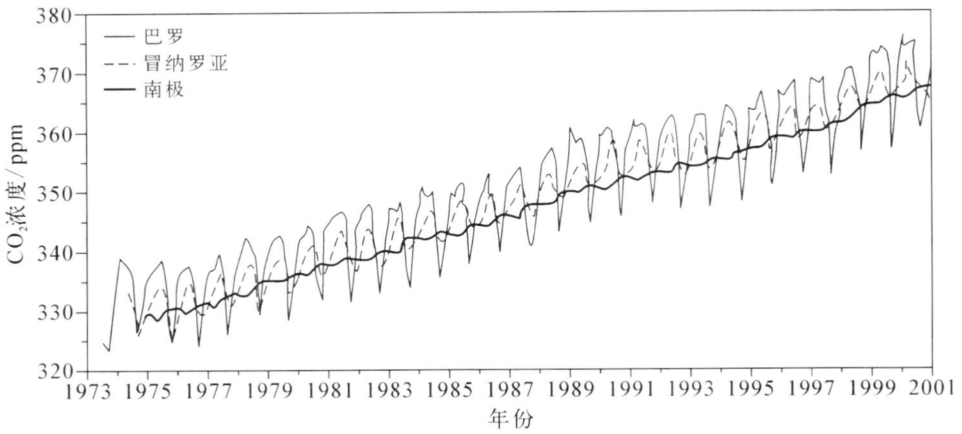

图 6-23 大气中 CO_2 浓度的变化曲线

若不考虑季节的影响,大气中 CO_2 浓度波动反映了南方涛动(ENSO)的强度,暖事件期间 CO_2 浓度迅速增加,而冷事件期间 CO_2 增加的速率较慢(图 6-24)。因为在厄尔尼诺事件过程中,降水分布的改变,大陆水汽不足,不论在亚洲季风区(季风减弱),还是在初级生产力很高的热带雨林和热带草原地区,干旱影响了植物生长,使它们无法吸收正常水平的 CO_2,并且暖事件期间森林火灾发生率增高,具有使大气中 CO_2 浓度增加的效应。同时,赤道太平洋的暖海水阻挡了热带东太平洋冷水上涌,浮游生物减少,赤道东太平洋对 CO_2 的正常吸收受到了抑制,因此,大气中 CO_2 含量迅速增加已经成了厄尔尼诺事件的标志。相反,在拉尼娜事件期间,在陆地上(亚洲季风加强)和赤道东太平洋,光合作用活动都增强,生物圈趋于利用更多的 CO_2,因此,冷事件期间大气中 CO_2 增加的速率较慢。但从长期看,大气中温室气体的增加基本与人类活动所产生的温室气体排放量呈线性关系。

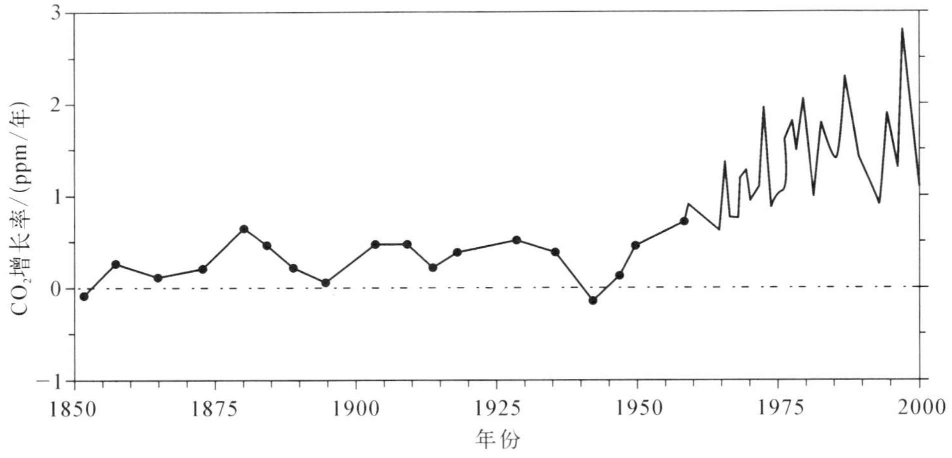

图 6-24 大气中 CO_2 浓度年增长率变化曲线

(2) **甲烷(CH_4)** 甲烷在大气中的浓度为 1.73 ppm,远小于 CO_2 浓度(368 ppm),但由于每摩尔 CH_4 的温室效应比 CO_2 大 22 倍,因此,CH_4 是第二重要的温室气体,它对温室效应的贡献率约为 20%。甲烷主要是湖泊、沼泽里的生物体腐败后被细菌分解而生成的,天然气、工业废水和污水也是甲烷的一个来源。据观测,大气中 CH_4 的 80%来自地表生物源,是在严格的无氧环境中产生的。

大气中 CH_4 浓度从工业化之前的约 700 ppb 上升到 20 世纪 90 年代末期的约 1 732 ppb,2005 年达到 1 774 ppb。冰芯分析揭示,自公元 1000～1800 年,全球大气中 CH_4 平均浓度稳定在 695 ppb 左右,其后一直保持快速增长,1950 年增加到 1 250 ppb,到 2005 年已达 1 774 ppb(图 6-22b)。20 世纪初以后,由于煤、天然气和石油大量开采,运输泄漏加剧,水稻种植面积增加,使大气中 CH_4 生成大于消耗,每年约增加 46 Mt 的 CH_4,比 CO_2 增加得快。但甲烷浓度年增长率从 1980 年的 15 ppb/a 降低到 1990 年的 10 ppb/a,在 20 世纪 90 年代降低得更多,而且年际间波动相当大。按目前增长率,大气中 CH_4 浓度在 2050 年将增至 2.5 ppm。但由于 CH_4 在大气中可以被氧化,若停止人类活动源,经过 10～15 年 CH_4 浓度又会降低到工业化前的水平。此外,在 1750 年左右 CH_4 的年增长率呈显著的增长,而 CO_2 的年增长率虽然有所增大,但并不十分显著,因化石燃料燃烧所引起 CO_2 浓度增加大约起始于 1850 年前后。因此,人类活动对 CH_4 的影响比 CO_2 早 100 年左右。

(3) **氟利昂(CFCs)** 卤代烃类(亦称氯氟烃类或氟利昂类)物质(任何包含氟、氯、溴、碘的碳的气体)因引起南极平流层臭氧的破坏而广为人知,它们是第三重要的温室气体,对温室效应的加强作用约为 16%。氯氟烃类物质(CFCs),具有优良的化学性质:无毒、无腐蚀性、高稳定、不易燃和无爆炸性等。自从 1930 年作为液氨和二硫化碳的替代物用于制冷剂以来,其迅速在各个领域获得了广泛的应用。除了作为制冷剂,还被作气溶胶香雾剂、制造塑料的发泡剂、电子工业的溶剂、消防灭火剂和清洗剂等的主要原料,其产量和消费量也迅速增长。人造的含氯化学物质,主要是 CFCs 类物质,对极地地区的臭氧空洞起主要作用,其中起温室作用的主要是 CFC_{12}(氟利昂$_{12}$即二氟二氯甲烷 CCl_2F_2)和 CFC_{11}(氟利昂$_{11}$即一氟三氯甲烷 CCl_3F),对全球变暖潜势分别是 CO_2 的 8 500 倍和 4 000 倍(表 6-6)。CFC_{11} 和 CFC_{12} 的年增长率在 1985～1988 年达到峰值,1987 年《蒙特利尔公约》签订时达 4%。在制冷工业发展前,大气中根本没有这种气体成分。CFC_{11} 在 1945 年开始有工业排放,1990 年对流层低层大气中 CFC_{11} 浓度达到 280 ppt*,至 1995 年大气中的 CFC_{11} 含量不再上升,到 1998 年减少至 268 ppt。CFC_{12} 在 1935 年开始有工业排放,1990 年对流层低层浓度达到 484 ppt,到 1995 年大气中的 CFC_{12} 每年只增加 10.5 ppt。虽然保护臭氧层的国际行动已使氟利昂类(CFCs)浓度趋于稳定,但是取而代之的不会破坏平流层臭氧的各种代用品,主要有氢氟烃(HFCs)及氢氯氟烃(HCFCs),也有许多品种。这些替代品虽然减少了对臭氧层的破坏,但它们本身也是温室气体,同样也有温室效应。而它们在大气中的寿命期却短得多,不会使温室效应显著增强。

(4) **氧化亚氮(N_2O)** N_2O 亦称笑气,常用作麻醉剂,是第四重要的温室气体,对温室效应的贡献率为 5%(表 6-6),每摩尔 N_2O 的温室效应是 CO_2 是 396 倍。不仅如此,在平流层中,N_2O 会发生光化学反应,破坏臭氧层。在工业化以前的 3 000 年,大气中 N_2O 浓度一直稳定在 265±5 ppb,工业化以后,由于人类活动引起了大气 N_2O 浓度迅速增加,1980 年增至 301 ppb,到 2005 年已增至 319 ppb,比工业化前增加了 54 ppb。人为排放的 N_2O 主要源自氮肥、氨肥、生物物质和矿物燃料的燃烧,其中以农业生物源为主,施用氮肥所排放的 N_2O 约占全球生物源排放总量的 21%～46%。N_2O 主要汇为平流层光化学破坏、陆地土壤吸收和海洋吸收,其中平流层光解汇远大于土壤和海洋吸收。

2. 温室气体增加对气候的影响

(1) **对气温的影响** 工业革命以后,由于人口急剧增长和工业飞速发展,导致了全球 CO_2 和 CH_4 浓度逐年增加,氯氟烃(CFCs)类从无到有,从而带来全球变暖。全球变暖是 20 世纪气候变化的显著特征,尤其是自 70 年代后期以来,全球变暖有加速趋势,进入 21 世纪以来,全球平均气温仍在不断升高(图 6-25)。

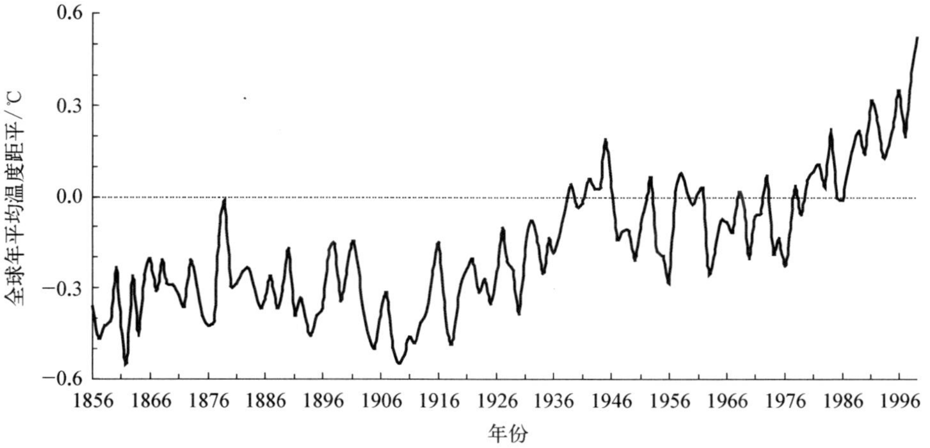

图 6-25 全球年平均气温距平

注:1961～1990 年为计算参考期,全球年平均气温为 14℃,其中北半球为 14.6℃,南半球为 13.4℃

* 1 ppt=10^{-12}。

在 1906～2005 年的 100 年中，全球年平均气温共升高了 0.74℃，其中后 50 年是每十年升高 0.13℃，是 1906～2005 年平均增温率的 2 倍。在这 100 a 内，中国年平均气温共上升了 0.95℃，略高于全球或北半球的变暖幅度。数值模拟结果表明，相对于工业革命前大气中 CO_2 含量(280 ppm)作比较，如果只考虑人类活动造成大气中温室气体浓度增加，到大约 CO_2 浓度加倍时(2050～2060 年)，全球平均气温相对于目前气候平均约升高 1.5～2.5℃，全球年平均降水量相对于目前气候平均约增加 0.00～0.12 mm/d。到 2100 年时，全球平均气温将升高 3.5～5.0℃，全球年平均降水量相对于目前气候平均约增加 0.05～0.20 mm/d。

在过去的 100 a 内，我国年平均气温共上升了 0.95℃，略高于全球或北半球的变暖幅度，但近 20 a 的增温不比 20 世纪 30～40 年代明显，并且 20 世纪 50～60 年代中国气候的变冷也比全球或北半球显著得多。近 100 a 来全国的增温主要发生在冬季和春季，而夏季则有微弱变凉趋势。1951～2004 年，我国年平均地表气温变暖幅度为 1.3℃，增温速率为 0.25℃/10 a，比全球同期变暖速率高 1 倍左右。其中冬季和春季增温更明显；北方和青藏高原比其他地区明显；春季和夏季西南地区有一定降温；夏季长江中下游地区气温明显变凉。1951～2004 年，全国平均最高气温略有上升，最低温度显著升高，极端最低温度和平均最低温度都趋于升高，尤以北方冬季更为突出。这与冬季风明显减弱有关。全国平均而言，最高温度大于 35℃的高温日数呈下降趋势，霜冻日数显著下降，下降趋势为 2.4 d/10 a。全国范围寒潮暴发的次数和寒冷天数急剧减少，尤其是 20 世纪 80 年代和 90 年代初最突出。中国的热日和暖夜频率显著增加，而冷日和冷夜频率都减少，冷夜减少更显著。我国东部的高温日数也趋于减少。我国北方和青藏高原的气候生长期已明显增长，1961 年以来增长了 10 d 左右。

1750～2005 年，人类活动以 1.6 W/m^2(0.6～2.4 W/m^2)辐射强迫的净效应驱动气候变暖(图 6-26)。由于 CO_2、CH_4、N_2O 等温室气体浓度增加，其组合辐射强迫为 2.3 W/m^2(2.07～2.53 W/m^2)。在 1995～2005 年，CO_2 增加使温室气体的辐射强迫值从 1995 年到 2005 年增加了 20%。图 6-26 给出了 2000 年温室气体的辐射强迫值。虽然 O_3 在对流层大气中含量还不确定，由于人类活动导致平流层 O_3 减少，故平流层对辐射强迫的贡献为负值，O_3 在平流层和对流层中的辐射强迫分别为 −0.15 W/m^2 和 0.4 W/m^2。图 6-26 还给出了人类活动产生的气溶胶对辐射强迫的贡献。硫酸盐因反射地面长波辐射进而产生降温效应，而黑碳(煤灰)的影响则相反。

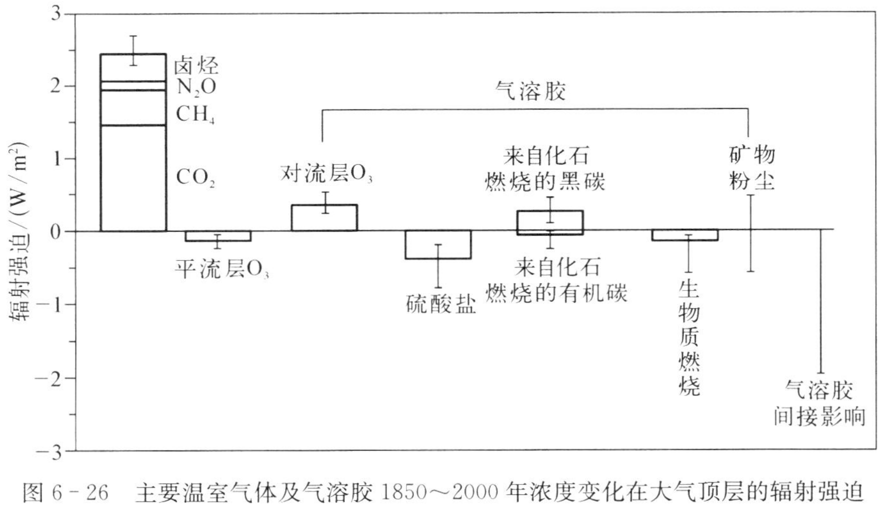

图 6-26　主要温室气体及气溶胶 1850～2000 年浓度变化在大气顶层的辐射强迫

(2) 对降水量的影响　由于降水在时间和空间上连续性都很小，而且在广阔海洋上几乎无法得到降水的长期观测值，因此，迄今只在陆地和一些重要区域(如东亚、南亚、北非、欧洲和北美洲)有年代际和百年时间尺度的平均降水量变化序列，其中布拉德里(R. S. Bradley)和胡尔默(M. Hulme)两个降水序列比较有代表性，由于其所使用的资料 80%是相同的(基于 5 899 个站点观测资料)，因此，这两个序列基本一致。各站点年降水量观测值变化范围为 0～11 900 mm，但全球平均后的变化范围为 910～1 135 mm，距平值很少超过±50 mm(图 6-27)。

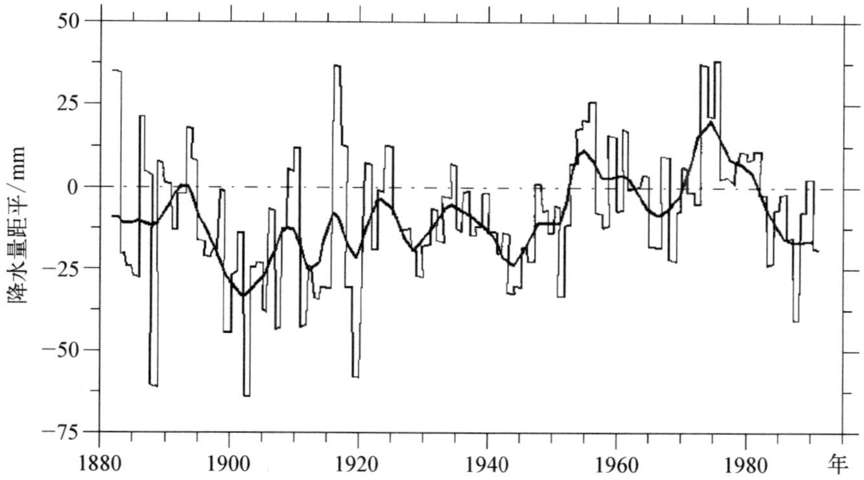

图 6－27　全球陆地年平均降水量距平(对 1961～1990 年平均)

全球气候变暖使海洋、土壤和植物蒸发量增多,提高了大气中水汽含量,通过锋面、锋面气旋、热带风暴等天气系统的触发作用,这些水分将形成降水。总体上看,20 世纪全球陆地上的降水量增加了 2%左右。虽然全球降水量的增加是显著的,但在不同时段、不同地区的表现并不一致。从 20 世纪初到 40 年代,全球陆地降水偏少;从 50 年代到 60 年代初,全球陆地降水增加;60 年代降水减少,并 70 年代降水又增加,但从 70 年代末以来全球陆地降水趋于稳定下降。

20 世纪 70 年代末以来全球陆地降水减少大部分可归因于西非萨赫勒地区的干旱,这些地区的降水量在 20 a 内从每年 400 mm 降到 100 mm,减少了 75%。其原因是北大西洋相对于南半球的海洋的变冷,致使非洲季风减弱,降水量减少。并且全球降水量变化趋势与南方涛动显著相关。当 1950～1951 年发生了强烈的拉尼娜事件后,1952～1954 年全球陆地降水猛增了 60 mm。由于 1982～1983 年发生了强 ENSO 事件,致使 1983 年比 1980 年降水少 50 mm。

中国在 1906～2005 年的 100 年里,全国及各区域平均年降水量变化的总体趋势都不明显,仅呈现出明显的年际和年代际振荡,20 世纪初期和 30～40 年代以及 80～90 年代降水量偏多,其他时段降水量偏少。

全球气温升高,海洋变暖,海洋水体热膨胀,并且位于南极和格陵兰的冰原将会部分融化,冰川后退,导致海平面升高。据观测,在 20 世纪的 100 年中,全球海平面平均上升了 17 cm。据气候模型预测,到 CO_2 倍增时(2050 年)海平面将再升高 15 cm,到 2100 年时将比 1990 年上升 9～88 cm。

全球气候变暖,使全球干旱、洪水、暴风雪、热浪、低温等极端天气气候事件增多,给社会经济和人民生产生活造成了严重影响和巨大损失。全球气候变暖使蒸发增多,提高了大气中水汽的含量,水循环加强,这意味着:一方面,中纬度大陆(沙漠地区)夏季降水减少,干旱加剧;另一方面,在许多地区,特别在中高纬度陆地区域(多锋面气旋的地区),将会出现更多的强降水过程,造成更多的洪水泛滥。

虽然 1900～1995 年严重的干旱、雨涝没有表现出明显的全球性长期变化趋势,但至少从 20 世纪 80 年代以来,北半球中高纬度地区的暴雨频次增加了 2%～4%,萨赫勒、亚洲东部、南非干旱更趋严重,而美国和欧洲等地雨涝增多。历史上西非萨赫勒地区经常发生旱灾,而干旱持续的时间从未超过 10 a,但是,从 20 世纪 60 年代后期开始,萨赫勒地区严重的干旱持续了 20 多年之久。旱灾影响了 16 个非洲国家,造成了重大灾难。20 世纪 70 年代初赫勒地区死亡约 25 万人。1984 年埃塞俄比亚大饥荒夺去了 80 多万人的生命。在 1968～1973 年,干旱就使撒哈拉沙漠向南扩张了 500 km 以上。

(3) 引起气候带向高纬度移动　温室效应引起的气候变暖并不是均匀的,而是高纬升温多、低纬升温少,冬季升温多、夏季升温少,这种变化必然造成气候带的调整。一般说来,在北纬 20°～80°,每隔 10 个纬度温度相差 7℃。因此,按照全球平均增暖 3.5℃计算,温度带平均北移 5 个纬度。温度带移动会使大气运动发生相应的变化,全球降水分布也将改变。一般说来,低纬度地区现有雨带的降水量会增加,高纬度地区冬季降雪量也会增多,而中纬度地区夏季降水量将会减少。气候带的移动会引起一系列的环境变化。对于大多数干旱、半干旱地区，降水的增多可以获得更多的水资源，这是十分有利的。但是，对于低纬度热带多雨地区，则面临着洪涝威胁。而对于降水减少的地区，则会因为夏季雨量的减少，变得更加干旱，造成供水紧张，土地沙化加剧，全球每年约 6×10^4 km^2 土地沙化。我国西北、华北地区每年沙化面积达 2 500 km^2。由于土地沙化，致使生态恶化、植被退化，甚至变成荒漠化，这将对农业生产和人们的日常生活造成严重影响。

（二）阳伞效应

1. 气溶胶的来源

大气中气溶胶粒子的来源和化学成分十分复杂，既有自然界自身产生的，也有人类活动所产生的。

（1）自然源　自然源包括地面尘埃、沙尘暴、海浪溅沫的海盐、火山爆发、林火烟灰、花粉与种子、宇宙尘埃。沙尘是对流层气溶胶的主要成分，占陆地面积约 1/3 的半干旱地区、沙漠和干涸的湖床是地球表面产生沙尘的主要来源，另外还有一些由于人类活动而导致植被减少的较干旱地区。图 6－28 给出了全球主要沙尘暴的源区、路径和进入全球海洋的尘埃量以及粉尘强迫的地表辐射变化。由图可知，全球主要的沙尘源区分布在北半球的沙漠地区，主要来自撒哈拉沙漠、美国西南部沙漠和亚洲地区，而南半球的贡献相对较小。在离亚洲东海岸 1 000 km 处有一片广大的沙尘区，其总量为 10 t/(km^2·a)以上。这样的沙尘带可以向东南延伸到印度次大陆及东南亚。北非的西海岸尘埃的传输率也很高。萨赫勒是半干旱地区，是一条从毛里塔尼亚穿越撒哈拉沙漠南部边缘一直到红海的狭长区域，由于长期干旱，在整个干季里，大气中都弥漫着灰尘。亚洲海岸线、澳大利亚、热带非洲及美国东海岸和南美周围大部分地区每年的尘埃量都超过了 1 t/km^2，这个幅度的通量覆盖了南美和非洲之间的中部大西洋。这些地区未必都在沙漠或开垦的半干旱区的下风方向，这表明工业和农业活动排放尘埃有全球意义，这些尘埃携带了来自工业活动和土壤风化的大量铁。

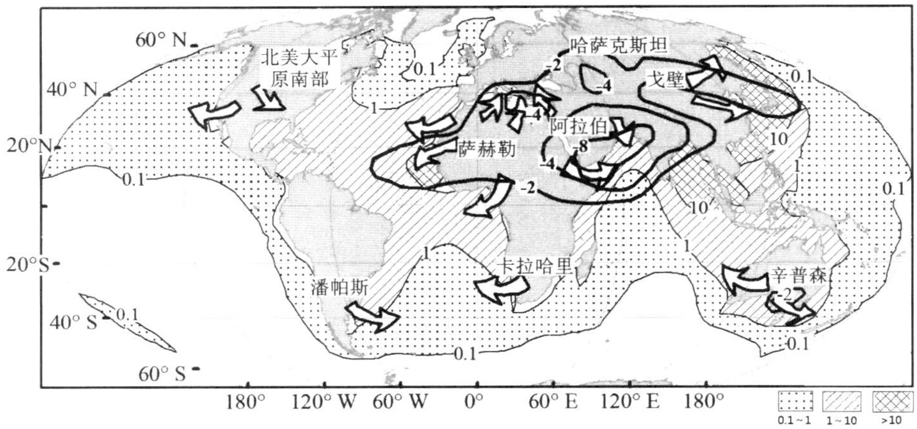

图 6－28　全球沙尘暴路径(箭头所示)、每年输送到海洋的大气尘埃量[正值细实线阴影区，t/(km^2·a)]及大气粉尘对地表辐射强迫冷却作用(负值粗实线等值线，W/m^2)

我国西北地区处于宽广的欧亚大陆的中部，是大气中悬浮颗粒的第二大源地。春季到初夏，由于我国北方干燥少雨，土壤松散，特别在内蒙古、宁夏、新疆和甘肃有许多地区是沙漠，当有强冷空气南下或气旋发生时，由于伴有强风，把微小颗粒的沙尘扬起，严重时会出现沙尘暴，并随风向东传播，经常造成我国东部的扬沙天气，从而对工农业生产、交通运输以及人民生活造成严重影响。并且春季是起尘最严重的季节，起尘量占全年起尘量的一半以上。

（2）人为源　人为气溶胶是由矿物和非矿物燃料的燃烧、工业、交通、农业、建筑等直接排放到大气中的尘埃粒子以及污染气体的光化学反应形成的粒子。全球由人为活动排入大气的粒子约是自然源的 20%，包括直接排放和气—粒转化产生。例如，自从工业革命以来，化石燃料的燃烧不仅直接向大气排放大量气溶胶粒子，而且还向大气排放大量 SO_x(燃煤)和 NO_x(汽车尾气)等污染气体，这些污染气体通过气—粒转化而形成人为大气气溶胶的重要成分——硫酸盐和硝酸盐气溶胶粒子。

2. 阳伞效应

(1) 直接气候效应　　一方面,气溶胶粒子对太阳辐射的散射和吸收作用,减弱了到达地面的太阳辐射,对地面有降温效应,称之为阳伞效应;另一方面气溶胶对太阳辐射的吸收则是直接加热空气,并且气溶胶还吸收地面长波辐射,使空气进一步增暖。因此,气溶胶的直接效应是使气温直减率减小,从而在总体上减小大气垂直向上运动速度。

(2) 间接气候效应　　气溶胶还可以作为云的凝结核影响云滴谱,并进而影响云的反射率以及云的寿命和降水率来影响气候。由于空气中水汽总量是恒定的,气溶胶数量增加将有助于增加云滴数量,而减小云滴的大小。小云滴数量的增加会使云的亮度显著增大,增大云对太阳辐射的反射率,所以,对流层低层气溶胶浓度的增加将使地面变冷。而云滴越小,其碰并形成降水尺度的大云滴的机会也越少,因此,由人为气溶胶排放所引起的云滴数增加和云滴尺度减小将会引起降水减少和云寿命延长。

研究表明,由人类活动产生的硫酸盐气溶胶产生的直接辐射强迫为$-0.3\sim-0.9\ W/m^2$,间接辐射强迫约为$0\sim-1.6\ W/m^2$(IPCC,1994,1995)。这种强迫相当于温室气体产生的强迫 $2.3\ W/m^2$(IPCC,1994)的三分之一,有时两者大小几乎相当。尘埃对诸如阿拉伯半岛等的干旱区及其邻近海域的辐射强迫大于$-8\ W/m^2$(图 6-28),这意味着气溶胶可以在一定程度上减弱甚至抵消温室气体的温室效应。

二、改变下垫面性质对气候产生影响

(一) 毁林和荒漠化对气候的影响

人类为了生产、城市化和交通的需要,大片森林被砍伐、大片草原被开垦、大片农田被占用、填湖造陆、开凿运河、建造大型水库等,改变下垫面性质,对气候产生显著影响。尤其是毁林开荒,使地表反射率增大,降水量减少,气候变暖变干,气候的大陆度加强,风沙灾害加剧,水土流失严重,地表肥力下降,地表径流增大,洪涝灾害加剧。根据考证,历史上森林曾占地球陆地面积的 2/3,到 20 世纪初全球森林面积下降到 37%,目前全球森林覆盖面积只占 22%。每年全球因沙漠化而丧失的土地达 6 万 km^2,另外还有 21 万 km^2 的土地地力衰退,在农、牧业上已无经济价值可言。

森林是一种特殊的下垫面,它除了影响大气中 CO_2 的含量以外,还能形成独具特色的森林气候,而且能够影响附近相当大范围地区的气候条件。林下地表在白天因林冠的阻挡,透入太阳辐射不多,气温不会急剧升高,夜晚因有林冠的保护,有效辐射不强,所以气温不易降低。因此林内气温日(年)较差比林外裸露地区小,气温的大陆度明显减弱。森林树冠可以截留降水,林下的疏松腐殖质层及枯枝落叶层可以蓄水,减少降雨后的地表径流量,森林可称为"绿色蓄水库",森林区空气湿度可比无林区高 15%~25%,年降水量可增加 6%~10%。在干旱地区,森林可以减小干旱风的袭击,防风固沙;在沿海大风地区,森林可以防御海风的侵袭,保护农田。森林根系的分泌物能促使微生物生长,可以改进土壤结构。森林覆盖区气候湿润,水土保持良好,生态平衡有良性循环。

(二) 城市化造成气候的热岛效应和城市污染

1. 人为热和人为水汽的排放

随着工业、交通运输和城市化的发展,世界能量的消耗迅速增长。其中在工业生产、机动车运输中有大量废热排出,居民炉灶和空调以及人、畜的新陈代谢等亦放出一定的热量。虽然这些人为热与地球从太阳获得的净辐射热相比是微不足道的,但是由于人为热集中在人口稠密、工商业发达的大城市,其局地增暖的效应相当显著。在燃烧大量化石燃料时除有废热排放外,还向空气中释放一定量的人为水汽。虽然人为水汽量要比自然蒸散的水汽量小得多,但它对局地低云量的增加有一定作用。云对太阳辐射和地气系统的长波辐射都有很大影响,它在气候形成和变化中起着重要的作用。

2. 城市气候

城市是人类活动的中心,有大量温室气体、人为热、人为水汽、气溶胶和污染物排放至大气中。因此人类活动对气候的影响在城市中表现最为突出。美国学者兰兹伯格(Landsberg)1970 年对城市与郊区各气候要素进行对比研究,结果如表 6－7 所示。城市气候的特征可归纳为城市风速减小和“五岛”(热岛、混浊岛、干岛、湿岛、雨岛)效应。

表 6－7 城市与郊区气候特征比较

要素	市区与郊区比较
大气污染物	凝结核比郊区多 10 倍,微粒多 10 倍,气体混合物多 5～25 倍
辐射与日照	太阳总辐射少 0～20%,紫外辐射:冬季少 30%,夏季少 5%,日照时数少 5%～15%
云和雾	总云量多 5%～10%,雾:冬多 1 倍,夏多 30%
降水	降水总量多 5%～15%,<5 mm 雨日数多 10%,雷暴多 10%～15%
降雪量	城区少 5%～10%,城区下风方多 10%
气温	年平均高 0.5～3.0℃,冬季平均最低高 1～2℃,夏季平均最高高 1～3℃
相对湿度	年平均小 6%,冬季小 2%,夏季小 8%
风速	年平均小 20%～30%,大阵风少 10%～20%,静风日数多 5%～20%

(1) 城市热岛效应　由于城市人口稠密、工商业集中、交通运输频繁,耗能多,排放大量温室气体和人为热,使城市温度高于周围乡村地区的温度的现象称为城市热岛效应。

1) 成因:① 树木植被的砍伐,下垫面坚硬结实,干燥而不透水,加上城市良好的排水系统,减少了水汽蒸发及潜热消耗所引起的降温;② 大量的建筑物、沥青路、混凝土、停车场等比热小,而导热率大,增大了地表对太阳辐射的吸收,从而导致地表及近地面大气升温;③ 城市能源消费远大于周围地区,而能源(化石燃料、电能、核能等)消费最终都是将能量转化为热能排放到大气中。这些影响的总体效应是使城市比其周围乡村地区大幅度增暖,形成城市热岛。特别是当天气晴朗无风时,城区与郊区气温差值更大。当风速超过 6.7～10 m/s 时,城乡温差大多会消失。

2) 城市热岛环流:由于城市热岛的存在,在城区形成一个弱低压中心,并出现辐合上升气流,至一定高度后又流向郊区,在郊区下沉,再沿地面向城市中心辐合,形成城市热岛环流(图 6－29)。从周围乡村吹向城市的局地风,称为城市风,亦称城乡风。风不断从乡村吹来,风速可达 2.0 m/s,这种风可将郊区工厂的污染物带到市中心,使污染浓度升高。由于夜晚城乡温差比白天大,因此,热岛环流白天比夜晚弱。热岛环流的风速一般不大,常会被系统风速所淹没。以北京为例,如果冬春季风速超过 5～6 m/s、夏季风速达 2～3 m/s 时,热岛环流会被淹没而不明显。

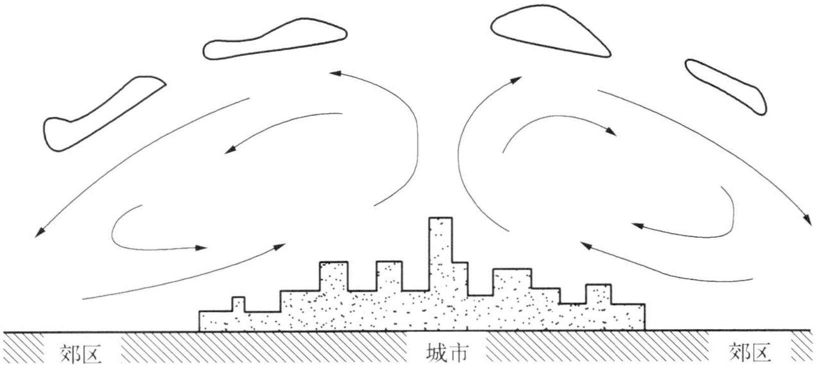

图 6－29 城市热岛环流示意图

3) 城市热岛混合层:城市特殊的热力性质,会产生“城市热岛混合层”。晴朗的白天,城市和乡村的温度层结都是递减的,仅城市紧靠地面一层递减得更快[图 6－30(a)]。夜晚,乡村由于辐射冷却在近地层形成逆温层。但当乡村空气移动到城市上空时,由于城市热岛效应,城市下垫面温度高,使来自乡村的下层空气被重新加热,贴地面层逆温破坏,而形成一薄层混合层,其上部仍维持从乡村移过来的逆温[图 6－30(b)]。此混合层厚度为几十米到几百米,由城市的规模和空气运动的速度、时间而定。城市混合层通常午后最高,可达千米以上;早晨混合层最低,一般仅几十米到几百米。这是由于午后强烈的日照使湍流交换十分活跃,并

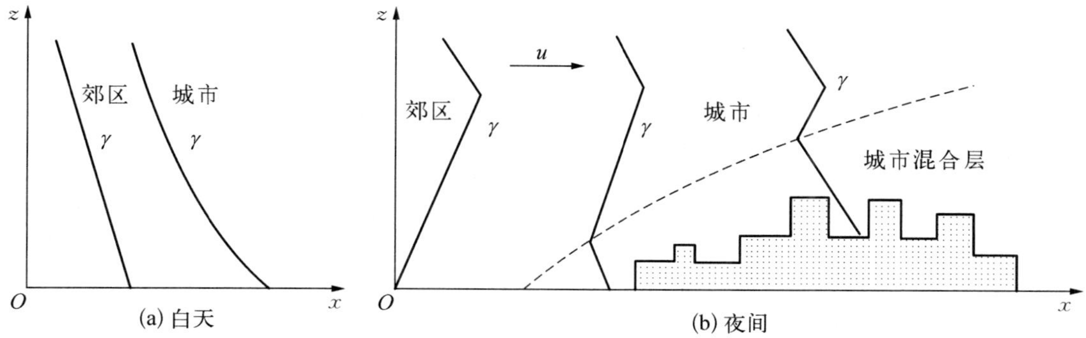

图 6-30 城市热岛混合层

产生对流的结果。在城市混合层内,由于垂直扩散较强,处在夜间热岛混合层内的低矮污染源,会对城市地面造成严重污染。

(2) **城市干岛和湿岛效应**

1) 干岛效应:城市平均水汽压比郊区小,再加上有热岛效应,其相对湿度比郊区更小,有明显的干岛效应。白天,在太阳照射下,对于下垫面通过蒸散过程而进入低层空气中的水汽量,城区(绿地面积小,可供蒸发的水汽量少)小于郊区。特别是在盛夏季节,郊区农作物生长茂密,城郊之间自然蒸散量的差值更大。城区由于下垫面粗糙度大(建筑群密集、高低不齐),又有热岛效应,其机械湍流和热力湍流都比郊区强,通过湍流的垂直交换,城区低层水汽向上层空气的输送量又比郊区多,这两者都导致城区近地面的水汽压小于郊区,形成城市干岛。

2) 湿岛效应:夜晚,风速减小,空气层结稳定,郊区气温下降快,饱和水汽压减小,有大量水汽在地表凝结成露水,存留于低层空气中的水汽量少,水汽压迅速降低。城区因有热岛效应,其凝露量远比郊区少,夜晚湍流弱,与上层空气间的水汽交换量小,城区近地面的水汽压高于郊区,出现城市湿岛。这种由于城郊凝露量不同而形成的城市湿岛,称为“凝露湿岛”,且大都在日落后若干小时内形成,在夜间维持。

(3) **城市雨岛效应** 城市及其下风方向具有促使降水增多的雨岛效应。与郊区相比,城市降水总量多5%~15%,雷暴多10%~15%。成因:① 在大气环流较弱、有利于在城区产生降水的大尺度天气形势下,由于城市热岛环流所产生的局地气流的辐合上升,有利于对流雨的发展;② 城市下垫面粗糙度大,对移动滞缓的降雨系统有阻障效应,使其移速更为缓慢,延长城区降雨时间;③ 城区空气中凝结核多,其化学组分不同,粒径大小不一,当有较多大核(如硝酸盐类)存在时,有促进暖云降水作用。由于上述因素的影响,会诱导暴雨最大强度的落点位于市区及其下风方向形成雨岛。城市大气中的SO_2和NO_x较多,易形成“酸雨”,危害极大。

(4) **城市混浊岛效应** 城市混浊度明显大于郊区。凝结核比郊区多10倍,微粒多10倍,大气污染物多5~25倍。成因:① 城市工厂、交通运输、居民生活等排放大量气溶胶和SO_2和NO_x等大气污染物,使城市大气污染物质远比郊区多;② 城市大气中因凝结核多,低空的热力湍流和机械湍流又比较强,因此低云量多,日照时数少,城区大气混浊度明显大于郊区;③ 城区能见度小于郊区。因为城市大气中颗粒状污染物多,它们对光线有散射和吸收作用,形成雾霾,使能见度减小。在太阳光照射下,汽车尾气中的氮氧化合物和碳氢化物发生光化学反应,形成浅蓝色的光化学烟雾,导致城市能见度恶化。

(5) **城市平均风速小** 城市下垫面粗糙度大,有减低平均风速的效应。例如,上海城中心区年平均风速(2.5 m/s)要比远郊的南汇(3.7 m/s)小32.4%。

第七章　气 候 分 类

气候分类是按照客观存在的自然规律,根据一定的原则和标准将世界各地的气候分为若干具有某种共性的气候带和气候类型。为使气候分类符合于客观存在所采取的手段称为气候分类法。由于分类的目的和需要不同而有各种不同气候分类法,归纳起来可分为实验分类法(或称经验分类法)和成因分类法(或称理论分类法)两大类。实验分类法是根据气象观测资料,以某些气候要素的长期统计平均值及其季节变化,并对照自然界的植物分布、土壤水分平衡、水文情况及自然景观等来划分气候带和气候型。柯本(W. P. Köppen,1846～1940)气候分类法与桑斯威特(C. W. Thornthwaite,1899～1963)气候分类法是实验分类法的两个典型代表。成因分类法根据气候形成的辐射因子、环流因子和下垫面因子来划分气候带和气候型。一般是先从辐射和环流来划分气候带,然后再就大陆东西岸位置、海陆影响、地形等因子与环流相结合来确定气候型。阿里索夫(Б. П. Алисов,1891～1972)气候分类法与斯查勒(A. N. Strahler)气候分类法是成因分类法的典型代表。

气候区划则是在气候分类原则指导下,把一个国家或地区划分成气候特征相似的若干小区。气候分类着眼于全球气候划分,气候区划是气候分类原则在一定区域内的具体应用,是气候理论与生产实际相结合的产物。同时全球气候是在不断变化着的。各个气候带和气候型的特征,仅仅是近代气候的平均状况。全球气候变暖、寒冬和冷夏、非洲干旱以及厄尔尼诺—南方涛动等气候异常变化对人类生产生活及生命财产安全产生了重大影响。

第一节　柯本气候分类法

19世纪后半叶,人们开始尝试对全球气候进行分类。最常用的分类方案是德国气候学家柯本在1900年提出的,之后历经多次修改。1931年柯本开始与著名的气候学家盖格尔(R. Geiger)合作编纂《气候学大全》,1936年对气候分类方案作了最后一次修改,在第二至第五卷中予以发表。

柯本气候分类法气候带和气候型划分原则是气温、降水、植被的分布。柯本主要根据不同植被类型在气温和降水量等指标上的界限,将植被划分为五种基本类型:A——热带雨林;B——热带荒漠植被;C——温带落叶林;D——北温带北部森林(或雪林);E——苔原植被(或冰冻)。它们代表了全球气候的五种基本气候带。其中A、C、D、E带为湿润气候,B带为干旱气候。最冷月平均气温18℃等温线是A热带与C温带之间的分界线;最冷月平均气温0℃等温线是C温带与D寒带之间的分界线;最暖月温度10℃等温线是D寒带与E极地气候带之间的分界线。对气候型的划分是按降水量的季节分配,将A、C、D带分为冬干(w)、夏干(s)、常湿(f)的气候型;按降水量又将干燥气候B带划分为草原气候(Bs)及沙漠气候(Bw)两种,后者年降水量少于前者之半;按温度将E带气候划分为苔原气候(ET)及冰冻气候(EF),最热月温度10℃等温线是苔原气候与冰冻气候之间的分界线,同时也是森林分布的界限。因此共划分出了12种气候型(表7-1和图7-1)。各气候型在全球范围所占的面积如表7-2所示。

表7-1　柯本气候分类法

气候带			气候型				
名称	指标	特点	名称	指标			特点
A 热带	$\overline{T}_{冷}\geq18$℃	全年炎热	Af热带雨林气候	最干月降水量≥60 mm			全年多雨
			Am热带季风气候	$10-\frac{r}{25}\leq$最干月降水量≤60 mm			受季风影响有一特多降水的雨季,有短暂干季

续 表

气候带			气候型				
名称	指标	特点	名称	指标			特点
A 热带	$\overline{T}_{冷}\geqslant 18$℃	全年炎热	Aw 热带疏林草原气候	最干月降水量 $<10-\frac{r}{25}$，最干月降水量 <60 mm			受行星风带南北移动影响一年中有明显干季和湿季
B 干带	雨量低于干燥极限	降水稀少		冬雨区(10 月至次年 3 月降水≥全年的 70%)	年雨区(全年降水分配均)	夏雨区(4~9 月降水≥全年的 70%)	
			Bs 草原气候	$r<2t$	$r<2(t+7)$	$r<2(t+14)$	有一短暂雨季
			Bw 沙漠气候	$r<t$	$r<t+7$	$r<t+14$	全年干
C 温暖带	0℃$<\overline{T}_{冷}$<18℃ $\overline{T}_{热}>10$℃	气候温暖	Cs 夏干温暖气候(又称地中海气候)	夏季最干月降水量<40 mm，冬季最多雨月降水量>夏季最干月降水量的 3 倍			夏 干
			Cw 冬干温暖气候	夏季最多雨月降水量>冬季最干月降水量的 10 倍			冬 干
			Cf 常湿温暖气候	全年降水分配均匀(不足上述比例)			降水分配均匀
D 冷温带	$\overline{T}_{热}>10$℃ $\overline{T}_{冷}<0$℃	冬冷而长	Df 常湿冷温气候	全年降水分配均匀			降水分配均匀
			Dw 冬干冷温气候	夏季最多月降水量>冬季最干月降水量的 10 倍			有雨季
E 极地带	$\overline{T}_{热}<10$℃	全年寒冷	ET 苔原气候	0℃$<\overline{T}_{热}$<10℃			苔藓、地衣类植物
			EF 冰原气候	$\overline{T}_{热}<0$℃			终年冰雪不化

注：$\overline{T}_{热}$ 为最热月平均气温，$\overline{T}_{冷}$ 为最冷月平均气温，t 为年平均气温，r 为降水量。

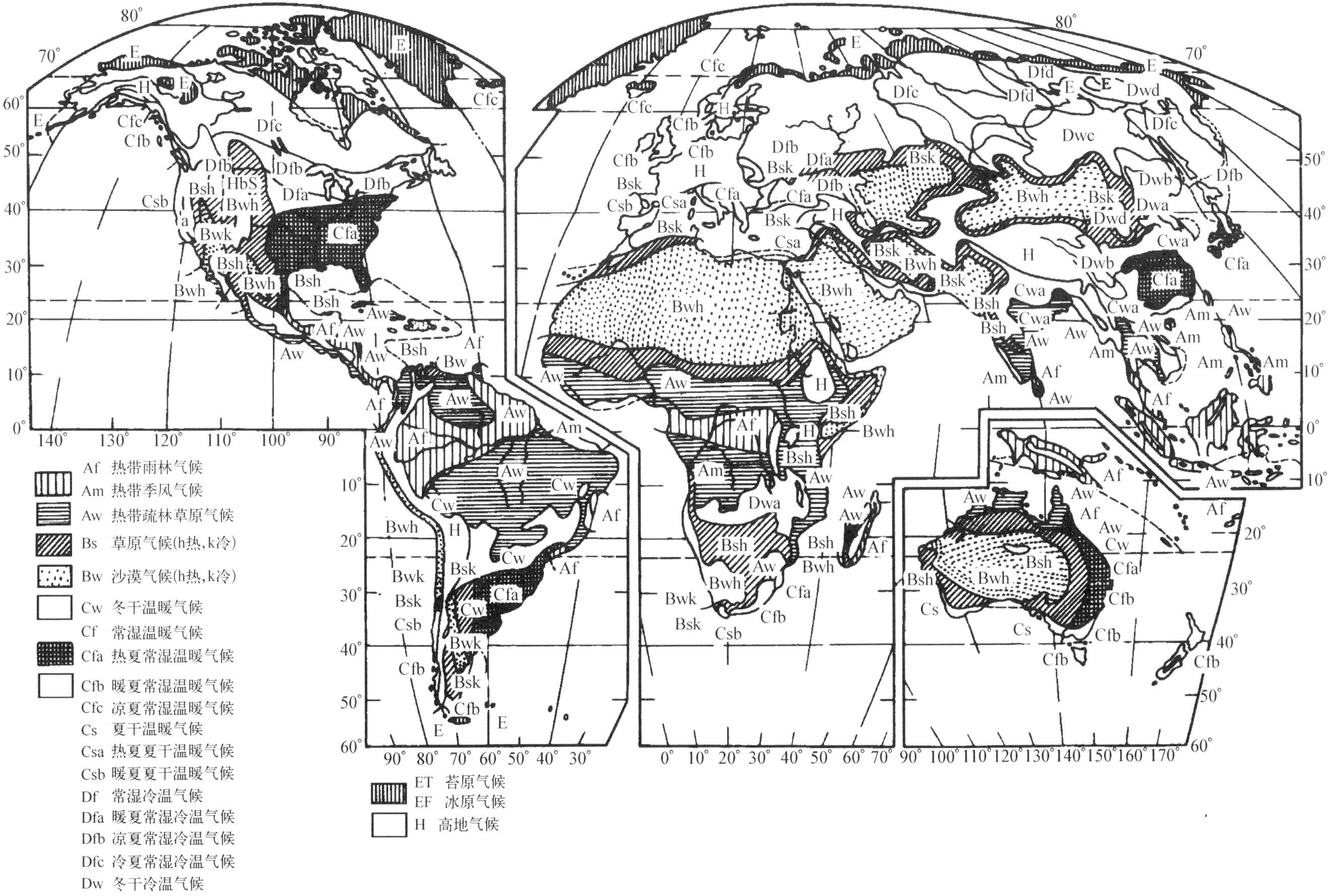

图 7-1 柯本气候分类系统的世界气候类型分布

表 7-2 柯本气候分类系统中各气候型所占面积

气候型	名　　称	大陆面积 /10^6 km^2	百分比 /%	海洋面积 /10^6 km^2	百分比 /%	全球面积 /10^6 km^2	百分比 /%
Af	热带雨林气候	14.0	9.4	103.3	28.6	117.3	23.0
Aw	热带疏林草原气候	15.7	10.5	51.1	14.1	66.8	13.1
Bs	草原气候	21.2	14.2	12.9	3.6	34.1	6.7
Bw	沙漠气候	17.9	12.0	2.2	0.6	20.1	3.9
Cs	夏干温暖气候	2.5	1.7	10.7	3.0	13.2	2.6
Cw	冬干温暖气候	11.3	7.6	1.4	0.4	12.7	2.5
Cf	常湿温暖气候	9.3	6.3	103.2	28.6	112.5	22.1
Df	常湿冷温气候	24.5	16.5	5.3	1.5	29.8	5.8
Dw	冬干冷温气候	7.2	4.8	0.7	0.2	7.9	1.5
ET	苔原气候	10.3	6.9	57.8	16.0	68.1	13.4
EF	冰原气候	15.0	10.1	12.5	3.4	27.5	5.4
合计		148.9	100	361.1	100	510.0	100

第二节　全球主要气候类型

我国气候学家以斯查勒成因气候分类法为基础，把年可能蒸散量作为气候带的划分标准，将全球气候分为三个纬度带(年可能蒸散量低纬度气候≥1 300 mm，中纬度气候 525～1 300 mm，高纬度气候＜525 mm)和高地气候，再根据环流及下垫面特征来划分气候型(重视季风气候)，如图 7-2。

一、低纬度气候

低纬度气候包括赤道气候(10°S～10°N，亚洲为 10°～20°N)、热带气候(南北纬 5°～25°)。低纬度气候主要受赤道气团、热带大陆气团和热带海洋气团控制。影响气候的环流系统有赤道辐合带、信风带、赤道西风带、热带气旋和副热带高压等。因这些系统的季节移动，导致降水量的季节变化。全年高温、月平均气温最低在 15℃以上，全年可能蒸散量在 1 300 mm 以上。

(一) 赤道气候

赤道多雨气候　亦称热带雨林气候、赤道槽(辐合带)气候，分布于赤道两侧 10°S～10°N 内，包括南美洲的亚马孙平原、非洲的刚果盆地和几内亚湾沿岸、亚洲的印度尼西亚和新加坡。这里是赤道气团的源地，全年都在温暖潮湿的赤道气团和热带海洋气团控制下，并且位于赤道辐合带(赤道低压带)内，南北半球的信风在此辐合上升，风小，多雷阵雨，不下雨时闷热潮湿，天气变化单调。一年中有两次太阳直射，昼夜平分。如图 7-3 所示，长夏无冬，气温年较差小于日较差。各月平均气温在 25～28℃，年平均气温在 26℃左右，绝对最高气温很少超过 38℃，绝对最低气温也极少在 18℃以下。气温年较差一般小于 3℃，日较差可达 6～12℃；全年多雨，无干季。年降水量在 2 000 mm 以上，最少月在 60 mm 以上。自然植被为热带雨林。由于降水量超过可能蒸散量，全年各月土壤中都有大量水分贮存，河流流量丰富，河道沿岸森林高大茂密，物种繁多。

(二) 热带气候

(1) 热带海洋性气候　分布于南、北纬 10°～25°信风带的大陆东岸及热带海洋中的若干岛屿，包括中美洲东岸加勒比海的沿岸和岛屿、南美巴西高原东侧沿岸的狭长地带、非洲马达加斯加岛的东部、澳大利亚昆士兰州沿岸地带以及太平洋中的夏威夷群岛。这些地区恰好是信风的迎风海岸，终年盛行热带海洋气团，

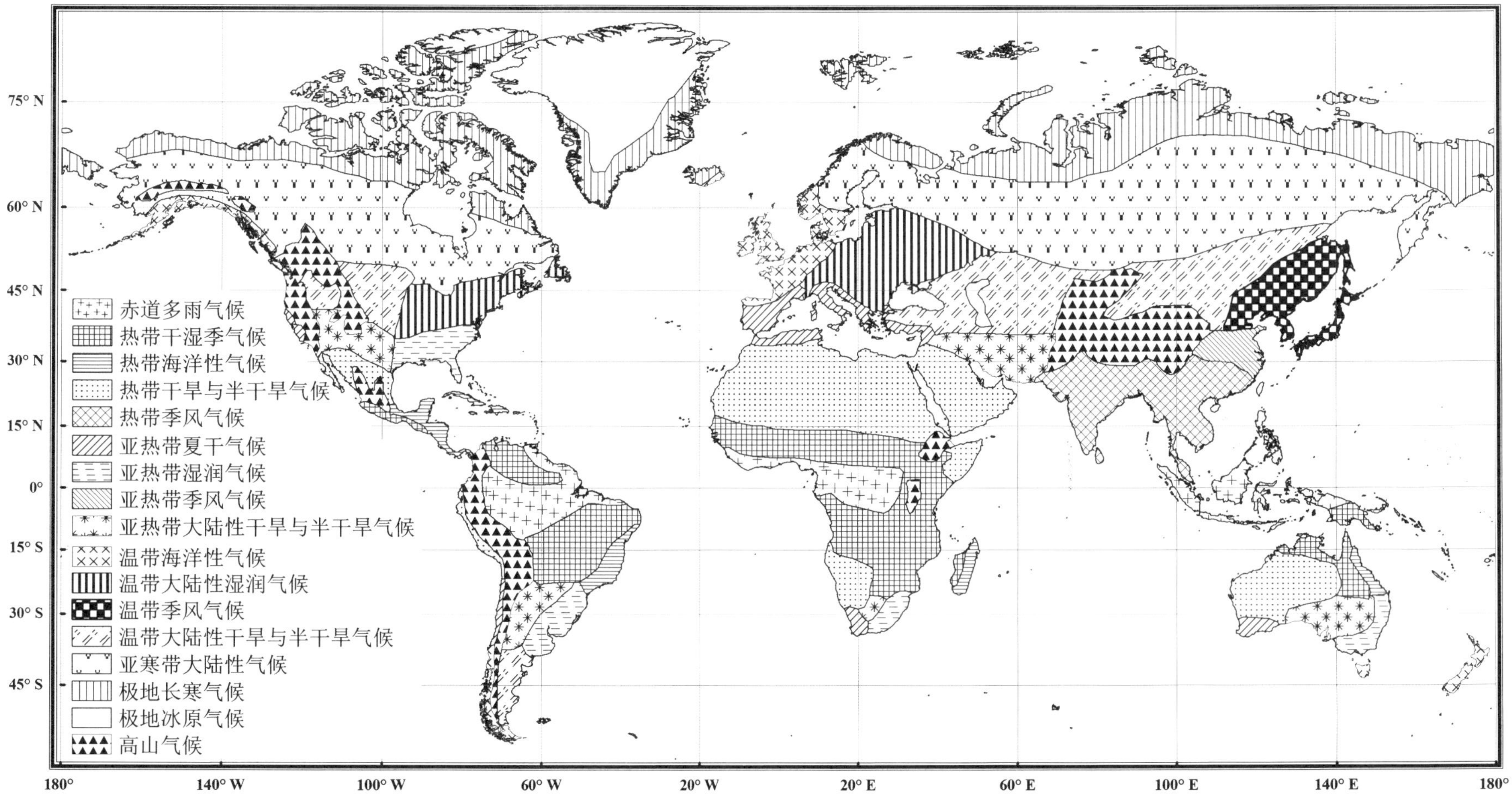

图 7-2 全球气候类型分布

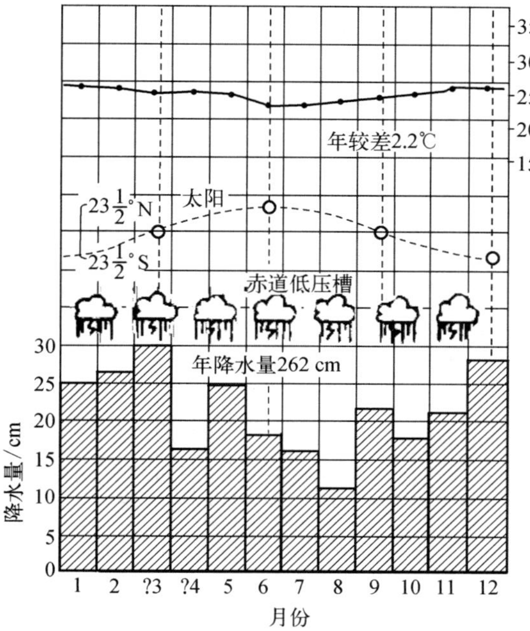

图 7-3　赤道多雨气候

伊基托斯(秘鲁,3.75°S,73.2°W)

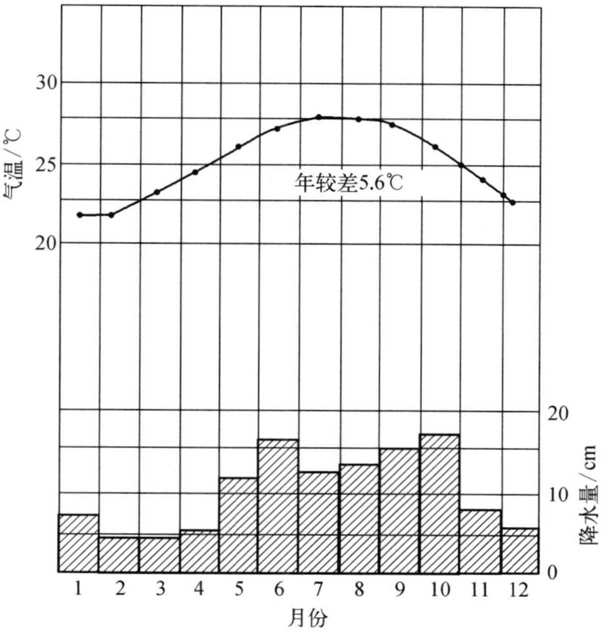

图 7-4　热带海洋气候

哈瓦那(古巴,23.1°N,83.22°W)

具有海洋性气候特征。如图 7-4 所示,全年气温高,气温年较差、日较差都小。最热月气温 28℃左右,最冷月气温 18～25℃;全年降水量皆多(年降水量＞1 000 mm),5～10 月相对比较集中,无明显干季。除对流雨、热带气旋雨外,沿海迎风坡还多地形雨。植被土壤类型为热带雨林、砖红壤,椰树一边倒成长。

(2) **热带干湿季气候**　亦称热带草原气候,分布于赤道多雨气候区的外围,纬度在 5°～15°,也可伸至 25°左右,包括非洲的苏丹草原、埃塞俄比亚高原、东非高原和南非高原的北部,南美洲的巴西高原和奥里诺科平原,中美洲的太平洋沿岸,以及澳大利亚北部等地区,其中非洲面积最大。由于赤道辐合带季节性南北移动,使赤道气团和热带大陆气团在这里交替出现,形成干湿季。干季时本区位于信风带下,受热带大陆气团控制,盛行下沉气流,干燥、少雨。雨季时则赤道辐合带移来,盛行来自赤道海面的风,气流辐合上升,湿润多雨。如图 7-5 所示,全年高温,最冷月平均气温在 16～18℃以上;一年中干、湿季分明;在干季之末雨季之前有一热季。由于在干季之末正午太阳高度角已接近全年最高值,而这时云雨少,日照强烈,气温高;而雨季时正午太阳高度角虽大,但密云暴雨使气温降低。因此,在干季之末雨季之前有一热季。在热带干湿季气候区一年中分干、热、雨三个季节。植被土壤类型为热带疏林草原、红棕色土。热带疏林草原,又称萨瓦纳(Savanna),属于赤道雨林与热带干旱气候的过渡类型。雨季时高温、闷热、多对流雨,类似于赤道多雨气候,植物生长茂盛;但一到干季,晴朗少雨或滴雨不降,植物枯萎。自然植被为草原中也散生着耐旱的乔木。

(3) **热带季风气候**　主要分布在纬度 10°到回归线附近的大陆东岸(南亚季风、东亚热带季风),包括我国的台湾南部、雷州半岛和海南岛,中南半岛、印度半岛的大部分地区,以及菲律宾群岛。这里热带季风发达,一年中风向的季节变化明显。夏季行星风带北移,南亚大陆上形成印度低压,盛行西南季风(南半球东南信风越赤道偏转成的西南风),受赤道海洋气团控制,又有大量热带气旋雨活动,降水丰沛。冬季行星风带南移,大陆上形成蒙古高压,盛行由大陆吹向海洋的东北风,受热带大陆气团控制,降水稀少。如图 7-6 所示,全年高温,长夏无冬,春秋极短,年平均气温在 20℃以上,最冷月平均温一般在 18℃以上,气温年较差在 3～10℃;年降水量大,一般在 1 500～2 000 mm,集中于夏季(北半球 6～10 月)。植被为热带季雨林。由于存在不同程度的干、湿季,自然植被除常绿阔叶树外,还混有阔叶落叶林,如木棉树、大榕树、小榕树等。

(4) **热带干旱与半干旱气候**　主要分布于南北回归线两侧的副热带高压、信风带大陆中心和信风带的西岸,平均位于南北纬 15°～25°。根据干旱程度和气候特征的不同分为以下三种亚型。

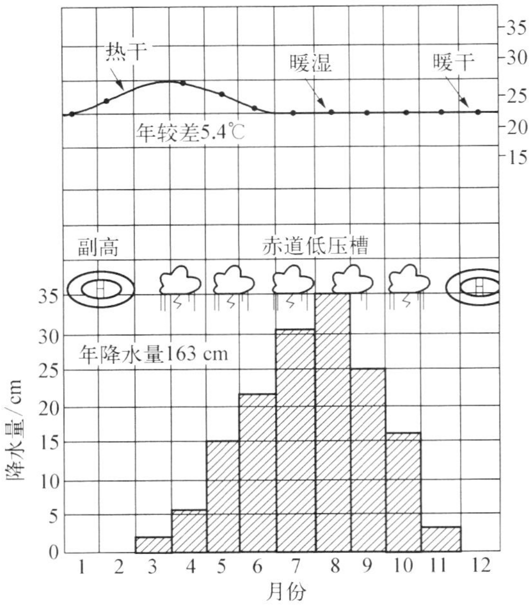

图 7-5 热带干湿季气候

延博(几内亚,10.34°N,11.46°W)

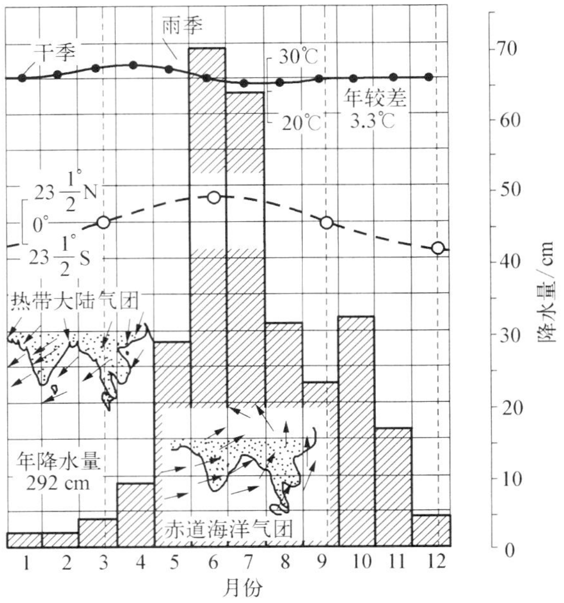

图 7-6 热带季风气候

柯钦(印度,9.58°N,76.14°E)

1) 热带干旱气候：典型的热带干旱气候区包括非洲的撒哈拉沙漠、卡拉哈里沙漠、纳米布沙漠,西亚的阿拉伯沙漠、南亚的塔尔沙漠,澳大利亚西部和中部沙漠,南美西海岸的阿塔卡马沙漠等。这些地区位于内陆,终年受副热带高压下沉气流控制,又是信风带的背风海岸,是热带大陆气团的源地,距离赤道槽和极锋都很远,降水极少。偶尔有降水也是暴发性阵雨。在沿岸地带也因寒流的影响,空气稳定,雨量也极为稀少。如图 7-7 所示,年降水量少(不足 250 mm)且变率大(均在 40%以上),云量少,日照强烈,气温高,气温年较差大(一般在 10～20℃),日较差更大(一般可达 15～30℃),蒸发强,相对湿度极小。例如,世界“热极”和“干极”都出现在热带沙漠气候区,非洲索马里半岛北部的柏培拉,曾有极端最高气温 63℃的记录,成为世界“热极”;南美智利北部的阿塔卡马沙漠年平均降雨量接近于 0(阿里卡城实测为 0.7 mm),1845～1936 年的 92 年间从未下雨,被称为世界的“干极”。自然景观为荒漠。由于地表缺乏水分,主要是耐旱的植物,如胡杨、沙枣树等。代表性动物为单峰驼。

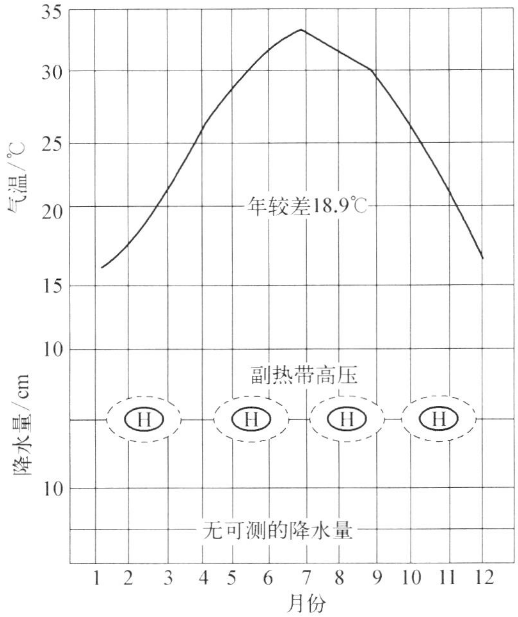

图 7-7 热带干旱气候

阿斯旺(埃及,24.7°N,32.58°E)

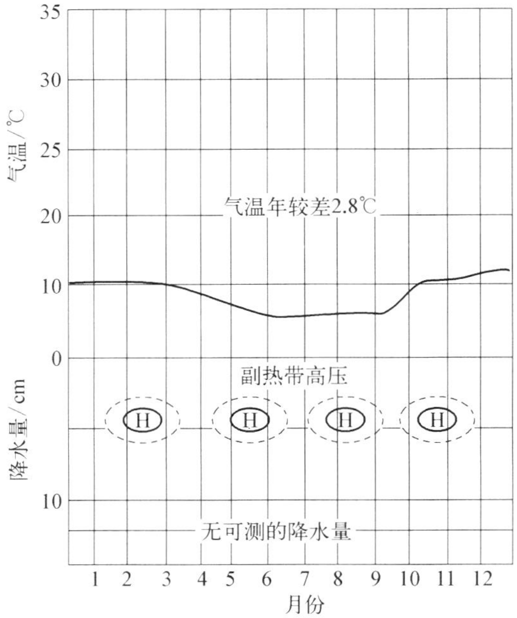

图 7-8 热带西岸多雾干旱气候

诺洛斯港(南非,29.12°S,16.51°E)

2) 热带西岸多雾干旱气候：分布在热带大陆西岸、有冷洋流经过的海滨地带(纬度 10°～30°附近)，包括北美的加利福尼亚冷流沿岸、南美的秘鲁冷流沿岸、北非的加那利冷流沿岸、南非的本格拉寒流沿岸。本气候区位于副热带高压的东部边缘，盛行下沉气流，再加上受冷洋流影响，空气层结稳定，湿度大，多雾而少雨。但在厄尔尼诺现象出现年份，由于赤道暖水流来，空气层结不稳定，有上升气流，因此多雨。本气候区除了降水外，温湿度和云量都与内陆沙漠不同，这里气候特征为夏凉冬温，年平均温度低；气温年较差、日较差都比大多数热带沙漠地区小；空气湿度大，多雾；降水稀少(图 7－8)。自然景观与内陆沙漠基本相同为荒漠，仅有少量贫瘠的植被依赖较大的空气湿度和频繁的雾来维持其生存。

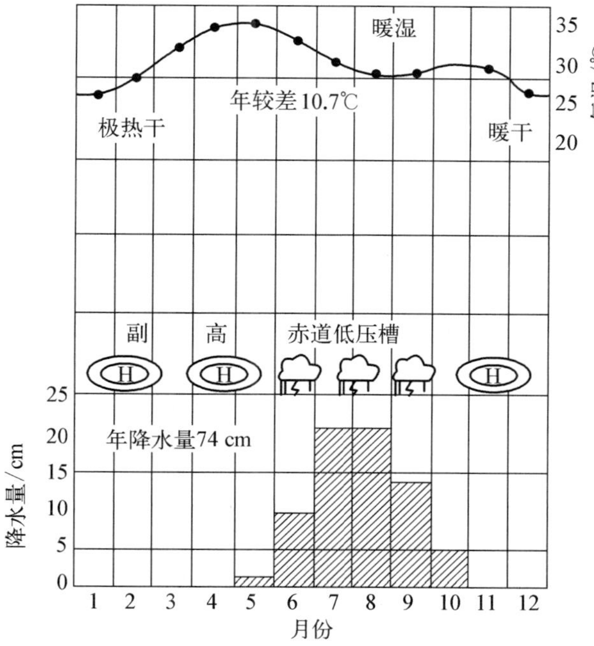

图 7－9 热带半干旱气候
凯斯(马里，14.28°N，11.31°W)

3) 热带半干旱气候：分布于热带干旱气候区的外缘，分别向热带干湿季气候区和亚热带夏干气候区过渡。在 5～10 月因赤道槽北移，本区受热带海洋气团和赤道低压槽中辐合上升气流的影响，形成短暂雨季，其余大半年时间因受副热带高压下沉气流和东北信风带来的热带大陆气团的影响，干燥无雨。气候特征为气温的日较差、年较差比较大；干季长，降水量少，但一年中有一短暂雨季，但比热带沙漠气候区降水多，一般在 250～750 mm，降水变率也大(图 7－9)。自然植被为干草原和荒漠灌丛。

二、中纬度气候

中纬度气候包括亚热带气候(南北纬 25°～35°，但北半球大陆西岸可向北伸展 5～10 个纬度)、温带气候(南北纬 35°～55°，但在亚欧大陆西岸可能向北伸展至更高的纬度)。中纬度地带是热带气团和极地气团相互交绥角逐的地带，影响气候的主要大气环流系统有极锋、盛行西风、温带气旋和反气旋、副热带高压、热带气旋等，天气的非周期性变化和降水的季节变化都很显著。春、夏、秋、冬四季分明，最冷月平均气温在 15～18℃以下，有 4～12 个月平均气温在 10℃以上，全年可能蒸散量在 525～1 300 mm。北半球中纬度地带大陆面积较大，受海陆的热力对比和高大地形的影响，气候类型也多种多样。本带共分 8 个气候型。

(一) 亚热带气候

(1) 亚热带干旱与半干旱气候 主要分布于热带干旱与半干旱气候向较高纬度的一侧，约在南北纬 25°～35°的大陆西岸或内陆地区。包括北非、南非部分地区以及西亚的伊朗高原和安纳托利亚高原、美国西部的内陆高原、南美的格兰查科、墨西哥北部、阿根廷的潘帕和巴塔哥尼亚、澳大利亚南部。这种气候类型也是在副热带高压下沉气流和信风带背岸风的作用下形成的。但冬夏季是在不同的因子作用下形成的，夏季，受干燥的热带大陆气团控制，天气晴朗，高温干旱。冬季，在极锋和锋面气旋影响下，天气极不稳定，温度和降水变化激烈。在北半球副热带大陆南部有一个明显的凉季，北部有一个冷季，温度年较差大，年降水量较少。按干旱程度不同可分为两种亚型。

1) 亚热带干旱气候：是热带干旱气候向高纬度的延续，基本气候特点与之相似，亦具有少云、少雨、日照强、夏季气温特别高、气温日较差和年较差大。但因纬度稍高有两点差别：① 凉季气温较低，气温年较差大于热带荒漠；② 当凉季温带气旋路径偏南时，有少量气旋雨。夏季气温与热带沙漠相当，最热月平均气温往往超过 30℃，冬季来自高纬度的极地大陆气团入侵，最冷月平均气温可降至 0℃，气温年较差一般为 20℃左右。年降水量一般很少能超过 500 mm，在大部分地区甚至要少得多。自然景观为沙漠。

2) 亚热带半干旱气候：亚热带半干旱气候属于由干旱气候向其他气候的过渡类型，分布在亚热带干旱区外缘，与地中海式气候区相毗连。与亚热带干旱气候相比有两点不同：夏季气温比亚热带干旱气候稍低，无一个月气温在30℃以上；冬季有温带气旋南移带来降水，降水比亚热带荒漠稍多，年均降水量为300 mm左右，但变率大，能维持草类生长。自然景观为干草原、半沙漠，通常生长有旱生灌木及禾本科植物。

(2) **亚热带季风气候** 分布于亚热带的亚洲东部(东亚副热带季风)，纬度25°～35°，包括我国东部的秦岭—淮河以南、热带季风气候区以北的地带，日本南部和朝鲜半岛南部。夏季，这里位处西太平洋副热带高压的西侧，盛行由海洋吹向陆地的西南季风、东南季风，带来热带海洋气团，气候湿热，有大量的降水。冬季，亚洲大陆受蒙古高气压控制，盛行由陆地吹向海洋的东北季风，带来极地大陆气团，气候干冷，降水量比夏季显著减少。本区是热带海洋气团与极地大陆气团交替控制和互相角逐交绥的地带，夏秋间又受热带气旋活动的影响。气候特征为夏热冬温，四季分明，季风发达；降水量充足，夏雨较集中(通常占全年的70%)，无明显干季(图7-10)。最热月平均气温在22℃以上，最冷月在0～15℃左右，年较差约在15～25℃。可以出现短时间霜冻，无霜期在240天以上。年降水量在750～1 000 m以上。自然景观为常绿阔叶林与落叶阔叶林混合林。

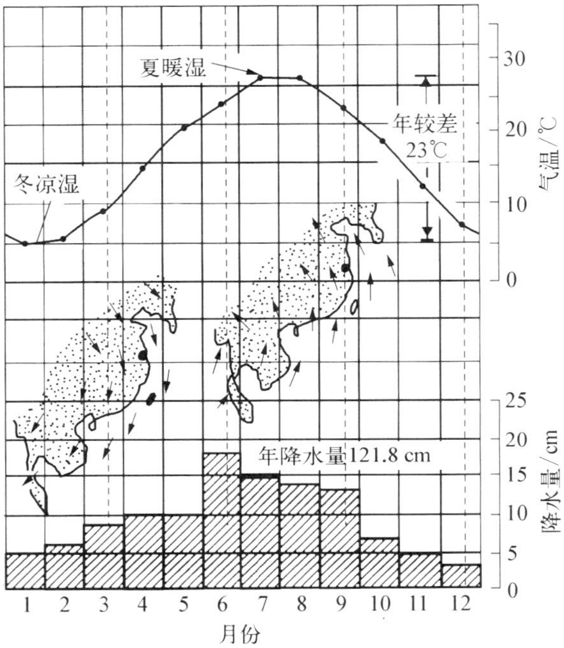

图7-10 亚热带季风气候

上海(中国，31.2°N，121.43°E)

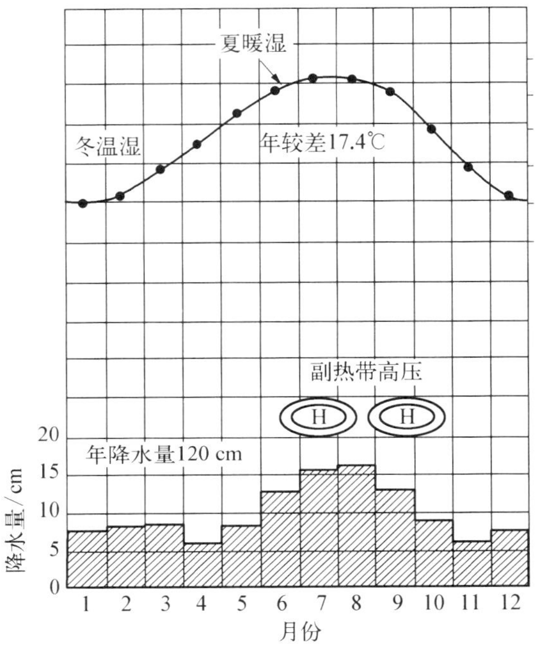

图7-11 亚热带湿润气候

查尔斯顿(美国，32.47°N，77.57°W)

(3) **亚热带湿润气候** 分布在南北美洲、非洲和澳大利亚大陆副热带东岸，包括北美大陆东岸25°～35°N的大西洋沿岸和墨西哥沿岸，南美的阿根廷、乌拉圭和巴西南部，非洲的东南海岸和澳大利亚的东南岸。这些地区所处的纬度及海陆相对位置与东亚亚热带季风气候相似，但因大陆面积较小，海陆热力差异小，没有形成季风气候。副热带大陆东岸，夏季受大洋副热带高压西侧潮湿的热带海洋气团控制，沿岸又有暖洋流经过，气候温暖，降水丰富，大部分为对流雨，并且常伴随热带气旋的入侵而带来大量降水；冬季来自高纬度的锋面气旋活动频繁，气候温和，降水也很丰富，冬雨可占年降水总量的40%(图7-11)。气候特征是冬季温和湿润，夏季温暖潮湿。自然景观与亚热带季风气候区相似，主要是常绿阔叶林，向北则混有落叶阔叶林。

(4) **亚热带夏干气候(地中海气候)** 分布于南北纬30°～45°的大陆西岸，包括地中海沿岸、美国加利福尼亚沿岸及西南部太平洋沿岸、南美智利中部海岸、南非南端和澳大利亚的南端沿岸。夏季，副热带大陆西岸受大洋副热带高压东侧下沉气流影响，盛行晴朗干燥气候。冬季，因副热带高压南移，这里在西风气流影响下，从大洋上带来温暖湿润空气，并且温带极锋移向副热带纬度，气旋活动频繁，降水量显著增加。因此，副热带大陆西岸的气候特征为夏季干燥炎热、冬季温和多雨。冬季月平均温度为5～10℃，夏季

21～27℃,年较差一般为 10～15℃,比同纬度大陆东岸要小些。降水季节分配的一个显著特点是冬季多于夏季,年降水量比同纬度大陆东岸要小,但年降水量变化很大,从干燥到湿润依地理位置而定,一般在300～1 000 mm。由于高温和多雨不一致,植物为度过炎热干燥的夏季,树叶多革质化,植被为低矮、稀落的树木和常绿硬叶灌木的混合林,如橄榄树、软木栎等。因夏温不同,分为凉夏型、暖夏型两个亚型。

1) 凉夏型:出现在冷洋流沿岸,包括美国西海岸的蒙特雷、葡萄牙的里斯本、摩洛哥、大西洋的苏维拉、澳大利亚的佩恩、智利的瓦尔帕来索。夏季凉爽,最热月平均气温在 22℃以下,但干燥少雨十分显著,日照并不强,以多雾著称。冬季受海风影响,最冷月平均气温在 10℃以上,故气温年较差较小[图 7-12(a)]。

2) 暖夏型:出现在离大洋稍远的内陆地区,包括意大利的那不勒斯、美国的红布拉夫。这些地区因受不到寒流的调节,夏季在副热带高压控制下炎热而干燥,最热月平均气温可达 25～27℃,日最高气温甚至可达 29～37℃。冬季温和多雨,气温年较差比凉夏型大[图 7-12(b)]。

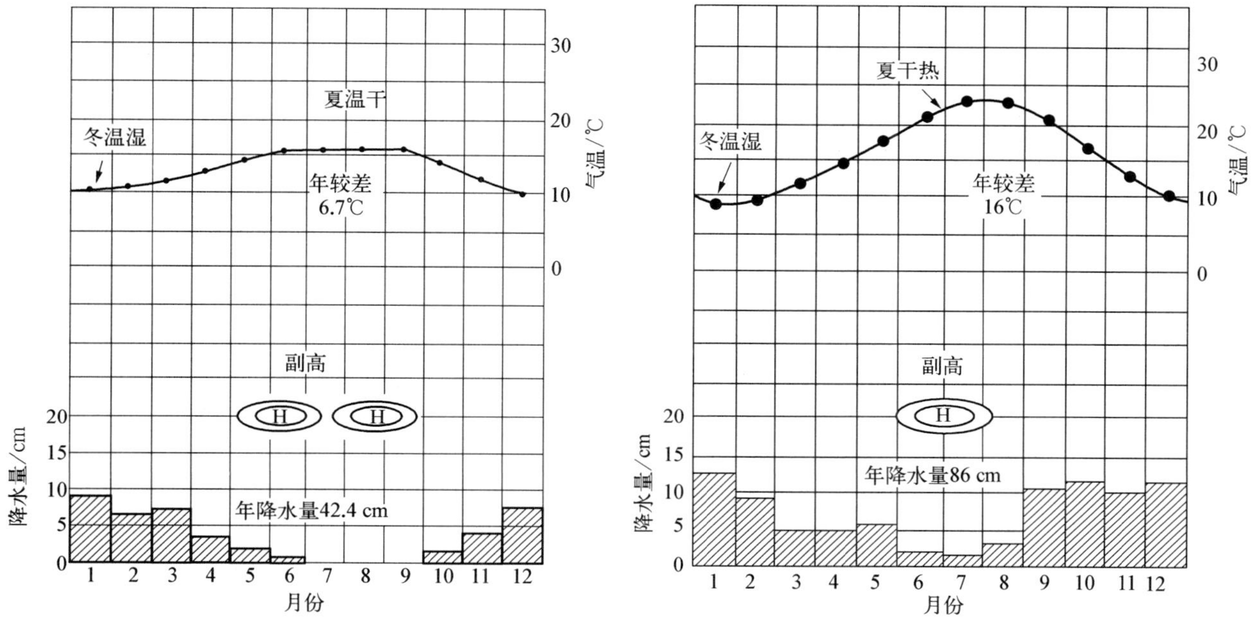

(a) 凉夏型
蒙特雷(美国,36.35°N,121.52°W)

(b) 暖夏型
那不勒斯(意大利,40.51°N,14.26°E)

图 7-12 地中海气候

(二) 温带气候

(1) 温带海洋气候 分布在南北纬 40°～60°的大陆西岸,包括欧洲的英国、法国、荷兰、比利时、丹麦以及斯堪的那维亚半岛的南部,北美的太平洋海岸的阿拉斯加南部、加拿大的不列颠哥伦比亚以及美国的华盛顿州、俄勒冈州,南美大陆 40°～60°S 西岸,澳大利亚东南角、塔斯马尼亚岛和新西兰等地。冬暖夏凉,气温年较差小;全年湿润多雨,降水季节分配比较均匀,冬雨较多(图 7-13)。因地处中纬度大陆西岸,终年盛行西风,受温带海洋气团控制,沿岸有暖洋流经过,冬暖夏凉,最冷月平均气温在 0℃以上,最热月均温在 22℃以下,气温年较差小,约 6～14℃。气旋活动频繁,全年湿润,阴雨日较多,云雾多,日照较少。年降水量约 700～1 000 mm,迎风山地可达 2 000 mm 以上。自然植被以森林为主,林木郁闭,遍布阔叶林或针阔混交林。

(2) 温带季风气候 分布在 35°～55°N 左右的亚欧大陆东岸(东亚温带季风),包括我国的华北、东北(秦岭—淮河以南为亚热带季风,以北为温带季风),朝鲜的大部分,日本的北部以及俄罗斯远东地区的南部。冬季寒冷干燥、少雨雪;夏季暖热多雨、潮湿;降水集中在夏季,气温年较差比较大,四季分明,天气的非周期性变化显著。冬季,受蒙古高压的影响,盛行西北季风,并把极锋推至副热带纬度,主要受干冷的极地大陆气团控制,寒冷干燥,最冷月平均气温在 0℃以下,南北气温差别大。夏季,极锋北移至较高纬度,受西太平洋副热带高压西北侧(极锋气旋前部)的东南风的影响,盛行东南季风,处于热带海洋气团的控制,温暖湿润,

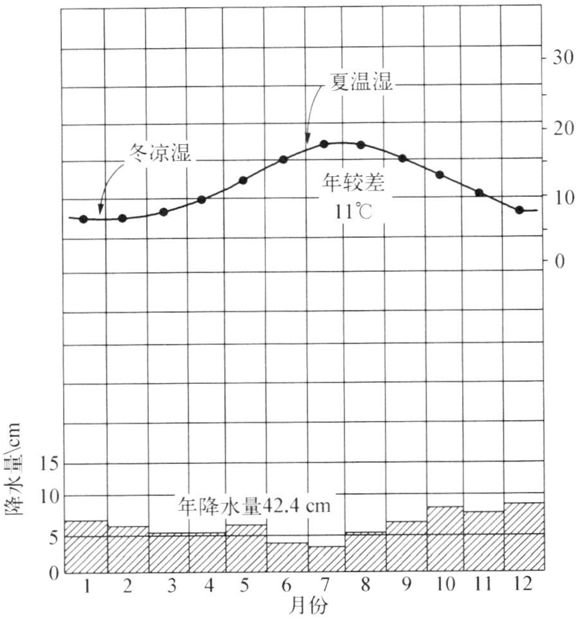

图 7-13 温带海洋气候

布勒斯特(法国，48.25°N，43.3°W)

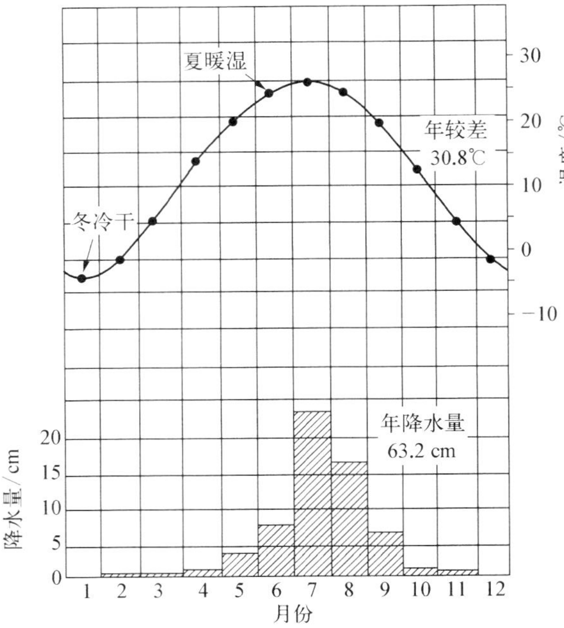

图 7-14 温带季风气候

北京(中国，39.55°N，116.25°E)

最热月平均气温在 20℃以上，南北温差小。这就是说，在极锋上发展起来的气旋活动是夏季降水的主要原因，年降水量 500～600 mm，6～8 月降水量超过全年的 70%(图 7-14)。冬季寒潮爆发时，气温在 24 小时内可下降超过 10℃(甚至 20℃)。自然植被在较湿润地区以森林为主，北部为针叶林，南部为落叶阔叶林，由季风区向大陆内部过渡，逐渐变为温带草原。

(3) **温带大陆性湿润气候**　亦称温带森林气候，主要出现在亚欧大陆温带海洋性气候区的东侧和北美大陆约 100°W 以东的 40°～60°N 地区。气温、降水状况与温带季风气候类似，但风向、风力的季节变化不如温带季风气候明显。冬季寒冷少雨，这是由于盛行西风气流带来的海洋气团，深入大陆较深，逐渐变性冷却、湿度降低所致。因此，冬季比同纬度温带季风气候区要暖些。而且冬季有锋面气旋经过，冬雨量介于温带海洋性气候和温带季风气候之间。夏热多雨，但夏雨集中程度介于温带海洋性气候与温带季风气候之间。由于夏季海洋气团深入陆地，逐渐变性增温，因此气温也介于温带海洋性气候与温带季风气候之间。植被在偏南地区以夏绿阔叶林为主，北部地区则为针阔混交林。

(4) **温带干旱与半干旱气候**　亦称温带荒漠与温带草原气候，在北半球占有很大面积，分布在 35°～50°N 的亚洲和北美大陆的腹地，以及南美洲南端的巴塔哥尼亚和潘帕斯等地。因干旱程度不同又可分两个亚型。

1) 温带干旱气候：

① 热夏型。分布于亚洲，包括西南亚干旱气候区、俄罗斯的中亚干旱气候区、中国西北干旱气候区(内蒙古、新疆、甘肃等)。北美由于大陆面积小，中纬度干旱气候只出现在美国西部，包括内华达州、犹他州和加利福尼亚州的东南部。在亚洲和北美的温带干旱气候区，距海遥远，深入内陆，四周有山地、高原阻挡，湿润的海洋气流难以到达，终年盛行温带大陆气团，于是形成了冬冷夏热、干燥少雨的温带大陆性干旱气候。相对日照高，降水量少，降水变率大。年降水量小于 250 mm，降水变率大于 40%，降水常具有暴雨性质，这些和热带干旱气候是类似的。所不同于的是温带干旱地区的寒潮、锋面、气旋和雷雨等非周期性天气活动较为频繁，冬季气温低，有少量冬雪。夏热冬寒，气温变化急剧，气温年较差和日较差都很大。温带干旱气候夏季炎热程度不亚于热带干旱气候，例如吐鲁番 6～8 月三个月的气温平均在 30℃以上，极端最高气温可达 48.9℃，有“火洲”之称。冬季气温又常常比热带干旱气候低得多，故年较差很大，吐鲁番气温年较差达 43.5℃，日较差可达 20～25℃(图 7-15)。

② 凉夏型。南半球只有南美洲南端伸入到温带纬度，在阿根廷的大西洋沿岸有一块面积不大的巴塔哥尼亚干旱气候区。其成因与北半球不同，并非出现在大陆中心，而是位于西风带的背风面，在安第斯山脉的阻挡下，背风坡有焚风效应，加之沿岸有寒流的影响，空气稳定少雨，并且不在气旋活动的路径上，全年少雨，虽然陆地面积狭小，又濒临海洋，但依然形成巴塔哥尼亚干旱气候区。降水稀少，一般年降水量在 200 mm 以

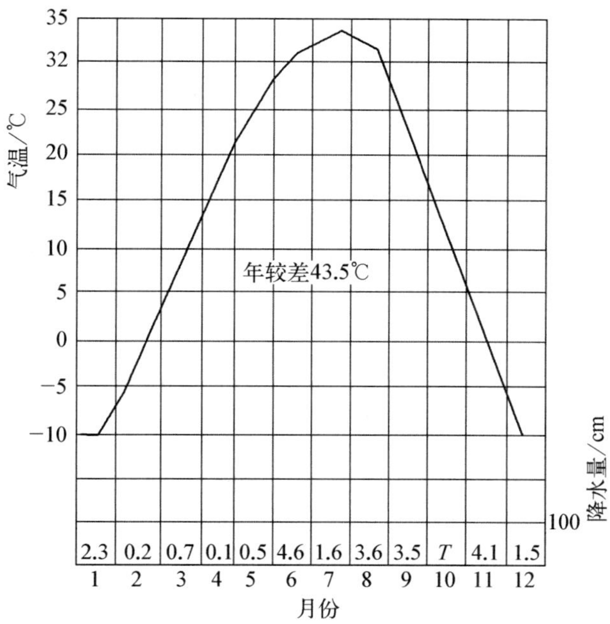

图 7-15 温带干旱气候

吐鲁番(中国,42.97°N,89.23°E)

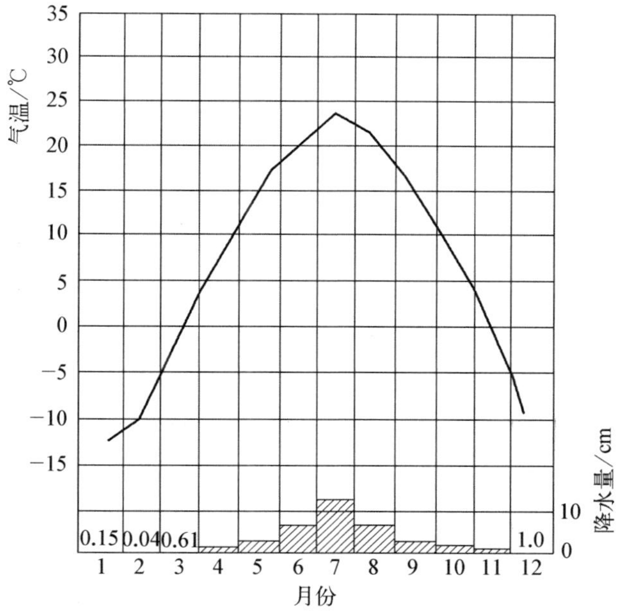

图 7-16 温带半干旱气候

赤峰(中国,42.27°N,118.49°E)

下,因大陆面积小,沿岸又有寒流经过,所以夏季气温并不高,最热月平均气温小于 15℃,最冷月平均气温在 0℃以上,气温年较差和日较差都小。只有耐旱力极强的小灌木和草类能生长,植物种类异常贫乏,自然景观为各种荒漠(如石砾质荒漠、砂质荒漠、盐土荒漠等),植被土地类型为温带荒漠土。

2) 温带半干旱气候:分布于温带干旱气候区的外缘,向湿润气候区过渡的地带,或因海拔增高,降水量稍多,也成为半干旱气候。气温的季节变化十分明显,夏热冬寒的程度仅次于同纬度的干旱气候区;年降水量比温带干旱气候稍多,约在 250~500 mm,降水变率很大。植被为矮草草原,植被土壤类型为温带草原栗钙土。根据降水季节分配不同,可分为夏雨型和冬雨型。

① 夏雨型。主要分布于温带干旱气候区与温带季风气候区之间的过渡地区。夏季受海洋气团影响,空气比较潮湿,而地表温度高,空气不稳定,易发展对流雨,因此,降水比冬雨型多,降水集中于夏季。例如,我国赤峰全年降水量为 363.7 mm,有 70%集中于夏季(6~8 月)(图 7-16)。

② 冬雨型。主要分布于温带干旱气候区与地中海气候区之间的过渡地区。降水集中于冬季。冬季受到气旋活动影响,冬雨较多。

三、高纬度气候

高纬度气候包括寒带气候(55°~65°N)、极地气候(南北极圈以内的高纬度地区)。由于南半球在相应纬度缺少可与欧亚大陆和北美大陆相比拟的大陆,故在南半球无寒带气候,而是从温带气候直接过渡到极地气候。高纬度气候带盛行极地气团和冰洋气团。在冰洋气团与极地气团交绥的冰洋锋上有气旋活动,自西向东移动。北半球高纬度的陆地面积大,西伯利亚和加拿大分别为亚洲和北美洲极地大陆气团的源地。北冰洋和南极冰原又分别是冰洋气团(北极气团和南极气团)的源地。影响气候的主要大气环流系统有副极地低压带、极锋、极地东风带、极地高压带。高纬地区地—气系统的辐射差额为负值,因而气温低,无真正的夏季。空气中水汽含量少,降水量小,蒸发量很弱,年可能蒸散量小于 525 mm,又因有冻土,排水不畅,所以没有干旱型。自然景观呈现大片沼泽而无干旱景象。可分为以下三个气候型。

(一) 寒带气候

副极地大陆性气候(亚寒带针叶林气候) 在北半球占有很大面积,约从 50°N(或 55°N)至 65°N。包括北美洲从阿拉斯加经加拿大到拉布拉多和纽芬兰的大部分地区，亚欧大陆包括斯堪的纳维亚半岛北部、芬兰、俄罗斯西部和东部。这里是极地大陆气团的源地，终年受极地大陆气团和极地海洋气团影响和控制。冬季长而严寒，暖季短促，气温年较差大；降水量少，集中于夏季，蒸发弱，相对湿度大，属于冷湿环境。冬季黑夜时间长，正午太阳高度角小，又有积雪覆盖，在亚欧大陆中部和偏东地区又为冷高压中心，风小、云少、地面辐射冷却剧烈，所以冬季时间长且严寒。一年中冬季至少有 9 个月。例如，加拿大的沃米利恩堡和俄罗斯的雅库茨克一年中分别有 6～7 个月月平均气温在 0℃以下，在 10℃以上的只有 3 个月，植物生长期一般只有 50～75 天(图 7－17)。夏季白昼时间长，7 月平均气温在 15℃以上，气温年较差特大。在西伯利亚的维尔霍扬斯克 1 月平均气温低达－50℃，绝对最低气温－73℃，成为北半球的寒极，而绝对年较差曾达 101.8℃，为全球气温年较差最大之地。全年降水量甚少，在东西伯利亚不超过 380 mm，在加拿大不超过 500 mm，降水集中于暖季，冬雪较少，但蒸发弱，融化慢，每年有 5～7 个月被积雪覆盖，积雪厚度多在 600～700 mm，土壤冻结现象严重。由于暖季温在 10℃以上，又有一定降水量，适宜针叶林生长，又称为雪林气候。

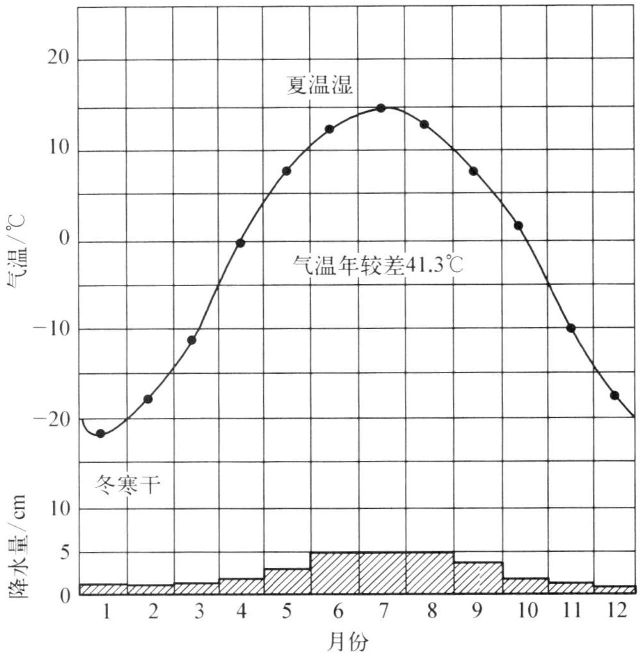

图 7－17 副极地大陆性气候

沃米利恩堡(加拿大，58.45°N，115.43°E)

(二) 极地气候

(1) 极地长寒气候(苔原气候) 在北半球大致分布于 70～75°N，包括北美洲和亚欧大陆的北部边缘、格陵兰沿海的一部分和北冰洋中的若干岛屿中；在南半球则分布在马尔维纳斯群岛(福克兰群岛)、南设得兰群岛和南奥克尼群岛。气候特征为全年皆冬，一年中只有 1～4 个月月平均气温为 0～10℃；降水稀少，大都属于冰洋锋上的降水，多半为降雪，云雾多，蒸发弱(图 7－18)。这里已位于北极圈以内，极昼、极夜现象明显，在极夜期间气温很低，如位于格陵兰岛西岸的图勒最冷月平均气温为－26℃。内陆地区比沿海更冷，一般可达－30～－40℃。最热月平均气温在北冰洋海岸地带，约 1～5℃，内陆地区稍高，接近 10℃，但在 7、8 月份，夜间气温仍可降到 0℃以下，出现霜冻。北半球的苔原气候正好位于极地大陆性气团源地与冰洋气团源地之间，冰洋锋常出现在这里，锋上有气旋发展，但因气温低，蒸散发作用微弱(年可能蒸散量小于 35 cm)，空气含水汽少，沿岸地带多雾，但降水量不多，年降水量一般在 200～300 mm，在内陆地区小于 200 mm。降水大都为雪，冬季多为粉粒状干雪，由于风速大，常形成雪雾，能见度不佳，地面积雪面积不大；暖季

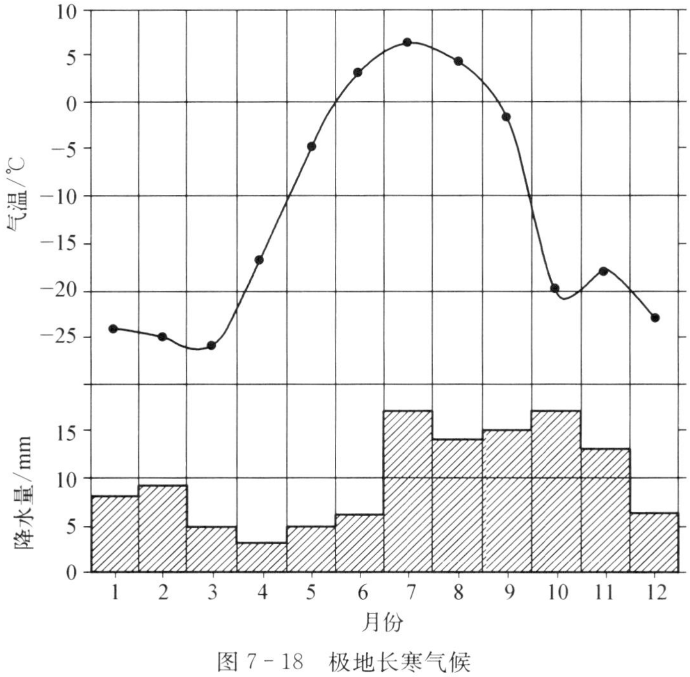

图 7－18 极地长寒气候

图勒(格陵兰，76.5°N，68.83°W)

降水大都为雨,有时为湿雪。这里冬季严寒程度虽稍逊于副极地大陆性气候,但因最热月平均气温低于 10℃,冻土层接近地表,暖季水分不能下渗,引起土壤表层停滞积水,土温更加降低,限制了乔木的生长,自然植被只有苔藓、地衣及小灌木等,构成了苔原景观,故亦称苔原气候(苔原出自芬兰语,意指无森林的地方)。

(2) **极地冰原气候**　分布于南极大陆、北冰洋、格陵兰岛的绝大部分地区。长年处在极地高压控制下,为冰洋气团和南极气团的源地。全年严寒,各月平均气温皆在 0℃以下(图 7－19)。这里是全球平均气温最低的地区,北极地区年平均气温为－22.3℃,南极大陆年平均气温在－28.9～－35℃。一年中有长时期的极昼、极夜现象。极夜时期气温极低,俄罗斯在距南极约 1 300 km、海拔 3 488 m 的沃斯托克基地观测到的极端最低气温为－88.3℃。南极站 7、8、9 月三个月的月平均气温都在－60℃以下。极昼期间虽日照时间长,但太阳高度角小,地表冰雪反射率又很大,太阳辐射受到很大削弱,因此气温仍在 0℃以下。降水量极少,全年降水量小于 250 mm,皆为干雪,不融化,只有少量的蒸发损失,长期累积形成很厚的冰原。常年大风,寒风夹雪,能见度恶劣。南极地区是全球的寒极、风极和最干燥的冰雪大陆,北极地区则是冰盖和浮冰的大洋。

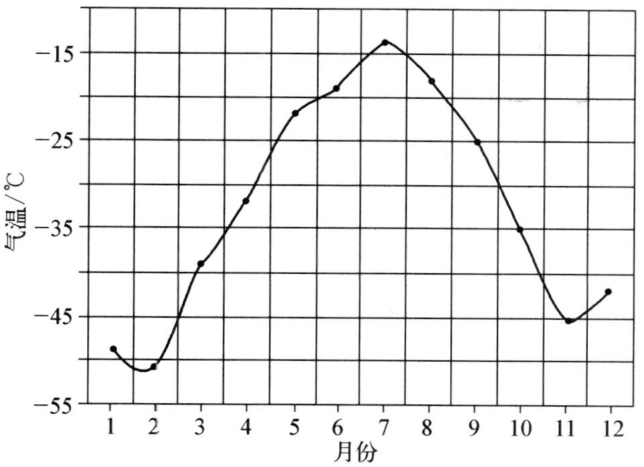

图 7－19　极地冰原气候

艾斯米特(格陵兰,71.9°N,40.7°W)

四、高地气候

高地气候出现在 55°S～70°N 的大陆高山高原地区,在北半球中纬度地区分布较广,南半球主要分布于安第斯山地。如亚洲的喜马拉雅山系、帕米尔高原和青藏高原,南、北美洲的科迪勒拉山系,欧洲的阿尔卑斯山系以及非洲的乞力马扎罗山等地。

(一) 高地气候的主要特征

由于高山地带随着高度的增加,空气逐渐稀薄,空气中吸收地面长波辐射的二氧化碳、水汽、气溶胶等减少,气压降低,风力增大,日照增强,气温降低,迎风坡降水量随高度增加而加大,越过最大降水带后,降水又随高度升高而减少。因此,高山气候具有明显的垂直地带性。主要有以下几个特征:

1) 山地垂直地带性因所在纬度和山地本身高度不同而各有差异。在低纬地区的山地,山麓为赤道或热带气候,随着高度的增加,水热条件逐渐变化,可划分的垂直气候带的类型较多。同在低纬度,若山地的相对高度较小,气候垂直带的类型就少。在高纬度极地的山麓已常年积雪,垂直气候的差异就很小。

2) 山地垂直气候带具有所在地大气候类型的烙印。如赤道山地从山麓到山顶各带都具有全年季节变化不明显的特征,全年各月气温和降水的差值都很小;而珠穆朗玛峰和长白山的各垂直气候带则都带有夏季湿热多雨、冬季寒冷干燥、雨雪稀少的季风气候特色。

3) 湿润气候山地垂直气候的差异,以热量条件的垂直差别为其主要决定因素;然而干旱、半干旱气候区的山地垂直气候差异则和热量、湿润状况关系密切,这种地区的干燥度都是山麓大,到山顶逐渐减小。

4) 同一山地还因坡向、坡度及地形等条件不同,气候的垂直变化各不相同。例如,山坡暖带,山谷冷湖,山地气候有"十里不同天"之变。

5) 山地的垂直气候带与随纬度而异的水平气候带在成因和特征上均有所不同,不能把两者等同起来。例如,在赤道的高山山麓为赤道多雨气候,随着高度的增加,气温降低,到山顶(高度在雪线以上的)则会白雪皑皑终年不化。这种垂直气候变化与海平面上由赤道到极地的变化在成因和特征上均有所不同。

① 气温因海拔增高而降低的原因与由赤道向极地降温的原因是不同的。在赤道高山山顶的太阳辐射强度比山麓和极地都强,山顶寒冷主要是由于空气稀薄,能够吸收地面长波辐射的二氧化碳和水汽等特别

少、地面有效辐射失热多的缘故。

② 在同一纬度,山麓与山顶太阳辐射的日变化和季节变化是一致的。在赤道地山麓与山顶全年昼夜均分,而极地有极昼、极夜现象。赤道山麓与山顶正午太阳高度角全年都很大,而极地即使在极昼期间正午太阳高度角也很小。

③ 海平面上,由赤道至极地,随着纬度的增高,气温年较差逐渐加大,到副极地大陆性气候区气温年较差最大;而在赤道高山,由山麓至山顶,随着海拔高度的增高气温年较差反而减小。

6) 山地气候具有"暖带"和"冷湖"。在周围山坡围绕的山谷或盆地中,由于风速小和湍流交换弱,当地表辐射强烈时,周围山坡上的冷空气因密度大都沿坡面向谷底注泻(这种下沉动力增温作用远比地表辐射冷却作用小);并在谷底沉积继续辐射冷却,因此谷底气温最低,形成"冷湖"。而在冷空气沉积的顶部坡地上,因为风速较大,湍流交换较强,换来自由大气中较暖的空气,因此气温相对较高,形成"暖带"。暖带的高度因不同山地、不同坡度、不同季节和天气条件而异,如武夷山西北面,暖带高度在 300 m,而东南面这一现象则不明显。

(二) 赤道高山气候举例

如图 7-20 所示,拉丁美洲的安第斯山脉赤道区,从山麓到山顶可分为六个垂直气候带。

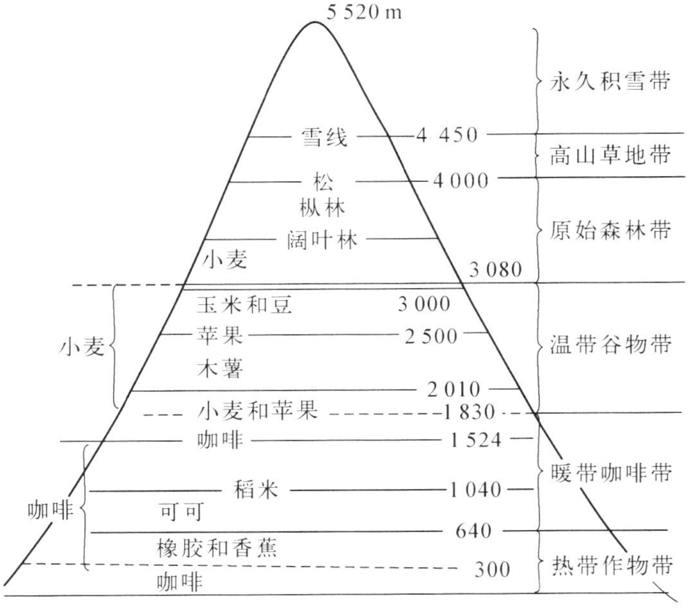

图 7-20 赤道区(安第斯山)垂直气候带

1) 热带作物带:地面至 640 m 高度左右,年平均气温为 28~24℃,降水丰沛,全年湿润,自然植被为赤道雨林,农作物有橡胶、香蕉和可可等。

2) 暖带咖啡带:由 640 m 至 1 830~2 000 m 左右,年平均气温为 24~18℃,盛产咖啡、水稻、茶、棉花、玉米等作物,以咖啡种植面积最广。

3) 温带谷物带:由暖带咖啡带至 3 000~3 500 m,年平均气温为 18℃左右。农作物有小麦、大麦、苹果和番薯等,畜牧业也很发达。

4) 原始森林带:由温带谷物带至 4 000 m,由阔叶林逐渐变为针叶林。

5) 高山草地带:约在 4 000 m 以上,森林已不能生长,自然植被为高山草地。

6) 永久积雪带:在海拔 4 450 m 为雪线,由此向上为永久积雪带。

第三节 中国气候区划简介

气候学家竺可桢、涂长望、卢鋈、么枕生等对我国气候区划进行了卓有成效的工作。1929 年,竺可桢根据很少的气候资料提出了我国第一个气候区划方案,奠定了我国气候区划的基础。他将全国分为华南、华中、华北、东北、云贵高原、草原、西藏和蒙新共八个气候大区。在 20 世纪 30 年代中叶,涂长望等将全国划分成东北类、华北类、华中类、华南类、华西类、蒙古类、西藏类与西藏东南部八个大类,每类又分若干二级区。1949 年,卢鋈在竺可桢、涂长望工作的基础上,结合我国农业生产实际,将改进的柯本气候分类法应用于我国气候区划,提出下列四条等值线作为区划的重要标准:① 1 月平均气温为-6℃的等温线(大致与长城平行),作为春麦带与冬麦带的分界线;② 1 月平均气温为 6℃的等温线(大致与南岭山脉走向一致)作为单季稻和双季稻的分界线,同时也是全年生长季的北限,这一线也与绝对最低温度 0℃等温线相对应;③ 年降水量为 750 mm 等值线(大致与秦岭—淮河一线相当),作为水稻的北界,也与 1 月平均气温为 0℃的等温线大致相当;④ 年降水量为1 250 mm等值线(我国东部大致与长江相对应,西部沿着云贵高原东部自北向南伸展)为麦作南限,也大约与1月50 mm等降水量线相对应。在此基础上将全国分成东北区、华北区、华中区、华南区、海南区、华西区、塞外草原区、西北荒漠区、新疆山地区、西藏区十个大区,每一个大区又分成若干个副区。现在,随着农业技术和耕作制度的改革,作物分布界限已经超出当年的情况,但这种区划紧密联系实际,便于服务农业生产。

我国亚热带植物不能在秦岭—淮河以北生长,真正热带植物不能在雷州半岛湛江以北正常生长,故秦岭—淮河一线是亚热带的北界,湛江的纬度圈是热带的北界。因此,我国的季风亚热带和季风热带的北界,比理论上的界线依次南移4~5个纬度,这是由于我国冬季风特别强劲的缘故。热带的特征是植物全年生长,温带的特征是只有夏季生长,亚热带处在过渡地带,夏季生长热带植物,冬季生长温带植物。暖温带与温带的界线在北京与沈阳之间。

1978年,中国气象局根据1951~1970年的气候资料,重点采用热量(≥10℃稳定期积温)和水分(干燥度)两项标准,同时参考其他条件,把全国划分为9个气候带、18个气候大区、36个气候区以及1个高原气候区域,高原气候区域又划分出4个气候大区、9个气候区(图7-21和表7-3)。

首先按照气温的不同,用日平均气温≥10℃稳定期积温作为热量代表,根据热量标准(表7-4),把全国划成9个气候带和1个高原气候区域,即从北到南包括北温带(I)、中温带(II),南温带(III)、北亚热带(IV)、中亚热带(V)、南亚热带(VI)、北热带(VII)、中热带(VIII)、南温带(IX)以及高原气候区域(H)。

其次按照水分条件,用积温法计算的干燥度作为水分的代表,根据干燥度分级标准(表7-5),每个气候带再划分出气候大区,即自东南向西北,划分出湿润(A)、半湿润(B)、半干旱(C)和干旱(D)气候。干燥度是指蒸发力与同期降水量之比,亦称干燥指数。则

$$K=\frac{E_0}{r}=\frac{0.16\sum t}{r} \tag{7-1}$$

式中,K 为干燥度;$\sum t$ 为日平均气温≥10℃稳定期积温;r 为同期降水量;E_0 为蒸发力,这里用日平均气温≥10℃稳定期积温乘以0.16作为蒸发力,系数0.16是假定秦岭、淮河一带的可能蒸散量与降水量接近平衡,并比照我国各地自然景观而确定的。

表7-3 中国气候带、气候大区和气候区

<table>
<tr><th rowspan="3">气候带</th><th colspan="4">气候大区</th></tr>
<tr><th>A湿润</th><th>B亚湿润</th><th>C亚干旱</th><th>D干旱</th></tr>
<tr><th colspan="4">气候区</th></tr>
<tr><td>I北温带</td><td>I A₁根河区</td><td></td><td></td><td></td></tr>
<tr><td>II中温带</td><td>II A₁小兴安岭区
II A₂三江—长白区</td><td>II B₁大兴安岭区
II B₂松辽区</td><td>II C₁蒙东区
II C₂蒙中区
II C₃富蕴区
II C₄塔城区
II C₅伊宁区</td><td>II D₁蒙甘区
II D₂北疆区</td></tr>
<tr><td>III南温带</td><td>III A₁辽东—胶东半岛区</td><td>III B₁河北区
III B₂鲁淮区
III B₃渭河区</td><td>III C₁晋陕甘区</td><td>III D₁南疆区</td></tr>
<tr><td>IV北亚热带</td><td>IV A₁江北区
IV A₂秦巴区</td><td></td><td></td><td></td></tr>
<tr><td>V中亚热带</td><td>V A₁江南区
V A₂瓯江、闽江、南岭区
V A₃四川区
V A₄贵州区
V A₅滇北区</td><td>V B₁金沙江—楚雄、玉溪区</td><td></td><td></td></tr>
</table>

续 表

气候带	气候大区			
	A湿 润	B亚湿润	C亚干旱	D干旱
	气候区			
VI南亚热带	VI A_1台北区 VI A_2闽南—珠江区 VI A_3滇南区			
VII北热带	VII A_1台南区 VII A_2雷琼区 VII A_4滇南河谷区	VII B_1琼西区	VII C_1元江区	
VIII中热带	VIII A_1琼南—西沙区			
IX南热带	IX A_1南沙区			
H高原气候区域	HV VI VII A_1达旺—察隅区 H A_1波密—川西区	H B_1青南区 H B_2昌都区	H C_1祁连—青海湖区 H C_2藏中区 H C_3藏南区	H D_1柴达木区 H D_2藏北区

表7-4 划分气候带的温度指标

气候带	≥10℃积温(及其天数)	最冷月平均气温	年极端最低气温	备注
I北温带	<1 600~1 700℃(<100天)	<-30℃	<-48℃	
II中温带	1 600~1 700℃至3 100~3 400℃(100~160天)	-30~-10℃	-48~-30℃	
III南温带	3 100~3 400℃至4 250~4 500℃(160~220天)	-10~0℃	-30~-20℃	
IV北亚热带	4 250~4 500℃至5 000~5 300℃(220~240天)	0~4℃	-20~-10℃	
V中亚热带	5 000~5 300℃至6 500℃(240~300天) 5 000~5 300℃至6 000℃(240~300天)	4~10℃ 4~10℃	-10~-5℃ -10~-2℃	云南地区
VI南亚热带	6 500℃至8 000℃(300~365天) 6 000℃至7 500℃(300~350天)	10~15℃ 10~15℃	-5~-2℃ -2~-2℃	云南地区
VII北热带	8 000℃至9 000℃(365天) >7 500℃(350~365天)	15~19℃ 15~19℃	2~6℃ 2~6℃	云南地区
VIII中热带	9 000℃至10 000℃(365天)	19~26℃	5~20℃	
IX南热带	>10 000℃(365天)	>26℃	>20℃	
H高原气候区域	<2 000℃(<100天)	—	—	

表7-5 干燥度的分级指标

干燥度	干湿情况	天然植被	水文情况
≤0.49 0.50~0.99	很湿 湿润 } 湿润	森 林	排 水
1.00~1.49	亚湿润	森林、草原	防水不足
1.50~1.99 2.00~3.99	亚干旱	草甸、草地、干草原、荒漠草原	需要灌溉
≥4.00	干 旱	荒 漠	

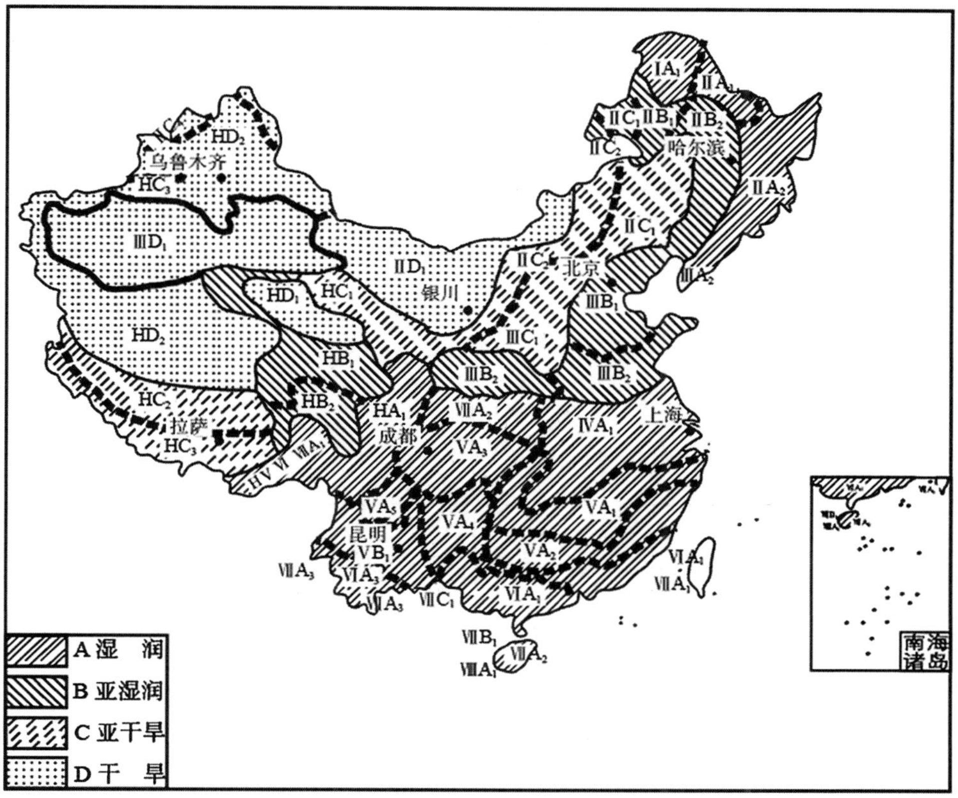

图 7-21　中国气候区划示意图

注：台湾省数据暂缺。

实习五　气候类型的判别

一、目的与要求

掌握降水直方图、气温年变化曲线图、风向风速玫瑰图的绘制方法；掌握利用柯本气候分类法判别某地气候类型。

二、实验内容

（一）气候统计图

用气候统计图表现气候特征，具有鲜明醒目、富于表现、易于理解的特点，尤其是常用软件 excel 软件和 SPSS 统计软件的广泛应用及其强大、方便、快捷的绘图功能，使气候统计图被广泛应用于分析气候要素的空间分布、时间变化，及气候要素间的相互关系。

1. 极坐标图

极坐标图主要用来表示具有方向性的气象要素在各方向上出现的数值、频率等情况。例如，以风向为平面上点的极角坐标，以风向频率（风速）为平面上点的极径坐标，所描绘出来的图称为风向风速图，又称风向频率（风速）玫瑰图。以一中心作圆，将圆周 16 等分，通过圆心向周围引出 16 条射线，即作一个表示 16 方位的极坐标分别表示 N、NNE、…、NNW。然后以 1 cm 为半径画一圆，在此圆上表示频率为 5%，同理依次用 2 cm、3 cm、…，为半径画同心圆，分别表示频率为 5%、10%、…，再依次把这些点连接起来，就得到风向频率玫瑰图。若以每 1 cm 长代表风速 1 m/s，将各方位的风速分别点在相应方向的射线上，再依次把这些点连接起来，就得到风速玫瑰图。如根据表 7-6 中的资料作出该站风向（实线）、风速（虚线）图（图 7-22）。

表 7－6 某站各风向频率和平均风速

风 向	N	NNE	NE	ENE	E	ESE	SE	SSE	S	SSW	SW	WSW	W	WNW	NW	NNW	C
频率/%	5	6	6	7	8	10	9	8	4	3	2	2	3	7	8	5	6
平均风速/(m/s)	3.4	3.3	3.5	3.6	3.2	3.2	3.4	3.7	2.9	2.5	2.3	2.3	2.6	3.5	3.5	3.6	0.0

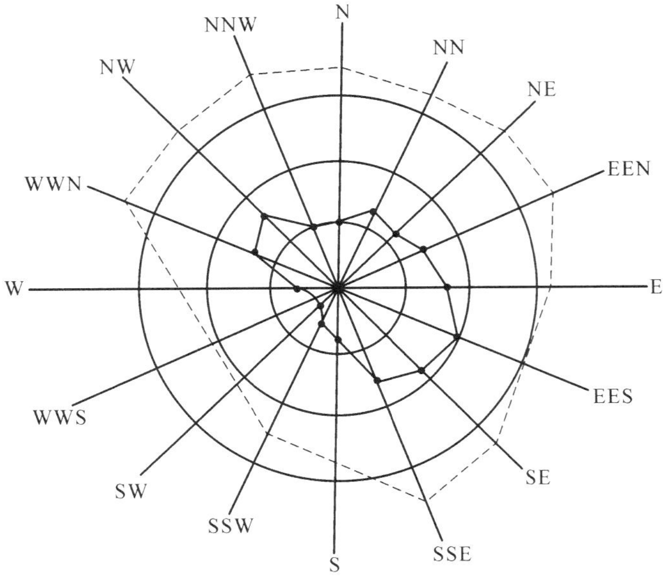

图 7－22 某站的风向(实线)风速(虚线)玫瑰图

一般风向观测记录均用 16 方位,但为了统计的方便与意义明确,可采用 8 方位统计和绘制风向玫瑰图。将 16 方位改成 8 方位的方法是将中间方位的频率平分并入左右方位中。若中间方位为奇数,则将多余的一次加入两边频率较大的方位中去,若其左右两边频数相等,则将多余的一次加入右边方位中。如表 7－6 中方位若改成 8 方位,则得各方位频率如表 7－7 所示,按前述方法可以画出 8 方位的风向玫瑰图。

表 7－7 某站各风向频率

风 向	N	NE	E	SE	S	SW	W	NW	C(静风)
频率/%	10	12	17	18	10	4	7	15	6

此外,也可用极坐标用表示风与其他气候要素的相关情况。若以每 1 cm 长代表降雨量 100 mm,将各方位的降雨量分别点在相应方向的射线上,再依次把这些点连接起来,就可以表示风与降雨量的关系。如图 7－23 所示,某地吹东南风和南风时,雨量最多,达 240～250 mm;吹西风时雨量最少,约 50 mm。

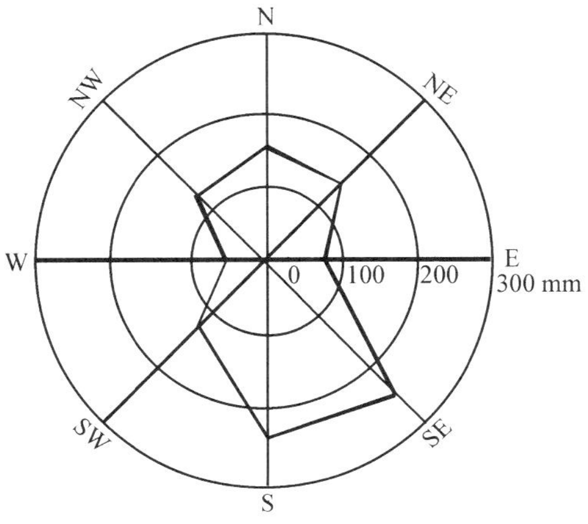

图 7－23 某地雨量和风向的相关图

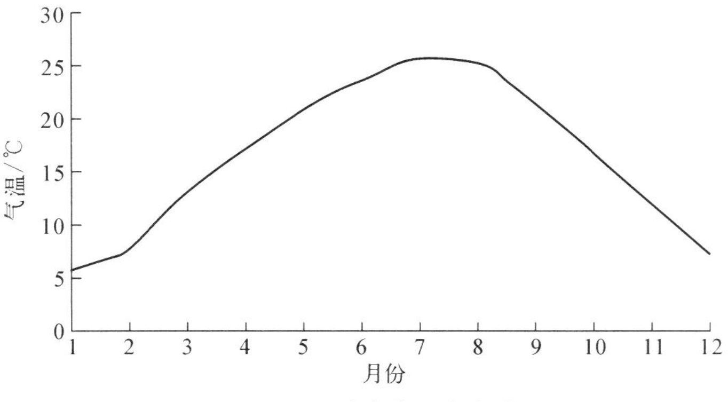

图 7－24 成都气温年变化

2. 直角坐标图

最常用的直角坐标图有曲线图和直方图两种曲线图,主要用来表示气候要素随时间连续变化的情况。例如,在分析气温、气压等要素的日变化和年变化时,常绘制日、年变化曲线图。如图 7－24 为成都气温年变化曲线,由图可知,7 月平均最高气温为 25.6℃,1 月平均最低气温为 5.5℃。

由于有些气候要素(如降水、暴、雾等)不是任何时刻都能出现的,不便于用曲线来表示其随时间的变化,而通常采用直方图,如图 7－25 表示成都降水量年变化情况。7 月份平均降水量最高达 235.5 mm,12 月份平均降水量最低为 5.8 mm。

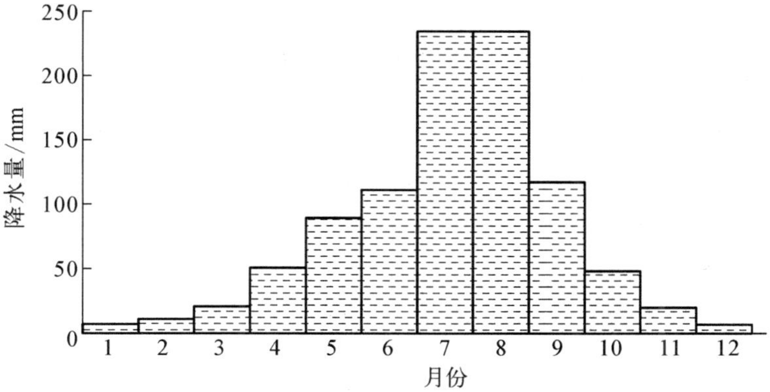

图 7－25　成都降水量年变化

(二) 柯本气候分类法中判别气候类型的指标

反映气候特征的主要是热量和水分两项指标。德国气候学家柯本以气温和降水为基础,同时参照各种植被类型,首先把世界气候分成五带,即 A 热带、B 干带、C 温暖带、D 冷温带、E 极地带,其中 A、C、D、E 带为湿润气候带,B 带为干旱气候带。具体分类标准如下。

1. A、C、D、E 带的界限

① A 带,最冷月平均气温≥18℃;② C 带,最冷月平均气温在 0～18℃,最热月平均气温>10℃;③ D 带,最冷月平均气温<0℃,最热月平均气温>10℃;④ E 带,最热月平均气温<10℃。

2. B 带与 A、C、D 带的界限

B 带与 A、C、D 带的界限指标随全年降水的季节分配情况不同而异(表 7－8)。因此,首先要根据全年降水的季节分配,判别气候带属于以下三种情况(以北半球为例)中的哪种类型: ① 冬雨区,全年 70%及以上的降水集中在冬半年(10 月～次年 3 月);② 夏雨区,全年 70%及以上的降水集中在夏半年(4 月～9 月);③ 年雨区,全年降水分配均匀。

然后再依据表 7－8 中界限指标,当 $r<$ 表 7－8 中所示界限标准时,即属于 B 带(干旱气候);当 $r\geq$ 表 7－8 中所示界限标准时,则属于湿润气候带 A、C、D 带。

表 7－8　柯本气候分类法中 B 带与 A、C、D 带的界限

降　水　型	冬　雨　区	年　雨　区	夏　雨　区
B 与 A、C、D 带的界限	$r=2t$	$r=2(t+7)$	$r=2(t+14)$

注: r 为年降水量(cm);t 为年平均气温(℃),下同。

3. A、C、D 带内各气候型的界限

按降水量的季节分配,将 A、C、D 带分为冬干(w)、夏干(s)、常湿(f)气候型。

1) A 带内: ① Af 热带雨林气候,全年多雨,最干月降水量≥6 cm;② Aw 热带疏林草原气候,全年有干季和湿季,最干月降水量<6 cm,并<$10-r/25$ cm;③ Am 热带季风气候,由于季风影响,全年中有一特别多雨的季节,最干月降水量<6 cm,但≥$10-r/25$ cm。

2) C带内：① Cs夏干温暖气候(又称地中海气候)，夏半年最干月降水量＜4 cm，小于冬半年最多雨月降水量的1/3；② Cw冬干温暖气候，冬半年最干月降水量小于夏半年最多雨月降水量的1/10；③ Cf常湿温暖气候，全年降水分配均匀。

3) D带内：① Dw冬干冷温气候，夏半年最多雨月降水量至少10倍于冬半年最干月降水量；② Df常湿冷温气候，全年降水分配均匀。

4. B带内的Bs与Bw型的界限

按降水量将干燥气候B带划分为草原气候(Bs)及沙漠气候(Bw)两种，后者年降水量少于前者之半。界限标准如表7-9所示。

表7-9 柯本气候分类法中Bs与Bw型的划分界限

降 水 型	冬 雨 区	年 雨 区	夏 雨 区
Bs与Bw的界限	$r=t$	$r=t+7$	$r=t+14$

当r＜表7-9中所示界限标准时，属于沙漠气候Bs型；当r≥表7-9中所示界限标准时，则属于Bw型。

5. E带内各气候型的界限

按温度将E带气候划分为苔原气候(ET)及冰冻气候(EF)。

1) ET苔原气候：最热月平均气温在0℃以上，可生长苔藓、地衣类植物。

2) EF冰原气候：最热月平均气温在0℃以下，冰雪终年不化。

(三) 季风气候类型的判别指标

赫洛莫夫季风判别指标：① 地面上1月与7月盛行风向(最大频率风向)之间至少差120°；② 季风指数$\left[I=\frac{1}{2}(f_1+f_2)\right]$大于40%，$f_1$与$f_2$分别表示1月和7月风向最大频率。根据我国东部季风气候区的实际资料计算，季风角都大于120°，但季风指数都小于40%。因此，季风气候的判别标准主要依据季风角是否大于120°，而季风指数可以作为季风强度指标。

三、练习题

1. 某站多年1月、7月风向、风速如表7-10所示。试分别按16方位和8方位绘制画出1月和7月的风向、风速玫瑰图。

表7-10 某站1月和7月风向、风速资料

风 向		N	NNE	NE	ENE	E	ESE	SE	SSE	S	SSW	SW	WSW	W	WNW	NW	NNW	C
7月	频率/%	2	2	3	4	6	9	17	18	10	7	6	4	2	3	2	1	4
	平均风速/(m/s)	3.4	4.0	3.2	3.4	3.3	3.7	4.0	4.5	3.8	3.5	3.5	3.3	3.2	4.0	3.3	4.3	0.0
1月	频率/%	9	6	8	7	4	3	4	3	2	1	2	4	6	15	14	6	6
	平均风速/(m/s)	4.0	4.2	3.8	3.6	3.2	3.1	2.9	3.7	3.4	2.6	2.4	2.6	3.3	5.0	4.5	4.1	0.0

2. 根据表7-11所示的某站多年平均气温观测资料，绘制气温年变化曲线图。

表7-11 某站各月气温观测资料

月	1	2	3	4	5	6	7	8	9	10	11	12
气温/℃	12.5	13	17.2	24.6	27	31.5	38	37.5	32	25.6	23.4	16.8

3. 根据表7-12所示的某站多年平均降水观测资料，绘制该站降水量直方图。

表 7-12 某站多年平均降水量观测资料

月	1	2	3	4	5	6	7	8	9	10	11	12	年总
降水量/mm	4.0	8.0	9.0	21.6	36.2	70.5	198.3	242.0	64.0	20.5	7.5	4.0	685.6

4. 根据柯本气候分类法的标准,判断以下各站属于何种气候类型。

表 7-13 1～3 站气温和降水资料(1971～2000 年)

站号	月份	1	2	3	4	5	6	7	8	9	10	11	12	年均	年总
1	t	7.8	9.4	13.6	18.6	22.3	24.5	26.6	26.6	22.6	18.3	14.0	9.3	17.8	
	r	19.6	26.3	32.7	60.2	110.5	161.7	228.7	188.4	119.5	64.4	33.3	17.8		1 063.1
2	t	−11.6	−7.2	0.3	9.0	16.1	20.7	22.6	20.6	14.6	7.0	−2.1	−9.4	6.7	
	r	2.6	5.2	10.2	13.5	27.6	47.2	106.5	109.1	47.4	20.7	6.2	1.8		397.9
3	t	−0.1	2.9	8.1	14.7	19.8	24.8	26.6	25.3	19.9	13.9	6.9	1.3	13.7	
	r	6.9	9.6	28.6	43.0	60.2	54.4	98.6	70.8	91.6	59.9	23.9	5.8		553.3

注: r 为降水量(mm); t 为气温(℃)。

5. 根据表 7-14 和表 7-15 所示的 4 个气象台站气候资料计算季风角,并判断各台站气候类型。

表 7-14 1～4 站 1 月和 7 月各风向频率

站号	风向	N	NE	E	SE	S	SW	W	NW
1	1 月	47	7	15	11	2	2	1	5
	7 月	2	4	10	18	29	18	3	3
2	1 月	21	13	8	8	3	4	11	27
	7 月	4	6	13	32	19	11	5	4
3	1 月	31	30	14	4	1	4	4	5
	7 月	24	6	5	5	9	14	12	12
4	1 月	44	4	4	4	4	8	9	18
	7 月	6	2	12	37	18	5	3	9

表 7-15 1～4 站气候资料

站号	月份	4	5	6	7	8	9	10	11	12	1	2	3
1	t	23.1	27.0	27.8	28.8	28.2	27.2	24.5	20.4	16.5	14.2	14.6	18.5
	r	96.9	102.8	235.4	312.7	378.2	155.4	54.0	44.4	20.1	28.9	34.2	50.1
	f	85	81	84	83	85	81	77	77	77	76	83	86
	e	24.2	28.9	31.3	32.6	32.3	29.0	23.7	18.7	14.8	12.8	14.5	18.7
2	t	13.5	18.6	23.1	27.5	27.5	23.1	17.6	11.9	5.6	3.0	3.9	7.8
	r	99.4	114.1	145.8	114.6	112.4	122.1	47.2	52.9	36.0	36.5	48.3	68.3
	f	83	82	85	86	85	85	81	78	76	77	79	81
	e	13.0	17.7	24.1	31.5	31.0	24.3	16.5	11.3	7.3	6.0	6.6	8.7
3	t	8.9	16.0	20.2	22.1	20.5	14.9	6.6	−2.4	−9.6	−12.2	−10.6	0.0
	r	24.2	23.9	29.8	32.9	21.5	10.9	34.2	36.4	19.7	13.8	11.5	21.5
	f	53	53	53	55	50	49	63	72	73	72	70	68
	e	5.8	9.0	11.6	13.6	11.3	7.8	6.0	4.0	2.4	1.9	2.2	4.3

续 表

站号	月份	4	5	6	7	8	9	10	11	12	1	2	3
4	*t*	8.7	15.5	19.1	22.9	24.2	19.9	13.7	5.8	−1.5	−5.4	−3.7	2.0
	r	44.8	38.7	80.5	208.9	145.9	56.8	31.1	25.9	6.9	7.0	10.3	14.3
	f	63	66	79	90	85	71	64	60	57	56	57	58
	e	7.0	11.3	17.4	24.9	25.6	16.8	10.6	6.3	3.5	2.5	2.9	4.1

注：*r* 为降水量(mm)；*t* 为气温(℃)；*f* 为相对湿度(%)；*e* 为水气压(hPa)

第八章　气 候 变 化

地球自形成以来，气候始终处在变化之中。根据地质考古资料、历史文献记录和气候观测记录分析，冷暖更替和干湿变化一直是气候演变的基本特征。近年来，由于气候变化的事实及其影响越来越显著，引起了国际社会的高度重视，逐渐成为科学研究的热点问题。研究地球气候变化的历史，弄清现代气候变化的趋势，一方面具有重大理论科学意义，另一方面有助于采取适当措施及早预防或抗御气候变化可能造成的灾难。

第一节　气候变化概述

气候是一个历史的概念，与特定的时间阶段相联系，而不存在绝对气候的概念。气候变化是指气候平均状态统计学意义上的巨大改变或者持续较长一段时间(典型的为 10 年或更长)的气候变动。或者简单理解为一个特定地点、区域或全球长时间的气候转换或改变，是以某些或所有的与平均天气状况有关的要素(如温度、风场和降水量等)的变化来度量的。

气候变化所涉及的空间尺度，既有全球性的，也有一个洲、一个国家，甚至更小区域的。气候变化的时间尺度有长达数百万年甚至数亿年的冰期和间冰期，也有几百年、几十年，甚至几年的短期气候振动。

地球形成的时间尺度约为 55±5 亿年，但是地球气候史的时间尺度，目前可以追溯到的约在 22 亿年。在漫长的地球史中，寒冷的冰期气候与温暖的间冰期气候交替出现。在气候寒冷的冰期，冰川发育，大量的水固定在陆地表面成为冰，使海平面比现在降低。在两个冰期之间气候比较温暖的间冰期，大冰盖面积缩小，高山雪线大幅度升高，世界海平面上升。世界和中国气候都经历着长度为几十年到几亿年为周年的气候变化，现在为世界科学界所公认的至少有：

1）大冰期与大间冰期气候——时间尺度约为几千万年到几万万年。

2）亚冰期气候与亚间冰期气候——时间尺度约为几十万年。

3）副冰期与副间冰期气候——时间尺度约为几万年。

4）寒冷期(或小冰期)与温暖期(或小间冰期)气候——时间尺度约为几百年到几千年。

5）世纪及世纪内的气候变动——时间尺度为几十年到几百年。

在研究气候变化时，一般将气候变化史划分为三段：地质时期的气候变化、历史时期的气候变化和近代气候变化。地质时期的气候变化时间跨度最大，从距今约 22 亿年到 1 万年，其最大特点是冰期与间冰期交替出现；历史时期气候变化一般指 1 万年左右以来的气候变化；近代气候变化指最近一二百年来有气象观测记录以来的气候变化。

一、地质时期的气候变化

地质时期距今遥远，历时漫长，科学家多通过分析地层沉积、冰川遗迹、植物花粉和动物化石等间接方法反推其气候变化。在地质时期的气候变化中，地球反复经历过几次大冰期气候。其中最近的具有全球意义的有三次大冰期，即震旦纪大冰期、石炭—二叠纪大冰期和第四纪大冰期(图 8－1)。这三个大冰期发生的时间也比较确定。在震旦纪以前，还有过大冰期的反复出现，其出现时间目前尚有不同意见。

(1) *震旦纪大冰期气候*　　震旦纪大冰期发生在约 600 MaBP(距今 6 亿年前)。根据古地质研究证实，这次冰期影响范围几乎遍及世界五大洲，在亚洲的东部和北部、欧洲的西北部、北美的五大湖地区、非洲的南部和中部、澳大利亚的中南部地区，都发现了震旦纪的冰碛层，说明这一时期这些地方曾经历过大冰期气候。而在中国黄河以北地区震旦纪地层中分布有石膏层和龟裂纹现象，那里当时可能是温暖而干燥的气候。总之，这次冰期强度大，持续时间长，气候相当寒冷，影响范围很广，但同时也有不同气候类型存在。

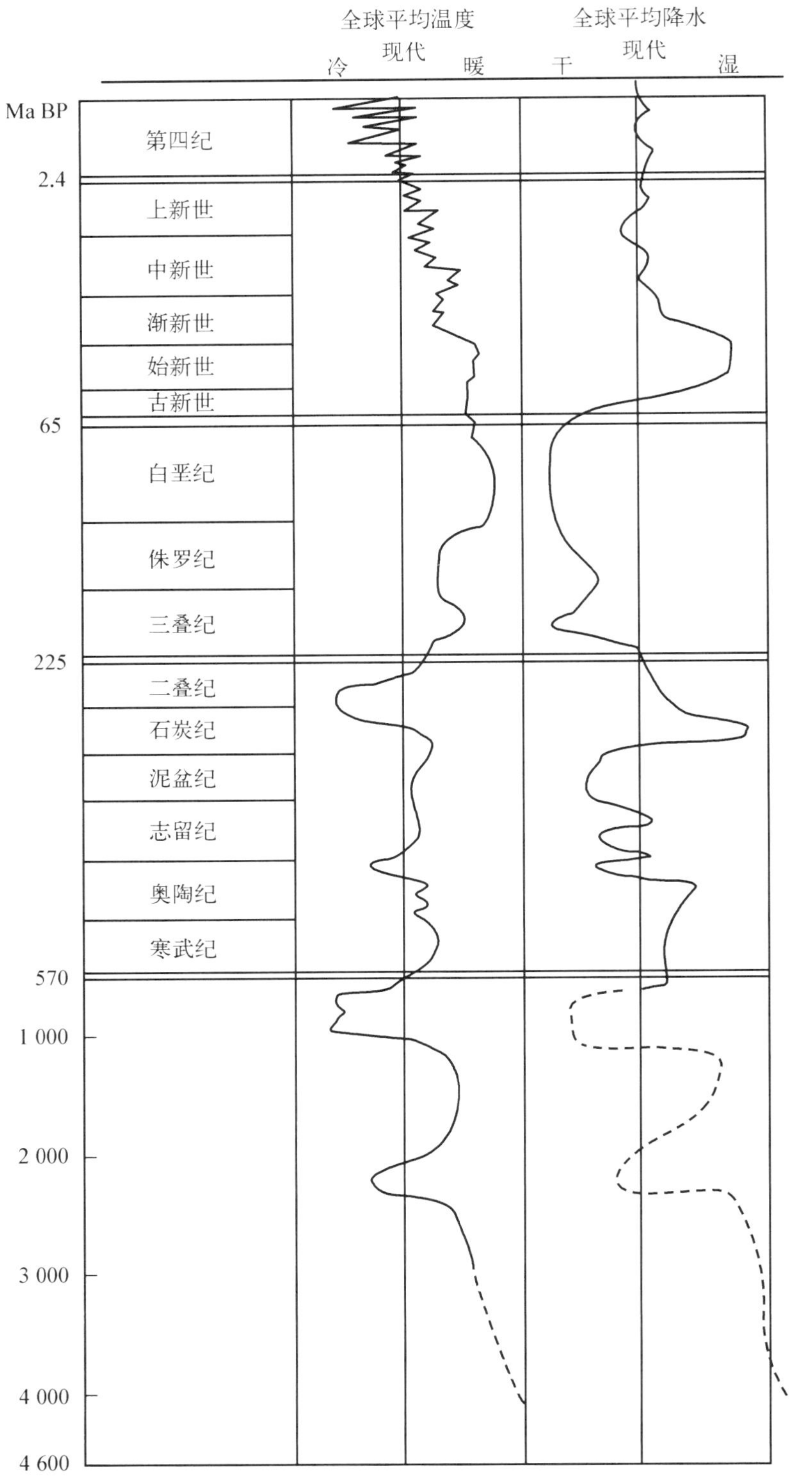

图 8-1 地质时期的气候变化

资料来源：L. A. Frakes(1984)

注：研究气候变化时，年代的表示方法为 $n$ka BP(before present)或 nMa BP，代表距今 n 千年或 n 百万年的意思，通常以 1950 年为起算点。

(2) **寒武纪—石炭纪大间冰期气候** 寒武纪—石炭纪大间冰期发生在约 600 MaBP～300 MaBP(距今约 6 亿～3 亿年)。包括寒武纪、奥陶纪、志留纪、泥盆纪和石炭纪五个地质时期,时间跨度 3 亿年以上,都属于大间冰期气候。当时整个世界气候都比较温暖,特别是石炭纪属于这次大间冰期温暖气候的极盛时期。当时森林面积极广,形成大规模的煤层,树木缺少年轮,说明当时树木终年都能均匀生长,具有海洋性气候特征,没有明显季节区别。实际上,今日的大煤田,就是当时温和湿润气候的产物或标志。石炭纪的取名也源于此。

(3) **石炭—二叠纪大冰期** 石炭—二叠纪大冰期发生在约 300 MaBP～200 MaBP(距今 3 亿～2 亿年)。从寒冷程度来说,这次冰期的降温幅度较大(平均达 10～11℃),气候十分寒冷;从持续时间来看,这次冰期的寒冷气候的极盛期只有 2 000 万年至 3 000 万年,相对于震旦纪大冰期来说要短一些。从所发现的冰川迹象表明,受到这次冰期气候影响的主要是南半球。在北半球除印度外,目前还未找到可靠的该次冰期的冰川遗迹。古地质研究表明,在这次大冰期的后期,中国广大地区,气候非但不冷,还相当炎热潮湿,如中国南方发现了大量二叠纪的珊瑚礁。

(4) **三叠纪—第三纪大间冰期气候** 三叠纪—第三纪大间冰期发生在 200 MaBP～2 MaBP(距今约 2 亿年到 200 万年)。这次气候温暖期历时很长,包括整个中生代的三叠纪、侏罗纪、白垩纪和新生代第三纪,长达 2 亿年。在整个三叠纪,不论欧洲、北美还是中国,红土的沉积范围很大,并且还含有石膏和岩盐,说明当时气候炎热而干燥,氧化剧烈。到侏罗纪和白垩纪,气候的大陆性逐渐减弱,海洋性增强,地球处于广泛的海进时期,暖海生物珊瑚礁分布广泛,曾达到较高纬度。新生代的古新世和始新世初期,世界气候更普遍变暖,格陵兰具有温带树种,中国当时的沉积物大多带有红色,说明中国当时的气候比较炎热。新生代的始新世末期(38 MaBP 前后)世界气温有一次急速变冷事件,在中新世早期短暂变暖后,中期以后又开始显著变冷(图 8-1)。

专栏 8-1 三本自然巨著

自然界沧海桑田的环境变化在地球上刻下了三本完整的历史大书:一本是完整保存古环境变化信息的深海沉积;一本是系统反映气候变化的极地冰川;而第三本书则是中国的黄土沉积。这三本书是我们认识地球上自然历史、气候、生物变迁的最佳文献档案。

专栏 8-2 新仙女木事件

"仙女木"是寒冷气候的标志植物,因此用来命名北欧地区出现的寒冷事件,"新仙女木"中的"新"表示末次冰期的最后一次寒冷事件,约出现于 12.5 kaBP～11.5 kaBP。"新仙女木"事件之后气候变暖,进入温暖的全新世。"新仙女木"事件是一个气候寒冷时期,持续约千年。开始时气温迅速下降,结束时气温又迅速上升,而降温及升温的时间只有几十年甚至十年,因此称为气候突变。它是由于全球海洋中的温盐环流关闭所致的。

(5) **第四纪大冰期气候** 第四纪大冰期在约 2 MaBP 开始,直到现在。当冰期最盛时在北半球有三个主要大陆冰川中心:斯堪的那维亚冰川中心,冰川曾向低纬伸展到 51°N 左右;北美冰川中心,冰流曾向低纬伸展到 38°N 左右;西伯利亚冰川中心,冰层分布于北极圈附近的 60°～70°N,有时可能伸展到 50°N 的贝加尔湖附近。估计当时陆地有 24%的面积为冰所覆盖,还有 20%的面积为永冻土,这是冰川最盛时的情况。

在这次大冰期中,气候变动很大,冰川有多次进退。根据对欧洲阿尔卑斯山区第四纪山岳冰川的研究,确定第四纪大冰期中有 5 个亚冰期(图 8-2)。在中国也发现不少第四纪冰川遗迹,定出 4 次亚冰期。在亚冰期内,平均气温约比现代低 8～12℃。在两个亚冰期之间的亚间冰期内,气温比现代高。北极约比现代高 10℃以上,低纬地区约比现代高 5.5℃,覆盖在中纬度的冰盖消失,甚至极地冰盖整个消失。在每个亚冰期之中,气候也有波动,例如在大理亚冰期中就至少有 5 次冷期(或称副冰期),而其间为相对温暖时期(或称副间冰期)。每个相对温暖时期一般维持 1 万年左右。目前正处于一个相对温暖的后期。

据研究,在 25～18 kaBP 前后的末次冰期的最盛时期可以作为第四纪期间全球寒冷阶段的代表,大约

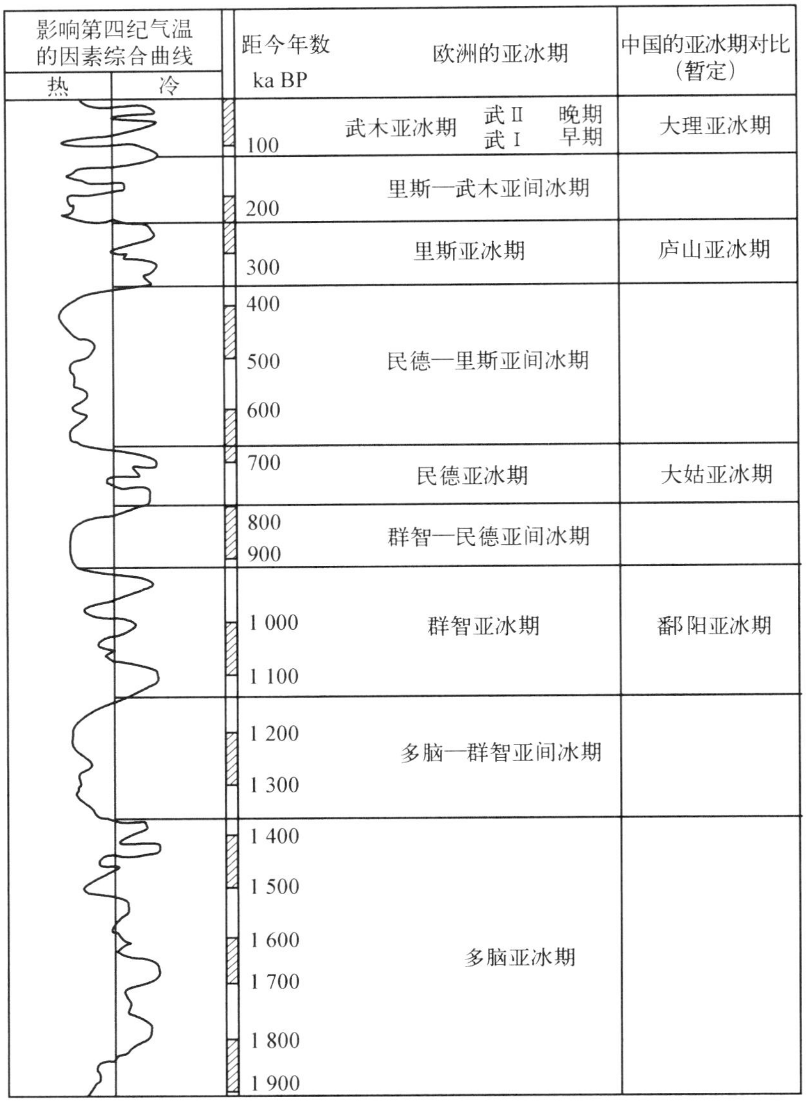

图 8-2 第四纪冰期中的亚冰期和亚间冰期

在 10 kaBP 前后大理亚冰期(相当于欧洲武木亚冰期)消退,北半球各大陆的气候带分布和气候条件基本上成为现代气候的特点。

二、历史时期的气候变化

在新仙女木事件之后,气候迅速变暖,自第四纪更新世晚期(约 10 kaBP 年前后)开始,全球进入冰后期。

(1) 历史时期的全球气候变化　根据新的科研成果,从距今一万年以来的气候变化一般分为早期的增暖、中期的温暖期和晚期变冷三个阶段。关于这个气候变化阶段的起止时间,不同地区根据各自研究成果划分结果有很大差别。根据目前较多数的意见,可把距今 8.5～8.0 kaBP 和 4.0～3.5 kaBP 作为三阶段的分界线(图 8-3)。

早期的增暖期以阶段性的迅速升温为特征。来自英国的资料表明,温度增加的速度约为 1.7℃/100 a,至 9.8 kaBP,当时的平均气温已经与现代相当。在此阶段的升温并不是持续性的,期间存在若干升温停滞甚至降温事件。

从全球尺度来看,8.5～4.0 kaBP 是一个较现代更暖的时期,温暖期的最盛期可能出现在 6.0 kaBP 前后,当时的中高纬度地区陆地上的温度可较现代高 2～3℃以上。此温暖期中也并不是一个持续的温暖期,期间存在数次短期的变冷事件。

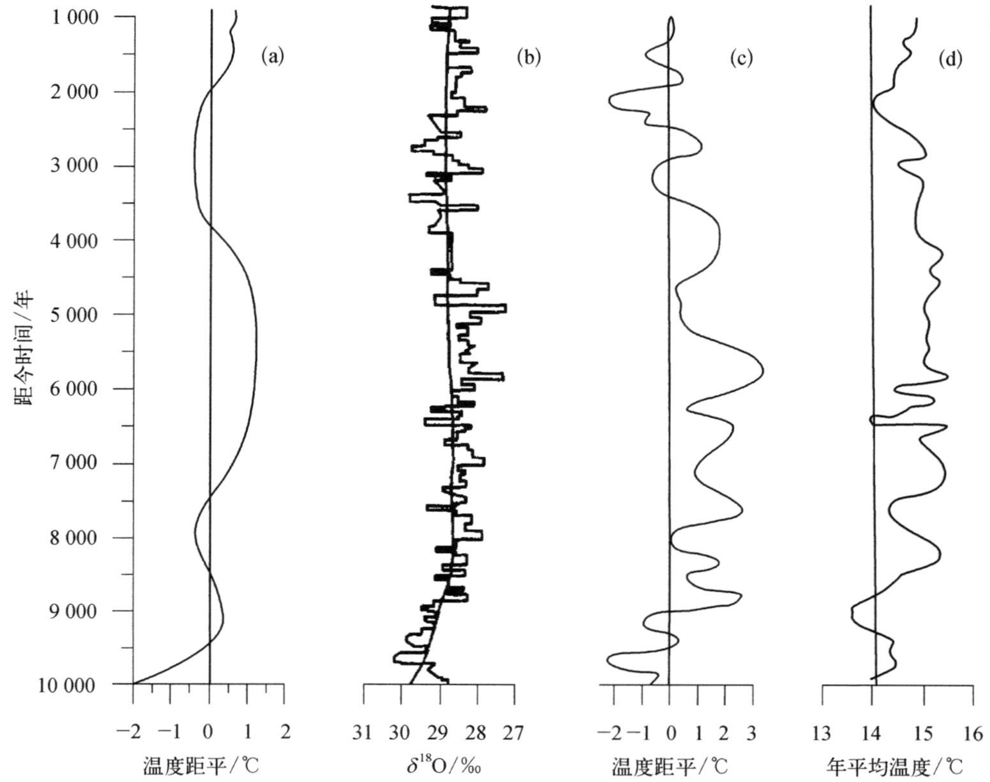

(a) 全球年平均温度变化;(b) 格陵兰冰芯 $\delta^{18}O$ 值;(c) 西北欧7月平均温度(依据孢粉资料);(d) 中国东部年平均温度(江苏建湖孢粉资料)

图 8-3　10 000 年来全球温度变化

从 4.0 kaBP 以后,全球气候发生了重大调整,呈现变冷趋势,温度下降到与现代相当的水平,期间每个寒冷期或温暖阶段分别持续数百年,其中,在最近的 1 000 多年里,出现了较现代略微温暖的中世纪暖期和比现代更寒冷的小冰期。

(2) 中国历史时期的气候变化　中国著名气候学家竺可桢根据对历史文献记载和考古发掘等有关资料的分析,得到了中国温度变化曲线(图 8-4),将 5 000 年来中国的气候划分为 4 个温暖时期和 4 个寒冷时期,如表 8-1 所示。从图表可以看出,中国近五千气候变迁的特点是:温暖期越来越短,温暖程度越来越低;寒冷期越来越长,寒冷程度越来越烈。从生物分布可以看出这一变化趋势,例如,在第一个温暖期,中国黄河流域发现有象群;在第二个温暖期,象群栖息北限移到淮河流域及其以南地区;到了第三次温暖期,就只有长江以南的浙江、广东、云南等地区发现有象群。而在近五千年中的四次寒冷期正好与四次温暖期相反,从江

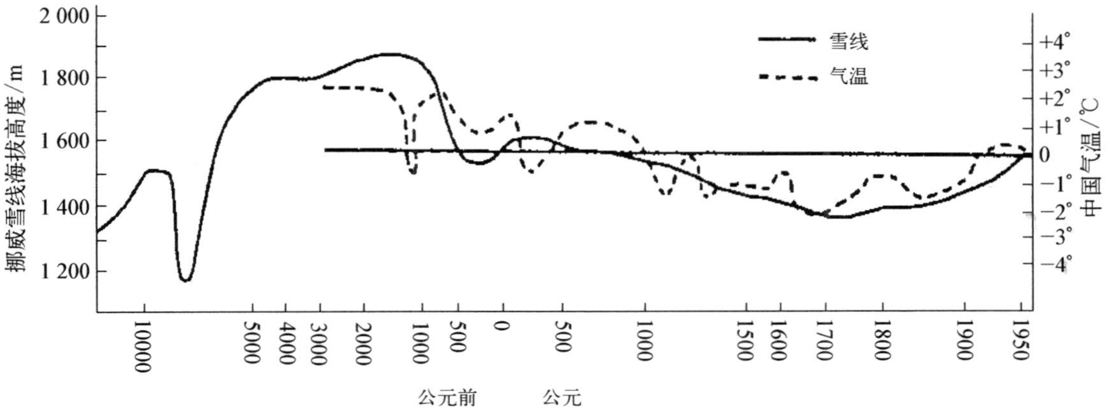

图 8-4　10 000 年来挪威雪线高度(实线)和近 5 000 年中国气温(虚线)变迁图

河封冻可以看出这一趋势。在第二个寒冷时期只有淮河封冻的例子(公元225年),第三个寒冷时期出现了太湖封冻的情况(公元1111年),而在第四个寒冷时期长江也出现封冻现象(公元1670年)。

中国历史时期的气候,在干湿上也有变化,不过气候干湿变化的空间尺度和时间尺度都比较小。中国科学院地理所根据历史资料,推算出中国东南地区自公元元年至公元1900年的干湿变化如表8-2所示。

表8-1 中国近5000年的寒暖变化(4个温暖期和4个寒冷期)

第一次温暖期,公元前3500～公元前1000年左右(仰韶文化～殷墟时代)	估计当时整个华北地区和黄河中下游地区,年平均气温比现在大约高2℃,1月温度约高3～5℃。在黄河流域有象、水牛和竹子
第一次寒冷期,公元前1000～公元前850年(西周时期)	据《竹书纪年》记载,公元前903年和前897年的长江支流汉水两度结冰,接着又发生大旱。气候寒冷干燥
第二次温暖期,公元前770年～公元前初(秦汉时代)	这个时期中国气候普遍转暖。据《春秋》记载,公元前698年、公元前590年和公元前545年的冬天,鲁国(今山东省)未出现结冰现象。在司马迁的《史记》中记载竹、梅等亚热带植物在渭水流域也很茂盛,整个亚热带北界比现在更偏北
第二次寒冷期,公元初～6世纪(东汉、三国到六朝)	史书记载由于严寒,淮河结冰。公元366年,渤海湾从昌黎到营口,连续三年全部结冰。据考证,当时气温比现在低3℃。北朝贾思勰所著《齐民要术》一书中关于黄河流域的物候记载比现在迟2～4周
第三次温暖期,7～9世纪(隋唐时代)	公元650年、669年和678年的冬季,国都长安(今西安)无雪无冰,梅和柑橘能在关中地区生长
第三次寒冷期,10～12世纪(北宋、南宋)	华北已无野生梅树。公元1111年冬,太湖全部结冰。杭州冰雪频繁出现,寒冷的天气把柑橘全部冻死。苏州南运河冬季结冰和北京10月降大雪,在历史上均属罕见,但在12世纪,却是寻常之事
第四次温暖期,13世纪(元代)	短时间回暖。公元1200年、1213年、1216年和1220年,杭州地区无冰雪天气。公元1268～1292年的元朝初期,西安等地重新设竹监司衙门,这是当地气候转暖的又一明证
第四次寒冷期,15～19世纪末	长达500年。中国最寒冷时期出现在17世纪,其间,尤以公元1650～1700年最为寒冷。在这50年中,太湖、汉水和淮河结冰四次,洞庭湖结冰三次,长江几乎封冻。鄱阳湖也曾出现结冰现象。中国热带地区在这半个多世纪中,冰雪出现频繁

其湿润指数I的计算方法为

$$I=\frac{2F}{F+D}$$

式中,F为历史上有记载的雨涝频数;D是同期内所记载的干旱频数。I值变化于0～2,$I=1$表示干旱与雨涝频数相等,小于1表示干旱占优势。对中国东南地区而言,求得全区湿润指数平均为1.24,将指数大于1.24定义为湿期,小于1.24定为旱期,在这段历史时期中共分出10个旱期和10个湿期。从表8-2可以看出各干湿期的长度不等,最长的湿期出现在唐代中期(公元811～1050年),持续240年;接着是最长的旱期,出现在宋代,持续220年(公元1051～1270年)。

表8-2 中国东南地区旱湿期

公 元	年数	湿润指数	旱或湿期	公 元	年数	湿润指数	旱或湿期
0～100年	100	0.66	旱	1051～1270年	220	1.08	旱
101～300年	200	1.44	湿	1271～1330年	60	1.46	湿
301～350年	50	0.94	旱	1331～1370年	40	1.00	旱
351～520年	170	1.48	湿	1371～1430年	60	1.50	湿
521～630年	110	0.96	旱	1431～1550年	120	1.08	旱
631～670年	40	1.60	湿	1551～1580年	30	1.48	湿
671～710年	40	0.98	旱	1581～1720年	140	1.02	旱
711～770年	60	1.50	湿	1721～1760年	40	1.40	湿
771～810年	40	0.88	旱	1761～1820年	60	1.02	旱
811～1050年	240	1.44	湿	1821～1900年	80	1.30	湿

三、近代气候变化

(1) 近代全球气候变化

1) 气温波动上升。近百余年来由于有了大量的气温观测记录,区域的和全球的气温序列不必再用代用资料。虽然由于各个学者所获得的观测资料和处理计算方法不尽相同,所得出的结论也不完全一致。但总的趋势是大同小异,那就是从19世纪末到20世纪40年代,世界气温出现明显的波动上升,这种增暖现象到40年代达到顶点;此后,世界气候有变冷现象;进入70年代以后,世界气候又趋变暖,到1980年以后,世界气温增暖的形势更为突出。Jones等(2001,2003)的结果表明,自1861年至2000年,全球表面年平均温度上升了0.4~0.8℃,20世纪可能是近千年中地表增温速率最大的一个世纪,在北半球,20世纪90年代很可能是近百年中最暖的一个10年(图8-5)。上述结果比IPCC第二次评估报告所公布的(19世纪末至1994年)又高出了0.15℃,这主要是由于1995~2000年地表温度资料的加入以及统计方法的进一步改进。

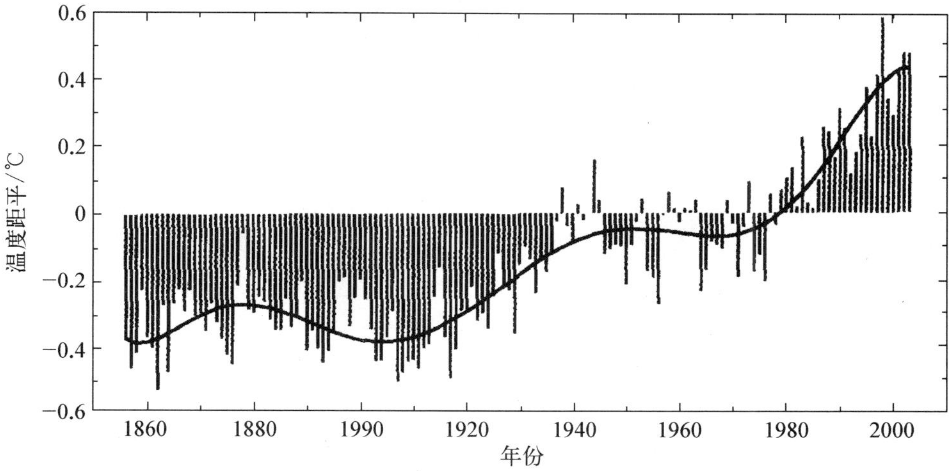

图8-5 1861~2000年全球平均气温距平

资料来源:Jones等(2003)、丁一汇(2009)

2) 降水变化复杂,区域差异显著。全球降水记录显示了一个混沌体系的特征。降水量在过去的一个世纪内一直在持续改变。降水的年际波动在20世纪初期变幅最大,而在30年代和40年代的温暖期内变幅最小。许多波动,特别是3~5年频率的波动,还与ENSO和拉尼娜事件显著相关。1983年全球降水量下降50 mm,与1982~1983的强ENSO事件相对应;1952年全球降水量增加60 mm,与1950~1951年大型的拉尼娜事件巧合。20世纪50年代后,全球降水量趋于稳定下降(图8-6)。

另外,降水变化的区域差异显著,大陆东岸与西岸,内陆和沿海,北方和南方等都有较大差异。以大陆东西岸为例,在纬向环流强盛时,中纬度大陆西岸降水增多,东岸降水量减少。在纬向环流衰弱时,中纬度大陆东岸降水增多,西岸降水量减少。在20世纪初期,英国西风频率增加、降水逐渐增多,40年代前达到高峰,而后递减,1961~1965年已逐渐少,这种变化过程与欧洲和澳大利亚西岸基本相似。而与此趋势相反的是,在美国东部和澳大利亚东部自19世纪末降水开始减少,直到20世纪40年代开始增多。

3) 极端天气、气候事件增多。在全球变暖背景下,许多极端事件都发生了显著的变化。Gruza(1999)发现俄罗斯的极端高温日数在过去几十年里显著增加,Heino(1999)揭示了欧洲中部和北部霜冻日数逐步减少。区域研究已经进一步证实了在全球范围内热日增多而冷日减少的变化事实。

在降水的研究方面,尽管在资料的完整性和研究工作上还很有限,但研究成果还是揭示了极端降水变化的一些基本特点。Karl(1995)等人的研究揭示了美国、前苏联和中国在过去几十年里强降水占季节和年总降水量的比率有明显增加的趋势;Easterling(2000)等人的研究显示出在过去50年中,雨季的极端强降水和总降水变化的线性趋势在全球不同地区存在着明显的差异,但共同的特点是极端强降水的线性趋势比总降

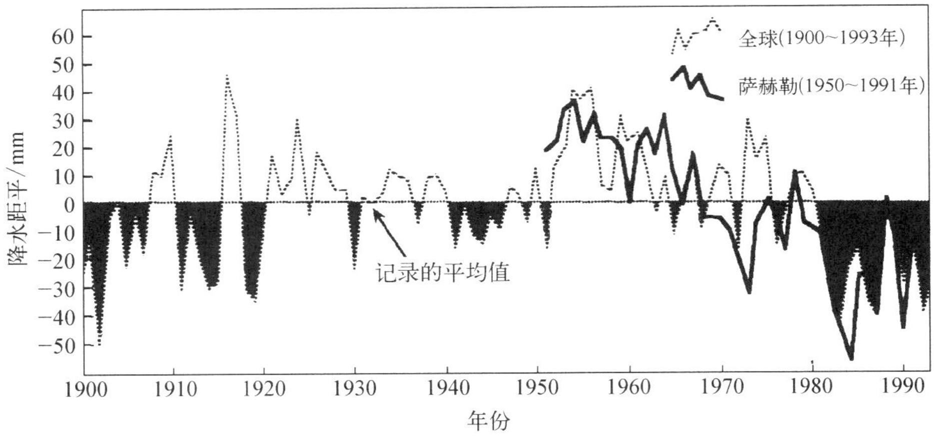

图 8-6 全球及非洲萨赫勒地区降水的年际变化

数值(以同一时期的平均值的偏离来表示)

资料来源：NOAA(1995)、Hulme(1994)

水在幅度上要大。这表明在对气候变化的响应上,极端强降水事件表现得更加明显。另外一些研究(IPCC,2001)共同表明,在过去几十年中北半球中高纬度地区极端强降水事件的频率平均上升了 2%~4%。

1900~1995 年,严重干旱、雨涝没有表现出明显的全球性长期变化趋势,但在最近的二三十年中撒哈拉沙漠、亚洲东部和南非等地区干旱更趋严重,而美国和欧洲等地雨涝增多(IPCC,2001)。

(2) 近代中国气候变化　中国近百年来气候变化趋势基本与世界相同,平均地表气温升高 0.6~0.8℃,增温速率比世界平均略强;降水量没有出现明显趋势性变化。

唐国利、任国玉(2004)采用最新的器测时期资料,对中国地区近 100 年的温度和降水变化规律进行再分析。采用 Jones 等(1996)提出的计算区域平均气温时间序列的方法;降水量采用标准化距平值的方法,再按和温度相似的方法计算区域平均值。图 8-7 给出了 1905~2001 年的全国平均温度变化情况。在近百年中,20 世纪 40 年代和 80 年代中期以后是两段温度明显偏高的时期,而 90 年代和 40 年代分别比平均值偏高 0.37℃和 0.36℃,其他时期则以偏凉为主。两个明显的偏凉时期是 20 世纪 10~20 年代和 50~60 年代,早期的偏凉程度尤其突出。

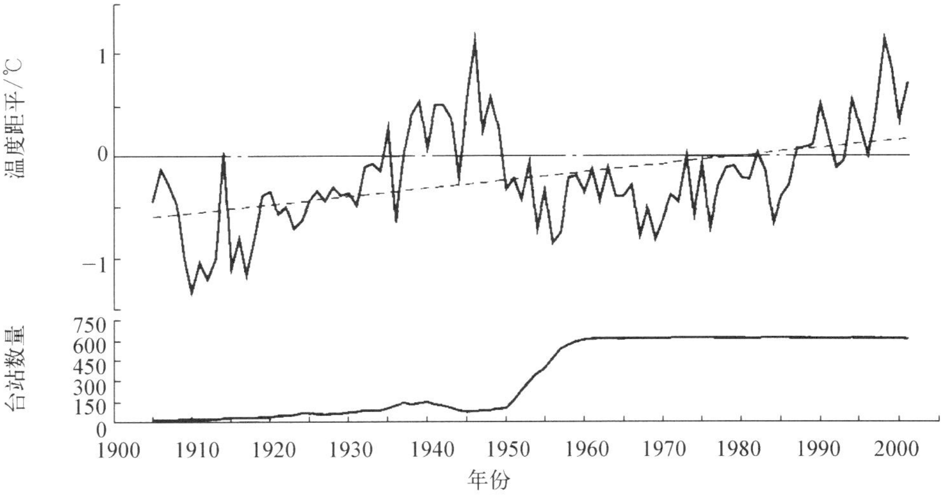

图 8-7 中国 1905~2001 年平均气温变化

图 8-8 是 1905~2001 年全国平均年降水量标准化距平随时间的变化曲线。近百年来,中国的年降水呈现出明显的年际振荡,但趋势变化不明显,仅有微弱的减少。从降水的年代际变化上看,20 世纪 10 年代、30~40 年代和 80~90 年代降水偏多,其他时段降水偏少。

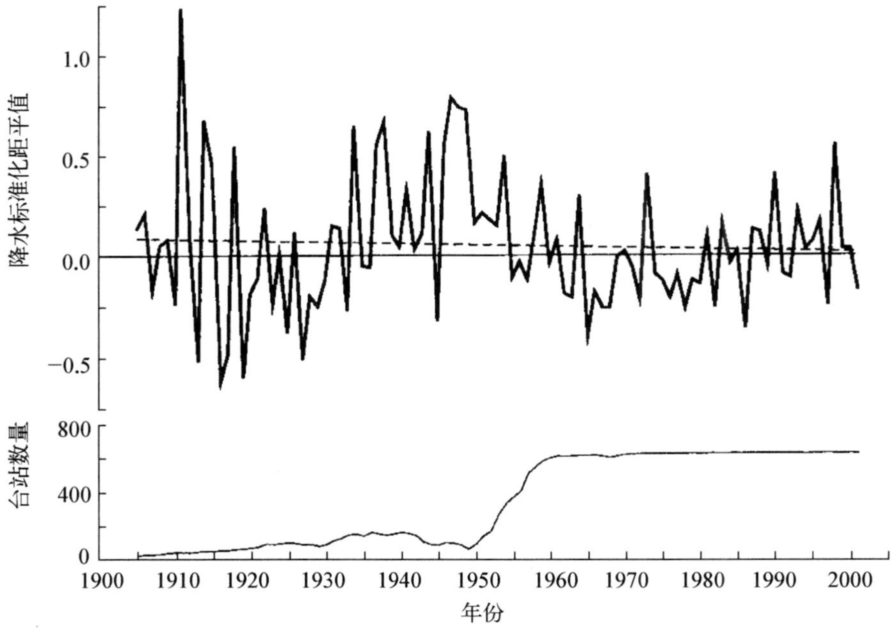

图 8-8 中国近百年来(1905～2001)降水量标准化距平值变化

在最近 50 年中,中国极端最低温度和平均最低温度都趋于增高,尤以北方冬季更为突出(任福民等,1998);同时自 20 世纪 50 年代开始,全国范围寒潮活动逐渐减弱,尤其是在 80 年代和 90 年代初;低温日数也趋于减少(Zhai et al.,1999),这种变化可能与冬季风的明显减弱有关。

综上所述,全球地质时期气候变化时间跨度从距今 22 亿年至 1 万年,以冰期和间冰期的交替出现为特征,气温变化幅度在 10℃以上,在此时期不仅气候在变化,地理环境也在改变。历史时期的气候变化是近 1 万年来,主要是有人类文明以来的气候变化,变化幅度最大不超过 2～3℃,此时期地理环境已经基本不变。近代气候变化主要指仅百年或 20 世纪以来的气候变化,气温振幅在 0.5～1.0℃。

第二节 气候变化的原因

20 世纪人们提出了许多关于气候变化的原因。大致可分为四类:驱动气候变化的地球外因素、强地质因素、陆—海—气的内在因素以及人文因素。

一、外部因素

(1) 地外物体的撞击作用　　在地球的历史上,地外物体对地球的撞击作用不仅存在而且频繁发生。地质记录显示,新生代以来,地球至少存在六次重大的地外物体撞击事件,撞击作用所产生的能量、尘埃量等能产生直接的气候效应,模拟结果显示了不同程度的降温效应(图 8-9)。其中,65 MaBP 的撞击事件可使温度降低至 225 K(−48℃),不仅导致了大批生物的灭绝,可能也造成了新生代的气候变冷。2.4 MaBP 发生的撞击作用处于第三纪和第四纪的分界上,它不是一次撞击事件,而是多次撞击作用的叠加,其规模尚不十分清楚,但是从 2.4 MaBP 以后,全球气候变化呈现出在米兰柯维奇周期主导下的冰期—间冰期周期性变化特征,上述转折与外来物体撞击事件的时间相当。

(2) 太阳辐射量的变化　　太阳射出辐射一直处于变化当中。在地球诞生之初的 45 亿年前,太阳辐射输出较现在低 30%,此后太阳辐射不断增加到现代的水平。除了太阳辐射的长期变化外,还有发生在 10～100 年时间尺度上的太阳活动。一般用太阳黑子活动代表太阳活动,黑子越多,太阳活动越强。太阳黑子是夹杂太阳表面(光球层)米粒组织正常结构间的暗(冷)区,是一种炽热气体的巨大漩涡,具有强磁场,温度大约为 3 000～4 500 K,比太阳的光球层表面温度(6 000 K)低 1 000～2 000 K,看起来比周围暗。太阳黑子

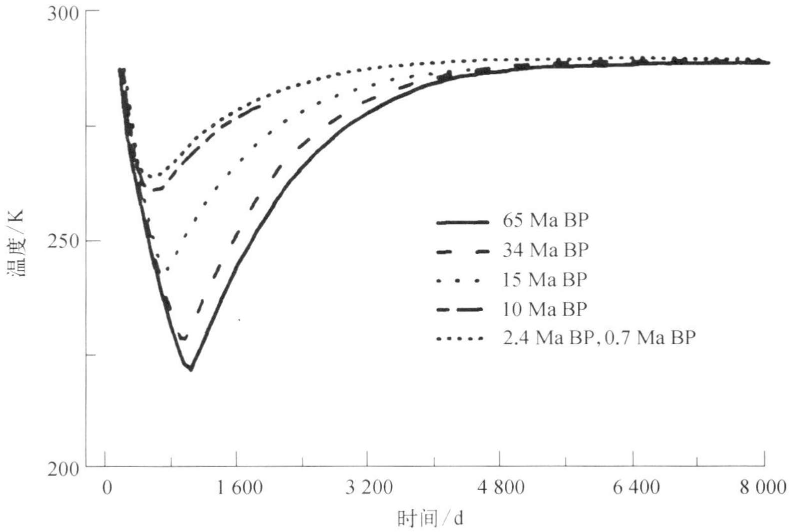

图 8-9 新生代六次巨大撞击作用产生的气候效应

资料来源：欧阳自远等(1995)

通常成群出现。黑子数有周期变化，具有大约 4 年、8 年、11 年、22 年以及 80 年的世纪周期和 180 年的双世纪周期。其中以 11 年周期出现次数最多。当 11 年的循环占主导时，太阳黑子的数量在 4 年内升至最高值，然后在 7 年后降至最低值。太阳黑子最多的年份称为太阳活动峰年，最少的年份称为太阳活动谷年。图 8-10给出了 1 500 年以来太阳黑子数量的变化情况。从图中可以看出，历史记录中最多的太阳黑子数量为 254，发生在 1957 年 10 月。太阳黑子活动减弱的主要时期有：奥特极小期(1010～1050 年)、沃尔夫极小期(1280～1340 年)、斯波瑞尔极小期(1420～1530 年)和蒙德极小期(1645～1715 年)。另外，在 19 世纪初期，还有达尔顿极小期，可能是一次异常。

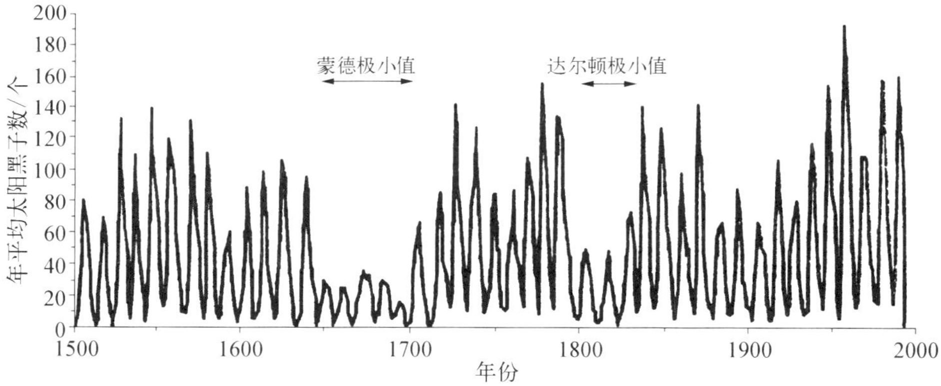

图 8-10 苏黎世 1500～1993 年太阳黑子的数量

太阳活动增强时太阳辐射也增强。在太阳黑子活动的高峰期，全球范围的雷雨和闪电活动频繁，紫外辐射也增加，气候较暖；而太阳黑子活动较弱或没有的时期，则与历史记录中的冷期相对应。据研究，太阳常数变化范围在 1%～2%左右。模拟试验表明，太阳常数增加 2%，地面气温可能上升 3℃；而太阳常数减少 2%时，气温可能下降 4.3℃。

(3) 轨道参数变化(米兰柯维奇假说) 有大量的证据表明由于地球轨道参数的变化而引起的到达地表各纬度的辐射量变化实际上控制着冰期循环。而地球公转轨道的三个因素：地球轨道的偏心率、地轴的倾斜度和春分点的位置都是以一定的周期在变动着的，这就导致地球上所受到的太阳天文辐射发生变动，引起气候变迁。

1) 地球轨道偏心率的变化。地球绕太阳公转轨道是一个椭圆形，目前这个椭圆形的偏心率(e)约为 0.016 7。偏心率是在 0.005～0.06 之间变动的,其周期约为 96 000 年。目前北半球冬季位于近日点附近,因此北半球冬半年比较短(从秋分至春分,比夏半年短 7.5 日)。到达地球表面单位面积上的天文辐射强度是与日地距离(b)的平方成反比的,目前地球在近日点时所获得的天文辐射量(不考虑其他条件的影响)较现在远日点的辐射量约大 1/15。当偏心率 e 值为极大时,则此差异就成为 1/3;如果冬季在远日点,夏季在近日点,则冬季长而冷,夏季热而短,使一年之内冷热差异非常大。这种变化情况南北半球是相反的。

2) 地轴倾斜度的变化。地轴倾斜(即赤道面与黄道面的夹角,又称黄赤交角)是产生四季的原因。由于地球轨道平面在空间有变动,所以地轴对于这个平面的倾斜度(ε)也在变动。现在地轴倾斜度是 23.44°,最大时可达 24.24°,最小时为 22.1°,变动周期约 40 000 年。这个变动使得夏季太阳直射达到的极限纬度(北回归线)和冬季极夜达到的极限纬度(北极圈)发生变动(图 8-11)。当倾斜度增加时,高纬度的年辐射量要增加,赤道地区的年辐射量会减少。例如当地轴倾斜度增大 1°时,在极地年辐射量增加 4.02%,而在赤道却减少 0.35%。可见地轴倾斜度的变化对气候的影响在高纬度比低纬度大得多。此外,倾斜度越大,地球冬夏接受的太阳辐射量差值就越大,特别是在高纬度地区必然是冬寒夏热,气温年较差增大;相反,当倾斜度小时,则冬暖夏凉,气温年较差减小。夏凉最有利于冰川的发展。

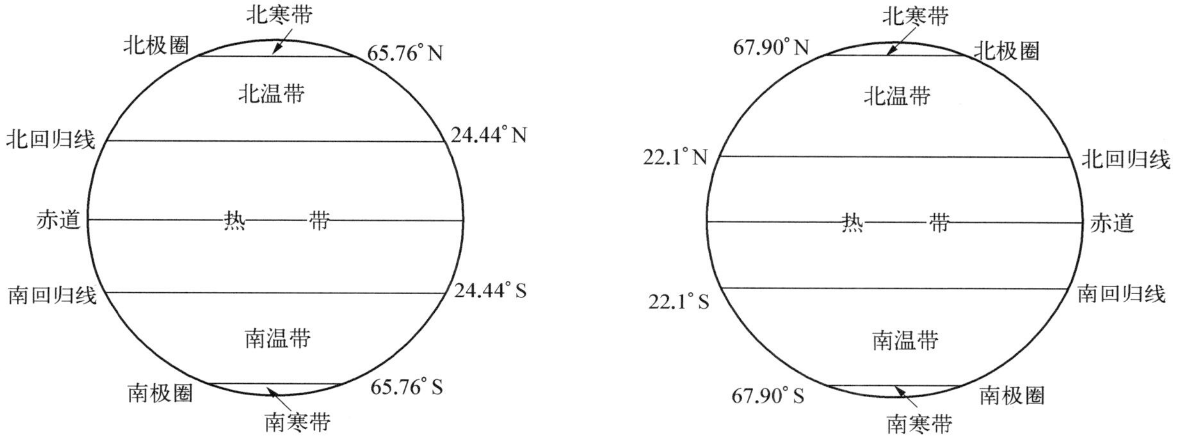

图 8-11 黄赤交角变动时回归线和极圈的变动

3) 春分点位置的移动。春分点沿黄道向西缓慢移动,大约每 21 000 年,春分点绕地球轨道一周。春分点位置变动的结果,引起四季开始时间的移动和近日点与远日点的变化。地球近日点所在季节的变化,每 70 年推迟一天。大约在一万年前,北半球在冬季是处于远日点的位置(现在是近日点),那时北半球冬季比现在要更冷,南半球则相反。

上面三个轨道要素的不同周期的变化,是同时对气候发生影响的。塞尔维亚数学家米兰柯维奇正确地计算了它们总的作用。他计算出了 65°N 纬度上夏季太阳辐射量在 60 万年内的变化,并用纬度表示。如:23 万年前 65°N 上的太阳辐射量和现在 77°N 上的一样,而在 13 万年前又和现在 59°N 上的一样。他认为当夏季温度降低 4～5℃,冬季反而略有升高,冬季降雪较多,而夏季雪还未来得及融化,冬天又接着到来,如此反复形成冰期。近年从深海海底钻芯,以同位素方法测得的冷暖交替演变,及一些珊瑚礁、阶地(巴巴多斯等地)判断出来的海平面变化等曲线,与上述计算得出的变化曲线相关性甚好。故地球轨道参数的变化被认为是冰期的起搏器。

二、地质因素

(1) 大陆漂移 地球岩石圈由可以运动的刚性板块组成,板块运动导致的海底扩张和大陆漂移以及与此相关的海面升降,造成海陆分布格局及海洋和陆地面积对比的变化,从而对全球气候变化产生深刻影响。如,近南极陆地在南极附近已存在 120 Ma,而大陆冰盖没有这么久。冰盖仅在南美洲、非洲和澳大利亚与大陆分离后才有所发展。大约在 50 MaBP 之后,澳大利亚向北运动,形成有重要意义的南大洋通道,使得南极绕极环流建立并发展。环流阻止了来自赤道的暖水与南极水的交换,引起南极大陆降温,并最终发育成冰川。

(2) 造山运动　在地球史上造山运动对气候变化的影响是非常深远的。高大的喜马拉雅山脉,在现代有“世界屋脊”之称,可是在地史上,这里却曾是一片汪洋,称为喜马拉雅海。直到距今约 70 MaBP 至 40 MaBP的新生代早第三纪,这里的地壳才上升,变成一片温暖的浅海。在这片浅海里缓慢地沉积着以碳酸盐为主的沉积物,从这时沉积层中发现有不少海生的孔虫、珊瑚、海胆、介形虫、鹦鹉螺等生物的化石,足以证明当时那里的确是一片海区。由于这片海区的存在,有海洋湿润气流吹向今日我国西北地区,所以那时新疆、内蒙古一带气候是很湿润的。其后由于造山运动,出现了喜马拉雅山等山脉,这些山脉成了阻止海洋季风进入亚洲中部的障碍,因此新疆和内蒙古的气候才变得干旱。另外,更为重要的是,喜马拉雅山和青藏高原的隆起扰乱了北半球的大气环流,干扰了低纬度的哈得来环流,对于东亚季风环流和南亚季风环流的形成和维持都具有重要意义。

(3) 火山作用　火山活动以两种方式改变气候:增加大气中的 CO_2 和硫酸盐气溶胶,增加进入平流层的尘埃(一般是浓硫酸盐或硅酸盐)。火山爆发使气溶胶增加,且强火山爆发所喷发出的火山灰能在平流层下部形成气溶胶层,存留时间可长达 2～3 年,增加了大气的反射率,产生阳伞效应,使地面接收到的太阳辐射减少,导致气候变冷。一次强的火山爆发所可能造成的降温,在局地可达 1℃或更高,但半球或全球平均则一般不到 0.5℃。

强火山喷发总是对应着其后数年的全球和半球平均温度的明显降温。火山活动活跃的时期对应着冷期,沉寂期对应着暖期。例如,印度尼西亚的坦博拉(Tambora)火山 1815 年 4 月初猛烈爆发,500 km 内有三天不见天日,大量火山灰和硫酸盐漂浮在平流层中,使整个北半球在 1816 年气温比常年平均气温偏低 1℃,出现了“无夏之年”。再如,1963 年 3 月印度尼西亚巴厘岛阿贡火山爆发后,太阳直接辐射减少了 23%,散射辐射增加了 1 倍以上,但总辐射仍下降了 6%。当然这是最大下降幅度,并不是说可以在若干个月或 1～2 年内总是下降这么多。因为根据气候模拟,太阳辐射减少 1%,全球平均地面气温可下降 1℃。

火山活动对大气中 CO_2、SO_2 含量增加的贡献都很小。例如,从 1983 年开始持续喷发的夏威夷基劳亚火山所释放出的 CO_2,仅为人类活动每年产生的 CO_2 量的 1/17 000。再如,1991 年 6 月菲律宾的皮纳图博(Pinatubo)火山爆发,是近百年来最强的一次,大约有超过 2×10^7 t 的 SO_2 进入平流层。火山活动向大气中释放的 SO_2 总量仅为人类活动每年释放量(1.9×10^8 t)的 5%～10%。1992 年比 1991 年全球平均气温下降了 0.2℃,北半球下降了 0.4℃。

在过去的 2.5 亿年,大的火山活动是每隔 3.3 千万年发生一次,但不是所有的火山活动都能导致冰川作用,并且火山活动至少要持续 1 000 年,才能产生启动冰期所需要的温度。

(4) 地磁作用　地磁场由地幔中心边界变化调节,每 100 万年内大约转向 3 次。磁场转向需 5 000 年完成,并影响气候。最后一次大转向发生在 74 万年以前,从那以后至今已有 6 次冰期。地磁场强弱变化对气候冰期循环具有显著影响。当地磁场增强时全球变冷,暴风雨增加;地磁场减弱时全球变暖。例如,全新世以来,强地磁活动与全球变冷并行,全球变冷可以从陆地上花粉序列、格陵兰冰芯、深海沉积记录中得到实证。相反,在全新世气候最适宜期,地球温度增加了 1～2℃,此时的地磁场强度比过去 1 万年中任何其他时间都弱。

三、海—陆—气系统

气候系统由大气、海洋、冰雪、陆地表面和生物圈所组成,气候形成、维持与该系统的加热率和输送过程有关。有了一定的加热率后,气候状态的形成还取决于大气和海洋如何响应(发展为风和洋流),风、洋流和大尺度涡旋通过对能量的输送到达稳定平衡,如果气候系统的能量收支与时空分布的平衡受到破坏,将导致物理气候系统状态发生改变,即发生气候变化。因此,气候变化不仅与上述外部因子和地质地因素有关,也与陆—海—气系统的作用及反馈机制等密切相关。陆—海—气系统的内部因素极有可能耦合起来放大了上述外源强迫。

(1) 温室气体与温室效应　进入地球系统中的太阳能在地球系统中滞留的时间,与地球的温室气体含量相联系。大气层中各种微量气体对地球表面长波辐射的吸收是决定地面温度的一个关键因素,水汽、二氧化碳、氧化亚氮、甲烷和氯氟烃等温室气体对太阳的短波辐射进入地球的影响不大,却能强烈地吸收地球的长波辐射,从而在地球的表面形成一层保温层,使地球所接收的太阳能在返回宇宙空间之前反复地加热地球,使地球变得像温室一样温暖,这就是通常所说的“温室效应”。

维持温室气体的平衡是生物地球化学循环的重要环节,地球大气的温室气体含量与大气化学的控制和调控过程相联系,自然状况下大气的温室气体是由生物过程和海洋过程来调节的,人类活动向大气排放大量的温室气体导致自然平衡受到破坏。

(2) *海洋的加热和冷却* 海洋占地球表面71%、占地球水量97%以上,辐射到海洋表面的太阳辐射,大部分都能被吸收,正是海洋贮藏了地球所接收的太阳能并将其转化为驱动气候系统的动力。在研究大气环流和气候变化问题时,从能量平衡的角度看,要十分重视海洋的作用。海洋所吸收的能量大部分(85%左右)贮存在海洋的表层中,这些热量被以潜热、长波辐射和感热交换的形式传输给大气,驱动大气的运动,并控制着大气的温度。因此,海洋的热状况及其表面蒸发的强度都对大气运动的能量发生重要影响。同时,海洋有极大的热容量,相对大气而言,海洋的运动比较稳定,运动和变化比较缓慢,能够对气候系统的状态进行有效的调节,降低气候系统对某些因素变化的敏感性。

(3) *水汽、云、冰雪引起的反馈作用* 水汽反馈是最重要的反馈之一。大气中的水汽作为重要的温室气体有效地保持了地球表面的温度,温暖的大气会使更多的水汽从海洋和陆面上蒸发出来,较暖的大气有较高的水汽含量,从而增强大气的温室效应,因此水汽的反馈总体上是正反馈。

云对大气中辐射传输的影响有两种方式:首先云是短波辐射的极好反射体,对地球的行星反射率有重要影响,云能减少系统可能获得的总的辐射能量,使地球变冷;另一方面,云又是红外辐射的良好吸收体,对于来自地球表面的热辐射,具有类似温室气体的作用,通过吸收其下地表的热辐射,同时自身也放出热辐射,从而起到减少地面向空间损失热量的作用。云对短波辐射的反射和对长波辐射的放射约占留在大气中总辐射的50%,若只算短波辐射,云占行星反射率的大约2/3。具体哪种作用占主导地位取决于云的温度(高度)和云的光学特性,一般来说,低云以反射作用为主,常导致降温,而高云则以被毯效应为主,常使系统增暖,因此云的反馈既可能是正反馈也可能是负反馈。

有很大的季节性变化的雪盖和海冰以及变化较慢的冰川和冰原构成了气候系统的低温层。冰雪通过其高反射率和融解成为有效的热汇,它们在大气热量平衡中起着冷却作用。冰雪圈的反照率具有强烈的正反馈放大作用:温度降低(升高)→冰雪覆盖增大(减小)→地表反射率增大(减小)→吸收太阳辐射减少(增多)→温度降低(升高)。

通过上述一系列的反馈作用,微小的扰动有可能被放大,并最终导致全球气候变化。

(4) *大气和海洋环流的作用* 大气环流驱动大洋表层水体发生相应的运动,形成表层环流。在表层水被从原地吹离的地区,下伏的次表层水将会上涌补充,形成上升流;在表水汇聚地区,又会形成下降流。在有上升流和下降流的地区,其海洋表面温度低于或高于其他海区,从而形成海洋上空的大气环流;当海洋表面温度发生变化时,相应大气环流随之发生变化。例如,赤道地区大洋两侧海水温度的差别导致了沃克环流的出现,这里的海温异常时会引起厄尔尼诺与拉尼娜现象的发生,并通过海气作用导致沃克环流异常,造成大尺度的环流异常与全球气候异常。

除表层风生流之外,大洋中还存在由海水的密度分布决定的海洋环流,由于密度又取决于温度和盐度,所以也称为热盐环流。其中受到特别注意的是,北大西洋的高盐度水以深层流的形式向南流,在绕过非洲南端后,除部分向北流到印度洋外,其余的一直向东流入太平洋,在此,受温暖和入注淡水的稀释作用,海水密度降低并上升到表面,然后向西运动返回到大西洋以平衡外流的水体。上述发生在大西洋和太平洋之间的水体流动构成了一个跨越大洋的海洋“传送带”(图6-4)。通过此传送带,温暖、低盐的表层水被从东到西地传送到大西洋,而深层的、高盐度的冷水被从西向东传送入太平洋,由此造成的水汽交换量达20×10^6 m^3/s。由于向北流动的供给水平均温度为10℃,向南流动的深层水为2℃,每形成1 cm^3的深水将释放33.48 J的热量,一年中由此所释放的总热量达20.9×10^{21} J,相当于35°N的北大西洋地区每平方厘米的大气每年可获得104 625 J的海洋热,占该地区所获得的所有热量的25%。这一数量远远超过了地球轨道要素所引起的日照率变化所产生的影响,这些热量的有无对高纬度的温度与大陆冰盖的生消有重大的影响。鉴于大洋传送带环流的重要性,Weaver和Hughes(1994)等人提出大洋环流—气候关系模式来解释第四纪冰期—间冰期的转换机制,认为冰期—间冰期的转换是通过大洋传送带的开启与关闭来控制的,在大洋传送带开启的时期维持与现代相当的间冰期气候,当大洋传送带被关闭或严重削弱的时期转变为冰期气候。

四、气候变化的人文因素

随着人类生态系统的发展，人类从自然环境中逐渐分离，最终独立于自然生态系统之外，成为地球系统的一个重要组成部分，并通过改变自然过程或自然系统组分而影响气候变化（详见第六章）。

参 考 文 献

陈联寿，丁一汇.1979.西太平洋台风概论.北京：科学出版社.
陈星.1987.中国对流层大气辐射平衡.气象学报，(3)：50－58.
陈星.2014.现代气候学基础.南京：南京大学出版社.
陈佑淑，蒋瑞宾.1989.气象学.北京：气象出版社.
大气科学辞典编委会.1994.大气科学辞典.北京：气象出版社.
丁登山，汪安祥，黎勇奇，等.1987.自然地理学基础.北京：高等教育出版社.
丁一汇，郭彩丽，刘颖，等.2008.气候变化40问.北京：气象出版社.
丁一汇.2009.中国气候变化——科学、影响、适应及对策研究.北京：中国环境科学出版社.
丁永建.1996.1980年以来冰冻圈对气候变暖响应的若干证据.冰川冻土，(2)：131－138.
符淙斌.1980.北半球冬季冰雪面积变化与我国东北地区夏季低温的关系.气象学报，(2)：93－98.
傅抱璞.1983.山地气候.北京：科学出版社.
高国栋，陆渝蓉.1988.气候学.北京：气象出版社.
高国栋，缪启龙，王安宁.1996.气候学教程.北京：气象出版社.
高由禧，徐淑英，郭其蕴，等.1962.东亚季风的若干问题.北京：科学出版社.
胡焕庸.1981.世界气候的地带性与非地带性.北京：科学出版社.
黄荣辉.2005.大气科学概论.北京：气象出版社.
蒋熹.2006.冰雪反照率研究进展.冰川冻土，(5)：728－738.
金会军，李述训，王绍令，等.2000.气候变化对中国多年冻土和寒区环境的影响.地理学报，(2)：161－173.
李爱贞，刘厚凤.2004.气象学与气候学基础.北京：气象出版社.
李可让，张丕远.1992.中国气候变化及其影响.北京：海洋出版社.
李培基.1996.高亚洲积雪监测.冰川冻土，(S1)：105－114.
梁必骐.1995.天气学教程.北京：气象出版社.
陆中汉，陆长荣，王婉馨.1982.实用气象手册.上海：上海辞书出版社.
骆高远，冯利华.2005.气候变化及其影响研究.北京：中国科学技术出版社.
马丽娟，陆龙骅，卞林根.2006.南极海冰与我国夏季天气的关系.极地研究，18(1)：30－38.
迈克尔·阿拉贝.2006.气候变化.马晶译.上海：上海科学技术文献出版社.
么枕生.1959.气候学原理.北京：科学出版社.
欧阳自远，王世杰，肖志峰，等.1995.新生代地外物体撞击事件诱发的古气候环境灾变.第四纪研究，15(4)：324－331
潘守文.1994.现代气候学原理.北京：气象出版社.
彭公炳，陆巍.1983.气候的第四类自然因子.北京：科学出版社.
钱维宏.2004.天气学.北京：北京大学出版社.
钱维宏.2009.全球气候系统.北京：北京大学出版社.
邱国庆，程国栋.1995.中国的多年冻土——过去与现在.第四纪研究，15(1)：13－22.
盛承禹.1986.中国气候总论.北京：科学出版社.
盛裴轩，毛节泰.2003.大气物理学.北京：北京大学出版社.
施能，朱乾根，吴彬贵.1996.近40年东亚季风及我国夏季大尺度天气气候异常.大气科学，20(5)：575－583.
孙军杰，于溪滨，郭松林，等.1995.不同积雪深度对地面温度的增温效应.中国农业气象，16(6)：49－49.
孙治安，翁笃鸣.1987.我国地表反射率的气候计算及其时空分布特征.南京气象学院学报，(2)：189－200.
陶诗言.1980.中国之暴雨.北京：科学出版社.
王明星.1991.大气化学.北京：气象出版社.

王绍武.1994.气候系统引论.北京：气象出版社.
王绍武.2001.现代气候学研究进展.北京：气象出版社.
王绍武.2005.现代气候学概论.北京：气象出版社.
王树廷,王伯民.1984.气象资料的整理和统计方法.北京：气象出版社.
威廉·伯勒斯.2007.21世纪的气候.秦大河,等译.北京：气象出版社.
吴国雄,丑纪范,刘屹岷.2002.副热带高压形成和变异的动力学问题.北京：科学出版社.
伍光和,王乃昂,胡双熙.2008.自然地理学.北京：高等教育出版社.
伍荣生.1999.现代天气学原理.北京：高等教育出版社.
徐玉貌,刘红年、徐桂玉.2000.大气科学概论.南京：南京大学出版社.
许小峰,王守荣,任国玉,等.2006.气候变化应对战略研究.北京：气象出版社.
杨青山,韩杰,四保.2004.世界地理.北京：高等教育出版社.
杨士弘.2002.自然地理学实验与实习.北京：科学出版社.
杨修群,张琳娜.2001.1988～1998年北半球积雪时空变化特征分析.大气科学,25(6)：757－766.
叶笃正,高由禧.1979.青藏高原气象学.北京：科学出版社.
叶笃正,曾庆存,郭裕福.1991.当代气候研究.北京：气象出版社.
叶笃正,杨广基,王兴东.1979.东亚和太平洋地区上空平均垂直环流.大气科学,3(1)：1－11.
约翰·格列宾.1991.气候变化.符淙斌,等译.北京：海洋出版社.
张兰生,方修琦,任国玉.2000.全球变化.北京：高等教育出版社.
张丽娟,陈季,赵玉萍.2002.应用气候学.哈尔滨：哈尔滨地图出版社.
张菀莹.1991.气象与气候学.北京：北京师范大学出版社.
赵济,等.1995.中国自然地理.北京：高等教育出版社.
中国气象局.2003.地面气象观测规范.北京：气象出版社.
中山大学,等.1979.气象学与气候学.北京：高等教育出版社.
周发绣.1993.大气科学概论.青岛：青岛海洋大学出版社.
周淑贞,张超.1985.城市气候学导论.上海：华东师范大学出版社.
周淑贞.1989.气象学与气候学实习.北京：高等教育出版社.
周淑贞,等.1997.气象学与气候学.北京：高等教育出版社.
周秀骥.1995.南极与全球气候环境的相互作用和影响研究进展.北京：科学出版社.
周秀骥,等.1991.高等大气物理(上、下册).北京：气象出版社.
朱炳海.1962.中国气候.北京：科学出版社.
朱乾根,林锦瑞,寿绍文,等.2007.天气学原理和方法.北京：气象出版社.
竺可桢.1972.中国近五千年来气候变迁的初步研究.考古学报,(1).
竺可桢.1979.竺可桢文集.北京：科学出版社.
E.布赖恩特.2004.气候过程和气候变化.刘东生,等译.北京：科学出版社.
E.帕尔门,C. W.牛顿.1978.大气环流系统.程纯枢,等译.北京：科学出版社.
R.G.巴里,R.J.乔利.1982.大气、天气和气候.施尚文,等译.北京：高等教育出版社.
Groiman P Y, Karl T R, Knight R W. 1994. Changes of snow cover, temperature and radiative heat balance Over the northern hemisphere. Journal of Climate, 7(11): 1633－1656.
Michael Bradshaw, Ruth Weaver. 1993. Physical Geography. London: Mosby.